U0901349

浙江经济普查年鉴 2013

Zhejiang Economic Census Yearbook

综 | 合 | 卷（上册）

浙江省人民政府第三次经济普查领导小组办公室　编

图书在版编目（CIP）数据

浙江经济普查年鉴. 2013 / 浙江省人民政府第三次经济普查领导小组办公室编著. -- 北京 : 中国统计出版社, 2016.5
ISBN 978-7-5037-7770-7

Ⅰ. ①浙… Ⅱ. ①浙… Ⅲ. ①经济－普查－浙江省－2013－年鉴 Ⅳ. ①F127.55-54

中国版本图书馆 CIP 数据核字(2016)第 084697 号

浙江经济普查年鉴—2013/综合卷（上册）

作　　者/浙江省人民政府第三次经济普查领导小组办公室
责任编辑/王振宇　许立舫　冯燕玲
封面设计/黄俊杰　李雪燕
出版发行/中国统计出版社
通信地址/北京市丰台区西三环南路甲 6 号　邮政编码/100073
电　　话/邮购（010）63376909　书店（010）68783171
网　　址/http://www.zgtjcbs.com/
印　　刷/河北天普润印刷厂
经　　销/新华书店
开　　本/880mm×1230mm　1/16
字　　数/1754 千字
印　　张/55.75
版　　别/2016 年 5 月第 1 版
版　　次/2016 年 5 月第 1 次印刷
定　　价/1980.00 元（全七册附光盘）

本书附同版本 CD-ROM 一张，光盘内容以书面文字为准。
如有印装差错，由本社发行部调换。

编者说明

根据国务院统一部署，浙江省开展了第三次经济普查。为便于社会各界共同分享普查成果，我们将经济普查资料编辑整理，汇编成《浙江经济普查年鉴-2013》一书。全书共三卷七册，即综合卷（上、中、下册）、第二产业卷（上、中、下册）和第三产业卷。《综合卷》分四篇：第一篇为“综合”，第二篇为“企业”，第三篇为“事业、机关、社团、其他及民办非企业”，第四篇为“个体经营户”。《第二产业卷》分二篇：第一篇为“工业”，第二篇为“建筑业”。《第三产业卷》分四篇，第一篇为“批发和零售业”，第二篇为“住宿和餐饮业”，第三篇为“房地产开发经营业”，第四篇为“其他服务业”。为使读者能够更好地使用本资料，现对有关问题做如下说明：

一、本次普查的标准时点是2013年12月31日，时期资料为2013年年度。

二、本次普查采用的国民经济行业分类标准为GB/T 4754-2011。

三、本资料不包括有关部门负责的铁路运输业、中国人民解放军和中国人民武装警察部队向社会提供服务的有关单位的数据；不包括保密单位的数据；不包括金融系统所辖的企业法人单位，以及典当、非金融机构支付服务和金融信息服务业的法人单位数据。

四、规模以上工业、联网直报建筑业、限额以上批发和零售业、限额以上住宿和餐饮业、联网直报房地产开发业、国家标准的规模以上其他服务业等相关表式按纳入国家企业“一套表”联网直报范围的单位统计。

五、本资料所指的其他服务业是指除农、林、牧、渔服务业，开采辅助活动，金属制品、机械和设备修理业，批发和零售业，住宿和餐饮业，以及房地产开发经营业以外的第三产业。其他服务业各表所指的企业包括了企业以及执行企业会计制度的非企业法人单位。

六、本资料中企业规模的划分按《统计上大中小微型企业划分办法》执行。

七、本资料表中的“空项”表示无数据或数据不详或因单位个体数据不宜公布，“…”表示表中数据不足最小计量单位。

八、本资料附《第三次全国经济普查方案》，使用时请仔细阅读。使用本资料数据与以往普查数据比较时，请注意各次普查方案的异同，以及分类标准的变化（如三次产业划分、国民经济行业分类、规模以上工业划分）。

浙江省第二次经济普查资料是全省普查工作者共同辛勤工作的成果，也是广大普查对象积极支持配合的结果。在此，真诚向全省所有普查工作者，普查对象和所有参与和支持普查工作的人员致以崇高的敬意和衷心的感谢！

编　者

二〇一五年十二月

综合卷　目录

（上册）

第一篇　综合

第二篇　企业

A. 全部企业

（中册）

（下册）

第三篇 事业、机关、社团、其他及民办非企业

第四篇　个体经营户

第1篇

综　合

1-1 按产业、行业大类和构成分组的地区生产总值

单位：亿元

指 标	绝对值
地区生产总值	**37756.58**
一、按产业分	
第一产业	1760.34
第二产业	18047.52
第三产业	17948.72
二、按国民经济行业大类分	
农林牧渔业	1787.25
工业	15837.20
建筑业	2243.01
批发和零售业	4589.13
交通运输、仓储和邮政业	1427.52
住宿和餐饮业	768.64
信息传输、软件和信息技术服务业	1095.24
金融业	2795.13
房地产业	2229.69
租赁和商务服务业	859.05
科学研究和技术服务业	441.32
水利、环境和公共设施管理业	179.69
居民服务、修理和其他服务业	492.23
教育	980.66
卫生和社会工作	569.43
文化、体育和娱乐业	267.20
公共管理、社会保障和社会组织	1194.19
三、按构成分	
劳动者报酬	17898.75
生产税净额	5711.10
固定资产折旧	4663.63
营业盈余	9483.10

注：表中绝对值按当年价格计算。
2013年起，本表数据执行国家统计局2012年制定的《三次产业划分规定》。

1-2 按产业、行业大类和

行业	杭州市	宁波市	温州市	嘉兴市	湖州市
地区生产总值	**8398.58**	**7164.51**	**4024.50**	**3163.05**	**1812.95**
一、按产业分					
第一产业	261.60	272.06	114.02	147.97	119.80
第二产业	3574.25	3680.97	1915.64	1708.86	934.58
第三产业	4562.73	3211.48	1994.85	1306.23	758.56
二、按国民经济行业大类分					
农林牧渔业	265.41	275.71	115.94	152.83	125.56
工业	3156.40	3282.48	1647.72	1542.97	844.76
建筑业	419.07	405.15	268.58	166.04	90.42
批发和零售业	768.79	838.87	526.28	410.18	205.02
交通运输、仓储和邮政业	238.02	314.63	143.22	109.25	68.30
住宿和餐饮业	136.09	96.76	127.66	59.49	46.96
信息传输、软件和信息技术服务业	696.74	111.91	81.52	34.96	21.34
金融业	852.70	491.56	205.78	197.38	118.29
房地产业	543.51	426.67	274.47	157.55	109.75
租赁和商务服务业	220.63	218.36	59.09	80.24	23.68
科学研究和技术服务业	211.74	82.93	40.05	20.08	10.35
水利、环境和公共设施管理业	61.97	24.34	13.62	12.01	9.86
居民服务、修理和其他服务业	86.17	68.36	84.47	38.20	27.47
教育	250.16	158.54	143.36	64.19	35.64
卫生和社会工作	148.36	95.32	75.44	36.74	25.22
文化、体育和娱乐业	78.76	50.16	28.70	17.92	8.09
公共管理、社会保障和社会组织	264.05	222.76	188.61	63.03	42.25

注：表中绝对值按当年价格计算

地区分组的地区生产总值

单位：亿元

绍兴市	金华市	衢州市	舟山市	台州市	丽水市
3987.13	**2973.57**	**1061.86**	**933.53**	**3169.37**	**988.03**
191.14	136.29	82.28	95.42	211.58	84.18
2097.58	1419.10	543.73	389.37	1495.76	483.69
1698.41	1418.18	435.85	448.74	1462.03	420.17
192.75	139.68	83.26	95.65	213.62	84.66
1826.67	1225.91	470.78	316.17	1326.10	418.60
272.73	193.29	73.05	92.44	172.27	65.33
597.48	436.00	105.38	80.39	412.26	96.48
116.05	71.20	35.15	89.91	115.93	34.12
60.54	59.05	30.08	20.65	79.89	23.91
48.00	59.01	6.87	7.81	43.16	12.48
288.47	265.22	65.16	65.93	227.60	70.49
200.86	133.64	48.22	44.83	187.00	40.05
97.24	50.40	11.72	12.19	42.38	8.74
28.78	18.48	6.11	8.30	24.43	10.17
12.80	16.31	2.75	10.15	9.36	4.69
40.03	40.35	24.48	11.08	57.31	13.08
81.93	75.18	27.62	21.35	87.44	34.39
41.25	51.60	17.14	11.60	49.21	19.75
14.97	48.85	5.44	8.53	16.87	6.98
66.58	89.41	48.66	36.55	104.54	44.11

1-3 按机构类型、行业门类分组的法人单位、产业活动单位数及从业人数

项目	法人单位数（个）	单产业法人	多产业法人	产业活动单位数（个）	法人单位从业人员期末人数（人）	#女性
总计	**965826**	**935569**	**30257**	**1082706**	**27942889**	**9377220**
一、按机构类型分						
企业	835565	809992	25573	934871	25123423	8078403
事业单位	30744	28476	2268	40590	1419707	773248
机关	8389	6883	1506	11420	553449	148695
社会团体	18342	18094	248	19502	141183	50288
民办非企业单位	15691	15565	126	15566	271279	189699
基金会	277	277		283	1303	546
居委会	4139	4089	50	4141	38956	21066
村委会	28778	28375	403	28782	200455	45551
其他组织机构	23901	23818	83	27551	193134	69724
二、按国民经济行业门类分						
农、林、牧、渔业	4162	3999	163	4158	31926	8846
采矿业	1278	1256	22	1327	34712	5238
制造业	365393	358196	7197	372121	11952277	5257318
电力、热力、燃气及水生产和供应业	4329	4108	221	5357	172904	41433
建筑业	23419	21349	2070	28127	7659188	650806
批发和零售业	253574	245691	7883	293707	2021332	930439
交通运输、仓储和邮政业	16799	15745	1054	22994	524549	132633
住宿和餐饮业	13884	12848	1036	17534	414594	227872
信息传输、软件和信息技术服务业	16503	16039	464	20791	300326	113888
金融业	3610	3534	76	19945	27195	10132
房地产业	23812	22210	1602	27592	459604	173422
租赁和商务服务业	73505	71480	2025	80984	949777	295472
科学研究和技术服务业	25327	24263	1064	29240	360662	112626
水利、环境和公共设施管理业	5477	5240	237	6061	175336	65622
居民服务、修理和其他服务业	12087	11684	403	13588	151980	66252
教育	21063	20097	966	23206	880617	548101
卫生和社会工作	7502	6516	986	13240	454998	293579
文化、体育和娱乐业	14680	14388	292	15709	188245	83576
公共管理、社会保障和社会组织	79422	76926	2496	87025	1182667	359965

1-4 按行业中类分组的法人单位、产业活动单位数及从业人数

行业	法人单位数(个)	单产业法人	多产业法人	产业活动单位数(个)	法人单位从业人员期末人数(人)	#女性
总 计	**965826**	**935569**	**30257**	**1082706**	**27942889**	**9377220**
农、林、牧、渔业	**4162**	**3999**	**163**	**4158**	**31926**	**8846**
农业	68		68		1259	563
谷物种植	6		6		111	51
豆类、油料和薯类种植	1		1		34	27
蔬菜、食用菌及园艺作物种植	17		17		448	192
水果种植	14		14		198	50
坚果、含油果、香料和饮料作物种植	17		17		160	68
中药材种植	12		12		305	174
其他农业	1		1		3	1
林业	10		10		512	158
林木育种和育苗	4		4		20	2
造林和更新	1		1		63	11
森林经营和管护	4		4		368	120
木材和竹材采运	1		1		61	25
畜牧业	50		50		1199	410
牲畜饲养	26		26		764	241
家禽饲养	16		16		284	122
其他畜牧业	8		8		151	47
渔业	19		19		599	164
水产养殖	19		19		599	164
农、林、牧、渔服务业	4015	3999	16	4158	28357	7551
农业服务业	3467	3458	9	3559	23707	6337
林业服务业	249	245	4	300	2363	544
畜牧服务业	177	175	2	177	1192	374
渔业服务业	122	121	1	122	1095	296
采矿业	**1278**	**1256**	**22**	**1327**	**34712**	**5238**
煤炭开采和洗选业	20	20		20	211	52
烟煤和无烟煤开采洗选	9	9		9	159	38
褐煤开采洗选	5	5		5	29	10
其他煤炭采选	6	6		6	23	4

1-4 续表 1

行 业	法 人 单位数 (个)	单产业 法 人	多产业 法 人	产业活动 单 位 数 (个)	法人单位 从业人员 期末人数 (人)	#女性
黑色金属矿采选业	25	24	1	26	2754	440
铁矿采选	24	23	1	25	2753	440
其他黑色金属矿采选	1	1		1	1	
有色金属矿采选业	72	71	1	78	4257	860
常用有色金属矿采选	45	44	1	51	3107	666
贵金属矿采选	5	5		5	186	34
稀有稀土金属矿采选	22	22		22	964	160
非金属矿采选业	1125	1107	18	1164	27131	3824
土砂石开采	1012	997	15	1049	22775	3107
化学矿开采	6	6		7	78	20
采盐	19	19		19	1334	152
石棉及其他非金属矿采选	88	85	3	89	2944	545
开采辅助活动	8	7	1	10	42	8
煤炭开采和洗选辅助活动				1		
石油和天然气开采辅助活动	3	2	1	4	8	1
其他开采辅助活动	5	5		5	34	7
其他采矿业	28	27	1	29	317	54
其他采矿业	28	27	1	29	317	54
制造业	**365393**	**358196**	**7197**	**372121**	**11952277**	**5257318**
农副食品加工业	5576	5307	269	5810	159994	77933
谷物磨制	295	284	11	311	4387	1273
饲料加工	442	423	19	453	18124	5832
植物油加工	279	270	9	283	5221	1902
制糖业	38	38		38	470	152
屠宰及肉类加工	680	609	71	814	21715	9326
水产品加工	1604	1531	73	1637	59185	31034
蔬菜、水果和坚果加工	1585	1526	59	1604	36172	21415
其他农副食品加工	653	626	27	670	14720	6999
食品制造业	2481	2340	141	2576	115198	66259
焙烤食品制造	705	647	58	748	21527	12991
糖果、巧克力及蜜饯制造	189	179	10	198	7273	3822
方便食品制造	377	361	16	388	17008	10170

1-4 续表 2

行 业	法 人 单位数 (个)	单产业 法 人	多产业 法 人	产业活动 单 位 数 (个)	法人单位 从业人员 期末人数 (人)	#女性
乳制品制造	49	46	3	51	5943	2424
罐头食品制造	245	240	5	250	32418	24553
调味品、发酵制品制造	224	207	17	230	6262	2706
其他食品制造	692	660	32	711	24767	9593
酒、饮料和精制茶制造业	2750	2622	128	2817	80886	32619
酒的制造	546	513	33	554	29237	10898
饮料制造	685	648	37	715	27050	10412
精制茶加工	1519	1461	58	1548	24599	11309
烟草制品业	6	6		7	3966	1323
卷烟制造	3	3		4	3655	1244
其他烟草制品制造	3	3		3	311	79
纺织业	30275	29657	618	30700	1138675	639406
棉纺织及印染精加工	9375	9191	184	9446	535119	287567
毛纺织及染整精加工	1159	1140	19	1177	47016	25082
麻纺织及染整精加工	95	93	2	98	13291	8246
丝绢纺织及印染精加工	1483	1451	32	1517	59460	38344
化纤织造及印染精加工	3615	3545	70	3766	78635	43899
针织或钩针编织物及其制品制造	6460	6358	102	6484	196397	117805
家用纺织制成品制造	4624	4521	103	4694	115583	71312
非家用纺织制成品制造	3464	3358	106	3518	93174	47151
纺织服装、服饰业	26383	25888	495	26770	1125428	747669
机织服装制造	14222	13931	291	14397	683627	452971
针织或钩针编织服装制造	6349	6219	130	6429	290554	198935
服饰制造	5812	5738	74	5944	151247	95763
皮革、毛皮、羽毛及其制品和制鞋业	15619	15334	285	15866	726380	364378
皮革鞣制加工	569	554	15	587	26592	9365
皮革制品制造	4263	4151	112	4339	155051	89126
毛皮鞣制及制品加工	1105	1096	9	1110	16596	8836
羽毛(绒)加工及制品制造	329	321	8	333	19196	12097
制鞋业	9353	9212	141	9497	508945	244954
木材加工和木、竹、藤、棕、草制品业	6254	6141	113	6362	148361	61466
木材加工	1203	1190	13	1229	17554	6249

1-4 续表 3

行业	法人单位数（个）	单产业法人	多产业法人	产业活动单位数（个）	法人单位从业人员期末人数（人）	#女性
人造板制造	774	750	24	786	28444	11518
木制品制造	2681	2635	46	2718	64368	24136
竹、藤、棕、草等制品制造	1596	1566	30	1629	37995	19563
家具制造业	5486	5369	117	5564	263556	95478
木质家具制造	3247	3179	68	3302	117407	37357
竹、藤家具制造	165	163	2	166	7483	3001
金属家具制造	1148	1115	33	1153	88364	35393
塑料家具制造	184	183	1	185	8801	4119
其他家具制造	742	729	13	758	41501	15608
造纸和纸制品业	9779	9674	105	9905	228961	84384
纸浆制造	24	24		25	315	90
造纸	1879	1856	23	1904	94455	29468
纸制品制造	7876	7794	82	7976	134191	54826
印刷和记录媒介复制业	10090	9853	237	10253	192989	80885
印刷	9354	9127	227	9501	183659	77077
装订及印刷相关服务	719	709	10	735	9007	3708
记录媒介复制	17	17		17	323	100
文教、工美、体育和娱乐用品制造业	18673	18320	353	18897	477367	257720
文教办公用品制造	3163	3096	67	3228	91776	51970
乐器制造	187	181	6	193	10192	5255
工艺美术品制造	11342	11124	218	11464	248180	137179
体育用品制造	1513	1492	21	1533	48066	23526
玩具制造	1998	1969	29	2007	62239	32976
游艺器材及娱乐用品制造	470	458	12	472	16914	6814
石油加工、炼焦和核燃料加工业	343	334	9	351	14113	3276
精炼石油产品制造	338	329	9	345	14044	3259
炼焦	3	3		4	48	13
核燃料加工	2	2		2	21	4
化学原料和化学制品制造业	8880	8660	220	9005	341416	106395
基础化学原料制造	1289	1243	46	1308	70370	18130
肥料制造	258	250	8	262	5543	1309
农药制造	111	100	11	114	16349	4631

1-4 续表 4

行业	法人单位数(个)	单产业法人	多产业法人	产业活动单位数(个)	法人单位从业人员期末人数(人)	#女性
涂料、油墨、颜料及类似产品制造	2243	2193	50	2263	63140	17426
合成材料制造	1078	1047	31	1095	74782	22371
专用化学产品制造	2804	2752	52	2844	68741	20660
炸药、火工及焰火产品制造	31	29	2	34	2515	841
日用化学产品制造	1066	1046	20	1085	39976	21027
医药制造业	1293	1221	72	1333	145592	63474
化学药品原料药制造	326	306	20	334	62054	19423
化学药品制剂制造	134	123	11	135	27475	13858
中药饮片加工	112	101	11	119	4850	2678
中成药生产	97	88	9	105	13618	6539
兽用药品制造	66	63	3	67	2597	1033
生物药品制造	204	193	11	210	17012	8993
卫生材料及医药用品制造	354	347	7	363	17986	10950
化学纤维制造业	1522	1503	19	1546	137552	56776
纤维素纤维原料及纤维制造	133	132	1	137	5819	2590
合成纤维制造	1389	1371	18	1409	131733	54186
橡胶和塑料制品业	29368	28975	393	29848	667075	291513
橡胶制品业	3568	3514	54	3631	109910	40475
塑料制品业	25800	25461	339	26217	557165	251038
非金属矿物制品业	13032	12817	215	13330	374585	108419
水泥、石灰和石膏制造	703	685	18	736	41776	9447
石膏、水泥制品及类似制品制造	2906	2811	95	3044	87137	15806
砖瓦、石材等建筑材料制造	3871	3832	39	3928	85279	24576
玻璃制造	363	355	8	369	14793	4241
玻璃制品制造	2284	2264	20	2301	70952	27483
玻璃纤维和玻璃纤维增强塑料制品制造	471	461	10	476	20050	7418
陶瓷制品制造	803	797	6	815	19698	7949
耐火材料制品制造	760	752	8	772	19161	5889
石墨及其他非金属矿物制品制造	871	860	11	889	15739	5610
黑色金属冶炼和压延加工业	4210	4112	98	4281	207884	41421
炼铁	39	39		41	786	172
炼钢	62	61	1	61	14372	2519

1-4 续表 5

行业	法人单位数(个)	单产业法人	多产业法人	产业活动单位数(个)	法人单位从业人员期末人数(人)	#女性
黑色金属铸造	1602	1566	36	1612	64354	14322
钢压延加工	2451	2391	60	2511	126692	24013
铁合金冶炼	56	55	1	56	1680	395
有色金属冶炼和压延加工业	3505	3458	47	3562	128544	37969
常用有色金属冶炼	329	324	5	337	12221	2556
贵金属冶炼	26	26		26	1419	306
稀有稀土金属冶炼	21	21		21	592	205
有色金属合金制造	312	305	7	314	16487	5587
有色金属铸造	411	406	5	422	8654	2839
有色金属压延加工	2406	2376	30	2442	89171	26476
金属制品业	30869	30440	429	31380	760498	281902
结构性金属制品制造	4931	4852	79	5055	143562	41996
金属工具制造	5086	5013	73	5153	111679	46963
集装箱及金属包装容器制造	699	685	14	713	34002	11634
金属丝绳及其制品制造	913	902	11	924	22855	6876
建筑、安全用金属制品制造	8712	8594	118	8828	177183	72144
金属表面处理及热处理加工	2745	2710	35	2824	79856	28886
搪瓷制品制造	329	326	3	331	8365	3153
金属制日用品制造	3876	3821	55	3917	112663	46381
其他金属制品制造	3578	3537	41	3635	70333	23869
通用设备制造业	46216	45374	842	47062	1193439	390252
锅炉及原动设备制造	729	708	21	746	33189	7855
金属加工机械制造	4594	4515	79	4664	95413	24721
物料搬运设备制造	1618	1524	94	1690	83951	20552
泵、阀门、压缩机及类似机械制造	10470	10263	207	10691	318007	103049
轴承、齿轮和传动部件制造	5442	5364	78	5511	198295	70595
烘炉、风机、衡器、包装等设备制造	4874	4770	104	4955	163444	58040
文化、办公用机械制造	443	428	15	450	18827	8293
通用零部件制造	16986	16751	235	17284	265874	92586
其他通用设备制造业	1060	1051	9	1071	16439	4561
专用设备制造业	19178	18877	301	19504	471847	140198
采矿、冶金、建筑专用设备制造	1181	1148	33	1228	32226	6654

1-4 续表 6

行 业	法 人 单位数 (个)	单产业 法 人	多产业 法 人	产业活动 单 位 数 (个)	法人单位 从业人员 期末人数 (人)	#女性
化工、木材、非金属加工专用设备制造	7732	7648	84	7814	169633	42492
食品、饮料、烟草及饲料生产专用设备制造	621	614	7	630	11643	2239
印刷、制药、日化及日用品生产专用设备制造	1283	1256	27	1309	28455	6844
纺织、服装和皮革加工专用设备制造	3531	3475	56	3578	92094	31326
电子和电工机械专用设备制造	819	813	6	838	16045	5901
农、林、牧、渔专用机械制造	906	891	15	924	31543	10850
医疗仪器设备及器械制造	1000	981	19	1026	34482	17464
环保、社会公共服务及其他专用设备制造	2105	2051	54	2157	55726	16428
汽车制造业	13943	13696	247	14263	537744	193479
汽车整车制造	95	84	11	102	35115	7256
改装汽车制造	25	24	1	25	1764	285
低速载货汽车制造	2	2		4	145	27
电车制造	12	12		13	203	70
汽车车身、挂车制造	36	34	2	36	1197	344
汽车零部件及配件制造	13773	13540	233	14083	499320	185497
铁路、船舶、航空航天和其他运输设备制造业	4463	4340	123	4637	189128	59325
铁路运输设备制造	107	102	5	119	3364	901
城市轨道交通设备制造	8	8		8	168	50
船舶及相关装置制造	1120	1087	33	1203	55319	9102
航空、航天器及设备制造	34	33	1	34	1345	467
摩托车制造	1535	1488	47	1587	72834	26315
自行车制造	1409	1374	35	1432	50014	20087
非公路休闲车及零配件制造	167	166	1	168	3738	1433
潜水救捞及其他未列明运输设备制造	83	82	1	86	2346	970
电气机械和器材制造业	32545	31727	818	33283	1183449	546235
电机制造	3473	3383	90	3550	183565	77456
输配电及控制设备制造	11780	11383	397	12133	353755	158334
电线、电缆、光缆及电工器材制造	3149	3038	111	3250	108392	47955
电池制造	505	489	16	510	45263	21135
家用电力器具制造	5923	5839	84	6021	255500	117680
非电力家用器具制造	1011	993	18	1031	23151	9469
照明器具制造	5823	5734	89	5894	199088	108086
其他电气机械及器材制造	881	868	13	894	14735	6120

1-4 续表 7

行业	法人单位数（个）	单产业法人	多产业法人	产业活动单位数（个）	法人单位从业人员期末人数（人）	#女性
计算机、通信和其他电子设备制造业	9430	9217	213	9639	515551	245760
计算机制造	323	316	7	334	22040	9481
通信设备制造	765	737	28	779	77111	26605
广播电视设备制造	490	478	12	494	25924	13512
雷达及配套设备制造	11	11		11	289	126
视听设备制造	697	677	20	705	34023	18650
电子器件制造	1247	1214	33	1267	118363	54959
电子元件制造	5229	5129	100	5372	216027	111503
其他电子设备制造	668	655	13	677	21774	10924
仪器仪表制造业	5831	5680	151	5922	225476	100416
通用仪器仪表制造	2719	2636	83	2768	110229	45783
专用仪器仪表制造	754	724	30	766	32857	13695
钟表与计时仪器制造	157	154	3	158	7293	4492
光学仪器及眼镜制造	1876	1847	29	1904	69494	33417
其他仪器仪表制造业	325	319	6	326	5603	3029
其他制造业	5131	5052	79	5189	127927	65855
日用杂品制造	4143	4075	68	4186	113178	60559
煤制品制造	55	54	1	57	547	137
核辐射加工	5	5		5	83	13
其他未列明制造业	928	918	10	941	14119	5146
废弃资源综合利用业	921	906	15	955	27758	8622
金属废料和碎屑加工处理	421	413	8	443	21368	6688
非金属废料和碎屑加工处理	500	493	7	512	6390	1934
金属制品、机械和设备修理业	1341	1296	45	1504	40938	6511
金属制品修理	37	37		40	307	98
通用设备修理	171	169	2	194	1677	310
专用设备修理	152	150	2	163	1129	195
铁路、船舶、航空航天等运输设备修理	788	749	39	895	34689	5264
电气设备修理	78	77	1	87	1709	350
仪器仪表修理	11	11		13	73	19
其他机械和设备修理业	104	103	1	112	1354	275

1-4 续表 8

行 业	法 人单位数(个)			产业活动单位数(个)	法人单位从业人员期末人数(人)	
		单产业法 人	多产业法 人			#女性
电力、热力、燃气及水生产和供应业	**4329**	**4108**	**221**	**5357**	**172904**	**41433**
电力、热力生产和供应业	2839	2720	119	3543	121303	26034
电力生产	2647	2583	64	2875	50826	11770
电力供应	113	61	52	584	65626	13245
热力生产和供应	79	76	3	84	4851	1019
燃气生产和供应业	310	270	40	451	10462	2830
燃气生产和供应业	310	270	40	451	10462	2830
水的生产和供应业	1180	1118	62	1363	41139	12569
自来水生产和供应	626	573	53	778	30665	9712
污水处理及其再生利用	326	323	3	346	7962	2296
其他水的处理、利用与分配	228	222	6	239	2512	561
建筑业	**23419**	**21349**	**2070**	**28127**	**7659188**	**650806**
房屋建筑业	4110	3288	822	5753	5723001	438825
房屋建筑业	4110	3288	822	5753	5723001	438825
土木工程建筑业	5356	4713	643	6662	1293164	137432
铁路、道路、隧道和桥梁工程建筑	2361	2029	332	3013	916719	95674
水利和内河港口工程建筑	492	414	78	665	98753	9803
海洋工程建筑	30	28	2	35	742	124
工矿工程建筑	201	170	31	244	62252	4222
架线和管道工程建筑	587	519	68	693	56090	7219
其他土木工程建筑	1685	1553	132	2012	158608	20390
建筑安装业	3497	3272	225	4221	189973	22921
电气安装	1120	1027	93	1382	57455	7613
管道和设备安装	975	916	59	1094	54061	5664
其他建筑安装业	1402	1329	73	1745	78457	9644
建筑装饰和其他建筑业	10456	10076	380	11491	453050	51628
建筑装饰业	7736	7437	299	8495	306924	37441
工程准备活动	2109	2054	55	2227	66405	6542
提供施工设备服务	157	152	5	188	15351	1090
其他未列明建筑业	454	433	21	581	64370	6555
批发和零售业	**253574**	**245691**	**7883**	**293707**	**2021332**	**930439**
批发业	179326	174992	4334	193801	1341897	574068

1-4 续表 9

行业	法人单位数（个）	单产业法人	多产业法人	产业活动单位数（个）	法人单位从业人员期末人数（人）	#女性
农、林、牧产品批发	5756	5623	133	6289	49093	15661
食品、饮料及烟草制品批发	16680	16166	514	17917	169199	65565
纺织、服装及家庭用品批发	50316	49432	884	52156	368427	190727
文化、体育用品及器材批发	8601	8401	200	9041	54634	26559
医药及医疗器材批发	3150	3027	123	3338	47577	22113
矿产品、建材及化工产品批发	44446	43164	1282	50976	326169	124881
机械设备、五金产品及电子产品批发	33425	32549	876	35301	234790	91606
贸易经纪与代理	9745	9618	127	10527	52114	23510
其他批发业	7207	7012	195	8256	39894	13446
零售业	74248	70699	3549	99906	679435	356371
综合零售	3382	2982	400	7453	148082	100598
食品、饮料及烟草制品专门零售	9317	8978	339	13545	52143	25716
纺织、服装及日用品专门零售	10864	10444	420	13642	76346	46069
文化、体育用品及器材专门零售	3968	3765	203	5606	30901	18445
医药及医疗器材专门零售	10908	10089	819	17431	62494	39498
汽车、摩托车、燃料及零配件专门零售	8361	7739	622	11180	151178	58926
家用电器及电子产品专门零售	8069	7637	432	9759	64529	28577
五金、家具及室内装饰材料专门零售	10565	10429	136	11207	47004	19139
货摊、无店铺及其他零售业	8814	8636	178	10083	46758	19403
交通运输、仓储和邮政业	**16799**	**15745**	**1054**	**22994**	**524549**	**132633**
铁路运输业	1	1		7	277	23
铁路旅客运输				1		
铁路货物运输	1	1		2	277	23
铁路运输辅助活动				4		
道路运输业	8546	8067	479	10207	290998	70448
城市公共交通运输	456	419	37	563	70053	17058
公路旅客运输	496	381	115	662	58573	16494
道路货物运输	6646	6397	249	7512	118953	23820
道路运输辅助活动	948	870	78	1470	43419	13076
水上运输业	1095	1029	66	1192	47739	6666
水上旅客运输	86	77	9	99	5841	1644
水上货物运输	669	634	35	710	28664	2796
水上运输辅助活动	340	318	22	383	13234	2226

1-4 续表 10

行 业	法 人 单位数 (个)	单产业 法 人	多产业 法 人	产业活动 单 位 数 (个)	法人单位 从业人员 期末人数 (人)	#女性
航空运输业	51	48	3	110	9546	2801
航空客货运输	4	4		44	548	215
通用航空服务	18	18		26	206	68
航空运输辅助活动	29	26	3	40	8792	2518
管道运输业	3	3		7	161	43
管道运输业	3	3		7	161	43
装卸搬运和运输代理业	5280	4991	289	6946	83259	27221
装卸搬运	850	835	15	907	23095	2938
运输代理业	4430	4156	274	6039	60164	24283
仓储业	866	810	56	1224	22004	5901
谷物、棉花等农产品仓储	147	113	34	379	4320	842
其他仓储业	719	697	22	845	17684	5059
邮政业	957	796	161	3301	70565	19530
邮政基本服务	42	27	15	1221	20771	7656
快递服务	915	769	146	2080	49794	11874
住宿和餐饮业	**13884**	**12848**	**1036**	**17534**	**414594**	**227872**
住宿业	6112	5608	504	6820	192824	110540
旅游饭店	1608	1261	347	1858	139695	76405
一般旅馆	4237	4084	153	4665	49836	32126
其他住宿业	267	263	4	297	3293	2009
餐饮业	7772	7240	532	10714	221770	117332
正餐服务	5924	5532	392	7309	170074	87526
快餐服务	580	506	74	1506	35517	21613
饮料及冷饮服务	562	539	23	895	6527	3342
其他餐饮业	706	663	43	1004	9652	4851
信息传输、软件和信息技术服务业	**16503**	**16039**	**464**	**20791**	**300326**	**113888**
电信、广播电视和卫星传输服务	744	632	112	3996	71415	34410
电信	436	351	85	3283	56397	29181
广播电视传输服务	308	281	27	711	15018	5229
卫星传输服务				2		
互联网和相关服务	1389	1355	34	1558	32526	13358

1-4 续表 11

行业	法人单位数（个）	单产业法人	多产业法人	产业活动单位数（个）	法人单位从业人员期末人数（人）	#女性
互联网接入及相关服务	178	177	1	228	2453	748
互联网信息服务	1018	988	30	1121	27830	11919
其他互联网服务	193	190	3	209	2243	691
软件和信息技术服务业	14370	14052	318	15237	196385	66120
软件开发	10192	9972	220	10682	144004	48333
信息系统集成服务	1299	1257	42	1384	22113	6929
信息技术咨询服务	1690	1659	31	1894	17377	5643
数据处理和存储服务	292	291	1	306	3518	1579
集成电路设计	169	162	7	176	1956	623
其他信息技术服务业	728	711	17	795	7417	3013
金融业	**3610**	**3534**	**76**	**19945**	**27195**	**10132**
货币金融服务	544	516	28	12338	7987	2965
中央银行服务				83		
货币银行服务	4	2	2	11569	666	337
非货币银行服务	531	508	23	665	6835	2457
银行监管服务	9	6	3	21	486	171
资本市场服务	2422	2393	29	3159	13946	5139
证券市场服务	45	44	1	537	294	114
期货市场服务	25	22	3	165	306	132
证券期货监管服务				5		
资本投资服务	2194	2171	23	2276	12627	4606
其他资本市场服务	158	156	2	176	719	287
保险业	74	69	5	3741	663	290
人身保险	3	3		1549	41	28
财产保险	6	6		1835	39	18
再保险	1	1		5	1	1
养老金				3		
保险经纪与代理服务	38	36	2	273	349	140
保险监管服务				5		
其他保险活动	26	23	3	71	233	103
其他金融业	570	556	14	707	4599	1738
金融信托与管理服务	311	301	10	340	2134	815

1-4 续表 12

行 业	法人单位数(个)	单产业法人	多产业法人	产业活动单位数(个)	法人单位从业人员期末人数(人)	#女性
控股公司服务	51	50	1	56	879	327
非金融机构支付服务				22		
金融信息服务	5	5		29	26	10
其他未列明金融业	203	200	3	260	1560	586
房地产业	**23812**	**22210**	**1602**	**27592**	**459604**	**173422**
房地产业	23812	22210	1602	27592	459604	173422
房地产开发经营	7396	6893	503	7917	134912	51310
物业管理	4766	4256	510	6279	235228	86610
房地产中介服务	6615	6198	417	8096	46999	20275
自有房地产经营活动	4044	3920	124	4219	28807	9799
其他房地产业	991	943	48	1081	13658	5428
租赁和商务服务业	**73505**	**71480**	**2025**	**80984**	**949777**	**295472**
租赁业	3488	3421	67	3750	21594	5900
机械设备租赁	3353	3288	65	3605	19664	5024
文化及日用品出租	135	133	2	145	1930	876
商务服务业	70017	68059	1958	77234	928183	289572
企业管理服务	26181	25811	370	28264	234593	74837
法律服务	1794	1770	24	1881	20993	7975
咨询与调查	16199	15720	479	17930	115677	55115
广告业	10798	10666	132	11124	66498	26755
知识产权服务	768	739	29	834	4992	2469
人力资源服务	2487	2359	128	2835	255625	59355
旅行社及相关服务	2748	2238	510	4319	33839	21238
安全保护服务	462	410	52	595	101708	6280
其他商务服务业	8580	8346	234	9452	94258	35548
科学研究和技术服务业	**25327**	**24263**	**1064**	**29240**	**360662**	**112626**
研究和试验发展	3216	3178	38	3348	40610	13623
自然科学研究和试验发展	145	144	1	146	1943	649
工程和技术研究和试验发展	1865	1849	16	1967	23169	7052
农业科学研究和试验发展	525	514	11	543	7185	2562
医学研究和试验发展	468	461	7	477	5129	2129
社会人文科学研究	213	210	3	215	3184	1231

1-4 续表 13

行　业	法　人 单位数 (个)	单产业 法　人	多产业 法　人	产业活动 单 位 数 (个)	法人单位 从业人员 期末人数 (人)	#女性
专业技术服务业	14437	13531	906	17650	254579	76186
气象服务	275	265	10	292	3158	1048
地震服务	16	16		19	576	67
海洋服务	41	40	1	42	718	181
测绘服务	413	388	25	465	8806	2392
质检技术服务	1512	1437	75	1683	33030	11423
环境与生态监测	358	338	20	418	6402	2214
地质勘查	130	113	17	187	7569	1353
工程技术	7118	6456	662	9558	157186	43183
其他专业技术服务业	4574	4478	96	4986	37134	14325
科技推广和应用服务业	7674	7554	120	8242	65473	22817
技术推广服务	6553	6441	112	7058	57840	19821
科技中介服务	654	650	4	686	4169	1550
其他科技推广和应用服务业	467	463	4	498	3464	1446
水利、环境和公共设施管理业	**5477**	**5240**	**237**	**6061**	**175336**	**65622**
水利管理业	941	910	31	1114	13361	3190
防洪除涝设施管理	174	173	1	210	2351	547
水资源管理	205	198	7	244	2570	653
天然水收集与分配	242	233	9	270	4776	1051
水文服务	59	56	3	70	729	198
其他水利管理业	261	250	11	320	2935	741
生态保护和环境治理业	587	554	33	632	10437	3038
生态保护	137	127	10	148	3146	1157
环境治理业	450	427	23	484	7291	1881
公共设施管理业	3949	3776	173	4315	151538	59394
市政设施管理	673	657	16	738	12487	3557
环境卫生管理	713	693	20	795	67338	31347
城乡市容管理	116	115	1	143	4024	1291
绿化管理	1438	1371	67	1584	35761	10498
公园和游览景区管理	1009	940	69	1055	31928	12701

1-4 续表 14

行 业	法 人单位数（个）	单产业法 人	多产业法 人	产业活动单 位 数（个）	法人单位从业人员期末人数（人）	#女性
居民服务、修理和其他服务业	**12087**	**11684**	**403**	**13588**	**151980**	**66252**
居民服务业	4704	4473	231	5449	60735	33497
家庭服务	698	669	29	752	12527	7779
托儿所服务	73	73		75	737	680
洗染服务	247	206	41	410	3739	1994
理发及美容服务	819	738	81	994	8263	5504
洗浴服务	459	450	9	506	8900	5047
保健服务	672	629	43	761	10193	6810
婚姻服务	486	477	9	504	2246	1297
殡葬服务	479	470	9	524	7268	1471
其他居民服务业	771	761	10	923	6862	2915
机动车、电子产品和日用产品修理业	5192	5051	141	5773	50529	12086
汽车、摩托车修理与维护	4021	3918	103	4396	42658	9796
计算机和办公设备维修	442	428	14	531	2747	899
家用电器修理	565	547	18	646	4121	1131
其他日用产品修理业	164	158	6	200	1003	260
其他服务业	2191	2160	31	2366	40716	20669
清洁服务	1668	1646	22	1742	36874	19313
其他未列明服务业	523	514	9	624	3842	1356
教育	**21063**	**20097**	**966**	**23206**	**880617**	**548101**
教育	21063	20097	966	23206	880617	548101
学前教育	7423	7196	227	8097	163682	148484
初等教育	3532	3112	420	4408	226582	151203
中等教育	2732	2590	142	2841	289224	154019
高等教育	318	293	25	351	106396	50198
特殊教育	109	108	1	111	3246	2110
技能培训、教育辅助及其他教育	6949	6798	151	7398	91487	42087
卫生和社会工作	**7502**	**6516**	**986**	**13240**	**454998**	**293579**
卫生	5001	4043	958	10536	426579	276000
医院	959	826	133	1048	291974	191732
社区医疗与卫生院	2036	1260	776	6132	89604	55016

1-4 续表 15

行业	法人单位数(个)	单产业法人	多产业法人	产业活动单位数(个)	法人单位从业人员期末人数(人)	#女性
门诊部(所)	1433	1418	15	2600	14905	8767
计划生育技术服务活动	192	186	6	307	2878	2215
妇幼保健院(所、站)	95	86	9	98	15460	12324
专科疾病防治院(所、站)	30	27	3	36	1146	661
疾病预防控制中心	119	107	12	142	6761	3298
其他卫生活动	137	133	4	173	3851	1987
社会工作	2501	2473	28	2704	28419	17579
提供住宿社会工作	1346	1336	10	1434	16748	10847
不提供住宿社会工作	1155	1137	18	1270	11671	6732
文化、体育和娱乐业	**14680**	**14388**	**292**	**15709**	**188245**	**83576**
新闻和出版业	318	305	13	362	17392	7837
新闻业	59	59		80	1464	640
出版业	259	246	13	282	15928	7197
广播、电视、电影和影视录音制作业	1518	1411	107	1715	48640	20245
广播	39	35	4	69	1281	420
电视	177	140	37	247	21978	8695
电影和影视节目制作	921	899	22	938	17607	7269
电影和影视节目发行	38	34	4	36	624	277
电影放映	327	287	40	409	7039	3534
录音制作	16	16		16	111	50
文化艺术业	2895	2842	53	3077	42749	21769
文艺创作与表演	689	682	7	702	14624	7190
艺术表演场馆	87	81	6	92	2617	1045
图书馆与档案馆	321	311	10	331	6122	3862
文物及非物质文化遗产保护	206	199	7	214	2259	990
博物馆	295	292	3	308	3882	1848
烈士陵园、纪念馆	54	54		56	457	180
群众文化活动	704	691	13	821	9743	5356
其他文化艺术业	539	532	7	553	3045	1298
体育	1645	1589	56	1860	18278	7890
体育组织	89	83	6	147	1557	551

1-4 续表 16

行 业	法人单位数(个)	单产业法人	多产业法人	产业活动单位数(个)	法人单位从业人员期末人数(人)	#女性
体育场馆	55	53	2	77	805	304
休闲健身活动	1351	1307	44	1483	14559	6473
其他体育	150	146	4	153	1357	562
娱乐业	8304	8241	63	8695	61186	25835
室内娱乐活动	7751	7694	57	8124	55770	23477
游乐园	85	84	1	89	1797	774
彩票活动	37	37		38	638	295
文化、娱乐、体育经纪代理	206	204	2	209	1224	590
其他娱乐业	225	222	3	235	1757	699
公共管理、社会保障和社会组织	**79422**	**76926**	**2496**	**87025**	**1182667**	**359965**
中国共产党机关	1289	1226	63	1312	25946	6634
中国共产党机关	1289	1226	63	1312	25946	6634
国家机构	17021	15314	1707	23002	678461	191693
国家权力机构	159	158	1	163	4460	939
国家行政机构	16423	14810	1613	22142	642685	179714
人民法院和人民检察院	267	175	92	477	29343	10355
其他国家机构	172	171	1	220	1973	685
人民政协、民主党派	316	311	5	318	5174	1458
人民政协	134	130	4	136	3490	811
民主党派	182	181	1	182	1684	647
社会保障	360	357	3	453	6994	3666
社会保障	360	357	3	453	6994	3666
群众团体、社会团体和其他成员组织	27496	27231	265	28994	226582	89840
群众团体	891	854	37	938	10897	4959
社会团体	17216	17018	198	18235	127338	44151
基金会	276	276		282	1299	544
宗教组织	9113	9083	30	9539	87048	40186
基层群众自治组织	32940	32487	453	32946	239510	66674
社区自治组织	4166	4116	50	4168	39158	21197
村民自治组织	28774	28371	403	28778	200352	45477

1-5 按地区分组的法人单位、产业活动单位数及从业人数

地　区	法　人 单位数 (个)			产业活动 单 位 数 (个)	法人单位 从业人员 期末人数 (人)	
		单产业 法　人	多产业 法　人			#女性
全　省	**965826**	**935569**	**30257**	**1082706**	**27942889**	**9377220**
杭州市	**205006**	**197479**	**7527**	**232399**	**5804086**	**1921029**
上城区	10172	9559	613	12243	276409	114465
下城区	14882	14144	738	17054	317335	133377
江干区	19650	18975	675	22004	682567	199554
拱墅区	17550	16913	637	19103	506774	119405
西湖区	28283	27090	1193	31554	803436	239244
滨江区	10375	10056	319	11322	366943	118251
萧山区	37677	36680	997	41791	1243626	395544
余杭区	25405	24435	970	29536	632339	239984
桐庐县	7687	7475	212	9042	158538	63914
淳安县	4319	4070	249	5508	90159	37582
建德市	6368	6170	198	7417	130467	51124
富阳市	12805	12414	391	14538	351848	119226
临安市	9833	9498	335	11287	243645	89359
宁波市	**166458**	**161428**	**5030**	**186846**	**5079720**	**1841394**
海曙区	12672	11961	711	15448	283294	109571
江东区	12879	12221	658	15515	344814	98710
江北区	9916	9481	435	11424	311045	88086
北仑区	15733	15086	647	17408	544152	195590
镇海区	9513	9263	250	10458	320803	105652
鄞州区	34340	33500	840	37655	966249	392252
象山县	9867	9580	287	11222	539791	122226
宁海县	9612	9353	259	10925	270572	112574
余姚市	18619	18256	363	20640	504338	218376
慈溪市	25329	24965	364	27304	746415	296357
奉化市	7978	7762	216	8847	248247	102000

1-5 续表 1

地 区	法 人 单位数 (个)	单产业法 人	多产业法 人	产业活动单 位 数 (个)	法人单位从业人员期末人数 (人)	#女性
温州市	**141600**	**136621**	**4979**	**157573**	**3245193**	**1137457**
鹿城区	20366	19312	1054	24125	591192	203700
龙湾区	14644	14107	537	16074	386000	127699
瓯海区	11514	11166	348	12500	362946	127816
洞头县	1787	1653	134	2128	27219	9988
永嘉县	12052	11807	245	12928	240915	85004
平阳县	10014	9713	301	11245	208839	73236
苍南县	16173	15644	529	17905	266177	92319
文成县	2711	2574	137	3349	44492	15632
泰顺县	2545	2398	147	3218	107435	19223
瑞安市	23744	23088	656	25487	480944	172958
乐清市	26050	25159	891	28614	529034	209882
嘉兴市	**75863**	**73359**	**2504**	**85158**	**2042364**	**833754**
南湖区	12780	12256	524	14610	294838	121693
秀洲区	8257	7969	288	9262	258425	105916
嘉善县	10251	10054	197	11239	254013	104757
海盐县	7223	6970	253	8073	187459	78134
海宁市	14464	13822	642	16382	364471	151354
平湖市	10547	10248	299	11767	326326	146654
桐乡市	12341	12040	301	13825	356832	125246
湖州市	**35624**	**34666**	**958**	**40726**	**1078821**	**397203**
吴兴区	10368	10010	358	11970	357061	119032
南浔区	5673	5545	128	6492	130767	52787
德清县	6157	6021	136	6891	214848	83644
长兴县	8242	8069	173	9418	207635	78933
安吉县	5184	5021	163	5955	168510	62807

1-5 续表 2

地　　区	法　人 单位数 (个)	单产业 法　人	多产业 法　人	产业活动 单 位 数 (个)	法人单位 从业人员 期末人数 (人)	#女性
绍兴市	**92819**	**90879**	**1940**	**101717**	**3712675**	**994434**
越城区	15501	15050	451	17298	620944	167122
绍兴县	26001	25588	413	28231	1007002	276792
新昌县	6203	5948	255	7072	204088	67426
诸暨市	20103	19762	341	22061	836559	207742
上虞市	13581	13354	227	14629	754428	176579
嵊州市	11430	11177	253	12426	289654	98773
金华市	**97434**	**94856**	**2578**	**107966**	**2777524**	**889266**
婺城区	11755	11335	420	13273	358431	113442
金东区	4864	4747	117	5291	131435	46024
武义县	6309	6182	127	6879	176270	66588
浦江县	5268	5151	117	5829	152071	60171
磐安县	3711	3635	76	4185	109683	34241
兰溪市	7689	7518	171	8611	159955	69285
义乌市	31463	30488	975	35011	516978	220987
东阳市	9630	9344	286	10921	840378	152709
永康市	16745	16456	289	17966	332323	125819
衢州市	**23955**	**23275**	**680**	**26943**	**640755**	**211499**
柯城区	6236	5993	243	7053	193404	61673
衢江区	3967	3915	52	4220	87731	27403
常山县	3364	3294	70	3812	72119	24448
开化县	2585	2495	90	2996	63039	18811
龙游县	3600	3557	43	3902	106015	34923
江山市	4203	4021	182	4960	118447	44241

1-5 续表 3

地 区	法人单位数(个)	单产业法人	多产业法人	产业活动单位数(个)	法人单位从业人员期末人数(人)	#女性
舟山市	**16267**	**15157**	**1110**	**20278**	**420019**	**136165**
定海区	8549	8038	511	10251	208707	70201
普陀区	4385	4056	329	5687	130513	40928
岱山县	2171	2005	166	2872	62514	18854
嵊泗县	1162	1058	104	1468	18285	6182
台州市	**83975**	**81962**	**2013**	**92311**	**2473421**	**775893**
椒江区	11156	10785	371	12352	309561	107256
黄岩区	10106	9942	164	10744	266497	84343
路桥区	10004	9724	280	10901	244958	82801
玉环县	10993	10859	134	11634	288842	115251
三门县	4745	4636	109	5524	121499	35291
天台县	4824	4709	115	5251	123566	40663
仙居县	4366	4210	156	5158	120787	41301
温岭市	17894	17474	420	19568	606394	155482
临海市	9887	9623	264	11179	391317	113505
丽水市	**26824**	**25887**	**937**	**30789**	**642248**	**233740**
莲都区	6441	6116	325	7481	183872	62675
青田县	3980	3880	100	4515	97835	35562
缙云县	3846	3751	95	4333	97310	36458
遂昌县	2336	2210	126	2792	44486	16406
松阳县	2168	2096	72	2634	48373	15332
云和县	1770	1751	19	1926	38436	14716
庆元县	1924	1855	69	2225	38990	17213
景宁县	1449	1406	43	1647	27976	9985
龙泉市	2910	2822	88	3236	64970	25393

1-6 按登记注册类型分组的法人单位、产业活动单位数及从业人数

登记注册类型	法人单位数（个）	单产业法人	多产业法人	产业活动单位数（个）	法人单位从业人员期末人数（人）	#女性
总　计	**965826**	**935569**	**30257**	**1082706**	**27942889**	**9377220**
内资	**944743**	**915456**	**29287**	**1053082**	**25603460**	**8283206**
国有	46501	42149	4352	65096	2299311	1003435
集体	13157	12555	602	16811	232672	63557
股份合作企业	12236	11856	380	16321	205334	77419
联营企业	739	727	12	1238	10890	4407
国有联营	52	46	6	176	2116	532
集体联营	263	262	1	416	2285	907
国有与集体联营	68	68		115	1386	759
其他联营	356	351	5	531	5103	2209
有限责任公司	42259	38293	3966	56249	4736336	1064979
国有独资公司	3126	2730	396	4050	286897	78050
其他有限责任公司	39133	35563	3570	52199	4449439	986929
股份有限公司	3391	2926	465	16850	1149728	301446
私营企业	730749	712113	18636	780099	16130843	5424614
私营独资	165866	164537	1329	170699	1506289	704860
私营合伙	24833	24571	262	25629	280198	123097
私营有限责任公司	536542	519735	16807	578196	14044000	4509485
私营股份有限公司	3508	3270	238	5575	300356	87172
其他企业	95711	94837	874	100418	838346	343349
港澳台商投资	**9493**	**9050**	**443**	**12156**	**1162783**	**544345**
与港澳台商合资经营	4366	4150	216	5065	608075	282240
与港澳台商合作经营	131	127	4	165	15389	8094
港澳台商独资	4651	4445	206	6384	499571	239708
港澳台商投资股份有限公司	99	83	16	273	38040	13515
其他港澳台投资	246	245	1	269	1708	788
外商投资	**11590**	**11063**	**527**	**17468**	**1176646**	**549669**
中外合资经营	4947	4689	258	5588	632626	293556
中外合作经营	158	153	5	195	10668	5149
外资企业	5444	5199	245	10106	510141	239843
外商投资股份有限公司	107	97	10	575	17225	8326
其他外商投资	934	925	9	1004	5986	2795

1-7 按开业时间分组的法人单位、产业活动单位数及从业人数

开业时间	法人单位数（个）			产业活动单位数（个）	法人单位从业人员期末人数（人）	
		单产业法人	多产业法人			#女性
1949年及以前	5035	4577	458	5660	477763	180407
1950-1952年	4094	3459	635	4437	350252	81567
1953-1957年	2674	2179	495	3724	436179	100316
1958-1962年	2112	1832	280	2521	289447	68974
1963-1965年	874	758	116	1033	262019	41270
1966-1970年	1045	929	116	1365	305160	36760
1971-1975年	1292	1140	152	1581	320868	42617
1976-1980年	4257	3855	402	5326	628268	111972
1981-1985年	23951	22987	964	25844	840074	207787
1986-1990年	12439	11642	797	15191	705555	197664
1991-1995年	29769	27363	2406	33775	2389886	725394
1996-2000年	71347	66071	5276	81668	4545604	1527335
1978年	1102	988	114	1335	174666	30833
1992年	5961	5444	517	6876	402616	125030
1997年	9624	8880	744	11190	654516	237129
2000年	23227	21776	1451	26398	1148653	422452
2001年	27345	25732	1613	30368	1389625	471985
2002年	33284	31523	1761	37684	1399514	512029
2003年	37061	35260	1801	41992	1539693	545142
2004年	35246	33669	1577	39428	1408975	476756
2005年	38115	36714	1401	44714	1240906	427302
2006年	47036	45444	1592	52501	1339985	479751
2007年	47936	46562	1374	53796	1172239	431699
2008年	47488	46169	1319	54961	1046905	389257
2009年	60013	58673	1340	66988	1146287	430745
2010年	77500	76044	1456	86483	1324628	507998
2011年	92997	91761	1236	103612	1159961	455769
2012年	93763	92722	1041	105467	990674	404025
2013年	165335	164709	626	178260	1201997	513232

1-8 按行业大类、地区

行　业	单位数	杭州市	宁波市	温州市	嘉兴市
总　计	**965826**	**205006**	**166458**	**141600**	**75863**
农、林、牧、渔业	**4162**	**255**	**395**	**506**	**247**
农业	68	13	13	11	4
林业	10	3	1	3	1
畜牧业	50	8	6	12	4
渔业	19	4	4	3	4
农、林、牧、渔服务业	4015	227	371	477	234
采矿业	**1278**	**277**	**121**	**104**	**7**
煤炭开采和洗选业	20	11	2		1
黑色金属矿采选业	25	4	1	2	
有色金属矿采选业	72	22		2	
非金属矿采选业	1125	235	113	94	6
开采辅助活动	8	1	2	1	
其他采矿业	28	4	3	5	
制造业	**365393**	**48876**	**72626**	**63618**	**35749**
农副食品加工业	5576	918	805	701	384
食品制造业	2481	610	333	302	210
酒、饮料和精制茶制造业	2750	554	261	258	79
烟草制品业	6	4	1		
纺织业	30275	4187	2357	2536	5400
纺织服装、服饰业	26383	3964	4617	2881	4359
皮革、毛皮、羽毛及其制品和制鞋业	15619	1091	563	6851	3007
木材加工和木、竹、藤、棕、草制品业	6254	998	597	297	645
家具制造业	5486	876	738	487	513
造纸和纸制品业	9779	2226	1628	1242	1080
印刷和记录媒介复制业	10090	1309	2019	2590	779
文教、工美、体育和娱乐用品制造业	18673	2027	3089	2715	786
石油加工、炼焦和核燃料加工业	343	82	83	21	33

分组的法人单位数

单位：个

湖州市	绍兴市	金华市	衢州市	舟山市	台州市	丽水市
35624	**92819**	**97434**	**23955**	**16267**	**83975**	**26824**
169	**577**	**396**	**1116**	**10**	**254**	**237**
	6	2	3	1	5	10
		2				
	4	4	3	2	5	2
		1	1	1		1
169	567	387	1109	6	244	224
177	**95**	**106**	**133**	**52**	**96**	**110**
		1	4			1
	4	1	1		3	9
	7	1	9		3	28
177	84	97	116	50	89	64
		1		2	1	
		5	3			8
15466	**37726**	**36134**	**5942**	**3491**	**39534**	**6231**
238	364	380	583	439	542	222
150	164	327	143	33	139	70
213	550	216	164	36	158	261
			1			
2280	9810	2500	177	43	915	70
2372	3650	3108	212	64	1032	124
266	316	915	63	14	2327	206
1425	271	615	481	17	364	544
768	242	960	124	25	553	200
384	807	928	211	23	1121	129
251	850	1280	105	82	714	111
317	1748	4363	238	76	2546	768
25	33	26	8	13	14	5

1-8 续表 1

行　　业	单位数				
		杭州市	宁波市	温州市	嘉兴市
化学原料和化学制品制造业	8880	2081	1282	661	920
医药制造业	1293	285	134	51	131
化学纤维制造业	1522	274	210	47	245
橡胶和塑料制品业	29368	3338	8344	3530	2903
非金属矿物制品业	13032	2549	1538	1285	1023
黑色金属冶炼和压延加工业	4210	563	894	951	371
有色金属冶炼和压延加工业	3505	391	891	509	191
金属制品业	30869	4586	7119	4696	2327
通用设备制造业	46216	5359	11884	8493	3873
专用设备制造业	19178	2353	4929	2886	1157
汽车制造业	13943	1466	3599	3431	463
铁路、船舶、航空航天和其他运输设备制造业	4463	519	806	583	142
电气机械和器材制造业	32545	3404	8916	10215	2212
计算机、通信和其他电子设备制造业	9430	1429	2791	2030	938
仪器仪表制造业	5831	760	1193	1948	190
其他制造业	5131	331	529	1257	1256
废弃资源综合利用业	921	209	237	63	71
金属制品、机械和设备修理业	1341	133	239	101	61
电力、热力、燃气及水生产和供应业	**4329**	**510**	**415**	**714**	**189**
电力、热力生产和供应业	2839	331	181	489	50
燃气生产和供应业	310	49	51	58	25
水的生产和供应业	1180	130	183	167	114
建筑业	**23419**	**7421**	**4188**	**2296**	**1431**
房屋建筑业	4110	1050	624	415	224
土木工程建筑业	5356	1580	788	595	313
建筑安装业	3497	1162	822	334	290
建筑装饰和其他建筑业	10456	3629	1954	952	604
批发和零售业	**253574**	**68332**	**41753**	**27333**	**18914**
批发业	179326	49766	33281	16880	13673
零售业	74248	18566	8472	10453	5241

单位：个

湖州市	绍兴市	金华市	衢州市	舟山市	台州市	丽水市
628	812	973	721	63	578	161
115	185	142	32	12	175	31
58	517	137	14	4	11	5
711	1853	2596	312	115	5477	189
1445	1018	2195	416	182	927	454
253	232	232	61	30	419	204
120	454	480	55	11	349	54
682	2005	5994	311	161	2497	491
1001	5232	2405	465	225	6452	827
405	2036	1170	267	525	3089	361
137	793	588	77	93	3082	214
62	128	420	27	383	1332	61
701	2082	1395	408	143	2799	270
282	769	706	114	36	272	63
45	204	176	33	55	1176	51
57	507	848	84	5	197	60
34	34	36	28	8	181	20
41	60	23	7	575	96	5
157	**358**	**315**	**251**	**108**	**504**	**807**
40	265	227	201	16	279	759
11	29	20	20	15	21	11
106	64	68	30	77	204	37
744	**1728**	**1731**	**652**	**1290**	**1429**	**509**
163	422	541	140	93	287	151
209	514	451	185	154	400	167
100	236	150	49	80	218	56
272	556	589	278	963	524	135
7636	**30571**	**29475**	**5712**	**3324**	**15217**	**5307**
4600	23592	19307	4163	2107	9166	2791
3036	6979	10168	1549	1217	6051	2516

1-8 续表 2

行　　业	单位数				
		杭州市	宁波市	温州市	嘉兴市
交通运输、仓储和邮政业	**16799**	**3695**	**3788**	**2421**	**1091**
铁路运输业	1		1		
道路运输业	8546	2484	1562	1222	570
水上运输业	1095	86	211	114	58
航空运输业	51	14	6	8	1
管道运输业	3	2			
装卸搬运和运输代理业	5280	674	1645	897	267
仓储业	866	178	251	77	100
邮政业	957	257	112	103	95
住宿和餐饮业	**13884**	**3790**	**2191**	**2216**	**833**
住宿业	6112	1448	941	997	418
餐饮业	7772	2342	1250	1219	415
信息传输、软件和信息技术服务业	**16503**	**9502**	**2500**	**1054**	**742**
电信、广播电视和卫星传输服务	744	213	82	70	83
互联网和相关服务	1389	642	178	136	52
软件和信息技术服务业	14370	8647	2240	848	607
金融业	**3610**	**556**	**913**	**361**	**454**
货币金融服务	544	71	64	142	41
资本市场服务	2422	369	673	143	394
保险业	74	21	26	6	2
其他金融业	570	95	150	70	17
房地产业	**23812**	**5819**	**2907**	**4306**	**2188**
房地产业	23812	5819	2907	4306	2188
租赁和商务服务业	**73505**	**22924**	**12947**	**9734**	**4573**
租赁业	3488	1062	525	445	206
商务服务业	70017	21862	12422	9289	4367
科学研究和技术服务业	**25327**	**10211**	**3815**	**2088**	**1515**
研究和试验发展	3216	1050	598	330	215
专业技术服务业	14437	5906	2428	1310	835
科技推广和应用服务业	7674	3255	789	448	465

单位：个

湖州市	绍兴市	金华市	衢州市	舟山市	台州市	丽水市
629	**802**	**1329**	**547**	**907**	**1259**	**331**
398	369	387	442	280	627	205
39	28	13	4	402	125	15
2		9	2	8	1	
		1				
110	306	761	52	158	369	41
48	33	46	22	46	48	17
32	66	112	25	13	89	53
616	**766**	**1225**	**179**	**429**	**1104**	**535**
283	270	632	75	231	549	268
333	496	593	104	198	555	267
311	**603**	**831**	**174**	**129**	**464**	**193**
34	61	42	57	24	39	39
31	73	151	23	20	57	26
246	469	638	94	85	368	128
139	**311**	**381**	**53**	**121**	**183**	**138**
22	41	51	16	11	39	46
99	249	239	27	104	90	35
2	2	9	1	2	2	1
16	19	82	9	4	52	56
1092	**1867**	**2498**	**433**	**519**	**1670**	**513**
1092	1867	2498	433	519	1670	513
2129	**5174**	**5261**	**1782**	**1955**	**5378**	**1648**
87	198	437	55	112	251	110
2042	4976	4824	1727	1843	5127	1538
713	**2021**	**1953**	**642**	**407**	**1201**	**761**
104	391	189	75	53	111	100
326	1006	813	303	275	799	436
283	624	951	264	79	291	225

1-8 续表 3

行　业	单位数				
		杭州市	宁波市	温州市	嘉兴市
水利、环境和公共设施管理业	**5477**	**1214**	**804**	**609**	**424**
水利管理业	941	116	133	68	64
生态保护和环境治理业	587	150	98	98	61
公共设施管理业	3949	948	573	443	299
居民服务、修理和其他服务业	**12087**	**3417**	**1933**	**1867**	**762**
居民服务业	4704	1223	853	779	248
机动车、电子产品和日用产品修理业	5192	1542	764	831	367
其他服务业	2191	652	316	257	147
教育	**21063**	**3745**	**3493**	**3924**	**1079**
教育	21063	3745	3493	3924	1079
卫生和社会工作	**7502**	**1536**	**1084**	**1200**	**385**
卫生	5001	984	699	805	223
社会工作	2501	552	385	395	162
文化、体育和娱乐业	**14680**	**3228**	**2152**	**1973**	**1090**
新闻和出版业	318	161	28	29	11
广播、电视、电影和影视录音制作业	1518	267	137	89	163
文化艺术业	2895	819	458	318	214
体育	1645	452	265	294	103
娱乐业	8304	1529	1264	1243	599
公共管理、社会保障和社会组织	**79422**	**9698**	**8433**	**15276**	**4190**
中国共产党机关	1289	191	131	142	94
国家机构	17021	2265	1781	1746	1486
人民政协、民主党派	316	40	27	33	31
社会保障	360	51	80	6	25
群众团体、社会团体和其他成员组织	27496	4077	3170	7470	1376
基层群众自治组织	32940	3074	3244	5879	1178

单位：个

湖州市	绍兴市	金华市	衢州市	舟山市	台州市	丽水市
330	**547**	**470**	**201**	**149**	**454**	**275**
50	104	153	57	14	112	70
17	38	30	21	11	33	30
263	405	287	123	124	309	175
369	**925**	**967**	**210**	**239**	**1055**	**343**
153	294	410	60	89	432	163
166	439	383	88	84	422	106
50	192	174	62	66	201	74
821	**1403**	**2673**	**626**	**388**	**1945**	**966**
821	1403	2673	626	388	1945	966
355	**424**	**771**	**378**	**199**	**662**	**508**
244	262	606	240	115	436	387
111	162	165	138	84	226	121
565	**1007**	**1785**	**527**	**331**	**1318**	**704**
5	11	23	8	9	21	12
28	53	633	32	16	49	51
139	217	210	62	63	198	197
47	92	89	71	63	115	54
346	634	830	354	180	935	390
3206	**5914**	**9133**	**4397**	**2219**	**10248**	**6708**
62	68	138	127	52	164	120
922	1409	1520	1362	877	1971	1682
12	26	32	35	12	37	31
34	16	36	42	5	30	35
928	1730	2245	1083	831	2724	1862
1248	2665	5162	1748	442	5322	2978

1-9 按行业大类、地区分组的

行　业	从业人员期末人数	杭州市	宁波市	温州市	嘉兴市
总　计	**27942889**	**5804086**	**5079720**	**3245193**	**2042364**
农、林、牧、渔业	**31926**	**2500**	**3884**	**4011**	**1643**
农业	1259	281	273	133	121
林业	512	103	12	327	63
畜牧业	1199	291	173	162	61
渔业	599	275	149	49	27
农、林、牧、渔服务业	28357	1550	3277	3340	1371
采矿业	**34712**	**6420**	**2063**	**2786**	**514**
煤炭开采和洗选业	211	93	16		74
黑色金属矿采选业	2754	138	100	6	
有色金属矿采选业	4257	1263		84	
非金属矿采选业	27131	4878	1920	2665	440
开采辅助活动	42	22	7	1	
其他采矿业	317	26	20	30	
制造业	**11952277**	**1797082**	**2467832**	**1672875**	**1253882**
农副食品加工业	159994	22257	25901	19448	12428
食品制造业	115198	30817	25100	7609	14165
酒、饮料和精制茶制造业	80886	23457	5976	4789	2848
烟草制品业	3966	2832	1104		
纺织业	1138675	195457	98009	43360	185969
纺织服装、服饰业	1125428	148087	277775	108211	197589
皮革、毛皮、羽毛及其制品和制鞋业	726380	50546	15071	388096	106469
木材加工和木、竹、藤、棕、草制品业	148361	17314	9966	4324	19054
家具制造业	263556	42664	31528	10866	41655
造纸和纸制品业	228961	66495	30094	19768	32286
印刷和记录媒介复制业	192989	27040	38551	50682	18125
文教、工美、体育和娱乐用品制造业	477367	51000	114585	44808	19817
石油加工、炼焦和核燃料加工业	14113	1887	9431	626	653

法人单位从业人数

单位：人

湖州市	绍兴市	金华市	衢州市	舟山市	台州市	丽水市
1078821	**3712675**	**2777524**	**640755**	**420019**	**2473421**	**642248**
1499	**4060**	**3625**	**6742**	**100**	**1855**	**2007**
	174	38	10	22	78	129
		7				
	181	52	178	16	48	37
		10	9	15		65
1499	3705	3518	6545	47	1729	1776
7033	**3885**	**1834**	**2079**	**2241**	**1455**	**4402**
		4	10			14
	1762	21	27		8	692
	924	12	104		99	1771
7033	1199	1696	1912	2234	1346	1808
		3		7	2	
		98	26			117
576249	**1262072**	**1107568**	**238653**	**147817**	**1167687**	**260560**
6413	7641	9127	10553	24673	16400	5153
5239	5473	9309	3432	1254	10919	1881
6570	17376	3777	4247	947	4167	6732
			30			
80045	368883	112117	12628	9894	26333	5980
85110	143107	128261	11688	1632	17974	5994
9501	10274	26358	5227	258	89226	25354
40422	4689	12263	15431	246	6521	18131
45410	13747	31391	5715	504	33002	7074
8605	14555	20060	14042	646	18807	3603
4857	12227	25014	2240	1229	11453	1571
11865	37561	101037	8216	1586	64257	22635
232	347	372	145	290	117	13

1-9 续表 1

行　业	从业人员期末人数	杭州市	宁波市	温州市	嘉兴市
化学原料和化学制品制造业	341416	78142	50063	17818	36238
医药制造业	145592	34525	8203	5539	6368
化学纤维制造业	137552	32300	12886	2305	35531
橡胶和塑料制品业	667075	91704	168601	86824	61261
非金属矿物制品业	374585	77803	40599	20743	50488
黑色金属冶炼和压延加工业	207884	38706	45232	22717	16755
有色金属冶炼和压延加工业	128544	12389	39674	12498	5143
金属制品业	760498	103103	170960	95881	54881
通用设备制造业	1193439	167849	294444	160896	92510
专用设备制造业	471847	62502	127319	55259	34054
汽车制造业	537744	63412	153199	86713	27276
铁路、船舶、航空航天和其他运输设备制造业	189128	16271	35524	16195	3804
电气机械和器材制造业	1183449	152395	391178	247883	84990
计算机、通信和其他电子设备制造业	515551	132589	156213	53821	70307
仪器仪表制造业	225476	40718	54324	59576	10241
其他制造业	127927	8319	22317	24027	10817
废弃资源综合利用业	27758	3385	8403	539	1556
金属制品、机械和设备修理业	40938	1117	5602	1054	604
电力、热力、燃气及水生产和供应业	**172904**	**22708**	**20346**	**19306**	**12276**
电力、热力生产和供应业	121303	13766	11567	12341	6775
燃气生产和供应业	10462	2559	1603	1169	936
水的生产和供应业	41139	6383	7176	5796	4565
建筑业	**7659188**	**1637604**	**1125977**	**551795**	**269170**
房屋建筑业	5723001	1150058	771096	359068	198882
土木工程建筑业	1293164	255833	209268	153416	41419
建筑安装业	189973	47187	50028	13326	10779
建筑装饰和其他建筑业	453050	184526	95585	25985	18090
批发和零售业	**2021332**	**639589**	**368612**	**209704**	**125024**
批发业	1341897	446055	261772	127904	81500
零售业	679435	193534	106840	81800	43524

单位：人

湖州市	绍兴市	金华市	衢州市	舟山市	台州市	丽水市
21154	45455	26807	35317	1884	17037	11501
7530	26722	15874	2365	896	35033	2537
7829	36609	7193	773	1393	547	186
13617	46897	51283	6016	2674	125608	12590
46610	30062	54001	17737	4785	21140	10617
27220	9985	9600	11909	482	11756	13522
7761	19424	17060	2147	151	9585	2712
17776	49678	170292	9689	3389	59648	25201
34232	145951	68158	19760	5668	175805	28166
10457	48975	29280	6160	12303	76495	9043
9327	36002	32361	3440	4549	110827	10638
2504	2872	21378	1124	28353	54823	6280
47727	79489	53503	17842	4269	88205	15968
12778	24811	42601	6230	1965	11400	2836
1839	5661	5717	1336	1424	42910	1730
2636	16475	22543	2596	73	15515	2609
340	592	640	580	213	11330	180
643	532	191	38	30187	847	123
8300	**15388**	**10320**	**6213**	**4349**	**14488**	**13147**
4731	10569	7215	4684	1809	9937	11846
822	1021	465	629	555	536	167
2747	3798	2640	900	1985	4015	1134
180486	**1848738**	**988250**	**171947**	**81197**	**707244**	**96780**
143812	1536171	796203	111294	57544	539992	58881
27485	220063	156848	45319	12080	142845	28588
3712	45329	5062	1276	2237	8249	2788
5477	47175	30137	14058	9336	16158	6523
75714	**197191**	**175218**	**45460**	**26451**	**110917**	**47452**
43838	143432	104227	30225	13977	61663	27304
31876	53759	70991	15235	12474	49254	20148

1-9 续表 2

行业	从业人员期末人数	杭州市	宁波市	温州市	嘉兴市
交通运输、仓储和邮政业	**524549**	**132090**	**125117**	**64825**	**31321**
铁路运输业	277		277		
道路运输业	290998	79451	65394	35804	17745
水上运输业	47739	4351	12157	5664	1724
航空运输业	9546	5089	1497	1716	32
管道运输业	161	160			
装卸搬运和运输代理业	83259	10833	31067	12970	3930
仓储业	22004	4064	7483	1720	1348
邮政业	70565	28142	7242	6951	6542
住宿和餐饮业	**414594**	**140547**	**65228**	**52621**	**23663**
住宿业	192824	56434	32047	21715	11926
餐饮业	221770	84113	33181	30906	11737
信息传输、软件和信息技术服务业	**300326**	**189605**	**35652**	**14775**	**11177**
电信、广播电视和卫星传输服务	71415	24840	7520	6899	5142
互联网和相关服务	32526	23536	2147	1490	1052
软件和信息技术服务业	196385	141229	25985	6386	4983
金融业	**27195**	**4569**	**5568**	**3941**	**2125**
货币金融服务	7987	1093	680	1977	470
资本市场服务	13946	2098	3316	1389	1522
保险业	663	165	298	20	16
其他金融业	4599	1213	1274	555	117
房地产业	**459604**	**158229**	**87801**	**49643**	**43318**
房地产业	459604	158229	87801	49643	43318
租赁和商务服务业	**949777**	**271786**	**289377**	**96504**	**56553**
租赁业	21594	8092	3198	2290	1144
商务服务业	928183	263694	286179	94214	55409
科学研究和技术服务业	**360662**	**163425**	**55163**	**29755**	**20626**
研究和试验发展	40610	19025	5694	2776	2175
专业技术服务业	254579	113045	43538	23032	14497
科技推广和应用服务业	65473	31355	5931	3947	3954

单位：人

湖州市	绍兴市	金华市	衢州市	舟山市	台州市	丽水市
18551	**25940**	**38914**	**13661**	**31711**	**33614**	**8805**
12734	14952	19233	10963	8720	19314	6688
1567	300	80	13	17348	4344	191
10		488	91	307	316	
		1				
1281	5916	9119	784	2916	4190	253
1083	750	2143	322	1795	812	484
1876	4022	7850	1488	625	4638	1189
18391	**24013**	**29838**	**5648**	**13603**	**30164**	**10878**
8797	13008	16742	3134	8313	14610	6098
9594	11005	13096	2514	5290	15554	4780
6676	**9383**	**13287**	**3397**	**3055**	**9529**	**3790**
3650	5356	4389	2721	2267	6158	2473
273	764	2138	77	133	595	321
2753	3263	6760	599	655	2776	996
1253	**2399**	**2911**	**364**	**1433**	**1178**	**1454**
402	512	1165	181	162	427	918
643	1754	1183	121	1223	498	199
5	16	106	1	28	5	3
203	117	457	61	20	248	334
16813	**28494**	**26336**	**6403**	**10865**	**22457**	**9245**
16813	28494	26336	6403	10865	22457	9245
24121	**48763**	**50545**	**21056**	**17161**	**58224**	**15687**
591	986	2020	231	518	1600	924
23530	47777	48525	20825	16643	56624	14763
10407	**22232**	**22837**	**6742**	**5751**	**15428**	**8296**
1241	3419	1461	773	546	2764	736
6933	15121	12731	4329	4760	10713	5880
2233	3692	8645	1640	445	1951	1680

1-9 续表 3

行　业	从业人员期末人数				
		杭州市	宁波市	温州市	嘉兴市
水利、环境和公共设施管理业	**175336**	**50959**	**24883**	**16211**	**14040**
水利管理业	13361	2242	2249	1015	754
生态保护和环境治理业	10437	4230	1579	1508	689
公共设施管理业	151538	44487	21055	13688	12597
居民服务、修理和其他服务业	**151980**	**44900**	**27505**	**20720**	**11083**
居民服务业	60735	16120	12908	8521	3524
机动车、电子产品和日用产品修理业	50529	13827	8255	7884	3762
其他服务业	40716	14953	6342	4315	3797
教育	**880617**	**194820**	**129870**	**138050**	**59820**
教育	880617	194820	129870	138050	59820
卫生和社会工作	**454998**	**111959**	**67516**	**63333**	**30904**
卫生	426579	103304	62615	59790	29364
社会工作	28419	8655	4901	3543	1540
文化、体育和娱乐业	**188245**	**46190**	**27374**	**24453**	**10378**
新闻和出版业	17392	6660	3937	1549	568
广播、电视、电影和影视录音制作业	48640	9531	5427	4428	1999
文化艺术业	42749	12963	6012	5216	2410
体育	18278	5877	2900	2214	2157
娱乐业	61186	11159	9098	11046	3244
公共管理、社会保障和社会组织	**1182667**	**189104**	**149952**	**209885**	**64847**
中国共产党机关	25946	4854	3679	3393	1540
国家机构	678461	120865	95118	101226	44076
人民政协、民主党派	5174	1035	581	527	354
社会保障	6994	1328	1450	575	368
群众团体、社会团体和其他成员组织	226582	29040	28385	57794	12874
基层群众自治组织	239510	31982	20739	46370	5635

单位：人

湖州市	绍兴市	金华市	衢州市	舟山市	台州市	丽水市
8980	**14880**	**18178**	**3397**	**5108**	**12419**	**6281**
768	1724	1842	524	238	1394	611
225	375	419	368	162	467	415
7987	12781	15917	2505	4708	10558	5255
4803	**10863**	**9709**	**2092**	**3037**	**14111**	**3157**
2329	2991	4181	695	957	7167	1342
1742	3928	3568	908	1086	4565	1004
732	3944	1960	489	994	2379	811
37812	**69110**	**86140**	**27991**	**16102**	**82817**	**38085**
37812	69110	86140	27991	16102	82817	38085
21139	**33397**	**41157**	**15171**	**9763**	**40411**	**20248**
19895	31771	39016	14324	9137	38415	18948
1244	1626	2141	847	626	1996	1300
6975	**13224**	**28563**	**4520**	**4285**	**15133**	**7150**
485	683	1130	358	380	1176	466
1533	1851	17874	1238	892	2100	1767
1655	5533	3105	827	929	2454	1645
608	1123	1189	377	490	936	407
2694	4034	5265	1720	1594	8467	2865
53619	**78643**	**122294**	**59219**	**35990**	**134290**	**84824**
1287	1384	2468	1746	1054	2531	2010
34042	47743	62426	33152	25999	69338	44476
180	554	549	318	259	468	349
409	464	542	568	114	657	519
9170	11467	21408	12356	6257	20729	17102
8531	17031	34901	11079	2307	40567	20368

1-10 按行业大类、登记注册

行业	单位数	内资	国有	集体	股份合作企业	联营企业
总计	**965826**	**944743**	**46501**	**13157**	**12236**	**739**
农、林、牧、渔业	**4162**	**4153**	**186**	**97**	**8**	**2**
农业	68	67	2		1	
林业	10	10	6			
畜牧业	50	48	4	2		
渔业	19	19				
农、林、牧、渔服务业	4015	4009	174	95	7	2
采矿业	**1278**	**1265**	**8**	**64**	**13**	**1**
煤炭开采和洗选业	20	20				
黑色金属矿采选业	25	23	1	1		
有色金属矿采选业	72	72	2	2	1	
非金属矿采选业	1125	1114	3	60	12	1
开采辅助活动	8	8		1		
其他采矿业	28	28	2			
制造业	**365393**	**351073**	**194**	**1593**	**9013**	**56**
农副食品加工业	5576	5424	27	51	174	2
食品制造业	2481	2306	8	18	48	1
酒、饮料和精制茶制造业	2750	2662	20	42	52	1
烟草制品业	6	5	1		1	
纺织业	30275	28884	3	52	305	1
纺织服装、服饰业	26383	24479	7	41	271	3
皮革、毛皮、羽毛及其制品和制鞋业	15619	15102	2	17	458	
木材加工和木、竹、藤、棕、草制品业	6254	6066	5	53	42	2
家具制造业	5486	5172		12	52	
造纸和纸制品业	9779	9592		30	274	2
印刷和记录媒介复制业	10090	10014	17	80	458	1
文教、工美、体育和娱乐用品制造业	18673	17932	4	56	323	2
石油加工、炼焦和核燃料加工业	343	324		1	12	

类型分组的法人单位数

单位：个

国有联营	集体联营	国有与集体联营	其他联营	有限责任公司	国有独资公司	其他有限责任公司	股份有限公司	私营企业	私营独资
52	**263**	**68**	**356**	**42259**	**3126**	**39133**	**3391**	**730749**	**165866**
	1		**1**	**56**	**12**	**44**	**4**	**715**	**138**
				2		2		34	4
								3	2
				2		2		18	4
								15	2
	1		1	52	12	40	4	645	126
			1	**57**	**9**	**48**	**4**	**1106**	**347**
				1		1	1	17	5
				3	2	1		18	
				8	2	6	1	57	9
			1	44	5	39	2	982	330
								7	
				1		1		25	3
5	**30**	**4**	**17**	**9991**	**94**	**9897**	**1158**	**326122**	**101630**
1			1	207	8	199	38	4156	1205
			1	93	1	92	20	2027	527
1				99	3	96	6	1961	802
				2	2			1	
1				606	4	602	70	27748	8461
			3	408	10	398	37	23606	7960
				340	1	339	25	14199	5260
	2			97		97	22	5714	2534
				117		117	9	4945	1415
		1	1	215		215	26	9008	3477
1				241	3	238	16	9164	3419
	2			296	2	294	31	17081	5888
				13	1	12	1	297	48

1-10 续表 1

行业	单位数	内资	国有	集体	股份合作企业	联营企业
化学原料和化学制品制造业	8880	8240	8	59	235	5
医药制造业	1293	1127	1	2	30	
化学纤维制造业	1522	1376	2		7	
橡胶和塑料制品业	29368	28646	3	79	942	5
非金属矿物制品业	13032	12730	12	329	370	7
黑色金属冶炼和压延加工业	4210	4067	2	37	284	1
有色金属冶炼和压延加工业	3505	3371		14	95	
金属制品业	30869	30065	7	116	672	5
通用设备制造业	46216	44780	17	175	1322	8
专用设备制造业	19178	18355	11	73	611	2
汽车制造业	13943	13300	1	18	428	3
铁路、船舶、航空航天和其他运输设备制造业	4463	4325	7	17	165	
电气机械和器材制造业	32545	31196	6	115	770	2
计算机、通信和其他电子设备制造业	9430	8761	2	33	146	
仪器仪表制造业	5831	5571	8	30	289	2
其他制造业	5131	5007	3	9	108	
废弃资源综合利用业	921	874	2	4	27	
金属制品、机械和设备修理业	1341	1320	8	30	42	1
电力、热力、燃气及水生产和供应业	**4329**	**4178**	**208**	**770**	**286**	**30**
电力、热力生产和供应业	2839	2766	147	529	215	26
燃气生产和供应业	310	267	4	8	3	
水的生产和供应业	1180	1145	57	233	68	4
建筑业	**23419**	**23343**	**80**	**196**	**58**	**5**
房屋建筑业	4110	4094	8	61	18	3
土木工程建筑业	5356	5337	49	59	8	1
建筑安装业	3497	3476	12	36	13	
建筑装饰和其他建筑业	10456	10436	11	40	19	1
批发和零售业	**253574**	**249984**	**492**	**1650**	**1129**	**79**
批发业	179326	176147	338	1005	763	24
零售业	74248	73837	154	645	366	55

单位：个

国有联营	集体联营	国有与集体联营	其他联营	有限责任公司	国有独资公司	其他有限责任公司	股份有限公司	私营企业	私营独资
	4	1		416	7	409	72	7415	1738
				175	2	173	48	859	98
				62	1	61	14	1287	260
	3		2	606	4	602	56	26815	10205
1	5		1	541	17	524	47	11320	3525
	1			145		145	20	3556	999
				205	1	204	21	3022	946
	4		1	613	6	607	41	28442	9759
	3	1	4	1123	7	1116	125	41841	13811
	1	1		530	3	527	69	16982	4760
	1		2	513	2	511	49	12266	3408
				197	1	196	9	3920	944
	2			1323	1	1322	181	28704	5550
				389	4	385	55	8113	1608
	1		1	231		231	33	4962	1335
				108	2	106	11	4737	1218
				51	1	50	2	783	222
	1			29		29	4	1191	248
2	**22**	**3**	**3**	**694**	**171**	**523**	**19**	**2130**	**473**
1	20	2	3	356	77	279	15	1444	331
				56	5	51	1	193	33
1	2	1		282	89	193	3	493	109
1	**2**		**2**	**2092**	**124**	**1968**	**118**	**20773**	**568**
	2		1	544	13	531	41	3414	77
1				727	85	642	37	4450	89
				322	14	308	12	3079	74
			1	499	12	487	28	9830	328
10	**19**	**15**	**35**	**9987**	**342**	**9645**	**846**	**226779**	**39648**
4	6	5	9	6898	225	6673	580	159161	16410
6	13	10	26	3089	117	2972	266	67618	23238

1-10 续表 2

行业	单位数	内资	国有	集体	股份合作企业	联营企业
交通运输、仓储和邮政业	**16799**	**16608**	**408**	**434**	**314**	**12**
铁路运输业	1	1				
道路运输业	8546	8498	234	234	166	3
水上运输业	1095	1078	67	25	4	
航空运输业	51	46	10			
管道运输业	3	3		1		
装卸搬运和运输代理业	5280	5237	21	150	132	3
仓储业	866	788	59	15	9	4
邮政业	957	957	17	9	3	2
住宿和餐饮业	**13884**	**13626**	**206**	**209**	**158**	**10**
住宿业	6112	6001	170	137	118	6
餐饮业	7772	7625	36	72	40	4
信息传输、软件和信息技术服务业	**16503**	**16062**	**365**	**42**	**14**	**2**
电信、广播电视和卫星传输服务	744	722	210	20		1
互联网和相关服务	1389	1371	30	3	1	
软件和信息技术服务业	14370	13969	125	19	13	1
金融业	**3610**	**3535**	**46**	**52**	**7**	**4**
货币金融服务	544	517	15	25	2	3
资本市场服务	2422	2381	19	15	5	1
保险业	74	74	1			
其他金融业	570	563	11	12		
房地产业	**23812**	**23111**	**648**	**443**	**415**	**12**
房地产业	23812	23111	648	443	415	12
租赁和商务服务业	**73505**	**72914**	**1906**	**4039**	**325**	**87**
租赁业	3488	3464	9	14	17	2
商务服务业	70017	69450	1897	4025	308	85
科学研究和技术服务业	**25327**	**24857**	**3027**	**398**	**108**	**27**
研究和试验发展	3216	3085	307	37	45	9
专业技术服务业	14437	14245	1874	189	50	10
科技推广和应用服务业	7674	7527	846	172	13	8

单位：个

国有联营	集体联营	国有与集体联营	其他联营	有限责任公司	国有独资公司	其他有限责任公司	股份有限公司	私营企业	私营独资
1	**6**	**3**	**2**	**1712**	**226**	**1486**	**90**	**13581**	**1111**
							1		
	2	1		906	123	783	50	6875	557
				186	18	168	7	787	13
				16	5	11	1	19	
				1		1		1	
	1	1	1	334	19	315	21	4558	507
	2	1	1	210	59	151	7	479	20
1	1			59	2	57	3	862	14
	4	**2**	**4**	**933**	**40**	**893**	**58**	**11873**	**5058**
	2	2	2	497	29	468	29	4963	2321
	2		2	436	11	425	29	6910	2737
	1	**1**		**1216**	**47**	**1169**	**128**	**14263**	**195**
	1			104	30	74	17	364	55
				106	6	100	16	1214	35
		1		1006	11	995	95	12685	105
	2		**2**	**482**	**91**	**391**	**161**	**2669**	**82**
	1		2	55		55	122	201	2
	1			359	76	283	32	1936	43
				7		7	1	63	10
				61	15	46	6	469	27
2	**1**	**4**	**5**	**4429**	**290**	**4139**	**151**	**16844**	**1624**
2	1	4	5	4429	290	4139	151	16844	1624
7	**57**	**6**	**17**	**6205**	**1132**	**5073**	**372**	**46545**	**1823**
1			1	171	5	166	17	3174	256
6	57	6	16	6034	1127	4907	355	43371	1567
5	**5**	**7**	**10**	**2014**	**166**	**1848**	**146**	**16744**	**717**
	1	2	6	205	10	195	21	2104	165
5	1	2	2	1323	128	1195	87	10596	418
	3	3	2	486	28	458	38	4044	134

1-10 续表 3

行业	单位数	内资				
			国有	集体	股份合作企业	联营企业
水利、环境和公共设施管理业	**5477**	**5428**	**1512**	**139**	**11**	**6**
水利管理业	941	939	657	42	1	3
生态保护和环境治理业	587	579	100	6	3	1
公共设施管理业	3949	3910	755	91	7	2
居民服务、修理和其他服务业	**12087**	**12040**	**350**	**303**	**134**	**11**
居民服务业	4704	4685	255	212	26	8
机动车、电子产品和日用产品修理业	5192	5170	29	51	104	3
其他服务业	2191	2185	66	40	4	
教育	**21063**	**21037**	**8218**	**509**	**116**	**70**
教育	21063	21037	8218	509	116	70
卫生和社会工作	**7502**	**7492**	**3583**	**400**	**38**	**28**
卫生	5001	4993	2636	183	26	11
社会工作	2501	2499	947	217	12	17
文化、体育和娱乐业	**14680**	**14623**	**1780**	**198**	**65**	**22**
新闻和出版业	318	317	204	7		
广播、电视、电影和影视录音制作业	1518	1511	191	14	1	2
文化艺术业	2895	2892	1202	82	8	10
体育	1645	1621	135	61	6	4
娱乐业	8304	8282	48	34	50	6
公共管理、社会保障和社会组织	**79422**	**79414**	**23284**	**1621**	**24**	**275**
中国共产党机关	1289	1289	1289			
国家机构	17021	17021	16994	10		
人民政协、民主党派	316	316	316			
社会保障	360	360	343	4		
群众团体、社会团体和其他成员组织	27496	27488	4342	1607	24	275
基层群众自治组织	32940	32940				

单位：个

国有联营	集体联营	国有与集体联营	其他联营	有限责任公司	国有独资公司	其他有限责任公司	股份有限公司	私营企业	私营独资
	2		**4**	**919**	**242**	**677**	**30**	**2705**	**99**
	2		1	104	44	60	1	107	11
			1	78	17	61	2	365	20
			2	737	181	556	27	2233	68
	9		**2**	**426**	**35**	**391**	**29**	**10376**	**2966**
	6		2	172	14	158	8	3692	1225
	3			160	6	154	12	4748	1607
				94	15	79	9	1936	134
2	**17**	**8**	**43**	**245**	**13**	**232**	**30**	**4816**	**2447**
2	17	8	43	245	13	232	30	4816	2447
	11	**1**	**16**	**99**	**3**	**96**	**6**	**1423**	**825**
	4	1	6	88	1	87	4	1235	707
	7		10	11	2	9	2	188	118
1	**6**	**2**	**13**	**654**	**83**	**571**	**33**	**10919**	**5872**
				60	18	42	1	40	5
1	1			169	24	145	11	1115	135
	3	2	5	140	30	110	4	991	185
	1		3	62	8	54	5	960	304
	1		5	223	3	220	12	7813	5243
16	**68**	**12**	**179**	**48**	**6**	**42**	**8**	**366**	**243**
16	68	12	179	48	6	42	8	366	243

1-10 续表 4

行业	私营合伙	私营有限责任公司	私营股份有限公司	其他企业	港澳台商投资	与港澳台商合资经营
总 计	**24833**	**536542**	**3508**	**95711**	**9493**	**4366**
农、林、牧、渔业	**23**	**550**	**4**	**3085**	**3**	
农业		30		28		
林业		1		1		
畜牧业		14		22		
渔业	1	12		4		
农、林、牧、渔服务业	22	493	4	3030	3	
采矿业	**99**	**656**	**4**	**12**	**5**	**4**
煤炭开采和洗选业		12		1		
黑色金属矿采选业		18				
有色金属矿采选业	4	43	1	1		
非金属矿采选业	93	556	3	10	5	4
开采辅助活动	1	6				
其他采矿业	1	21				
制造业	**14754**	**208581**	**1157**	**2946**	**7095**	**3625**
农副食品加工业	145	2788	18	769	59	32
食品制造业	61	1432	7	91	59	30
酒、饮料和精制茶制造业	76	1075	8	481	33	13
烟草制品业		1			1	1
纺织业	525	18684	78	99	831	479
纺织服装、服饰业	423	15162	61	106	990	495
皮革、毛皮、羽毛及其制品和制鞋业	413	8492	34	61	195	129
木材加工和木、竹、藤、棕、草制品业	166	2997	17	131	94	47
家具制造业	112	3397	21	37	155	79
造纸和纸制品业	499	5012	20	37	102	70
印刷和记录媒介复制业	505	5222	18	37	40	30
文教、工美、体育和娱乐用品制造业	610	10532	51	139	385	172
石油加工、炼焦和核燃料加工业	2	245	2		14	8

单位：个

与港澳台商合作经营	港澳台商独资	港澳台商投资股份有限公司	其他港澳台投资	外商投资	中外合资经营	中外合作经营	外资企业	外商投资股份有限公司	其他外商投资
131	**4651**	**99**	**246**	**11590**	**4947**	**158**	**5444**	**107**	**934**
	3			**6**	**5**		**1**		
				1	1				
				2	2				
	3			3	2		1		
		1		**8**	**2**		**5**	**1**	
				2			2		
		1		6	2		3	1	
93	**3296**	**70**	**11**	**7225**	**3817**	**91**	**3240**	**44**	**33**
	27			93	50	5	36	1	1
	29			116	55	3	56	1	1
	20			55	34		20		1
10	333	9		560	332	6	219	3	
10	478	5	2	914	511	5	392	3	3
4	60	2		322	203	4	114	1	
2	44	1		94	55	8	31		
2	74			159	73	1	84		1
2	30			85	45	2	37		1
1	9			36	20		16		
5	205	3		356	190	4	158	1	3
1	4	1		5	2		2	1	

1-10 续表 5

行业	私营合伙	私营有限责任公司	私营股份有限公司	其他企业	港澳台商投资	与港澳台商合资经营
化学原料和化学制品制造业	240	5377	60	30	292	153
医药制造业	11	734	16	12	61	38
化学纤维制造业	46	972	9	4	93	57
橡胶和塑料制品业	1886	14661	63	140	365	192
非金属矿物制品业	486	7247	62	104	159	91
黑色金属冶炼和压延加工业	289	2255	13	22	88	54
有色金属冶炼和压延加工业	138	1915	23	14	73	40
金属制品业	1536	17073	74	169	386	176
通用设备制造业	2359	25535	136	169	660	335
专用设备制造业	832	11326	64	77	385	164
汽车制造业	652	8171	35	22	263	111
铁路、船舶、航空航天和其他运输设备制造业	179	2785	12	10	56	30
电气机械和器材制造业	1038	21963	153	95	715	354
计算机、通信和其他电子设备制造业	220	6232	53	23	335	157
仪器仪表制造业	251	3354	22	16	114	51
其他制造业	960	2538	21	31	68	27
废弃资源综合利用业	36	521	4	5	17	6
金属制品、机械和设备修理业	58	883	2	15	7	4
电力、热力、燃气及水生产和供应业	**594**	**1050**	**13**	**41**	**62**	**35**
电力、热力生产和供应业	503	599	11	34	35	22
燃气生产和供应业	30	130		2	18	9
水的生产和供应业	61	321	2	5	9	4
建筑业	**71**	**19993**	**141**	**21**	**37**	**26**
房屋建筑业	7	3292	38	5	11	8
土木工程建筑业	10	4312	39	6	9	7
建筑安装业	17	2978	10	2	8	6
建筑装饰和其他建筑业	37	9411	54	8	9	5
批发和零售业	**2102**	**183895**	**1134**	**9022**	**1059**	**224**
批发业	690	141234	827	7378	884	172
零售业	1412	42661	307	1644	175	52

单位：个

与港澳台商合作经营	港澳台商独资	港澳台商投资股份有限公司	其他港澳台投资	外商投资	中外合资经营	中外合作经营	外资企业	外商投资股份有限公司	其他外商投资
6	131	2		348	179	3	158	6	2
	23			105	66		37	2	
	32	4		53	30		23		
5	163	4	1	357	172	6	173	2	4
2	64	1	1	143	85	2	55		1
	33	1		55	32		23		
2	30	1		61	27	1	31	1	1
2	205	1	2	418	205	3	204	4	2
10	308	6	1	776	398	7	363	3	5
6	205	8	2	438	197	2	231	5	3
2	145	4	1	380	195	8	175	2	
4	22			82	43	1	37		1
9	340	11	1	634	351	13	264	4	2
4	170	4		334	134	3	195	2	
4	58	1		146	75	2	67	1	1
	40	1		56	30	1	24	1	
	11			30	18	1	11		
	3			14	10		4		
7	**20**			**89**	**54**	**5**	**28**	**1**	**1**
5	8			38	23	4	11		
1	8			25	18		6	1	
1	4			26	13	1	11		1
1	**9**	**1**		**39**	**14**	**2**	**20**		**3**
	3			5	2		3		
1	1			10	4	1	5		
	2			13	3		9		1
	3	1		11	5	1	3		2
13	**586**	**10**	**226**	**2531**	**426**	**32**	**1182**	**38**	**853**
9	481	7	215	2295	354	31	1055	36	819
4	105	3	11	236	72	1	127	2	34

1-10 续表 6

行业	私营合伙	私营有限责任公司	私营股份有限公司	其他企业	港澳台商投资	与港澳台商合资经营
交通运输、仓储和邮政业	**445**	**11925**	**100**	**57**	**97**	**57**
铁路运输业						
道路运输业	176	6093	49	30	25	12
水上运输业	1	770	3	2	10	10
航空运输业		19			2	2
管道运输业		1				
装卸搬运和运输代理业	260	3756	35	18	23	14
仓储业	7	448	4	5	37	19
邮政业	1	838	9	2		
住宿和餐饮业	**614**	**6116**	**85**	**179**	**113**	**40**
住宿业	343	2261	38	81	59	23
餐饮业	271	3855	47	98	54	17
信息传输、软件和信息技术服务业	**39**	**13950**	**79**	**32**	**151**	**36**
电信、广播电视和卫星传输服务	4	302	3	6	18	1
互联网和相关服务	7	1155	17	1	12	
软件和信息技术服务业	28	12493	59	25	121	35
金融业	**706**	**1809**	**72**	**114**	**45**	**26**
货币金融服务	2	151	46	94	21	14
资本市场服务	599	1275	19	14	20	11
保险业	3	50		2		
其他金融业	102	333	7	4	4	1
房地产业	**1065**	**14030**	**125**	**169**	**373**	**158**
房地产业	1065	14030	125	169	373	158
租赁和商务服务业	**2047**	**42324**	**351**	**13435**	**230**	**55**
租赁业	41	2851	26	60	9	3
商务服务业	2006	39473	325	13375	221	52
科学研究和技术服务业	**199**	**15736**	**92**	**2393**	**142**	**36**
研究和试验发展	37	1889	13	357	35	13
专业技术服务业	117	10004	57	116	62	11
科技推广和应用服务业	45	3843	22	1920	45	12

单位：个

与港澳台商合作经营	港澳台商独资	港澳台商投资股份有限公司	其他港澳台投资	外商投资	中外合资经营	中外合作经营	外资企业	外商投资股份有限公司	其他外商投资
2	**36**	**2**		**94**	**41**	**3**	**46**	**1**	**3**
2	11			23	13		9		1
				7	5	2			
				3	1		2		
	8	1		20	5	1	11	1	2
	17	1		41	17		24		
3	**66**	**2**	**2**	**145**	**41**	**2**	**96**	**2**	**4**
2	31	2	1	52	24	2	25	1	
1	35		1	93	17		71	1	4
	112	**2**	**1**	**290**	**80**	**2**	**202**	**2**	**4**
	16	1		4	1		3		
	12			6	2		4		
	84	1	1	280	77	2	195	2	4
	18	**1**		**30**	**12**		**16**	**2**	
	6	1		6	4		1	1	
	9			21	6		14	1	
	3			3	2		1		
4	**205**	**6**		**328**	**158**	**4**	**160**	**4**	**2**
4	205	6		328	158	4	160	4	2
3	**167**	**3**	**2**	**361**	**101**	**5**	**229**	**7**	**19**
	6			15	9		5	1	
3	161	3	2	346	92	5	224	6	19
2	**100**	**1**	**3**	**328**	**148**	**5**	**168**	**5**	**2**
1	19	1	1	96	50	1	42	3	
	50		1	130	49	2	76	1	2
1	31		1	102	49	2	50	1	

1-10 续表 7

行业	私营合伙	私营有限责任公司	私营股份有限公司	其他企业	港澳台商投资	与港澳台商合资经营
水利、环境和公共设施管理业	**23**	**2560**	**23**	**106**	**22**	**11**
水利管理业	2	92	2	24	2	
生态保护和环境治理业	6	338	1	24	3	2
公共设施管理业	15	2130	20	58	17	9
居民服务、修理和其他服务业	**431**	**6936**	**43**	**411**	**14**	**6**
居民服务业	212	2240	15	312	6	4
机动车、电子产品和日用产品修理业	199	2929	13	63	6	2
其他服务业	20	1767	15	36	2	
教育	**427**	**1905**	**37**	**7033**	**14**	**9**
教育	427	1905	37	7033	14	9
卫生和社会工作	**257**	**333**	**8**	**1915**	**4**	**2**
卫生	236	284	8	810	2	2
社会工作	21	49		1105	2	
文化、体育和娱乐业	**882**	**4129**	**36**	**952**	**25**	**16**
新闻和出版业	1	34		5		
广播、电视、电影和影视录音制作业	5	961	14	8	4	2
文化艺术业	32	769	5	455	2	
体育	48	605	3	388	12	8
娱乐业	796	1760	14	96	7	6
公共管理、社会保障和社会组织	**55**	**64**	**4**	**53788**	**2**	
中国共产党机关						
国家机构				17		
人民政协、民主党派						
社会保障				13		
群众团体、社会团体和其他成员组织	55	64	4	20818	2	
基层群众自治组织				32940		

单位：个

与港澳台商合作经营	港澳台商独资	港澳台商投资股份有限公司	其他港澳台投资	外商投资	中外合资经营	中外合作经营	外资企业	外商投资股份有限公司	其他外商投资
	11			**27**	**13**		**13**		**1**
	2								
	1			5	4		1		
	8			22	9		12		1
1	**7**			**33**	**11**		**18**		**4**
1	1			13	3		7		3
	4			16	6		9		1
	2			4	2		2		
	5			**12**	**4**	**1**	**7**		
	5			12	4	1	7		
	2			**6**	**3**	**3**			
				6	3	3			
	2								
1	**7**		**1**	**32**	**17**	**3**	**12**		
				1			1		
	2			3	2		1		
	2			1			1		
1	2		1	12	4	2	6		
	1			15	11	1	3		
1	**1**			**6**			**1**		**5**
1	1			6			1		5

1-11 按行业大类、登记注册

行业	从业人员期末人数					
		内资	国有	集体	股份合作企业	联营企业
总计	**27942889**	**25603460**	**2299311**	**232672**	**205334**	**10890**
农、林、牧、渔业	**31926**	**31762**	**2387**	**531**	**48**	**10**
农业	1259	1224	46		7	
林业	512	512	492			
畜牧业	1199	1147	155	16		
渔业	599	599				
农、林、牧、渔服务业	28357	28280	1694	515	41	10
采矿业	**34712**	**33961**	**1497**	**2640**	**150**	**5**
煤炭开采和洗选业	211	211				
黑色金属矿采选业	2754	2653	70	31		
有色金属矿采选业	4257	4257	31	25	64	
非金属矿采选业	27131	26481	1372	2579	86	5
开采辅助活动	42	42		5		
其他采矿业	317	317	24			
制造业	**11952277**	**9907771**	**34410**	**29683**	**165303**	**870**
农副食品加工业	159994	143231	4485	469	2625	8
食品制造业	115198	82780	762	225	727	14
酒、饮料和精制茶制造业	80886	57759	569	383	856	96
烟草制品业	3966	3739	1104		54	
纺织业	1138675	923778	10	1229	7375	1
纺织服装、服饰业	1125428	814802	9094	937	4960	39
皮革、毛皮、羽毛及其制品和制鞋业	726380	644147	39	303	12493	
木材加工和木、竹、藤、棕、草制品业	148361	132717	36	473	710	18
家具制造业	263556	192702		175	892	
造纸和纸制品业	228961	200933		473	4100	181
印刷和记录媒介复制业	192989	182363	246	1087	6648	1
文教、工美、体育和娱乐用品制造业	477367	401206	24	659	5143	8
石油加工、炼焦和核燃料加工业	14113	12487		3	142	

类型分组的法人单位从业人数

单位：人

国有联营	集体联营	国有与集体联营	其他联营	有限责任公司	国有独资公司	其他有限责任公司	股份有限公司	私营企业	私营独资
2116	**2285**	**1386**	**5103**	**4736336**	**286897**	**4449439**	**1149728**	**16130843**	**1506289**
	7		**3**	**655**	**128**	**527**	**56**	**6701**	**1001**
				92		92		714	43
								19	7
				118		118		519	40
								513	139
	7		3	445	128	317	56	4936	772
			5	**6964**	**2940**	**4024**	**256**	**22312**	**3791**
				1		1	1	204	25
				1761	1593	168		791	
				1116	585	531	183	2832	116
			5	4085	762	3323	72	18156	3623
								37	
				1		1		292	27
101	**348**	**40**	**381**	**1201378**	**40335**	**1161043**	**451150**	**7992815**	**1171916**
2			6	14546	396	14150	10369	102094	12885
			14	11562	8	11554	12123	56267	5507
96				12153	3299	8854	2319	35031	7013
				2551	2551			30	
1				84643	187	84456	24054	805648	86920
			39	52048	4555	47493	13899	732452	129940
				63641	1	63640	9557	557151	91573
	18			4025		4025	2534	123716	31725
				19278		19278	4535	167169	21423
		1	180	20926		20926	8679	166290	30104
1				17293	712	16581	1982	154763	33085
	8			21094	212	20882	5681	367156	73495
				1963	899	1064	6408	3971	340

1-11 续表 1

行业	从业人员期末人数	内资	国有	集体	股份合作企业	联营企业
化学原料和化学制品制造业	341416	280732	464	648	3588	15
医药制造业	145592	112771	60	10	727	
化学纤维制造业	137552	103220	158		303	
橡胶和塑料制品业	667075	582248	111	1175	15185	33
非金属矿物制品业	374585	338555	352	7639	7768	140
黑色金属冶炼和压延加工业	207884	188667	9746	881	6414	10
有色金属冶炼和压延加工业	128544	112924		237	2020	
金属制品业	760498	682474	115	2297	14223	19
通用设备制造业	1193439	1035794	1444	2671	22897	128
专用设备制造业	471847	392822	385	768	8680	48
汽车制造业	537744	436732	1	155	9628	26
铁路、船舶、航空航天和其他运输设备制造业	189128	168073	2627	363	3473	
电气机械和器材制造业	1183449	987105	198	2098	12100	18
计算机、通信和其他电子设备制造业	515551	334148	200	1006	2539	
仪器仪表制造业	225476	186678	776	505	6773	57
其他制造业	127927	111889	28	167	1374	
废弃资源综合利用业	27758	21247	96	28	238	
金属制品、机械和设备修理业	40938	39048	1280	2619	648	10
电力、热力、燃气及水生产和供应业	**172904**	**161584**	**70917**	**7292**	**1948**	**203**
电力、热力生产和供应业	121303	114429	67062	3683	1390	114
燃气生产和供应业	10462	6934	412	162	24	
水的生产和供应业	41139	40221	3443	3447	534	89
建筑业	**7659188**	**7623229**	**27043**	**69725**	**6843**	**1298**
房屋建筑业	5723001	5698566	1627	59036	5547	487
土木工程建筑业	1293164	1291718	21313	7853	857	801
建筑安装业	189973	186851	1001	2014	205	
建筑装饰和其他建筑业	453050	446094	3102	822	234	10
批发和零售业	**2021332**	**1937353**	**15749**	**13055**	**6911**	**581**
批发业	1341897	1305496	13029	7087	4444	133
零售业	679435	631857	2720	5968	2467	448

单位：人

国有联营	集体联营	国有与集体联营	其他联营	有限责任公司			股份有限公司	私营企业	
					国有独资公司	其他有限责任公司			私营独资
	9	6		75507	1100	74407	32854	167134	15506
				39427	386	39041	31445	41043	1049
				13468	110	13358	24594	64657	3634
	9		24	61385	5628	55757	11364	491633	94636
1	123		16	58350	4914	53436	5518	257787	39032
	10			27994		27994	12223	131226	16549
				21644	570	21074	8638	80328	10781
	17		2	51009	1496	49513	7266	605560	106893
	69	32	27	118504	1772	116732	45759	842930	138175
	47	1		44865	2444	42421	13653	323846	45970
	8		18	75701	287	75414	21475	329552	42506
				32824	8065	24759	4737	123960	12967
	18			136798		136798	71771	763402	63909
				72725	718	72007	34120	223282	20862
	2		55	29970		29970	14536	133881	18734
				9464	18	9446	8734	91958	12963
				3841	7	3834	210	16800	1668
	10			2179		2179	113	32098	2072
67	**110**	**15**	**11**	**56816**	**20054**	**36762**	**1148**	**23064**	**2716**
13	80	10	11	25996	5045	20951	830	15202	1772
				3939	605	3334	138	2248	144
54	30	5		26881	14404	12477	180	5614	800
801	**11**		**486**	**2328363**	**36158**	**2292205**	**499947**	**4689867**	**5820**
	11		476	1852511	21972	1830539	434024	3345312	3105
801				302220	10669	291551	50988	907606	624
				73073	3340	69733	4716	105837	553
			10	100559	177	100382	10219	331112	1538
93	**94**	**194**	**200**	**282337**	**15764**	**266573**	**91168**	**1454946**	**130141**
19	12	43	59	143721	9880	133841	59982	1015382	58324
74	82	151	141	138616	5884	132732	31186	439564	71817

1-11 续表 2

行业	从业人员期末人数					
		内资				
			国有	集体	股份合作企业	联营企业
交通运输、仓储和邮政业	**524549**	**502438**	**47979**	**10250**	**6110**	**397**
铁路运输业	277	277				
道路运输业	290998	282289	22078	3384	2286	251
水上运输业	47739	44124	3518	761	61	
航空运输业	9546	5422	2792			
管道运输业	161	161		54		
装卸搬运和运输代理业	83259	81612	814	5720	1152	85
仓储业	22004	17988	1282	175	61	56
邮政业	70565	70565	17495	156	2550	5
住宿和餐饮业	**414594**	**368547**	**12343**	**3766**	**2181**	**896**
住宿业	192824	175910	11143	3082	1235	822
餐饮业	221770	192637	1200	684	946	74
信息传输、软件和信息技术服务业	**300326**	**250907**	**11533**	**1479**	**113**	**2**
电信、广播电视和卫星传输服务	71415	56291	10016	1142		1
互联网和相关服务	32526	17898	186	108	1	
软件和信息技术服务业	196385	176718	1331	229	112	1
金融业	**27195**	**26586**	**781**	**766**	**86**	**171**
货币金融服务	7987	7677	565	426	66	114
资本市场服务	13946	13700	106	185	20	57
保险业	663	663	33			
其他金融业	4599	4546	77	155		
房地产业	**459604**	**443247**	**15671**	**5503**	**1622**	**205**
房地产业	459604	443247	15671	5503	1622	205
租赁和商务服务业	**949777**	**938582**	**74018**	**43053**	**3402**	**734**
租赁业	21594	21173	80	403	47	13
商务服务业	928183	917409	73938	42650	3355	721
科学研究和技术服务业	**360662**	**350754**	**75836**	**4450**	**1191**	**297**
研究和试验发展	40610	38304	12460	432	282	72
专业技术服务业	254579	249713	53928	2679	867	162
科技推广和应用服务业	65473	62737	9448	1339	42	63

单位：人

国有联营	集体联营	国有与集体联营	其他联营	有限责任公司	国有独资公司	其他有限责任公司	股份有限公司	私营企业	私营独资
1	**121**	**244**	**31**	**180882**	**65589**	**115293**	**23545**	**232882**	**6848**
							277		
	76	175		123730	54982	68748	11136	119212	3710
				15391	3005	12386	2026	22347	84
				2460	1712	748	10	160	
				106		106		1	
	35	20	30	17873	2210	15663	1033	54821	2770
	6	49	1	8683	3659	5024	196	7504	119
1	4			12639	21	12618	8867	28837	165
	258	**201**	**437**	**82038**	**5927**	**76111**	**7814**	**257678**	**58862**
	199	201	422	56728	4496	52232	4275	97988	16875
	59		15	25310	1431	23879	3539	159690	41987
	1	**1**		**69514**	**6862**	**62652**	**31891**	**136226**	**844**
	1			25859	5521	20338	13194	6052	109
				4265	556	3709	1602	11733	184
		1		39390	785	38605	17095	118441	551
	60		**111**	**4652**	**898**	**3754**	**3013**	**15739**	**430**
	3		111	651		651	2491	2098	44
	57			3281	730	2551	315	9647	234
				126		126	39	462	32
				594	168	426	168	3532	120
131	**3**	**44**	**27**	**163961**	**10135**	**153826**	**7879**	**246337**	**4302**
131	3	44	27	163961	10135	153826	7879	246337	4302
156	**380**	**30**	**168**	**197630**	**53154**	**144476**	**16060**	**514280**	**8790**
3			10	3672	68	3604	401	16223	920
153	380	30	158	193958	53086	140872	15659	498057	7870
127	**17**	**40**	**113**	**72243**	**8632**	**63611**	**7796**	**168332**	**3865**
	2	12	58	5703	569	5134	219	16431	817
127	2	19	14	59430	7414	52016	6371	124302	2400
	13	9	41	7110	649	6461	1206	27599	648

1-11 续表 3

行业	从业人员期末人数	内资	国有	集体	股份合作企业	联营企业
水利、环境和公共设施管理业	**175336**	**174238**	**74745**	**2604**	**92**	**33**
水利管理业	13361	13350	9735	355	3	17
生态保护和环境治理业	10437	10129	1980	14	53	8
公共设施管理业	151538	150759	63030	2235	36	8
居民服务、修理和其他服务业	**151980**	**151199**	**5874**	**3924**	**1360**	**84**
居民服务业	60735	60225	4415	2686	305	59
机动车、电子产品和日用产品修理业	50529	50267	483	585	1015	25
其他服务业	40716	40707	976	653	40	
教育	**880617**	**879744**	**639622**	**12559**	**4750**	**1996**
教育	880617	879744	639622	12559	4750	1996
卫生和社会工作	**454998**	**453291**	**379174**	**4973**	**2177**	**193**
卫生	426579	424885	368189	2919	2051	60
社会工作	28419	28406	10985	2054	126	133
文化、体育和娱乐业	**188245**	**185638**	**60627**	**1871**	**654**	**584**
新闻和出版业	17392	17389	12375	31		
广播、电视、电影和影视录音制作业	48640	48383	21615	114	3	460
文化艺术业	42749	42734	23470	1070	77	81
体育	18278	16547	2217	422	86	22
娱乐业	61186	60585	950	234	488	21
公共管理、社会保障和社会组织	**1182667**	**1182629**	**749105**	**14548**	**393**	**2331**
中国共产党机关	25946	25946	25946			
国家机构	678461	678461	678286	64		
人民政协、民主党派	5174	5174	5174			
社会保障	6994	6994	6841	27		
群众团体、社会团体和其他成员组织	226582	226544	32858	14457	393	2331
基层群众自治组织	239510	239510				

单位：人

国有联营	集体联营	国有与集体联营	其他联营	有限责任公司	国有独资公司	其他有限责任公司	股份有限公司	私营企业	私营独资
	8		**25**	**39637**	**11201**	**28436**	**5344**	**50761**	**973**
	8		9	2252	888	1364	24	825	107
			8	3277	363	2914	4	4485	114
			8	34108	9950	24158	5316	45451	752
	68		**16**	**12298**	**1463**	**10835**	**529**	**123025**	**26373**
	43		16	5166	406	4760	69	44187	13577
	25			3238	147	3091	274	44170	11690
				3894	910	2984	186	34668	1106
44	**314**	**433**	**1205**	**10701**	**251**	**10450**	**581**	**71804**	**34879**
44	314	433	1205	10701	251	10450	581	71804	34879
	72	**32**	**89**	**6604**	**11**	**6593**	**302**	**28905**	**10915**
	10	32	18	6216	5	6211	250	26497	9476
	62		71	388	6	382	52	2408	1439
459	**41**	**8**	**76**	**19428**	**7350**	**12078**	**1182**	**92320**	**32005**
				3986	2593	1393	122	834	46
459	1			4765	1035	3730	535	20847	1083
	27	8	46	5978	3579	2399	32	7415	2564
	10		12	2233	132	2101	52	7972	1521
	3		18	2466	11	2455	441	55252	26791
136	**372**	**104**	**1719**	**235**	**45**	**190**	**67**	**2849**	**1818**
136	372	104	1719	235	45	190	67	2849	1818

1-11 续表 4

行业	私营合伙	私营有限责任公司	私营股份有限公司	其他企业	港澳台商投资	与港澳台商合资经营
总计	**280198**	**14044000**	**300356**	**838346**	**1162783**	**608075**
农、林、牧、渔业	**171**	**5486**	**43**	**21374**	**14**	
农业		671		365		
林业		12		1		
畜牧业		479		339		
渔业	5	369		86		
农、林、牧、渔服务业	166	3955	43	20583	14	
采矿业	**1358**	**17023**	**140**	**137**	**223**	**222**
煤炭开采和洗选业		179		5		
黑色金属矿采选业		791				
有色金属矿采选业	40	2597	79	6		
非金属矿采选业	1304	13168	61	126	223	222
开采辅助活动	3	34				
其他采矿业	11	254				
制造业	**195054**	**6499327**	**126518**	**32162**	**1010410**	**546978**
农副食品加工业	1588	86316	1305	8635	5091	3487
食品制造业	1923	48211	626	1100	9501	6121
酒、饮料和精制茶制造业	649	27187	182	6352	8832	2476
烟草制品业		30			227	227
纺织业	9002	702351	7375	818	142432	86270
纺织服装、服饰业	7773	582104	12635	1373	190259	93066
皮革、毛皮、羽毛及其制品和制鞋业	9096	454453	2029	963	29397	20954
木材加工和木、竹、藤、棕、草制品业	2257	88027	1707	1205	6425	3668
家具制造业	2016	138686	5044	653	29513	14130
造纸和纸制品业	5640	129786	760	284	17327	15547
印刷和记录媒介复制业	5628	115032	1018	343	6062	5285
文教、工美、体育和娱乐用品制造业	9958	280554	3149	1441	40123	19142
石油加工、炼焦和核燃料加工业	18	3581	32		1208	1061

单位：人

与港澳台商合作经营	港澳台商独资	港澳台商投资股份有限公司	其他港澳台投资	外商投资	中外合资经营	中外合作经营	外资企业	外商投资股份有限公司	其他外商投资
15389	**499571**	**38040**	**1708**	**1176646**	**632626**	**10668**	**510141**	**17225**	**5986**
	14			**150**	**101**		**49**		
				35	35				
				52	52				
	14			63	14		49		
		1		**528**	**86**		**434**	**8**	
				101			101		
		1		427	86		333	8	
13534	**419607**	**29662**	**629**	**1034096**	**550810**	**8222**	**457264**	**15868**	**1932**
	1604			11672	7696	565	3148	258	5
	3380			22917	12245	181	8372	1290	829
	6356			14295	8828		5365		102
2590	47894	5678		72465	49721	678	21712	354	
2668	92045	2212	268	120367	70535	199	48847	727	59
813	7567	63		52836	33784	541	18386	125	
142	2218	397		9219	5151	1092	2976		
472	14911			41341	19814	35	21491		1
145	1635			10701	6017	229	4203		252
5	772			4564	3668		896		
209	19849	923		36038	16482	245	17630	1633	48
8	56	83		418	72		299	47	

1-11 续表 5

行业	私营合伙	私营有限责任公司	私营股份有限公司	其他企业	港澳台商投资	与港澳台商合资经营
化学原料和化学制品制造业	2431	143223	5974	522	23479	14443
医药制造业	230	36609	3155	59	9767	7606
化学纤维制造业	534	55909	4580	40	20160	14807
橡胶和塑料制品业	21932	369612	5453	1362	37473	22989
非金属矿物制品业	7599	204344	6812	1001	18003	12515
黑色金属冶炼和压延加工业	5083	107400	2194	173	12824	8903
有色金属冶炼和压延加工业	2461	63823	3263	57	9673	6353
金属制品业	21323	474151	3193	1985	40083	20584
通用设备制造业	28787	659114	16854	1461	71422	39004
专用设备制造业	10006	262997	4873	577	38553	16276
汽车制造业	10008	274561	2477	194	38362	21487
铁路、船舶、航空航天和其他运输设备制造业	2782	105660	2551	89	9414	6901
电气机械和器材制造业	12454	670820	16219	720	92844	44992
计算机、通信和其他电子设备制造业	2836	190530	9054	276	74435	27779
仪器仪表制造业	3800	108141	3206	180	15663	5792
其他制造业	6149	72219	627	164	6877	4142
废弃资源综合利用业	334	14635	163	34	4603	616
金属制品、机械和设备修理业	757	29261	8	101	378	355
电力、热力、燃气及水生产和供应业	**3769**	**16107**	**472**	**196**	**4157**	**2794**
电力、热力生产和供应业	2932	10033	465	152	3237	2290
燃气生产和供应业	191	1913		11	705	391
水的生产和供应业	646	4161	7	33	215	113
建筑业	**1553**	**4558162**	**124332**	**143**	**20726**	**15508**
房屋建筑业	869	3246048	95290	22	11913	11739
土木工程建筑业	65	883945	22972	80	1190	1097
建筑安装业	286	104107	891	5	2563	2510
建筑装饰和其他建筑业	333	324062	5179	36	5060	162
批发和零售业	**11725**	**1296270**	**16810**	**72606**	**36181**	**10280**
批发业	3429	944709	8920	61718	13858	3934
零售业	8296	351561	7890	10888	22323	6346

单位：人

与港澳台商合作经营	港澳台商独资	港澳台商投资股份有限公司	其他港澳台投资	外商投资	中外合资经营	中外合作经营	外资企业	外商投资股份有限公司	其他外商投资
580	8445	11		37205	19437	413	16168	1173	14
	2161			23054	12747		9750	557	
	4095	1258		14172	10292		3880		
376	13509	503	96	47354	24955	530	21570	287	12
233	5048	17	190	18027	9705	226	8054		42
	3524	397		6393	4545		1848		
982	2284	54		5947	1557	1	2297	2036	56
216	18986	244	53	37941	20853	711	16011	357	9
723	28335	3356	4	86223	48887	322	34205	2626	183
539	20561	1174	3	40472	17174	95	22796	354	53
182	15223	1463	7	62650	37995	847	22193	1615	
451	2062			11641	4330	255	7054		2
776	45123	1945	8	103500	59262	666	43349	216	7
515	37710	8431		106968	26259	138	78701	1870	
909	7510	1452		23135	12031	15	10489	342	258
	2734	1		9161	4311	231	4618	1	
	3987			1908	959	7	942		
	23			1512	1498		14		
463	**900**			**7163**	**5536**	**306**	**1234**	**75**	**12**
407	540			3637	2816	215	606		
22	292			2823	2383		365	75	
34	68			703	337	91	263		12
11	**358**	**4849**		**15233**	**14808**	**25**	**383**		**17**
	174			12522	12511		11		
11	82			256	78	20	158		
	53			559	346		210		3
	49	4849		1896	1873	5	4		14
792	**24003**	**178**	**928**	**47798**	**18088**	**208**	**24917**	**839**	**3746**
418	8547	67	892	22543	4348	158	13825	618	3594
374	15456	111	36	25255	13740	50	11092	221	152

1-11 续表 6

行业	私营合伙	私营有限责任公司	私营股份有限公司	其他企业	港澳台商投资	与港澳台商合资经营
交通运输、仓储和邮政业	**3160**	**220009**	**2865**	**393**	**15671**	**10402**
铁路运输业						
道路运输业	1274	112119	2109	212	6765	2716
水上运输业	11	22068	184	20	2058	2058
航空运输业		160			3675	3675
管道运输业		1				
装卸搬运和运输代理业	1848	49739	464	114	831	608
仓储业	25	7330	30	31	2342	1345
邮政业	2	28592	78	16		
住宿和餐饮业	**11407**	**176742**	**10667**	**1831**	**14552**	**6891**
住宿业	4743	73373	2997	637	11285	5352
餐饮业	6664	103369	7670	1194	3267	1539
信息传输、软件和信息技术服务业	**243**	**133361**	**1778**	**149**	**37990**	**2105**
电信、广播电视和卫星传输服务	14	5781	148	27	14500	222
互联网和相关服务	14	11031	504	3	14475	
软件和信息技术服务业	215	116549	1126	119	9015	1883
金融业	**1974**	**12533**	**802**	**1378**	**446**	**314**
货币金融服务	75	1387	592	1266	257	188
资本市场服务	1575	7718	120	89	170	123
保险业	21	409		3		
其他金融业	303	3019	90	20	19	3
房地产业	**3427**	**235626**	**2982**	**2069**	**9738**	**4358**
房地产业	3427	235626	2982	2069	9738	4358
租赁和商务服务业	**18228**	**480568**	**6694**	**89405**	**6731**	**4461**
租赁业	132	15043	128	334	128	71
商务服务业	18096	465525	6566	89071	6603	4390
科学研究和技术服务业	**1408**	**160296**	**2763**	**20609**	**3354**	**1741**
研究和试验发展	179	15362	73	2705	307	137
专业技术服务业	931	118491	2480	1974	2202	1031
科技推广和应用服务业	298	26443	210	15930	845	573

单位：人

与港澳台商合作经营	港澳台商独资	港澳台商投资股份有限公司	其他港澳台投资	外商投资	中外合资经营	中外合作经营	外资企业	外商投资股份有限公司	其他外商投资
3	**5174**	**92**		**6440**	**5465**	**20**	**921**	**23**	**11**
3	4046			1944	1816		122		6
				1557	1542	15			
				449	446		3		
	145	78		816	463	5	320	23	5
	983	14		1674	1198		476		
173	**6546**	**868**	**74**	**31495**	**25275**	**302**	**5795**	**62**	**61**
165	4888	868	12	5629	3635	302	1664	28	
8	1658		62	25866	21640		4131	34	61
	33715	**2169**	**1**	**11429**	**2189**	**7**	**9145**	**59**	**29**
	13868	410		624	1		623		
	14475			153	64		89		
	5372	1759	1	10652	2124	7	8433	59	29
	114	**18**		**163**	**54**		**87**	**22**	
	51	18		53	31		3	19	
	47			76	19		54	3	
	16			34	4		30		
255	**4979**	**146**		**6619**	**2994**	**73**	**3429**	**117**	**6**
255	4979	146		6619	2994	73	3429	117	6
5	**2204**	**55**	**6**	**4464**	**1654**	**45**	**2564**	**87**	**114**
	57			293	194		62	37	
5	2147	55	6	4171	1460	45	2502	50	114
4	**1588**	**2**	**19**	**6554**	**2955**	**224**	**3306**	**65**	**4**
2	164	2	2	1999	1035	2	905	57	
	1155		16	2664	1245	172	1237	6	4
2	269		1	1891	675	50	1164	2	

1-11 续表 7

行业	私营合伙	私营有限责任公司	私营股份有限公司	其他企业	港澳台商投资	与港澳台商合资经营
水利、环境和公共设施管理业	**144**	**49283**	**361**	**1022**	**600**	**516**
水利管理业	18	695	5	139	11	
生态保护和环境治理业	63	4307	1	308	234	232
公共设施管理业	63	44281	355	575	355	284
居民服务、修理和其他服务业	**5605**	**90191**	**856**	**4105**	**455**	**399**
居民服务业	3491	26838	281	3338	419	383
机动车、电子产品和日用产品修理业	1928	30358	194	477	34	16
其他服务业	186	32995	381	290	2	
教育	**8829**	**27315**	**781**	**137731**	**729**	**600**
教育	8829	27315	781	137731	729	600
卫生和社会工作	**4381**	**13013**	**596**	**30963**	**23**	**10**
卫生	4225	12200	596	18703	10	10
社会工作	156	813		12260	13	
文化、体育和娱乐业	**7315**	**52114**	**886**	**8972**	**774**	**496**
新闻和出版业	3	785		41		
广播、电视、电影和影视录音制作业	56	19465	243	44	60	56
文化艺术业	458	4213	180	4611	7	
体育	379	5981	91	3543	649	401
娱乐业	6419	21670	372	733	58	39
公共管理、社会保障和社会组织	**447**	**574**	**10**	**413101**	**9**	
中国共产党机关						
国家机构				111		
人民政协、民主党派						
社会保障				126		
群众团体、社会团体和其他成员组织	447	574	10	173354	9	
基层群众自治组织				239510		

单位：人

与港澳台商合作经营	港澳台商独资	港澳台商投资股份有限公司	其他港澳台投资	外商投资	中外合资经营	中外合作经营	外资企业	外商投资股份有限公司	其他外商投资
	84			**498**	**315**		**175**		**8**
	11								
	2			74	70		4		
	71			424	245		171		8
26	**30**			**326**	**177**		**130**		**19**
26	10			91	43		34		14
	18			228	132		91		5
	2			7	2		5		
	129			**144**	**86**	**1**	**57**		
	129			144	86	1	57		
	13			**1684**	**836**	**848**			
				1684	836	848			
	13								
118	**109**		**51**	**1833**	**1197**	**387**	**249**		
				3			3		
	4			197	103		94		
	7			8			8		
118	79		51	1082	567	384	131		
	19			543	527	3	13		
5	**4**			**29**			**2**		**27**
5	4			29			2		27

1-12 按行业大类、机构

行业	单位数	企业	事业单位	机关
总 计	**965826**	**835565**	**30744**	**8389**
农、林、牧、渔业	**4162**	**2882**	**156**	
农业	68	58		
林业	10	4	6	
畜牧业	50	41	1	
渔业	19	18		
农、林、牧、渔服务业	4015	2761	149	
采矿业	**1278**	**1268**		
煤炭开采和洗选业	20	20		
黑色金属矿采选业	25	25		
有色金属矿采选业	72	72		
非金属矿采选业	1125	1115		
开采辅助活动	8	8		
其他采矿业	28	28		
制造业	**365393**	**365232**		
农副食品加工业	5576	5490		
食品制造业	2481	2466		
酒、饮料和精制茶制造业	2750	2699		
烟草制品业	6	6		
纺织业	30275	30275		
纺织服装、服饰业	26383	26383		
皮革、毛皮、羽毛及其制品和制鞋业	15619	15619		
木材加工和木、竹、藤、棕、草制品业	6254	6252		
家具制造业	5486	5486		
造纸和纸制品业	9779	9779		
印刷和记录媒介复制业	10090	10090		
文教、工美、体育和娱乐用品制造业	18673	18672		
石油加工、炼焦和核燃料加工业	343	343		

类型分组的法人单位数

单位：个

社会团体	民办非企业单位	基金会	居委会	村委会	其他组织机构
18342	**15691**	**277**	**4139**	**28778**	**23901**
	18				**1106**
					10
					8
					1
	18				1087
					10
					10
	3				**158**
					86
					15
					51
					2
	1				

1-12 续表 1

行　业	单位数			
		企业	事业单位	机关
化学原料和化学制品制造业	8880	8879		
医药制造业	1293	1292		
化学纤维制造业	1522	1522		
橡胶和塑料制品业	29368	29368		
非金属矿物制品业	13032	13030		
黑色金属冶炼和压延加工业	4210	4210		
有色金属冶炼和压延加工业	3505	3505		
金属制品业	30869	30869		
通用设备制造业	46216	46216		
专用设备制造业	19178	19178		
汽车制造业	13943	13942		
铁路、船舶、航空航天和其他运输设备制造业	4463	4463		
电气机械和器材制造业	32545	32545		
计算机、通信和其他电子设备制造业	9430	9430		
仪器仪表制造业	5831	5831		
其他制造业	5131	5131		
废弃资源综合利用业	921	921		
金属制品、机械和设备修理业	1341	1340		
电力、热力、燃气及水生产和供应业	**4329**	**4309**	**12**	
电力、热力生产和供应业	2839	2825	9	
燃气生产和供应业	310	309		
水的生产和供应业	1180	1175	3	
建筑业	**23419**	**23419**		
房屋建筑业	4110	4110		
土木工程建筑业	5356	5356		
建筑安装业	3497	3497		
建筑装饰和其他建筑业	10456	10456		
批发和零售业	**253574**	**252532**		
批发业	179326	178393		
零售业	74248	74139		

单位：个

社会团体	民办非企业单位	基金会	居委会	村委会	其他组织机构
					1
					1
	2				
					1
					1
	2				**6**
	2				3
					1
					2
	2				**1040**
	1				932
	1				108

1-12 续表 2

行　业	单位数	企业	事业单位	机关
交通运输、仓储和邮政业	**16799**	**16562**	**234**	
铁路运输业	1	1		
道路运输业	8546	8382	162	
水上运输业	1095	1047	47	
航空运输业	51	42	9	
管道运输业	3	3		
装卸搬运和运输代理业	5280	5279	1	
仓储业	866	852	14	
邮政业	957	956	1	
住宿和餐饮业	**13884**	**13863**	**15**	
住宿业	6112	6100	11	
餐饮业	7772	7763	4	
信息传输、软件和信息技术服务业	**16503**	**16151**	**329**	
电信、广播电视和卫星传输服务	744	550	193	
互联网和相关服务	1389	1358	29	
软件和信息技术服务业	14370	14243	107	
金融业	**3610**	**3443**	**29**	
货币金融服务	544	408	9	
资本市场服务	2422	2407	11	
保险业	74	73	1	
其他金融业	570	555	8	
房地产业	**23812**	**23349**	**400**	
房地产业	23812	23349	400	
租赁和商务服务业	**73505**	**60098**	**1344**	
租赁业	3488	3472		
商务服务业	70017	56626	1344	
科学研究和技术服务业	**25327**	**21463**	**2594**	
研究和试验发展	3216	2474	285	
专业技术服务业	14437	12808	1542	
科技推广和应用服务业	7674	6181	767	

单位：个

社会团体	民办非企业单位	基金会	居委会	村委会	其他组织机构
	1				**2**
	1				1
					1
3	**2**				**1**
1					
2	2				1
	22				**1**
					1
	2				
	20				
33	**99**				**6**
28	95				4
1	1				2
4	3				
	14				**49**
	14				49
10	**517**			**3**	**11533**
	1				15
10	516			3	11518
5	**759**				**506**
4	449				4
	83				4
1	227				498

1-12 续表 3

行业	单位数	企业	事业单位	机关
水利、环境和公共设施管理业	**5477**	**3930**	**1429**	
水利管理业	941	270	629	
生态保护和环境治理业	587	473	92	
公共设施管理业	3949	3187	708	
居民服务、修理和其他服务业	**12087**	**11356**	**306**	
居民服务业	4704	4095	243	
机动车、电子产品和日用产品修理业	5192	5159	8	
其他服务业	2191	2102	55	
教育	**21063**	**2565**	**8141**	
教育	21063	2565	8141	
卫生和社会工作	**7502**	**1269**	**3536**	
卫生	5001	1169	2666	
社会工作	2501	100	870	
文化、体育和娱乐业	**14680**	**11874**	**1632**	
新闻和出版业	318	143	170	
广播、电视、电影和影视录音制作业	1518	1372	141	
文化艺术业	2895	1103	1162	
体育	1645	1026	123	
娱乐业	8304	8230	36	
公共管理、社会保障和社会组织	**79422**		**10587**	**8389**
中国共产党机关	1289		165	1124
国家机构	17021		10036	6983
人民政协、民主党派	316		35	281
社会保障	360		347	1
群众团体、社会团体和其他成员组织	27496		4	
基层群众自治组织	32940			

单位：个

社会团体	民办非企业单位	基金会	居委会	村委会	其他组织机构
2	**86**				**30**
	33				9
	14				8
2	39				13
36	**301**		**4**	**1**	**83**
36	268		4	1	57
	5				20
	28				6
	10301				**56**
	10301				56
150	**2353**	**1**		**1**	**192**
1	1017				148
149	1336	1		1	44
12	**1151**				**11**
	5				
	5				
5	615				10
6	489				1
1	37				
18091	**60**	**276**	**4135**	**28773**	**9111**
	2				
	10				2
18091	36	276			9089
	12		4135	28773	20

1-13 按行业大类、机构类型

行业	从业人员期末人数	企业	事业单位	机关
总 计	**27942889**	**25123423**	**1419707**	**553449**
农、林、牧、渔业	**31926**	**22670**	**1982**	
农业	1259	1129		
林业	512	20	492	
畜牧业	1199	1024	54	
渔业	599	596		
农、林、牧、渔服务业	28357	19901	1436	
采矿业	**34712**	**33711**		
煤炭开采和洗选业	211	211		
黑色金属矿采选业	2754	2754		
有色金属矿采选业	4257	4257		
非金属矿采选业	27131	26130		
开采辅助活动	42	42		
其他采矿业	317	317		
制造业	**11952277**	**11950218**		
农副食品加工业	159994	158766		
食品制造业	115198	114928		
酒、饮料和精制茶制造业	80886	80401		
烟草制品业	3966	3966		
纺织业	1138675	1138675		
纺织服装、服饰业	1125428	1125428		
皮革、毛皮、羽毛及其制品和制鞋业	726380	726380		
木材加工和木、竹、藤、棕、草制品业	148361	148330		
家具制造业	263556	263556		
造纸和纸制品业	228961	228961		
印刷和记录媒介复制业	192989	192989		
文教、工美、体育和娱乐用品制造业	477367	477365		
石油加工、炼焦和核燃料加工业	14113	14113		

分组的法人单位从业人数

单位：人

社会团体	民办非企业单位	基金会	居委会	村委会	其他组织机构
141183	**271279**	**1303**	**38956**	**200455**	**193134**
	76				**7198**
					130
					121
					3
	76				6944
					1001
					1001
	15				**2044**
					1228
					270
					485
					31
	2				

1-13 续表 1

行　业	从业人员期末人数	企业	事业单位	机关
化学原料和化学制品制造业	341416	341409		
医药制造业	145592	145582		
化学纤维制造业	137552	137552		
橡胶和塑料制品业	667075	667075		
非金属矿物制品业	374585	374572		
黑色金属冶炼和压延加工业	207884	207884		
有色金属冶炼和压延加工业	128544	128544		
金属制品业	760498	760498		
通用设备制造业	1193439	1193439		
专用设备制造业	471847	471847		
汽车制造业	537744	537739		
铁路、船舶、航空航天和其他运输设备制造业	189128	189128		
电气机械和器材制造业	1183449	1183449		
计算机、通信和其他电子设备制造业	515551	515551		
仪器仪表制造业	225476	225476		
其他制造业	127927	127927		
废弃资源综合利用业	27758	27758		
金属制品、机械和设备修理业	40938	40930		
电力、热力、燃气及水生产和供应业	**172904**	**172582**	**268**	
电力、热力生产和供应业	121303	121048	236	
燃气生产和供应业	10462	10452		
水的生产和供应业	41139	41082	32	
建筑业	**7659188**	**7659188**		
房屋建筑业	5723001	5723001		
土木工程建筑业	1293164	1293164		
建筑安装业	189973	189973		
建筑装饰和其他建筑业	453050	453050		
批发和零售业	**2021332**	**2011937**		
批发业	1341897	1333310		
零售业	679435	678627		

单位：人

社会团体	民办非企业单位	基金会	居委会	村委会	其他组织机构
					7
					10
	13				
					5
					8
	12				**42**
	12				7
					10
					25
	7				**9388**
	5				8582
	2				806

1-13 续表 2

行　　业	从业人员期末人数	企业	事业单位	机关
交通运输、仓储和邮政业	**524549**	**508722**	**15774**	
铁路运输业	277	277		
道路运输业	290998	278820	12137	
水上运输业	47739	45885	1842	
航空运输业	9546	8036	1510	
管道运输业	161	161		
装卸搬运和运输代理业	83259	83201	58	
仓储业	22004	21817	187	
邮政业	70565	70525	40	
住宿和餐饮业	**414594**	**413887**	**492**	
住宿业	192824	192206	423	
餐饮业	221770	221681	69	
信息传输、软件和信息技术服务业	**300326**	**293693**	**6518**	
电信、广播电视和卫星传输服务	71415	66274	5130	
互联网和相关服务	32526	32344	176	
软件和信息技术服务业	196385	195075	1212	
金融业	**27195**	**24416**	**596**	
货币金融服务	7987	5462	486	
资本市场服务	13946	13844	41	
保险业	663	630	33	
其他金融业	4599	4480	36	
房地产业	**459604**	**451550**	**7418**	
房地产业	459604	451550	7418	
租赁和商务服务业	**949777**	**843880**	**20128**	
租赁业	21594	21515		
商务服务业	928183	822365	20128	
科学研究和技术服务业	**360662**	**294475**	**55533**	
研究和试验发展	40610	25906	11240	
专业技术服务业	254579	217903	35347	
科技推广和应用服务业	65473	50666	8946	

单位：人

社会团体	民办非企业单位	基金会	居委会	村委会	其他组织机构
	20				**33**
	20				21
					12
200	**8**				**7**
195					
5	8				7
	104				**11**
					11
	6				
	98				
771	**1349**				**63**
702	1327				10
6	2				53
63	20				
	81				**555**
	81				555
138	**7298**			**19**	**78314**
	1				78
138	7297			19	78236
13	**6062**				**4579**
10	3428				26
	1238				91
3	1396				4462

1-13 续表 3

行　　业	从业人员期末人数	企业	事业单位	机关
水利、环境和公共设施管理业	**175336**	**102894**	**70911**	
水利管理业	13361	4060	9070	
生态保护和环境治理业	10437	8304	1849	
公共设施管理业	151538	90530	59992	
居民服务、修理和其他服务业	**151980**	**142856**	**4991**	
居民服务业	60735	53128	4106	
机动车、电子产品和日用产品修理业	50529	50192	146	
其他服务业	40716	39536	739	
教育	**880617**	**43929**	**638347**	
教育	880617	43929	638347	
卫生和社会工作	**454998**	**31989**	**377346**	
卫生	426579	30691	366791	
社会工作	28419	1298	10555	
文化、体育和娱乐业	**188245**	**120826**	**56351**	
新闻和出版业	17392	7936	9422	
广播、电视、电影和影视录音制作业	48640	27650	20964	
文化艺术业	42749	13408	22994	
体育	18278	11725	2119	
娱乐业	61186	60107	852	
公共管理、社会保障和社会组织	**1182667**		**163052**	**553449**
中国共产党机关	25946		1093	24853
国家机构	678461		154745	523711
人民政协、民主党派	5174		300	4874
社会保障	6994		6840	11
群众团体、社会团体和其他成员组织	226582		74	
基层群众自治组织	239510			

单位：人

社会团体	民办非企业单位	基金会	居委会	村委会	其他组织机构
9	**1156**				**366**
	158				73
	50				234
9	948				59
464	**2855**		**56**	**5**	**753**
464	2474		56	5	502
	17				174
	364				77
	197793				**548**
	197793				548
1068	**43221**	**4**		**85**	**1285**
5	28028				1064
1063	15193	4		85	221
110	**10801**				**157**
	34				
	26				
58	6140				149
50	4376				8
2	225				
138410	**421**	**1299**	**38900**	**200346**	**86790**
	5				
	130				13
138410	195	1299			86604
	91		38900	200346	173

1-14 按行业大类、控股情况

行　业	单位数		
		国有控股	集体控股
总　计	**965826**	**10783**	**19183**
农、林、牧、渔业	**4162**	**49**	**187**
农业	68	3	1
林业	10		
畜牧业	50	3	2
渔业	19		1
农、林、牧、渔服务业	4015	43	183
采矿业	**1278**	**26**	**55**
煤炭开采和洗选业	20		
黑色金属矿采选业	25	4	1
有色金属矿采选业	72	4	2
非金属矿采选业	1125	16	51
开采辅助活动	8		1
其他采矿业	28	2	
制造业	**365393**	**738**	**4595**
农副食品加工业	5576	60	141
食品制造业	2481	20	42
酒、饮料和精制茶制造业	2750	34	101
烟草制品业	6	3	
纺织业	30275	26	205
纺织服装、服饰业	26383	26	159
皮革、毛皮、羽毛及其制品和制鞋业	15619	4	97
木材加工和木、竹、藤、棕、草制品业	6254	6	75
家具制造业	5486	1	27
造纸和纸制品业	9779	4	89
印刷和记录媒介复制业	10090	42	210
文教、工美、体育和娱乐用品制造业	18673	10	116
石油加工、炼焦和核燃料加工业	343	6	4

分组的法人单位数

单位：个

私人控股	港澳台商控股	外商控股	其 他	非企业免填
779998	**6748**	**8165**	**10895**	**130054**
2381	**2**	**2**	**262**	**1279**
53			1	10
4				6
35			1	9
17				1
2272	2	2	260	1253
1163	**4**	**7**	**13**	**10**
19			1	
18		2		
64			2	
1029	4	5	10	10
7				
26				
347730	**4932**	**4842**	**2395**	**161**
5046	38	53	152	86
2239	50	78	37	15
2398	24	39	103	51
3				
28974	558	369	143	
24789	642	627	140	
15128	121	187	82	
5985	68	53	65	2
5193	111	111	43	
9518	58	49	61	
9739	25	22	52	
17908	278	237	123	1
317	10	4	2	

1-14 续表 1

行 业	单位数		
		国有控股	集体控股
化学原料和化学制品制造业	8880	65	149
医药制造业	1293	20	36
化学纤维制造业	1522	7	5
橡胶和塑料制品业	29368	15	291
非金属矿物制品业	13032	115	417
黑色金属冶炼和压延加工业	4210	18	181
有色金属冶炼和压延加工业	3505	8	56
金属制品业	30869	24	319
通用设备制造业	46216	52	674
专用设备制造业	19178	36	260
汽车制造业	13943	12	132
铁路、船舶、航空航天和其他运输设备制造业	4463	18	61
电气机械和器材制造业	32545	34	410
计算机、通信和其他电子设备制造业	9430	32	102
仪器仪表制造业	5831	14	105
其他制造业	5131	8	58
废弃资源综合利用业	921	7	13
金属制品、机械和设备修理业	1341	11	60
电力、热力、燃气及水生产和供应业	**4329**	**599**	**994**
电力、热力生产和供应业	2839	328	681
燃气生产和供应业	310	38	13
水的生产和供应业	1180	233	300
建筑业	**23419**	**397**	**422**
房屋建筑业	4110	42	104
土木工程建筑业	5356	254	147
建筑安装业	3497	52	90
建筑装饰和其他建筑业	10456	49	81
批发和零售业	**253574**	**1641**	**3090**
批发业	179326	1007	2086
零售业	74248	634	1004

单位：个

私人控股	港澳台商控股	外商控股	其 他	非企业免填
8150	200	249	66	1
1084	44	68	40	1
1406	62	30	12	
28410	251	255	146	
12187	106	86	119	2
3889	60	31	31	
3316	53	39	33	
29787	274	292	173	
44282	459	523	226	
18157	291	315	119	
13284	213	249	52	1
4268	43	55	18	
31000	495	409	197	
8750	247	237	62	
5476	84	107	45	
4947	48	35	35	
854	13	26	8	
1246	6	7	10	1
2553	**39**	**54**	**70**	**20**
1726	20	24	46	14
221	13	16	8	1
606	6	14	16	5
22332	**28**	**22**	**218**	
3890	9	4	61	
4882	7	7	59	
3309	6	6	34	
10251	6	5	64	
241050	**733**	**2097**	**3923**	**1040**
169927	604	1928	2843	931
71123	129	169	1080	109

1-14 续表 2

行业	单位数		
		国有控股	集体控股
交通运输、仓储和邮政业	**16799**	**818**	**688**
铁路运输业	1	1	
道路运输业	8546	366	376
水上运输业	1095	108	44
航空运输业	51	14	2
管道运输业	3	1	1
装卸搬运和运输代理业	5280	127	209
仓储业	866	169	40
邮政业	957	32	16
住宿和餐饮业	**13884**	**337**	**334**
住宿业	6112	278	225
餐饮业	7772	59	109
信息传输、软件和信息技术服务业	**16503**	**232**	**89**
电信、广播电视和卫星传输服务	744	111	27
互联网和相关服务	1389	27	6
软件和信息技术服务业	14370	94	56
金融业	**3610**	**201**	**81**
货币金融服务	544	13	17
资本市场服务	2422	158	53
保险业	74	1	1
其他金融业	570	29	10
房地产业	**23812**	**1070**	**964**
房地产业	23812	1070	964
租赁和商务服务业	**73505**	**2620**	**6157**
租赁业	3488	36	32
商务服务业	70017	2584	6125
科学研究和技术服务业	**25327**	**918**	**682**
研究和试验发展	3216	54	42
专业技术服务业	14437	697	322
科技推广和应用服务业	7674	167	318

单位：个

私人控股	港澳台商控股	外商控股	其 他	非企业免填
14725	**69**	**60**	**204**	**235**
7504	19	14	103	164
873	3	1	19	47
22		2	3	8
1				
4856	14	14	59	1
568	33	29	13	14
901			7	1
12698	**94**	**103**	**300**	**18**
5381	42	35	142	9
7317	52	68	158	9
15295	**128**	**227**	**180**	**352**
382	14	3	13	194
1301	10	5	9	31
13612	104	219	158	127
3028	**32**	**18**	**83**	**167**
330	13	4	31	136
2121	16	13	46	15
71				1
506	3	1	6	15
19948	**313**	**231**	**823**	**463**
19948	313	231	823	463
49606	**191**	**238**	**1314**	**13379**
3350	6	10	38	16
46256	185	228	1276	13363
19052	**122**	**199**	**519**	**3835**
2227	29	62	66	736
11484	59	78	186	1611
5341	34	59	267	1488

1-14 续表 3

行 业	单位数		
		国有控股	集体控股
水利、环境和公共设施管理业	**5477**	**537**	**243**
水利管理业	941	103	32
生态保护和环境治理业	587	33	15
公共设施管理业	3949	401	196
居民服务、修理和其他服务业	**12087**	**136**	**300**
居民服务业	4704	57	150
机动车、电子产品和日用产品修理业	5192	41	98
其他服务业	2191	38	52
教育	**21063**	**103**	**99**
教育	21063	103	99
卫生和社会工作	**7502**	**28**	**47**
卫生	5001	14	32
社会工作	2501	14	15
文化、体育和娱乐业	**14680**	**333**	**156**
新闻和出版业	318	87	9
广播、电视、电影和影视录音制作业	1518	126	27
文化艺术业	2895	83	49
体育	1645	17	25
娱乐业	8304	20	46
公共管理、社会保障和社会组织	**79422**		
中国共产党机关	1289		
国家机构	17021		
人民政协、民主党派	316		
社会保障	360		
群众团体、社会团体和其他成员组织	27496		
基层群众自治组织	32940		

单位：个

私人控股	港澳台商控股	外商控股	其 他	非企业免填
3044	**18**	**14**	**82**	**1539**
126	1		11	668
414	3	2	7	113
2504	14	12	64	758
10753	**10**	**20**	**139**	**729**
3801	4	9	76	607
4964	4	8	44	33
1988	2	3	19	89
2284	**8**	**7**	**141**	**18421**
2284	8	7	141	18421
1151	**3**	**4**	**64**	**6205**
1083	1	4	59	3808
68	2		5	2397
11201	**22**	**20**	**165**	**2783**
49			11	162
1197	4	2	20	142
943	3	1	25	1791
941	13	7	28	614
8071	2	10	81	74
4				**79418**
				1289
				17021
				316
				360
4				27492
				32940

1-15 按行业大类、控股情况

行业	从业人员期末人数	国有控股	集体控股
总计	**27942889**	**1265504**	**709048**
农、林、牧、渔业	**31926**	**564**	**1238**
农业	1259	54	6
林业	512		
畜牧业	1199	101	16
渔业	599		65
农、林、牧、渔服务业	28357	409	1151
采矿业	**34712**	**5357**	**1443**
煤炭开采和洗选业	211		
黑色金属矿采选业	2754	1831	31
有色金属矿采选业	4257	616	25
非金属矿采选业	27131	2886	1382
开采辅助活动	42		5
其他采矿业	317	24	
制造业	**11952277**	**248419**	**217976**
农副食品加工业	159994	10008	3127
食品制造业	115198	6280	1060
酒、饮料和精制茶制造业	80886	6266	4266
烟草制品业	3966	3655	
纺织业	1138675	5643	26607
纺织服装、服饰业	1125428	17306	9167
皮革、毛皮、羽毛及其制品和制鞋业	726380	249	3299
木材加工和木、竹、藤、棕、草制品业	148361	123	1399
家具制造业	263556	1	2523
造纸和纸制品业	228961	2841	2768
印刷和记录媒介复制业	192989	4005	3198
文教、工美、体育和娱乐用品制造业	477367	357	1979
石油加工、炼焦和核燃料加工业	14113	8392	111

分组的法人单位从业人数

单位：人

私人控股	港澳台商控股	外商控股	其 他	非企业免填
20947001	**828803**	**796008**	**598150**	**2798375**
19301	**9**	**51**	**1513**	**9250**
1054			15	130
20				492
901			6	175
531				3
16795	9	51	1492	8450
25683	**197**	**481**	**550**	**1001**
206			5	
791		101		
3584			32	
20772	197	380	513	1001
37				
293				
9880408	**710464**	**703058**	**189893**	**2059**
135178	2067	4974	3412	1228
83885	7272	13057	3374	270
48030	7435	13258	1146	485
311				
952390	95059	47035	11941	
866524	137684	83005	11742	
666153	19774	31483	5422	
136253	4704	4469	1382	31
211595	21165	24496	3776	
203738	6165	6716	6733	
177258	3612	1935	2981	
415628	29599	26187	3615	2
4901	285	366	58	

1-15 续表 1

行　　业	从业人员期末人数		
		国有控股	集体控股
化学原料和化学制品制造业	341416	29063	8843
医药制造业	145592	18177	7003
化学纤维制造业	137552	1657	1578
橡胶和塑料制品业	667075	17075	11985
非金属矿物制品业	374585	25960	12727
黑色金属冶炼和压延加工业	207884	23129	7793
有色金属冶炼和压延加工业	128544	1510	956
金属制品业	760498	2920	7630
通用设备制造业	1193439	17247	19773
专用设备制造业	471847	4892	7917
汽车制造业	537744	8823	7272
铁路、船舶、航空航天和其他运输设备制造业	189128	13958	3242
电气机械和器材制造业	1183449	5916	23224
计算机、通信和其他电子设备制造业	515551	9729	28401
仪器仪表制造业	225476	1053	4094
其他制造业	127927	283	1272
废弃资源综合利用业	27758	449	1074
金属制品、机械和设备修理业	40938	1452	3688
电力、热力、燃气及水生产和供应业	**172904**	**120344**	**10820**
电力、热力生产和供应业	121303	86866	6174
燃气生产和供应业	10462	4609	353
水的生产和供应业	41139	28869	4293
建筑业	**7659188**	**183042**	**242925**
房屋建筑业	5723001	71947	170219
土木工程建筑业	1293164	65199	51843
建筑安装业	189973	21114	18272
建筑装饰和其他建筑业	453050	24782	2591
批发和零售业	**2021332**	**116989**	**55883**
批发业	1341897	74899	28397
零售业	679435	42090	27486

单位：人

私人控股	港澳台商控股	外商控股	其 他	非企业免填
255748	15967	26439	5349	7
87441	7521	14991	10449	10
110712	13201	7735	2669	
576411	26295	28765	6544	
307892	10435	11572	5986	13
162805	7588	3774	2795	
112905	5877	1975	5321	
684876	29503	28358	7211	
1035764	48252	60322	12081	
392324	30064	31521	5129	
444482	27843	40200	9119	5
150032	6936	10811	4149	
986721	65748	72257	29583	
316977	59483	83276	17685	
185987	12892	15064	6386	
113032	3445	6801	3094	
19691	4507	1799	238	
34764	86	417	523	8
33894	**2477**	**3274**	**1773**	**322**
23269	1880	2008	851	255
3546	455	943	546	10
7079	142	323	376	57
7017852	**19434**	**14229**	**181706**	
5316052	11415	12251	141117	
1153567	461	61	22033	
137264	2540	100	10683	
410969	5018	1817	7873	
1697410	**27587**	**38303**	**75781**	**9379**
1163617	10800	18379	37234	8571
533793	16787	19924	38547	808

1-15 续表 2

行业	从业人员期末人数	国有控股	集体控股
交通运输、仓储和邮政业	**524549**	**164016**	**28844**
铁路运输业	277	277	
道路运输业	290998	93315	15424
水上运输业	47739	15375	1767
航空运输业	9546	7035	16
管道运输业	161	106	54
装卸搬运和运输代理业	83259	12513	7548
仓储业	22004	7607	1060
邮政业	70565	27788	2975
住宿和餐饮业	**414594**	**37302**	**14735**
住宿业	192824	30020	11694
餐饮业	221770	7282	3041
信息传输、软件和信息技术服务业	**300326**	**50020**	**7951**
电信、广播电视和卫星传输服务	71415	41251	2928
互联网和相关服务	32526	2960	141
软件和信息技术服务业	196385	5809	4882
金融业	**27195**	**2969**	**789**
货币金融服务	7987	747	209
资本市场服务	13946	1838	458
保险业	663	39	4
其他金融业	4599	345	118
房地产业	**459604**	**43977**	**23480**
房地产业	459604	43977	23480
租赁和商务服务业	**949777**	**178486**	**70832**
租赁业	21594	1768	847
商务服务业	928183	176718	69985
科学研究和技术服务业	**360662**	**49292**	**12433**
研究和试验发展	40610	2287	726
专业技术服务业	254579	44616	8961
科技推广和应用服务业	65473	2389	2746

单位：人

私人控股	港澳台商控股	外商控股	其 他	非企业免填
287509	**7702**	**3232**	**17792**	**15454**
149645	4872	1443	14121	12178
26832	491	76	1412	1786
971		3	316	1205
1				
61410	389	419	922	58
9674	1950	1291	235	187
38976			786	40
302234	**10273**	**8570**	**41130**	**350**
124730	6886	4111	15122	261
177504	3387	4459	26008	89
178204	**36192**	**10209**	**11117**	**6633**
7261	13992	623	219	5141
14313	14443	92	395	182
156630	7757	9494	10503	1310
19172	**280**	**136**	**1070**	**2779**
3744	161	44	557	2525
10914	103	62	469	102
587				33
3927	16	30	44	119
345151	**7610**	**5429**	**25903**	**8054**
345151	7610	5429	25903	8054
563771	**2642**	**3036**	**26186**	**104824**
17910	40	228	722	79
545861	2602	2808	25464	104745
218519	**1852**	**4334**	**9949**	**64283**
20525	271	1601	515	14685
157014	1286	1648	6229	34825
40980	295	1085	3205	14773

1-15 续表 3

行　业	从业人员期末人数	国有控股	集体控股
水利、环境和公共设施管理业	**175336**	**28617**	**8514**
水利管理业	13361	2271	423
生态保护和环境治理业	10437	816	198
公共设施管理业	151538	25530	7893
居民服务、修理和其他服务业	**151980**	**5501**	**4673**
居民服务业	60735	2821	2518
机动车、电子产品和日用产品修理业	50529	750	1197
其他服务业	40716	1930	958
教育	**880617**	**4070**	**2983**
教育	880617	4070	2983
卫生和社会工作	**454998**	**2026**	**1231**
卫生	426579	1691	1147
社会工作	28419	335	84
文化、体育和娱乐业	**188245**	**24513**	**2298**
新闻和出版业	17392	10675	69
广播、电视、电影和影视录音制作业	48640	8931	325
文化艺术业	42749	4526	1072
体育	18278	231	442
娱乐业	61186	150	390
公共管理、社会保障和社会组织	**1182667**		
中国共产党机关	25946		
国家机构	678461		
人民政协、民主党派	5174		
社会保障	6994		
群众团体、社会团体和其他成员组织	226582		
基层群众自治组织	239510		

单位：人

私人控股	港澳台商控股	外商控股	其 他	非企业免填
63329	**561**	**177**	**2633**	**71505**
1352	1		201	9113
6934	234	46	167	2042
55043	326	131	2265	60350
130495	**241**	**193**	**1836**	**9041**
46916	220	62	674	7524
47662	19	125	439	337
35917	2	6	723	1180
37558	**147**	**152**	**3112**	**832595**
37558	147	152	3112	832595
28905	**14**	**543**	**2575**	**419704**
28042	1	543	2419	392736
863	13		156	26968
97597	**1121**	**601**	**3631**	**58484**
959			438	5251
22499	60	132	413	16280
7408	8	8	393	29334
8218	1032	167	1648	6540
58513	21	294	739	1079
9				**1182658**
				25946
				678461
				5174
				6994
9				226573
				239510

1-16 按行业大类、开业

行　业	1949年及以前	1950-1952年	1953-1957年	1958-1962年	1963-1965年
总　计	**5035**	**4094**	**2674**	**2112**	**874**
农、林、牧、渔业	**1**	**2**	**5**	**8**	
农业					
林业			2	2	
畜牧业		1			
渔业					
农、林、牧、渔服务业	1	1	3	6	
采矿业			**2**	**5**	
煤炭开采和洗选业					
黑色金属矿采选业				2	
有色金属矿采选业				1	
非金属矿采选业			2	2	
开采辅助活动					
其他采矿业					
制造业	**36**	**31**	**115**	**102**	**51**
农副食品加工业			10	3	
食品制造业	2		7	3	1
酒、饮料和精制茶制造业	4	1	10	5	
烟草制品业	1		2		
纺织业	4		3		6
纺织服装、服饰业	1	2	1		1
皮革、毛皮、羽毛及其制品和制鞋业	1		1	1	
木材加工和木、竹、藤、棕、草制品业		1	2		1
家具制造业	1		1		
造纸和纸制品业	2			2	1
印刷和记录媒介复制业	2	2	2	3	
文教、工美、体育和娱乐用品制造业	1	2	6	2	2
石油加工、炼焦和核燃料加工业		1			

时间分组的法人单位数

单位：个

1966-1970年	1971-1975年	1976-1980年	1981-1985年	1986-1990年	1991-1995年	1996-2000年	1978年	1992年	1997年
1045	**1292**	**4257**	**23951**	**12439**	**29769**	**71347**	**1102**	**5961**	**9624**
2	**6**	**13**	**37**	**26**	**55**	**94**	**4**	**18**	**10**
					2	1			
					2	1			
				2	2	5			2
					1	3		1	1
2	6	13	37	24	48	84	4	17	7
2	**4**	**7**	**16**	**21**	**42**	**115**	**2**	**7**	**18**
						1			
			1			1			
1				4	3	12		1	6
1	4	7	15	17	38	100	2	6	11
					1	1			1
129	**246**	**667**	**2107**	**3770**	**13413**	**34927**	**122**	**2007**	**4636**
2	5	10	42	103	291	811	3	45	122
		9	17	40	142	346	2	20	42
2	4	15	42	39	119	385	2	21	57
2	8	43	95	165	719	2637	1	87	320
	5	17	53	132	671	2166	3	92	250
	1	10	36	126	603	1443		85	206
1	2	8	33	53	172	454	2	28	58
1		2	11	30	141	379		12	40
2	7	19	48	92	388	1056	4	58	157
8	12	38	141	178	669	1459	3	114	235
	9	18	62	142	492	1544	4	71	190
		3		8	13	38	1	1	8

1-16 续表 1

行　　业	1949年及以前	1950-1952年	1953-1957年	1958-1962年	1963-1965年
化学原料和化学制品制造业	1		4	4	2
医药制造业	1		4	8	2
化学纤维制造业					
橡胶和塑料制品业		1	2	4	1
非金属矿物制品业	2		7	3	
黑色金属冶炼和压延加工业		1	2		1
有色金属冶炼和压延加工业				1	1
金属制品业	3		8	3	4
通用设备制造业	5	10	21	25	5
专用设备制造业	2	2	10	12	1
汽车制造业		2		4	1
铁路、船舶、航空航天和其他运输设备制造业	1	2	1	3	1
电气机械和器材制造业	2	2	9	9	9
计算机、通信和其他电子设备制造业			1		1
仪器仪表制造业		1		5	7
其他制造业				1	
废弃资源综合利用业					
金属制品、机械和设备修理业		1	1	1	3
电力、热力、燃气及水生产和供应业	**5**	**9**	**5**	**29**	**17**
电力、热力生产和供应业	5	8	4	26	9
燃气生产和供应业		1			
水的生产和供应业			1	3	8
建筑业	**8**	**19**	**27**	**29**	**37**
房屋建筑业	7	17	20	18	26
土木工程建筑业		2	7	8	9
建筑安装业				3	1
建筑装饰和其他建筑业	1				1
批发和零售业	**41**	**156**	**102**	**72**	**23**
批发业	11	59	51	31	13
零售业	30	97	51	41	10

单位：个

1966—1970年	1971—1975年	1976—1980年	1981—1985年	1986—1990年	1991—1995年	1996—2000年	1978年	1992年	1997年
11	12	28	66	150	460	1252	6	89	171
10	5	3	9	34	125	212	2	26	26
		1	8	8	39	174	1	3	15
7	7	41	162	278	1070	2871	11	157	360
9	31	95	171	228	576	1218	18	81	154
1	10	19	55	109	293	549	3	46	78
	1	8	21	35	169	400		24	48
4	18	45	151	296	991	2754	7	152	344
21	38	71	319	549	1711	4071	16	257	523
6	17	34	125	257	708	1636	4	118	219
8	9	22	115	168	575	1257	3	93	172
3	5	11	25	51	205	554	2	31	94
17	16	60	192	277	1201	3062	15	152	413
3	7	6	37	78	346	902	1	50	125
8	10	21	47	92	304	777	5	44	138
2	2	1	12	29	135	376		27	53
		2		8	28	66		7	8
1	5	7	12	15	57	78	3	16	10
41	**69**	**170**	**228**	**218**	**355**	**760**	**39**	**67**	**137**
30	58	149	152	125	233	583	35	42	111
		1	4	6	19	33		4	5
11	11	20	72	87	103	144	4	21	21
45	**57**	**125**	**179**	**165**	**912**	**1827**	**29**	**122**	**265**
29	45	84	85	61	251	439	16	32	67
11	9	26	57	48	248	468	10	41	66
3	2	9	21	24	139	321	3	15	53
2	1	6	16	32	274	599		34	79
22	**34**	**154**	**474**	**721**	**3005**	**11250**	**39**	**499**	**1324**
11	24	100	265	448	2173	8476	28	345	980
11	10	54	209	273	832	2774	11	154	344

1-16 续表 2

行　　业	1949年及以前	1950-1952年	1953-1957年	1958-1962年	1963-1965年
交通运输、仓储和邮政业	**8**	**15**	**28**	**14**	**12**
铁路运输业					
道路运输业	5	8	12	11	5
水上运输业	1	3	6	3	4
航空运输业					
管道运输业					
装卸搬运和运输代理业	2	2	3		2
仓储业		2	7		1
邮政业					
住宿和餐饮业	**3**	**1**	**12**	**13**	**1**
住宿业	3		4	11	1
餐饮业		1	8	2	
信息传输、软件和信息技术服务业	**4**	**3**	**2**	**6**	**7**
电信、广播电视和卫星传输服务	3	1	2	5	7
互联网和相关服务		1			
软件和信息技术服务业	1	1		1	
金融业					
货币金融服务					
资本市场服务					
保险业					
其他金融业					
房地产业	**4**	**57**	**69**	**27**	**8**
房地产业	4	57	69	27	8
租赁和商务服务业	**59**	**175**	**113**	**66**	**20**
租赁业			2		
商务服务业	59	175	111	66	20
科学研究和技术服务业	**9**	**19**	**56**	**83**	**13**
研究和试验发展	2	3	7	19	5
专业技术服务业	5	7	37	53	5
科技推广和应用服务业	2	9	12	11	3

单位：个

1966-1970年	1971-1975年	1976-1980年	1981-1985年	1986-1990年	1991-1995年	1996-2000年	1978年	1992年	1997年
6	**16**	**37**	**155**	**177**	**507**	**1326**	**5**	**75**	**165**
4	7	14	79	99	278	663	2	44	87
1	3	9	26	21	44	132	1	6	16
			1	2	4	12			1
	1					1			
	4	9	38	41	144	342		21	44
1	1	5	11	10	34	129	2	4	13
				4	3	47			4
8	**5**	**25**	**66**	**107**	**243**	**791**	**4**	**31**	**93**
5	1	15	54	81	182	523	4	26	59
3	4	10	12	26	61	268		5	34
16	**8**	**6**	**30**	**33**	**89**	**572**		**10**	**69**
16	7	6	22	17	20	130		2	27
					8	40			1
	1		8	16	61	402		8	41
		1		**4**	**49**	**76**	**1**	**11**	**8**
		1			3	1	1		
				3	39	64		9	5
						1			
				1	7	10		2	3
26	**25**	**66**	**166**	**206**	**1053**	**2201**	**19**	**203**	**230**
26	25	66	166	206	1053	2201	19	203	230
30	**32**	**152**	**1829**	**710**	**1907**	**4761**	**28**	**340**	**845**
	1		4	5	33	102		2	13
30	31	152	1825	705	1874	4659	28	338	832
20	**46**	**151**	**341**	**279**	**676**	**1308**	**54**	**146**	**168**
3	8	27	35	15	52	124	11	13	19
15	25	79	195	183	445	888	26	82	106
2	13	45	111	81	179	296	17	51	43

1-16 续表 3

行　　业	1949年及以前	1950-1952年	1953-1957年	1958-1962年	1963-1965年
水利、环境和公共设施管理业	**15**	**23**	**48**	**65**	**32**
水利管理业	10	10	23	37	21
生态保护和环境治理业	2		4	6	1
公共设施管理业	3	13	21	22	10
居民服务、修理和其他服务业	**1**	**2**	**2**	**9**	**6**
居民服务业	1	1	2	5	4
机动车、电子产品和日用产品修理业				1	
其他服务业		1		3	2
教育	**1273**	**309**	**384**	**326**	**115**
教育	1273	309	384	326	115
卫生和社会工作	**100**	**291**	**513**	**288**	**69**
卫生	97	284	511	278	67
社会工作	3	7	2	10	2
文化、体育和娱乐业	**46**	**54**	**70**	**46**	**10**
新闻和出版业	5	1	6	2	2
广播、电视、电影和影视录音制作业	1	2	16	6	3
文化艺术业	40	51	48	36	4
体育				1	1
娱乐业				1	
公共管理、社会保障和社会组织	**3422**	**2928**	**1121**	**924**	**453**
中国共产党机关	139	70	61	18	4
国家机构	354	284	264	167	62
人民政协、民主党派	12	5	28	6	2
社会保障		1			1
群众团体、社会团体和其他成员组织	971	221	218	142	63
基层群众自治组织	1946	2347	550	591	321

单位：个

1966–1970年	1971–1975年	1976–1980年	1981–1985年	1986–1990年	1991–1995年	1996–2000年	1978年	1992年	1997年
12	**36**	**77**	**120**	**139**	**264**	**530**	**24**	**64**	**71**
9	22	46	58	62	102	110	16	29	20
	2	1	7	7	14	31		7	2
3	12	30	55	70	148	389	8	28	49
13	**8**	**29**	**53**	**122**	**244**	**704**	**9**	**44**	**87**
5	2	11	20	52	80	236	4	12	35
3	2	12	25	64	144	406	3	27	46
5	4	6	8	6	20	62	2	5	6
270	**161**	**406**	**717**	**812**	**1368**	**2378**	**113**	**371**	**370**
270	161	406	717	812	1368	2378	113	371	370
130	**79**	**131**	**322**	**280**	**403**	**458**	**50**	**152**	**67**
130	74	119	233	152	270	272	45	122	32
	5	12	89	128	133	186	5	30	35
13	**22**	**111**	**220**	**254**	**251**	**653**	**35**	**60**	**71**
	1	9	30	12	40	26	4	5	4
8	6	24	23	15	23	48	4	6	9
5	12	74	153	199	123	166	26	40	31
	3	1	10	17	23	45		3	8
		3	4	11	42	368	1	6	19
260	**438**	**1929**	**16891**	**4395**	**4933**	**6616**	**525**	**1734**	**990**
2	6	67	339	79	69	87	26	13	24
44	167	524	1648	1077	1417	1799	175	541	379
		4	90	70	14	26			5
		4	10	59	24	50	1	4	6
116	164	672	1716	1992	2231	3343	127	418	466
98	101	658	13088	1118	1178	1311	196	758	110

1-16 续表 4

行　业	2000年	2001年	2002年	2003年	2004年
总　计	**23227**	**27345**	**33284**	**37061**	**35246**
农、林、牧、渔业	**42**	**43**	**39**	**53**	**46**
农业	1	2		3	1
林业	1			1	
畜牧业	2		5	1	2
渔业	1	2	1	2	2
农、林、牧、渔服务业	37	39	33	46	41
采矿业	**27**	**35**	**60**	**71**	**60**
煤炭开采和洗选业		1	1		
黑色金属矿采选业		2		1	
有色金属矿采选业	1	3	3	2	4
非金属矿采选业	26	29	56	66	54
开采辅助活动					
其他采矿业				2	2
制造业	**11298**	**12935**	**16585**	**18011**	**16209**
农副食品加工业	231	273	259	259	213
食品制造业	102	126	108	104	89
酒、饮料和精制茶制造业	113	132	131	118	120
烟草制品业		1		1	
纺织业	1005	979	1532	1624	1401
纺织服装、服饰业	797	832	1071	1245	1108
皮革、毛皮、羽毛及其制品和制鞋业	360	431	533	579	491
木材加工和木、竹、藤、棕、草制品业	164	192	244	267	244
家具制造业	125	114	190	224	212
造纸和纸制品业	306	306	424	548	438
印刷和记录媒介复制业	436	490	800	715	579
文教、工美、体育和娱乐用品制造业	527	580	829	923	758
石油加工、炼焦和核燃料加工业	14	19	15	10	22

单位：个

2005年	2006年	2007年	2008年	2009年	2010年	2011年	2012年	2013年
38115	**47036**	**47936**	**47488**	**60013**	**77500**	**92997**	**93763**	**165335**
97	**117**	**210**	**463**	**780**	**496**	**506**	**525**	**524**
2	4	1	8	11	10	4	14	5
						2		
2	6	6	4	2	2	5	2	3
1	2			2	3			
92	105	203	451	765	481	495	509	516
70	**81**	**83**	**94**	**103**	**85**	**117**	**93**	**107**
	1	1	1		1		4	9
1		1	2	3	2	3	6	
6	10	3	5	3	1	3	4	4
62	67	76	84	96	77	107	73	87
1	1				2		2	2
	2	2	2	1	2	4	4	5
17089	**21799**	**21195**	**18677**	**22466**	**29801**	**31623**	**28085**	**53616**
246	298	275	282	345	341	415	481	577
87	129	138	118	99	121	188	265	334
122	121	153	160	116	130	189	227	402
	1							
1488	1937	1762	1471	1790	2546	2550	2052	5393
1185	1499	1403	1166	1519	2269	2351	2165	5433
545	741	686	568	768	1230	1476	1343	3953
271	364	391	384	387	576	503	530	1156
211	304	302	282	361	551	566	585	991
454	549	597	498	619	840	700	745	1414
499	602	607	383	541	584	541	429	794
909	1167	1100	928	1089	1532	1639	1659	3204
16	21	17	34	18	19	21	35	30

1-16 续表 5

行　　业	2000年	2001年	2002年	2003年	2004年
化学原料和化学制品制造业	402	433	568	585	467
医药制造业	62	69	86	87	69
化学纤维制造业	81	62	97	110	88
橡胶和塑料制品业	886	1078	1470	1493	1308
非金属矿物制品业	377	401	561	740	593
黑色金属冶炼和压延加工业	167	200	254	311	282
有色金属冶炼和压延加工业	150	169	214	183	168
金属制品业	895	1130	1311	1429	1358
通用设备制造业	1314	1595	1967	2184	2148
专用设备制造业	572	655	770	873	851
汽车制造业	388	426	584	667	623
铁路、船舶、航空航天和其他运输设备制造业	141	153	221	219	247
电气机械和器材制造业	964	1203	1421	1516	1315
计算机、通信和其他电子设备制造业	316	396	403	425	451
仪器仪表制造业	236	280	285	275	244
其他制造业	126	162	164	208	223
废弃资源综合利用业	22	17	43	48	62
金属制品、机械和设备修理业	19	31	30	41	37
电力、热力、燃气及水生产和供应业	**155**	**205**	**214**	**198**	**222**
电力、热力生产和供应业	110	156	154	143	149
燃气生产和供应业	7	9	9	15	15
水的生产和供应业	38	40	51	40	58
建筑业	**506**	**560**	**778**	**922**	**890**
房屋建筑业	111	127	133	167	161
土木工程建筑业	132	144	186	249	234
建筑安装业	89	91	128	151	125
建筑装饰和其他建筑业	174	198	331	355	370
批发和零售业	**3893**	**4314**	**5445**	**6817**	**6926**
批发业	2919	3255	3882	4808	5088
零售业	974	1059	1563	2009	1838

单位：个

2005年	2006年	2007年	2008年	2009年	2010年	2011年	2012年	2013年
479	568	498	510	526	564	542	488	609
57	66	47	47	55	71	71	67	74
69	99	97	62	94	153	137	84	136
1472	1944	1795	1567	1900	2498	2294	2166	3818
496	733	651	634	678	869	918	857	2500
248	243	278	252	214	236	190	178	271
165	250	223	204	199	245	257	213	358
1528	1872	1861	1561	2015	2626	2801	2436	4503
2309	2896	2892	2623	2753	3739	4421	3525	6008
928	1148	1024	982	1286	1692	1865	1627	2553
603	890	832	704	869	1200	1294	1072	1927
210	308	299	285	295	300	294	265	473
1485	1773	1969	1707	2382	2986	3303	2762	3689
451	503	558	547	670	885	922	773	1004
192	322	283	264	357	392	456	414	772
254	342	307	288	332	406	516	427	922
62	46	58	71	65	76	78	66	121
48	63	92	95	124	124	125	149	197
193	**209**	**152**	**161**	**145**	**144**	**167**	**152**	**230**
127	125	83	79	78	71	97	73	108
16	13	13	14	18	20	18	39	41
50	71	56	68	49	53	52	40	81
866	**1078**	**1011**	**1196**	**1620**	**2179**	**2592**	**2725**	**3475**
170	201	167	158	278	326	373	350	403
197	247	225	221	360	476	540	596	758
151	165	172	193	254	325	372	394	438
348	465	447	624	728	1052	1307	1385	1876
8036	**10572**	**11174**	**12519**	**18452**	**23723**	**31053**	**33118**	**64654**
5811	7899	8453	9485	14075	17623	22653	23882	40206
2225	2673	2721	3034	4377	6100	8400	9236	24448

1-16 续表 6

行业	2000年	2001年	2002年	2003年	2004年
交通运输、仓储和邮政业	**399**	**493**	**608**	**666**	**747**
铁路运输业					
道路运输业	208	277	369	355	381
水上运输业	36	37	57	59	81
航空运输业	5	1	6	2	1
管道运输业					
装卸搬运和运输代理业	106	131	134	186	225
仓储业	32	35	30	48	45
邮政业	12	12	12	16	14
住宿和餐饮业	**270**	**246**	**309**	**404**	**475**
住宿业	158	128	178	228	265
餐饮业	112	118	131	176	210
信息传输、软件和信息技术服务业	**261**	**281**	**354**	**461**	**507**
电信、广播电视和卫星传输服务	42	28	26	27	32
互联网和相关服务	26	25	21	59	35
软件和信息技术服务业	193	228	307	375	440
金融业	**29**	**44**	**49**	**55**	**47**
货币金融服务		1	2	5	7
资本市场服务	26	29	32	35	24
保险业		1	2	3	4
其他金融业	3	13	13	12	12
房地产业	**696**	**813**	**973**	**1167**	**1074**
房地产业	696	813	973	1167	1074
租赁和商务服务业	**1665**	**1922**	**1806**	**2297**	**2262**
租赁业	31	55	64	75	72
商务服务业	1634	1867	1742	2222	2190
科学研究和技术服务业	**452**	**559**	**650**	**792**	**819**
研究和试验发展	43	55	66	86	89
专业技术服务业	305	374	432	556	563
科技推广和应用服务业	104	130	152	150	167

单位：个

2005年	2006年	2007年	2008年	2009年	2010年	2011年	2012年	2013年
779	**912**	**882**	**859**	**1289**	**1818**	**1617**	**1586**	**2169**
				1				
383	471	446	409	709	877	763	826	1058
62	68	80	56	74	83	72	52	51
2	1		1	1	2	3	5	7
					1			
255	301	273	303	364	476	610	545	873
42	52	49	45	51	69	62	67	64
35	19	34	45	89	310	107	91	116
537	**628**	**689**	**699**	**879**	**1121**	**1270**	**1472**	**3817**
281	347	354	312	348	429	478	475	1374
256	281	335	387	531	692	792	997	2443
588	**703**	**696**	**858**	**1284**	**1545**	**2146**	**2478**	**3790**
43	24	27	30	45	32	48	53	93
52	68	46	65	92	120	194	229	329
493	611	623	763	1147	1393	1904	2196	3368
42	**76**	**112**	**168**	**224**	**339**	**503**	**663**	**1133**
2	4	5	45	70	39	67	117	175
31	51	87	93	118	236	376	454	733
1	6	2	7	8	11	7	6	15
8	15	18	23	28	53	53	86	210
1047	**1116**	**1308**	**1248**	**1732**	**2262**	**2247**	**1769**	**3069**
1047	1116	1308	1248	1732	2262	2247	1769	3069
2506	**3104**	**3466**	**3706**	**4935**	**6117**	**9298**	**9531**	**12453**
67	87	99	150	292	360	534	572	903
2439	3017	3367	3556	4643	5757	8764	8959	11550
841	**998**	**1035**	**1326**	**1774**	**2309**	**2948**	**3419**	**4762**
94	134	108	140	197	335	415	479	699
563	602	606	697	925	1200	1614	1759	2572
184	262	321	489	652	774	919	1181	1491

1-16 续表 7

行　　业	2000年	2001年	2002年	2003年	2004年
水利、环境和公共设施管理业	**176**	**198**	**223**	**226**	**180**
水利管理业	33	41	29	25	24
生态保护和环境治理业	15	19	13	25	20
公共设施管理业	128	138	181	176	136
居民服务、修理和其他服务业	**241**	**224**	**287**	**445**	**408**
居民服务业	79	95	102	177	145
机动车、电子产品和日用产品修理业	135	109	142	212	200
其他服务业	27	20	43	56	63
教育	**607**	**650**	**734**	**689**	**674**
教育	607	650	734	689	674
卫生和社会工作	**165**	**185**	**223**	**271**	**324**
卫生	107	133	162	155	162
社会工作	58	52	61	116	162
文化、体育和娱乐业	**279**	**349**	**540**	**840**	**794**
新闻和出版业	5	8	16	9	34
广播、电视、电影和影视录音制作业	12	12	23	28	54
文化艺术业	54	55	52	71	43
体育	20	23	44	51	37
娱乐业	188	251	405	681	626
公共管理、社会保障和社会组织	**2066**	**3289**	**3407**	**2676**	**2582**
中国共产党机关	21	57	43	32	24
国家机构	492	1066	897	664	487
人民政协、民主党派	3	5	6	6	1
社会保障	26	24	12	28	19
群众团体、社会团体和其他成员组织	880	754	883	1068	902
基层群众自治组织	644	1383	1566	878	1149

单位：个

2005年	2006年	2007年	2008年	2009年	2010年	2011年	2012年	2013年
211	**211**	**221**	**304**	**327**	**364**	**456**	**487**	**674**
26	29	26	29	29	37	34	35	65
29	26	23	46	51	46	52	48	111
156	156	172	229	247	281	370	404	498
453	**602**	**573**	**645**	**798**	**992**	**1190**	**1375**	**2871**
165	176	176	216	273	379	482	613	1274
209	316	282	292	340	392	455	456	1122
79	110	115	137	185	221	253	306	475
908	**804**	**709**	**768**	**863**	**1079**	**1422**	**1475**	**1748**
908	804	709	768	863	1079	1422	1475	1748
270	**274**	**239**	**270**	**227**	**345**	**428**	**562**	**810**
166	205	162	153	126	197	215	305	370
104	69	77	117	101	148	213	257	440
857	**1200**	**1126**	**919**	**736**	**915**	**1150**	**1309**	**2166**
18	5	12	14	18	12	13	8	17
47	110	77	52	90	111	161	202	372
75	75	98	104	127	159	235	341	541
66	81	81	107	120	155	176	216	381
651	929	858	642	381	478	565	542	855
2725	**2552**	**3055**	**2608**	**1379**	**1866**	**2264**	**2939**	**3267**
28	26	15	17	10	10	14	11	10
871	552	673	610	311	385	560	830	894
4	2	3			2	2	6	5
12	12	10	18	6	13	14	24	19
1042	1205	1188	1221	892	1178	1355	1829	2109
768	755	1166	742	160	278	319	239	230

1-17 按行业大类、开业

行业	1949年及以前	1950-1952年	1953-1957年	1958-1962年	1963-1965年
总计	**477763**	**350252**	**436179**	**289447**	**262019**
农、林、牧、渔业	**2**	**18**	**310**	**219**	
农业					
林业			267	147	
畜牧业		3			
渔业					
农、林、牧、渔服务业	2	15	43	72	
采矿业			**1203**	**2313**	
煤炭开采和洗选业					
黑色金属矿采选业				1593	
有色金属矿采选业				378	
非金属矿采选业			1203	342	
开采辅助活动					
其他采矿业					
制造业	**6892**	**19617**	**25760**	**39141**	**12997**
农副食品加工业			1347	3660	
食品制造业	75		907	109	792
酒、饮料和精制茶制造业	1050	1381	881	141	
烟草制品业			1158		
纺织业	444		69		97
纺织服装、服饰业	278	9933	38		1
皮革、毛皮、羽毛及其制品和制鞋业	1		30	1	
木材加工和木、竹、藤、棕、草制品业		19	28		1
家具制造业	1		23		
造纸和纸制品业	1964			98	52
印刷和记录媒介复制业	133	55	16	53	
文教、工美、体育和娱乐用品制造业	1	85	114	116	24
石油加工、炼焦和核燃料加工业		899			

时间分组的法人单位从业人数

单位：人

1966-1970年	1971-1975年	1976-1980年	1981-1985年	1986-1990年	1991-1995年	1996-2000年	1978年	1992年	1997年
305160	**320868**	**628268**	**840074**	**705555**	**2389886**	**4545604**	**174666**	**402616**	**654516**
11	**23**	**195**	**440**	**305**	**378**	**1417**	**63**	**84**	**314**
					29	5			
					78	2			
				106	20	306			187
					15	242		15	84
11	23	195	440	199	236	862	63	69	43
31	**47**	**106**	**1048**	**1135**	**1074**	**4804**	**61**	**137**	**724**
						1			
			70			52			
1				334	193	1487		23	277
30	47	106	978	801	862	3262	61	114	445
					19	2			2
19894	**22438**	**47874**	**127666**	**203954**	**995908**	**2158890**	**9460**	**141355**	**328820**
33	65	409	1081	4141	16659	36451	19	2475	3877
		309	102	1719	15322	29504	34	2531	7136
32	62	197	2523	3894	8244	12258	11	1022	1607
629	583	5521	11800	13080	98421	219230	188	5118	31588
	678	3583	3524	7917	69857	198981	511	7814	36610
	35	3271	6689	12385	74271	137868		5622	21247
5	36	91	491	1668	6562	16529	28	447	3306
134		7	93	1735	9840	44475		1001	3661
18	726	1523	1513	3792	15761	41165	72	3146	9129
131	399	1270	3348	4701	17856	39852	284	2984	7644
	541	464	1995	3648	37122	70532	163	7860	10023
		15		118	6599	897	1	14	418

1-17 续表 1

行　　业	1949年及以前	1950-1952年	1953-1957年	1958-1962年	1963-1965年
化学原料和化学制品制造业	774		2602	15465	261
医药制造业	1536		8766	3048	147
化学纤维制造业					
橡胶和塑料制品业		2	39	461	318
非金属矿物制品业	22		685	1755	
黑色金属冶炼和压延加工业		1	124		9745
有色金属冶炼和压延加工业				84	127
金属制品业	35		334	358	101
通用设备制造业	49	2914	7856	5620	132
专用设备制造业	351	237	172	2642	10
汽车制造业		1413		1961	1
铁路、船舶、航空航天和其他运输设备制造业	146	2197	9	214	322
电气机械和器材制造业	32	478	537	1774	306
计算机、通信和其他电子设备制造业			16		23
仪器仪表制造业		2		1472	472
其他制造业				97	
废弃资源综合利用业					
金属制品、机械和设备修理业		1	9	12	65
电力、热力、燃气及水生产和供应业	**3186**	**6941**	**2181**	**7983**	**4071**
电力、热力生产和供应业	3186	6931	627	7285	2054
燃气生产和供应业		10			
水的生产和供应业			1554	698	2017
建筑业	**123789**	**178570**	**229362**	**143280**	**215062**
房屋建筑业	123788	178139	224571	130038	205861
土木工程建筑业		431	4791	11629	9186
建筑安装业				1613	3
建筑装饰和其他建筑业	1				12
批发和零售业	**2284**	**11040**	**3624**	**3937**	**1755**
批发业	145	1752	1781	1305	1390
零售业	2139	9288	1843	2632	365

单位：人

1966–1970年	1971–1975年	1976–1980年	1981–1985年	1986–1990年	1991–1995年	1996–2000年	1978年	1992年	1997年
6465	1033	2561	3532	9460	30208	64580	301	6812	6099
2419	2939	1798	2439	9204	26502	29913	1768	6850	4301
		254	605	729	6823	36712	254	78	3756
436	856	1432	5532	11432	65296	118899	152	19213	18388
539	2253	4413	7919	7010	24725	49971	670	7057	6926
40	363	893	2016	4037	26493	33900	78	2961	4093
	10	860	1165	4811	8641	23995		851	2091
45	1837	2107	6614	11543	56120	121748	153	5465	16665
1256	3143	3029	22809	28667	96445	202911	658	11068	35881
211	756	2016	4705	10467	35166	69472	188	5094	9865
1214	315	2811	8561	10732	46089	98460	180	7197	9438
75	478	545	1107	3723	16666	42005	258	1790	6066
4601	1047	5879	19635	20031	108285	243355	1655	12940	40612
704	3499	329	4911	6868	40137	95029	255	8577	11612
805	713	1167	2327	4237	18433	50213	659	3869	12042
6	40	20	559	1948	11573	23220		1017	4471
		13		73	551	4741		63	100
96	31	1087	71	184	1241	2024	920	419	168
4980	**4052**	**31332**	**9809**	**8319**	**13625**	**18430**	**1720**	**2914**	**3820**
3525	2636	30258	7333	6785	9837	12534	1527	2090	3011
		433	450	145	634	1282		48	177
1455	1416	641	2026	1389	3154	4614	193	776	632
247624	**259010**	**411580**	**343111**	**243582**	**919269**	**1403537**	**116806**	**136949**	**182675**
215023	253580	372341	275513	199309	624388	1021607	97738	91179	136697
32554	5323	33204	52445	31087	206066	245646	15637	26587	30519
31	42	5797	12330	1726	19399	50864	3431	1442	4560
16	65	238	2823	11460	69416	85420		17741	10899
390	**960**	**3823**	**8737**	**13280**	**61278**	**226823**	**994**	**7144**	**25228**
79	873	3274	6717	8852	36273	153494	891	4544	13487
311	87	549	2020	4428	25005	73329	103	2600	11741

1-17 续表 2

行业	1949年及以前	1950-1952年	1953-1957年	1958-1962年	1963-1965年
交通运输、仓储和邮政业	**1603**	**1716**	**22548**	**2172**	**1109**
铁路运输业					
道路运输业	1532	1095	21221	1672	505
水上运输业	67	466	1157	500	509
航空运输业					
管道运输业					
装卸搬运和运输代理业	4	127	121		15
仓储业		28	49		80
邮政业					
住宿和餐饮业	**543**	**93**	**552**	**1328**	**618**
住宿业	543		423	1166	618
餐饮业		93	129	162	
信息传输、软件和信息技术服务业	**2160**	**602**	**18**	**68**	**63**
电信、广播电视和卫星传输服务	2159	599	18	50	63
互联网和相关服务		2			
软件和信息技术服务业	1	1		18	
金融业					
货币金融服务					
资本市场服务					
保险业					
其他金融业					
房地产业	**24**	**778**	**1051**	**441**	**144**
房地产业	24	778	1051	441	144
租赁和商务服务业	**525**	**1465**	**901**	**522**	**116**
租赁业			10		
商务服务业	525	1465	891	522	116
科学研究和技术服务业	**1809**	**1622**	**8082**	**5647**	**758**
研究和试验发展	1635	904	607	1099	437
专业技术服务业	149	624	7320	4363	292
科技推广和应用服务业	25	94	155	185	29

单位：人

1966-1970年	1971-1975年	1976-1980年	1981-1985年	1986-1990年	1991-1995年	1996-2000年	1978年	1992年	1997年
372	**566**	**7656**	**11223**	**14995**	**21347**	**92516**	**868**	**2052**	**11603**
360	312	4283	7042	8619	13147	39019	812	742	5684
6	83	1370	1425	1205	2711	8086	11	411	1257
			1282	1647	398	4155			60
	54					106			
	114	1912	1313	373	4172	11235		777	514
6	3	91	161	554	841	4676	45	122	462
				2597	78	25239			3626
287	**171**	**946**	**4170**	**5452**	**35858**	**56648**	**483**	**21126**	**9215**
217	27	725	3467	4876	13191	33732	483	1204	4867
70	144	221	703	576	22667	22916		19922	4348
147	**207**	**202**	**671**	**2119**	**3974**	**70541**		**334**	**16939**
147	112	202	611	219	1658	40269		105	10996
					227	8748			1
	95		60	1900	2089	21524		229	5942
		542		**55**	**548**	**564**	**542**	**86**	**46**
		542			16	16	542		
				47	473	424		72	17
						8			
				8	59	116		14	29
500	**958**	**1422**	**3219**	**4084**	**34652**	**99427**	**206**	**4660**	**10754**
500	958	1422	3219	4084	34652	99427	206	4660	10754
204	**327**	**1730**	**14229**	**38819**	**57062**	**85154**	**207**	**11515**	**13133**
	15		149	43	775	955		6	212
204	312	1730	14080	38776	56287	84199	207	11509	12921
1675	**1574**	**7144**	**9090**	**8736**	**26280**	**45402**	**2392**	**3226**	**5585**
465	163	909	1779	150	505	1714	250	84	386
1182	1288	5647	5729	7790	23818	40323	1901	2679	4890
28	123	588	1582	796	1957	3365	241	463	309

1-17 续表 3

行　业	1949年及以前	1950-1952年	1953-1957年	1958-1962年	1963-1965年
水利、环境和公共设施管理业	**528**	**2726**	**4826**	**5731**	**5705**
水利管理业	144	96	360	867	409
生态保护和环境治理业	97		349	330	36
公共设施管理业	287	2630	4117	4534	5260
居民服务、修理和其他服务业	**8**	**121**	**88**	**352**	**141**
居民服务业	8	91	88	288	112
机动车、电子产品和日用产品修理业				2	
其他服务业		30		62	29
教育	**121469**	**20185**	**45760**	**31176**	**7540**
教育	121469	20185	45760	31176	7540
卫生和社会工作	**101836**	**46977**	**50104**	**25854**	**5104**
卫生	101754	46611	50053	25545	5014
社会工作	82	366	51	309	90
文化、体育和娱乐业	**4055**	**1229**	**6682**	**1534**	**154**
新闻和出版业	2321	107	2562	30	48
广播、电视、电影和影视录音制作业	106	122	2271	176	27
文化艺术业	1628	1000	1849	1304	66
体育				16	13
娱乐业				8	
公共管理、社会保障和社会组织	**107050**	**56552**	**33127**	**17749**	**6682**
中国共产党机关	4626	2050	1421	306	168
国家机构	79689	36972	25265	10183	3971
人民政协、民主党派	452	109	658	83	74
社会保障		5			6
群众团体、社会团体和其他成员组织	8548	1866	2117	2835	366
基层群众自治组织	13735	15550	3666	4342	2097

单位：人

1966-1970年	1971-1975年	1976-1980年	1981-1985年	1986-1990年	1991-1995年	1996-2000年	1978年	1992年	1997年
415	**1745**	**4450**	**7708**	**9028**	**10524**	**30535**	**662**	**1717**	**4044**
157	523	1083	1096	944	1424	1432	396	305	348
	50	21	94	201	158	1070		84	84
258	1172	3346	6518	7883	8942	28033	266	1328	3612
278	**139**	**603**	**1078**	**2066**	**3730**	**13476**	**214**	**623**	**2307**
201	25	427	633	1116	1254	5287	146	201	1717
9	43	118	374	809	1898	5479	52	346	552
68	71	58	71	141	578	2710	16	76	38
18747	**13395**	**42192**	**49863**	**45527**	**68326**	**109286**	**18345**	**18024**	**13874**
18747	13395	42192	49863	45527	68326	109286	18345	18024	13874
4922	**3444**	**18455**	**23328**	**16986**	**27129**	**25123**	**4186**	**9887**	**3133**
4922	3410	18355	22548	15137	25771	22970	4137	9466	2732
	34	100	780	1849	1358	2153	49	421	401
720	**323**	**3787**	**11096**	**4529**	**5651**	**10628**	**659**	**1192**	**1376**
	7	1497	3710	419	1240	455	103	317	29
502	129	847	2788	468	1224	3895	35	376	734
218	159	1429	4324	3340	2065	1932	520	418	329
	28	7	185	172	595	1030		44	128
		7	89	130	527	3316	1	37	156
3963	**11489**	**44229**	**213588**	**82584**	**103273**	**92403**	**16798**	**39591**	**20926**
14	110	1956	6834	1376	1168	1440	865	224	441
2353	9053	31365	96909	50510	74880	52950	13428	30232	16162
		79	1628	621	297	436			181
		43	184	2669	550	760	1	80	204
882	1718	5923	16157	19853	17867	26784	988	3211	3218
714	608	4863	91876	7555	8511	10033	1516	5844	720

1-17 续表 4

行　　业	2000年	2001年	2002年	2003年	2004年
总　计	**1148653**	**1389625**	**1399514**	**1539693**	**1408975**
农、林、牧、渔业	**498**	**974**	**373**	**752**	**492**
农业	5	50		58	30
林业	2			5	
畜牧业	65		73	6	26
渔业	32	130	9	16	71
农、林、牧、渔服务业	394	794	291	667	365
采矿业	**974**	**973**	**2593**	**2230**	**1487**
煤炭开采和洗选业		15	15		
黑色金属矿采选业		199		100	
有色金属矿采选业	516	69	171	95	278
非金属矿采选业	458	690	2407	2025	1197
开采辅助活动					
其他采矿业				10	12
制造业	**580655**	**688920**	**793835**	**857696**	**692844**
农副食品加工业	10395	13722	7240	8688	6160
食品制造业	5096	9885	7898	4628	6209
酒、饮料和精制茶制造业	3001	2756	4614	2194	5662
烟草制品业		227		30	
纺织业	71428	65676	113398	111448	66351
纺织服装、服饰业	64318	67557	82717	83334	67336
皮革、毛皮、羽毛及其制品和制鞋业	35332	38978	40015	35214	31433
木材加工和木、竹、藤、棕、草制品业	5634	6358	7844	8410	7068
家具制造业	9108	7679	16491	21993	16928
造纸和纸制品业	9299	13067	17715	21107	11622
印刷和记录媒介复制业	11035	11712	15744	13341	11531
文教、工美、体育和娱乐用品制造业	20872	24368	36231	41943	26509
石油加工、炼焦和核燃料加工业	175	1309	213	156	815

单位：人

2005年	2006年	2007年	2008年	2009年	2010年	2011年	2012年	2013年
1240906	**1339985**	**1172239**	**1046905**	**1146287**	**1324628**	**1159961**	**990674**	**1201997**
929	**1057**	**1921**	**3164**	**5267**	**3509**	**3277**	**3450**	**3403**
28	63	50	98	242	288	66	210	42
						13		
43	202	105	77	66	46	58	35	27
5	77			13	21			
853	715	1766	2989	4946	3154	3140	3205	3334
1341	**1356**	**1418**	**2754**	**1910**	**1368**	**2519**	**1426**	**1543**
	5	3	1		14		88	69
52		28	409	60	44	83	64	
107	449	17	270	31	20	260	31	66
1177	869	1368	2045	1808	1260	2153	1118	1350
5	1				24		3	9
	32	2	29	11	6	23	122	49
604185	**706745**	**645649**	**501195**	**551559**	**660737**	**547399**	**425535**	**583910**
7702	7718	6194	4957	6785	6199	7225	7290	6141
7790	4985	3757	3883	4313	3340	3288	3162	3144
6998	8410	3094	3546	2709	1515	3202	2402	3118
	2551							
56830	61844	54252	38962	43672	51425	47158	31178	46335
55796	68508	64903	40512	49860	65888	51120	48993	83451
25752	33876	32466	21699	30923	48709	44422	33068	74807
7562	12902	11710	10388	7995	12056	8426	7817	14205
13071	22638	15037	10196	18906	15586	19006	14955	14621
9775	10997	12115	10086	12130	14336	8689	8644	11905
10018	11674	9496	5970	9205	8057	6843	5030	6384
22668	30226	25943	19664	24180	29143	27949	21748	31690
226	328	326	363	185	269	788	302	299

1-17 续表 5

行　业	2000年	2001年	2002年	2003年	2004年
化学原料和化学制品制造业	19569	22767	20590	29477	16904
医药制造业	8479	5746	9327	8159	6352
化学纤维制造业	8801	7880	10766	15303	12316
橡胶和塑料制品业	28529	32916	37617	41028	38174
非金属矿物制品业	14111	21385	22734	29714	20864
黑色金属冶炼和压延加工业	8093	8744	15981	24152	15637
有色金属冶炼和压延加工业	6964	10156	8840	9119	6808
金属制品业	31485	38895	45825	52428	44190
通用设备制造业	55431	66369	73115	73962	75112
专用设备制造业	24285	27548	30339	34907	27838
汽车制造业	21743	21553	26998	41802	32797
铁路、船舶、航空航天和其他运输设备制造业	6503	8023	8199	19009	14333
电气机械和器材制造业	54856	71389	67845	68621	55476
计算机、通信和其他电子设备制造业	23916	48703	35357	34565	48088
仪器仪表制造业	12869	19250	19895	14324	10737
其他制造业	8409	13370	6440	7283	6003
废弃资源综合利用业	731	432	2098	822	2420
金属制品、机械和设备修理业	188	500	1749	535	1171
电力、热力、燃气及水生产和供应业	**2829**	**4558**	**6991**	**6097**	**6000**
电力、热力生产和供应业	1594	2692	3712	4663	3548
燃气生产和供应业	87	349	354	496	887
水的生产和供应业	1148	1517	2925	938	1565
建筑业	**265572**	**395145**	**316093**	**380902**	**390722**
房屋建筑业	203221	277025	192188	228914	270799
土木工程建筑业	43493	87252	75111	125291	76507
建筑安装业	4579	12427	13468	12089	6901
建筑装饰和其他建筑业	14279	18441	35326	14608	36515
批发和零售业	**84358**	**57893**	**66234**	**79561**	**80936**
批发业	61792	36995	37892	49406	49150
零售业	22566	20898	28342	30155	31786

单位：人

2005年	2006年	2007年	2008年	2009年	2010年	2011年	2012年	2013年
14723	15594	19802	18241	11563	13992	9070	5373	5588
5935	6595	2186	2316	1513	2871	2442	2355	1038
5417	4852	5915	4866	6622	9620	3935	3162	1757
35972	40548	33388	29626	35548	46529	31472	26458	32359
13917	21273	19938	17886	17725	22854	18868	14041	33703
9601	7088	10297	9246	7551	9791	4382	4055	3655
5679	9331	7612	7093	6422	5048	5517	3044	4013
45583	48754	47115	36941	39964	46820	40644	32088	39680
66347	70434	67586	61864	49279	61893	59729	42239	48598
30400	28098	26174	19788	25913	30484	24819	18204	20421
26178	36018	32821	22295	25731	32870	24319	20911	21172
12043	9595	8182	8143	9169	7498	6994	4837	5446
55460	78565	76191	49369	60324	69661	48896	36975	37732
33721	32108	23111	24722	20998	22007	16991	12270	11098
7785	9392	12578	8082	9811	8719	8403	6823	9711
6190	7458	5201	5636	5482	6894	7540	5128	7692
3240	2011	1592	2202	1129	2765	1663	843	1114
1806	2374	6667	2653	5952	3898	3599	2140	3033
7682	**4729**	**3268**	**3913**	**3023**	**3601**	**2033**	**2613**	**1700**
2098	1755	1357	1314	1694	773	1219	1009	963
1669	820	172	346	349	247	298	1100	226
3915	2154	1739	2253	980	2581	516	504	511
321170	**254377**	**191572**	**140508**	**168785**	**192768**	**103420**	**61453**	**23821**
224602	174257	131064	78544	105912	124780	57960	28818	3889
57447	50187	35611	28105	40225	46759	16255	15281	6539
4887	5206	5622	6216	5323	5668	12990	4531	2689
34234	24727	19275	27643	17325	15561	16215	12823	10704
78872	**110313**	**101673**	**118796**	**155610**	**171467**	**201049**	**196368**	**262041**
53428	73487	70281	75918	113527	117506	144028	135920	166424
25444	36826	31392	42878	42083	53961	57021	60448	95617

1-17 续表 6

行　　业	2000年	2001年	2002年	2003年	2004年
交通运输、仓储和邮政业	**23359**	**27307**	**21428**	**21866**	**25072**
铁路运输业					
道路运输业	8414	19566	13445	10824	14162
水上运输业	2423	2386	2670	3528	3585
航空运输业	3727	309	810	328	1
管道运输业					
装卸搬运和运输代理业	4906	4151	3388	4307	5490
仓储业	763	765	697	1801	1421
邮政业	3126	130	418	1078	413
住宿和餐饮业	**13823**	**10849**	**17004**	**15629**	**17989**
住宿业	7738	5045	9845	8436	11323
餐饮业	6085	5804	7159	7193	6666
信息传输、软件和信息技术服务业	**19300**	**7601**	**10302**	**17539**	**18395**
电信、广播电视和卫星传输服务	10369	1794	3000	4609	964
互联网和相关服务	1755	646	418	1890	6040
软件和信息技术服务业	7176	5161	6884	11040	11391
金融业	**212**	**793**	**458**	**733**	**1265**
货币金融服务		20	13	214	279
资本市场服务	142	283	219	312	501
保险业		40	39	48	31
其他金融业	70	450	187	159	454
房地产业	**29372**	**22468**	**24294**	**24743**	**23484**
房地产业	29372	22468	24294	24743	23484
租赁和商务服务业	**33422**	**41747**	**21721**	**27651**	**47601**
租赁业	178	507	449	571	838
商务服务业	33244	41240	21272	27080	46763
科学研究和技术服务业	**12970**	**12411**	**14144**	**18087**	**17447**
研究和试验发展	560	615	1204	2167	1909
专业技术服务业	11153	10629	11383	13187	12780
科技推广和应用服务业	1257	1167	1557	2733	2758

单位：人

2005年	2006年	2007年	2008年	2009年	2010年	2011年	2012年	2013年
22608	**24246**	**34451**	**34791**	**27349**	**40884**	**23751**	**23944**	**18399**
				277				
10166	13807	23062	14613	17315	16038	13536	15237	10092
2484	3090	2472	2368	1610	3141	1107	1014	572
34	1		5	18	33	452	34	39
					1			
5408	4824	3551	6291	4365	4806	6146	5178	5917
3104	1078	946	996	1059	1660	739	601	559
1412	1446	4420	10518	2705	15205	1771	1880	1220
19553	**18416**	**20571**	**21971**	**23134**	**30667**	**27728**	**32359**	**51736**
11444	10503	11196	10703	9335	10039	10832	9711	15234
8109	7913	9375	11268	13799	20628	16896	22648	36502
14543	**14770**	**10059**	**18308**	**20258**	**20418**	**21033**	**21798**	**24382**
3909	379	706	2118	2673	1337	1485	1279	1055
473	1260	1437	1358	1059	3328	1580	1795	2201
10161	13131	7916	14832	16526	15753	17968	18724	21126
323	**410**	**1191**	**1750**	**2001**	**2312**	**3607**	**4445**	**5993**
6	12	20	868	958	631	1075	1417	1900
246	318	936	691	738	1289	1970	2425	2902
12	24	32	52	107	100	90	23	57
59	56	203	139	198	292	472	580	1134
20203	**21264**	**26065**	**23034**	**24543**	**31788**	**28389**	**19458**	**22568**
20203	21264	26065	23034	24543	31788	28389	19458	22568
41376	**83758**	**36479**	**82312**	**77411**	**66462**	**80649**	**75761**	**64936**
513	676	800	1900	1676	2258	2999	2916	3519
40863	83082	35679	80412	75735	64204	77650	72845	61417
16576	**16765**	**13822**	**15007**	**19050**	**24203**	**23953**	**24309**	**26688**
2162	2027	1106	1798	2122	4746	3157	3426	3716
12213	11845	9866	9083	10985	12504	13238	13444	14735
2201	2893	2850	4126	5943	6953	7558	7439	8237

1-17 续表 7

行　业	2000年	2001年	2002年	2003年	2004年
水利、环境和公共设施管理业	**10200**	**8787**	**10240**	**6889**	**7413**
水利管理业	394	368	369	401	355
生态保护和环境治理业	735	265	155	516	1721
公共设施管理业	9071	8154	9716	5972	5337
居民服务、修理和其他服务业	**4819**	**3071**	**5160**	**8496**	**7325**
居民服务业	1137	1364	1629	3362	2984
机动车、电子产品和日用产品修理业	1822	1338	1540	2794	2277
其他服务业	1860	369	1991	2340	2064
教育	**24217**	**31438**	**31983**	**25322**	**26303**
教育	24217	31438	31983	25322	26303
卫生和社会工作	**9387**	**6930**	**9060**	**6786**	**8098**
卫生	8765	5411	8359	5811	6642
社会工作	622	1519	701	975	1456
文化、体育和娱乐业	**2350**	**7165**	**4621**	**7024**	**6524**
新闻和出版业	104	169	208	228	1285
广播、电视、电影和影视录音制作业	228	3504	519	2002	1073
文化艺术业	610	789	619	803	744
体育	205	1249	717	859	526
娱乐业	1203	1454	2558	3132	2896
公共管理、社会保障和社会组织	**30336**	**60595**	**42980**	**31690**	**29578**
中国共产党机关	514	1159	817	271	261
国家机构	15060	40982	24595	14863	13865
人民政协、民主党派	58	80	133	81	1
社会保障	373	612	268	252	186
群众团体、社会团体和其他成员组织	9085	5000	5273	9068	6171
基层群众自治组织	5246	12762	11894	7155	9094

单位：人

2005年	2006年	2007年	2008年	2009年	2010年	2011年	2012年	2013年
8073	**5915**	**5384**	**9294**	**6664**	**5115**	**7256**	**4827**	**5430**
159	493	373	329	438	381	451	199	507
565	421	781	620	512	550	472	461	989
7349	5001	4230	8345	5714	4184	6333	4167	3934
7528	**8107**	**10466**	**9333**	**11906**	**11335**	**13057**	**13028**	**20684**
2529	1904	2439	3286	4256	4251	6080	6633	10445
2194	3233	2882	3040	3564	3660	4196	3868	7175
2805	2970	5145	3007	4086	3424	2781	2527	3064
25495	**21739**	**17920**	**20429**	**17651**	**19920**	**24828**	**22968**	**20986**
25495	21739	17920	20429	17651	19920	24828	22968	20986
8564	**10449**	**6603**	**5903**	**6672**	**10110**	**6504**	**10100**	**9941**
7417	9664	5407	3880	5702	8736	4476	6848	6133
1147	785	1196	2023	970	1374	2028	3252	3808
11769	**9667**	**10095**	**8420**	**9037**	**11180**	**14296**	**15160**	**22653**
1069	88	391	250	210	557	186	166	189
5818	2679	1818	1713	1272	1902	4906	4217	4611
1312	985	1752	1102	2083	1889	1873	3029	6405
600	979	1098	1069	1633	1308	1626	1928	2612
2970	4936	5036	4286	3839	5524	5705	5820	8836
30116	**25902**	**33632**	**26023**	**14457**	**16784**	**25213**	**31672**	**31183**
307	297	147	167	43	51	132	189	47
16394	11301	13853	10231	5745	5444	12055	13368	12426
146	6	22			2	2	40	8
77	291	194	217	59	140	153	215	113
7369	9593	9889	10009	7396	8811	10406	15886	16686
5823	4414	9527	5399	1214	2336	2465	1974	1903

1-18 按地区、登记注册

地 区	单位数						
		内 资					
			国 有	集 体	股份合作企 业	联营企业	
							国有联营
全 省	**965826**	**944743**	**46501**	**13157**	**12236**	**739**	**52**
杭州市	**205006**	**200672**	**7813**	**2326**	**500**	**121**	**8**
上城区	10172	9978	687	180	15	2	1
下城区	14882	14680	814	129	28	12	1
江干区	19650	19108	665	217	33	13	
拱墅区	17550	17337	578	102	47	10	2
西湖区	28283	27882	1292	200	82	16	
滨江区	10375	9939	240	44	6	5	
萧山区	37677	36637	743	612	59	26	1
余杭区	25405	24774	624	224	193	5	1
桐庐县	7687	7499	327	64	2	5	
淳安县	4319	4256	401	101	4	8	
建德市	6368	6320	412	173	6	1	
富阳市	12805	12572	545	129	19	12	1
临安市	9833	9690	485	151	6	6	1
宁波市	**166458**	**160629**	**5642**	**1929**	**1253**	**112**	**6**
海曙区	12672	12495	690	124	239	5	
江东区	12879	12635	390	53	168	9	1
江北区	9916	9553	368	116	199	6	
北仑区	15733	14610	458	118	21	13	1
镇海区	9513	8972	335	202	36	13	
鄞州区	34340	33038	861	265	116	12	1
象山县	9867	9654	591	176	67	3	
宁海县	9612	9367	390	102	50	14	2
余姚市	18619	17905	489	303	180	16	1
慈溪市	25329	24644	733	339	169	11	
奉化市	7978	7756	337	131	8	10	

类型分组的法人单位数

单位：个

集体联营	国有与集体联营	其他联营	有限责任公司	国有独资公司	其他有限责任公司	股份有限公司	私营企业	私营独资
263	**68**	**356**	**42259**	**3126**	**39133**	**3391**	**730749**	**165866**
52	**24**	**37**	**13045**	**512**	**12533**	**995**	**164939**	**16615**
	1		1149	82	1067	71	7309	313
3	3	5	1417	63	1354	79	11648	205
4	4	5	1541	23	1518	74	16047	623
1	4	3	1101	26	1075	112	15150	269
4	8	4	2637	63	2574	196	22509	969
4		1	980	20	960	103	8389	309
20	1	4	1301	40	1261	110	32276	4410
4			1093	43	1050	71	21539	1680
2		3	273	31	242	21	6076	1651
3		5	427	46	381	23	2259	570
		1	226	14	212	21	4234	1371
4	3	4	429	24	405	60	10125	2162
3		2	471	37	434	54	7378	2083
45	**3**	**58**	**5316**	**477**	**4839**	**624**	**134343**	**31654**
1		4	565	30	535	50	10295	471
3		5	580	24	556	58	10979	1324
3	1	2	370	33	337	40	7897	1806
9		3	644	52	592	58	12428	1888
1		12	416	27	389	38	7553	2063
5		6	1075	58	1017	155	28890	8299
1	1	1	353	94	259	30	6717	2217
3	1	8	214	41	173	35	6919	2297
11		4	511	42	469	78	15248	3640
5		6	434	60	374	61	21244	4877
3		7	154	16	138	21	6173	2772

1-18 续表 1

地　区	单位数	内　资	国　有	集　体	股份合作企　业	联营企业	国有联营
温州市	**141600**	**140592**	**5563**	**2289**	**5535**	**183**	**8**
鹿城区	20366	20142	1072	474	939	59	3
龙湾区	14644	14370	336	197	643	19	1
瓯海区	11514	11390	357	210	735	9	
洞头县	1787	1772	236	57	75	1	
永嘉县	12052	11982	536	110	509	8	
平阳县	10014	9957	467	110	315	16	
苍南县	16173	16125	625	104	523	20	2
文成县	2711	2703	375	101	56	5	
泰顺县	2545	2544	341	55	32	4	
瑞安市	23744	23660	553	604	942	15	2
乐清市	26050	25947	665	267	766	27	
嘉兴市	**75863**	**72867**	**3816**	**1038**	**565**	**36**	**6**
南湖区	12780	12427	711	120	206	5	
秀洲区	8257	7770	399	77	107	5	2
嘉善县	10251	9706	477	230	13	5	1
海盐县	7223	7046	491	96	104	7	1
海宁市	14464	13989	597	322	41	4	
平湖市	10547	10060	521	66	6	7	2
桐乡市	12341	11869	620	127	88	3	
湖州市	**35624**	**34435**	**2464**	**691**	**87**	**20**	**2**
吴兴区	10368	10089	850	112	23	10	2
南浔区	5673	5512	409	111	5	1	
德清县	6157	5765	430	145	13	3	
长兴县	8242	8045	397	234	38	3	
安吉县	5184	5024	378	89	8	3	

单位：个

集体联营	国有与集体联营	其他联营	有限责任公司	国有独资公司	其他有限责任公司	股份有限公司	私营企业	私营独资
69	**8**	**98**	**5960**	**361**	**5599**	**461**	**100996**	**25388**
16	2	38	1177	90	1087	164	14321	2494
4	1	13	505	43	462	60	11618	1949
3	2	4	381	20	361	4	8203	2062
1			59	24	35	1	957	319
5	1	2	390	19	371	20	8377	2008
9		7	712	31	681	26	5996	1663
8	1	9	467	26	441	47	11860	3770
5			93	36	57	5	979	480
1		3	89	25	64	9	1358	737
1		12	547	19	528	30	17748	6902
16	1	10	1540	28	1512	95	19579	3004
12	**5**	**13**	**3007**	**374**	**2633**	**297**	**59661**	**14433**
2	2	1	720	59	661	50	9709	1421
	1	2	369	37	332	42	6281	647
3		1	378	53	325	66	7996	2150
3	2	1	282	64	218	24	5539	1990
3		1	394	45	349	28	11984	2862
		5	490	63	427	13	8347	3654
1		2	374	53	321	74	9805	1709
6	**4**	**8**	**1227**	**74**	**1153**	**68**	**26717**	**8917**
2	2	4	473	23	450	25	7829	2577
1			108	4	104	7	4393	1800
1		2	309	28	281	21	4469	1035
1	2		218	6	212	10	6256	1872
1		2	119	13	106	5	3770	1633

1-18 续表 2

地区	单位数	内资	国有	集体	股份合作企业	联营企业	国有联营
绍兴市	**92819**	**90479**	**3555**	**1810**	**79**	**54**	**3**
越城区	15501	15040	908	368	13	12	1
绍兴县	26001	25342	580	204	3	2	
新昌县	6203	6114	312	119	12	17	
诸暨市	20103	19736	659	693	23	2	
上虞市	13581	13155	602	105	3	12	1
嵊州市	11430	11092	494	321	25	9	1
金华市	**97434**	**95109**	**4112**	**872**	**94**	**118**	**8**
婺城区	11755	11560	904	119	11	14	
金东区	4864	4817	296	77	3	7	1
武义县	6309	6267	360	103	4	7	1
浦江县	5268	5189	355	69	2	13	3
磐安县	3711	3677	264	55	1	10	1
兰溪市	7689	7610	436	120	10	12	2
义乌市	31463	29854	508	93	54	32	
东阳市	9630	9458	551	137		8	
永康市	16745	16677	438	99	9	15	
衢州市	**23955**	**23817**	**2909**	**245**	**53**	**30**	**3**
柯城区	6236	6215	716	43	18	11	
衢江区	3967	3931	396	26	9	6	1
常山县	3364	3351	424	41	4	2	
开化县	2585	2578	499	32	1	1	
龙游县	3600	3578	443	25	4	7	
江山市	4203	4164	431	78	17	3	2

单位：个

集体联营	国有与集体联营	其他联营	有限责任公司	国有独资公司	其他有限责任公司	股份有限公司	私营企业	私营独资
23	**8**	**20**	**4091**	**275**	**3816**	**297**	**72920**	**19857**
3	1	7	1469	66	1403	89	11202	2102
2			666	50	616	51	22484	3371
12	2	3	209	48	161	41	4385	1311
2			707	19	688	28	16434	7491
1	2	8	818	39	779	53	10030	3062
3	3	2	222	53	169	35	8385	2520
37	**5**	**68**	**3043**	**218**	**2825**	**300**	**74028**	**21483**
3		11	624	43	581	69	8280	1533
4	1	1	152	15	137	12	3405	1265
1		5	98	24	74	13	4293	1034
2		8	131	24	107	17	3635	502
5		4	197	15	182	7	2115	998
6		4	293	25	268	54	4408	1728
9	1	22	975	20	955	74	25734	7692
1		7	327	22	305	20	7622	2231
6	3	6	246	30	216	34	14536	4500
3	**2**	**22**	**780**	**138**	**642**	**96**	**13734**	**3166**
2		9	256	29	227	42	3952	637
	1	4	85	19	66	18	1930	509
1		1	98	20	78	5	1738	517
	1		78	24	54	7	1364	417
		7	178	19	159	15	2054	608
		1	85	27	58	9	2696	478

1-18 续表 3

地区	单位数	内资	国有	集体	股份合作企业	联营企业	国有联营
舟山市	**16267**	**16156**	**1952**	**375**	**39**	**9**	**1**
定海区	8549	8496	906	182	3	2	
普陀区	4385	4356	395	86	22	5	1
岱山县	2171	2148	262	67	8		
嵊泗县	1162	1156	389	40	6	2	
台州市	**83975**	**83305**	**4712**	**1149**	**3974**	**22**	**2**
椒江区	11156	11070	1068	197	596	1	
黄岩区	10106	10046	613	206	708	2	
路桥区	10004	9932	418	167	305	3	
玉环县	10993	10899	315	110	657	3	
三门县	4745	4713	374	74	111		
天台县	4824	4790	411	59	75	3	1
仙居县	4366	4303	427	50	19		
温岭市	17894	17776	509	165	1097	1	
临海市	9887	9776	577	121	406	9	1
丽水市	**26824**	**26681**	**3962**	**433**	**57**	**34**	**5**
莲都区	6441	6386	912	109	19	13	1
青田县	3980	3946	430	51	10	2	
缙云县	3846	3834	523	69	8		
遂昌县	2336	2319	269	55	9	4	
松阳县	2168	2166	425	31	1		
云和县	1770	1766	356	18	3	4	3
庆元县	1924	1920	324	21	1	5	1
景宁县	1449	1445	252	36	5	2	
龙泉市	2910	2899	471	43	1	4	

单位：个

集体联营	国有与集体联营	其他联营	有限责任公司	国有独资公司	其他有限责任公司	股份有限公司	私营企业	私营独资
1	**1**	**6**	**1088**	**131**	**957**	**24**	**10709**	**2081**
1		1	541	54	487	14	6120	924
	1	3	354	43	311	6	2807	649
			106	13	93	2	1323	354
		2	87	21	66	2	459	154
4	**6**	**10**	**3861**	**332**	**3529**	**150**	**58071**	**18353**
		1	924	61	863	33	7198	1372
	1	1	367	13	354	16	6472	2073
1	1	1	631	28	603	17	7361	2206
1		2	776	39	737	25	7778	2296
			88	40	48	5	3167	968
		2	162	28	134	12	3109	1176
			142	35	107	9	2582	1029
	1		422	39	383	16	13758	5109
2	3	3	349	49	300	17	6646	2124
11	**2**	**16**	**841**	**234**	**607**	**79**	**14631**	**3919**
4	2	6	235	33	202	28	4121	697
		2	75	27	48	9	2401	770
			72	24	48	12	2320	542
2		2	137	24	113	7	934	283
			49	26	23		942	356
		1	67	29	38	4	885	383
4			51	16	35	3	942	203
1		1	60	18	42	2	673	173
		4	95	37	58	14	1413	512

1-18 续表 4

地区	私营合伙	私营有限责任公司	私营股份有限公司	其他企业	港澳台商投资	与港澳台商合资经营	与港澳台商合作经营
全省	**24833**	**536542**	**3508**	**95711**	**9493**	**4366**	**131**
杭州市	**1394**	**146223**	**707**	**10933**	**1839**	**803**	**21**
上城区	87	6881	28	565	73	23	1
下城区	79	11301	63	553	85	22	1
江干区	78	15305	41	518	189	66	3
拱墅区	70	14713	98	237	85	20	1
西湖区	209	21193	138	950	167	52	1
滨江区	66	7962	52	172	141	43	
萧山区	242	27535	89	1510	515	283	1
余杭区	242	19578	39	1025	260	90	5
桐庐县	36	4371	18	731	114	78	2
淳安县	38	1634	17	1033	28	7	
建德市	48	2783	32	1247	28	22	
富阳市	132	7782	49	1253	94	64	
临安市	67	5185	43	1139	60	33	6
宁波市	**7841**	**94234**	**614**	**11410**	**2849**	**1240**	**44**
海曙区	80	9700	44	527	77	34	
江东区	112	9466	77	398	99	45	4
江北区	138	5907	46	557	162	60	1
北仑区	734	9748	58	870	551	214	2
镇海区	697	4755	38	379	275	118	5
鄞州区	1230	19261	100	1664	612	257	8
象山县	310	4164	26	1717	95	60	3
宁海县	413	4180	29	1643	121	63	1
余姚市	1918	9615	75	1080	406	176	6
慈溪市	1993	14280	94	1653	366	165	10
奉化市	216	3158	27	922	85	48	4

单位：个

港澳台商独资	港澳台商投资股份有限公司	其他港澳台投资	外商投资	中外合资经营	中外合作经营	外资企业	外商投资股份有限公司	其他外商投资
4651	**99**	**246**	**11590**	**4947**	**158**	**5444**	**107**	**934**
990	**20**	**5**	**2495**	**1057**	**44**	**1346**	**17**	**31**
47	2		121	38	1	78	1	3
60	2		117	38	4	71	2	2
119	1		353	123	3	221	4	2
62	1	1	128	41	4	82		1
113	1		234	70	3	153	3	5
91	4	3	295	104	4	180	3	4
228	2	1	525	241	2	273	3	6
161	4		371	163	6	198		4
34			74	55	1	18		
20	1		35	18		17		
5	1		20	15	1	4		
30			139	97	4	36	1	1
20	1		83	54	11	15		3
1520	**39**	**6**	**2980**	**1357**	**36**	**1550**	**21**	**16**
42		1	100	35	1	64		
48	2		145	44	1	96	2	2
99	2		201	87	4	109		1
328	7		572	185	8	367	7	5
149	2	1	266	91	1	172	1	1
338	7	2	690	312	8	369		1
29	3		118	91	1	24	1	1
56	1		124	78	1	45		
221	3		308	154	3	145	3	3
179	10	2	319	185	8	117	7	2
31	2		137	95		42		

1-18 续表 5

地　区	私营合伙	私营有限责任公司	私营股份有限公司	其他企业	港澳台商投资	与港澳台商合资经营	与港澳台商合作经营
温州市	**5460**	**69704**	**444**	**19605**	**331**	**211**	**11**
鹿城区	537	11180	110	1936	50	31	4
龙湾区	466	9129	74	992	107	63	3
瓯海区	423	5715	3	1491	22	8	
洞头县	53	582	3	386	8	5	
永嘉县	469	5880	20	2032	32	26	
平阳县	453	3854	26	2315	26	19	
苍南县	1343	6700	47	2479	28	25	
文成县	45	448	6	1089	1		1
泰顺县	118	497	6	656			
瑞安市	615	10207	24	3221	15	8	2
乐清市	938	15512	125	3008	42	26	1
嘉兴市	**2614**	**42074**	**540**	**4447**	**1387**	**537**	**10**
南湖区	558	7715	15	906	147	57	3
秀洲区	70	5527	37	490	188	70	2
嘉善县	1406	4055	385	541	239	59	1
海盐县	101	3425	23	503	94	45	
海宁市	110	8996	16	619	243	107	
平湖市	112	4544	37	610	199	93	2
桐乡市	257	7812	27	778	277	106	2
湖州市	**592**	**17120**	**88**	**3161**	**602**	**295**	**4**
吴兴区	101	5117	34	767	126	52	
南浔区	34	2550	9	478	93	50	
德清县	112	3308	14	375	224	137	4
长兴县	202	4159	23	889	81	24	
安吉县	143	1986	8	652	78	32	

单位：个

港澳台商独资	港澳台商投资股份有限公司	其他港澳台投资	外商投资	中外合资经营	中外合作经营	外资企业	外商投资股份有限公司	其他外商投资
104	**2**	**3**	**677**	**413**	**7**	**233**	**7**	**17**
12	1	2	174	93		63	5	13
41			167	102	3	60		2
13	1		102	51		50		1
3			7	5		2		
6			38	26		12		
7			31	28		3		
3			20	13	2	4		1
			7	4		3		
			1			1		
5			69	42	1	24	2	
14		1	61	49	1	11		
832	**6**	**2**	**1609**	**597**	**11**	**985**	**12**	**4**
86		1	206	66	2	134	4	
114	2		299	82	5	211	1	
176	2	1	306	74		225	5	2
48	1		83	32	2	49		
136			232	133	1	97		1
103	1		288	113		173	2	
169			195	97	1	96		1
302	**1**		**587**	**319**	**10**	**254**	**4**	
74			153	64	2	85	2	
43			68	49	1	18		
82	1		168	115	1	51	1	
57			116	49		66	1	
46			82	42	6	34		

1-18 续表 6

地　区	私营合伙	私营有限责任公司	私营股份有限公司	其他企业	港澳台商投资	与港澳台商合资经营	与港澳台商合作经营
绍兴市	**489**	**52255**	**319**	**7673**	**1335**	**760**	**22**
越城区	85	8939	76	979	253	112	3
绍兴县	65	18915	133	1352	358	175	5
新昌县	77	2978	19	1019	42	30	
诸暨市	139	8800	4	1190	214	145	10
上虞市	40	6885	43	1532	261	158	
嵊州市	83	5738	44	1601	207	140	4
金华市	**1193**	**50864**	**488**	**12542**	**677**	**225**	**6**
婺城区	212	6455	80	1539	96	49	1
金东区	59	2066	15	865	28	12	
武义县	32	3205	22	1389	20	8	
浦江县	98	3024	11	967	38	15	
磐安县	58	1049	10	1028	15	7	
兰溪市	48	2608	24	2277	44	22	1
义乌市	483	17306	253	2384	364	76	4
东阳市	44	5322	25	793	42	18	
永康市	159	9829	48	1300	30	18	
衢州市	**285**	**10193**	**90**	**5970**	**68**	**37**	**4**
柯城区	50	3218	47	1177	6	2	
衢江区	39	1368	14	1461	17	6	2
常山县	60	1156	5	1039	7	5	1
开化县	42	898	7	596	4	2	
龙游县	30	1408	8	852	12	6	
江山市	64	2145	9	845	22	16	1

单位：个

港澳台商独资	港澳台商投资股份有限公司	其他港澳台投资	外商投资	中外合资经营	中外合作经营	外资企业	外商投资股份有限公司	其他外商投资
520	**15**	**18**	**1005**	**516**	**11**	**468**	**7**	**3**
134	3	1	208	79	2	123	3	1
160	2	16	301	100	2	196	2	1
12			47	37	2	8		
55	4		153	106	3	43	1	
101	1	1	165	113	2	50		
58	5		131	81		48	1	1
222	**13**	**211**	**1648**	**303**	**31**	**429**	**30**	**855**
39	6	1	99	49	2	46	1	1
16			19	10		9		
12			22	14		7		1
22		1	41	24	1	14		2
8			19	16		3		
20	1		35	22		11	1	1
71	4	209	1245	111	26	275	27	806
23	1		130	33	2	51		44
11	1		38	24		13	1	
27			**70**	**50**		**15**	**3**	**2**
4			15	11		3		1
9			19	14		4		1
1			6	5		1		
2			3	3				
6			10	5		2	3	
5			17	12		5		

1-18 续表 7

地　区	私营合伙	私营有限责任公司	私营股份有限公司	其他企业	港澳台商投资	与港澳台商合资经营	与港澳台商合作经营
舟山市	**307**	**8317**	**4**	**1960**	**44**	**28**	
定海区	143	5051	2	728	22	13	
普陀区	67	2089	2	681	15	9	
岱山县	65	904		380	5	4	
嵊泗县	32	273		171	2	2	
台州市	**3948**	**35672**	**98**	**11366**	**314**	**206**	**7**
椒江区	339	5474	13	1053	43	30	
黄岩区	353	4035	11	1662	27	13	2
路桥区	544	4591	20	1030	22	16	
玉环县	575	4887	20	1235	41	29	
三门县	96	2099	4	894	13	5	3
天台县	89	1840	4	959	17	12	
仙居县	417	1130	6	1074	34	31	1
温岭市	1174	7461	14	1808	47	30	1
临海市	361	4155	6	1651	70	40	
丽水市	**710**	**9886**	**116**	**6644**	**47**	**24**	**2**
莲都区	149	3228	47	949	20	10	1
青田县	97	1510	24	968	7	2	
缙云县	164	1606	8	830	7	6	
遂昌县	47	595	9	904	5	2	
松阳县	57	526	3	718	1		
云和县	64	433	5	429	2		1
庆元县	15	721	3	573	3	3	
景宁县	70	425	5	415	1	1	
龙泉市	47	842	12	858	1		

单位：个

港澳台商独资	港澳台商投资股份有限公司	其他港澳台投资	外商投资	中外合资经营	中外合作经营	外资企业	外商投资股份有限公司	其他外商投资
16			**67**	**37**	**3**	**25**	**1**	**1**
9			31	17	2	10	1	1
6			14	12	1	1		
1			18	6		12		
			4	2		2		
98	**3**		**356**	**257**	**5**	**91**	**3**	
12	1		43	23		19	1	
11	1		33	24		9		
5	1		50	36	1	13		
12			53	43	2	6	2	
5			19	11		8		
5			17	10	1	6		
2			29	23		6		
16			71	60		11		
30			41	27	1	13		
20		**1**	**96**	**41**		**48**	**2**	**5**
8		1	35	13		18	2	2
5			27	6		21		
1			5	5				
3			12	5		6		1
1			1			1		
1			2	1				1
			1			1		
			3	2		1		
1			10	9				1

1-19 按地区、登记注册

地　区	从业人员期末人数	内　资	国　有	集　体	股份合作企　业	联营企业	国有联营
全　省	**27942889**	**25603460**	**2299311**	**232672**	**205334**	**10890**	**2116**
杭州市	**5804086**	**5251444**	**518813**	**31481**	**10675**	**2466**	**874**
上城区	276409	267083	58489	3328	2687	65	62
下城区	317335	303338	48640	3045	460	894	801
江干区	682567	561641	62248	4332	719	145	
拱墅区	506774	488390	43236	1723	745	495	6
西湖区	803436	755265	94168	4767	871	306	
滨江区	366943	295973	16084	936	39	125	
萧山区	1243626	1099069	52757	3029	995	38	1
余杭区	632339	563389	43467	2069	3168	11	1
桐庐县	158538	142398	15319	1048	44	100	
淳安县	90159	87471	14754	956	149	154	
建德市	130467	127801	19133	2033	79	42	
富阳市	351848	325467	27985	2565	632	78	1
临安市	243645	234159	22533	1650	87	13	2
宁波市	**5079720**	**4360128**	**321234**	**25007**	**21930**	**1726**	**85**
海曙区	283294	272933	41772	1778	1588	80	
江东区	344814	328287	32087	920	1335	63	16
江北区	311045	283968	21121	1792	3354	346	
北仑区	544152	329397	23779	1329	619	79	5
镇海区	320803	272403	16801	2746	4168	506	
鄞州区	966249	815392	46320	4706	2353	104	13
象山县	539791	513198	24097	1770	1341	15	
宁海县	270572	245687	22567	956	921	121	50
余姚市	504338	414026	34357	4154	3303	179	1
慈溪市	746415	667593	39746	3535	2834	197	
奉化市	248247	217244	18587	1321	114	36	

类型分组的法人单位从业人数

单位：人

集体联营	国有与集体联营	其他联营	有限责任公司	国有独资公司	其他有限责任公司	股份有限公司	私营企业	私营独资
2285	**1386**	**5103**	**4736336**	**286897**	**4449439**	**1149728**	**16130843**	**1506289**
253	**383**	**956**	**1432103**	**90328**	**1341775**	**269637**	**2870812**	**155024**
	3		70485	6546	63939	33319	93562	1159
68	15	10	99838	24667	75171	13270	129727	1239
23	52	70	172243	7231	165012	17773	292160	4186
1	60	428	135277	2963	132314	26185	275889	2151
14	206	86	318708	21956	296752	58740	265823	4428
69		56	90796	2465	88331	45586	139490	2839
24	7	6	314083	5492	308591	29886	685665	41921
10			93457	10173	83284	17751	391559	14255
8		92	8886	1146	7740	2891	108136	16597
12		142	18778	1470	17308	1433	41452	5568
		42	16951	1827	15124	5507	72979	12697
18	40	19	44413	2077	42336	5786	232310	25378
6		5	48188	2315	45873	11510	142060	22606
440	**28**	**1173**	**398520**	**40434**	**358086**	**315988**	**3178600**	**318215**
40		40	40203	5811	34392	12823	169209	2497
16		31	35437	7238	28199	4096	248658	6449
7	20	319	27941	3888	24053	9252	216094	13267
42		32	39302	5562	33740	8102	249887	19453
15		491	75339	2881	72458	10071	158721	20049
66		25	69271	2949	66322	24196	653918	99731
11	3	1	20891	4289	16602	224151	232930	17821
21	5	45	20024	1837	18187	4871	184831	21532
150		28	32087	2517	29570	9356	320589	37612
63		134	29335	3050	26285	7765	565601	45411
9		27	8690	412	8278	1305	178162	34393

1-19 续表 1

地区	从业人员期末人数	内资					
			国有	集体	股份合作企业	联营企业	
							国有联营
温州市	**3245193**	**3153552**	**306160**	**56673**	**84711**	**1541**	**133**
鹿城区	591192	575328	72147	9849	16898	392	35
龙湾区	386000	360699	17358	5161	8200	160	6
瓯海区	362946	353374	31226	9383	11069	128	
洞头县	27219	26431	5311	710	725	22	
永嘉县	240915	237020	26783	2794	5619	57	
平阳县	208839	200235	23483	4144	5537	100	
苍南县	266177	263367	33653	1922	6804	264	62
文成县	44492	44391	10917	989	532	27	
泰顺县	107435	107434	12331	766	479	11	
瑞安市	480944	469881	35040	9107	17736	109	30
乐清市	529034	515392	37911	11848	11112	271	
嘉兴市	**2042364**	**1677199**	**151370**	**12485**	**12446**	**1064**	**490**
南湖区	294838	261112	31342	1794	5216	224	
秀洲区	258425	192436	14648	500	2143	486	463
嘉善县	254013	182964	18337	2555	418	39	20
海盐县	187459	169833	15391	2288	2491	67	2
海宁市	364471	314326	24941	3885	631	62	
平湖市	326326	237507	20141	495	281	165	5
桐乡市	356832	319021	26570	968	1266	21	
湖州市	**1078821**	**952936**	**120461**	**9840**	**1432**	**323**	**88**
吴兴区	357061	339060	42962	1914	608	167	88
南浔区	130767	112522	10527	912	79	8	
德清县	214848	170005	18127	2597	436	14	
长兴县	207635	181026	20841	2877	229	120	
安吉县	168510	150323	28004	1540	80	14	

单位：人

集体联营	国有与集体联营	其他联营	有限责任公司	国有独资公司	其他有限责任公司	股份有限公司	私营企业	私营独资
586	**160**	**662**	**536448**	**47862**	**488586**	**67681**	**1928311**	**204926**
101	15	241	105108	34979	70129	4681	345131	24474
24	28	102	40764	2315	38449	6391	272785	11423
11	88	29	41714	1242	40472	25	247781	18959
22			2382	631	1751	6	12821	1499
27	15	15	60339	806	59533	10534	115408	11471
41		59	51898	2388	49510	3555	95423	11956
129	4	69	37776	1623	36153	1133	155763	25470
27			7894	930	6964	43	15174	6628
2		9	38491	977	37514	7498	40486	7896
2		77	52679	424	52255	9739	322284	59161
200	10	61	97403	1547	95856	24076	305255	25989
101	**86**	**387**	**182364**	**16551**	**165813**	**79810**	**1200138**	**117404**
8	36	180	43914	4215	39699	11318	158427	9681
	3	20	28443	779	27664	13082	130005	5331
15		4	18758	2045	16713	3007	133554	18942
16	47	2	20668	1802	18866	8529	116149	19003
61		1	23942	1558	22384	10752	244221	21259
		160	22844	3327	19517	5819	184585	30689
1		20	23795	2825	20970	27303	233197	12499
84	**85**	**66**	**110374**	**3615**	**106759**	**26241**	**653448**	**103497**
18	15	46	62016	863	61153	9500	214928	37540
8			7090	51	7039	2701	87390	20456
3		11	16921	860	16061	9877	118532	11185
50	70		14799	1599	13200	2444	129391	13882
5		9	9548	242	9306	1719	103207	20434

1-19 续表 2

地区	从业人员期末人数	内资	国有	集体	股份合作企业	联营企业	国有联营
绍兴市	**3712675**	**3439654**	**166277**	**20993**	**4029**	**539**	**100**
越城区	620944	560699	42591	4268	606	141	96
绍兴县	1007002	911414	25265	2227	10	3	
新昌县	204088	195803	14210	4249	235	77	
诸暨市	836559	798361	36865	4591	685	31	
上虞市	754428	715350	26318	1574	113	95	2
嵊州市	289654	258027	21028	4084	2380	192	2
金华市	**2777524**	**2692799**	**205518**	**17766**	**3432**	**1933**	**148**
婺城区	358431	334860	50230	2822	193	155	
金东区	131435	129273	9159	1554	111	97	10
武义县	176270	173589	14170	1046	64	44	24
浦江县	152071	144794	13698	1127	4	88	35
磐安县	109683	106079	7599	1252	9	309	42
兰溪市	159955	153832	17732	991	218	130	37
义乌市	516978	492758	39402	2399	2746	770	
东阳市	840378	830175	25411	4378		49	
永康市	332323	327439	28117	2197	87	291	
衢州市	**640755**	**626206**	**88955**	**2008**	**1795**	**323**	**13**
柯城区	193404	191579	29178	469	720	70	
衢江区	87731	82954	10491	207	147	27	1
常山县	72119	71089	10279	203	46	8	
开化县	63039	62735	9764	191	4	112	
龙游县	106015	102995	13973	226	703	90	
江山市	118447	114854	15270	712	175	16	12

单位：人

集体联营	国有与集体联营	其他联营	有限责任公司	国有独资公司	其他有限责任公司	股份有限公司	私营企业	私营独资
113	**205**	**121**	**763605**	**22367**	**741238**	**189581**	**2239758**	**146075**
7	8	30	225016	9605	215411	10164	270960	13320
3			210476	2972	207504	15430	649408	24938
53	12	12	26557	1384	25173	14192	126458	11938
31			239841	2104	237737	34204	475570	50498
7	15	71	49010	2382	46628	113517	513522	25165
12	170	8	12705	3920	8785	2074	203840	20216
593	**73**	**1119**	**557195**	**12905**	**544290**	**51658**	**1748011**	**197648**
10		145	82188	3762	78426	6779	175677	14595
33	52	2	12269	151	12118	3213	95344	14626
2		18	2686	581	2105	1445	141402	9089
25		28	5130	691	4439	450	116728	8340
240		27	21497	393	21104	4442	64046	14003
64		29	27281	1123	26158	5968	87126	17708
125	6	639	46476	1968	44508	7833	370111	47447
2		47	345982	879	345103	17355	429204	25389
92	15	184	13686	3357	10329	4173	268373	46451
38	**119**	**153**	**88524**	**12132**	**76392**	**13635**	**376950**	**30636**
31		39	46440	3009	43431	7937	85633	4824
	7	19	6934	3999	2935	2252	53753	5259
7		1	5514	1205	4309	12	47806	5099
	112		3610	411	3199	810	44254	2903
		90	18144	1394	16750	1731	61913	5111
		4	7882	2114	5768	893	83591	7440

1-19 续表 3

地　区	从业人员期末人数	内 资	国 有	集 体	股份合作企业	联营企业	国有联营
舟山市	**420019**	**407673**	**68787**	**8242**	**564**	**47**	**12**
定海区	208707	204952	33659	2736	62	3	
普陀区	130513	125802	18484	3530	291	39	12
岱山县	62514	58849	9896	1742	153		
嵊泗县	18285	18070	6748	234	58	5	
台州市	**2473421**	**2384953**	**206441**	**42748**	**63454**	**434**	**8**
椒江区	309561	297276	35690	1659	8049	1	
黄岩区	266497	262388	21173	1690	9754	3	
路桥区	244958	233050	17176	2432	5842	241	
玉环县	288842	270567	17491	1551	11590	102	
三门县	121499	119580	13588	481	1384		
天台县	123566	119404	19058	568	2769	14	3
仙居县	120787	113843	14502	407	286		
温岭市	606394	587354	34396	3438	16624	25	
临海市	391317	381491	33367	30522	7156	48	5
丽水市	**642248**	**630853**	**119232**	**5429**	**866**	**494**	**165**
莲都区	183872	180273	33581	1375	345	144	22
青田县	97835	93714	15337	561	191	16	
缙云县	97310	95836	14516	464	86		
遂昌县	44486	43543	8919	866	59	8	
松阳县	48373	48269	9626	236	30		
云和县	38436	38251	7484	690	18	27	24
庆元县	38990	38840	8398	341	51	141	119
景宁县	27976	27831	7162	331	21	9	
龙泉市	64970	64296	14209	565	65	149	

单位：人

集体联营	国有与集体联营	其他联营	有限责任公司			股份有限公司	私营企业	
				国有独资公司	其他有限责任公司			私营独资
1	**13**	**21**	**82817**	**9262**	**73555**	**12532**	**222111**	**15385**
1		2	52949	4434	48515	8090	103229	6557
	13	14	21260	3977	17283	501	76423	4245
			5771	221	5550	3181	36043	3351
		5	2837	630	2207	760	6416	1232
22	**227**	**177**	**537999**	**24965**	**513034**	**116102**	**1319235**	**180576**
		1	102208	6089	96119	45221	94464	8632
	2	1	105007	257	104750	9598	103269	22704
11	175	55	45120	575	44545	14319	137820	21716
4		98	76026	2062	73964	7778	143537	24620
			5342	1250	4092	2682	88739	5987
		11	27279	943	26336	6421	54332	8663
			23387	1090	22297	7945	58788	16680
	25		79049	9430	69619	7784	431492	50615
7	25	11	74581	3269	71312	14354	206794	20959
54	**7**	**268**	**46387**	**6476**	**39911**	**6863**	**393469**	**36903**
22	7	93	10401	1082	9319	3583	122099	4217
		16	6881	1001	5880	127	61952	10278
			2946	533	2413	1211	67148	5444
4		4	10084	1323	8761	1130	15111	2057
			1508	631	877		30348	3464
		3	4092	525	3567	34	22429	5058
22			993	322	671	37	24608	1803
6		3	3336	357	2979	45	14339	796
		149	6146	702	5444	696	35435	3786

1-19 续表 4

地区	私营合伙	私营有限责任公司	私营股份有限公司	其他企业	港澳台商投资	与港澳台商合资经营	与港澳台商合作经营
全省	**280198**	**14044000**	**300356**	**838346**	**1162783**	**608075**	**15389**
杭州市	**15943**	**2660905**	**38940**	**115457**	**242983**	**120259**	**981**
上城区	637	90672	1094	5148	4819	2975	24
下城区	792	126446	1250	7464	5394	2220	20
江干区	634	285355	1985	12021	22043	10289	49
拱墅区	699	271692	1347	4840	9725	1488	366
西湖区	2945	255518	2932	11882	12818	9152	8
滨江区	593	133574	2484	2917	37944	6495	
萧山区	3285	626481	13978	12616	84108	50932	2
余杭区	2774	369398	5132	11907	36702	12057	378
桐庐县	301	91011	227	5974	10014	8966	30
淳安县	345	35231	308	9795	622	48	
建德市	524	58361	1397	11077	1656	1167	
富阳市	1586	199557	5789	11698	12323	11084	
临安市	828	117609	1017	8118	4815	3386	104
宁波市	**88994**	**2676065**	**95326**	**97123**	**398684**	**192645**	**5140**
海曙区	816	161938	3958	5480	6440	4507	
江东区	1219	193854	47136	5691	11082	5286	236
江北区	1659	194984	6184	4068	13317	6668	6
北仑区	6844	218015	5575	6300	114578	38347	119
镇海区	7682	129829	1161	4051	25451	11099	934
鄞州区	15649	531403	7135	14524	92354	58006	957
象山县	2968	209750	2391	8003	9219	6975	203
宁海县	5049	153814	4436	11396	12610	6639	450
余姚市	20660	256363	5954	10001	55152	23907	1054
慈溪市	23162	486730	10298	18580	44755	23624	972
奉化市	3286	139385	1098	9029	13726	7587	209

单位：人

港澳台商独资	港澳台商投资股份有限公司	其他港澳台投资	外商投资	中外合资经营	中外合作经营	外资企业	外商投资股份有限公司	其他外商投资
499571	**38040**	**1708**	**1176646**	**632626**	**10668**	**510141**	**17225**	**5986**
109662	**12023**	**58**	**309659**	**168797**	**3008**	**133996**	**2577**	**1281**
1767	53		4507	2043	3	2422	34	5
3098	56		8603	2505	803	4878	411	6
10803	902		98883	54477	183	43731	476	16
7758	62	51	8659	5054	65	3539		1
3645	13		35353	26559	73	8657	35	29
21367	10077	5	33026	9121	112	21633	1320	840
32808	364	2	60449	31233	10	28843	293	70
23886	381		32248	15219	403	16586		40
1018			6126	5248	181	697		
572	2		2066	1882		184		
434	55		1010	847	138	25		
1239			14058	11366	448	1984	8	252
1267	58		4671	3243	589	817		22
190561	**10204**	**134**	**320908**	**152650**	**3352**	**160143**	**4094**	**669**
1871		62	3921	3065	1	855		
4782	778		5445	3460	36	1834	107	8
6158	485		13760	8038	223	5330		169
73077	3035		100177	23588	238	73535	2456	360
11173	2242	3	22949	8404	171	14237	47	90
32376	1002	13	58503	30028	1033	27435		7
2038	3		17374	15958	143	1242	25	6
5485	36		12275	9489	143	2643		
29854	337		35160	18495	117	16350	181	17
17826	2277	56	34067	19562	1247	11968	1278	12
5921	9		17277	12563		4714		

1-19 续表 5

地区							
	私营合伙	私营有限责任公司	私营股份有限公司	其他企业	港澳台商投资	与港澳台商合资经营	与港澳台商合作经营
温州市	**52170**	**1657155**	**14060**	**172027**	**30043**	**19639**	**472**
鹿城区	6835	311264	2558	21122	3307	1978	320
龙湾区	4862	253422	3078	9880	9851	5846	118
瓯海区	4106	222401	2315	12048	2006	1423	
洞头县	334	10923	65	4454	736	585	
永嘉县	2269	100831	837	15486	2216	1217	
平阳县	5912	77356	199	16095	3027	2262	
苍南县	9735	119057	1501	26052	1995	1984	
文成县	295	8136	115	8815	1		1
泰顺县	903	31587	100	7372			
瑞安市	6329	255448	1346	23187	2347	1927	21
乐清市	10590	266730	1946	27516	4557	2417	12
嘉兴市	**23109**	**1004624**	**55001**	**37522**	**150895**	**70789**	**2940**
南湖区	4315	141717	2714	8877	13955	6121	488
秀洲区	998	118204	5472	3129	22813	9379	507
嘉善县	10586	100425	3601	6296	30141	6717	1
海盐县	1509	78750	16887	4250	10531	5106	
海宁市	1128	220546	1288	5892	25199	15491	
平湖市	1050	128618	24228	3177	28579	17244	1799
桐乡市	3523	216364	811	5901	19677	10731	145
湖州市	**7442**	**521168**	**21341**	**30817**	**69218**	**37136**	**385**
吴兴区	1176	172456	3756	6965	9099	4087	
南浔区	368	65175	1391	3815	9043	5912	
德清县	1485	104333	1529	3501	29616	19637	385
长兴县	2680	103424	9405	10325	10811	2182	
安吉县	1733	75780	5260	6211	10649	5318	

单位：人

港澳台商独资	港澳台商投资股份有限公司	其他港澳台投资	外商投资	中外合资经营	中外合作经营	外资企业	外商投资股份有限公司	其他外商投资
9888	**19**	**25**	**61598**	**51307**	**61**	**10096**	**51**	**83**
979	13	17	12557	10311		2145	40	61
3887			15450	11862	29	3545		14
577	6		7566	5733		1829		4
151			52	49		3		
999			1679	1280		399		
765			5577	5160		417		
11			815	522	10	279		4
			100	91		9		
			1			1		
399			8716	7746	1	958	11	
2120		8	9085	8553	21	511		
75212	**1951**	**3**	**214270**	**76142**	**591**	**132337**	**5102**	**98**
7344		2	19771	7629	123	11407	612	
12086	841		43176	10043	292	32656	185	
23358	64	1	40908	9168		27465	4205	70
4776	649		7095	3480	3	3612		
9708			24946	15614	100	9227		5
9139	397		60240	19885		40255	100	
8801			18134	10323	73	7715		23
31647	**50**		**56667**	**30378**	**1175**	**24700**	**414**	
5012			8902	3511	109	5220	62	
3131			9202	7552	5	1645		
9544	50		15227	8407	1	6470	349	
8629			15798	7189		8606	3	
5331			7538	3719	1060	2759		

1-19 续表 6

地 区	私营合伙	私营有限责任公司	私营股份有限公司	其他企业	港澳台商投资	与港澳台商合资经营	与港澳台商合作经营
绍兴市	**4912**	**2076118**	**12653**	**54872**	**168887**	**111078**	**3738**
越城区	850	255068	1722	6953	37553	16499	97
绍兴县	380	619104	4986	8595	61595	44995	1979
新昌县	673	111843	2004	9825	5251	2727	
诸暨市	1661	421752	1659	6574	20513	13430	1642
上虞市	518	486518	1321	11201	23336	18150	
嵊州市	830	181833	961	11724	20639	15277	20
金华市	**12810**	**1510984**	**26569**	**107286**	**45112**	**22197**	**846**
婺城区	2431	149632	9019	16816	14791	7642	791
金东区	831	79185	702	7526	1630	931	
武义县	355	131081	877	12732	453	258	
浦江县	1158	107055	175	7569	3460	1642	
磐安县	749	48820	474	6925	874	420	
兰溪市	575	67554	1289	14386	2594	857	11
义乌市	3902	310530	8232	23021	12388	8149	44
东阳市	526	401616	1673	7796	6762	1209	
永康市	2283	215511	4128	10515	2160	1089	
衢州市	**3463**	**331084**	**11767**	**54016**	**5496**	**1999**	**37**
柯城区	543	71683	8583	21132	438	42	
衢江区	305	47661	528	9143	2245	26	2
常山县	702	41965	40	7221	569	199	32
开化县	344	40687	320	3990	256	172	
龙游县	382	55615	805	6215	907	701	
江山市	1187	73473	1491	6315	1081	859	3

单位：人

港澳台商独资	港澳台商投资股份有限公司	其他港澳台投资	外商投资	中外合资经营	中外合作经营	外资企业	外商投资股份有限公司	其他外商投资
49657	**4276**	**138**	**104134**	**74432**	**1067**	**25482**	**3131**	**22**
20260	696	1	22692	10017	101	11637	924	13
13726	854	41	33993	28676	257	4897	155	8
2524			3034	2766	93	175		
3581	1860		17685	12648	609	2392	2036	
5089	1	96	15742	10530	7	5205		
4477	865		10988	9795		1176	16	1
11853	**8869**	**1347**	**39613**	**25712**	**1052**	**8580**	**607**	**3662**
3798	2370	190	8780	6129	461	2171	16	3
699			532	259		273		
195			2228	1767		460		1
1817		1	3817	2369	231	1166		51
454			2730	2561		169		
1725	1		3529	3008		395	125	1
1626	1413	1156	11832	5115	84	3028	109	3496
704	4849		3441	2427	276	628		110
835	236		2724	2077		290	357	
3460			**9053**	**5888**		**2305**	**847**	**13**
396			1387	681		698		8
2217			2532	2191		336		5
338			461	410		51		
84			48	48				
206			2113	1180		86	847	
219			2512	1378		1134		

1-19 续表 7

地 区	私营合伙	私营有限责任公司	私营股份有限公司	其他企业	港澳台商投资	与港澳台商合资经营	与港澳台商合作经营
舟山市	**2850**	**202568**	**1308**	**12573**	**3090**	**1670**	
定海区	1372	95252	48	4224	2029	909	
普陀区	550	70368	1260	5274	854	630	
岱山县	661	32031		2063	166	90	
嵊泗县	267	4917		1012	41	41	
台州市	**60555**	**1057938**	**20166**	**98540**	**41609**	**28690**	**633**
椒江区	3863	79693	2276	9984	6186	4532	
黄岩区	5678	72924	1963	11894	3073	934	152
路桥区	7488	101015	7601	10100	4732	1245	
玉环县	9822	106896	2199	12492	7489	5488	
三门县	939	81621	192	7364	421	331	27
天台县	2024	42725	920	8963	1536	1526	
仙居县	7400	33297	1411	8528	4409	4212	140
温岭市	17747	359937	3193	14546	7441	6132	314
临海市	5594	179830	411	14669	6322	4290	
丽水市	**7950**	**345391**	**3225**	**58113**	**6766**	**1973**	**217**
莲都区	1187	114699	1996	8745	2345	373	157
青田县	960	50224	490	8649	2353	35	
缙云县	2520	59086	98	9465	1141	1131	
遂昌县	399	12624	31	7366	377	285	
松阳县	809	26051	24	6521	99		
云和县	601	16729	41	3477	62		60
庆元县	133	22623	49	4271	148	148	
景宁县	658	12781	104	2588	1	1	
龙泉市	683	30574	392	7031	240		

单位：人

港澳台商独资	港澳台商投资股份有限公司	其他港澳台投资	外商投资	中外合资经营	中外合作经营	外资企业	外商投资股份有限公司	其他外商投资
1420			**9256**	**6402**	**114**	**2720**	**19**	**1**
1120			1726	1264	99	343	19	1
224			3857	3841	15	1		
76			3499	1148		2351		
			174	149		25		
11638	**648**		**46859**	**38122**	**248**	**8130**	**359**	
1653	1		6099	4654		1429	16	
1584	403		1036	708		328		
3243	244		7176	5976	7	1193		
2001			10786	9350	16	1077	343	
63			1498	900		598		
10			2626	1301	145	1180		
57			2535	2227		308		
995			11599	10262		1337		
2032			3504	2744	80	680		
4573		**3**	**4629**	**2796**		**1652**	**24**	**157**
1812		3	1254	807		412	24	11
2318			1768	677		1091		
10			333	333				
92			566	428		110		28
99			5			5		
2			123	21				102
			2			2		
			144	112		32		
240			434	418				16

1-20 按地区、机构类型分组的法人单位数

单位：个

地区	单位数	企业	事业单位	机关	社会团体	民办非企业单位	基金会	居委会	村委会	其他组织机构
全省	**965826**	**835565**	**30744**	**8389**	**18342**	**15691**	**277**	**4139**	**28778**	**23901**
杭州市	**205006**	**188409**	**4829**	**1252**	**3415**	**2387**	**94**	**1013**	**2061**	**1546**
上城区	10172	8963	378	101	394	235	14	57		30
下城区	14882	13574	379	112	549	166	9	74		19
江干区	19650	18502	413	93	215	213	12	172	5	25
拱墅区	17550	16736	316	120	125	91	4	91		67
西湖区	28283	26252	745	167	655	205	26	150	49	34
滨江区	10375	9937	150	40	104	64	10	39	12	19
萧山区	37677	35593	545	107	254	412	6	169	411	180
余杭区	25405	23844	447	102	245	299	4	144	187	133
桐庐县	7687	6822	209	67	147	133	1	19	187	102
淳安县	4319	3139	260	81	115	68		13	425	218
建德市	6368	5327	264	71	194	130	2	32	218	130
富阳市	12805	11298	354	108	219	236	4	29	281	276
临安市	9833	8422	369	83	199	135	2	24	286	313
宁波市	**166458**	**149739**	**3719**	**998**	**2315**	**2938**	**33**	**643**	**2601**	**3472**
海曙区	12672	11415	368	137	405	230	7	75		35
江东区	12879	12055	230	68	218	152	7	79		70
江北区	9916	9028	243	63	111	167	2	64	97	141
北仑区	15733	14378	299	110	157	196	1	47	214	331
镇海区	9513	8766	209	66	135	159	3	29	58	88
鄞州区	34340	31749	628	120	243	414	4	100	423	659
象山县	9867	7642	392	103	206	228	2	44	506	744
宁海县	9612	7746	246	78	165	328	3	36	391	619
余姚市	18619	17130	361	75	190	270	1	53	264	275
慈溪市	25329	23066	523	99	277	633	3	80	296	352
奉化市	7978	6764	220	79	208	161		36	352	158

1-20 续表 1　　　　单位：个

地　区	单位数	企业	事业单位	机关	社会团体	民办非企业单位	基金会	居委会	村委会	其他组织机构
温州市	**141600**	**117608**	**3650**	**956**	**3017**	**3345**	**49**	**441**	**5412**	**7122**
鹿城区	20366	17657	590	177	901	461	13	70	140	357
龙湾区	14644	13382	208	87	201	244	2	24	147	349
瓯海区	11514	9854	229	74	160	330	6	49	251	561
洞头县	1787	1164	153	59	127	52	1	9	85	137
永嘉县	12052	9606	383	68	192	301	3	27	903	569
平阳县	10014	7245	347	81	285	201	3	36	602	1214
苍南县	16173	13171	453	99	284	538	4	86	774	764
文成县	2711	1273	196	67	153	92	3	7	384	536
泰顺县	2545	1579	208	60	115	134	3	18	294	134
瑞安市	23744	20133	435	79	277	501	6	48	911	1354
乐清市	26050	22544	448	105	322	491	5	67	921	1147
嘉兴市	**75863**	**68773**	**2704**	**604**	**1197**	**624**	**18**	**371**	**807**	**765**
南湖区	12780	11307	455	136	382	239	4	76	65	116
秀洲区	8257	7473	288	79	103	71	3	44	117	79
嘉善县	10251	9458	335	70	127	70	1	45	106	39
海盐县	7223	6426	356	72	107	43	1	50	85	83
海宁市	14464	13385	428	73	199	70	4	65	161	79
平湖市	10547	9464	364	75	146	70	3	57	97	271
桐乡市	12341	11260	478	99	133	61	2	34	176	98
湖州市	**35624**	**30384**	**1693**	**433**	**694**	**446**	**3**	**268**	**980**	**723**
吴兴区	10368	8808	558	154	219	148	2	97	221	161
南浔区	5673	4821	311	60	108	49		35	221	68
德清县	6157	5378	284	72	111	71	1	30	151	59
长兴县	8242	7126	281	72	142	119		67	219	216
安吉县	5184	4251	259	75	114	59		39	168	219

1-20 续表 2

单位：个

地区	单位数	企业	事业单位	机关	社会团体	民办非企业单位	基金会	居委会	村委会	其他组织机构
绍兴市	**92819**	**83423**	**2394**	**611**	**1356**	**1086**	**15**	**471**	**2194**	**1269**
越城区	15501	13621	569	149	423	287	6	143	214	89
绍兴县	26001	24546	435	87	184	186	4	114	293	152
新昌县	6203	5170	199	80	145	107	2	17	416	67
诸暨市	20103	18572	414	100	248	120	2	65	468	114
上虞市	13581	11718	447	102	173	131	1	96	341	572
嵊州市	11430	9796	330	93	183	255		36	462	275
金华市	**97434**	**82751**	**2690**	**810**	**1855**	**2213**	**19**	**341**	**4824**	**1931**
婺城区	11755	9424	504	171	420	399	9	92	573	163
金东区	4864	3774	175	65	90	159		17	491	93
武义县	6309	4988	223	87	167	100	2	18	541	183
浦江县	5268	4066	228	77	228	184	1	20	409	55
磐安县	3711	2567	171	68	102	45	1	8	363	386
兰溪市	7689	5525	342	86	136	274	2	26	663	635
义乌市	31463	29154	345	98	367	583	1	81	726	108
东阳市	9630	8224	411	86	172	189	2	43	347	156
永康市	16745	15029	291	72	173	280	1	36	711	152
衢州市	**23955**	**17071**	**1831**	**702**	**852**	**394**	**8**	**90**	**1658**	**1349**
柯城区	6236	4598	407	180	356	108	2	37	223	325
衢江区	3967	2671	253	94	67	52	1	4	281	544
常山县	3364	2335	292	104	80	49	1	11	342	150
开化县	2585	1711	323	134	83	17		10	255	52
龙游县	3600	2519	271	92	149	70	2	10	262	225
江山市	4203	3237	285	98	117	98	2	18	295	53

1-20 续表 3

单位：个

地 区	单位数	企业	事业单位	机关	社会团体	民办非企业单位	基金会	居委会	村委会	其他组织机构
舟山市	**16267**	**12287**	**1257**	**345**	**653**	**187**	**11**	**99**	**343**	**1085**
定海区	8549	6857	576	144	365	96	8	48	112	343
普陀区	4385	3290	248	75	130	70	1	32	108	431
岱山县	2171	1523	176	58	84	13	1	11	85	220
嵊泗县	1162	617	257	68	74	8	1	8	38	91
台州市	**83975**	**68268**	**3297**	**809**	**1613**	**1438**	**20**	**276**	**5046**	**3208**
椒江区	11156	9068	657	175	398	201	6	39	275	337
黄岩区	10106	7853	454	79	222	151	2	36	530	779
路桥区	10004	8566	309	67	167	255	1	27	286	326
玉环县	10993	9556	211	76	99	172	2	43	278	556
三门县	4745	3481	280	74	93	114	1	9	511	182
天台县	4824	3464	300	68	131	87	1	16	597	160
仙居县	4366	2881	296	89	117	101	1	10	723	148
温岭市	17894	15683	392	79	245	136	4	65	852	438
临海市	9887	7716	398	102	141	221	2	31	994	282
丽水市	**26824**	**16851**	**2680**	**869**	**1375**	**633**	**7**	**126**	**2852**	**1431**
莲都区	6441	4526	583	196	386	187	3	29	368	163
青田县	3980	2647	281	99	160	59	1	27	416	290
缙云县	3846	2568	409	83	177	111	1	12	253	232
遂昌县	2336	1230	147	80	102	36		10	203	528
松阳县	2168	1143	328	71	142	41	1	11	401	30
云和县	1770	1139	220	100	65	53	1	7	168	17
庆元县	1924	1071	202	79	119	33		8	345	67
景宁县	1449	840	131	82	81	17		9	254	35
龙泉市	2910	1687	379	79	143	96		13	444	69

1-21 按地区、机构类型分组的法人单位从业人数

单位：人

地　　区	从业人员期末人数	企业	事业单位	机关	社会团体	民办非企业单位	基金会	居委会	村委会	其他组织机构
全　省	**27942889**	**25123423**	**1419707**	**553449**	**141183**	**271279**	**1303**	**38956**	**200455**	**193134**
杭州市	**5804086**	**5256219**	**332966**	**99581**	**21359**	**45535**	**371**	**15713**	**16269**	**16073**
上城区	276409	224656	36229	9070	2041	3211	28	810		364
下城区	317335	272709	30605	5046	3445	2931	52	1903		644
江干区	682567	613880	44332	11284	1481	6360	35	4689	199	307
拱墅区	506774	474453	19398	6464	1056	2053	9	2385		956
西湖区	803436	713209	64410	13171	3734	5283	135	1774	415	1305
滨江区	366943	352079	9102	1699	1219	1413	51	665	176	539
萧山区	1243626	1179660	36372	12628	897	8690	26	1248	2836	1269
余杭区	632339	578004	26530	15021	2025	6283	9	1264	1723	1480
桐庐县	158538	139182	10787	3287	1165	1367	2	120	1710	918
淳安县	90159	68468	9608	4281	923	831		128	3102	2818
建德市	130467	108924	11025	4723	1073	1397	9	325	1677	1314
富阳市	351848	315820	19427	6835	1300	3392	6	252	2380	2436
临安市	243645	215175	15141	6072	1000	2324	9	150	2051	1723
宁波市	**5079720**	**4682316**	**201983**	**78755**	**15819**	**51880**	**128**	**5215**	**15524**	**28100**
海曙区	283294	239665	25333	10251	2360	4493	37	654		501
江东区	344814	313003	16168	7974	1839	3737	27	1049		1017
江北区	311045	287539	14559	3302	898	3090	4	401	385	867
北仑区	544152	516664	14213	6463	706	3175	10	433	737	1751
镇海区	320803	299341	11822	3817	788	3316	13	348	578	780
鄞州区	966249	906219	31939	10191	1037	8602	9	787	2567	4898
象山县	539791	509548	15296	6145	1045	2683	8	177	1228	3661
宁海县	270572	239794	13726	6284	1019	4708	9	194	1898	2940
余姚市	504338	459929	20955	9968	3110	4929	2	433	2002	3010
慈溪市	746415	688141	27793	9013	1666	10691	9	544	2491	6067
奉化市	248247	222473	10179	5347	1351	2456		195	3638	2608

1-21 续表 1 单位：人

地 区	从业人员期末人数	企业	事业单位	机关	社会团体	民办非企业单位	基金会	居委会	村委会	其他组织机构
温州市	**3245193**	**2795862**	**185185**	**85406**	**24331**	**55941**	**467**	**4011**	**42161**	**51829**
鹿城区	591192	508771	42531	16932	7866	7808	247	1353	1510	4174
龙湾区	386000	360225	8141	6466	2000	3788	12	114	1188	4066
瓯海区	362946	319882	23155	7137	861	5971	22	332	1489	4097
洞头县	27219	17766	2912	1983	2288	519	9	113	687	942
永嘉县	240915	202865	15766	6601	1604	3586	43	225	6621	3604
平阳县	208839	168033	14853	7846	1295	5047	3	274	4234	7254
苍南县	266177	208750	20348	10803	2374	9820	21	589	7103	6369
文成县	44492	25332	5945	3809	892	1233	23	30	2414	4814
泰顺县	107435	88836	6797	3955	712	2623	10	135	2546	1821
瑞安市	480944	426601	22640	9836	1511	6547	11	301	6119	7378
乐清市	529034	468801	22097	10038	2928	8999	66	545	8250	7310
嘉兴市	**2042364**	**1872430**	**103966**	**31335**	**10515**	**12192**	**46**	**2400**	**3235**	**6245**
南湖区	294838	257905	22230	5685	2723	4529	7	542	286	931
秀洲区	258425	241910	9073	4443	368	1574	5	213	403	436
嘉善县	254013	232179	10826	5060	2130	1679	1	309	632	1197
海盐县	187459	169654	11095	2976	2127	588	3	194	255	567
海宁市	364471	337126	17813	4310	1968	1656	7	368	422	801
平湖市	326326	303397	14692	4700	350	928	18	532	261	1448
桐乡市	356832	330259	18237	4161	849	1238	5	242	976	865
湖州市	**1078821**	**952627**	**69216**	**27937**	**5794**	**7922**	**22**	**1616**	**6915**	**6772**
吴兴区	357061	314698	26583	7672	2490	2400	17	587	1439	1175
南浔区	130767	116798	7667	2470	1034	814		167	1464	353
德清县	214848	194993	11673	4266	681	1301	5	222	1210	497
长兴县	207635	180717	12950	6381	1073	2030		384	1734	2366
安吉县	168510	145421	10343	7148	516	1377		256	1068	2381

1-21 续表 2

单位：人

地区	从业人员期末人数	企业	事业单位	机关	社会团体	民办非企业单位	基金会	居委会	村委会	其他组织机构
绍兴市	**3712675**	**3509178**	**112125**	**40008**	**8067**	**17252**	**59**	**3493**	**13538**	**8955**
越城区	620944	575665	29024	7937	1753	4047	12	845	1118	543
绍兴县	1007002	976310	17293	6943	595	2253	15	637	1835	1121
新昌县	204088	183787	8827	4317	1552	1523	7	104	3078	893
诸暨市	836559	793041	25674	8784	1037	4661	14	375	2499	474
上虞市	754428	720558	17008	6913	1250	2010	11	1161	1656	3861
嵊州市	289654	259817	14299	5114	1880	2758		371	3352	2063
金华市	**2777524**	**2495006**	**124870**	**53283**	**16400**	**36384**	**69**	**2814**	**32186**	**16512**
婺城区	358431	300115	28023	10292	4696	6890	32	622	4463	3298
金东区	131435	115149	5512	3259	513	2447		181	3715	659
武义县	176270	154145	8518	3974	1980	1375	5	120	4428	1725
浦江县	152071	133025	8447	3263	1173	2716	5	158	2731	553
磐安县	109683	96733	4644	2395	2060	522	7	43	1634	1645
兰溪市	159955	132758	12443	4278	634	2206	6	216	2574	4840
义乌市	516978	460351	23952	12138	2306	10963	3	1006	5236	1023
东阳市	840378	806900	17354	5610	1039	4935	10	310	3063	1157
永康市	332323	295830	15977	8074	1999	4330	1	158	4342	1612
衢州市	**640755**	**521634**	**51065**	**26557**	**10381**	**5843**	**36**	**546**	**10533**	**14160**
柯城区	193404	151387	16531	6987	7124	1708	6	244	1212	8205
衢江区	87731	71841	4726	5570	359	490	1	21	2031	2692
常山县	72119	59260	5636	3649	315	670	4	63	1839	683
开化县	63039	51345	6289	2672	251	221		54	1725	482
龙游县	106015	88418	7815	3761	1462	1068	18	62	1730	1681
江山市	118447	99383	10068	3918	870	1686	7	102	1996	417

1-21 续表 3 单位：人

地 区	从业人员期末人数	企业	事业单位	机关	社会团体	民办非企业单位	基金会	居委会	村委会	其他组织机构
舟山市	**420019**	**347949**	**37459**	**18660**	**3750**	**2302**	**25**	**796**	**1511**	**7567**
定海区	208707	174940	19605	8520	1139	1195	20	409	610	2269
普陀区	130513	110595	9273	4723	2094	884	1	254	298	2391
岱山县	62514	51077	4856	3399	313	120	2	69	501	2177
嵊泗县	18285	11337	3725	2018	204	103	2	64	102	730
台州市	**2473421**	**2184842**	**130760**	**55081**	**10626**	**25937**	**63**	**1747**	**38820**	**25545**
椒江区	309561	267012	20423	10805	2041	4575	10	221	2065	2409
黄岩区	266497	235585	13648	5023	960	2656	14	172	3330	5109
路桥区	244958	217941	10824	5097	1331	4666	8	206	2168	2717
玉环县	288842	260434	10207	6341	903	4018	7	429	2298	4205
三门县	121499	101617	8309	4105	632	1261	5	34	3640	1896
天台县	123566	97209	12674	4094	1888	914	4	112	4898	1773
仙居县	120787	98414	9254	4433	656	1522	1	38	5183	1286
温岭市	606394	559582	22824	8495	1273	3441	9	332	6599	3839
临海市	391317	347048	22597	6688	942	2884	5	203	8639	2311
丽水市	**642248**	**479297**	**70112**	**36846**	**14141**	**10091**	**17**	**605**	**19763**	**11376**
莲都区	183872	142325	20600	9565	3476	3540	3	149	3000	1214
青田县	97835	75434	8850	4795	2871	1060	3	169	2704	1949
缙云县	97310	75333	9082	4327	1165	2052	2	31	2475	2843
遂昌县	44486	29348	5235	2943	557	1026		53	1228	4096
松阳县	48373	35372	5943	3194	1108	466	4	30	2096	160
云和县	38436	29750	3739	2223	850	526	5	39	1214	90
庆元县	38990	27084	4369	3020	1497	346		39	2229	406
景宁县	27976	19167	3493	2836	479	144		46	1630	181
龙泉市	64970	45484	8801	3943	2138	931		49	3187	437

1-22 按地区、控股情况分组的法人单位数

单位：个

地　区	单位数	国有控股	集体控股	私人控股	港澳台商控　股	外商控股	其　他	非企业免　填
全　省	**965826**	**10783**	**19183**	**779998**	**6748**	**8165**	**10895**	**130054**
杭州市	**205006**	**2738**	**3480**	**176055**	**1403**	**1761**	**3001**	**16568**
上城区	10172	393	244	7859	65	100	307	1204
下城区	14882	424	224	12561	66	102	201	1304
江干区	19650	233	316	17077	140	303	433	1148
拱墅区	17550	205	138	16049	61	103	181	813
西湖区	28283	503	369	24648	140	184	422	2017
滨江区	10375	127	107	9262	120	205	116	438
萧山区	37677	192	737	33716	382	338	229	2083
余杭区	25405	189	437	22227	250	274	469	1559
桐庐县	7687	63	88	6508	64	37	62	865
淳安县	4319	128	128	2740	24	22	98	1179
建德市	6368	83	289	4736	15	8	196	1041
富阳市	12805	104	233	10680	52	50	180	1506
临安市	9833	94	170	7992	24	35	107	1411
宁波市	**166458**	**1504**	**2217**	**140662**	**2125**	**1990**	**1270**	**16690**
海曙区	12672	179	210	10844	60	63	69	1247
江东区	12879	131	107	11556	75	94	93	823
江北区	9916	133	170	8409	131	133	53	887
北仑区	15733	227	143	13021	446	427	118	1351
镇海区	9513	143	210	7956	191	205	62	746
鄞州区	34340	173	280	30152	438	470	241	2586
象山县	9867	157	172	7099	60	45	109	2225
宁海县	9612	98	91	7309	85	79	85	1865
余姚市	18619	94	360	16018	294	193	172	1488
慈溪市	25329	121	337	21882	295	230	203	2261
奉化市	7978	48	137	6416	50	51	65	1211

1-22 续表 1

单位：个

地 区	单位数	国有控股	集体控股	私人控股	港澳台商控 股	外商控股	其 他	非企业免 填
温州市	**141600**	**1245**	**4447**	**109895**	**201**	**401**	**1437**	**23974**
鹿城区	20366	411	517	16083	32	113	511	2699
龙湾区	14644	95	661	12322	69	96	140	1261
瓯海区	11514	67	288	9273	19	70	139	1658
洞头县	1787	50	62	1030	6	3	13	623
永嘉县	12052	102	403	9008	15	24	55	2445
平阳县	10014	72	127	6942	16	11	78	2768
苍南县	16173	67	285	12673	12	7	129	3000
文成县	2711	90	96	1066	1	5	15	1438
泰顺县	2545	73	49	1440		1	16	966
瑞安市	23744	77	1374	18521	7	39	115	3611
乐清市	26050	141	585	21537	24	32	226	3505
嘉兴市	**75863**	**1133**	**1830**	**63025**	**1065**	**1216**	**508**	**7086**
南湖区	12780	252	222	10461	105	166	103	1471
秀洲区	8257	115	189	6651	160	245	114	783
嘉善县	10251	107	311	8516	211	250	63	793
海盐县	7223	153	192	5871	71	59	80	797
海宁市	14464	165	428	12440	166	140	47	1078
平湖市	10547	184	158	8731	146	217	28	1083
桐乡市	12341	157	330	10355	206	139	73	1081
湖州市	**35624**	**571**	**806**	**27568**	**451**	**396**	**592**	**5240**
吴兴区	10368	204	185	7984	102	104	229	1560
南浔区	5673	71	121	4500	66	38	25	852
德清县	6157	130	177	4688	161	113	109	779
长兴县	8242	95	207	6517	64	86	157	1116
安吉县	5184	71	116	3879	58	55	72	933

1-22 续表 2 单位：个

地 区	单位数	国有控股	集体控股	私人控股	港澳台商控股	外商控股	其 他	非企业免填
绍兴市	**92819**	**719**	**2260**	**78041**	**813**	**651**	**954**	**9381**
越城区	15501	224	411	12355	169	160	308	1874
绍兴县	26001	110	468	23362	210	221	178	1452
新昌县	6203	97	153	4841	23	18	41	1030
诸暨市	20103	73	719	17555	141	76	9	1530
上虞市	13581	106	164	10971	163	108	208	1861
嵊州市	11430	109	345	8957	107	68	210	1634
金华市	**97434**	**704**	**1090**	**77444**	**386**	**1404**	**1733**	**14673**
婺城区	11755	183	135	8742	74	71	220	2330
金东区	4864	48	55	3595	19	15	42	1090
武义县	6309	61	118	4585	10	13	201	1321
浦江县	5268	60	63	3816	23	20	84	1202
磐安县	3711	29	35	2413	5	8	78	1143
兰溪市	7689	61	222	4765	36	20	421	2164
义乌市	31463	94	96	27084	167	1119	595	2308
东阳市	9630	55	224	7772	30	115	33	1401
永康市	16745	113	142	14672	22	23	59	1714
衢州市	**23955**	**353**	**295**	**15731**	**40**	**38**	**685**	**6813**
柯城区	6236	109	56	4271	5	9	148	1638
衢江区	3967	36	31	2294	13	8	319	1266
常山县	3364	38	51	2203	4	3	37	1028
开化县	2585	47	38	1567	2	2	55	874
龙游县	3600	56	27	2321	6	7	102	1081
江山市	4203	67	92	3075	10	9	24	926

1-22 续表 3

单位：个

地 区	单位数	国有控股	集体控股	私人控股	港澳台商控股	外商控股	其 他	非企业免填
舟山市	**16267**	**524**	**541**	**11010**	**25**	**45**	**142**	**3980**
定海区	8549	209	243	6291	12	21	81	1692
普陀区	4385	175	155	2911	10	7	32	1095
岱山县	2171	82	80	1335	2	14	10	648
嵊泗县	1162	58	63	473	1	3	19	545
台州市	**83975**	**805**	**1833**	**65035**	**212**	**207**	**201**	**15682**
椒江区	11156	186	377	8393	30	40	45	2085
黄岩区	10106	60	243	7503	22	17	8	2253
路桥区	10004	66	225	8188	16	41	35	1433
玉环县	10993	76	229	9160	24	28	39	1437
三门县	4745	53	73	3330	9	12	5	1263
天台县	4824	65	68	3294	14	11	17	1355
仙居县	4366	66	62	2725	13	13	7	1480
温岭市	17894	94	399	15139	26	22	7	2207
临海市	9887	139	157	7303	58	23	38	2169
丽水市	**26824**	**486**	**384**	**15532**	**27**	**56**	**372**	**9967**
莲都区	6441	97	91	4270	9	21	41	1912
青田县	3980	47	27	2475	6	20	72	1333
缙云县	3846	44	81	2420	4	4	15	1278
遂昌县	2336	48	46	1080	5	6	48	1103
松阳县	2168	46	16	1072		1	8	1025
云和县	1770	48	25	982	1	2	81	631
庆元县	1924	48	15	982			26	853
景宁县	1449	43	46	723		1	27	609
龙泉市	2910	65	37	1528	2	1	54	1223

1-23 按地区、控股情况分组的法人单位从业人数

单位：人

地区	从业人员期末人数	国有控股	集体控股	私人控股	港澳台商控股	外商控股	其他	非企业免填
全省	**27942889**	**1265504**	**709048**	**20947001**	**828803**	**796008**	**598150**	**2798375**
杭州市	**5804086**	**459970**	**172130**	**4058839**	**178890**	**198250**	**195687**	**540320**
上城区	276409	65482	9173	120693	3615	4840	21217	51389
下城区	317335	70800	16183	165951	3912	6593	11118	42778
江干区	682567	50606	13369	424923	21094	69468	34420	68687
拱墅区	506774	44630	52077	352389	6445	6378	12602	32253
西湖区	803436	93510	14272	540849	7998	13620	47866	85321
滨江区	366943	44041	5905	229254	37737	23165	11977	14864
萧山区	1243626	35203	23117	1009870	53061	41006	17450	63919
余杭区	632339	21323	11259	472237	33825	23804	15807	54084
桐庐县	158538	3490	2702	124132	5229	2970	659	19356
淳安县	90159	4165	2196	54922	325	729	6134	21688
建德市	130467	7248	10267	87751	633	231	2794	21543
富阳市	351848	11902	7411	280940	3171	3863	8593	35968
临安市	243645	7570	4199	194928	1845	1583	5050	28470
宁波市	**5079720**	**202411**	**80214**	**3805315**	**298113**	**224165**	**75996**	**393506**
海曙区	283294	23011	8365	193687	2649	650	13077	41855
江东区	344814	23603	4833	270882	6993	3921	2882	31700
江北区	311045	14331	11352	241860	10033	8779	1212	23478
北仑区	544152	36606	6845	282855	93673	86195	10946	27032
镇海区	320803	58192	18261	184802	16755	18837	2790	21166
鄞州区	966249	11044	10466	755123	64941	39769	25345	59561
象山县	539791	10913	5368	483952	5648	3038	629	30243
宁海县	270572	7973	1192	214127	9511	5643	1429	30697
余姚市	504338	6517	5081	369826	41313	22267	15148	44186
慈溪市	746415	6262	6241	609359	36180	28660	1725	57988
奉化市	248247	3959	2210	198842	10417	6406	813	25600

1-23 续表 1

单位：人

地　区	从业人员期末人数	国有控股	集体控股	私人控股	港澳台商控股	外商控股	其　他	非企业免　填
温州市	**3245193**	**112121**	**101222**	**2503926**	**20481**	**27107**	**33316**	**447020**
鹿城区	591192	65221	11759	415232	3187	7912	7174	80707
龙湾区	386000	8268	14127	318978	6578	6910	5445	25694
瓯海区	362946	3266	11473	298202	2012	3542	1513	42938
洞头县	27219	2206	1294	13684	451	11	120	9453
永嘉县	240915	5946	7376	185962	1551	1242	933	37905
平阳县	208839	3415	5815	153138	1793	3185	749	40744
苍南县	266177	4319	4552	197362	559	283	1757	57345
文成县	44492	2042	1121	21793	1	39	336	19160
泰顺县	107435	2658	1490	80383		1	4304	18599
瑞安市	480944	5854	24266	389294	1251	1905	4031	54343
乐清市	529034	8926	17949	429898	3098	2077	6954	60132
嘉兴市	**2042364**	**88691**	**30740**	**1443818**	**106280**	**174553**	**29636**	**168646**
南湖区	294838	25507	6393	195410	8858	14125	8391	36154
秀洲区	258425	14730	3093	160298	20280	38224	5744	16056
嘉善县	254013	4743	4071	154421	27011	37071	4862	21834
海盐县	187459	8199	3947	141317	8444	5287	2460	17805
海宁市	364471	9264	6083	285225	13993	18765	3846	27295
平湖市	326326	8614	3045	223241	16888	49387	2222	22929
桐乡市	356832	17634	4108	283906	10806	11694	2111	26573
湖州市	**1078821**	**55011**	**30463**	**717819**	**44460**	**42579**	**62295**	**126194**
吴兴区	357061	19704	11995	218065	7071	6351	51512	42363
南浔区	130767	1631	3905	98352	5459	5751	1700	13969
德清县	214848	10039	5132	145703	16134	13621	4364	19855
长兴县	207635	10573	7520	140172	7451	11674	3327	26918
安吉县	168510	13064	1911	115527	8345	5182	1392	23089

1-23 续表 2

单位：人

地　区	从业人员期末人数	国有控股	集体控股	私人控股	港澳台商控　股	外商控股	其　他	非企业免　填
绍兴市	**3712675**	**65079**	**130056**	**3099604**	**116143**	**67040**	**32537**	**202216**
越城区	620944	30298	73147	417166	26591	16998	12376	44368
绍兴县	1007002	8294	18669	864782	44216	27188	13315	30538
新昌县	204088	6781	6603	164442	3970	669	1331	20292
诸暨市	836559	6769	17301	746401	14216	7535	997	43340
上虞市	754428	7598	7610	677032	15235	10724	2388	33841
嵊州市	289654	5339	6726	229781	11915	3926	2130	29837
金华市	**2777524**	**64865**	**64265**	**2188363**	**27499**	**24437**	**127511**	**280584**
婺城区	358431	21027	7003	244807	8723	8062	10838	57971
金东区	131435	4800	1231	105626	779	754	1959	16286
武义县	176270	2642	1524	146965	182	940	1892	22125
浦江县	152071	2686	1257	122058	2260	2273	2491	19046
磐安县	109683	1241	724	90992	556	1450	1965	12755
兰溪市	159955	5217	2639	109803	2338	1460	11301	27197
义乌市	516978	13475	5513	420577	4526	6565	10000	56322
东阳市	840378	4039	40119	669543	6566	1349	86251	32511
永康市	332323	9738	4255	277992	1569	1584	814	36371
衢州市	**640755**	**48457**	**6479**	**448018**	**4822**	**5968**	**8785**	**118226**
柯城区	193404	29852	3024	114732	411	809	2559	42017
衢江区	87731	4399	355	61099	2375	1806	2159	15538
常山县	72119	2388	267	55447	406	224	622	12765
开化县	63039	1722	744	47294	104	10	1471	11694
龙游县	106015	5590	627	78396	804	1197	1804	17597
江山市	118447	4506	1462	91050	722	1922	170	18615

1-23 续表 3 单位：人

地　区	从业人员期末人数	国有控股	集体控股	私人控股	港澳台商控　股	外商控股	其　他	非企业免　填
舟山市	**420019**	**43894**	**22406**	**264249**	**1596**	**4220**	**11584**	**72070**
定海区	208707	21727	15450	131786	1186	1188	3603	33767
普陀区	130513	16268	5041	87257	293	384	1352	19918
岱山县	62514	3838	1130	37016	77	2620	6396	11437
嵊泗县	18285	2061	785	8190	40	28	233	6948
台州市	**2473421**	**75409**	**63923**	**1982324**	**25254**	**24432**	**14742**	**287337**
椒江区	309561	23810	6306	225944	4344	2359	4639	42159
黄岩区	266497	4493	2347	224410	2917	528	890	30912
路桥区	244958	3032	6930	196609	4552	5731	1152	26952
玉环县	288842	3685	4011	239810	4003	7001	1924	28408
三门县	121499	3625	493	95912	236	1110	244	19879
天台县	123566	3655	1919	88038	1032	1556	1048	26318
仙居县	120787	1988	778	90591	2027	1167	1912	22324
温岭市	606394	19471	8700	525520	1850	3102	1317	46434
临海市	391317	11650	32439	295490	4293	1878	1616	43951
丽水市	**642248**	**23533**	**7150**	**434726**	**5265**	**3257**	**6061**	**162256**
莲都区	183872	8164	1980	128956	1699	1105	1102	40866
青田县	97835	2368	531	67732	2358	1379	1066	22401
缙云县	97310	2779	845	70347	815	396	151	21977
遂昌县	44486	2375	1330	24205	146	212	1094	15124
松阳县	48373	1171	292	33430		5	474	13001
云和县	38436	1816	959	25966	2	123	884	8686
庆元县	38990	1378	114	25376			216	11906
景宁县	27976	1119	567	16964		32	485	8809
龙泉市	64970	2363	532	41750	245	5	589	19486

1-24 按地区、开业时间

地　区	1949年及以前	1950-1952年	1953-1957年	1958-1962年	1963-1965年	1966-1970年	1971-1975年
全　省	**5035**	**4094**	**2674**	**2112**	**874**	**1045**	**1292**
杭州市	**357**	**257**	**324**	**298**	**97**	**129**	**141**
上城区	42	24	31	31	7	7	10
下城区	20	14	33	23	7	2	7
江干区	12	6	19	28	6	7	8
拱墅区	11	18	15	18	10	4	6
西湖区	37	28	49	35	10	17	15
滨江区	7	3	8	5	6	6	3
萧山区	49	38	44	46	14	31	24
余杭区	42	20	17	20	10	13	18
桐庐县	16	9	14	9	4	9	13
淳安县	33	11	13	21	8	6	8
建德市	20	15	20	31	6	17	10
富阳市	40	22	27	14	5	5	12
临安市	28	49	34	17	4	5	7
宁波市	**344**	**235**	**248**	**158**	**78**	**108**	**178**
海曙区	21	13	26	19	4	1	11
江东区	8	5	8	8	5	2	7
江北区	6	11	14	6	8	5	19
北仑区	51	26	22	12	6	7	20
镇海区	9	8	9	7	5	4	18
鄞州区	45	47	36	27	10	26	30
象山县	48	16	23	13	8	10	5
宁海县	69	28	26	19	9	14	10
余姚市	32	23	31	18	9	15	27
慈溪市	38	17	35	14	9	17	22
奉化市	17	41	18	15	5	7	9

分组的法人单位数

单位：个

1976–1980年	1981–1985年	1986–1990年	1991–1995年	1996–2000年	1978年	1992年	1997年
4257	**23951**	**12439**	**29769**	**71347**	**1102**	**5961**	**9624**
666	**1877**	**1660**	**4421**	**14915**	**161**	**870**	**2077**
46	115	126	326	833	13	68	92
57	146	153	400	1189	5	67	159
30	88	99	377	1041	7	81	109
33	66	102	252	889	13	48	109
91	176	255	526	1623	21	105	180
6	17	20	147	630	2	30	106
110	292	216	681	3350	21	97	644
73	177	174	526	1900	17	108	196
42	119	88	182	693	12	45	82
33	225	65	137	277	8	54	48
38	127	63	213	604	12	43	51
40	108	149	388	1071	7	76	176
67	221	150	266	815	23	48	125
565	**2927**	**1962**	**5687**	**12908**	**141**	**1008**	**1524**
45	131	142	339	779	13	72	78
17	82	92	241	601	5	42	88
35	235	129	333	836	10	61	101
17	328	116	524	1023	2	86	131
48	80	154	371	844	14	61	117
95	620	322	1165	1930	18	162	249
50	609	245	403	769	15	85	107
54	210	148	387	765	14	74	79
72	156	207	671	1863	17	158	234
67	229	297	1000	2813	14	162	274
65	247	110	253	685	19	45	66

1-24 续表 1

地　　区	1949年及以前	1950-1952年	1953-1957年	1958-1962年	1963-1965年	1966-1970年	1971-1975年
温州市	**1798**	**873**	**700**	**453**	**157**	**244**	**268**
鹿城区	86	44	64	47	27	26	47
龙湾区	91	24	23	17	7	13	14
瓯海区	147	49	62	36	13	23	31
洞头县	18	9	53	18	4	6	8
永嘉县	120	75	86	73	25	24	26
平阳县	133	35	33	24	10	28	21
苍南县	78	25	70	19	12	18	20
文成县	101	49	68	55	7	5	12
泰顺县	42	26	27	23	4	14	13
瑞安市	354	260	82	89	19	36	42
乐清市	628	277	132	52	29	51	34
嘉兴市	**155**	**153**	**137**	**161**	**43**	**69**	**72**
南湖区	27	16	11	46	8	9	11
秀洲区	9	15	14	10	3	8	
嘉善县	17	19	17	19	5		13
海盐县	27	16	11	15	7	19	12
海宁市	33	31	40	35	6	11	15
平湖市	21	31	25	16	7	8	7
桐乡市	21	25	19	20	7	14	14
湖州市	**136**	**113**	**89**	**107**	**30**	**41**	**53**
吴兴区	25	19	25	19	6	14	12
南浔区	18	22	7	11	2	7	10
德清县	36	6	22	25	2	5	10
长兴县	30	54	20	29	8	6	9
安吉县	27	12	15	23	12	9	12

单位：个

1976-1980年	1981-1985年	1986-1990年	1991-1995年	1996-2000年	1978年	1992年	1997年
907	**4522**	**2831**	**6606**	**11678**	**183**	**1186**	**1656**
101	502	470	1096	2021	30	164	293
57	259	217	764	1411	6	142	173
49	249	245	750	1150	9	113	200
24	89	63	137	142	6	24	19
143	777	280	542	972	43	93	150
96	510	199	384	657	28	72	91
74	828	283	579	995	8	115	150
25	164	52	95	178	3	33	19
43	143	97	100	199	9	25	37
134	423	503	1159	1720	11	245	243
161	578	422	1000	2233	30	160	281
255	**1190**	**735**	**1411**	**5429**	**62**	**233**	**654**
36	206	137	231	918	12	34	105
14	189	71	164	578	5	30	75
44	104	72	179	676	7	27	85
37	129	94	197	581	9	26	73
43	208	126	215	1052	8	38	147
43	107	105	208	861	11	33	102
38	247	130	217	763	10	45	67
192	**736**	**370**	**799**	**2469**	**45**	**145**	**276**
60	194	102	250	647	23	42	71
36	63	62	119	472	5	20	54
35	127	70	167	515	6	28	55
41	152	81	163	518	7	32	59
20	200	55	100	317	4	23	37

1-24 续表 2

地　　区	1949年及以前	1950-1952年	1953-1957年	1958-1962年	1963-1965年	1966-1970年	1971-1975年
绍兴市	**623**	**221**	**188**	**161**	**31**	**89**	**114**
越城区	16	12	26	71	5	11	24
绍兴县	35	17	19	21	3	10	17
新昌县	42	66	22	21	4	9	12
诸暨市	442	34	32	11	6	11	12
上虞市	38	53	35	16	11	31	16
嵊州市	50	39	54	21	2	17	33
金华市	**416**	**1420**	**186**	**202**	**294**	**133**	**111**
婺城区	39	15	22	87	6	6	10
金东区	7	5	11	8	3	6	6
武义县	24	5	5	4	5	5	26
浦江县	20	9	10	13	3	4	9
磐安县	7	12	4	2	3	3	1
兰溪市	32	710	54	26	5	61	23
义乌市	153	572	21	18	6	9	11
东阳市	89	55	33	24	12	25	12
永康市	45	37	26	20	251	14	13
衢州市	**137**	**103**	**157**	**121**	**42**	**41**	**52**
柯城区	14	5	9	20	4	5	7
衢江区	16	13	19	10	3	8	9
常山县	20	20	41	8	10	9	9
开化县	25	19	24	25	6	9	9
龙游县	39	29	12	9	3	6	7
江山市	23	17	52	49	16	4	11

单位：个

1976−1980年	1981−1985年	1986−1990年	1991−1995年	1996−2000年	1978年	1992年	1997年
310	**1156**	**827**	**1966**	**5876**	**63**	**482**	**962**
55	261	139	335	1165	10	60	86
53	136	107	308	1189	14	96	121
43	194	72	235	437	6	92	36
39	106	203	492	1419	7	111	526
41	208	178	293	864	9	57	115
79	251	128	303	802	17	66	78
304	**3153**	**915**	**2365**	**6075**	**72**	**431**	**764**
56	417	140	450	965	10	121	134
48	333	114	120	309	4	33	42
17	544	92	127	311	5	48	28
20	472	48	115	342	6	14	60
5	568	37	312	202	3	12	26
50	110	103	241	647	9	49	62
41	122	119	363	1388	11	44	165
34	68	113	247	845	16	36	102
33	519	149	390	1066	8	74	145
139	**1371**	**538**	**598**	**1632**	**55**	**166**	**203**
11	205	215	129	537	4	27	64
10	387	70	103	215	4	47	24
19	387	63	69	170	6	9	22
42	125	70	80	202	20	19	18
20	175	50	82	213	13	20	33
37	92	70	135	295	8	44	42

1-24 续表 3

地 区	1949年及以前	1950-1952年	1953-1957年	1958-1962年	1963-1965年	1966-1970年	1971-1975年
舟山市	**40**	**69**	**129**	**61**	**17**	**15**	**49**
定海区	16	25	32	19	10	4	17
普陀区	11	13	58	20	5	4	9
岱山县	11	9	22	13	2	6	9
嵊泗县	2	22	17	9		1	14
台州市	**476**	**383**	**331**	**232**	**50**	**130**	**152**
椒江区	20	13	22	21	5	15	19
黄岩区	111	129	42	64	7	12	25
路桥区	11	6	61	6	6	11	8
玉环县	37	13	32	15	8	10	16
三门县	21	18	19	15	2	6	6
天台县	34	32	17	15	2	8	11
仙居县	23	17	19	11	5	11	10
温岭市	52	69	79	46	6	26	24
临海市	167	86	40	39	9	31	33
丽水市	**553**	**267**	**185**	**158**	**35**	**46**	**102**
莲都区	292	17	31	11	10	3	13
青田县	59	20	46	20	4	7	21
缙云县	61	179	28	27	2	11	11
遂昌县	28	10	19	12	4	4	5
松阳县	23	7	6	14	2	4	2
云和县	12	13	4	21	7	1	19
庆元县	24	5	19	4	2	2	17
景宁县	4	3	4	3		5	1
龙泉市	50	13	28	46	4	9	13

单位：个

1976-1980年	1981-1985年	1986-1990年	1991-1995年	1996-2000年	1978年	1992年	1997年
170	**598**	**351**	**638**	**1246**	**42**	**108**	**182**
56	173	146	302	638	11	52	88
42	214	89	163	304	10	24	57
35	127	65	109	177	12	16	20
37	84	51	64	127	9	16	17
492	**4099**	**1716**	**4446**	**7283**	**189**	**1077**	**1031**
68	368	256	683	924	31	91	134
56	380	237	522	863	24	92	119
20	180	108	509	981	2	49	130
50	362	282	498	1045	11	95	157
21	530	65	145	227	6	38	22
40	163	82	433	314	12	296	39
60	757	81	193	412	15	38	64
131	628	410	956	1870	72	224	265
46	731	195	507	647	16	154	101
256	**2322**	**534**	**832**	**1836**	**89**	**255**	**295**
41	170	107	161	451	15	23	66
40	84	79	135	308	14	47	55
36	77	70	123	296	9	37	54
43	219	27	75	148	13	29	20
17	520	36	60	140	7	10	28
21	145	91	50	127	9	8	27
35	386	29	67	131	15	20	20
4	390	20	34	91	2	8	12
19	331	75	127	144	5	73	13

1-24 续表 4

地　　区	2000年	2001年	2002年	2003年	2004年	2005年	2006年
全　省	**23227**	**27345**	**33284**	**37061**	**35246**	**38115**	**47036**
杭州市	**4976**	**5928**	**7096**	**8631**	**8558**	**9246**	**10278**
上城区	300	330	345	492	464	481	452
下城区	362	509	584	745	889	790	745
江干区	400	502	562	682	771	757	914
拱墅区	315	438	533	711	769	872	873
西湖区	592	685	780	1071	1093	1144	1340
滨江区	233	247	272	345	340	386	464
萧山区	957	1128	1762	1645	1537	1963	2220
余杭区	585	743	776	1082	913	952	1303
桐庐县	216	267	315	344	409	383	355
淳安县	77	112	125	131	166	160	215
建德市	275	245	206	261	216	329	288
富阳市	374	402	490	734	593	597	627
临安市	290	320	346	388	398	432	482
宁波市	**4444**	**5619**	**6162**	**6843**	**6841**	**6886**	**9290**
海曙区	268	336	343	557	506	485	744
江东区	180	301	360	511	451	404	639
江北区	303	364	434	442	408	396	510
北仑区	343	447	477	612	518	518	714
镇海区	278	475	436	539	434	408	523
鄞州区	669	750	1164	1053	1326	1365	1769
象山县	229	329	294	351	539	400	524
宁海县	206	249	259	372	383	441	937
余姚市	652	1015	952	898	834	969	1074
慈溪市	1072	1116	1131	1118	1064	1159	1375
奉化市	244	237	312	390	378	341	481

单位：个

2007年	2008年	2009年	2010年	2011年	2012年	2013年
47936	**47488**	**60013**	**77500**	**92997**	**93763**	**165335**
11105	**11140**	**14468**	**18253**	**20045**	**20333**	**34230**
505	515	698	733	938	981	1628
695	778	1081	1263	1348	1234	2132
813	940	1540	1894	2090	2138	4314
930	994	1575	1944	1854	1773	2851
1335	1432	2040	2645	2919	3341	5575
428	562	769	1021	1331	1299	2051
2146	2038	2449	3233	3762	3445	5309
1340	1456	1644	2509	2618	2617	4336
333	390	430	630	700	613	1254
433	250	233	240	306	400	651
458	378	510	528	477	514	784
922	785	797	864	930	1068	2084
767	622	702	749	772	910	1261
8942	**9079**	**10836**	**13928**	**16740**	**16244**	**22755**
682	761	899	1191	1422	1385	1825
703	727	945	1159	1654	1528	2391
571	779	694	724	870	824	1251
654	732	928	1560	1787	1832	2749
447	477	412	555	830	903	1203
1951	1895	2418	3191	3897	3766	5375
483	461	496	661	831	805	1457
463	451	529	725	846	841	1358
1035	954	1282	1550	1556	1482	1791
1510	1409	1728	1911	2303	2260	2526
443	433	505	701	744	618	829

1-24 续表 5

地　区	2000年	2001年	2002年	2003年	2004年	2005年	2006年
温州市	**3220**	**3347**	**4027**	**4529**	**4060**	**4471**	**5362**
鹿城区	567	600	724	824	640	796	867
龙湾区	410	497	532	482	460	512	584
瓯海区	309	332	361	413	351	319	421
洞头县	35	36	47	49	53	50	56
永嘉县	225	238	293	337	361	366	420
平阳县	207	193	238	347	271	349	365
苍南县	274	258	410	371	335	368	557
文成县	42	50	67	53	133	72	93
泰顺县	45	60	61	68	114	68	70
瑞安市	431	381	488	725	529	674	776
乐清市	675	702	806	860	813	897	1153
嘉兴市	**2073**	**2365**	**2933**	**3151**	**3119**	**3257**	**4522**
南湖区	351	396	431	522	436	478	678
秀洲区	205	214	356	340	344	340	443
嘉善县	280	301	377	468	479	456	739
海盐县	204	333	301	273	300	357	458
海宁市	331	438	548	628	618	654	823
平湖市	354	329	433	448	391	469	658
桐乡市	348	354	487	472	551	503	723
湖州市	**917**	**1321**	**1454**	**1431**	**1271**	**1355**	**1506**
吴兴区	244	393	328	363	297	321	365
南浔区	140	253	296	276	188	239	240
德清县	194	299	310	327	352	311	356
长兴县	227	224	325	313	283	252	341
安吉县	112	152	195	152	151	232	204

单位：个

2007年	2008年	2009年	2010年	2011年	2012年	2013年
5366	**5603**	**7032**	**9781**	**14083**	**13685**	**29006**
838	820	1056	1562	1807	1925	3347
606	593	786	872	1513	1567	2706
398	395	469	686	1265	1129	2164
60	64	62	87	153	174	319
459	467	498	811	1057	1194	2379
327	357	476	598	1014	1195	2136
601	635	841	1372	1816	1566	4006
54	61	97	111	382	190	532
72	82	87	149	193	204	582
802	905	1084	1338	2158	1882	7148
1149	1224	1576	2195	2725	2659	3687
4721	**4132**	**4840**	**6236**	**7180**	**7059**	**12256**
728	658	957	1126	1317	1207	2169
434	406	550	686	860	824	1365
734	759	643	905	1092	906	1197
490	401	470	595	562	701	825
810	673	851	1024	1296	1459	2704
741	549	646	828	1012	753	1793
784	686	723	1072	1041	1209	2203
1779	**1793**	**2271**	**2851**	**3210**	**3406**	**6675**
440	535	521	718	1019	1017	2636
280	318	346	465	444	497	1002
369	293	311	449	499	521	697
400	399	687	802	743	772	1557
290	248	406	417	505	599	783

1-24 续表 6

地　区	2000年	2001年	2002年	2003年	2004年	2005年	2006年
绍兴市	**2186**	**2272**	**3028**	**3781**	**3362**	**3901**	**5210**
越城区	483	477	544	677	715	794	947
绍兴县	572	435	656	1018	695	1123	1464
新昌县	149	150	234	278	362	312	333
诸暨市	382	505	601	737	594	611	813
上虞市	296	411	605	603	548	599	1094
嵊州市	304	294	388	468	448	462	559
金华市	**1878**	**2290**	**2728**	**3189**	**3096**	**3277**	**4191**
婺城区	264	365	422	563	431	503	586
金东区	92	215	152	207	180	154	268
武义县	125	216	183	171	203	254	342
浦江县	102	85	139	213	140	171	185
磐安县	39	54	69	97	98	131	153
兰溪市	267	183	273	257	205	206	304
义乌市	431	504	617	671	681	891	1142
东阳市	240	292	370	474	616	354	441
永康市	318	376	503	536	542	613	770
衢州市	**526**	**603**	**721**	**820**	**770**	**775**	**1212**
柯城区	198	156	206	239	246	255	327
衢江区	73	57	126	135	105	115	153
常山县	55	76	99	87	62	91	164
开化县	66	88	74	78	65	68	145
龙游县	57	97	106	118	125	108	204
江山市	77	129	110	163	167	138	219

单位：个

2007年	2008年	2009年	2010年	2011年	2012年	2013年
5258	**4627**	**6124**	**8021**	**8460**	**8678**	**18391**
1055	840	988	1262	1363	1416	2266
1416	1411	2001	2659	2722	3031	5445
333	272	379	497	527	545	817
722	707	1113	1422	1591	1544	6327
781	773	921	1200	1274	1203	1723
951	624	722	981	983	939	1813
3842	**3918**	**5432**	**8034**	**10626**	**11023**	**19819**
541	617	720	1019	1155	1244	1340
201	212	282	353	430	497	670
268	293	388	376	671	712	1039
168	202	216	284	538	421	1421
154	144	249	263	336	364	429
297	314	527	889	689	646	820
1033	1062	1432	2466	3755	4455	9871
376	388	558	812	912	837	1587
804	686	1060	1572	2140	1847	2642
1232	**1483**	**1873**	**2029**	**2144**	**2192**	**3015**
315	362	354	440	561	682	917
161	239	454	460	320	358	395
155	160	259	219	321	291	543
100	92	153	247	226	215	330
211	284	258	317	337	315	463
290	346	395	346	379	331	367

1-24 续表 7

地　区	2000年	2001年	2002年	2003年	2004年	2005年	2006年
舟山市	**318**	**492**	**654**	**589**	**642**	**915**	**825**
定海区	182	307	363	306	341	486	414
普陀区	68	116	177	154	149	231	243
岱山县	35	42	60	84	99	141	124
嵊泗县	33	27	54	45	53	57	44
台州市	**2047**	**2369**	**3255**	**3245**	**2727**	**3106**	**3715**
椒江区	254	296	353	351	328	400	430
黄岩区	247	255	365	353	269	338	451
路桥区	292	264	462	383	334	411	534
玉环县	304	375	484	505	502	489	603
三门县	77	64	172	136	149	220	176
天台县	107	105	228	277	119	133	182
仙居县	139	151	173	194	149	153	164
温岭市	424	649	681	731	601	631	825
临海市	203	210	337	315	276	331	350
丽水市	**642**	**739**	**1226**	**852**	**800**	**926**	**925**
莲都区	154	243	214	196	208	252	263
青田县	116	99	487	129	124	159	168
缙云县	92	127	149	159	145	130	152
遂昌县	61	41	55	61	38	58	42
松阳县	41	48	62	59	61	76	66
云和县	43	50	54	71	67	66	60
庆元县	49	53	63	39	59	58	51
景宁县	25	31	37	40	32	44	48
龙泉市	61	47	105	98	66	83	75

单位：个

2007年	2008年	2009年	2010年	2011年	2012年	2013年
824	**953**	**982**	**1035**	**1318**	**1446**	**2119**
426	470	531	587	805	876	1156
232	312	274	272	343	361	557
107	147	132	129	117	132	265
59	24	45	47	53	77	141
3764	**3577**	**4866**	**5598**	**7018**	**7414**	**12838**
533	449	522	667	1041	1220	2152
523	475	881	751	903	798	1262
469	468	599	644	954	785	1784
581	497	583	726	871	1000	1385
186	224	344	360	375	420	730
174	179	182	313	381	423	974
135	184	237	290	255	286	381
806	699	1008	1198	1378	1630	2373
357	402	510	649	860	852	1797
1103	**1183**	**1289**	**1734**	**2173**	**2283**	**4231**
279	264	326	464	502	673	1142
180	143	161	120	340	311	710
155	151	202	356	324	354	513
65	160	142	169	305	185	401
101	112	77	121	111	135	304
79	82	91	120	154	141	188
68	68	77	101	155	154	250
50	56	80	115	102	89	162
126	147	133	168	180	241	561

1-25 按地区、开业时间

地区	1949年及以前	1950-1952年	1953-1957年	1958-1962年	1963-1965年	1966-1970年	1971-1975年
全省	**477763**	**350252**	**436179**	**289447**	**262019**	**305160**	**320868**
杭州市	**80359**	**42571**	**78374**	**71496**	**40459**	**46958**	**30011**
上城区	21711	4086	3957	4840	141	502	406
下城区	4248	6181	32065	563	1037	136	540
江干区	8060	2913	6626	5557	1079	1036	3477
拱墅区	2028	2252	2757	3354	20080	193	643
西湖区	15413	6564	10615	4145	542	2110	1273
滨江区	558	690	2075	1497	1377	240	1008
萧山区	6056	4245	8289	35595	13992	34219	1960
余杭区	9573	8274	3723	2751	511	2138	1905
桐庐县	2699	515	644	1109	114	1485	4710
淳安县	1927	424	362	1554	237	273	164
建德市	2054	728	2769	3004	535	2225	1739
富阳市	3512	4466	1492	4756	576	2207	1464
临安市	2520	1233	3000	2771	238	194	10722
宁波市	**39572**	**19315**	**29581**	**12260**	**8885**	**11515**	**15822**
海曙区	3558	1400	3405	2606	274	210	424
江东区	5948	455	3913	680	3260	265	645
江北区	447	2872	1583	1016	985	19	919
北仑区	1031	1282	969	705	92	191	3264
镇海区	631	521	602	1733	423	4833	1775
鄞州区	4666	3961	2934	1822	392	1082	948
象山县	3884	677	1245	447	308	2157	155
宁海县	5345	1118	1538	670	609	390	120
余姚市	7245	2331	2280	1071	2072	800	634
慈溪市	4416	2941	4111	738	406	813	4868
奉化市	2401	1757	7001	772	64	755	2070

分组的法人单位从业人数

单位：人

1976–1980年	1981–1985年	1986–1990年	1991–1995年	1996–2000年	1978年	1992年	1997年
628268	**840074**	**705555**	**2389886**	**4545604**	**174666**	**402616**	**654516**
100977	**85240**	**93891**	**393520**	**994142**	**20416**	**100652**	**167773**
3914	9938	5779	18445	57146	1635	1908	7948
3573	8237	9921	13743	48689	224	3253	5706
19953	14418	14723	61509	73812	9262	21580	12696
1792	3985	4270	31892	68160	1062	6794	15731
9917	8959	9783	65250	130929	2267	23591	19214
1254	5661	3657	21540	78021	85	4326	9344
39297	7162	16339	72833	294714	3291	7807	63289
8202	9427	10802	47725	103774	1115	9725	14768
744	2541	2582	12336	23975	303	7926	2312
1514	4515	3978	5617	10040	229	3514	1363
2303	2546	1766	9093	14859	260	1927	1450
5114	2181	5402	21196	48593	225	5632	5626
3400	5670	4889	12341	41430	458	2669	8326
79319	**187091**	**88054**	**553143**	**810653**	**20457**	**122749**	**121986**
5890	13710	4576	43649	55890	2409	20441	2208
8989	3576	4430	26437	41836	6537	1934	8730
4944	6322	12666	69076	27267	691	52884	6279
2300	5463	6832	33308	60354	126	6302	5726
5837	4203	7926	31509	36483	577	4476	6485
5928	14374	9834	87500	149876	678	7818	23690
22428	98896	3141	127965	90744	1121	3576	30977
2251	20922	4841	28114	45392	401	10073	8519
7076	6799	14883	31138	83117	869	6282	9097
11159	8849	13941	58801	174571	6154	6631	18005
2517	3977	4984	15646	45123	894	2332	2270

1-25 续表 1

地　　区	1949年及以前	1950-1952年	1953-1957年	1958-1962年	1963-1965年	1966-1970年	1971-1975年
温州市	**55732**	**38312**	**43532**	**18577**	**5769**	**7415**	**7114**
鹿城区	9002	22343	10357	3703	2284	420	1795
龙湾区	1614	536	1467	361	204	423	226
瓯海区	8152	724	12059	3594	170	598	422
洞头县	239	158	1602	218	21	85	165
永嘉县	4049	1172	4212	1731	435	702	1066
平阳县	5696	1310	1825	640	696	347	785
苍南县	2063	794	2747	1100	265	2989	378
文成县	3203	705	1330	1112	46	76	212
泰顺县	1887	931	1054	567	70	413	274
瑞安市	9831	2971	2968	2013	523	627	822
乐清市	9996	6668	3911	3538	1055	735	969
嘉兴市	**25897**	**33287**	**7921**	**8334**	**13154**	**14717**	**13754**
南湖区	6018	5213	980	1669	288	165	6219
秀洲区	1302	6834	918	306	1135	476	
嘉善县	3491	1029	532	1471	364		379
海盐县	2970	1956	884	896	8587	3722	500
海宁市	4873	2546	2047	667	1325	1371	4269
平湖市	3341	3794	1666	1220	253	421	1226
桐乡市	3902	11915	894	2105	1202	8562	1161
湖州市	**15173**	**18421**	**19085**	**9077**	**5252**	**4434**	**12041**
吴兴区	4798	3893	15979	633	4208	2622	1608
南浔区	1659	1172	354	674	125	429	1063
德清县	2920	278	541	937	70	398	573
长兴县	4345	2319	1590	3473	258	521	8345
安吉县	1451	10759	621	3360	591	464	452

单位：人

1976–1980年	1981–1985年	1986–1990年	1991–1995年	1996–2000年	1978年	1992年	1997年
68101	**162571**	**132778**	**348724**	**555726**	**3978**	**42093**	**105390**
11461	31939	12862	81954	104272	941	4378	15783
658	8158	9927	61008	88644	55	9526	15664
854	34301	25769	33981	56990	479	3963	9348
267	1022	1547	2604	4913	88	359	2621
3048	9634	8339	22317	47467	608	1896	8871
5828	11478	5221	18003	29189	367	2129	4894
1028	27165	11563	23478	30200	60	4117	6389
522	1753	820	2053	4682	18	648	421
19211	2193	4728	7071	9073	293	855	1345
8458	11777	34496	52883	70613	351	8725	12756
16766	23151	17506	43372	109683	718	5497	27298
40731	**48981**	**44871**	**87496**	**324457**	**4972**	**10687**	**47698**
1871	7310	11007	9295	43095	477	415	5388
807	6700	2808	12822	49779	345	1542	3461
1849	3285	3002	13482	22580	169	856	4988
2843	2082	3660	9467	25009	685	840	4357
15514	9173	8254	13414	54891	642	1119	13873
8393	4238	6433	17505	74072	2427	3808	12524
9454	16193	9707	11511	55031	227	2107	3107
8415	**19781**	**18569**	**90813**	**158198**	**2783**	**7561**	**14287**
2644	7684	11931	51373	59894	1414	3380	2888
588	1827	843	8057	19176	70	461	2173
2322	3493	2316	14871	36585	500	1170	2640
2323	2935	1836	8161	20283	703	1628	2215
538	3842	1643	8351	22260	96	922	4371

1-25 续表 2

地　区	1949年及以前	1950-1952年	1953-1957年	1958-1962年	1963-1965年	1966-1970年	1971-1975年
绍兴市	**25063**	**123696**	**189754**	**89720**	**96149**	**95610**	**114574**
越城区	5397	1282	107420	10507	529	11081	9607
绍兴县	1775	4656	1120	3595	36	60127	89881
新昌县	2018	4911	4270	1756	2286	1073	972
诸暨市	8299	106481	65786	151	181	745	522
上虞市	3177	3487	9812	61711	93061	20205	8706
嵊州市	4397	2879	1346	12000	56	2379	4886
金华市	**138087**	**39754**	**15967**	**24788**	**63946**	**6855**	**50235**
婺城区	4729	24643	7222	16505	1590	206	890
金东区	428	317	473	723	37	319	599
武义县	2563	732	47	309	496	125	1231
浦江县	2494	252	950	383	192	314	472
磐安县	410	616	31	32	28	117	35
兰溪市	3207	3906	2879	976	53	1968	429
义乌市	9150	5891	1933	2643	7028	589	4316
东阳市	108434	1766	1392	991	50660	2579	41621
永康市	6672	1631	1040	2226	3862	638	642
衢州市	**10717**	**4135**	**13672**	**20884**	**2882**	**1489**	**5678**
柯城区	2728	333	5121	16833	142	72	3326
衢江区	650	1173	2475	545	198	368	749
常山县	1278	609	907	208	384	246	217
开化县	1480	300	3719	1552	1877	277	380
龙游县	2457	1085	214	373	101	403	785
江山市	2124	635	1236	1373	180	123	221

单位：人

1976-1980年	1981-1985年	1986-1990年	1991-1995年	1996-2000年	1978年	1992年	1997年
172503	**107660**	**133966**	**275203**	**547425**	**51932**	**40870**	**45346**
69478	18875	7263	33806	94157	553	2646	4394
42481	7983	10335	64489	119613	36988	6497	11428
12011	14479	1763	12161	59305	236	4170	7526
29501	21047	43664	112482	79089	6917	17110	9956
9908	30282	63240	34625	162387	226	7906	8092
9124	14994	7701	17640	32874	7012	2541	3950
41761	**62484**	**34817**	**273412**	**503793**	**25892**	**16513**	**67211**
4222	9743	7171	27513	64488	359	3246	7702
930	3345	3712	12262	13434	46	743	3814
911	6252	1487	6643	21231	152	1900	2909
820	4724	4062	15259	28344	158	390	5031
407	9339	516	15239	22952	277	175	3759
2167	3688	1616	7703	22324	506	1749	3295
4425	4448	8340	44724	85718	2359	1048	13470
24262	15411	3894	109917	177248	21801	1432	19170
3617	5534	4019	34152	68054	234	5830	8061
11793	**21191**	**17059**	**29384**	**102999**	**6260**	**9067**	**11598**
1420	5843	8066	8657	35172	495	1810	5457
1589	3799	1075	5450	8755	20	4472	409
561	3881	2253	2538	13059	245	480	328
1710	1779	1402	3887	13926	1070	314	409
356	4362	1889	4164	14567	292	635	2670
6157	1527	2374	4688	17520	4138	1356	2325

1-25 续表 3

地　　区	1949年及以前	1950-1952年	1953-1957年	1958-1962年	1963-1965年	1966-1970年	1971-1975年
舟山市	**3291**	**6063**	**13241**	**15252**	**5262**	**1348**	**7508**
定海区	1201	4271	7306	8404	4619	123	730
普陀区	1635	545	3830	5723	481	934	5227
岱山县	375	523	1681	422	162	281	1196
嵊泗县	80	724	424	703		10	355
台州市	**60833**	**16850**	**19690**	**15453**	**18789**	**111961**	**60628**
椒江区	2788	2616	5816	7045	4862	1813	2908
黄岩区	5759	1073	958	3746	1080	3229	4189
路桥区	2358	537	1094	121	185	669	10471
玉环县	3505	1346	1456	362	200	588	600
三门县	2408	2567	1183	789	17	578	1500
天台县	5276	1638	485	651	20	2349	230
仙居县	2889	698	1027	699	1839	573	2034
温岭市	7978	3272	5648	860	5190	100779	38025
临海市	27872	3103	2023	1180	5396	1383	671
丽水市	**23039**	**7848**	**5362**	**3606**	**1472**	**2858**	**3503**
莲都区	6290	627	821	611	564	372	480
青田县	2939	906	1065	845	104	128	741
缙云县	3294	2432	906	447	45	893	374
遂昌县	1856	623	388	244	361	556	361
松阳县	1657	598	161	184	33	266	8
云和县	1021	2157	26	390	306	11	346
庆元县	1595	90	513	54	33	14	727
景宁县	437	60	26	208		49	7
龙泉市	3950	355	1456	623	26	569	459

单位：人

1976-1980年	1981-1985年	1986-1990年	1991-1995年	1996-2000年	1978年	1992年	1997年
8471	**11904**	**11900**	**34151**	**56043**	**1108**	**2555**	**4893**
2257	4475	7284	20260	29545	524	1263	3057
1552	3232	1687	10029	17116	81	772	1027
4265	3281	1983	2720	7430	398	232	483
397	916	946	1142	1952	105	288	326
56115	**99437**	**114009**	**272633**	**412647**	**31802**	**44030**	**53936**
2210	6956	10371	26412	75292	360	3828	6589
1964	7644	50489	31781	45745	682	2212	8341
1707	2151	2589	43919	42316	6	2733	7548
1548	9155	11929	31439	54991	639	7334	6812
4364	16880	1877	8771	12385	853	1112	4462
3581	10316	3000	30001	14440	325	6680	2143
936	15498	3616	16714	16474	326	5787	3299
10004	18482	18721	46003	112832	1001	9106	11199
29801	12355	11417	37593	38172	27610	5238	3543
14019	**33734**	**15641**	**31407**	**79521**	**5066**	**5839**	**14398**
6215	9132	3883	6735	23507	2771	626	2701
1718	1681	2086	3843	19116	592	1220	5331
1539	1979	2382	8445	11375	107	699	1673
1609	1965	970	3252	6496	532	834	721
472	5113	836	1902	2428	366	239	566
1061	1274	2218	1197	3902	231	110	780
804	3600	1182	2801	4229	278	884	1186
110	5938	492	762	1909	97	165	440
491	3052	1592	2470	6559	92	1062	1000

1-25 续表 4

地　区	2000年	2001年	2002年	2003年	2004年	2005年	2006年
全　省	**1148653**	**1389625**	**1399514**	**1539693**	**1408975**	**1240906**	**1339985**
杭州市	**289050**	**282164**	**298395**	**360824**	**410755**	**313258**	**312228**
上城区	31366	9312	14410	12355	13727	14352	15032
下城区	11936	14329	12548	14355	16856	13479	13377
江干区	13424	23805	25977	27077	60579	54313	43314
拱墅区	16655	37730	45695	31712	67013	17043	18205
西湖区	26349	42169	21763	58264	71565	69837	43366
滨江区	26128	23448	8596	22900	15996	16880	26291
萧山区	91933	57021	81356	87180	79482	55909	56759
余杭区	29876	29721	34360	44919	32352	20834	32867
桐庐县	6906	6967	8992	7431	10078	8191	8553
淳安县	2593	4764	3956	3371	4924	3692	7015
建德市	5166	7299	5326	5819	5594	8114	4804
富阳市	12640	14663	20662	30578	21099	20475	31182
临安市	14078	10936	14754	14863	11490	10139	11463
宁波市	**194407**	**254076**	**291264**	**291825**	**290728**	**246285**	**304362**
海曙区	9532	13514	7114	12047	10807	14400	20788
江东区	12327	10824	14203	14116	55371	10679	14368
江北区	6778	14118	13387	14492	9906	13701	31760
北仑区	21497	41005	50634	39947	46375	33533	40753
镇海区	8265	17232	39354	22961	16683	17490	27464
鄞州区	35526	41067	57898	47606	44821	41521	54498
象山县	6808	15516	12345	19880	23185	20867	9750
宁海县	8682	12447	11860	14431	9360	9769	14019
余姚市	26548	41538	32287	38586	24227	36688	31217
慈溪市	42202	38428	36709	51492	37046	35611	41664
奉化市	16242	8387	15473	16267	12947	12026	18081

单位：人

2007年	2008年	2009年	2010年	2011年	2012年	2013年
1172239	**1046905**	**1146287**	**1324628**	**1159961**	**990674**	**1201997**
284068	**256124**	**268408**	**318000**	**229611**	**207527**	**201744**
6048	11449	9817	7320	16158	7874	7545
11947	12504	20228	15539	13218	18117	11594
22544	28060	40879	64912	26024	29985	21877
20030	31814	29144	25153	14696	12489	14595
64782	28386	26344	30982	30068	24550	25745
17102	19842	25195	28316	15091	15397	14171
46671	39752	45402	58257	37984	31655	30881
40372	38835	27575	34057	34117	25325	27694
6992	6642	6821	10329	8053	5777	9899
5360	3675	3811	3960	3466	5977	5147
6014	6478	7009	11981	5733	6321	6287
20968	17363	12643	14585	16151	14420	15952
15238	11324	13540	12609	8852	9640	10357
239358	**226543**	**242798**	**241452**	**240568**	**190154**	**157565**
7349	11005	10028	12473	10601	9473	7885
12678	20971	22696	15898	22986	18164	11354
12451	14814	14935	12679	12234	11286	7142
38935	23517	18185	27841	27500	22907	16201
12298	11370	9796	13447	14014	10036	8747
48880	70008	68187	61037	57964	45528	43518
15907	8510	11576	15691	16516	8623	8802
13728	8564	13596	17332	13087	11362	9658
20910	20560	22451	23450	20735	18082	13514
40744	26962	38745	30220	32272	27052	23160
15478	10262	12603	11384	12659	7641	7584

1-25 续表 5

地　　区	2000年	2001年	2002年	2003年	2004年	2005年	2006年
温州市	**116685**	**126573**	**142350**	**129666**	**105523**	**117743**	**125452**
鹿城区	27599	28228	24486	18644	17367	18477	22501
龙湾区	12496	12599	22718	13972	15417	14690	15813
瓯海区	16686	13832	17621	13406	9053	11529	13726
洞头县	293	1091	782	685	552	995	1731
永嘉县	6197	10106	9352	15242	9305	7534	8023
平阳县	6904	7329	8106	16002	6586	9671	6836
苍南县	5133	6043	8103	9870	10122	6210	15900
文成县	1152	4101	1509	835	1486	869	879
泰顺县	559	1086	8179	1752	1301	15083	3928
瑞安市	15730	14693	20375	20065	18306	15284	17360
乐清市	23936	27465	21119	19193	16028	17401	18755
嘉兴市	**105236**	**123764**	**125148**	**147151**	**122413**	**99089**	**124481**
南湖区	14620	11986	12045	24828	17771	15301	17732
秀洲区	13223	11531	23836	20494	16949	16094	12371
嘉善县	7840	11304	14637	23211	26363	9828	19814
海盐县	9526	9488	13448	7149	9003	10972	9424
海宁市	13821	20769	21111	29309	18827	18277	23907
平湖市	33951	21245	19851	24269	15155	14350	20249
桐乡市	12255	37441	20220	17891	18345	14267	20984
湖州市	**50867**	**55183**	**61337**	**53817**	**52416**	**47332**	**51268**
吴兴区	18747	15181	13646	11586	12934	10107	14605
南浔区	6080	6272	10452	8158	7653	7889	4448
德清县	15385	16101	15298	14402	13659	10818	13623
长兴县	5848	9130	11113	12210	11221	9779	10418
安吉县	4807	8499	10828	7461	6949	8739	8174

单位：人

2007年	2008年	2009年	2010年	2011年	2012年	2013年
118579	**100165**	**121046**	**162727**	**167660**	**136881**	**243925**
15100	14441	19251	31551	31914	22573	33908
14191	14065	18302	15172	17992	16112	20560
8756	9773	13790	18154	18507	15781	21357
727	763	812	1120	1660	1723	1691
12488	9149	6475	11184	11053	9902	16843
9401	7647	7395	9784	10917	11161	16874
10373	9813	10819	17366	15299	12722	29256
590	574	3669	1293	3801	1722	6599
4122	753	1869	7320	5123	3129	6281
16950	15674	17550	22110	22724	19369	62404
25881	17513	21114	27673	28670	22687	28152
104927	**93258**	**86125**	**98412**	**93462**	**79501**	**79166**
19692	13796	14242	15946	16232	11094	10938
12262	9096	10622	13241	11505	7539	8817
18067	19139	12168	17079	12131	8426	10076
10458	8045	6635	9590	9167	14140	7331
15114	15688	13978	15284	19685	15807	17565
15246	9015	13640	13283	14294	12359	10458
14088	18479	14840	13989	10448	10136	13981
46248	**39889**	**49328**	**61331**	**49274**	**46945**	**83256**
8234	11760	10405	12138	16072	13140	39466
6722	5352	5003	7268	5963	5762	13858
11502	7764	9461	11827	7579	8027	9127
8834	8452	16215	19140	9622	11782	12534
10956	6561	8244	10658	10038	8234	8271

1-25 续表 6

地 区	2000年	2001年	2002年	2003年	2004年	2005年	2006年
绍兴市	**161328**	**268981**	**159781**	**216772**	**152366**	**127526**	**109014**
越城区	46805	19050	23672	32378	26877	22015	19537
绍兴县	44062	167501	43024	76459	38384	44999	32243
新昌县	8513	6423	8040	7302	8247	6916	6458
诸暨市	21337	18806	43360	55571	31902	20639	24200
上虞市	33516	28841	25744	29044	33227	21273	15666
嵊州市	7095	28360	15941	16018	13729	11684	10910
金华市	**80045**	**105099**	**117081**	**164130**	**108721**	**123513**	**120211**
婺城区	11969	13204	16890	35145	16292	12028	11606
金东区	1683	5055	3637	12944	6347	16629	8452
武义县	7647	14957	10255	8157	9341	11009	12662
浦江县	4506	4263	6031	10505	6235	4843	5666
磐安县	525	1527	1950	2480	4065	7672	4116
兰溪市	8893	6789	10527	7764	7519	7363	11246
义乌市	18913	28154	31998	24361	21884	19838	19858
东阳市	13877	16545	20483	47085	23215	29325	28235
永康市	12032	14605	15310	15689	13823	14806	18370
衢州市	**30276**	**27104**	**25749**	**32689**	**28673**	**24917**	**45443**
柯城区	11255	6797	6730	11672	12442	8574	9480
衢江区	3608	2916	5304	7203	2803	4126	4125
常山县	3965	3082	1604	3057	1406	1440	2925
开化县	2656	1583	2204	1196	5140	2413	2702
龙游县	5680	8856	4360	3379	3404	4731	7961
江山市	3112	3870	5547	6182	3478	3633	18250

单位：人

2007年	2008年	2009年	2010年	2011年	2012年	2013年
115234	**89252**	**99535**	**115311**	**95045**	**83118**	**107045**
23059	12792	13858	18743	14446	12741	11660
26925	26454	30246	31430	25503	27361	30349
7263	4685	7841	7638	5291	5266	5359
23702	22974	23356	28164	25298	15386	35148
17311	12943	14669	15650	14138	12321	11896
16974	9404	9565	13686	10369	10043	12633
89227	**88376**	**112048**	**131434**	**115055**	**105743**	**138208**
12438	9850	12596	16771	11775	11174	9297
3971	4803	4669	9240	6683	6489	5570
12224	8373	10349	8515	9972	9126	9218
5774	4319	7022	5589	7318	4689	21457
3684	5263	8120	6288	4940	4956	4847
6038	7891	7100	14844	7537	7684	6598
14141	13319	17928	29102	32298	32996	50813
15059	21860	31808	23687	17761	12286	14701
15898	12698	12456	17398	16771	16343	15707
33315	**36279**	**30913**	**32310**	**28756**	**22073**	**30015**
6102	8562	7101	7718	6049	6361	8021
4780	5542	5212	5938	4230	4409	4259
4968	7375	3256	3563	4736	2944	5586
1604	1401	2631	3372	2580	1634	2120
8868	5819	6347	5593	6228	3911	5600
6993	7580	6366	6126	4933	2814	4429

1-25 续表 7

地　　区	2000年	2001年	2002年	2003年	2004年	2005年	2006年
舟山市	**14479**	**19038**	**16438**	**14312**	**17439**	**22986**	**21410**
定海区	9417	10512	8017	6792	8839	9353	9578
普陀区	1913	5003	6040	4671	5264	6594	7464
岱山县	2822	2419	905	2206	2073	6502	3635
嵊泗县	327	1104	1476	643	1263	537	733
台州市	**74316**	**93361**	**128971**	**98667**	**89974**	**86023**	**98800**
椒江区	11820	10082	13712	13657	8777	16251	12020
黄岩区	11985	6137	11039	7333	6284	7374	8243
路桥区	7832	5619	13837	9840	11316	9458	13674
玉环县	16839	18811	18261	16273	14983	10963	14083
三门县	1700	3767	3239	3358	9248	8976	3129
天台县	2969	4439	5137	5310	3888	2259	2774
仙居县	3137	6501	4921	7887	4210	3598	3130
温岭市	11309	19976	19505	19345	18297	12579	20880
临海市	6725	18029	39320	15664	12971	14565	20867
丽水市	**31964**	**34282**	**33000**	**29840**	**29967**	**32234**	**27316**
莲都区	10960	16489	7149	7900	9150	12006	10285
青田县	10017	3072	7596	3364	4780	3783	3040
缙云县	3140	3601	4837	7892	6732	4881	4775
遂昌县	1099	1200	949	1876	769	966	1300
松阳县	415	760	4303	1352	1773	5485	1129
云和县	1630	1881	2176	2762	1871	999	1237
庆元县	1744	1198	2086	1170	2013	1183	1766
景宁县	245	425	1646	850	745	1088	1650
龙泉市	2714	5656	2258	2674	2134	1843	2134

单位：人

2007年	2008年	2009年	2010年	2011年	2012年	2013年
23689	**16727**	**22620**	**18545**	**17073**	**14070**	**20540**
10772	6088	11955	10518	8615	7185	9656
9896	4678	7045	5517	5133	4659	6328
2351	5614	2971	2008	2922	1478	3066
670	347	649	502	403	748	1490
83123	**73008**	**83994**	**106198**	**90691**	**75305**	**101511**
12828	10629	9593	18179	12603	10021	12120
9055	7271	9514	10642	10218	5675	9746
11543	9908	8749	11131	9869	8008	13656
11926	9542	9835	11066	13068	10606	12089
4501	4504	6457	7105	3692	3590	4972
2539	3216	2844	3616	4255	4617	6681
2085	4593	4809	5147	4230	3089	3506
17949	12647	18254	19324	18818	16930	22189
10697	10698	13939	19988	13938	12769	16552
34471	**27284**	**29472**	**38908**	**32766**	**29357**	**39022**
13698	6087	6326	14067	5462	6785	8629
3262	3134	5408	3802	4267	5901	11037
4297	3297	4372	5236	5594	4003	3671
2047	1783	1864	4423	3118	1988	3325
2017	4220	4224	1801	1871	2949	2741
1463	1186	1550	2247	3939	1767	1271
2250	1599	1579	1547	1745	1790	3400
2691	887	661	1948	3597	778	924
2746	5091	3488	3837	3173	3396	4024

第2篇

企　业

A. 全部企业

2-A-1 按行业小类分组的全部企业法人单位数及从业人数

行业	单位数（个）	#单产业法人	从业人员期末人数（人）	#单产业法人	#女性
总　计	**835565**	**809992**	**25123423**	**17423364**	**8078403**
农、林、牧、渔业	**2882**	**2751**	**22670**	**19754**	**6803**
农业	58		1129		525
谷物种植	6		111		51
稻谷种植	6		111		51
豆类、油料和薯类种植	1		34		27
豆类种植	1		34		27
蔬菜、食用菌及园艺作物种植	16		398		177
蔬菜种植	11		313		142
花卉种植	2		28		5
其他园艺作物种植	3		57		30
水果种植	10		166		43
仁果类和核果类水果种植	5		66		16
香蕉等亚热带水果种植	1		30		11
其他水果种植	4		70		16
坚果、含油果、香料和饮料作物种植	13		131		54
坚果种植	1		3		1
茶及其他饮料作物种植	12		128		53
中药材种植	11		286		172
中药材种植	11		286		172
其他农业	1		3		1
其他农业	1		3		1
林业	4		20		2
林木育种和育苗	4		20		2
林木育种	2		13		2
林木育苗	2		7		
畜牧业	41		1024		343
牲畜饲养	24		720		230
猪的饲养	24		720		230
家禽饲养	10		207		90
鸡的饲养	8		189		81

2-A-1　续表 1

行　业	单位数(个)	#单产业法人	从业人员期末人数(人)	#单产业法人	#女性
鸭的饲养	1		13		7
其他家禽饲养	1		5		2
其他畜牧业	7		97		23
其他畜牧业	7		97		23
渔业	18		596		163
水产养殖	18		596		163
海水养殖	6		75		9
内陆养殖	12		521		154
农、林、牧、渔服务业	2761	2751	19901	19754	5770
农业服务业	2411	2404	17066	17012	4904
农业机械服务	974	972	6762	6755	1825
灌溉服务	23	23	152	152	43
农产品初加工服务	201	199	1706	1685	737
其他农业服务	1213	1210	8446	8420	2299
林业服务业	131	131	1117	1117	328
林业有害生物防治服务	51	51	470	470	130
林产品初级加工服务	20	20	176	176	45
其他林业服务	60	60	471	471	153
畜牧服务业	131	129	874	811	294
畜牧服务业	131	129	874	811	294
渔业服务业	88	87	844	814	244
渔业服务业	88	87	844	814	244
采矿业	**1268**	**1246**	**33711**	**31049**	**5166**
煤炭开采和洗选业	20	20	211	211	52
烟煤和无烟煤开采洗选	9	9	159	159	38
烟煤和无烟煤开采洗选	9	9	159	159	38
褐煤开采洗选	5	5	29	29	10
褐煤开采洗选	5	5	29	29	10
其他煤炭采选	6	6	23	23	4
其他煤炭采选	6	6	23	23	4
黑色金属矿采选业	25	24	2754	1531	440
铁矿采选	24	23	2753	1530	440
铁矿采选	24	23	2753	1530	440

2-A-1 续表 2

行业	单位数(个)	#单产业法人	从业人员期末人数(人)	#单产业法人	#女性
其他黑色金属矿采选	1	1	1	1	
其他黑色金属矿采选	1	1	1	1	
有色金属矿采选业	72	71	4257	4141	860
常用有色金属矿采选	45	44	3107	2991	666
铜矿采选	11	11	1379	1379	276
铅锌矿采选	23	22	1502	1386	314
锑矿采选	1	1	35	35	7
其他常用有色金属矿采选	10	10	191	191	69
贵金属矿采选	5	5	186	186	34
金矿采选	3	3	93	93	14
银矿采选	2	2	93	93	20
稀有稀土金属矿采选	22	22	964	964	160
钨钼矿采选	19	19	770	770	96
放射性金属矿采选	1	1	79	79	38
其他稀有金属矿采选	2	2	115	115	26
非金属矿采选业	1115	1097	26130	24838	3752
土砂石开采	1012	997	22775	22098	3107
石灰石、石膏开采	148	143	3448	3253	503
建筑装饰用石开采	315	312	8585	8521	856
耐火土石开采	117	113	2823	2535	608
粘土及其他土砂石开采	432	429	7919	7789	1140
化学矿开采	6	6	78	78	20
化学矿开采	6	6	78	78	20
采盐	9	9	333	333	80
采盐	9	9	333	333	80
石棉及其他非金属矿采选	88	85	2944	2329	545
石棉、云母矿采选	2	2	16	16	2
石墨、滑石采选	5	5	36	36	4
宝石、玉石采选	5	5	32	32	6
其他未列明非金属矿采选	76	73	2860	2245	533
开采辅助活动	8	7	42	41	8

2-A-1　续表 3

行　　业	单位数(个)	#单产业法人	从业人员期末人数(人)	#单产业法人	#女性
石油和天然气开采辅助活动	3	2	8	7	1
石油和天然气开采辅助活动	3	2	8	7	1
其他开采辅助活动	5	5	34	34	7
其他开采辅助活动	5	5	34	34	7
其他采矿业	28	27	317	287	54
其他采矿业	28	27	317	287	54
其他采矿业	28	27	317	287	54
制造业	**365232**	**358037**	**11950218**	**10784929**	**5256260**
农副食品加工业	5490	5222	158766	123871	77170
谷物磨制	290	279	4367	3952	1266
谷物磨制	290	279	4367	3952	1266
饲料加工	442	423	18124	13200	5832
饲料加工	442	423	18124	13200	5832
植物油加工	265	256	5091	4281	1863
食用植物油加工	244	235	4751	3941	1778
非食用植物油加工	21	21	340	340	85
制糖业	38	38	470	470	152
制糖业	38	38	470	470	152
屠宰及肉类加工	677	606	21572	13706	9242
牲畜屠宰	158	131	7068	2857	1728
禽类屠宰	26	24	511	476	303
肉制品及副产品加工	493	451	13993	10373	7211
水产品加工	1585	1512	59045	46138	30981
水产品冷冻加工	1143	1096	47564	36493	25500
鱼糜制品及水产品干腌制加工	227	208	7551	6065	4309
水产饲料制造	121	119	1889	1822	404
鱼油提取及制品制造	5	5	143	143	36
其他水产品加工	89	84	1898	1615	732
蔬菜、水果和坚果加工	1552	1493	35512	29719	20885
蔬菜加工	641	610	18868	15483	11134
水果和坚果加工	911	883	16644	14236	9751
其他农副食品加工	641	615	14585	12405	6949

2-A-1 续表 4

行业	单位数(个)	#单产业法人	从业人员期末人数(人)	#单产业法人	#女性
淀粉及淀粉制品制造	96	91	1635	1323	859
豆制品制造	259	247	8681	7185	3889
蛋品加工	94	91	1195	1164	696
其他未列明农副食品加工	192	186	3074	2733	1505
食品制造业	2466	2325	114928	91441	66156
焙烤食品制造	705	647	21527	13436	12991
糕点、面包制造	557	504	15863	8813	10000
饼干及其他焙烤食品制造	148	143	5664	4623	2991
糖果、巧克力及蜜饯制造	189	179	7273	6546	3822
糖果、巧克力制造	86	86	4163	4163	2077
蜜饯制作	103	93	3110	2383	1745
方便食品制造	364	348	16869	11341	10099
米、面制品制造	184	178	2931	2672	1617
速冻食品制造	112	109	5554	5388	3375
方便面及其他方便食品制造	68	61	8384	3281	5107
乳制品制造	49	46	5943	4732	2424
乳制品制造	49	46	5943	4732	2424
罐头食品制造	245	240	32418	31381	24553
肉、禽类罐头制造	21	18	1071	234	611
水产品罐头制造	18	18	987	987	533
蔬菜、水果罐头制造	180	178	29522	29322	22911
其他罐头食品制造	26	26	838	838	498
调味品、发酵制品制造	223	206	6247	4255	2699
味精制造	47	44	1701	669	651
酱油、食醋及类似制品制造	85	76	2381	2057	1026
其他调味品、发酵制品制造	91	86	2165	1529	1022
其他食品制造	691	659	24651	19750	9568
营养食品制造	88	80	2922	1939	1161
保健食品制造	133	126	4769	4526	2317
冷冻饮品及食用冰制造	117	113	2909	2029	940
盐加工	14	13	580	469	241
食品及饲料添加剂制造	223	213	11634	8963	4016
其他未列明食品制造	116	114	1837	1824	893

2-A-1　续表 5

行　　业	单位数（个）	#单产业法人	从业人员期末人数（人）	#单产业法人	#女性
酒、饮料和精制茶制造业	2699	2572	80401	66060	32447
酒的制造	546	513	29237	24084	10898
酒精制造	12	12	92	92	32
白酒制造	143	133	1831	1393	665
啤酒制造	38	35	11164	8019	3881
黄酒制造	278	258	15201	13631	5926
葡萄酒制造	10	10	95	95	36
其他酒制造	65	65	854	854	358
饮料制造	685	648	27050	20515	10412
碳酸饮料制造	21	19	2794	479	665
瓶(罐)装饮用水制造	463	438	6029	5568	2366
果菜汁及果菜汁饮料制造	68	66	4783	3836	2029
含乳饮料和植物蛋白饮料制造	33	32	2884	2854	1306
固体饮料制造	34	32	722	693	337
茶饮料及其他饮料制造	66	61	9838	7085	3709
精制茶加工	1468	1411	24114	21461	11137
精制茶加工	1468	1411	24114	21461	11137
烟草制品业	6	6	3966	3966	1323
卷烟制造	3	3	3655	3655	1244
卷烟制造	3	3	3655	3655	1244
其他烟草制品制造	3	3	311	311	79
其他烟草制品制造	3	3	311	311	79
纺织业	30275	29657	1138675	1058776	639406
棉纺织及印染精加工	9375	9191	535119	506013	287567
棉纺纱加工	3670	3603	138293	128196	86577
棉织造加工	4421	4323	181192	171050	113868
棉印染精加工	1284	1265	215634	206767	87122
毛纺织及染整精加工	1159	1140	47016	45467	25082
毛条和毛纱线加工	567	556	20392	19788	11878
毛织造加工	424	421	16759	16654	9434
毛染整精加工	168	163	9865	9025	3770

2-A-1 续表 6

行 业	单位数(个)	#单产业法人	从业人员期末人数(人)	#单产业法人	#女性
麻纺织及染整精加工	95	93	13291	8400	8246
麻纤维纺前加工和纺纱	39	39	6426	6426	3952
麻织造加工	50	48	6055	1164	3878
麻染整精加工	6	6	810	810	416
丝绢纺织及印染精加工	1483	1451	59460	55667	38344
缫丝加工	175	170	10267	9248	7049
绢纺和丝织加工	1167	1142	39135	36833	26549
丝印染精加工	141	139	10058	9586	4746
化纤织造及印染精加工	3615	3545	78635	75549	43899
化纤织造加工	3231	3166	63785	60757	37843
化纤织物染整精加工	384	379	14850	14792	6056
针织或钩针编织物及其制品制造	6460	6358	196397	176146	117805
针织或钩针编织物织造	5203	5141	145806	136441	88888
针织或钩针编织物印染精加工	388	384	13697	13433	6316
针织或钩针编织品制造	869	833	36894	26272	22601
家用纺织制成品制造	4624	4521	115583	106204	71312
床上用品制造	1618	1562	48599	43011	30692
毛巾类制品制造	250	245	6869	6404	4805
窗帘、布艺类产品制造	1478	1454	35420	33079	21006
其他家用纺织制成品制造	1278	1260	24695	23710	14809
非家用纺织制成品制造	3464	3358	93174	85330	47151
非织造布制造	982	968	28486	27609	11901
绳、索、缆制造	298	290	6172	6050	3663
纺织带和帘子布制造	909	886	22524	19073	12229
篷、帆布制造	380	372	17469	16636	9188
其他非家用纺织制成品制造	895	842	18523	15962	10170
纺织服装、服饰业	26383	25888	1125428	992206	747669
机织服装制造	14222	13931	683627	590256	452971
机织服装制造	14222	13931	683627	590256	452971
针织或钩针编织服装制造	6349	6219	290554	259114	198935
针织或钩针编织服装制造	6349	6219	290554	259114	198935
服饰制造	5812	5738	151247	142836	95763
服饰制造	5812	5738	151247	142836	95763

2-A-1　续表 7

行　业	单位数(个)	#单产业法人	从业人员期末人数(人)	#单产业法人	#女性
皮革、毛皮、羽毛及其制品和制鞋业	15619	15334	726380	651466	364378
皮革鞣制加工	569	554	26592	24916	9365
皮革鞣制加工	569	554	26592	24916	9365
皮革制品制造	4263	4151	155051	141325	89126
皮革服装制造	1155	1100	29382	24517	18626
皮箱、包(袋)制造	2302	2265	91943	85815	52127
皮手套及皮装饰制品制造	411	399	16025	14449	9667
其他皮革制品制造	395	387	17701	16544	8706
毛皮鞣制及制品加工	1105	1096	16596	16001	8836
毛皮鞣制加工	54	52	2028	1910	965
毛皮服装加工	384	378	7798	7344	4405
其他毛皮制品加工	667	666	6770	6747	3466
羽毛(绒)加工及制品制造	329	321	19196	16943	12097
羽毛(绒)加工	138	136	3307	1989	1719
羽毛(绒)制品加工	191	185	15889	14954	10378
制鞋业	9353	9212	508945	452281	244954
纺织面料鞋制造	1179	1172	35216	34524	21083
皮鞋制造	6067	5973	390675	340184	183644
塑料鞋制造	931	924	26297	25387	11237
橡胶鞋制造	664	634	44686	40347	23229
其他制鞋业	512	509	12071	11839	5761
木材加工和木、竹、藤、棕、草制品业	6252	6139	148330	134120	61454
木材加工	1203	1190	17554	16322	6249
锯材加工	499	497	6087	6078	1897
木片加工	284	282	3918	3148	1559
单板加工	225	220	5576	5209	2137
其他木材加工	195	191	1973	1887	656
人造板制造	774	750	28444	23724	11518
胶合板制造	478	459	18277	14133	7831
纤维板制造	57	56	2733	2724	733
刨花板制造	35	35	544	544	135
其他人造板制造	204	200	6890	6323	2819

2-A-1 续表 8

行业	单位数（个）	#单产业法人	从业人员期末人数（人）	#单产业法人	#女性
木制品制造	2681	2635	64368	59698	24136
建筑用木料及木材组件加工	347	345	5785	5734	2224
木门窗、楼梯制造	752	744	22971	21718	8616
地板制造	309	294	14540	12376	5192
木制容器制造	564	556	6852	6423	2035
软木制品及其他木制品制造	709	696	14220	13447	6069
竹、藤、棕、草等制品制造	1594	1564	37964	34376	19551
竹制品制造	1287	1264	32380	29132	16710
藤制品制造	54	53	1314	1296	535
棕制品制造	7	7	130	130	62
草及其他制品制造	246	240	4140	3818	2244
家具制造业	5486	5369	263556	240812	95478
木质家具制造	3247	3179	117407	108242	37357
木质家具制造	3247	3179	117407	108242	37357
竹、藤家具制造	165	163	7483	7443	3001
竹、藤家具制造	165	163	7483	7443	3001
金属家具制造	1148	1115	88364	79744	35393
金属家具制造	1148	1115	88364	79744	35393
塑料家具制造	184	183	8801	8568	4119
塑料家具制造	184	183	8801	8568	4119
其他家具制造	742	729	41501	36815	15608
其他家具制造	742	729	41501	36815	15608
造纸和纸制品业	9779	9674	228961	217808	84384
纸浆制造	24	24	315	315	90
木竹浆制造	10	10	132	132	44
非木竹浆制造	14	14	183	183	46
造纸	1879	1856	94455	89257	29468
机制纸及纸板制造	1429	1411	86887	81804	26641
手工纸制造	52	52	1832	1832	829
加工纸制造	398	393	5736	5621	1998
纸制品制造	7876	7794	134191	128236	54826

2-A-1 续表 9

行 业	单位数(个)	#单产业法人	从业人员期末人数(人)	#单产业法人	#女性
纸和纸板容器制造	5865	5810	95631	92022	38467
其他纸制品制造	2011	1984	38560	36214	16359
印刷和记录媒介复制业	10090	9853	192989	179151	80885
印刷	9354	9127	183659	170113	77077
书、报刊印刷	811	791	16900	15486	6965
本册印制	541	529	12988	12115	7169
包装装潢及其他印刷	8002	7807	153771	142512	62943
装订及印刷相关服务	719	709	9007	8715	3708
装订及印刷相关服务	719	709	9007	8715	3708
记录媒介复制	17	17	323	323	100
记录媒介复制	17	17	323	323	100
文教、工美、体育和娱乐用品制造业	18672	18319	477365	429483	257719
文教办公用品制造	3163	3096	91776	74343	51970
文具制造	1519	1489	46807	40051	26066
笔的制造	1156	1132	36589	27615	22014
教学用模型及教具制造	251	245	4561	3027	2174
墨水、墨汁制造	22	20	257	240	114
其他文教办公用品制造	215	210	3562	3410	1602
乐器制造	187	181	10192	9353	5255
中乐器制造	18	17	439	437	225
西乐器制造	63	62	6235	5541	3432
电子乐器制造	25	24	610	590	314
其他乐器及零件制造	81	78	2908	2785	1284
工艺美术品制造	11341	11123	248178	226552	137178
雕塑工艺品制造	1974	1942	39803	37870	18710
金属工艺品制造	1896	1833	39324	33032	18808
漆器工艺品制造	469	465	11108	10560	6057
花画工艺品制造	212	206	5188	4063	3008
天然植物纤维编织工艺品制造	395	387	9899	9219	5796
抽纱刺绣工艺品制造	2581	2558	54677	52315	35972
地毯、挂毯制造	196	188	8778	7305	4718
珠宝首饰及有关物品制造	499	484	14865	14216	8480
其他工艺美术品制造	3119	3060	64536	57972	35629

2-A-1 续表 10

行业	单位数（个）	#单产业法人	从业人员期末人数（人）	#单产业法人	#女性
体育用品制造	1513	1492	48066	44615	23526
球类制造	103	100	4848	3916	3356
体育器材及配件制造	426	417	12516	11626	5777
训练健身器材制造	520	514	16461	15302	6356
运动防护用具制造	85	85	2902	2902	1739
其他体育用品制造	379	376	11339	10869	6298
玩具制造	1998	1969	62239	58804	32976
玩具制造	1998	1969	62239	58804	32976
游艺器材及娱乐用品制造	470	458	16914	15816	6814
露天游乐场所游乐设备制造	201	197	5979	5214	2033
游艺用品及室内游艺器材制造	162	156	8279	7996	3583
其他娱乐用品制造	107	105	2656	2606	1198
石油加工、炼焦和核燃料加工业	343	334	14113	13976	3276
精炼石油产品制造	338	329	14044	13907	3259
原油加工及石油制品制造	294	286	13539	13418	3126
人造原油制造	44	43	505	489	133
炼焦	3	3	48	48	13
炼焦	3	3	48	48	13
核燃料加工	2	2	21	21	4
核燃料加工	2	2	21	21	4
化学原料和化学制品制造业	8879	8659	341409	291868	106395
基础化学原料制造	1289	1243	70370	49961	18130
无机酸制造	102	102	3726	3726	952
无机碱制造	42	39	3376	1725	732
无机盐制造	252	246	7772	7670	1798
有机化学原料制造	484	471	44983	27531	12112
其他基础化学原料制造	409	385	10513	9309	2536
肥料制造	257	249	5536	4847	1309
氮肥制造	22	20	2073	1465	400
磷肥制造	17	15	271	248	57
钾肥制造	6	6	167	167	95

2-A-1 续表 11

行 业	单位数(个)	#单产业法人	从业人员期末人数(人)	#单产业法人	#女性
复混肥料制造	45	44	830	819	169
有机肥料及微生物肥料制造	146	144	1852	1808	508
其他肥料制造	21	20	343	340	80
农药制造	111	100	16349	12258	4631
化学农药制造	87	77	12896	9458	3323
生物化学农药及微生物农药制造	24	23	3453	2800	1308
涂料、油墨、颜料及类似产品制造	2243	2193	63140	58832	17426
涂料制造	1493	1455	26958	24130	7225
油墨及类似产品制造	207	205	4762	4697	1462
颜料制造	144	140	6228	5613	1571
染料制造	234	230	22194	21615	6012
密封用填料及类似品制造	165	163	2998	2777	1156
合成材料制造	1078	1047	74782	69402	22371
初级形态塑料及合成树脂制造	619	596	32036	28620	8097
合成橡胶制造	111	110	3955	3922	1281
合成纤维单(聚合)体制造	101	97	31936	30356	10710
其他合成材料制造	247	244	6855	6504	2283
专用化学产品制造	2804	2752	68741	63701	20660
化学试剂和助剂制造	1342	1311	30457	27405	8173
专项化学用品制造	396	388	11241	9975	3242
林产化学产品制造	129	125	2877	2522	1212
信息化学品制造	164	164	11674	11674	4197
环境污染处理专用药剂材料制造	132	132	2401	2401	754
动物胶制造	30	30	1189	1189	328
其他专用化学产品制造	611	602	8902	8535	2754
炸药、火工及焰火产品制造	31	29	2515	1839	841
炸药及火工产品制造	16	14	2284	1608	732
焰火、鞭炮产品制造	15	15	231	231	109
日用化学产品制造	1066	1046	39976	31028	21027
肥皂及合成洗涤剂制造	295	291	13037	6830	6425
化妆品制造	386	373	15258	12626	9493
口腔清洁用品制造	18	18	663	663	342

2-A-1 续表 12

行业	单位数(个)	#单产业法人	从业人员期末人数(人)	#单产业法人	#女性
香料、香精制造	89	88	3651	3646	1068
其他日用化学产品制造	278	276	7367	7263	3699
医药制造业	1292	1220	145582	118475	63469
化学药品原料药制造	326	306	62054	47932	19423
化学药品原料药制造	326	306	62054	47932	19423
化学药品制剂制造	134	123	27475	22377	13858
化学药品制剂制造	134	123	27475	22377	13858
中药饮片加工	111	100	4840	3558	2673
中药饮片加工	111	100	4840	3558	2673
中成药生产	97	88	13618	11349	6539
中成药生产	97	88	13618	11349	6539
兽用药品制造	66	63	2597	2450	1033
兽用药品制造	66	63	2597	2450	1033
生物药品制造	204	193	17012	14734	8993
生物药品制造	204	193	17012	14734	8993
卫生材料及医药用品制造	354	347	17986	16075	10950
卫生材料及医药用品制造	354	347	17986	16075	10950
化学纤维制造业	1522	1503	137552	132647	56776
纤维素纤维原料及纤维制造	133	132	5819	5804	2590
化纤浆粕制造	35	35	701	701	274
人造纤维(纤维素纤维)制造	98	97	5118	5103	2316
合成纤维制造	1389	1371	131733	126843	54186
锦纶纤维制造	130	124	10970	8839	4500
涤纶纤维制造	616	611	94280	93068	38216
腈纶纤维制造	31	31	1976	1976	754
维纶纤维制造	4	4	218	218	132
丙纶纤维制造	70	69	1890	1853	904
氨纶纤维制造	98	94	7773	6297	2409
其他合成纤维制造	440	438	14626	14592	7271
橡胶和塑料制品业	29368	28975	667075	619606	291513
橡胶制品业	3568	3514	109910	97309	40475
轮胎制造	187	182	33531	22749	8402

2-A-1　续表 13

行　　业	单位数(个)	#单产业法人	从业人员期末人数(人)	#单产业法人	#女性
橡胶板、管、带制造	864	855	25047	24879	9389
橡胶零件制造	1400	1377	27928	27306	13059
再生橡胶制造	90	89	2523	2485	686
日用及医用橡胶制品制造	176	174	4794	4732	2502
其他橡胶制品制造	851	837	16087	15158	6437
塑料制品业	25800	25461	557165	522297	251038
塑料薄膜制造	1760	1735	42265	40362	13655
塑料板、管、型材制造	2658	2612	63703	56229	24456
塑料丝、绳及编织品制造	2020	1971	47066	39658	25308
泡沫塑料制造	971	954	21568	20666	8557
塑料人造革、合成革制造	390	382	47041	45218	14721
塑料包装箱及容器制造	2165	2145	47450	45180	23244
日用塑料制品制造	4984	4916	114748	106575	58829
塑料零件制造	5325	5273	84681	83173	41879
其他塑料制品制造	5527	5473	88643	85236	40389
非金属矿物制品业	13030	12815	374572	345790	108419
水泥、石灰和石膏制造	703	685	41776	36751	9447
水泥制造	395	380	37261	32303	8381
石灰和石膏制造	308	305	4515	4448	1066
石膏、水泥制品及类似制品制造	2906	2811	87137	78001	15806
水泥制品制造	2004	1925	72747	64640	12996
砼结构构件制造	315	304	7877	6906	1186
石棉水泥制品制造	23	23	269	269	97
轻质建筑材料制造	438	436	4529	4520	1088
其他水泥类似制品制造	126	123	1715	1666	439
砖瓦、石材等建筑材料制造	3871	3832	85279	78580	24576
粘土砖瓦及建筑砌块制造	1339	1329	46212	45553	14049
建筑陶瓷制品制造	107	104	9535	4082	3449
建筑用石加工	1507	1499	14435	14373	2830
防水建筑材料制造	176	166	5101	4770	1288
隔热和隔音材料制造	279	276	4168	4030	1288
其他建筑材料制造	463	458	5828	5772	1672

2-A-1 续表 14

行　业	单位数（个）	#单产业法人	从业人员期末人数（人）	#单产业法人	#女性
玻璃制造	363	355	14793	13895	4241
平板玻璃制造	92	91	4184	3616	1178
其他玻璃制造	271	264	10609	10279	3063
玻璃制品制造	2284	2264	70952	68024	27483
技术玻璃制品制造	174	173	12285	12060	3844
光学玻璃制造	58	58	2655	2655	1151
玻璃仪器制造	40	38	621	482	324
日用玻璃制品制造	1459	1449	35489	34405	13806
玻璃包装容器制造	58	56	3444	3237	1551
玻璃保温容器制造	103	100	3463	2222	1599
制镜及类似品加工	118	118	4338	4338	1857
其他玻璃制品制造	274	272	8657	8625	3351
玻璃纤维和玻璃纤维增强塑料制品制造	471	461	20050	18928	7418
玻璃纤维及制品制造	249	245	14509	13828	5627
玻璃纤维增强塑料制品制造	222	216	5541	5100	1791
陶瓷制品制造	801	795	19685	19232	7949
卫生陶瓷制品制造	455	453	8504	8404	3065
特种陶瓷制品制造	104	102	6220	6183	2552
日用陶瓷制品制造	75	75	1521	1521	574
园林、陈设艺术及其他陶瓷制品制造	167	165	3440	3124	1758
耐火材料制品制造	760	752	19161	17746	5889
石棉制品制造	87	86	1459	1454	534
云母制品制造	31	30	831	797	439
耐火陶瓷制品及其他耐火材料制造	642	636	16871	15495	4916
石墨及其他非金属矿物制品制造	871	860	15739	14633	5610
石墨及碳素制品制造	124	119	4850	4110	1828
其他非金属矿物制品制造	747	741	10889	10523	3782
黑色金属冶炼和压延加工业	4210	4112	207884	185224	41421
炼铁	39	39	786	786	172
炼铁	39	39	786	786	172
炼钢	62	61	14372	4627	2519
炼钢	62	61	14372	4627	2519

2-A-1 续表 15

行 业	单位数(个)	#单产业法人	从业人员期末人数(人)	#单产业法人	#女性
黑色金属铸造	1602	1566	64354	61283	14322
黑色金属铸造	1602	1566	64354	61283	14322
钢压延加工	2451	2391	126692	116849	24013
钢压延加工	2451	2391	126692	116849	24013
铁合金冶炼	56	55	1680	1679	395
铁合金冶炼	56	55	1680	1679	395
有色金属冶炼和压延加工业	3505	3458	128544	117753	37969
常用有色金属冶炼	329	324	12221	11492	2556
铜冶炼	93	92	4023	3465	662
铅锌冶炼	43	42	886	821	206
镍钴冶炼	27	27	2523	2523	520
锡冶炼	14	14	162	162	44
铝冶炼	104	102	3789	3742	839
镁冶炼	4	4	177	177	56
其他常用有色金属冶炼	44	43	661	602	229
贵金属冶炼	26	26	1419	1419	306
金冶炼	9	9	1003	1003	197
银冶炼	11	11	227	227	63
其他贵金属冶炼	6	6	189	189	46
稀有稀土金属冶炼	21	21	592	592	205
钨钼冶炼	4	4	196	196	47
稀土金属冶炼	11	11	327	327	147
其他稀有金属冶炼	6	6	69	69	11
有色金属合金制造	312	305	16487	14209	5587
有色金属合金制造	312	305	16487	14209	5587
有色金属铸造	411	406	8654	8562	2839
有色金属铸造	411	406	8654	8562	2839
有色金属压延加工	2406	2376	89171	81479	26476
铜压延加工	1069	1059	42201	36628	11671
铝压延加工	903	887	35370	33342	11004
贵金属压延加工	45	45	913	913	345
稀有稀土金属压延加工	59	59	2449	2449	935
其他有色金属压延加工	330	326	8238	8147	2521

2-A-1 续表 16

行业	单位数(个)	#单产业法人	从业人员期末人数(人)	#单产业法人	#女性
金属制品业	30869	30440	760498	719807	281902
结构性金属制品制造	4931	4852	143562	136580	41996
金属结构制造	2199	2171	56718	55526	15075
金属门窗制造	2732	2681	86844	81054	26921
金属工具制造	5086	5013	111679	106788	46963
切削工具制造	991	963	23087	21652	8635
手工具制造	1886	1864	43978	42467	18403
农用及园林用金属工具制造	512	507	14247	13808	6260
刀剪及类似日用金属工具制造	419	408	10662	9298	5244
其他金属工具制造	1278	1271	19705	19563	8421
集装箱及金属包装容器制造	699	685	34002	31691	11634
集装箱制造	22	22	3991	3991	277
金属压力容器制造	192	187	10290	9358	2561
金属包装容器制造	485	476	19721	18342	8796
金属丝绳及其制品制造	913	902	22855	21006	6876
金属丝绳及其制品制造	913	902	22855	21006	6876
建筑、安全用金属制品制造	8712	8594	177183	166928	72144
建筑、家具用金属配件制造	5498	5436	101068	96507	42478
建筑装饰及水暖管道零件制造	2503	2459	57363	53255	23138
安全、消防用金属制品制造	466	456	13658	12194	4665
其他建筑、安全用金属制品制造	245	243	5094	4972	1863
金属表面处理及热处理加工	2745	2710	79856	77945	28886
金属表面处理及热处理加工	2745	2710	79856	77945	28886
搪瓷制品制造	329	326	8365	7712	3153
生产专用搪瓷制品制造	21	21	418	418	146
建筑装饰搪瓷制品制造	16	15	1191	787	281
搪瓷卫生洁具制造	224	223	3703	3654	1341
搪瓷日用品及其他搪瓷制品制造	68	67	3053	2853	1385
金属制日用品制造	3876	3821	112663	104150	46381
金属制厨房用器具制造	630	621	19746	17790	7492
金属制餐具和器皿制造	1045	1027	54258	48912	22619

2-A-1 续表 17

行 业	单位数(个)	#单产业法人	从业人员期末人数(人)	#单产业法人	#女性
金属制卫生器具制造	254	248	9287	8860	3573
其他金属制日用品制造	1947	1925	29372	28588	12697
其他金属制品制造	3578	3537	70333	67007	23869
锻件及粉末冶金制品制造	1546	1526	34569	33158	10672
交通及公共管理用金属标牌制造	259	254	4385	4104	1393
其他未列明金属制品制造	1773	1757	31379	29745	11804
通用设备制造业	46216	45374	1193439	1084625	390252
锅炉及原动设备制造	729	708	33189	28052	7855
锅炉及辅助设备制造	277	266	10856	9016	2314
内燃机及配件制造	260	254	11443	9636	3496
汽轮机及辅机制造	40	40	5774	5774	1025
水轮机及辅机制造	72	69	4126	2644	800
风能原动设备制造	22	22	349	349	60
其他原动设备制造	58	57	641	633	160
金属加工机械制造	4594	4515	95413	87119	24721
金属切削机床制造	813	790	25207	21515	5325
金属成形机床制造	613	597	14474	12624	2789
铸造机械制造	606	600	11318	11041	2910
金属切割及焊接设备制造	538	522	15109	13362	5529
机床附件制造	527	515	10517	10102	3062
其他金属加工机械制造	1497	1491	18788	18475	5106
物料搬运设备制造	1618	1524	83951	61061	20552
轻小型起重设备制造	383	353	14273	11226	4326
起重机制造	193	185	8420	6963	1500
生产专用车辆制造	113	109	8869	6952	1868
连续搬运设备制造	242	240	8098	7869	1808
电梯、自动扶梯及升降机制造	609	561	40224	24556	10100
其他物料搬运设备制造	78	76	4067	3495	950
泵、阀门、压缩机及类似机械制造	10470	10263	318007	295124	103049
泵及真空设备制造	2085	2031	79305	68741	26918
气体压缩机械制造	493	485	31643	30878	8356
阀门和旋塞制造	5969	5852	159898	150760	52964
液压和气压动力机械及元件制造	1923	1895	47161	44745	14811

2-A-1 续表 18

行 业	单位数(个)	#单产业法人	从业人员期末人数(人)	#单产业法人	#女性
轴承、齿轮和传动部件制造	5442	5364	198295	184163	70595
轴承制造	3650	3604	128700	122973	50276
齿轮及齿轮减、变速箱制造	1287	1265	45102	38920	11796
其他传动部件制造	505	495	24493	22270	8523
烘炉、风机、衡器、包装等设备制造	4874	4770	163444	143761	58040
烘炉、熔炉及电炉制造	323	317	4922	4821	1165
风机、风扇制造	676	664	15294	14561	4989
气体、液体分离及纯净设备制造	501	477	22903	18065	7308
制冷、空调设备制造	1067	1046	46178	37655	15969
风动和电动工具制造	1280	1264	47803	44257	19728
喷枪及类似器具制造	279	276	9118	8824	4081
衡器制造	174	172	3766	3620	1714
包装专用设备制造	574	554	13460	11958	3086
文化、办公用机械制造	443	428	18827	17473	8293
电影机械制造	12	12	231	231	122
幻灯及投影设备制造	24	24	412	412	195
照相机及器材制造	113	110	6271	5693	3203
复印和胶印设备制造	59	59	2905	2905	930
计算器及货币专用设备制造	115	106	5795	5209	2193
其他文化、办公用机械制造	120	117	3213	3023	1650
通用零部件制造	16986	16751	265874	251634	92586
金属密封件制造	805	789	14711	14050	5557
紧固件制造	5132	4987	96756	86015	34601
弹簧制造	958	947	15536	15330	5649
机械零部件加工	7745	7700	93442	92237	29414
其他通用零部件制造	2346	2328	45429	44002	17365
其他通用设备制造业	1060	1051	16439	16238	4561
其他通用设备制造业	1060	1051	16439	16238	4561
专用设备制造业	19178	18877	471847	440942	140198
采矿、冶金、建筑专用设备制造	1181	1148	32226	29161	6654
矿山机械制造	401	392	9931	8649	2203

2-A-1　续表 19

行　业	单位数(个)	#单产业法人	从业人员期末人数(人)	#单产业法人	#女性
石油钻采专用设备制造	54	52	3812	3125	997
建筑工程用机械制造	381	370	9388	8964	1729
海洋工程专用设备制造	17	17	842	842	145
建筑材料生产专用机械制造	229	221	5166	4751	957
冶金专用设备制造	99	96	3087	2830	623
化工、木材、非金属加工专用设备制造	7732	7648	169633	161217	42492
炼油、化工生产专用设备制造	232	227	8609	7823	1875
橡胶加工专用设备制造	87	86	2422	1680	407
塑料加工专用设备制造	1163	1133	37735	35534	7077
木材加工机械制造	105	104	1833	1829	466
模具制造	6036	5990	117328	112807	32220
其他非金属加工专用设备制造	109	108	1706	1544	447
食品、饮料、烟草及饲料生产专用设备制造	621	614	11643	11184	2239
食品、酒、饮料及茶生产专用设备制造	432	428	8189	7991	1559
农副食品加工专用设备制造	139	138	2345	2336	459
烟草生产专用设备制造	31	30	636	604	122
饲料生产专用设备制造	19	18	473	253	99
印刷、制药、日化及日用品生产专用设备制造	1283	1256	28455	26579	6844
制浆和造纸专用设备制造	119	116	2699	2627	485
印刷专用设备制造	583	568	12449	11493	2334
日用化工专用设备制造	69	69	796	796	238
制药专用设备制造	191	184	6183	5417	1174
照明器具生产专用设备制造	117	117	2410	2410	1264
玻璃、陶瓷和搪瓷制品生产专用设备制造	47	47	932	932	323
其他日用品生产专用设备制造	157	155	2986	2904	1026
纺织、服装和皮革加工专用设备制造	3531	3475	92094	87459	31326
纺织专用设备制造	1778	1756	38189	37020	11350
皮革、毛皮及其制品加工专用设备制造	134	129	2408	2137	489
缝制机械制造	1587	1560	50982	47907	19302
洗涤机械制造	32	30	515	395	185
电子和电工机械专用设备制造	819	813	16045	15416	5901
电工机械专用设备制造	413	409	8416	8239	2871
电子工业专用设备制造	406	404	7629	7177	3030

2-A-1 续表 20

行业	单位数（个）	#单产业法人	从业人员期末人数（人）	#单产业法人	#女性
农、林、牧、渔专用机械制造	906	891	31543	30071	10850
拖拉机制造	34	33	3785	3747	1112
机械化农业及园艺机具制造	400	394	19012	18216	6964
营林及木竹采伐机械制造	13	13	318	318	119
畜牧机械制造	39	38	511	496	179
渔业机械制造	37	36	883	623	399
农林牧渔机械配件制造	272	266	5323	4960	1689
棉花加工机械制造	9	9	123	123	24
其他农、林、牧、渔业机械制造	102	102	1588	1588	364
医疗仪器设备及器械制造	1000	981	34482	31940	17464
医疗诊断、监护及治疗设备制造	175	169	6846	5302	3560
口腔科用设备及器具制造	66	64	1808	1743	844
医疗实验室及医用消毒设备和器具制造	53	53	881	881	363
医疗、外科及兽医用器械制造	262	258	14340	13938	8738
机械治疗及病房护理设备制造	63	61	2129	1975	968
假肢、人工器官及植(介)入器械制造	62	59	1726	1368	615
其他医疗设备及器械制造	319	317	6752	6733	2376
环保、社会公共服务及其他专用设备制造	2105	2051	55726	47915	16428
环境保护专用设备制造	1091	1068	25830	23218	6449
地质勘查专用设备制造	12	12	496	496	77
邮政专用机械及器材制造	23	23	620	620	213
商业、饮食、服务专用设备制造	33	33	654	654	231
社会公共安全设备及器材制造	389	371	16731	12240	6160
交通安全、管制及类似专用设备制造	67	65	1579	1477	688
水资源专用机械制造	78	76	1861	1689	562
其他专用设备制造	412	403	7955	7521	2048
汽车制造业	13942	13695	537739	490132	193479
汽车整车制造	95	84	35115	22499	7256
汽车整车制造	95	84	35115	22499	7256
改装汽车制造	25	24	1764	1630	285
改装汽车制造	25	24	1764	1630	285

2-A-1 续表 21

行 业	单位数(个)	#单产业法人	从业人员期末人数(人)	#单产业法人	#女性
低速载货汽车制造	2	2	145	145	27
低速载货汽车制造	2	2	145	145	27
电车制造	12	12	203	203	70
电车制造	12	12	203	203	70
汽车车身、挂车制造	36	34	1197	1034	344
汽车车身、挂车制造	36	34	1197	1034	344
汽车零部件及配件制造	13772	13539	499315	464621	185497
汽车零部件及配件制造	13772	13539	499315	464621	185497
铁路、船舶、航空航天和其他运输设备制造业	4463	4340	189128	162884	59325
铁路运输设备制造	107	102	3364	2948	901
铁路机车车辆及动车组制造	2	2	107	107	23
窄轨机车车辆制造	1	1	36	36	8
铁路机车车辆配件制造	40	38	1913	1634	529
铁路专用设备及器材、配件制造	58	55	1259	1122	334
其他铁路运输设备制造	6	6	49	49	7
城市轨道交通设备制造	8	8	168	168	50
城市轨道交通设备制造	8	8	168	168	50
船舶及相关装置制造	1120	1087	55319	46692	9102
金属船舶制造	559	536	42551	34823	6131
非金属船舶制造	27	27	278	278	70
娱乐船和运动船制造	42	42	1640	1640	550
船用配套设备制造	438	429	9565	8691	2105
船舶改装与拆除	45	44	1051	1026	193
航标器材及其他相关装置制造	9	9	234	234	53
航空、航天器及设备制造	34	33	1345	1313	467
飞机制造	9	9	506	506	160
航天器制造	5	5	29	29	8
航空、航天相关设备制造	9	9	464	464	128
其他航空航天器制造	11	10	346	314	171
摩托车制造	1535	1488	72834	60151	26315
摩托车整车制造	63	57	16551	7966	4754
摩托车零部件及配件制造	1472	1431	56283	52185	21561

2-A-1 续表 22

行业	单位数(个)	#单产业法人	从业人员期末人数(人)	#单产业法人	#女性
自行车制造	1409	1374	50014	45639	20087
脚踏自行车及残疾人座车制造	678	671	26427	25225	11203
助动自行车制造	731	703	23587	20414	8884
非公路休闲车及零配件制造	167	166	3738	3683	1433
非公路休闲车及零配件制造	167	166	3738	3683	1433
潜水救捞及其他未列明运输设备制造	83	82	2346	2290	970
潜水及水下救捞装备制造	14	14	532	532	293
其他未列明运输设备制造	69	68	1814	1758	677
电气机械和器材制造业	32545	31727	1183449	1044477	546235
电机制造	3473	3383	183565	163982	77456
发电机及发电机组制造	461	448	17446	16250	5415
电动机制造	1727	1690	74109	64446	26187
微电机及其他电机制造	1285	1245	92010	83286	45854
输配电及控制设备制造	11780	11383	353755	286909	158334
变压器、整流器和电感器制造	1172	1125	43547	34525	18324
电容器及其配套设备制造	328	315	6831	6127	2941
配电开关控制设备制造	6624	6398	180739	135400	81076
电力电子元器件制造	2699	2613	77765	69400	38078
光伏设备及元器件制造	337	332	25894	25450	11082
其他输配电及控制设备制造	620	600	18979	16007	6833
电线、电缆、光缆及电工器材制造	3149	3038	108392	98558	47955
电线、电缆制造	2447	2347	90173	80994	40280
光纤、光缆制造	112	110	6793	6582	2906
绝缘制品制造	231	228	5207	5069	2192
其他电工器材制造	359	353	6219	5913	2577
电池制造	505	489	45263	42008	21135
锂离子电池制造	125	123	9051	8789	4088
镍氢电池制造	34	32	3009	2449	1582
其他电池制造	346	334	33203	30770	15465
家用电力器具制造	5923	5839	255500	228909	117680
家用制冷电器具制造	300	295	18621	17594	7383

2-A-1　续表 23

行　业	单位数(个)	#单产业法人	从业人员期末人数(人)	#单产业法人	#女性
家用空气调节器制造	185	181	18203	17319	6600
家用通风电器具制造	561	553	19498	16601	7706
家用厨房电器具制造	1108	1088	57329	51801	26962
家用清洁卫生电器具制造	437	429	30869	27220	13095
家用美容、保健电器具制造	366	354	20849	17877	11012
家用电力器具专用配件制造	1351	1334	38934	36745	17940
其他家用电力器具制造	1615	1605	51197	43752	26982
非电力家用器具制造	1011	993	23151	22329	9469
燃气、太阳能及类似能源家用器具制造	868	853	15920	15413	6412
其他非电力家用器具制造	143	140	7231	6916	3057
照明器具制造	5823	5734	199088	187847	108086
电光源制造	1288	1268	66743	64117	36451
照明灯具制造	3232	3179	103871	96498	56534
灯用电器附件及其他照明器具制造	1303	1287	28474	27232	15101
其他电气机械及器材制造	881	868	14735	13935	6120
电气信号设备装置制造	235	227	5556	5202	2859
其他未列明电气机械及器材制造	646	641	9179	8733	3261
计算机、通信和其他电子设备制造业	9430	9217	515551	455228	245760
计算机制造	323	316	22040	21159	9481
计算机整机制造	22	22	2458	2458	1094
计算机零部件制造	118	117	9075	8941	3995
计算机外围设备制造	81	80	6694	6503	2806
其他计算机制造	102	97	3813	3257	1586
通信设备制造	765	737	77111	52731	26605
通信系统设备制造	551	535	48452	32545	15243
通信终端设备制造	214	202	28659	20186	11362
广播电视设备制造	490	478	25924	23494	13512
广播电视节目制作及发射设备制造	23	22	1147	729	506
广播电视接收设备及器材制造	388	383	19040	18808	10874
应用电视设备及其他广播电视设备制造	79	73	5737	3957	2132
雷达及配套设备制造	11	11	289	289	126
雷达及配套设备制造	11	11	289	289	126

2-A-1 续表 24

行业	单位数(个)	#单产业法人	从业人员期末人数(人)	#单产业法人	#女性
视听设备制造	697	677	34023	28217	18650
电视机制造	46	41	7246	3516	3266
音响设备制造	571	560	23713	22341	13841
影视录放设备制造	80	76	3064	2360	1543
电子器件制造	1247	1214	118363	112763	54959
电子真空器件制造	97	93	2777	1700	1385
半导体分立器件制造	226	217	10945	10361	5084
集成电路制造	123	121	13482	13450	6270
光电子器件及其他电子器件制造	801	783	91159	87252	42220
电子元件制造	5229	5129	216027	197180	111503
电子元件及组件制造	4877	4781	198368	179845	103989
印制电路板制造	352	348	17659	17335	7514
其他电子设备制造	668	655	21774	19395	10924
其他电子设备制造	668	655	21774	19395	10924
仪器仪表制造业	5831	5680	225476	199770	100416
通用仪器仪表制造	2719	2636	110229	97697	45783
工业自动控制系统装置制造	796	769	34002	28143	10451
电工仪器仪表制造	870	841	29899	26234	12865
绘图、计算及测量仪器制造	227	222	9985	9806	5176
实验分析仪器制造	194	186	5445	4471	2774
试验机制造	48	47	1462	1402	448
供应用仪表及其他通用仪器制造	584	571	29436	27641	14069
专用仪器仪表制造	754	724	32857	25672	13695
环境监测专用仪器仪表制造	63	61	2090	1882	839
运输设备及生产用计数仪表制造	153	142	16880	11651	7622
导航、气象及海洋专用仪器制造	38	35	1215	794	497
农林牧渔专用仪器仪表制造	15	14	261	254	99
地质勘探和地震专用仪器制造	15	15	446	446	108
教学专用仪器制造	137	131	5313	4870	1970
核子及核辐射测量仪器制造	5	5	94	94	14

2-A-1　续表 25

行　业	单位数(个)	#单产业法人	从业人员期末人数(人)	#单产业法人	#女性
电子测量仪器制造	146	141	3156	2353	1114
其他专用仪器制造	182	180	3402	3328	1432
钟表与计时仪器制造	157	154	7293	7204	4492
钟表与计时仪器制造	157	154	7293	7204	4492
光学仪器及眼镜制造	1876	1847	69494	63837	33417
光学仪器制造	212	208	13619	12571	7035
眼镜制造	1664	1639	55875	51266	26382
其他仪器仪表制造业	325	319	5603	5360	3029
其他仪器仪表制造业	325	319	5603	5360	3029
其他制造业	5131	5052	127927	111283	65855
日用杂品制造	4143	4075	113178	98321	60559
鬃毛加工、制刷及清扫工具制造	309	305	10848	9743	6199
其他日用杂品制造	3834	3770	102330	88578	54360
煤制品制造	55	54	547	547	137
煤制品制造	55	54	547	547	137
核辐射加工	5	5	83	83	13
核辐射加工	5	5	83	83	13
其他未列明制造业	928	918	14119	12332	5146
其他未列明制造业	928	918	14119	12332	5146
废弃资源综合利用业	921	906	27758	27002	8622
金属废料和碎屑加工处理	421	413	21368	20765	6688
金属废料和碎屑加工处理	421	413	21368	20765	6688
非金属废料和碎屑加工处理	500	493	6390	6237	1934
非金属废料和碎屑加工处理	500	493	6390	6237	1934
金属制品、机械和设备修理业	1340	1295	40930	34280	6509
金属制品修理	37	37	307	307	98
金属制品修理	37	37	307	307	98
通用设备修理	170	168	1669	1461	308
通用设备修理	170	168	1669	1461	308
专用设备修理	152	150	1129	1123	195
专用设备修理	152	150	1129	1123	195

2-A-1 续表 26

行 业	单位数(个)	#单产业法人	从业人员期末人数(人)	#单产业法人	#女性
铁路、船舶、航空航天等运输设备修理	788	749	34689	28371	5264
铁路运输设备修理	1	1	191	191	3
船舶修理	775	736	34270	27952	5200
航空航天器修理	1	1	125	125	32
其他运输设备修理	11	11	103	103	29
电气设备修理	78	77	1709	1610	350
电气设备修理	78	77	1709	1610	350
仪器仪表修理	11	11	73	73	19
仪器仪表修理	11	11	73	73	19
其他机械和设备修理业	104	103	1354	1335	275
其他机械和设备修理业	104	103	1354	1335	275
电力、热力、燃气及水生产和供应业	**4309**	**4089**	**172582**	**91899**	**41362**
电力、热力生产和供应业	2825	2707	121048	61065	25972
电力生产	2635	2572	50578	46638	11709
火力发电	145	140	23281	22670	4896
水力发电	2373	2318	22420	19211	5528
核力发电	5	5	1642	1642	673
风力发电	40	39	427	406	87
太阳能发电	18	18	93	93	21
其他电力生产	54	52	2715	2616	504
电力供应	111	59	65619	9717	13244
电力供应	111	59	65619	9717	13244
热力生产和供应	79	76	4851	4710	1019
热力生产和供应	79	76	4851	4710	1019
燃气生产和供应业	309	269	10452	5691	2829
燃气生产和供应业	309	269	10452	5691	2829
燃气生产和供应业	309	269	10452	5691	2829
水的生产和供应业	1175	1113	41082	25143	12561
自来水生产和供应	622	569	30628	15456	9706
自来水生产和供应	622	569	30628	15456	9706
污水处理及其再生利用	326	323	7962	7730	2296
污水处理及其再生利用	326	323	7962	7730	2296

2-A-1 续表 27

行 业	单位数(个)	#单产业法人	从业人员期末人数(人)	#单产业法人	#女性
其他水的处理、利用与分配	227	221	2492	1957	559
其他水的处理、利用与分配	227	221	2492	1957	559
建筑业	**23419**	**21349**	**7659188**	**2502732**	**650806**
房屋建筑业	4110	3288	5723001	1540594	438825
房屋建筑业	4110	3288	5723001	1540594	438825
房屋建筑业	4110	3288	5723001	1540594	438825
土木工程建筑业	5356	4713	1293164	560299	137432
铁路、道路、隧道和桥梁工程建筑	2361	2029	916719	405063	95674
铁路工程建筑	44	41	6263	5182	550
公路工程建筑	430	356	244992	116028	18459
市政道路工程建筑	1595	1380	555520	243319	64490
其他道路、隧道和桥梁工程建筑	292	252	109944	40534	12175
水利和内河港口工程建筑	492	414	98753	38412	9803
水源及供水设施工程建筑	250	210	48069	19931	4826
河湖治理及防洪设施工程建筑	146	116	41385	12181	4359
港口及航运设施工程建筑	96	88	9299	6300	618
海洋工程建筑	30	28	742	296	124
海洋工程建筑	30	28	742	296	124
工矿工程建筑	201	170	62252	16876	4222
工矿工程建筑	201	170	62252	16876	4222
架线和管道工程建筑	587	519	56090	28495	7219
架线及设备工程建筑	383	324	41425	17931	5525
管道工程建筑	204	195	14665	10564	1694
其他土木工程建筑	1685	1553	158608	71157	20390
其他土木工程建筑	1685	1553	158608	71157	20390
建筑安装业	3497	3272	189973	103593	22921
电气安装	1120	1027	57455	33847	7613
电气安装	1120	1027	57455	33847	7613
管道和设备安装	975	916	54061	20220	5664
管道和设备安装	975	916	54061	20220	5664

2-A-1 续表 28

行　业	单位数(个)	#单产业法人	从业人员期末人数(人)	#单产业法人	#女性
其他建筑安装业	1402	1329	78457	49526	9644
其他建筑安装业	1402	1329	78457	49526	9644
建筑装饰和其他建筑业	10456	10076	453050	298246	51628
建筑装饰业	7736	7437	306924	177150	37441
建筑装饰业	7736	7437	306924	177150	37441
工程准备活动	2109	2054	66405	53461	6542
建筑物拆除活动	453	427	13807	11301	1435
其他工程准备活动	1656	1627	52598	42160	5107
提供施工设备服务	157	152	15351	12013	1090
提供施工设备服务	157	152	15351	12013	1090
其他未列明建筑业	454	433	64370	55622	6555
其他未列明建筑业	454	433	64370	55622	6555
批发和零售业	**252532**	**244651**	**2011937**	**1598161**	**927543**
批发业	178393	174061	1333310	1150399	571507
农、林、牧产品批发	5539	5406	47031	43376	15055
谷物、豆及薯类批发	614	589	6247	4960	1792
种子批发	324	291	2416	1723	884
饲料批发	492	486	3299	3245	1054
棉、麻批发	124	119	919	857	327
林业产品批发	1682	1677	16933	16867	4650
牲畜批发	694	685	6066	5596	2058
其他农牧产品批发	1609	1559	11151	10128	4290
食品、饮料及烟草制品批发	16004	15490	162969	128992	63686
米、面制品及食用油批发	1399	1329	15816	11496	5927
糕点、糖果及糖批发	495	477	4381	3801	1976
果品、蔬菜批发	4355	4299	37807	34383	14630
肉、禽、蛋、奶及水产品批发	2319	2251	20010	16295	7572
盐及调味品批发	279	251	3654	2719	1273
营养和保健品批发	626	600	7130	6273	3651
酒、饮料及茶叶批发	3265	3114	45902	33811	17319
烟草制品批发	63	49	6718	326	1835
其他食品批发	3203	3120	21551	19888	9503

2-A-1　续表 29

行　业	单位数(个)	#单产业法人	从业人员期末人数(人)	#单产业法人	#女性
纺织、服装及家庭用品批发	50315	49431	368422	326564	190724
纺织品、针织品及原料批发	23043	22751	142039	136725	67708
服装批发	12548	12312	101537	86119	59818
鞋帽批发	1631	1600	12603	11402	6646
化妆品及卫生用品批发	1259	1241	14740	13969	7952
厨房、卫生间用具及日用杂货批发	3471	3394	21811	19374	10667
灯具、装饰物品批发	1298	1281	8709	8096	4178
家用电器批发	3079	2950	38195	25701	19505
其他家庭用品批发	3986	3902	28788	25178	14250
文化、体育用品及器材批发	8600	8400	54633	49706	26558
文具用品批发	2905	2818	20382	18376	9280
体育用品及器材批发	797	782	4871	4604	2273
图书批发	220	208	2299	2014	988
报刊批发	16	15	548	508	231
音像制品及电子出版物批发	65	62	586	552	269
首饰、工艺品及收藏品批发	3420	3365	18810	17038	10089
其他文化用品批发	1177	1150	7137	6614	3428
医药及医疗器材批发	3125	3002	47397	37034	22067
西药批发	353	307	16252	9859	7693
中药批发	443	416	11940	8841	5722
医疗用品及器材批发	2329	2279	19205	18334	8652
矿产品、建材及化工产品批发	44440	43160	326108	269710	124860
煤炭及制品批发	1495	1452	15684	14279	5002
石油及制品批发	2141	1956	52955	16809	27036
非金属矿及制品批发	467	462	2964	2889	1026
金属及金属矿批发	13143	12870	87043	82143	30455
建材批发	11303	11173	66328	63747	23325
化肥批发	1327	1071	7845	3931	2320
农药批发	725	636	5023	2453	1725
农用薄膜批发	53	51	255	246	111
其他化工产品批发	13786	13489	88011	83213	33860

2-A-1 续表 30

行业	单位数(个)	#单产业法人	从业人员期末人数(人)	#单产业法人	#女性
机械设备、五金产品及电子产品批发	33420	32544	234748	207961	91602
农业机械批发	523	508	2893	2796	973
汽车批发	476	436	6966	5078	2297
汽车零配件批发	3264	3194	20890	19580	8073
摩托车及零配件批发	271	265	1874	1796	801
五金产品批发	9303	9075	54335	48940	22544
电气设备批发	2533	2460	19919	17426	7386
计算机、软件及辅助设备批发	2410	2320	22612	20633	8893
通讯及广播电视设备批发	896	848	13094	8303	6356
其他机械设备及电子产品批发	13744	13438	92165	83409	34279
贸易经纪与代理	9745	9618	52114	50637	23510
贸易代理	7826	7756	41781	41108	19171
拍卖	244	209	2210	1671	991
其他贸易经纪与代理	1675	1653	8123	7858	3348
其他批发业	7205	7010	39888	36419	13445
再生物资回收与批发	4051	3905	21334	18773	6248
其他未列明批发业	3154	3105	18554	17646	7197
零售业	74139	70590	678627	447762	356036
综合零售	3382	2982	148082	52111	100598
百货零售	1640	1511	45025	25962	29157
超级市场零售	623	468	85793	21343	60741
其他综合零售	1119	1003	17264	4806	10700
食品、饮料及烟草制品专门零售	9211	8872	51343	39644	25384
粮油零售	481	465	3852	2499	1813
糕点、面包零售	333	295	3041	1374	2032
果品、蔬菜零售	1844	1804	10564	8843	4465
肉、禽、蛋、奶及水产品零售	1899	1863	7841	6018	3138
营养和保健品零售	528	504	2381	2003	1275
酒、饮料及茶叶零售	1778	1702	10677	9191	5328
烟草制品零售	241	206	1744	776	1157
其他食品零售	2107	2033	11243	8940	6176

2-A-1　续表 31

行　业	单位数(个)	#单产业法人	从业人员期末人数(人)	#单产业法人	#女性
纺织、服装及日用品专门零售	10863	10443	76343	55083	46068
纺织品及针织品零售	1161	1133	7058	6178	3919
服装零售	4869	4730	43742	28258	28585
鞋帽零售	562	552	2962	2430	1725
化妆品及卫生用品零售	527	511	3109	2611	1865
钟表、眼镜零售	1063	918	6723	4064	3926
箱、包零售	260	252	1278	1228	693
厨房用具及日用杂品零售	313	304	1329	1214	565
自行车零售	285	257	1501	1119	586
其他日用品零售	1823	1786	8641	7981	4204
文化、体育用品及器材专门零售	3967	3764	30899	19352	18444
文具用品零售	763	741	3746	3334	1951
体育用品及器材零售	335	326	2817	1748	1811
图书、报刊零售	340	273	6891	2152	3991
音像制品及电子出版物零售	58	57	254	246	110
珠宝首饰零售	874	812	9181	4898	6865
工艺美术品及收藏品零售	1131	1114	5062	4773	2333
乐器零售	136	126	669	538	347
照相器材零售	65	59	459	359	215
其他文化用品零售	265	256	1820	1304	821
医药及医疗器材专门零售	10907	10088	62491	37089	39497
药品零售	10023	9232	57763	32575	37280
医疗用品及器材零售	884	856	4728	4514	2217
汽车、摩托车、燃料及零配件专门零售	8361	7739	151178	112339	58926
汽车零售	4885	4461	115843	91649	40681
汽车零配件零售	1388	1352	8086	7619	2730
摩托车及零配件零售	446	405	2412	1851	866
机动车燃料零售	1642	1521	24837	11220	14649
家用电器及电子产品专门零售	8069	7637	64529	44843	28577
家用视听设备零售	529	471	8533	4403	4443

2-A-1 续表 32

行　业	单位数（个）	#单产业法人	从业人员期末人数（人）	#单产业法人	#女性
日用家电设备零售	2250	2139	20612	12711	9063
计算机、软件及辅助设备零售	2665	2555	17052	14632	5937
通信设备零售	1285	1156	10874	6290	6167
其他电子产品零售	1340	1316	7458	6807	2967
五金、家具及室内装饰材料专门零售	10565	10429	47004	44807	19139
五金零售	3002	2947	12537	12035	4808
灯具零售	280	274	1513	1437	602
家具零售	1539	1513	10137	9364	4726
涂料零售	2688	2674	7677	7471	3107
卫生洁具零售	264	261	1441	1204	716
木质装饰材料零售	598	593	2932	2852	1208
陶瓷、石材装饰材料零售	789	782	4062	3926	1506
其他室内装饰材料零售	1405	1385	6705	6518	2466
货摊、无店铺及其他零售业	8814	8636	46758	42494	19403
货摊食品零售	30	28	196	139	85
货摊纺织、服装及鞋零售	35	35	111	111	48
货摊日用品零售	33	33	117	117	53
互联网零售	6116	6086	29268	28176	13175
邮购及电视、电话零售	73	71	1236	1221	637
旧货零售	89	87	256	245	64
生活用燃料零售	603	490	6480	3775	2135
其他未列明零售业	1835	1806	9094	8710	3206
交通运输、仓储和邮政业	**16562**	**15546**	**508722**	**313794**	**128779**
铁路运输业	1	1	277	277	23
铁路货物运输	1	1	277	277	23
铁路货物运输	1	1	277	277	23
道路运输业	8382	7932	278820	169391	67395
城市公共交通运输	456	419	70053	35853	17058
公共电汽车客运	128	112	53426	23419	13428
城市轨道交通	12	9	4787	2577	1291
出租车客运	283	266	10776	8930	1988
其他城市公共交通运输	33	32	1064	927	351

2-A-1 续表 33

行 业	单位数(个)	#单产业法人	从业人员期末人数(人)	#单产业法人	#女性
公路旅客运输	496	381	58573	20813	16494
公路旅客运输	496	381	58573	20813	16494
道路货物运输	6643	6394	118920	94091	23813
道路货物运输	6643	6394	118920	94091	23813
道路运输辅助活动	787	738	31274	18634	10030
客运汽车站	89	75	7416	2873	1824
公路管理与养护	236	213	18042	10285	6456
其他道路运输辅助活动	462	450	5816	5476	1750
水上运输业	1047	988	45885	37618	6335
水上旅客运输	85	76	5829	3926	1639
海洋旅客运输	33	26	3429	1660	778
内河旅客运输	27	25	1739	1605	686
客运轮渡运输	25	25	661	661	175
水上货物运输	669	634	28664	23955	2796
远洋货物运输	33	30	1569	558	311
沿海货物运输	516	489	23770	20271	1836
内河货物运输	120	115	3325	3126	649
水上运输辅助活动	293	278	11392	9737	1900
客运港口	12	9	485	56	195
货运港口	86	82	6856	6053	1132
其他水上运输辅助活动	195	187	4051	3628	573
航空运输业	42	40	8036	7822	2423
航空客货运输	4	4	548	548	215
航空旅客运输	3	3	102	102	31
航空货物运输	1	1	446	446	184
通用航空服务	18	18	206	206	68
通用航空服务	18	18	206	206	68
航空运输辅助活动	20	18	7282	7068	2140
机场	10	10	6703	6703	1885
其他航空运输辅助活动	10	8	579	365	255

2-A-1 续表 34

行业	单位数（个）	#单产业法人	从业人员期末人数（人）	#单产业法人	#女性
管道运输业	3	3	161	161	43
管道运输业	3	3	161	161	43
管道运输业	3	3	161	161	43
装卸搬运和运输代理业	5279	4990	83201	64951	27185
装卸搬运	850	835	23095	21519	2938
装卸搬运	850	835	23095	21519	2938
运输代理业	4429	4155	60106	43432	24247
货物运输代理	3705	3479	53796	38992	20950
旅客票务代理	469	433	4022	2452	2284
其他运输代理业	255	243	2288	1988	1013
仓储业	852	797	21817	17552	5847
谷物、棉花等农产品仓储	141	107	4248	2037	824
谷物仓储	113	79	3957	1746	774
棉花仓储	8	8	88	88	18
其他农产品仓储	20	20	203	203	32
其他仓储业	711	690	17569	15515	5023
其他仓储业	711	690	17569	15515	5023
邮政业	956	795	70525	16022	19528
邮政基本服务	41	26	20731	3141	7654
邮政基本服务	41	26	20731	3141	7654
快递服务	915	769	49794	12881	11874
快递服务	915	769	49794	12881	11874
住宿和餐饮业	**13863**	**12827**	**413887**	**279612**	**227482**
住宿业	6100	5596	192206	129903	110191
旅游饭店	1607	1260	139500	82718	76273
旅游饭店	1607	1260	139500	82718	76273
一般旅馆	4229	4076	49465	44099	31941
一般旅馆	4229	4076	49465	44099	31941
其他住宿业	264	260	3241	3086	1977
其他住宿业	264	260	3241	3086	1977
餐饮业	7763	7231	221681	149709	117291

2-A-1 续表 35

行业	单位数(个)	#单产业法人	从业人员期末人数(人)	#单产业法人	#女性
正餐服务	5919	5527	170027	130065	87499
正餐服务	5919	5527	170027	130065	87499
快餐服务	578	504	35483	6665	21602
快餐服务	578	504	35483	6665	21602
饮料及冷饮服务	562	539	6527	5841	3342
茶馆服务	162	153	1382	1194	844
咖啡馆服务	191	185	2231	2158	1161
酒吧服务	117	115	1948	1878	866
其他饮料及冷饮服务	92	86	966	611	471
其他餐饮业	704	661	9644	7138	4848
小吃服务	340	311	4718	3071	2424
餐饮配送服务	139	132	2295	1798	1117
其他未列明餐饮业	225	218	2631	2269	1307
信息传输、软件和信息技术服务业	**16151**	**15694**	**293693**	**193355**	**111638**
电信、广播电视和卫星传输服务	550	445	66274	13077	32687
电信	435	350	56386	8686	29175
固定电信服务	67	32	17829	568	7193
移动电信服务	139	108	33792	4979	19839
其他电信服务	229	210	4765	3139	2143
广播电视传输服务	115	95	9888	4391	3512
有线广播电视传输服务	101	81	9639	4142	3408
无线广播电视传输服务	14	14	249	249	104
互联网和相关服务	1358	1324	32344	17454	13287
互联网接入及相关服务	175	174	2445	1957	747
互联网接入及相关服务	175	174	2445	1957	747
互联网信息服务	991	961	27659	13882	11850
互联网信息服务	991	961	27659	13882	11850
其他互联网服务	192	189	2240	1615	690
其他互联网服务	192	189	2240	1615	690
软件和信息技术服务业	14243	13925	195075	162824	65664
软件开发	10178	9958	143911	120322	48315
软件开发	10178	9958	143911	120322	48315

2-A-1 续表 36

行业	单位数（个）	#单产业法人	从业人员期末人数（人）	#单产业法人	#女性
信息系统集成服务	1270	1228	21876	15438	6858
信息系统集成服务	1270	1228	21876	15438	6858
信息技术咨询服务	1660	1629	16931	15954	5484
信息技术咨询服务	1660	1629	16931	15954	5484
数据处理和存储服务	257	256	3102	3073	1415
数据处理和存储服务	257	256	3102	3073	1415
集成电路设计	168	161	1955	1723	623
集成电路设计	168	161	1955	1723	623
其他信息技术服务业	710	693	7300	6314	2969
数字内容服务	89	87	2105	1647	948
呼叫中心	10	9	670	580	465
其他未列明信息技术服务业	611	597	4525	4087	1556
金融业	**3443**	**3370**	**24416**	**21612**	**9662**
货币金融服务	408	383	5462	4404	2576
货币银行服务	4	2	666	24	337
货币银行服务	4	2	666	24	337
非货币银行服务	404	381	4796	4380	2239
金融租赁服务	49	46	497	461	218
财务公司	10	10	49	49	24
其他非货币银行服务	345	325	4250	3870	1997
资本市场服务	2407	2378	13844	12859	5112
证券市场服务	37	36	268	257	103
证券市场管理服务	6	6	75	75	30
证券经纪交易服务	13	13	83	83	33
基金管理服务	18	17	110	99	40
期货市场服务	25	22	306	185	132
期货市场管理服务	7	6	157	83	62
其他期货市场服务	18	16	149	102	70
资本投资服务	2190	2167	12610	11772	4603
资本投资服务	2190	2167	12610	11772	4603

2-A-1　续表 37

行　业	单位数(个)	#单产业法人	从业人员期末人数(人)	#单产业法人	#女性
其他资本市场服务	155	153	660	645	274
其他资本市场服务	155	153	660	645	274
保险业	73	68	630	597	274
人身保险	3	3	41	41	28
人寿保险	3	3	41	41	28
财产保险	6	6	39	39	18
财产保险	6	6	39	39	18
再保险	1	1	1	1	1
再保险	1	1	1	1	1
保险经纪与代理服务	38	36	349	339	140
保险经纪与代理服务	38	36	349	339	140
其他保险活动	25	22	200	177	87
风险和损失评估	18	15	179	156	81
其他未列明保险活动	7	7	21	21	6
其他金融业	555	541	4480	3752	1700
金融信托与管理服务	311	301	2134	1581	815
金融信托与管理服务	311	301	2134	1581	815
控股公司服务	51	50	879	864	327
控股公司服务	51	50	879	864	327
其他未列明金融业	193	190	1467	1307	558
其他未列明金融业	193	190	1467	1307	558
房地产业	**23349**	**21774**	**451550**	**303934**	**169905**
房地产业	23349	21774	451550	303934	169905
房地产开发经营	7396	6893	134912	118517	51310
房地产开发经营	7396	6893	134912	118517	51310
物业管理	4697	4188	233831	119763	85981
物业管理	4697	4188	233831	119763	85981
房地产中介服务	6602	6186	46807	34174	20199
房地产中介服务	6602	6186	46807	34174	20199
自有房地产经营活动	3999	3877	28457	24676	9684
自有房地产经营活动	3999	3877	28457	24676	9684
其他房地产业	655	630	7543	6804	2731
其他房地产业	655	630	7543	6804	2731

2-A-1 续表 38

行业	单位数(个)	#单产业法人	从业人员期末人数(人)	#单产业法人	#女性
租赁和商务服务业	**60098**	**58142**	**843880**	**698524**	**263372**
租赁业	3472	3405	21515	20197	5887
机械设备租赁	3338	3273	19590	18297	5012
汽车租赁	1815	1762	8647	8039	2309
农业机械租赁	63	63	359	359	95
建筑工程机械与设备租赁	1094	1088	7328	6696	1693
计算机及通讯设备租赁	24	24	128	128	45
其他机械与设备租赁	342	336	3128	3075	870
文化及日用品出租	134	132	1925	1900	875
娱乐及体育设备出租	76	75	1394	1392	655
图书出租	3	3	10	10	8
音像制品出租	3	3	27	27	9
其他文化及日用品出租	52	51	494	471	203
商务服务业	56626	54737	822365	678327	257485
企业管理服务	15194	14857	158834	138882	54467
企业总部管理	895	816	27024	17918	9870
投资与资产管理	5686	5568	58212	53058	19594
单位后勤管理服务	250	231	9316	7584	4870
其他企业管理服务	8363	8242	64282	60322	20133
法律服务	539	527	8012	7500	3028
律师及相关法律服务	504	494	7627	7135	2871
公证服务	7	7	81	81	46
其他法律服务	28	26	304	284	111
咨询与调查	15990	15514	114200	96978	54459
会计、审计及税务服务	1982	1822	28522	20863	17610
市场调查	119	117	913	847	467
社会经济咨询	11744	11478	71550	62913	31109
其他专业咨询	2145	2097	13215	12355	5273
广告业	10795	10663	66483	63265	26744
广告业	10795	10663	66483	63265	26744

2-A-1 续表 39

行 业	单位数(个)	#单产业法人	从业人员期末人数(人)	#单产业法人	#女性
知识产权服务	752	723	4873	4487	2409
知识产权服务	752	723	4873	4487	2409
人力资源服务	2084	1960	247929	194380	55771
公共就业服务	34	33	1270	1267	657
职业中介服务	704	659	39737	27245	14272
劳务派遣服务	1148	1076	201771	160779	38521
其他人力资源服务	198	192	5151	5089	2321
旅行社及相关服务	2701	2191	33450	18982	21024
旅行社服务	1656	1267	22695	11178	15206
旅游管理服务	777	666	8561	5805	4759
其他旅行社相关服务	268	258	2194	1999	1059
安全保护服务	456	404	100979	77109	6183
安全服务	263	214	97703	73862	5722
安全系统监控服务	137	135	2448	2439	304
其他安全保护服务	56	55	828	808	157
其他商务服务业	8115	7898	87605	76744	33400
市场管理	2183	2093	44894	37507	14760
会议及展览服务	1192	1180	8986	8758	4169
包装服务	181	178	1898	1264	841
办公服务	701	672	4280	3706	1974
信用服务	28	26	273	196	116
担保服务	716	695	7134	6651	3220
其他未列明商务服务业	3114	3054	20140	18662	8320
科学研究和技术服务业	**21463**	**20470**	**294475**	**208466**	**92232**
研究和试验发展	2474	2441	25906	23011	8366
自然科学研究和试验发展	114	113	1017	1002	328
自然科学研究和试验发展	114	113	1017	1002	328
工程和技术研究和试验发展	1681	1665	18850	17043	5555
工程和技术研究和试验发展	1681	1665	18850	17043	5555
农业科学研究和试验发展	335	327	2283	2122	816
农业科学研究和试验发展	335	327	2283	2122	816

2-A-1 续表 40

行业	单位数(个)	#单产业法人	从业人员期末人数(人)	#单产业法人	#女性
医学研究和试验发展	322	316	3496	2596	1491
医学研究和试验发展	322	316	3496	2596	1491
社会人文科学研究	22	20	260	248	176
社会人文科学研究	22	20	260	248	176
专业技术服务业	12808	11947	217903	137810	65585
气象服务	36	31	314	146	88
气象服务	36	31	314	146	88
地震服务	2	2	6	6	1
地震服务	2	2	6	6	1
海洋服务	30	30	486	486	104
海洋服务	30	30	486	486	104
测绘服务	359	337	6923	6079	1921
测绘服务	359	337	6923	6079	1921
质检技术服务	1072	1006	22619	19016	7971
质检技术服务	1072	1006	22619	19016	7971
环境与生态监测	230	212	3086	2521	1040
环境保护监测	225	209	3062	2512	1033
生态监测	5	3	24	9	7
地质勘查	89	77	2154	1138	428
能源矿产地质勘查	16	14	327	254	75
固体矿产地质勘查	16	16	211	211	69
水、二氧化碳等矿产地质勘查	1	1	11	11	2
基础地质勘查	21	17	1158	367	172
地质勘查技术服务	35	29	447	295	110
工程技术	6575	5927	146631	76881	40082
工程管理服务	1988	1602	68448	25662	16244
工程勘察设计	4408	4153	75502	48906	22906
规划管理	179	172	2681	2313	932
其他专业技术服务业	4415	4325	35684	31537	13950
专业化设计服务	3198	3152	26093	23821	9761

2-A-1 续表 41

行 业	单位数(个)	#单产业法人	从业人员期末人数(人)	#单产业法人	#女性
摄影扩印服务	535	505	4631	3443	2557
兽医服务	106	104	467	451	128
其他未列明专业技术服务业	576	564	4493	3822	1504
科技推广和应用服务业	6181	6082	50666	47645	18281
技术推广服务	5228	5136	44516	41709	15937
农业技术推广服务	2055	2025	15371	15120	5405
生物技术推广服务	714	707	5229	4706	2402
新材料技术推广服务	341	331	3283	2773	1208
节能技术推广服务	642	632	5520	5266	1727
其他技术推广服务	1476	1441	15113	13844	5195
科技中介服务	531	527	3336	3285	1223
科技中介服务	531	527	3336	3285	1223
其他科技推广和应用服务业	422	419	2814	2651	1121
其他科技推广和应用服务业	422	419	2814	2651	1121
水利、环境和公共设施管理业	**3930**	**3742**	**102894**	**72396**	**36170**
水利管理业	270	259	4060	3708	1114
防洪除涝设施管理	35	35	374	374	102
防洪除涝设施管理	35	35	374	374	102
水资源管理	70	66	1037	908	284
水资源管理	70	66	1037	908	284
天然水收集与分配	44	44	1027	1027	315
天然水收集与分配	44	44	1027	1027	315
水文服务	6	6	39	39	5
水文服务	6	6	39	39	5
其他水利管理业	115	108	1583	1360	408
其他水利管理业	115	108	1583	1360	408
生态保护和环境治理业	473	446	8304	5879	2428
生态保护	59	55	1537	916	666
自然保护区管理	14	13	155	103	47
野生动物保护	18	16	1167	603	555
野生植物保护	8	8	79	79	18
其他自然保护	19	18	136	131	46

2-A-1 续表 42

行业	单位数(个)	#单产业法人	从业人员期末人数(人)	#单产业法人	#女性
环境治理业	414	391	6767	4963	1762
水污染治理	222	209	2585	2016	737
大气污染治理	41	36	541	316	155
固体废物治理	47	45	817	801	168
危险废物治理	20	18	1897	915	456
放射性废物治理	1	1	4	4	3
其他污染治理	83	82	923	911	243
公共设施管理业	3187	3037	90530	62809	32628
市政设施管理	499	485	9008	7194	2552
市政设施管理	499	485	9008	7194	2552
环境卫生管理	425	415	24108	18979	10667
环境卫生管理	425	415	24108	18979	10667
城乡市容管理	74	73	836	803	305
城乡市容管理	74	73	836	803	305
绿化管理	1328	1264	30131	19805	8562
绿化管理	1328	1264	30131	19805	8562
公园和游览景区管理	861	800	26447	16028	10542
公园管理	59	53	1239	604	590
游览景区管理	802	747	25208	15424	9952
居民服务、修理和其他服务业	**11356**	**10956**	**142856**	**125310**	**62431**
居民服务业	4095	3866	53128	43306	30283
家庭服务	691	662	12469	7752	7753
家庭服务	691	662	12469	7752	7753
托儿所服务	12	12	66	66	55
托儿所服务	12	12	66	66	55
洗染服务	247	206	3739	2625	1994
洗染服务	247	206	3739	2625	1994
理发及美容服务	819	738	8263	6138	5504
理发及美容服务	819	738	8263	6138	5504
洗浴服务	459	450	8900	8616	5047
洗浴服务	459	450	8900	8616	5047

2-A-1　续表 43

行　　业	单位数（个）	#单产业法人	从业人员期末人数（人）	#单产业法人	#女性
保健服务	663	620	10122	9202	6763
保健服务	663	620	10122	9202	6763
婚姻服务	470	461	2162	2009	1232
婚姻服务	470	461	2162	2009	1232
殡葬服务	244	237	3771	3404	729
殡葬服务	244	237	3771	3404	729
其他居民服务业	490	480	3636	3494	1206
其他居民服务业	490	480	3636	3494	1206
机动车、电子产品和日用产品修理业	5159	5018	50192	46707	12015
汽车、摩托车修理与维护	3996	3893	42344	39784	9732
汽车修理与维护	3926	3823	41957	39397	9648
摩托车修理与维护	70	70	387	387	84
计算机和办公设备维修	436	422	2735	2239	896
计算机和辅助设备修理	267	259	1512	1274	482
通讯设备修理	73	69	491	442	193
其他办公设备维修	96	94	732	523	221
家用电器修理	563	545	4110	3851	1127
家用电子产品修理	156	151	988	936	319
日用电器修理	407	394	3122	2915	808
其他日用产品修理业	164	158	1003	833	260
自行车修理	29	29	87	87	24
鞋和皮革修理	16	16	50	50	24
家具和相关物品修理	11	11	137	137	40
其他未列明日用产品修理业	108	102	729	559	172
其他服务业	2102	2072	39536	35297	20133
清洁服务	1621	1600	36171	32348	19041
建筑物清洁服务	225	222	4261	3938	2537
其他清洁服务	1396	1378	31910	28410	16504
其他未列明服务业	481	472	3365	2949	1092
其他未列明服务业	481	472	3365	2949	1092

2-A-1 续表 44

行业	单位数（个）	#单产业法人	从业人员期末人数（人）	#单产业法人	#女性
教育	**2565**	**2454**	**43929**	**38870**	**16916**
教育	2565	2454	43929	38870	16916
学前教育	213	206	2942	2717	2549
学前教育	213	206	2942	2717	2549
初等教育	10	10	524	524	351
普通小学教育	10	10	524	524	351
中等教育	25	21	988	786	517
普通初中教育	3	3	55	55	40
职业初中教育	3	3	16	16	12
成人初中教育	2	1	9	5	1
普通高中教育	6	5	564	404	241
成人高中教育	7	6	248	211	146
中等职业学校教育	4	3	96	95	77
高等教育	15	13	1013	96	749
成人高等教育	15	13	1013	96	749
特殊教育	3	3	19	19	12
特殊教育	3	3	19	19	12
技能培训、教育辅助及其他教育	2299	2201	38443	34728	12738
职业技能培训	1290	1247	29746	28141	7698
体校及体育培训	20	20	75	75	27
文化艺术培训	288	276	1892	1756	1199
教育辅助服务	224	213	2321	1589	1312
其他未列明教育	477	445	4409	3167	2502
卫生和社会工作	**1269**	**1234**	**31989**	**29770**	**19840**
卫生	1169	1141	30691	28541	18999
医院	261	249	20278	18536	12852
综合医院	76	75	8443	7673	5614
中医医院	8	5	338	295	176
中西医结合医院	7	7	563	563	390
专科医院	157	150	10634	9723	6486
疗养院	13	12	300	282	186

2-A-1 续表 45

行 业	单位数(个)	#单产业法人	从业人员期末人数(人)	#单产业法人	#女性
社区医疗与卫生院	25	25	204	204	110
社区卫生服务中心(站)	16	16	131	131	82
街道卫生院	5	5	55	55	21
乡镇卫生院	4	4	18	18	7
门诊部(所)	843	829	9568	9213	5719
门诊部(所)	843	829	9568	9213	5719
计划生育技术服务活动	2	2	4	4	2
计划生育技术服务活动	2	2	4	4	2
妇幼保健院(所、站)	1	1	20	20	15
妇幼保健院(所、站)	1	1	20	20	15
专科疾病防治院(所、站)	5	5	15	15	6
专科疾病防治院(所、站)	5	5	15	15	6
疾病预防控制中心	3	3	9	9	3
疾病预防控制中心	3	3	9	9	3
其他卫生活动	29	27	593	540	292
其他卫生活动	29	27	593	540	292
社会工作	100	93	1298	1229	841
提供住宿社会工作	49	46	966	951	655
干部休养所	6	6	34	34	22
护理机构服务	8	7	314	311	226
老年人、残疾人养护服务	34	32	617	605	406
其他提供住宿社会救助	1	1	1	1	1
不提供住宿社会工作	51	47	332	278	186
社会看护与帮助服务	41	38	267	220	164
其他不提供住宿社会工作	10	9	65	58	22
文化、体育和娱乐业	**11874**	**11660**	**120826**	**109197**	**52036**
新闻和出版业	143	135	7936	5127	3605
新闻业	12	12	207	207	86
新闻业	12	12	207	207	86
出版业	131	123	7729	4920	3519
图书出版	31	29	1260	1101	675

2-A-1 续表 46

行业	单位数（个）	#单产业法人	从业人员期末人数（人）	#单产业法人	#女性
报纸出版	41	36	5803	3156	2477
期刊出版	39	39	490	490	296
音像制品出版	8	7	92	89	42
电子出版物出版	5	5	31	31	13
其他出版业	7	7	53	53	16
广播、电视、电影和影视录音制作业	1372	1299	27650	23290	11969
广播	14	13	207	113	60
广播	14	13	207	113	60
电视	79	70	2785	1411	1024
电视	79	70	2785	1411	1024
电影和影视节目制作	911	890	17036	15777	7070
电影和影视节目制作	911	890	17036	15777	7070
电影和影视节目发行	37	33	619	424	275
电影和影视节目发行	37	33	619	424	275
电影放映	315	277	6892	5454	3490
电影放映	315	277	6892	5454	3490
录音制作	16	16	111	111	50
录音制作	16	16	111	111	50
文化艺术业	1103	1083	13408	13031	5970
文艺创作与表演	430	424	8595	8389	3895
文艺创作与表演	430	424	8595	8389	3895
艺术表演场馆	35	31	1402	1324	556
艺术表演场馆	35	31	1402	1324	556
图书馆与档案馆	52	52	343	343	218
图书馆	3	3	4	4	1
档案馆	49	49	339	339	217
文物及非物质文化遗产保护	34	34	263	263	112
文物及非物质文化遗产保护	34	34	263	263	112
博物馆	30	28	309	297	126
博物馆	30	28	309	297	126
烈士陵园、纪念馆	1	1	11	11	1
烈士陵园、纪念馆	1	1	11	11	1

2-A-1 续表 47

行 业	单位数(个)	#单产业法人	从业人员期末人数(人)	#单产业法人	#女性
群众文化活动	124	123	620	604	253
群众文化活动	124	123	620	604	253
其他文化艺术业	397	390	1865	1800	809
其他文化艺术业	397	390	1865	1800	809
体育	1026	976	11725	9687	5179
体育组织	12	9	280	270	57
体育组织	12	9	280	270	57
体育场馆	28	26	455	403	176
体育场馆	28	26	455	403	176
休闲健身活动	854	812	10082	8172	4567
休闲健身活动	854	812	10082	8172	4567
其他体育	132	129	908	842	379
其他体育	132	129	908	842	379
娱乐业	8230	8167	60107	58062	25313
室内娱乐活动	7734	7677	55647	53722	23436
歌舞厅娱乐活动	1269	1239	27952	26508	13405
电子游艺厅娱乐活动	450	447	2255	2165	833
网吧活动	5857	5836	23375	23107	8174
其他室内娱乐活动	158	155	2065	1942	1024
游乐园	77	76	1565	1550	628
游乐园	77	76	1565	1550	628
彩票活动	3	3	61	61	31
彩票活动	3	3	61	61	31
文化、娱乐、体育经纪代理	201	199	1194	1124	580
文化娱乐经纪人	40	40	213	213	90
体育经纪人	9	9	65	65	35
其他文化艺术经纪代理	152	150	916	846	455
其他娱乐业	215	212	1640	1605	638
其他娱乐业	215	212	1640	1605	638

2-A-2 按地区分组的全部企业法人单位数及从业人数

地区	单位数(个)	#单产业法人	从业人员期末人数(人)	#单产业法人	#女性
全省	**835565**	**809992**	**25123423**	**17423364**	**8078403**
杭州市	**188409**	**181647**	**5256219**	**3564602**	**1653127**
上城区	8963	8377	224656	124020	86488
下城区	13574	12871	272709	167961	110058
江干区	18502	17847	613880	446069	166215
拱墅区	16736	16124	474453	285083	102586
西湖区	26252	25121	713209	370629	196769
滨江区	9937	9627	352079	240369	110221
萧山区	35593	34678	1179660	769374	361882
余杭区	23844	23006	578004	455623	214508
桐庐县	6822	6662	139182	115576	55047
淳安县	3139	2975	68468	54607	28941
建德市	5327	5187	108924	89744	41714
富阳市	11298	10988	315820	263101	101710
临安市	8422	8184	215175	182446	76988
宁波市	**149739**	**145289**	**4682316**	**3465698**	**1642606**
海曙区	11415	10762	239665	132329	87701
江东区	12055	11442	313003	164951	83453
江北区	9028	8642	287539	181092	76061
北仑区	14378	13803	516664	414817	181540
镇海区	8766	8549	299341	251853	94543
鄞州区	31749	30972	906219	745309	361147
象山县	7642	7407	509548	173646	107627
宁海县	7746	7570	239794	209926	97437
余姚市	17130	16813	459929	421382	196792
慈溪市	23066	22727	688141	578421	266310
奉化市	6764	6602	222473	191972	89995
温州市	**117608**	**113358**	**2795862**	**2071980**	**934852**
鹿城区	17657	16721	508771	328013	162563
龙湾区	13382	12898	360225	249232	115391
瓯海区	9854	9553	319882	231589	107131
洞头县	1164	1114	17766	14876	5771
永嘉县	9606	9391	202865	161261	69705
平阳县	7245	6997	168033	135753	57088

2-A-2 续表 1

地 区	单位数(个)	#单产业法人	从业人员期末人数(人)	#单产业法人	#女性
苍南县	13171	12724	208750	164010	67767
文成县	1273	1221	25332	19844	8435
泰顺县	1579	1519	88836	48629	11550
瑞安市	20133	19494	426601	358373	148384
乐清市	22544	21726	468801	360400	181067
嘉兴市	**68773**	**66513**	**1872430**	**1479728**	**753139**
南湖区	11307	10827	257905	194240	102505
秀洲区	7473	7204	241910	182470	98700
嘉善县	9458	9296	232179	210015	95035
海盐县	6426	6202	169654	136120	69682
海宁市	13385	12805	337126	263808	137936
平湖市	9464	9199	303397	255546	136669
桐乡市	11260	10980	330259	237529	112612
湖州市	**30384**	**29643**	**952627**	**765014**	**341025**
吴兴区	8808	8488	314698	208886	100318
南浔区	4821	4713	116798	104602	46973
德清县	5378	5271	194993	164267	74187
长兴县	7126	7009	180717	159653	66717
安吉县	4251	4162	145421	127606	52830
绍兴市	**83423**	**81868**	**3509178**	**1913256**	**899117**
越城区	13621	13245	575665	312524	144011
绍兴县	24546	24203	976310	583097	262400
新昌县	5170	5001	183787	135534	59185
诸暨市	18572	18301	793041	404229	186258
上虞市	11718	11529	720558	297268	161064
嵊州市	9796	9589	259817	180604	86199
金华市	**82751**	**80833**	**2495006**	**1592540**	**765168**
婺城区	9424	9060	300115	186703	88661
金东区	3774	3695	115149	92830	39637
武义县	4988	4900	154145	143514	58053
浦江县	4066	3993	133025	108560	51972
磐安县	2567	2530	96733	62361	29602
兰溪市	5525	5428	132758	119362	58124
义乌市	29154	28449	460351	344126	195015
东阳市	8224	7958	806900	274568	136323
永康市	15029	14820	295830	260516	107781

2-A-2 续表 2

地　区	单位数(个)	#单产业法人	从业人员期末人数(人)	#单产业法人	#女性
衢州市	**17071**	**16629**	**521634**	**398531**	**163585**
柯城区	4598	4406	151387	91376	43651
衢江区	2671	2634	71841	60572	22102
常山县	2335	2308	59260	51344	19680
开化县	1711	1671	51345	42817	14595
龙游县	2519	2479	88418	75408	27736
江山市	3237	3131	99383	77014	35821
舟山市	**12287**	**11391**	**347949**	**219025**	**103284**
定海区	6857	6393	174940	104826	54209
普陀区	3290	3020	110595	71968	32037
岱山县	1523	1431	51077	35264	13909
嵊泗县	617	547	11337	6967	3129
台州市	**68268**	**66649**	**2184842**	**1571419**	**650256**
椒江区	9068	8751	267012	180933	88303
黄岩区	7853	7708	235585	174748	71495
路桥区	8566	8305	217941	184167	70319
玉环县	9556	9449	260434	248380	101798
三门县	3481	3430	101617	76940	27734
天台县	3464	3364	97209	70464	29834
仙居县	2881	2799	98414	69057	32302
温岭市	15683	15312	559582	322999	134019
临海市	7716	7531	347048	243731	94452
丽水市	**16851**	**16172**	**479297**	**381571**	**166858**
莲都区	4526	4253	142325	97113	44027
青田县	2647	2597	75434	63785	26662
缙云县	2568	2478	75333	65223	26853
遂昌县	1230	1181	29348	25349	10722
松阳县	1143	1092	35372	27502	10413
云和县	1139	1128	29750	25884	11082
庆元县	1071	1027	27084	22713	12811
景宁县	840	806	19167	15616	6637
龙泉市	1687	1610	45484	38386	17651

2-A-3 按开业时间分组的全部企业法人单位数及从业人数

开业时间	单位数(个)	#单产业法人	从业人员期末人数(人)	#单产业法人	#女性
1949年及以前	129	88	141552	8253	16164
1950-1952年	321	171	219787	23923	19917
1953-1957年	397	280	292644	31274	27494
1958-1962年	335	241	201845	28660	26890
1963-1965年	153	111	235408	23588	28109
1966-1970年	286	230	273900	36810	21036
1971-1975年	461	392	288173	33210	28485
1976-1980年	1361	1168	510257	99995	58486
1981-1985年	3874	3515	519877	187741	92939
1986-1990年	5898	5431	537083	275011	122944
1991-1995年	21564	19618	2167956	1130288	622046
1996-2000年	59963	55016	4283104	2472082	1395576
1978年	284	235	132463	15263	12576
1992年	3382	3093	329503	146003	94195
1997年	7934	7256	609981	358177	216372
2000年	19724	18350	1077005	704023	387385
2001年	22350	20882	1278429	839334	422463
2002年	28236	26633	1307873	999908	469883
2003年	32945	31243	1470902	1138442	513124
2004年	31142	29661	1336670	1012943	444150
2005年	33706	32391	1173102	939135	394229
2006年	42598	41107	1276758	1130465	449170
2007年	43054	41751	1107313	938269	402507
2008年	42738	41472	982586	856801	358832
2009年	55985	54672	1094810	976629	406146
2010年	73147	71759	1270670	1182205	480262
2011年	86573	85386	1088936	1039758	421875
2012年	87049	86056	915058	881627	368944
2013年	158013	157441	1128639	1117028	480059

2-A-4 按行业小类、地区分组的

行业	单位数	杭州市	宁波市	温州市
总 计	**835565**	**188409**	**149739**	**117608**
农、林、牧、渔业	**2882**	**220**	**317**	**350**
农业	58	12	13	11
谷物种植	6		2	1
稻谷种植	6		2	1
豆类、油料和薯类种植	1			
豆类种植	1			
蔬菜、食用菌及园艺作物种植	16	7	3	
蔬菜种植	11	4	2	
花卉种植	2	1	1	
其他园艺作物种植	3	2		
水果种植	10	1	2	2
仁果类和核果类水果种植	5	1	1	1
香蕉等亚热带水果种植	1			
其他水果种植	4		1	1
坚果、含油果、香料和饮料作物种植	13	2	2	4
坚果种植	1		1	
茶及其他饮料作物种植	12	2	1	4
中药材种植	11	2	3	4
中药材种植	11	2	3	4
其他农业	1		1	
其他农业	1		1	
林业	4		1	1
林木育种和育苗	4		1	1
林木育种	2		1	1
林木育苗	2			
畜牧业	41	6	6	10
牲畜饲养	24	3	2	5
猪的饲养	24	3	2	5
家禽饲养	10	2	3	2
鸡的饲养	8	2	3	1
鸭的饲养	1			
其他家禽饲养	1			1

全部企业法人单位数

单位：个

嘉兴市	湖州市	绍兴市	金华市	衢州市	舟山市	台州市	丽水市
68773	**30384**	**83423**	**82751**	**17071**	**12287**	**68268**	**16851**
125	**130**	**539**	**321**	**689**	**10**	**65**	**116**
3		6	2	2	1	2	6
1		1					1
1		1					1
		1					
		1					
2		3		1			
2		2		1			
		1					
					1	1	3
					1	1	
							1
							2
		1		1		1	2
		1		1		1	2
			2				
			2				
			2				
			2				
			2				
3		4	4	3	2	1	2
3		3	3	2	2		1
3		3	3	2	2		1
		1		1		1	
				1		1	
		1					

2-A-4 续表 1

行　　业	单位数			
		杭州市	宁波市	温州市
其他畜牧业	7	1	1	3
其他畜牧业	7	1	1	3
渔业	18	4	4	3
水产养殖	18	4	4	3
海水养殖	6		3	2
内陆养殖	12	4	1	1
农、林、牧、渔服务业	2761	198	293	325
农业服务业	2411	173	261	277
农业机械服务	974	98	164	78
灌溉服务	23	3	7	2
农产品初加工服务	201	23	27	38
其他农业服务	1213	49	63	159
林业服务业	131	14	7	21
林业有害生物防治服务	51	7	2	12
林产品初级加工服务	20	2	2	2
其他林业服务	60	5	3	7
畜牧服务业	131	8	8	16
畜牧服务业	131	8	8	16
渔业服务业	88	3	17	11
渔业服务业	88	3	17	11
采矿业	**1268**	**277**	**121**	**104**
煤炭开采和洗选业	20	11	2	
烟煤和无烟煤开采洗选	9	4	2	
烟煤和无烟煤开采洗选	9	4	2	
褐煤开采洗选	5	4		
褐煤开采洗选	5	4		
其他煤炭采选	6	3		
其他煤炭采选	6	3		
黑色金属矿采选业	25	4	1	2
铁矿采选	24	4	1	2
铁矿采选	24	4	1	2
其他黑色金属矿采选	1			
其他黑色金属矿采选	1			

单位：个

嘉兴市	湖州市	绍兴市	金华市	衢州市	舟山市	台州市	丽水市
			1				1
			1				1
3			1	1	1		1
3			1	1	1		1
					1		
3			1	1			1
116	130	529	312	683	6	62	107
99	113	469	273	627	1	36	82
38	76	365	44	79		8	24
	2	2	2	3		2	
8	2	43	30	17		2	11
53	33	59	197	528	1	24	47
2	6	8	20	33	1	1	18
2	3	2	8	9	1		5
		2	3	8			1
	3	4	9	16		1	12
12	6	41	14	19		1	6
12	6	41	14	19		1	6
3	5	11	5	4	4	24	1
3	5	11	5	4	4	24	1
7	**177**	**95**	**106**	**133**	**42**	**96**	**110**
1			1	4			1
1			1	1			
1			1	1			
							1
							1
				3			
				3			
		4	1	1		3	9
		3	1	1		3	9
		3	1	1		3	9
		1					
		1					

2-A-4 续表 2

行业	单位数			
		杭州市	宁波市	温州市
有色金属矿采选业	72	22		2
常用有色金属矿采选	45	21		
铜矿采选	11	6		
铅锌矿采选	23	12		
锑矿采选	1	1		
其他常用有色金属矿采选	10	2		
贵金属矿采选	5			
金矿采选	3			
银矿采选	2			
稀有稀土金属矿采选	22	1		2
钨钼矿采选	19	1		1
放射性金属矿采选	1			1
其他稀有金属矿采选	2			
非金属矿采选业	1115	235	113	94
土砂石开采	1012	221	107	87
石灰石、石膏开采	148	46	8	2
建筑装饰用石开采	315	34	54	52
耐火土石开采	117	35		1
粘土及其他土砂石开采	432	106	45	32
化学矿开采	6	1		1
化学矿开采	6	1		1
采盐	9	1	3	
采盐	9	1	3	
石棉及其他非金属矿采选	88	12	3	6
石棉、云母矿采选	2	1		1
石墨、滑石采选	5	2		
宝石、玉石采选	5	2	1	
其他未列明非金属矿采选	76	7	2	5
开采辅助活动	8	1	2	1
石油和天然气开采辅助活动	3			1
石油和天然气开采辅助活动	3			1
其他开采辅助活动	5	1	2	
其他开采辅助活动	5	1	2	

单位：个

嘉兴市	湖州市	绍兴市	金华市	衢州市	舟山市	台州市	丽水市
		7	1	9		3	28
		5		8		2	9
		2		1			2
		3		3		2	3
				4			4
		1	1			1	2
		1	1				1
						1	1
		1		1			17
		1		1			15
							2
6	177	84	97	116	40	89	64
6	174	76	74	96	36	87	48
	19	10	8	50		2	3
3	43	30	19	21	8	41	10
	6	7	21	14		12	21
3	106	29	26	11	28	32	14
			2				2
			2				2
					4	1	
					4	1	
	3	8	21	20		1	14
			1	2			
			2				
	3	8	18	18		1	14
			1		2	1	
					2		
					2		
			1			1	
			1			1	

2-A-4 续表 3

行　业	单位数			
		杭州市	宁波市	温州市
其他采矿业	28	4	3	5
其他采矿业	28	4	3	5
其他采矿业	28	4	3	5
制造业	**365232**	**48865**	**72626**	**63618**
农副食品加工业	5490	912	805	701
谷物磨制	290	25	38	33
谷物磨制	290	25	38	33
饲料加工	442	62	27	54
饲料加工	442	62	27	54
植物油加工	265	53	17	16
食用植物油加工	244	47	16	14
非食用植物油加工	21	6	1	2
制糖业	38	2	2	5
制糖业	38	2	2	5
屠宰及肉类加工	677	97	36	198
牲畜屠宰	158	23	15	31
禽类屠宰	26	4	1	5
肉制品及副产品加工	493	70	20	162
水产品加工	1585	42	428	269
水产品冷冻加工	1143	15	343	130
鱼糜制品及水产品干腌制加工	227	9	47	81
水产饲料制造	121	11	19	11
鱼油提取及制品制造	5		3	
其他水产品加工	89	7	16	47
蔬菜、水果和坚果加工	1552	494	176	47
蔬菜加工	641	145	153	30
水果和坚果加工	911	349	23	17
其他农副食品加工	641	137	81	79
淀粉及淀粉制品制造	96	22	9	13
豆制品制造	259	44	24	41
蛋品加工	94	21	21	7
其他未列明农副食品加工	192	50	27	18

单位：个

嘉兴市	湖州市	绍兴市	金华市	衢州市	舟山市	台州市	丽水市
			5	3			8
			5	3			8
			5	3			8
35748	**15466**	**37726**	**36134**	**5942**	**3482**	**39466**	**6159**
383	238	364	380	583	430	503	191
42	33	37	26	32	3	9	12
42	33	37	26	32	3	9	12
97	62	28	31	45	2	27	7
97	62	28	31	45	2	27	7
19	11	20	20	68	3	7	31
16	9	17	19	67	3	6	30
3	2	3	1	1		1	1
4			21	2		2	
4			21	2		2	
47	39	35	136	39	11	21	18
17	13	6	20	10	10	3	10
1	4	2	7	2			
29	22	27	109	27	1	18	8
15	26	25	4	3	396	372	5
6	8	14	3	2	316	305	1
8	6	5			49	19	3
1	9	2			23	45	
					2		
	3	4	1	1	6	3	1
103	42	137	60	357	3	36	97
87	29	34	32	18	2	29	82
16	13	103	28	339	1	7	15
56	25	82	82	37	12	29	21
19	5	10	13	2		2	1
22	4	46	31	9	12	21	5
7	4	8	11	8		6	1
8	12	18	27	18			14

2-A-4 续表 4

行业	单位数	杭州市	宁波市	温州市
食品制造业	2466	610	333	302
焙烤食品制造	705	175	91	93
糕点、面包制造	557	154	60	85
饼干及其他焙烤食品制造	148	21	31	8
糖果、巧克力及蜜饯制造	189	86	9	29
糖果、巧克力制造	86	26	5	16
蜜饯制作	103	60	4	13
方便食品制造	364	60	38	72
米、面制品制造	184	19	20	47
速冻食品制造	112	20	11	23
方便面及其他方便食品制造	68	21	7	2
乳制品制造	49	13	4	9
乳制品制造	49	13	4	9
罐头食品制造	245	42	66	6
肉、禽类罐头制造	21	4	1	1
水产品罐头制造	18	1	6	1
蔬菜、水果罐头制造	180	32	57	3
其他罐头食品制造	26	5	2	1
调味品、发酵制品制造	223	44	26	30
味精制造	47	9	2	5
酱油、食醋及类似制品制造	85	12	11	9
其他调味品、发酵制品制造	91	23	13	16
其他食品制造	691	190	99	63
营养食品制造	88	37	8	5
保健食品制造	133	37	10	6
冷冻饮品及食用冰制造	117	14	40	22
盐加工	14	3	3	1
食品及饲料添加剂制造	223	71	19	12
其他未列明食品制造	116	28	19	17
酒、饮料和精制茶制造业	2699	550	261	258
酒的制造	546	74	69	65
酒精制造	12	2	3	5
白酒制造	143	42	20	26

单位：个

嘉兴市	湖州市	绍兴市	金华市	衢州市	舟山市	台州市	丽水市
210	150	164	327	143	33	126	68
76	32	45	81	31	17	46	18
61	23	36	51	17	16	40	14
15	9	9	30	14	1	6	4
9	12	5	18	4		16	1
8	3	2	8	2		15	1
1	9	3	10	2		1	
44	16	23	49	24	5	9	24
8	3	12	28	17	2	8	20
14	10	7	13	7	3		4
22	3	4	8			1	
2		1	15	3		1	1
2		1	15	3		1	1
8	32	10	26	21	3	24	7
2	4	3	4	2			
	2			1	3	4	
4	23	5	18	15		19	4
2	3	2	4	3		1	3
20	12	25	38	12	3	6	7
3	1	3	17	4		1	2
6	6	18	8	6	2	4	3
11	5	4	13	2	1	1	2
51	46	55	100	48	5	24	10
7	3	6	7	10	2	1	2
11	11	13	15	17		7	6
4	2	8	20	2	1	4	
		2	1		2	2	
24	20	16	40	10		10	1
5	10	10	17	9			1
79	213	550	216	164	36	144	228
30	43	97	46	27	11	57	27
1				1			
4	8	9	13	5	1	6	9

2-A-4 续表 5

行业	单位数	杭州市	宁波市	温州市
啤酒制造	38	4	6	6
黄酒制造	278	18	33	20
葡萄酒制造	10			3
其他酒制造	65	8	7	5
饮料制造	685	153	68	120
碳酸饮料制造	21	3	2	3
瓶(罐)装饮用水制造	463	93	53	100
果菜汁及果菜汁饮料制造	68	17	5	3
含乳饮料和植物蛋白饮料制造	33	9	1	6
固体饮料制造	34	11	2	4
茶饮料及其他饮料制造	66	20	5	4
精制茶加工	1468	323	124	73
精制茶加工	1468	323	124	73
烟草制品业	6	4	1	
卷烟制造	3	2	1	
卷烟制造	3	2	1	
其他烟草制品制造	3	2		
其他烟草制品制造	3	2		
纺织业	30275	4187	2357	2536
棉纺织及印染精加工	9375	1500	557	1025
棉纺纱加工	3670	554	243	913
棉织造加工	4421	795	171	61
棉印染精加工	1284	151	143	51
毛纺织及染整精加工	1159	125	296	39
毛条和毛纱线加工	567	78	87	18
毛织造加工	424	38	182	16
毛染整精加工	168	9	27	5
麻纺织及染整精加工	95	10	11	9
麻纤维纺前加工和纺纱	39	4	6	4
麻织造加工	50	6	4	5
麻染整精加工	6		1	
丝绢纺织及印染精加工	1483	296	23	20
缫丝加工	175	35		

单位：个

嘉兴市	湖州市	绍兴市	金华市	衢州市	舟山市	台州市	丽水市
5	4	2	2	1	1	5	2
15	27	78	26	10	6	35	10
2	1	2				1	1
3	3	6	5	10	3	10	5
40	68	33	67	28	22	66	20
1	3	2	5	1		1	
23	44	23	34	17	21	43	12
7	9	2	3	4		15	3
4	1	2	6	2		2	
3	1		8	1		2	2
2	10	4	11	3	1	3	3
9	102	420	103	109	3	21	181
9	102	420	103	109	3	21	181
				1			
				1			
				1			
5400	2280	9810	2500	177	43	915	70
1687	369	3222	821	88	5	97	4
581	113	688	460	75	2	38	3
761	187	2131	267	9	1	37	1
345	69	403	94	4	2	22	
271	142	178	71	1	6	29	1
158	117	69	32		2	5	1
46	15	90	29	1	3	4	
67	10	19	10		1	20	
22	21	8	5	2	3	4	
12	5	3	2		1	2	
10	15	3	2	2	2	1	
	1	2	1			1	
306	582	230	15	3	2	4	2
58	45	34	1	2			

2-A-4 续表 6

行　业	单位数			
		杭州市	宁波市	温州市
绢纺和丝织加工	1167	244	5	7
丝印染精加工	141	17	18	13
化纤织造及印染精加工	3615	526	157	35
化纤织造加工	3231	481	103	29
化纤织物染整精加工	384	45	54	6
针织或钩针编织物及其制品制造	6460	306	531	157
针织或钩针编织物织造	5203	196	303	93
针织或钩针编织物印染精加工	388	57	139	16
针织或钩针编织品制造	869	53	89	48
家用纺织制成品制造	4624	1020	368	597
床上用品制造	1618	416	131	92
毛巾类制品制造	250	20	21	1
窗帘、布艺类产品制造	1478	395	69	417
其他家用纺织制成品制造	1278	189	147	87
非家用纺织制成品制造	3464	404	414	654
非织造布制造	982	116	75	371
绳、索、缆制造	298	72	43	23
纺织带和帘子布制造	909	105	101	152
篷、帆布制造	380	44	105	8
其他非家用纺织制成品制造	895	67	90	100
纺织服装、服饰业	26383	3964	4617	2881
机织服装制造	14222	2331	1740	2096
机织服装制造	14222	2331	1740	2096
针织或钩针编织服装制造	6349	485	2254	410
针织或钩针编织服装制造	6349	485	2254	410
服饰制造	5812	1148	623	375
服饰制造	5812	1148	623	375
皮革、毛皮、羽毛及其制品和制鞋业	15619	1091	563	6851
皮革鞣制加工	569	18	8	418
皮革鞣制加工	569	18	8	418
皮革制品制造	4263	333	256	852
皮革服装制造	1155	89	7	51

单位：个

嘉兴市	湖州市	绍兴市	金华市	衢州市	舟山市	台州市	丽水市
218	522	154	12	1	1	1	2
30	15	42	2		1	3	
1089	665	965	112	7	3	54	2
1027	637	792	100	7	3	52	
62	28	173	12			2	2
942	176	3953	328	15	8	40	4
817	150	3391	207	14	4	26	2
85	8	61	14	1	1	4	2
40	18	501	107		3	10	
526	153	980	746	26	9	186	13
318	61	164	366	10	4	49	7
10	9	28	150	7	2	2	
138	27	248	79	3	1	100	1
60	56	540	151	6	2	35	5
557	172	274	402	35	7	501	44
141	75	47	71	4		59	23
14	7	49	27	1	4	52	6
169	69	105	157	8		41	2
35	4	13	61	19	2	80	9
198	17	60	86	3	1	269	4
4359	2372	3650	3108	212	64	1032	124
2138	2090	1731	1248	138	44	588	78
2138	2090	1731	1248	138	44	588	78
1520	108	562	720	18	15	252	5
1520	108	562	720	18	15	252	5
701	174	1357	1140	56	5	192	41
701	174	1357	1140	56	5	192	41
3007	266	316	915	63	14	2327	206
52	25	15	14	4	1	8	6
52	25	15	14	4	1	8	6
1656	100	81	806	25	1	130	23
957	30	3	12			1	5

2-A-4 续表 7

行 业	单位数		
		杭州市	宁波市	温州市
皮箱、包(袋)制造	2302	193	227	408
皮手套及皮装饰制品制造	411	9	7	215
其他皮革制品制造	395	42	15	178
毛皮鞣制及制品加工	1105	32	45	66
毛皮鞣制加工	54	3	7	16
毛皮服装加工	384	25	30	39
其他毛皮制品加工	667	4	8	11
羽毛(绒)加工及制品制造	329	231	37	4
羽毛(绒)加工	138	111	8	1
羽毛(绒)制品加工	191	120	29	3
制鞋业	9353	477	217	5511
纺织面料鞋制造	1179	318	129	304
皮鞋制造	6067	53	27	3934
塑料鞋制造	931	11	17	469
橡胶鞋制造	664	57	19	464
其他制鞋业	512	38	25	340
木材加工和木、竹、藤、棕、草制品业	6252	998	597	297
木材加工	1203	209	100	49
锯材加工	499	95	35	19
木片加工	284	47	21	14
单板加工	225	20	10	3
其他木材加工	195	47	34	13
人造板制造	774	149	36	10
胶合板制造	478	95	11	2
纤维板制造	57	15	6	1
刨花板制造	35	2	3	
其他人造板制造	204	37	16	7
木制品制造	2681	442	250	199
建筑用木料及木材组件加工	347	71	37	22
木门窗、楼梯制造	752	112	34	60
地板制造	309	23	11	8
木制容器制造	564	142	80	69
软木制品及其他木制品制造	709	94	88	40

单位：个

嘉兴市	湖州市	绍兴市	金华市	衢州市	舟山市	台州市	丽水市
585	36	55	660	15		110	13
52	30	2	83	5		8	
62	4	21	51	5	1	11	5
930	12	6	7	5		1	1
24	2	1	1				
272	7	2	2	5		1	1
634	3	3	4				
13		29	5	4			6
2		13	2				1
11		16	3	4			5
356	129	185	83	25	12	2188	170
38	21	124	18	6	4	208	9
279	97	20	39	7	6	1476	129
15	7	9	9	1	1	392	
15		17	12	10	1	61	8
9	4	15	5	1		51	24
645	1425	271	615	481	17	364	542
130	367	46	89	101	7	32	73
17	168	20	31	68	3	15	28
43	77	10	31	15	2	8	16
49	102	4	12	9		6	10
21	20	12	15	9	2	3	19
258	115	16	30	90	2	29	39
219	80	8	9	22	1	7	24
7	10	1	4	4	1	4	4
5	7	1	2	6		6	3
27	18	6	15	58		12	8
252	476	150	407	215	7	164	119
45	42	25	36	46	1	12	10
16	88	25	235	108	3	43	28
20	223	8	4	3		4	5
92	25	50	25	11	2	60	8
79	98	42	107	47	1	45	68

2-A-4 续表 8

行业	单位数			
		杭州市	宁波市	温州市
竹、藤、棕、草等制品制造	1594	198	211	39
竹制品制造	1287	188	71	33
藤制品制造	54	7	13	
棕制品制造	7		3	1
草及其他制品制造	246	3	124	5
家具制造业	5486	876	738	487
木质家具制造	3247	534	413	315
木质家具制造	3247	534	413	315
竹、藤家具制造	165	28	21	1
竹、藤家具制造	165	28	21	1
金属家具制造	1148	174	156	60
金属家具制造	1148	174	156	60
塑料家具制造	184	24	45	12
塑料家具制造	184	24	45	12
其他家具制造	742	116	103	99
其他家具制造	742	116	103	99
造纸和纸制品业	9779	2226	1628	1242
纸浆制造	24	7	6	2
木竹浆制造	10	3	1	1
非木竹浆制造	14	4	5	1
造纸	1879	618	298	284
机制纸及纸板制造	1429	495	245	154
手工纸制造	52	16	5	10
加工纸制造	398	107	48	120
纸制品制造	7876	1601	1324	956
纸和纸板容器制造	5865	1057	1031	599
其他纸制品制造	2011	544	293	357
印刷和记录媒介复制业	10090	1309	2019	2590
印刷	9354	1200	1905	2350
书、报刊印刷	811	214	161	95
本册印制	541	81	99	88
包装装潢及其他印刷	8002	905	1645	2167

单位：个

嘉兴市	湖州市	绍兴市	金华市	衢州市	舟山市	台州市	丽水市
5	467	59	89	75	1	139	311
3	460	54	62	75		35	306
	1	1	4			27	1
	1					1	1
2	5	4	23		1	76	3
513	768	242	960	124	25	553	200
273	326	158	645	104	24	340	115
273	326	158	645	104	24	340	115
4	18	11	13	4		53	12
4	18	11	13	4		53	12
121	258	23	218	11	1	91	35
121	258	23	218	11	1	91	35
14	31	9	14	2		32	1
14	31	9	14	2		32	1
101	135	41	70	3		37	37
101	135	41	70	3		37	37
1080	384	807	928	211	23	1121	129
3			2	2			2
2			1	1			1
1			1	1			1
181	76	130	122	85	9	48	28
150	65	103	75	72	9	38	23
1		7	11	2			
30	11	20	36	11		10	5
896	308	677	804	124	14	1073	99
691	239	492	589	88	12	985	82
205	69	185	215	36	2	88	17
779	251	850	1280	105	82	714	111
744	242	780	1196	100	79	657	101
28	31	58	143	12	13	30	26
47	30	32	73	17	16	53	5
669	181	690	980	71	50	574	70

2-A-4 续表 9

行　业	单位数		
	杭州市	宁波市	温州市
装订及印刷相关服务	719	103	111	239
装订及印刷相关服务	719	103	111	239
记录媒介复制	17	6	3	1
记录媒介复制	17	6	3	1
文教、工美、体育和娱乐用品制造业	18672	2027	3089	2715
文教办公用品制造	3163	572	985	548
文具制造	1519	52	665	276
笔的制造	1156	456	272	118
教学用模型及教具制造	251	27	21	128
墨水、墨汁制造	22	6	5	
其他文教办公用品制造	215	31	22	26
乐器制造	187	32	71	6
中乐器制造	18	7	4	
西乐器制造	63	6	19	
电子乐器制造	25	8	6	
其他乐器及零件制造	81	11	42	6
工艺美术品制造	11341	971	1233	1650
雕塑工艺品制造	1974	112	195	249
金属工艺品制造	1896	112	189	452
漆器工艺品制造	469	9	23	10
花画工艺品制造	212	25	19	16
天然植物纤维编织工艺品制造	395	16	147	24
抽纱刺绣工艺品制造	2581	526	169	143
地毯、挂毯制造	196	16	46	13
珠宝首饰及有关物品制造	499	19	7	45
其他工艺美术品制造	3119	136	438	698
体育用品制造	1513	294	368	81
球类制造	103	22	11	6
体育器材及配件制造	426	161	94	14
训练健身器材制造	520	59	64	42
运动防护用具制造	85	13	32	5
其他体育用品制造	379	39	167	14

单位：个

嘉兴市	湖州市	绍兴市	金华市	衢州市	舟山市	台州市	丽水市
35	9	68	81	3	3	57	10
35	9	68	81	3	3	57	10
		2	3	2			
		2	3	2			
786	317	1748	4363	238	76	2546	767
70	60	109	591	54	3	74	97
26	7	83	318	11	2	53	26
22	47	14	110	39		8	70
7	1		56	2		9	
3	2	1	3	1	1		
12	3	11	104	1		4	1
11	37	5	18	1		5	1
2	2		2	1			
4	29	2	2			1	
2	1		6			1	1
3	5	3	8			3	
411	183	1496	2745	119	10	2267	256
44	24	52	419	25	6	710	138
49	9	35	692	3	1	294	60
7	1	11	16	3		388	1
6	3	15	109	5		13	1
3	49	16	65	2		66	7
249	22	1098	227	4	1	137	5
20	9	17	38	6	1	29	1
1	2	151	226	17		17	14
32	64	101	953	54	1	613	29
38	20	61	543	42	9	39	18
1	7	12	11	26		6	1
11	5	22	94	7	6	9	3
17	4	13	293	5	1	12	10
1	1	1	25	2		2	3
8	3	13	120	2	2	10	1

2-A-4 续表 10

行业	单位数	杭州市	宁波市	温州市
玩具制造	1998	91	354	313
玩具制造	1998	91	354	313
游艺器材及娱乐用品制造	470	67	78	117
露天游乐场所游乐设备制造	201	3	15	102
游艺用品及室内游艺器材制造	162	49	40	13
其他娱乐用品制造	107	15	23	2
石油加工、炼焦和核燃料加工业	343	82	83	21
精炼石油产品制造	338	79	81	21
原油加工及石油制品制造	294	69	73	19
人造原油制造	44	10	8	2
炼焦	3	3		
炼焦	3	3		
核燃料加工	2		2	
核燃料加工	2		2	
化学原料和化学制品制造业	8879	2081	1282	661
基础化学原料制造	1289	286	139	57
无机酸制造	102	15	11	8
无机碱制造	42	10	5	4
无机盐制造	252	66	3	4
有机化学原料制造	484	89	53	17
其他基础化学原料制造	409	106	67	24
肥料制造	257	57	26	17
氮肥制造	22	2	4	3
磷肥制造	17	1	4	
钾肥制造	6		2	
复混肥料制造	45	12	2	1
有机肥料及微生物肥料制造	146	38	12	12
其他肥料制造	21	4	2	1
农药制造	111	29	8	19
化学农药制造	87	24	3	16
生物化学农药及微生物农药制造	24	5	5	3

单位：个

嘉兴市	湖州市	绍兴市	金华市	衢州市	舟山市	台州市	丽水市
251	10	51	343	20	54	123	388
251	10	51	343	20	54	123	388
5	7	26	123	2		38	7
	1	6	61			11	2
4	4	12	11			25	4
1	2	8	51	2		2	1
33	25	33	26	8	13	14	5
33	25	33	26	8	13	14	5
27	20	27	22	6	12	14	5
6	5	6	4	2	1		
920	628	812	973	721	63	577	161
109	105	124	99	249	24	79	18
6	11	16	13	16		5	1
3	7	2	2	3		5	1
12	16	12	10	124		5	
61	36	55	44	77	5	39	8
27	35	39	30	29	19	25	8
33	22	11	33	37	3	13	5
3	1	1	4	3		1	
3	3		1	4		1	
			1	3			
4	4	3	3	13		2	1
23	13	3	22	11	3	7	2
	1	4	2	3		2	2
8	10	9	17	5		6	
6	6	9	14	3		6	
2	4		3	2			

2-A-4 续表 11

行业	单位数			
		杭州市	宁波市	温州市
涂料、油墨、颜料及类似产品制造	2243	548	368	187
涂料制造	1493	397	265	81
油墨及类似产品制造	207	52	15	41
颜料制造	144	37	18	12
染料制造	234	40	28	28
密封用填料及类似品制造	165	22	42	25
合成材料制造	1078	228	237	131
初级形态塑料及合成树脂制造	619	116	139	79
合成橡胶制造	111	34	16	15
合成纤维单(聚合)体制造	101	28	25	12
其他合成材料制造	247	50	57	25
专用化学产品制造	2804	700	335	182
化学试剂和助剂制造	1342	383	157	72
专项化学用品制造	396	89	51	33
林产化学产品制造	129	37	4	2
信息化学品制造	164	22	15	7
环境污染处理专用药剂材料制造	132	38	26	3
动物胶制造	30	1	5	13
其他专用化学产品制造	611	130	77	52
炸药、火工及焰火产品制造	31	6	3	2
炸药及火工产品制造	16	2	2	1
焰火、鞭炮产品制造	15	4	1	1
日用化学产品制造	1066	227	166	66
肥皂及合成洗涤剂制造	295	77	73	23
化妆品制造	386	55	37	11
口腔清洁用品制造	18	6	7	
香料、香精制造	89	40	13	2
其他日用化学产品制造	278	49	36	30
医药制造业	1292	285	134	51
化学药品原料药制造	326	34	20	9
化学药品原料药制造	326	34	20	9
化学药品制剂制造	134	49	12	7
化学药品制剂制造	134	49	12	7

单位：个

嘉兴市	湖州市	绍兴市	金华市	衢州市	舟山市	台州市	丽水市
238	170	214	186	99	18	186	29
143	110	114	144	67	13	137	22
35	6	9	15	12		19	3
14	27	20	5	4		5	2
24	19	59	10	10	3	12	1
22	8	12	12	6	2	13	1
97	83	68	117	48	2	49	18
54	50	28	80	24	1	36	12
12	7	8	7	3	1	8	
11	13	9	1			1	1
20	13	23	29	21		4	5
372	211	310	204	260	12	145	73
188	87	210	88	83	5	43	26
54	44	28	43	19	3	25	7
2	15	3	3	42			21
22	5	13	5	72		1	2
18	19	10	12	2	1	2	1
3	5		1	1		1	
85	36	46	52	41	3	73	16
1	1	1	11		1	3	2
1	1	1	4		1	1	2
			7			2	
62	26	75	306	23	3	96	16
14	8	25	40	10		21	4
8	8	11	210	3		40	3
3			2				
10	1	3	7	4		9	
27	9	36	47	6	3	26	9
131	115	185	142	32	12	175	30
12	19	52	31	8	2	134	5
12	19	52	31	8	2	134	5
12	7	13	18	5		8	3
12	7	13	18	5		8	3

2-A-4 续表 12

行业	单位数			
		杭州市	宁波市	温州市
中药饮片加工	111	21	8	4
中药饮片加工	111	21	8	4
中成药生产	97	30	10	2
中成药生产	97	30	10	2
兽用药品制造	66	19	6	4
兽用药品制造	66	19	6	4
生物药品制造	204	66	35	11
生物药品制造	204	66	35	11
卫生材料及医药用品制造	354	66	43	14
卫生材料及医药用品制造	354	66	43	14
化学纤维制造业	1522	274	210	47
纤维素纤维原料及纤维制造	133	22	35	3
化纤浆粕制造	35	4	16	
人造纤维(纤维素纤维)制造	98	18	19	3
合成纤维制造	1389	252	175	44
锦纶纤维制造	130	20	13	3
涤纶纤维制造	616	169	90	15
腈纶纤维制造	31	5	10	6
维纶纤维制造	4		2	1
丙纶纤维制造	70	4	28	4
氨纶纤维制造	98	16	2	5
其他合成纤维制造	440	38	30	10
橡胶和塑料制品业	29368	3338	8344	3530
橡胶制品业	3568	373	824	331
轮胎制造	187	44	21	16
橡胶板、管、带制造	864	84	119	62
橡胶零件制造	1400	101	345	132
再生橡胶制造	90	16	12	10
日用及医用橡胶制品制造	176	19	66	19
其他橡胶制品制造	851	109	261	92
塑料制品业	25800	2965	7520	3199

单位：个

嘉兴市	湖州市	绍兴市	金华市	衢州市	舟山市	台州市	丽水市
39	6	6	16	5	1	3	2
39	6	6	16	5	1	3	2
6	6	13	8	6	1	6	9
6	6	13	8	6	1	6	9
3	11	10	7	2	1	2	1
3	11	10	7	2	1	2	1
22	22	9	16	5	7	6	5
22	22	9	16	5	7	6	5
37	44	82	46	1		16	5
37	44	82	46	1		16	5
245	58	517	137	14	4	11	5
19	9	17	23	1		3	1
5		5	5				
14	9	12	18	1		3	1
226	49	500	114	13	4	8	4
23	2	43	25				1
66	37	174	45	9	4	5	2
4	1	3	2				
			1				
4	4	15	9	1			1
16		42	15	1		1	
113	5	223	17	2		2	
2903	711	1853	2596	312	115	5477	189
291	75	162	203	28	19	1240	22
26	8	9	23	3	2	31	4
37	21	45	38	1	4	448	5
130	13	54	45	3	9	564	4
11		6	7	2		24	2
12	3	8	10	6	1	28	4
75	30	40	80	13	3	145	3
2612	636	1691	2393	284	96	4237	167

2-A-4 续表 13

行　业	单位数	杭州市	宁波市	温州市
塑料薄膜制造	1760	274	299	331
塑料板、管、型材制造	2658	476	427	208
塑料丝、绳及编织品制造	2020	276	207	552
泡沫塑料制造	971	137	203	124
塑料人造革、合成革制造	390	21	15	154
塑料包装箱及容器制造	2165	466	594	203
日用塑料制品制造	4984	333	1369	201
塑料零件制造	5325	347	2592	560
其他塑料制品制造	5527	635	1814	866
非金属矿物制品业	13030	2549	1538	1285
水泥、石灰和石膏制造	703	279	69	35
水泥制造	395	88	53	29
石灰和石膏制造	308	191	16	6
石膏、水泥制品及类似制品制造	2906	551	441	237
水泥制品制造	2004	383	323	188
砼结构构件制造	315	66	54	14
石棉水泥制品制造	23	8	3	
轻质建筑材料制造	438	52	37	29
其他水泥类似制品制造	126	42	24	6
砖瓦、石材等建筑材料制造	3871	765	458	585
粘土砖瓦及建筑砌块制造	1339	175	182	76
建筑陶瓷制品制造	107	27	12	16
建筑用石加工	1507	363	120	432
防水建筑材料制造	176	33	37	9
隔热和隔音材料制造	279	57	33	12
其他建筑材料制造	463	110	74	40
玻璃制造	363	110	71	29
平板玻璃制造	92	32	12	12
其他玻璃制造	271	78	59	17
玻璃制品制造	2284	298	185	81
技术玻璃制品制造	174	49	27	7
光学玻璃制造	58	11	7	12

单位：个

嘉兴市	湖州市	绍兴市	金华市	衢州市	舟山市	台州市	丽水市
235	108	167	162	31	4	135	14
483	96	279	318	65	8	287	11
289	56	142	205	26	22	236	9
116	52	60	89	9	10	162	9
31	8	26	14			73	48
185	71	190	170	22	8	244	12
284	52	182	628	55	19	1833	28
626	52	301	300	15	17	503	12
363	141	344	507	61	8	764	24
1023	1445	1018	2195	416	182	927	452
55	65	50	47	70	3	19	11
42	46	43	41	31	3	11	8
13	19	7	6	39		8	3
414	393	265	142	98	76	242	47
335	126	186	109	74	61	183	36
49	15	38	8	12	10	45	4
2	1	6	1	1			1
19	240	23	13	6	5	11	3
9	11	12	11	5		3	3
193	335	379	354	170	81	373	178
89	105	139	215	106	36	161	55
4	26	6	6	5		4	1
34	64	96	49	39	29	171	110
9	18	26	25	5	2	10	2
31	54	49	16		8	15	4
26	68	63	43	15	6	12	6
33	32	27	26	7	5	19	4
7	4	10	10		1	3	1
26	28	17	16	7	4	16	3
103	83	84	1274	28	1	127	20
24	20	11	22	5	1	4	4
9			7	3		8	1

2-A-4 续表 14

行　业	单位数	杭州市	宁波市	温州市
玻璃仪器制造	40	5	20	2
日用玻璃制品制造	1459	94	66	29
玻璃包装容器制造	58	17	8	2
玻璃保温容器制造	103	8	4	2
制镜及类似品加工	118	46	14	14
其他玻璃制品制造	274	68	39	13
玻璃纤维和玻璃纤维增强塑料制品制造	471	73	84	32
玻璃纤维及制品制造	249	29	57	11
玻璃纤维增强塑料制品制造	222	44	27	21
陶瓷制品制造	801	167	105	200
卫生陶瓷制品制造	455	148	47	162
特种陶瓷制品制造	104	5	32	11
日用陶瓷制品制造	75	5	14	19
园林、陈设艺术及其他陶瓷制品制造	167	9	12	8
耐火材料制品制造	760	77	39	36
石棉制品制造	87	20	11	6
云母制品制造	31	11	1	4
耐火陶瓷制品及其他耐火材料制造	642	46	27	26
石墨及其他非金属矿物制品制造	871	229	86	50
石墨及碳素制品制造	124	8	35	16
其他非金属矿物制品制造	747	221	51	34
黑色金属冶炼和压延加工业	4210	563	894	951
炼铁	39	10	16	4
炼铁	39	10	16	4
炼钢	62	11	23	4
炼钢	62	11	23	4
黑色金属铸造	1602	294	252	248
黑色金属铸造	1602	294	252	248
钢压延加工	2451	233	596	690
钢压延加工	2451	233	596	690
铁合金冶炼	56	15	7	5
铁合金冶炼	56	15	7	5

单位：个

嘉兴市	湖州市	绍兴市	金华市	衢州市	舟山市	台州市	丽水市
	3	2	2			5	1
21	24	25	1118	10		69	3
3	6	7	7	3		1	4
4		8	71			4	2
12	3	5	11	1		11	1
30	27	26	36	6		25	4
136	31	26	45	10	3	20	11
57	26	14	32	8		4	11
79	5	12	13	2	3	16	
30	44	43	27	9	3	63	110
13	5	15	10	4	1	49	1
11	16	11	6	2		8	2
3	10	9	7	2	1	3	2
3	13	8	4	1	1	3	105
29	386	113	27	10	6	20	17
	15	10	5	1	6	4	9
8			3			4	
21	371	103	19	9		12	8
30	76	31	253	14	4	44	54
16	16	9	10	6		5	3
14	60	22	243	8	4	39	51
371	253	232	232	61	30	419	204
		1	5	1		2	
		1	5	1		2	
3		1	4	2	1	2	11
3		1	4	2	1	2	11
123	126	102	86	28	19	279	45
123	126	102	86	28	19	279	45
236	125	124	131	30	9	133	144
236	125	124	131	30	9	133	144
9	2	4	6		1	3	4
9	2	4	6		1	3	4

2-A-4 续表 15

行　　业	单位数			
		杭州市	宁波市	温州市
有色金属冶炼和压延加工业	3505	391	891	509
常用有色金属冶炼	329	56	114	38
铜冶炼	93	17	35	12
铅锌冶炼	43	16	9	7
镍钴冶炼	27	8	6	2
锡冶炼	14	2	9	
铝冶炼	104	8	38	8
镁冶炼	4	1	1	
其他常用有色金属冶炼	44	4	16	9
贵金属冶炼	26	5	3	1
金冶炼	9	4		
银冶炼	11	1	1	1
其他贵金属冶炼	6		2	
稀有稀土金属冶炼	21	6	9	2
钨钼冶炼	4	3		1
稀土金属冶炼	11	1	8	1
其他稀有金属冶炼	6	2	1	
有色金属合金制造	312	32	79	70
有色金属合金制造	312	32	79	70
有色金属铸造	411	29	172	28
有色金属铸造	411	29	172	28
有色金属压延加工	2406	263	514	370
铜压延加工	1069	72	151	228
铝压延加工	903	105	248	85
贵金属压延加工	45	4	13	11
稀有稀土金属压延加工	59	6	36	
其他有色金属压延加工	330	76	66	46
金属制品业	30869	4586	7119	4696
结构性金属制品制造	4931	1023	857	389
金属结构制造	2199	550	529	135
金属门窗制造	2732	473	328	254
金属工具制造	5086	1041	953	424

单位：个

嘉兴市	湖州市	绍兴市	金华市	衢州市	舟山市	台州市	丽水市
191	120	454	480	55	11	349	54
12		21	57	11	1	11	8
1		7	16			4	1
1			5	3	1		1
3		3	1	3		1	
		2	1				
5		5	29	4		6	1
		1		1			
2		3	5				5
1		4		2		9	1
		3		1			1
						8	
1		1		1		1	
1				1		1	1
1							
				1		1	1
12	3	20	75	3		13	5
12	3	20	75	3		13	5
13	9	12	105		1	38	4
13	9	12	105		1	38	4
152	108	397	243	38	9	277	35
24	16	287	75	18	4	182	12
80	67	70	137	15	2	76	18
4	2	4	2		1	4	
7	5	3		2			
37	18	33	29	3	2	15	5
2327	682	2005	5994	311	161	2497	491
440	179	347	1214	101	47	220	114
281	97	200	249	27	18	80	33
159	82	147	965	74	29	140	81
182	50	187	1559	36	15	489	150

2-A-4 续表 16

行业	单位数			
		杭州市	宁波市	温州市
切削工具制造	991	136	140	105
手工具制造	1886	638	271	123
农用及园林用金属工具制造	512	34	77	5
刀剪及类似日用金属工具制造	419	41	117	61
其他金属工具制造	1278	192	348	130
集装箱及金属包装容器制造	699	173	136	66
集装箱制造	22	3	8	6
金属压力容器制造	192	43	48	12
金属包装容器制造	485	127	80	48
金属丝绳及其制品制造	913	296	161	80
金属丝绳及其制品制造	913	296	161	80
建筑、安全用金属制品制造	8712	855	2420	2096
建筑、家具用金属配件制造	5498	635	1689	1466
建筑装饰及水暖管道零件制造	2503	111	465	566
安全、消防用金属制品制造	466	47	196	37
其他建筑、安全用金属制品制造	245	62	70	27
金属表面处理及热处理加工	2745	359	721	725
金属表面处理及热处理加工	2745	359	721	725
搪瓷制品制造	329	59	41	68
生产专用搪瓷制品制造	21	4	4	4
建筑装饰搪瓷制品制造	16	3	4	1
搪瓷卫生洁具制造	224	34	24	59
搪瓷日用品及其他搪瓷制品制造	68	18	9	4
金属制日用品制造	3876	171	837	365
金属制厨房用器具制造	630	46	158	34
金属制餐具和器皿制造	1045	28	165	33
金属制卫生器具制造	254	15	86	64
其他金属制日用品制造	1947	82	428	234
其他金属制品制造	3578	609	993	483
锻件及粉末冶金制品制造	1546	287	462	240
交通及公共管理用金属标牌制造	259	70	27	58
其他未列明金属制品制造	1773	252	504	185

单位：个

嘉兴市	湖州市	绍兴市	金华市	衢州市	舟山市	台州市	丽水市
36	14	21	130	5	1	312	91
41	8	66	564	14	11	115	35
9	3	12	343	5		14	10
50	6	13	113	2	1	8	7
46	19	75	409	10	2	40	7
67	18	84	74	16	3	58	4
4						1	
9	1	17	26	10	2	24	
54	17	67	48	6	1	33	4
76	52	44	84	10	2	92	16
76	52	44	84	10	2	92	16
706	98	849	639	54	20	890	85
645	81	196	514	20	15	174	63
30	7	576	49	7	1	683	8
20	5	59	40	24	1	26	11
11	5	18	36	3	3	7	3
264	73	97	183	19	44	219	41
264	73	97	183	19	44	219	41
12	4	61	29	2		51	2
4		2	1	1		1	
1		3	3			1	
6		48	5			46	2
1	4	8	20	1		3	
279	41	155	1765	47	5	171	40
43	2	31	269	12	2	21	12
28	6	15	704	8	2	45	11
13	2	15	21	2		35	1
195	31	94	771	25	1	70	16
301	167	181	447	26	25	307	39
139	47	52	61	5	13	229	11
19	7	11	26	3		23	15
143	113	118	360	18	12	55	13

2-A-4 续表 17

行业	单位数	杭州市	宁波市	温州市
通用设备制造业	46216	5359	11884	8493
锅炉及原动设备制造	729	185	139	55
锅炉及辅助设备制造	277	72	42	16
内燃机及配件制造	260	26	60	20
汽轮机及辅机制造	40	12	9	2
水轮机及辅机制造	72	55	5	4
风能原动设备制造	22	3	10	4
其他原动设备制造	58	17	13	9
金属加工机械制造	4594	781	896	801
金属切削机床制造	813	89	165	92
金属成形机床制造	613	96	112	150
铸造机械制造	606	112	140	79
金属切割及焊接设备制造	538	47	115	136
机床附件制造	527	84	109	52
其他金属加工机械制造	1497	353	255	292
物料搬运设备制造	1618	325	333	86
轻小型起重设备制造	383	70	24	14
起重机制造	193	42	35	21
生产专用车辆制造	113	41	21	3
连续搬运设备制造	242	32	40	5
电梯、自动扶梯及升降机制造	609	123	186	34
其他物料搬运设备制造	78	17	27	9
泵、阀门、压缩机及类似机械制造	10470	526	1660	4073
泵及真空设备制造	2085	154	199	354
气体压缩机械制造	493	68	92	90
阀门和旋塞制造	5969	174	573	3085
液压和气压动力机械及元件制造	1923	130	796	544
轴承、齿轮和传动部件制造	5442	763	1759	282
轴承制造	3650	352	1429	73
齿轮及齿轮减、变速箱制造	1287	279	234	179
其他传动部件制造	505	132	96	30
烘炉、风机、衡器、包装等设备制造	4874	554	706	646

单位：个

嘉兴市	湖州市	绍兴市	金华市	衢州市	舟山市	台州市	丽水市
3873	1001	5232	2405	465	225	6452	827
50	42	73	81	11	11	65	17
35	27	23	29	7		15	11
5	5	43	40	1	11	44	5
5	6	2	3	1			
1	2		3	1		1	
		2	2	1			
4	2	3	4			5	1
196	109	505	366	57	41	705	137
47	13	76	40	7		196	88
33	13	35	69	9	1	88	7
14	20	143	36	12	12	28	10
15	3	23	81	2	10	103	3
23	3	26	29	10	2	182	7
64	57	202	111	17	16	108	22
302	255	60	62	13	4	161	17
202	5	23	15	6	1	18	5
23	25	14	8	1	3	15	6
10	5	4	16	2		10	1
9	55	3	1	3		93	1
53	160	13	20	1		17	2
5	5	3	2			8	2
172	54	236	144	69	22	3141	373
30	14	57	54	17	9	1169	28
23	9	13	19	20	3	153	3
44	9	102	46	19	3	1578	336
75	22	64	25	13	7	241	6
455	93	1078	286	136	6	428	156
413	40	889	30	122	1	155	146
27	15	135	146	8	4	254	6
15	38	54	110	6	1	19	4
196	187	955	987	27	19	558	39

2-A-4 续表 18

行　业	单位数		
	杭州市	宁波市	温州市
烘炉、熔炉及电炉制造	323	45	54	13
风机、风扇制造	676	60	82	31
气体、液体分离及纯净设备制造	501	154	64	92
制冷、空调设备制造	1067	157	163	48
风动和电动工具制造	1280	40	212	60
喷枪及类似器具制造	279	22	71	16
衡器制造	174	28	31	14
包装专用设备制造	574	48	29	372
文化、办公用机械制造	443	65	106	135
电影机械制造	12	2	6	3
幻灯及投影设备制造	24	3	5	5
照相机及器材制造	113	8	44	9
复印和胶印设备制造	59	18	21	7
计算器及货币专用设备制造	115	8	6	95
其他文化、办公用机械制造	120	26	24	16
通用零部件制造	16986	2010	5994	2240
金属密封件制造	805	85	277	103
紧固件制造	5132	295	1437	1369
弹簧制造	958	154	212	164
机械零部件加工	7745	1222	3041	469
其他通用零部件制造	2346	254	1027	135
其他通用设备制造业	1060	150	291	175
其他通用设备制造业	1060	150	291	175
专用设备制造业	19178	2353	4929	2886
采矿、冶金、建筑专用设备制造	1181	222	140	220
矿山机械制造	401	57	19	106
石油钻采专用设备制造	54	4	14	19
建筑工程用机械制造	381	85	52	57
海洋工程专用设备制造	17	2	4	1
建筑材料生产专用机械制造	229	58	20	27
冶金专用设备制造	99	16	31	10
化工、木材、非金属加工专用设备制造	7732	602	2904	889

单位：个

嘉兴市	湖州市	绍兴市	金华市	衢州市	舟山市	台州市	丽水市
29	117	17	25	3		14	6
30	6	312	13	4	3	131	4
45	22	74	9	3		31	7
35	18	496	24	9	2	106	9
11	4	26	785	2	1	132	7
9	11	13	21			115	1
3		1	92	2	1	1	1
34	9	16	18	4	12	28	4
14	12	76	19		1	14	1
1							
5			4			2	
4		45	3				
2	5	1	1		1	3	
2			3			1	
	7	30	8			8	1
2443	190	2101	371	130	111	1319	77
205	7	53	22	2	9	38	4
1481	18	110	80	37	13	272	20
58	15	214	30	7	2	100	2
470	117	1266	143	75	84	812	46
229	33	458	96	9	3	97	5
45	59	148	89	22	10	61	10
45	59	148	89	22	10	61	10
1157	405	2036	1170	267	525	3089	361
100	43	177	72	66	16	105	20
23	29	54	25	44	2	35	7
2	2	1	1	2	1	7	1
38	4	80	17	4		35	9
			1		9		
32	5	23	23	14	2	23	2
5	3	19	5	2	2	5	1
475	101	271	369	50	423	1608	40

2-A-4 续表 19

行　　业	单位数	杭州市	宁波市	温州市
炼油、化工生产专用设备制造	232	56	45	43
橡胶加工专用设备制造	87	8	24	10
塑料加工专用设备制造	1163	93	340	180
木材加工机械制造	105	11	11	2
模具制造	6036	406	2464	637
其他非金属加工专用设备制造	109	28	20	17
食品、饮料、烟草及饲料生产专用设备制造	621	51	104	214
食品、酒、饮料及茶生产专用设备制造	432	34	83	178
农副食品加工专用设备制造	139	12	10	28
烟草生产专用设备制造	31	3	9	6
饲料生产专用设备制造	19	2	2	2
印刷、制药、日化及日用品生产专用设备制造	1283	209	128	599
制浆和造纸专用设备制造	119	55	3	32
印刷专用设备制造	583	42	44	364
日用化工专用设备制造	69	15	12	19
制药专用设备制造	191	13	11	132
照明器具生产专用设备制造	117	36	28	13
玻璃、陶瓷和搪瓷制品生产专用设备制造	47	10	9	6
其他日用品生产专用设备制造	157	38	21	33
纺织、服装和皮革加工专用设备制造	3531	319	673	293
纺织专用设备制造	1778	253	207	129
皮革、毛皮及其制品加工专用设备制造	134	11	25	57
缝制机械制造	1587	47	433	102
洗涤机械制造	32	8	8	5
电子和电工机械专用设备制造	819	185	201	183
电工机械专用设备制造	413	74	106	101
电子工业专用设备制造	406	111	95	82
农、林、牧、渔专用机械制造	906	81	159	48
拖拉机制造	34	10	6	1
机械化农业及园艺机具制造	400	23	54	14
营林及木竹采伐机械制造	13	2	2	1
畜牧机械制造	39	6	9	1

单位：个

嘉兴市	湖州市	绍兴市	金华市	衢州市	舟山市	台州市	丽水市
14	3	11	21	15	1	21	2
4	6	7	6		1	21	
28	10	19	20	1	396	76	
12	19		27	3		16	4
415	54	227	276	31	25	1468	33
2	9	7	19			6	1
32	6	77	32	13	25	57	10
12	3	54	19	4	19	22	4
14	2	17	12	9	3	27	5
3		1				8	1
3	1	5	1		3		
73	21	57	98	17	4	63	14
12	2	3	2	5	1	3	1
46	5	17	22	3		36	4
1	1	5	7	4		4	1
2	1	12	7		3	10	
5	6	8	10	3		3	5
2		3	14			1	2
5	6	9	36	2		6	1
176	54	869	190	14	23	713	207
135	36	677	105	6	18	209	3
10	14	1	4	1		9	2
28	4	190	81	7	5	488	202
3		1				7	
60	17	62	57	7	5	29	13
22	8	35	32	4	2	21	8
38	9	27	25	3	3	8	5
30	35	68	167	25	6	276	11
2	2	1	7			3	2
11	11	40	92	6		143	6
1	1	1	4			1	
3		2	15	2		1	

2-A-4 续表 20

行 业	单位数			
		杭州市	宁波市	温州市
渔业机械制造	37	2	12	1
农林牧渔机械配件制造	272	28	58	10
棉花加工机械制造	9	1	1	6
其他农、林、牧、渔业机械制造	102	9	17	14
医疗仪器设备及器械制造	1000	261	342	105
医疗诊断、监护及治疗设备制造	175	60	50	17
口腔科用设备及器具制造	66	20	21	5
医疗实验室及医用消毒设备和器具制造	53	16	15	3
医疗、外科及兽医用器械制造	262	80	69	33
机械治疗及病房护理设备制造	63	20	20	5
假肢、人工器官及植(介)入器械制造	62	17	13	7
其他医疗设备及器械制造	319	48	154	35
环保、社会公共服务及其他专用设备制造	2105	423	278	335
环境保护专用设备制造	1091	214	104	103
地质勘查专用设备制造	12	3	3	1
邮政专用机械及器材制造	23	13	6	2
商业、饮食、服务专用设备制造	33	9	9	4
社会公共安全设备及器材制造	389	43	56	135
交通安全、管制及类似专用设备制造	67	21	17	7
水资源专用机械制造	78	27	13	5
其他专用设备制造	412	93	70	78
汽车制造业	13942	1466	3599	3431
汽车整车制造	95	19	24	2
汽车整车制造	95	19	24	2
改装汽车制造	25	11	7	1
改装汽车制造	25	11	7	1
低速载货汽车制造	2	1		
低速载货汽车制造	2	1		
电车制造	12	3	3	
电车制造	12	3	3	
汽车车身、挂车制造	36	11	11	
汽车车身、挂车制造	36	11	11	

单位：个

嘉兴市	湖州市	绍兴市	金华市	衢州市	舟山市	台州市	丽水市
		2	1		5	14	
9	17	9	31	1	1	105	3
				1			
4	4	13	17	15		9	
57	27	54	47	8	11	79	9
15	4	9	6	2	3	8	1
3	1	5	3	1	1	5	1
5	2	4	4			3	1
9	8	7	10	1	6	37	2
3	3	4	2	2		3	1
8	2	6	5			3	1
14	7	19	17	2	1	20	2
154	101	401	138	67	12	159	37
106	69	295	63	15	7	92	23
		2				3	
	1	1					
1	1	2	3			4	
13	1	44	22	37	3	28	7
3	3	7	5	1		2	1
6	5	6	3	9		3	1
25	21	44	42	5	2	27	5
463	137	793	588	77	93	3081	214
1		5	33			10	1
1		5	33			10	1
2	2		1	1			
2	2		1	1			
							1
							1
			3	1		2	
			3	1		2	
2	2		6	1		2	1
2	2		6	1		2	1

2-A-4 续表 21

行　业	单位数	杭州市	宁波市	温州市
汽车零部件及配件制造	13772	1421	3554	3428
汽车零部件及配件制造	13772	1421	3554	3428
铁路、船舶、航空航天和其他运输设备制造业	4463	519	806	583
铁路运输设备制造	107	13	30	14
铁路机车车辆及动车组制造	2	1	1	
窄轨机车车辆制造	1		1	
铁路机车车辆配件制造	40	5	7	9
铁路专用设备及器材、配件制造	58	6	18	5
其他铁路运输设备制造	6	1	3	
城市轨道交通设备制造	8	2	4	
城市轨道交通设备制造	8	2	4	
船舶及相关装置制造	1120	54	223	73
金属船舶制造	559	23	80	36
非金属船舶制造	27	2	8	6
娱乐船和运动船制造	42	14	13	1
船用配套设备制造	438	15	103	27
船舶改装与拆除	45		10	3
航标器材及其他相关装置制造	9		9	
航空、航天器及设备制造	34	6	10	2
飞机制造	9	2	3	
航天器制造	5		2	
航空、航天相关设备制造	9	2	2	
其他航空航天器制造	11	2	3	2
摩托车制造	1535	50	166	431
摩托车整车制造	63	4	11	5
摩托车零部件及配件制造	1472	46	155	426
自行车制造	1409	365	331	53
脚踏自行车及残疾人座车制造	678	290	231	16
助动自行车制造	731	75	100	37
非公路休闲车及零配件制造	167	20	24	6
非公路休闲车及零配件制造	167	20	24	6
潜水救捞及其他未列明运输设备制造	83	9	18	4

单位：个

嘉兴市	湖州市	绍兴市	金华市	衢州市	舟山市	台州市	丽水市
458	133	788	545	74	93	3067	211
458	133	788	545	74	93	3067	211
142	62	128	420	27	383	1332	61
6	2	14	7	2		19	
	1	7	2			9	
6	1	6	5	2		9	
		1				1	
1							1
1							1
42	26	31	14	3	380	271	3
36	17	4	3	1	192	165	2
1	3		2		2	3	
2	4		4	1	1	2	
3	2	26	5	1	162	93	1
		1			23	8	
3		1	6	1		5	
		1	1			2	
			3				
1			2	1		1	
2						2	
18	8	24	110	11		677	40
			9			32	2
18	8	24	101	11		645	38
54	25	52	157	8	3	349	12
26	10	26	49	1	1	26	2
28	15	26	108	7	2	323	10
	1	4	100	1		8	3
	1	4	100	1		8	3
18		2	26	1		3	2

2-A-4 续表 22

行 业	单位数			
		杭州市	宁波市	温州市
潜水及水下救捞装备制造	14	2	7	1
其他未列明运输设备制造	69	7	11	3
电气机械和器材制造业	32545	3404	8916	10215
电机制造	3473	229	682	420
发电机及发电机组制造	461	62	74	51
电动机制造	1727	80	261	191
微电机及其他电机制造	1285	87	347	178
输配电及控制设备制造	11780	834	1349	7930
变压器、整流器和电感器制造	1172	129	189	513
电容器及其配套设备制造	328	37	86	72
配电开关控制设备制造	6624	318	354	5501
电力电子元器件制造	2699	229	520	1513
光伏设备及元器件制造	337	37	102	44
其他输配电及控制设备制造	620	84	98	287
电线、电缆、光缆及电工器材制造	3149	696	817	572
电线、电缆制造	2447	567	640	387
光纤、光缆制造	112	33	45	11
绝缘制品制造	231	34	37	72
其他电工器材制造	359	62	95	102
电池制造	505	65	132	34
锂离子电池制造	125	27	36	5
镍氢电池制造	34	6	10	3
其他电池制造	346	32	86	26
家用电力器具制造	5923	313	3445	404
家用制冷电器具制造	300	29	170	18
家用空气调节器制造	185	39	88	7
家用通风电器具制造	561	19	209	14
家用厨房电器具制造	1108	49	556	43
家用清洁卫生电器具制造	437	20	280	32
家用美容、保健电器具制造	366	4	145	129
家用电力器具专用配件制造	1351	116	959	69
其他家用电力器具制造	1615	37	1038	92

单位：个

嘉兴市	湖州市	绍兴市	金华市	衢州市	舟山市	台州市	丽水市
1						2	1
17		2	26	1		1	1
2212	701	2082	1395	408	143	2799	270
83	94	502	225	14	60	1113	51
11	2	32	45	5	6	166	7
40	48	279	85	5	6	720	12
32	44	191	95	4	48	227	32
408	118	200	215	197	28	417	84
96	15	33	30	65	2	85	15
8	9	25	4	7		78	2
128	23	39	42	51	14	135	19
98	42	63	91	29	7	70	37
37	20	23	36	13	1	17	7
41	9	17	12	32	4	32	4
278	151	117	126	62	4	299	27
237	131	79	85	41	3	253	24
4	8	4	5	2			
25	6	16	8	10		23	
12	6	18	28	9	1	23	3
60	83	36	52	8	2	16	17
10	13	10	11	3	1	6	3
3	1	2	6			1	2
47	69	24	35	5	1	9	12
374	70	585	416	25	35	228	28
18	7	25	15	1		14	3
4	3	10	8	1	1	22	2
6		258	21	1	1	31	1
41	13	206	165	7		24	4
22	15	6	31	5	7	15	4
8	1	2	19	1	16	37	4
59	17	34	38	4	6	46	3
216	14	44	119	5	4	39	7

2-A-4 续表 23

行业	单位数	杭州市	宁波市	温州市
非电力家用器具制造	1011	99	220	48
燃气、太阳能及类似能源家用器具制造	868	90	159	46
其他非电力家用器具制造	143	9	61	2
照明器具制造	5823	1027	2044	573
电光源制造	1288	617	83	21
照明灯具制造	3232	287	1282	361
灯用电器附件及其他照明器具制造	1303	123	679	191
其他电气机械及器材制造	881	141	227	234
电气信号设备装置制造	235	45	58	75
其他未列明电气机械及器材制造	646	96	169	159
计算机、通信和其他电子设备制造业	9430	1429	2791	2030
计算机制造	323	95	126	33
计算机整机制造	22	8	9	
计算机零部件制造	118	30	51	16
计算机外围设备制造	81	22	33	7
其他计算机制造	102	35	33	10
通信设备制造	765	284	277	76
通信系统设备制造	551	218	203	51
通信终端设备制造	214	66	74	25
广播电视设备制造	490	106	95	41
广播电视节目制作及发射设备制造	23	10	3	3
广播电视接收设备及器材制造	388	82	73	9
应用电视设备及其他广播电视设备制造	79	14	19	29
雷达及配套设备制造	11	3	3	2
雷达及配套设备制造	11	3	3	2
视听设备制造	697	53	234	43
电视机制造	46	4	24	5
音响设备制造	571	40	179	11
影视录放设备制造	80	9	31	27
电子器件制造	1247	276	348	233
电子真空器件制造	97	21	33	20
半导体分立器件制造	226	41	36	94

单位：个

嘉兴市	湖州市	绍兴市	金华市	衢州市	舟山市	台州市	丽水市
355	19	95	117	6	1	46	5
347	18	92	68	5	1	37	5
8	1	3	49	1		9	
621	149	465	187	85	7	621	44
297	68	55	39	53	2	33	20
260	64	288	124	23	2	523	18
64	17	122	24	9	3	65	6
33	17	82	57	11	6	59	14
12		10	16	3	1	11	4
21	17	72	41	8	5	48	10
938	282	769	706	114	36	272	63
26		15	14	2	1	11	
2			2		1		
3		7	6	1		4	
12		2	1			4	
9		6	5	1		3	
54	5	29	14	5	5	12	4
26	3	21	11	5	4	6	3
28	2	8	3		1	6	1
155	7	48	14	17	3	4	
3	2		2				
148	4	48	8	13	1	2	
4	1		4	4	2	2	
1			1			1	
1			1			1	
103	19	214	24	2	1	4	
3		7	1		1	1	
96	19	203	20	1		2	
4		4	3	1		1	
103	37	97	62	27	4	47	13
7	2	3	4	2	1	3	1
13	7	7	3	11		11	3

2-A-4 续表 24

行　业	单位数			
		杭州市	宁波市	温州市
集成电路制造	123	38	35	10
光电子器件及其他电子器件制造	801	176	244	109
电子元件制造	5229	501	1546	1514
电子元件及组件制造	4877	381	1481	1432
印制电路板制造	352	120	65	82
其他电子设备制造	668	111	162	88
其他电子设备制造	668	111	162	88
仪器仪表制造业	5831	760	1193	1948
通用仪器仪表制造	2719	489	704	833
工业自动控制系统装置制造	796	160	142	225
电工仪器仪表制造	870	157	153	443
绘图、计算及测量仪器制造	227	32	77	26
实验分析仪器制造	194	33	68	23
试验机制造	48	17	6	4
供应用仪表及其他通用仪器制造	584	90	258	112
专用仪器仪表制造	754	155	228	133
环境监测专用仪器仪表制造	63	16	18	8
运输设备及生产用计数仪表制造	153	25	46	28
导航、气象及海洋专用仪器制造	38	12	10	7
农林牧渔专用仪器仪表制造	15	1	5	1
地质勘探和地震专用仪器制造	15	4	4	3
教学专用仪器制造	137	21	41	40
核子及核辐射测量仪器制造	5	2		2
电子测量仪器制造	146	45	46	18
其他专用仪器制造	182	29	58	26
钟表与计时仪器制造	157	35	68	28
钟表与计时仪器制造	157	35	68	28
光学仪器及眼镜制造	1876	42	107	851
光学仪器制造	212	36	97	17
眼镜制造	1664	6	10	834
其他仪器仪表制造业	325	39	86	103
其他仪器仪表制造业	325	39	86	103

单位：个

嘉兴市	湖州市	绍兴市	金华市	衢州市	舟山市	台州市	丽水市
11	3	14	7	1	2	2	
72	25	73	48	13	1	31	9
435	193	291	478	50	15	166	40
409	190	275	465	33	15	161	35
26	3	16	13	17		5	5
61	21	75	99	11	7	27	6
61	21	75	99	11	7	27	6
190	45	204	176	33	55	1176	51
115	30	106	91	20	21	294	16
48	14	33	16	5	2	149	2
37	5	10	12	4	9	34	6
5	3	5	50	3	1	24	1
9	5	34	3	2	1	16	
1	2	10	1	1		5	1
15	1	14	9	5	8	66	6
47	8	61	38	7	5	54	18
7	1	5	3			2	3
3		16	3	1	1	24	6
1			2		1	5	
		2	2			4	
1		2				1	
14		3	9	3		5	1
1							
7	5	4	9			8	4
13	2	29	10	3	3	5	4
2	1	1	14	3	1	3	1
2	1	1	14	3	1	3	1
20	3	13	20	3	1	802	14
14	3	9	9	1	1	23	2
6		4	11	2		779	12
6	3	23	13		27	23	2
6	3	23	13		27	23	2

2-A-4 续表 25

行　业	单位数	杭州市	宁波市	温州市
其他制造业	5131	331	529	1257
日用杂品制造	4143	202	398	978
鬃毛加工、制刷及清扫工具制造	309	5	101	24
其他日用杂品制造	3834	197	297	954
煤制品制造	55	5	12	7
煤制品制造	55	5	12	7
核辐射加工	5	2	2	
核辐射加工	5	2	2	
其他未列明制造业	928	122	117	272
其他未列明制造业	928	122	117	272
废弃资源综合利用业	921	209	237	63
金属废料和碎屑加工处理	421	90	131	25
金属废料和碎屑加工处理	421	90	131	25
非金属废料和碎屑加工处理	500	119	106	38
非金属废料和碎屑加工处理	500	119	106	38
金属制品、机械和设备修理业	1340	132	239	101
金属制品修理	37	5	19	2
金属制品修理	37	5	19	2
通用设备修理	170	42	42	16
通用设备修理	170	42	42	16
专用设备修理	152	32	24	22
专用设备修理	152	32	24	22
铁路、船舶、航空航天等运输设备修理	788	10	94	42
铁路运输设备修理	1		1	
船舶修理	775	8	86	39
航空航天器修理	1		1	
其他运输设备修理	11	2	6	3
电气设备修理	78	20	30	6
电气设备修理	78	20	30	6
仪器仪表修理	11	1	4	
仪器仪表修理	11	1	4	
其他机械和设备修理业	104	22	26	13
其他机械和设备修理业	104	22	26	13

单位：个

嘉兴市	湖州市	绍兴市	金华市	衢州市	舟山市	台州市	丽水市
1256	57	507	848	84	5	197	60
1226	34	434	600	64	2	157	48
9	15	6	124	7	1	11	6
1217	19	428	476	57	1	146	42
3		11	7	4	1	5	
3		11	7	4	1	5	
1							
1							
26	23	62	241	16	2	35	12
26	23	62	241	16	2	35	12
71	34	34	36	28	8	181	20
17	3	18	9	7	5	108	8
17	3	18	9	7	5	108	8
54	31	16	27	21	3	73	12
54	31	16	27	21	3	73	12
61	41	60	23	7	575	96	5
3		5				2	1
3		5				2	1
15	6	9	7	1	21	11	
15	6	9	7	1	21	11	
19	5	21	8	2	5	12	2
19	5	21	8	2	5	12	2
14	24	4			540	60	
14	24	4			540	60	
2	4	6	2		3	3	2
2	4	6	2		3	3	2
1					1	4	
1					1	4	
7	2	15	6	4	5	4	
7	2	15	6	4	5	4	

2-A-4 续表 26

行业	单位数			
		杭州市	宁波市	温州市
电力、热力、燃气及水生产和供应业	**4309**	**508**	**415**	**711**
电力、热力生产和供应业	2825	330	181	486
电力生产	2635	302	160	448
火力发电	145	19	24	9
水力发电	2373	267	112	426
核力发电	5	1		
风力发电	40	3	11	7
太阳能发电	18	3	5	1
其他电力生产	54	9	8	5
电力供应	111	10	9	30
电力供应	111	10	9	30
热力生产和供应	79	18	12	8
热力生产和供应	79	18	12	8
燃气生产和供应业	309	49	51	58
燃气生产和供应业	309	49	51	58
燃气生产和供应业	309	49	51	58
水的生产和供应业	1175	129	183	167
自来水生产和供应	622	64	121	97
自来水生产和供应	622	64	121	97
污水处理及其再生利用	326	55	48	44
污水处理及其再生利用	326	55	48	44
其他水的处理、利用与分配	227	10	14	26
其他水的处理、利用与分配	227	10	14	26
建筑业	**23419**	**7421**	**4188**	**2296**
房屋建筑业	4110	1050	624	415
房屋建筑业	4110	1050	624	415
房屋建筑业	4110	1050	624	415
土木工程建筑业	5356	1580	788	595
铁路、道路、隧道和桥梁工程建筑	2361	738	302	223
铁路工程建筑	44	15	6	2
公路工程建筑	430	84	71	45

单位：个

嘉兴市	湖州市	绍兴市	金华市	衢州市	舟山市	台州市	丽水市
187	**155**	**358**	**308**	**251**	**107**	**504**	**804**
50	38	265	220	201	16	279	758
29	29	254	203	192	14	258	746
20	14	38	10	5	2	4	
	10	214	186	179		241	738
3						1	
			2		8	7	2
2	1	1	1	3			1
4	4	1	4	5	4	5	5
6	3	7	13	6	2	12	12
6	3	7	13	6	2	12	12
15	6	4	4	3		9	
15	6	4	4	3		9	
25	11	29	20	20	15	21	10
25	11	29	20	20	15	21	10
25	11	29	20	20	15	21	10
112	106	64	68	30	76	204	36
68	59	30	47	20	18	68	30
68	59	30	47	20	18	68	30
38	47	29	15	9	10	25	6
38	47	29	15	9	10	25	6
6		5	6	1	48	111	
6		5	6	1	48	111	
1431	**744**	**1728**	**1731**	**652**	**1290**	**1429**	**509**
224	163	422	541	140	93	287	151
224	163	422	541	140	93	287	151
224	163	422	541	140	93	287	151
313	209	514	451	185	154	400	167
127	103	262	220	104	30	177	75
1		5	3	3		4	5
33	29	45	33	15	6	52	17

2-A-4 续表 27

行　业	单位数	杭州市	宁波市	温州市
市政道路工程建筑	1595	553	186	141
其他道路、隧道和桥梁工程建筑	292	86	39	35
水利和内河港口工程建筑	492	89	85	50
水源及供水设施工程建筑	250	51	32	36
河湖治理及防洪设施工程建筑	146	33	25	5
港口及航运设施工程建筑	96	5	28	9
海洋工程建筑	30	1	9	3
海洋工程建筑	30	1	9	3
工矿工程建筑	201	50	28	59
工矿工程建筑	201	50	28	59
架线和管道工程建筑	587	193	63	83
架线及设备工程建筑	383	129	35	60
管道工程建筑	204	64	28	23
其他土木工程建筑	1685	509	301	177
其他土木工程建筑	1685	509	301	177
建筑安装业	3497	1162	822	334
电气安装	1120	444	171	105
电气安装	1120	444	171	105
管道和设备安装	975	306	248	98
管道和设备安装	975	306	248	98
其他建筑安装业	1402	412	403	131
其他建筑安装业	1402	412	403	131
建筑装饰和其他建筑业	10456	3629	1954	952
建筑装饰业	7736	2854	1587	771
建筑装饰业	7736	2854	1587	771
工程准备活动	2109	555	261	120
建筑物拆除活动	453	181	74	65
其他工程准备活动	1656	374	187	55
提供施工设备服务	157	50	29	16
提供施工设备服务	157	50	29	16
其他未列明建筑业	454	170	77	45
其他未列明建筑业	454	170	77	45

单位：个

嘉兴市	湖州市	绍兴市	金华市	衢州市	舟山市	台州市	丽水市
71	57	176	159	82	18	101	51
22	17	36	25	4	6	20	2
48	21	36	29	19	47	51	17
27	9	21	21	10	7	25	11
17	11	13	8	8	1	21	4
4	1	2		1	39	5	2
3					11	3	
3					11	3	
7	7	12	7	6	5	17	3
7	7	12	7	6	5	17	3
42	25	43	34	15	13	45	31
27	14	24	24	9	6	31	24
15	11	19	10	6	7	14	7
86	53	161	161	41	48	107	41
86	53	161	161	41	48	107	41
290	100	236	150	49	80	218	56
97	37	52	40	14	43	96	21
97	37	52	40	14	43	96	21
91	23	86	23	19	16	52	13
91	23	86	23	19	16	52	13
102	40	98	87	16	21	70	22
102	40	98	87	16	21	70	22
604	272	556	589	278	963	524	135
489	211	441	520	215	139	398	111
489	211	441	520	215	139	398	111
70	36	60	31	30	815	116	15
20	9	26	12	15	13	30	8
50	27	34	19	15	802	86	7
10	14	16	3	9	5	2	3
10	14	16	3	9	5	2	3
35	11	39	35	24	4	8	6
35	11	39	35	24	4	8	6

2-A-4 续表 28

行　业	单位数			
		杭州市	宁波市	温州市
批发和零售业	**252532**	**68290**	**41753**	**27333**
批发业	178393	49731	33281	16880
农、林、牧产品批发	5539	1313	480	311
谷物、豆及薯类批发	614	125	58	28
种子批发	324	96	32	38
饲料批发	492	125	46	56
棉、麻批发	124	34	38	6
林业产品批发	1682	426	74	35
牲畜批发	694	156	37	53
其他农牧产品批发	1609	351	195	95
食品、饮料及烟草制品批发	16004	4276	2519	1468
米、面制品及食用油批发	1399	361	181	124
糕点、糖果及糖批发	495	183	99	25
果品、蔬菜批发	4355	812	593	137
肉、禽、蛋、奶及水产品批发	2319	594	343	304
盐及调味品批发	279	106	28	27
营养和保健品批发	626	252	59	85
酒、饮料及茶叶批发	3265	1047	517	310
烟草制品批发	63	21	16	3
其他食品批发	3203	900	683	453
纺织、服装及家庭用品批发	50315	12966	5853	3830
纺织品、针织品及原料批发	23043	4139	1507	560
服装批发	12548	5012	1529	1244
鞋帽批发	1631	321	96	707
化妆品及卫生用品批发	1259	536	151	132
厨房、卫生间用具及日用杂货批发	3471	902	613	180
灯具、装饰物品批发	1298	435	270	145
家用电器批发	3079	748	950	343
其他家庭用品批发	3986	873	737	519
文化、体育用品及器材批发	8600	1942	1788	748
文具用品批发	2905	794	742	389
体育用品及器材批发	797	203	128	35

单位：个

嘉兴市	湖州市	绍兴市	金华市	衢州市	舟山市	台州市	丽水市
18878	**7633**	**30571**	**29475**	**5712**	**3237**	**14763**	**4887**
13641	4597	23592	19307	4163	2024	8773	2404
815	605	585	565	529	25	81	230
57	17	80	59	157	3	8	22
46	11	22	31	15	4	13	16
53	39	13	44	80	14	15	7
7	2	4	25	3		5	
157	412	341	110	58	1	9	59
85	18	43	123	141	2	8	28
410	106	82	173	75	1	23	98
1053	424	2139	1448	916	280	786	695
97	58	99	193	174	23	55	34
22	15	57	46	16	3	24	5
341	78	859	562	496	13	122	342
151	87	366	129	52	108	155	30
25	9	12	28	10	4	20	10
70	20	20	38	20	6	38	18
208	106	396	228	93	58	204	98
2	1	6	5	1	2	5	1
137	50	324	219	54	63	163	157
4521	1130	14475	5687	231	98	1327	197
2264	671	12792	889	36	17	155	13
1494	292	1126	1389	49	14	336	63
30	2	23	246	8	4	182	12
39	19	33	258	17	10	60	4
119	24	184	1217	30	12	155	35
86	42	50	178	18	4	65	5
249	42	187	343	27	23	141	26
240	38	80	1167	46	14	233	39
291	45	286	3118	47	16	263	56
204	23	105	504	18	10	100	16
20	4	15	355	4		28	5

2-A-4 续表 29

行 业	单位数			
		杭州市	宁波市	温州市
图书批发	220	131	17	26
报刊批发	16	5	5	2
音像制品及电子出版物批发	65	28	9	3
首饰、工艺品及收藏品批发	3420	534	401	237
其他文化用品批发	1177	247	486	56
医药及医疗器材批发	3125	1458	473	289
西药批发	353	126	37	28
中药批发	443	130	27	120
医疗用品及器材批发	2329	1202	409	141
矿产品、建材及化工产品批发	44440	12215	11053	4873
煤炭及制品批发	1495	351	276	127
石油及制品批发	2141	377	673	163
非金属矿及制品批发	467	101	92	37
金属及金属矿批发	13143	4399	3638	1407
建材批发	11303	3661	2081	1159
化肥批发	1327	248	122	86
农药批发	725	151	55	77
农用薄膜批发	53	8	7	3
其他化工产品批发	13786	2919	4109	1814
机械设备、五金产品及电子产品批发	33420	12592	7361	3596
农业机械批发	523	108	67	31
汽车批发	476	146	96	37
汽车零配件批发	3264	1531	606	461
摩托车及零配件批发	271	50	50	52
五金产品批发	9303	2755	2066	1101
电气设备批发	2533	881	441	338
计算机、软件及辅助设备批发	2410	1500	398	131
通讯及广播电视设备批发	896	476	165	78
其他机械设备及电子产品批发	13744	5145	3472	1367
贸易经纪与代理	9745	1255	2232	1033
贸易代理	7826	837	1825	761
拍卖	244	70	42	25
其他贸易经纪与代理	1675	348	365	247

单位：个

嘉兴市	湖州市	绍兴市	金华市	衢州市	舟山市	台州市	丽水市
5		3	34	1		2	1
1	1		2				
2		2	15	1		4	1
30	12	142	1923	14	5	97	25
29	5	19	285	9	1	32	8
137	65	204	196	92	12	145	54
16	17	31	35	18	2	36	7
15	5	23	56	22	1	9	35
106	43	150	105	52	9	100	12
3902	1469	3133	1780	1481	892	3123	519
170	93	156	110	59	22	100	31
176	63	145	69	28	228	205	14
26	33	36	59	39	4	22	18
1278	331	481	378	170	194	806	61
888	564	865	495	446	307	656	181
219	83	72	127	181	17	95	77
105	44	29	37	68	6	130	23
9	1	5	8	2	1	6	3
1031	257	1344	497	488	113	1103	111
2255	519	1900	2150	521	434	1788	304
49	20	74	47	31	10	50	36
33	7	25	52	20	4	45	11
124	22	144	168	20	11	155	22
8	5	17	28	6	1	52	2
862	116	568	1040	136	77	500	82
210	69	170	180	49	33	146	16
87	18	65	95	21	11	66	18
29	12	32	44	9	14	27	10
853	250	805	496	229	273	747	107
264	130	411	3445	159	65	570	181
219	103	333	3186	133	50	253	126
17	8	14	26	8	9	15	10
28	19	64	233	18	6	302	45

2-A-4 续表 30

行 业	单位数	杭州市	宁波市	温州市
其他批发业	7205	1714	1522	732
再生物资回收与批发	4051	875	1127	309
其他未列明批发业	3154	839	395	423
零售业	74139	18559	8472	10453
综合零售	3382	965	392	446
百货零售	1640	501	158	160
超级市场零售	623	138	84	92
其他综合零售	1119	326	150	194
食品、饮料及烟草制品专门零售	9211	2585	960	997
粮油零售	481	139	47	46
糕点、面包零售	333	117	65	22
果品、蔬菜零售	1844	527	191	76
肉、禽、蛋、奶及水产品零售	1899	359	147	118
营养和保健品零售	528	158	62	93
酒、饮料及茶叶零售	1778	617	156	269
烟草制品零售	241	82	74	25
其他食品零售	2107	586	218	348
纺织、服装及日用品专门零售	10863	3373	928	1738
纺织品及针织品零售	1161	338	113	152
服装零售	4869	1858	296	696
鞋帽零售	562	97	38	187
化妆品及卫生用品零售	527	205	33	104
钟表、眼镜零售	1063	230	150	193
箱、包零售	260	64	13	68
厨房用具及日用杂品零售	313	80	41	47
自行车零售	285	90	44	19
其他日用品零售	1823	411	200	272
文化、体育用品及器材专门零售	3967	1280	433	527
文具用品零售	763	243	133	91
体育用品及器材零售	335	94	29	47
图书、报刊零售	340	131	37	30

单位：个

嘉兴市	湖州市	绍兴市	金华市	衢州市	舟山市	台州市	丽水市
403	210	459	918	187	202	690	168
248	117	228	261	117	181	470	118
155	93	231	657	70	21	220	50
5237	3036	6979	10168	1549	1213	5990	2483
134	145	422	346	89	51	209	183
69	83	223	234	38	16	86	72
42	31	33	55	29	19	67	33
23	31	166	57	22	16	56	78
425	300	1699	733	238	138	758	378
16	16	81	58	30	3	22	23
19	5	19	45	11	3	24	3
64	50	457	161	52	10	169	87
112	29	618	106	21	41	282	66
36	13	36	40	16	18	38	18
71	115	183	157	61	22	68	59
8	6	7	8	3	5	15	8
99	66	298	158	44	36	140	114
901	296	1105	1041	139	145	937	260
111	65	160	131	8	10	58	15
519	101	477	344	32	53	410	83
27	9	64	43	5	7	61	24
14	15	28	59	8	9	41	11
82	30	61	84	19	27	150	37
35	4	18	24	6	2	20	6
12	6	19	48	5	15	25	15
29	17	27	17	14	6	10	12
72	49	251	291	42	16	162	57
194	123	443	459	80	54	207	167
53	29	68	58	16	12	36	24
16	8	13	92	11	3	14	8
18	25	20	28	10	9	16	16

2-A-4 续表 31

行　　业	单位数	杭州市	宁波市	温州市
音像制品及电子出版物零售	58	16	9	18
珠宝首饰零售	874	261	80	135
工艺美术品及收藏品零售	1131	373	84	138
乐器零售	136	69	20	11
照相器材零售	65	35	3	8
其他文化用品零售	265	58	38	49
医药及医疗器材专门零售	10907	1658	1647	1994
药品零售	10023	1346	1552	1896
医疗用品及器材零售	884	312	95	98
汽车、摩托车、燃料及零配件专门零售	8361	1768	1173	1194
汽车零售	4885	897	668	760
汽车零配件零售	1388	414	199	205
摩托车及零配件零售	446	65	35	59
机动车燃料零售	1642	392	271	170
家用电器及电子产品专门零售	8069	2413	983	1149
家用视听设备零售	529	100	86	72
日用家电设备零售	2250	528	271	314
计算机、软件及辅助设备零售	2665	830	285	378
通信设备零售	1285	428	157	232
其他电子产品零售	1340	527	184	153
五金、家具及室内装饰材料专门零售	10565	2868	1340	1292
五金零售	3002	758	519	326
灯具零售	280	88	32	38
家具零售	1539	426	186	305
涂料零售	2688	530	292	201
卫生洁具零售	264	64	19	81
木质装饰材料零售	598	230	71	67
陶瓷、石材装饰材料零售	789	292	45	107
其他室内装饰材料零售	1405	480	176	167
货摊、无店铺及其他零售业	8814	1649	616	1116
货摊食品零售	30	18	5	2
货摊纺织、服装及鞋零售	35	3	1	12

单位：个

嘉兴市	湖州市	绍兴市	金华市	衢州市	舟山市	台州市	丽水市
1	2	5	3		3	1	
33	26	145	93	17	3	64	17
43	21	152	128	21	24	58	89
12	4	5	6	5		3	1
1	1	13	2			1	1
17	7	22	49			14	11
1013	644	637	1348	138	230	1176	422
980	606	557	1251	113	220	1119	383
33	38	80	97	25	10	57	39
585	408	730	966	345	90	774	328
340	258	424	629	237	61	412	199
78	41	103	139	24	17	130	38
50	27	43	50	23	2	63	29
117	82	160	148	61	10	169	62
587	308	647	696	230	193	614	249
46	22	52	54	11	10	34	42
228	103	189	217	75	68	214	43
187	81	244	199	79	76	197	109
55	62	61	101	40	26	96	27
71	40	101	125	25	13	73	28
706	645	1010	993	228	236	951	296
240	184	350	266	52	58	171	78
15	10	29	23	10	10	12	13
44	56	114	142	33	20	154	59
302	293	142	297	59	91	406	75
10	7	19	20	3	3	28	10
11	23	66	50	18	8	41	13
15	23	123	81	22	16	47	18
69	49	167	114	31	30	92	30
692	167	286	3586	62	76	364	200
1	1		3				
2	3		10			3	1

2-A-4 续表 32

行 业	单位数	杭州市	宁波市	温州市
货摊日用品零售	33	7	2	9
互联网零售	6116	1004	264	551
邮购及电视、电话零售	73	14	3	7
旧货零售	89	13	37	3
生活用燃料零售	603	105	56	165
其他未列明零售业	1835	485	248	367
交通运输、仓储和邮政业	**16562**	**3653**	**3746**	**2403**
铁路运输业	1		1	
铁路货物运输	1		1	
铁路货物运输	1		1	
道路运输业	8382	2458	1534	1210
城市公共交通运输	456	102	71	74
公共电汽车客运	128	12	18	24
城市轨道交通	12	4	1	3
出租车客运	283	77	50	36
其他城市公共交通运输	33	9	2	11
公路旅客运输	496	103	49	116
公路旅客运输	496	103	49	116
道路货物运输	6643	2120	1252	891
道路货物运输	6643	2120	1252	891
道路运输辅助活动	787	133	162	129
客运汽车站	89	7	12	23
公路管理与养护	236	51	31	23
其他道路运输辅助活动	462	75	119	83
水上运输业	1047	77	202	109
水上旅客运输	85	18	12	11
海洋旅客运输	33		1	6
内河旅客运输	27	13	2	3
客运轮渡运输	25	5	9	2
水上货物运输	669	45	126	72
远洋货物运输	33	3	5	8
沿海货物运输	516	11	110	47
内河货物运输	120	31	11	17

单位：个

嘉兴市	湖州市	绍兴市	金华市	衢州市	舟山市	台州市	丽水市
	2		12	1			
602	69	67	3229	15	6	230	79
2	1	4	39			2	1
	9	14	6			4	3
19	24	47	55	17	22	50	43
66	58	154	232	29	48	75	73
1067	**619**	**788**	**1305**	**532**	**901**	**1238**	**310**
552	388	360	366	430	277	612	195
38	20	26	22	15	12	58	18
7	7	10	9	9	2	22	8
					1	1	2
29	10	16	10	6	9	34	6
2	3		3			1	2
13	18	30	25	48	21	51	22
13	18	30	25	48	21	51	22
433	303	277	273	323	230	409	132
433	303	277	273	323	230	409	132
68	47	27	46	44	14	94	23
3	4	4	9	4	2	19	2
18	23	5	17	25	8	23	12
47	20	18	20	15	4	52	9
53	39	23	13	3	400	122	6
1	1	1	3	2	29	6	1
					22	4	
1	1	1	2	2		1	1
			1		7	1	
27	33	17	6	1	256	84	2
1		1	3		8	4	
16		5			246	80	1
10	33	11	3	1	2		1

2-A-4 续表 33

行业	单位数			
		杭州市	宁波市	温州市
水上运输辅助活动	293	14	64	26
客运港口	12	1	1	1
货运港口	86	6	29	13
其他水上运输辅助活动	195	7	34	12
航空运输业	42	11	5	7
航空客货运输	4	2		
航空旅客运输	3	1		
航空货物运输	1	1		
通用航空服务	18	5	2	3
通用航空服务	18	5	2	3
航空运输辅助活动	20	4	3	4
机场	10	1	1	2
其他航空运输辅助活动	10	3	2	2
管道运输业	3	2		
管道运输业	3	2		
管道运输业	3	2		
装卸搬运和运输代理业	5279	674	1645	897
装卸搬运	850	93	125	336
装卸搬运	850	93	125	336
运输代理业	4429	581	1520	561
货物运输代理	3705	424	1384	421
旅客票务代理	469	130	89	117
其他运输代理业	255	27	47	23
仓储业	852	174	247	77
谷物、棉花等农产品仓储	141	18	13	25
谷物仓储	113	11	11	23
棉花仓储	8	2	2	
其他农产品仓储	20	5		2
其他仓储业	711	156	234	52
其他仓储业	711	156	234	52
邮政业	956	257	112	103

单位：个

嘉兴市	湖州市	绍兴市	金华市	衢州市	舟山市	台州市	丽水市
25	5	5	4		115	32	3
					7	2	
14	3	2	3		8	7	1
11	2	3	1		100	23	2
1	2		8	1	7		
			1		1		
			1		1		
			6	1	1		
			6	1	1		
1	2		1		5		
1	2		1		2		
					3		
			1				
			1				
			1				
267	110	306	760	52	158	369	41
76	24	47	40	15	41	47	6
76	24	47	40	15	41	47	6
191	86	259	720	37	117	322	35
148	76	241	578	35	95	282	21
25	6	14	37		11	29	11
18	4	4	105	2	11	11	3
99	48	33	45	21	46	47	15
16	11	4	16	7	8	10	13
13	6	3	15	6	7	9	9
1		1	1	1			
2	5				1	1	4
83	37	29	29	14	38	37	2
83	37	29	29	14	38	37	2
95	32	66	112	25	13	88	53

2-A-4 续表 34

行业	单位数			
		杭州市	宁波市	温州市
邮政基本服务	41	13	3	4
邮政基本服务	41	13	3	4
快递服务	915	244	109	99
快递服务	915	244	109	99
住宿和餐饮业	**13863**	**3779**	**2189**	**2215**
住宿业	6100	1440	939	997
旅游饭店	1607	512	235	148
旅游饭店	1607	512	235	148
一般旅馆	4229	884	649	803
一般旅馆	4229	884	649	803
其他住宿业	264	44	55	46
其他住宿业	264	44	55	46
餐饮业	7763	2339	1250	1218
正餐服务	5919	1839	883	930
正餐服务	5919	1839	883	930
快餐服务	578	180	106	67
快餐服务	578	180	106	67
饮料及冷饮服务	562	202	120	69
茶馆服务	162	61	25	19
咖啡馆服务	191	65	46	22
酒吧服务	117	36	23	14
其他饮料及冷饮服务	92	40	26	14
其他餐饮业	704	118	141	152
小吃服务	340	59	44	111
餐饮配送服务	139	29	38	10
其他未列明餐饮业	225	30	59	31
信息传输、软件和信息技术服务业	**16151**	**9454**	**2466**	**1033**
电信、广播电视和卫星传输服务	550	207	63	58
电信	435	182	40	50
固定电信服务	67	28	4	5
移动电信服务	139	47	3	20
其他电信服务	229	107	33	25

单位：个

嘉兴市	湖州市	绍兴市	金华市	衢州市	舟山市	台州市	丽水市
2	1	5	5	1	1	2	4
2	1	5	5	1	1	2	4
93	31	61	107	24	12	86	49
93	31	61	107	24	12	86	49
832	**616**	**765**	**1221**	**179**	**429**	**1104**	**534**
418	283	269	631	75	231	549	268
89	82	104	121	40	103	112	61
89	82	104	121	40	103	112	61
299	187	150	475	31	127	437	187
299	187	150	475	31	127	437	187
30	14	15	35	4	1		20
30	14	15	35	4	1		20
414	333	496	590	104	198	555	266
291	245	403	437	94	173	421	203
291	245	403	437	94	173	421	203
40	23	32	66	2	15	40	7
40	23	32	66	2	15	40	7
25	43	14	29	2	3	32	23
3	35	3	4	1	1	4	6
11	4	7	13		2	14	7
8	2	4	11			11	8
3	2		1	1		3	2
58	22	47	58	6	7	62	33
14	8	19	26	3	6	40	10
26	4	8	9		1	7	7
18	10	20	23	3		15	16
668	**271**	**565**	**819**	**153**	**114**	**444**	**164**
26	14	32	38	41	18	33	20
19	8	28	30	34	10	23	11
3	2	7	4	2	4	4	4
9	2	7	9	30	4	4	4
7	4	14	17	2	2	15	3

2-A-4 续表 35

行业	单位数	杭州市	宁波市	温州市
广播电视传输服务	115	25	23	8
有线广播电视传输服务	101	22	20	7
无线广播电视传输服务	14	3	3	1
互联网和相关服务	1358	637	175	132
互联网接入及相关服务	175	94	8	12
互联网接入及相关服务	175	94	8	12
互联网信息服务	991	457	146	107
互联网信息服务	991	457	146	107
其他互联网服务	192	86	21	13
其他互联网服务	192	86	21	13
软件和信息技术服务业	14243	8610	2228	843
软件开发	10178	6726	1555	488
软件开发	10178	6726	1555	488
信息系统集成服务	1270	530	303	95
信息系统集成服务	1270	530	303	95
信息技术咨询服务	1660	828	237	147
信息技术咨询服务	1660	828	237	147
数据处理和存储服务	257	130	22	39
数据处理和存储服务	257	130	22	39
集成电路设计	168	88	34	2
集成电路设计	168	88	34	2
其他信息技术服务业	710	308	77	72
数字内容服务	89	38	14	9
呼叫中心	10	5		1
其他未列明信息技术服务业	611	265	63	62
金融业	**3443**	**552**	**909**	**266**
货币金融服务	408	71	62	49
货币银行服务	4			1
货币银行服务	4			1
非货币银行服务	404	71	62	48
金融租赁服务	49	17	19	
财务公司	10	2	1	1
其他非货币银行服务	345	52	42	47

单位：个

嘉兴市	湖州市	绍兴市	金华市	衢州市	舟山市	台州市	丽水市
7	6	4	8	7	8	10	9
7	4	4	6	6	7	10	8
	2		2	1	1		1
47	28	73	151	21	13	57	24
9	5	17	16	7	1	1	5
9	5	17	16	7	1	1	5
31	23	44	104	9	8	46	16
31	23	44	104	9	8	46	16
7		12	31	5	4	10	3
7		12	31	5	4	10	3
595	229	460	630	91	83	354	120
384	153	276	298	44	38	160	56
384	153	276	298	44	38	160	56
70	25	52	46	13	27	89	20
70	25	52	46	13	27	89	20
84	24	73	149	17	11	75	15
84	24	73	149	17	11	75	15
18	4	14	14	5		8	3
18	4	14	14	5		8	3
13	8	9	9	1	1	1	2
13	8	9	9	1	1	1	2
26	15	36	114	11	6	21	24
8	7	5	2	2	2	1	1
	1		2			1	
18	7	31	110	9	4	19	23
452	**135**	**307**	**367**	**51**	**120**	**182**	**102**
40	21	40	42	15	10	38	20
	1		1			1	
	1		1			1	
40	20	40	41	15	10	37	20
4	1		4		1	1	2
1		2	1			1	1
35	19	38	36	15	9	35	17

2-A-4 续表 36

行业	单位数			
		杭州市	宁波市	温州市
资本市场服务	2407	366	671	141
证券市场服务	37	25	4	6
证券市场管理服务	6	3	1	1
证券经纪交易服务	13	8	1	4
基金管理服务	18	14	2	1
期货市场服务	25	11	1	5
期货市场管理服务	7	5	1	
其他期货市场服务	18	6		5
资本投资服务	2190	276	618	119
资本投资服务	2190	276	618	119
其他资本市场服务	155	54	48	11
其他资本市场服务	155	54	48	11
保险业	73	21	26	6
人身保险	3	1		1
人寿保险	3	1		1
财产保险	6	1	1	1
财产保险	6	1	1	1
再保险	1			1
再保险	1			1
保险经纪与代理服务	38	12	19	2
保险经纪与代理服务	38	12	19	2
其他保险活动	25	7	6	1
风险和损失评估	18	4	5	1
其他未列明保险活动	7	3	1	
其他金融业	555	94	150	70
金融信托与管理服务	311	47	111	30
金融信托与管理服务	311	47	111	30
控股公司服务	51	12	13	11
控股公司服务	51	12	13	11
其他未列明金融业	193	35	26	29
其他未列明金融业	193	35	26	29

单位：个

嘉兴市	湖州市	绍兴市	金华市	衢州市	舟山市	台州市	丽水市
393	98	247	239	26	104	90	32
				1		1	
				1			
						1	
1			4		1	1	1
							1
1			4		1	1	
389	89	237	222	24	103	86	27
389	89	237	222	24	103	86	27
3	9	10	13	1		2	4
3	9	10	13	1		2	4
2	2	2	8	1	2	2	1
	1						
	1						
			2			1	
			2			1	
2		1	1			1	
2		1	1			1	
	1	1	5	1	2		1
		1	4		2		1
	1		1	1			
17	14	18	78	9	4	52	49
6	6	12	50		3	37	9
6	6	12	50		3	37	9
1	7		4		1	2	
1	7		4		1	2	
10	1	6	24	9		13	40
10	1	6	24	9		13	40

2-A-4 续表 37

行　业	单位数			
		杭州市	宁波市	温州市
房地产业	**23349**	**5750**	**2833**	**4248**
房地产业	23349	5750	2833	4248
房地产开发经营	7396	1723	999	808
房地产开发经营	7396	1723	999	808
物业管理	4697	1542	702	437
物业管理	4697	1542	702	437
房地产中介服务	6602	1786	677	2079
房地产中介服务	6602	1786	677	2079
自有房地产经营活动	3999	569	337	839
自有房地产经营活动	3999	569	337	839
其他房地产业	655	130	118	85
其他房地产业	655	130	118	85
租赁和商务服务业	**60098**	**21950**	**10103**	**7002**
租赁业	3472	1061	518	442
机械设备租赁	3338	1023	492	425
汽车租赁	1815	435	235	282
农业机械租赁	63	9	18	11
建筑工程机械与设备租赁	1094	425	185	92
计算机及通讯设备租赁	24	16	3	1
其他机械与设备租赁	342	138	51	39
文化及日用品出租	134	38	26	17
娱乐及体育设备出租	76	17	14	6
图书出租	3	1		
音像制品出租	3	2		1
其他文化及日用品出租	52	18	12	10
商务服务业	56626	20889	9585	6560
企业管理服务	15194	6055	1633	1808
企业总部管理	895	305	139	86
投资与资产管理	5686	3781	468	296
单位后勤管理服务	250	84	35	38
其他企业管理服务	8363	1885	991	1388
法律服务	539	185	57	100

单位：个

嘉兴市	湖州市	绍兴市	金华市	衢州市	舟山市	台州市	丽水市
2125	**1069**	**1851**	**2478**	**413**	**499**	**1613**	**470**
2125	1069	1851	2478	413	499	1613	470
760	505	941	547	250	233	454	176
760	505	941	547	250	233	454	176
441	211	461	357	93	87	281	85
441	211	461	357	93	87	281	85
348	234	301	734	45	47	214	137
348	234	301	734	45	47	214	137
506	91	50	804	11	117	623	52
506	91	50	804	11	117	623	52
70	28	98	36	14	15	41	20
70	28	98	36	14	15	41	20
4052	**1608**	**4184**	**3872**	**1122**	**1094**	**3905**	**1206**
206	87	198	437	55	108	250	110
193	85	196	415	53	100	248	108
91	54	98	326	17	53	139	85
9	2	3	3	2	1	2	3
80	16	81	65	26	23	87	14
	2		1	1			
13	11	14	20	7	23	20	6
13	2	2	22	2	8	2	2
6	2	2	18		8	2	1
1			1				
6			3	2			1
3846	1521	3986	3435	1067	986	3655	1096
1572	475	1661	433	295	206	848	208
52	37	87	108	23	15	28	15
397	203	27	65	67	30	229	123
21	9	26	16	2	7	9	3
1102	226	1521	244	203	154	582	67
23	23	39	71	25	2	9	5

2-A-4 续表 38

行业	单位数	杭州市	宁波市	温州市
律师及相关法律服务	504	180	53	91
公证服务	7	2	1	1
其他法律服务	28	3	3	8
咨询与调查	15990	6336	3191	1904
会计、审计及税务服务	1982	644	369	261
市场调查	119	32	22	23
社会经济咨询	11744	4827	2593	1317
其他专业咨询	2145	833	207	303
广告业	10795	4090	1834	1089
广告业	10795	4090	1834	1089
知识产权服务	752	173	131	189
知识产权服务	752	173	131	189
人力资源服务	2084	525	483	174
公共就业服务	34	4		4
职业中介服务	704	153	104	66
劳务派遣服务	1148	318	340	87
其他人力资源服务	198	50	39	17
旅行社及相关服务	2701	808	381	289
旅行社服务	1656	504	247	172
旅游管理服务	777	203	88	89
其他旅行社相关服务	268	101	46	28
安全保护服务	456	109	76	53
安全服务	263	55	28	39
安全系统监控服务	137	38	34	10
其他安全保护服务	56	16	14	4
其他商务服务业	8115	2608	1799	954
市场管理	2183	388	386	252
会议及展览服务	1192	633	214	64
包装服务	181	45	21	22
办公服务	701	310	94	82
信用服务	28	16	4	
担保服务	716	192	111	89
其他未列明商务服务业	3114	1024	969	445

单位：个

嘉兴市	湖州市	绍兴市	金华市	衢州市	舟山市	台州市	丽水市
12	22	39	68	24	2	9	4
			1	1			1
11	1		2				
765	363	725	1054	219	197	950	286
149	72	150	93	49	34	104	57
4	3	10	7	5		9	4
517	232	443	679	123	138	717	158
95	56	122	275	42	25	120	67
579	276	703	772	179	182	826	265
579	276	703	772	179	182	826	265
68	12	34	69	9	5	56	6
68	12	34	69	9	5	56	6
207	59	129	181	71	105	118	32
3		6	6	2	2	1	6
67	20	27	115	30	62	49	11
101	38	88	41	31	30	59	15
36	1	8	19	8	11	9	
133	113	158	237	119	168	183	112
109	70	99	131	65	84	103	72
19	33	50	74	37	78	74	32
5	10	9	32	17	6	6	8
39	12	38	42	21	11	34	21
27	10	23	24	12	8	23	14
9		13	12	5	2	10	4
3	2	2	6	4	1	1	3
460	188	499	576	129	110	631	161
163	72	222	200	54	44	349	53
67	19	37	74	10	8	59	7
12	3	26	33	2	2	9	6
42	9	38	50	6	4	50	16
	1	1	3		1	1	1
72	32	38	45	37	12	68	20
104	52	137	171	20	39	95	58

2-A-4 续表 39

行业	单位数			
		杭州市	宁波市	温州市
科学研究和技术服务业	**21463**	**9485**	**3461**	**1671**
研究和试验发展	2474	879	506	213
自然科学研究和试验发展	114	43	14	10
自然科学研究和试验发展	114	43	14	10
工程和技术研究和试验发展	1681	557	398	139
工程和技术研究和试验发展	1681	557	398	139
农业科学研究和试验发展	335	84	61	22
农业科学研究和试验发展	335	84	61	22
医学研究和试验发展	322	190	29	37
医学研究和试验发展	322	190	29	37
社会人文科学研究	22	5	4	5
社会人文科学研究	22	5	4	5
专业技术服务业	12808	5632	2266	1099
气象服务	36	10	4	5
气象服务	36	10	4	5
地震服务	2	1		
地震服务	2	1		
海洋服务	30	8	9	3
海洋服务	30	8	9	3
测绘服务	359	81	41	35
测绘服务	359	81	41	35
质检技术服务	1072	304	274	111
质检技术服务	1072	304	274	111
环境与生态监测	230	95	34	24
环境保护监测	225	92	33	23
生态监测	5	3	1	1
地质勘查	89	40	13	5
能源矿产地质勘查	16	7	1	1
固体矿产地质勘查	16	9	2	1
水、二氧化碳等矿产地质勘查	1			
基础地质勘查	21	5	5	2
地质勘查技术服务	35	19	5	1

单位：个

嘉兴市	湖州市	绍兴市	金华市	衢州市	舟山市	台州市	丽水市
1161	**551**	**1729**	**1469**	**393**	**311**	**838**	**394**
173	79	328	135	37	36	58	30
8	4	15	15	3	1		1
8	4	15	15	3	1		1
123	50	243	73	22	24	41	11
123	50	243	73	22	24	41	11
20	10	56	36	12	6	13	15
20	10	56	36	12	6	13	15
22	14	9	10		4	4	3
22	14	9	10		4	4	3
	1	5	1		1		
	1	5	1		1		
684	255	901	684	189	215	600	283
5	1	3	5	1		1	1
5	1	3	5	1		1	1
1							
1							
2			1		4	3	
2			1		4	3	
31	22	21	47	26	9	27	19
31	22	21	47	26	9	27	19
73	30	61	55	16	42	77	29
73	30	61	55	16	42	77	29
26	5	24	4	3	3	7	5
26	5	24	4	3	3	7	5
2	1	8	7	2		2	9
1			1	1			4
			1	1			2
			1				
1		2	3			1	2
	1	6	1			1	1

2-A-4 续表 40

行业	单位数			
		杭州市	宁波市	温州市
工程技术	6575	3053	1072	547
工程管理服务	1988	743	281	232
工程勘察设计	4408	2235	772	296
规划管理	179	75	19	19
其他专业技术服务业	4415	2040	819	369
专业化设计服务	3198	1513	688	217
摄影扩印服务	535	233	72	64
兽医服务	106	29	6	19
其他未列明专业技术服务业	576	265	53	69
科技推广和应用服务业	6181	2974	689	359
技术推广服务	5228	2513	550	260
农业技术推广服务	2055	585	79	98
生物技术推广服务	714	483	54	32
新材料技术推广服务	341	183	71	12
节能技术推广服务	642	359	132	23
其他技术推广服务	1476	903	214	95
科技中介服务	531	217	104	45
科技中介服务	531	217	104	45
其他科技推广和应用服务业	422	244	35	54
其他科技推广和应用服务业	422	244	35	54
水利、环境和公共设施管理业	**3930**	**967**	**586**	**434**
水利管理业	270	50	33	25
防洪除涝设施管理	35	3	2	2
防洪除涝设施管理	35	3	2	2
水资源管理	70	15	9	5
水资源管理	70	15	9	5
天然水收集与分配	44	5	5	7
天然水收集与分配	44	5	5	7
水文服务	6			
水文服务	6			
其他水利管理业	115	27	17	11
其他水利管理业	115	27	17	11

单位：个

嘉兴市	湖州市	绍兴市	金华市	衢州市	舟山市	台州市	丽水市
313	139	494	301	97	107	295	157
129	70	136	96	45	56	127	73
174	66	345	191	47	49	157	76
10	3	13	14	5	2	11	8
231	57	290	264	44	50	188	63
153	30	206	172	21	32	144	22
40	13	30	29	7	10	22	15
7	3	22	8	3	1	7	1
31	11	32	55	13	7	15	25
304	217	500	650	167	60	180	81
258	188	449	588	151	49	153	69
142	114	375	471	98	13	38	42
31	27	17	29	9	6	18	8
16	12	17	12	2	4	10	2
30	12	10	30	15	8	21	2
39	23	30	46	27	18	66	15
36	29	21	39	6	6	25	3
36	29	21	39	6	6	25	3
10		30	23	10	5	2	9
10		30	23	10	5	2	9
286	**253**	**416**	**298**	**124**	**112**	**297**	**157**
22	13	28	44	14	6	16	19
5	6	5	3	2		3	4
5	6	5	3	2		3	4
7	2	6	11	2	2	6	5
7	2	6	11	2	2	6	5
1	3	3	11	2	2	3	2
1	3	3	11	2	2	3	2
1		2	1	2			
1		2	1	2			
8	2	12	18	6	2	4	8
8	2	12	18	6	2	4	8

2-A-4 续表 41

行　　业	单位数	杭州市	宁波市	温州市
生态保护和环境治理业	473	127	91	73
生态保护	59	12	9	9
自然保护区管理	14	2	2	3
野生动物保护	18	7	2	1
野生植物保护	8		5	1
其他自然保护	19	3		4
环境治理业	414	115	82	64
水污染治理	222	61	56	29
大气污染治理	41	15	9	6
固体废物治理	47	12	5	11
危险废物治理	20	5	4	2
放射性废物治理	1	1		
其他污染治理	83	21	8	16
公共设施管理业	3187	790	462	336
市政设施管理	499	113	55	43
市政设施管理	499	113	55	43
环境卫生管理	425	81	85	60
环境卫生管理	425	81	85	60
城乡市容管理	74	15	14	17
城乡市容管理	74	15	14	17
绿化管理	1328	406	176	122
绿化管理	1328	406	176	122
公园和游览景区管理	861	175	132	94
公园管理	59	17	11	6
游览景区管理	802	158	121	88
居民服务、修理和其他服务业	**11356**	**3275**	**1803**	**1705**
居民服务业	4095	1111	738	652
家庭服务	691	230	163	43
家庭服务	691	230	163	43
托儿所服务	12	2	3	2
托儿所服务	12	2	3	2

单位：个

嘉兴市	湖州市	绍兴市	金华市	衢州市	舟山市	台州市	丽水市
46	13	33	18	14	10	27	21
4	5	4	2	1	2	3	8
1	1	1			2		2
	1	1	2			3	1
1							1
2	3	2		1			4
42	8	29	16	13	8	24	13
25	2	15	7	7	1	15	4
5				4		1	1
4	2	6	1			4	2
2	2		1	1	1	1	1
6	2	8	7	1	6	3	5
218	227	355	236	96	96	254	117
66	82	41	41	13	8	17	20
66	82	41	41	13	8	17	20
30	20	46	11	11	10	55	16
30	20	46	11	11	10	55	16
2	7	6	4	5	1	2	1
2	7	6	4	5	1	2	1
84	57	175	113	47	41	80	27
84	57	175	113	47	41	80	27
36	61	87	67	20	36	100	53
4	7	4	4			6	
32	54	83	63	20	36	94	53
722	**341**	**821**	**932**	**197**	**229**	**1019**	**312**
223	125	200	382	47	79	400	138
38	18	15	52	23	19	62	28
38	18	15	52	23	19	62	28
1		3			1		
1		3			1		

2-A-4 续表 42

行业	单位数	杭州市	宁波市	温州市
洗染服务	247	75	55	36
洗染服务	247	75	55	36
理发及美容服务	819	261	123	144
理发及美容服务	819	261	123	144
洗浴服务	459	69	107	48
洗浴服务	459	69	107	48
保健服务	663	122	83	169
保健服务	663	122	83	169
婚姻服务	470	178	68	63
婚姻服务	470	178	68	63
殡葬服务	244	39	77	49
殡葬服务	244	39	77	49
其他居民服务业	490	135	59	98
其他居民服务业	490	135	59	98
机动车、电子产品和日用产品修理业	5159	1537	763	807
汽车、摩托车修理与维护	3996	1029	592	694
汽车修理与维护	3926	1020	580	679
摩托车修理与维护	70	9	12	15
计算机和办公设备维修	436	204	72	34
计算机和辅助设备修理	267	117	53	19
通讯设备修理	73	34	7	7
其他办公设备维修	96	53	12	8
家用电器修理	563	243	75	53
家用电子产品修理	156	56	17	14
日用电器修理	407	187	58	39
其他日用产品修理业	164	61	24	26
自行车修理	29	6	1	6
鞋和皮革修理	16	11	1	2
家具和相关物品修理	11	1	6	2
其他未列明日用产品修理业	108	43	16	16
其他服务业	2102	627	302	246
清洁服务	1621	463	260	155

单位：个

嘉兴市	湖州市	绍兴市	金华市	衢州市	舟山市	台州市	丽水市
12	5	13	19	2	8	20	2
12	5	13	19	2	8	20	2
16	10	36	86	3	16	114	10
16	10	36	86	3	16	114	10
57	47	37	17	1	3	49	24
57	47	37	17	1	3	49	24
44	27	28	71	4	10	75	30
44	27	28	71	4	10	75	30
14	2	20	81	2	8	27	7
14	2	20	81	2	8	27	7
7	8	16	6	1	9	20	12
7	8	16	6	1	9	20	12
34	8	32	50	11	5	33	25
34	8	32	50	11	5	33	25
367	166	439	381	88	84	422	105
284	133	365	303	67	70	369	90
282	129	358	290	66	69	364	89
2	4	7	13	1	1	5	1
16	14	29	25	7	6	23	6
11	8	19	15	5	4	12	4
2	3	3	4	2	2	8	1
3	3	7	6			3	1
54	18	29	39	12	7	28	5
16	5	7	23	6	2	8	2
38	13	22	16	6	5	20	3
13	1	16	14	2	1	2	4
2	1	9	2			1	1
1				1			
1			1				
9		7	11	1	1	1	3
132	50	182	169	62	66	197	69
108	42	159	107	54	59	172	42

2-A-4 续表 43

行业	单位数			
		杭州市	宁波市	温州市
建筑物清洁服务	225	62	42	18
其他清洁服务	1396	401	218	137
其他未列明服务业	481	164	42	91
其他未列明服务业	481	164	42	91
教育	**2565**	**982**	**293**	**297**
教育	2565	982	293	297
学前教育	213	49	19	29
学前教育	213	49	19	29
初等教育	10	2	2	3
普通小学教育	10	2	2	3
中等教育	25	7	2	7
普通初中教育	3	1		1
职业初中教育	3	2		
成人初中教育	2			1
普通高中教育	6			2
成人高中教育	7	4	2	1
中等职业学校教育	4			2
高等教育	15	11		1
成人高等教育	15	11		1
特殊教育	3			2
特殊教育	3			2
技能培训、教育辅助及其他教育	2299	913	270	255
职业技能培训	1290	434	139	125
体校及体育培训	20	12	1	4
文化艺术培训	288	138	27	52
教育辅助服务	224	112	17	25
其他未列明教育	477	217	86	49
卫生和社会工作	**1269**	**355**	**217**	**283**
卫生	1169	334	201	263
医院	261	69	37	67
综合医院	76	19	11	25
中医医院	8	2	1	3

单位：个

嘉兴市	湖州市	绍兴市	金华市	衢州市	舟山市	台州市	丽水市
25	4	13	18	4	4	29	6
83	38	146	89	50	55	143	36
24	8	23	62	8	7	25	27
24	8	23	62	8	7	25	27
117	**82**	**131**	**284**	**84**	**46**	**158**	**91**
117	82	131	284	84	46	158	91
6	1	7	79	12		6	5
6	1	7	79	12		6	5
			1			1	1
			1			1	1
2			5			1	1
			1				
			1				
1							
1			3				
						1	1
1			1	1			
1			1	1			
			1				
			1				
108	81	124	197	71	46	150	84
73	58	78	99	52	33	131	68
2			1				
6	8	11	30	2	5	5	4
5	2	13	29	10	3	4	4
22	13	22	38	7	5	10	8
51	**97**	**23**	**67**	**37**	**23**	**74**	**42**
45	90	19	65	26	21	65	40
9	6	3	15	13	12	21	9
4		1		4	3	6	3
			1	1			

2-A-4 续表 44

行　业	单位数	杭州市	宁波市	温州市
中西医结合医院	7	2	1	2
专科医院	157	44	22	36
疗养院	13	2	2	1
社区医疗与卫生院	25	2	2	6
社区卫生服务中心(站)	16		1	3
街道卫生院	5	1		1
乡镇卫生院	4	1	1	2
门诊部(所)	843	252	160	174
门诊部(所)	843	252	160	174
计划生育技术服务活动	2	2		
计划生育技术服务活动	2	2		
妇幼保健院(所、站)	1	1		
妇幼保健院(所、站)	1	1		
专科疾病防治院(所、站)	5			2
专科疾病防治院(所、站)	5			2
疾病预防控制中心	3	1		1
疾病预防控制中心	3	1		1
其他卫生活动	29	7	2	13
其他卫生活动	29	7	2	13
社会工作	100	21	16	20
提供住宿社会工作	49	12	7	10
干部休养所	6	1	1	
护理机构服务	8	3	1	2
老年人、残疾人养护服务	34	8	5	7
其他提供住宿社会救助	1			1
不提供住宿社会工作	51	9	9	10
社会看护与帮助服务	41	6	6	9
其他不提供住宿社会工作	10	3	3	1
文化、体育和娱乐业	**11874**	**2626**	**1713**	**1639**
新闻和出版业	143	87	14	13
新闻业	12	3	2	4
新闻业	12	3	2	4

单位：个

嘉兴市	湖州市	绍兴市	金华市	衢州市	舟山市	台州市	丽水市
1						1	
4	4	2	14	7	7	11	6
	2			1	2	3	
		2	4	3		5	1
		2	4	2		4	
				1		1	1
36	84	12	41	8	8	38	30
36	84	12	41	8	8	38	30
			1	1		1	
			1	1		1	
					1		
					1		
		2	4	1			
		2	4	1			
6	7	4	2	11	2	9	2
3	2	2	1	7		3	2
	1		1	1			1
				1			1
3	1	2		5		3	
3	5	2	1	4	2	6	
3	5	2	1	3	1	5	
				1	1	1	
864	**437**	**826**	**1564**	**407**	**241**	**1073**	**484**
3	1	5	11	3	2	3	1
			1	2			
			1	2			

2-A-4 续表 45

行　业	单位数	杭州市	宁波市	温州市
出版业	131	84	12	9
图书出版	31	24	3	
报纸出版	41	18	6	4
期刊出版	39	33	2	2
音像制品出版	8	6	1	
电子出版物出版	5	3		
其他出版业	7			3
广播、电视、电影和影视录音制作业	1372	245	112	75
广播	14	2	2	4
广播	14	2	2	4
电视	79	27	3	4
电视	79	27	3	4
电影和影视节目制作	911	137	46	17
电影和影视节目制作	911	137	46	17
电影和影视节目发行	37	16	8	3
电影和影视节目发行	37	16	8	3
电影放映	315	58	47	46
电影放映	315	58	47	46
录音制作	16	5	6	1
录音制作	16	5	6	1
文化艺术业	1103	441	177	89
文艺创作与表演	430	152	78	42
文艺创作与表演	430	152	78	42
艺术表演场馆	35	7	9	1
艺术表演场馆	35	7	9	1
图书馆与档案馆	52	11	6	9
图书馆	3			
档案馆	49	11	6	9
文物及非物质文化遗产保护	34	10	7	2
文物及非物质文化遗产保护	34	10	7	2
博物馆	30	5	9	2
博物馆	30	5	9	2

单位：个

嘉兴市	湖州市	绍兴市	金华市	衢州市	舟山市	台州市	丽水市
3	1	5	10	1	2	3	1
			2		1		1
2	1	5	2	1		2	
			2				
			1				
1			1				
			2		1	1	
153	22	44	620	24	10	39	28
			4	1		1	
			4	1		1	
3	3	3	29	2	2		3
3	3	3	29	2	2		3
120	4	13	561	2		7	4
120	4	13	561	2		7	4
1		4	1			3	1
1		4	1			3	1
27	15	24	25	19	7	28	19
27	15	24	25	19	7	28	19
2					1		1
2					1		1
70	45	89	72	12	18	41	49
29	13	38	20	3	9	23	23
29	13	38	20	3	9	23	23
8		4	3			2	1
8		4	3			2	1
10	3	2	3			4	4
2			1				
8	3	2	2			4	4
1		6	5	1		2	
1		6	5	1		2	
1	2	3	2		5	1	
1	2	3	2		5	1	

2-A-4 续表 46

行业	单位数			
		杭州市	宁波市	温州市
烈士陵园、纪念馆	1			
烈士陵园、纪念馆	1			
群众文化活动	124	53	14	12
群众文化活动	124	53	14	12
其他文化艺术业	397	203	54	21
其他文化艺术业	397	203	54	21
体育	1026	337	155	223
体育组织	12	5	2	1
体育组织	12	5	2	1
体育场馆	28	4	5	8
体育场馆	28	4	5	8
休闲健身活动	854	258	128	207
休闲健身活动	854	258	128	207
其他体育	132	70	20	7
其他体育	132	70	20	7
娱乐业	8230	1516	1255	1239
室内娱乐活动	7734	1346	1168	1169
歌舞厅娱乐活动	1269	249	267	208
电子游艺厅娱乐活动	450	145	56	50
网吧活动	5857	925	835	877
其他室内娱乐活动	158	27	10	34
游乐园	77	14	10	12
游乐园	77	14	10	12
彩票活动	3			2
彩票活动	3			2
文化、娱乐、体育经纪代理	201	75	48	20
文化娱乐经纪人	40	17	6	6
体育经纪人	9	8	1	
其他文化艺术经纪代理	152	50	41	14
其他娱乐业	215	81	29	36
其他娱乐业	215	81	29	36

单位：个

嘉兴市	湖州市	绍兴市	金华市	衢州市	舟山市	台州市	丽水市
			1				
			1				
7	12	7	11		2	4	2
7	12	7	11		2	4	2
14	15	29	27	8	2	5	19
14	15	29	27	8	2	5	19
47	27	60	52	16	33	58	18
2		1				1	
2		1				1	
2	1	1	2			5	
2	1	1	2			5	
34	24	51	45	16	32	49	10
34	24	51	45	16	32	49	10
9	2	7	5		1	3	8
9	2	7	5		1	3	8
591	342	628	809	352	178	932	388
563	321	608	768	343	164	912	372
110	54	55	53	21	40	154	58
35	28	28	12	4	6	26	60
407	233	512	674	314	117	719	244
11	6	13	29	4	1	13	10
3	4	2	13	3	4	6	6
3	4	2	13	3	4	6	6
		1					
		1					
20	4	6	13	3	2	5	5
3			5	1		1	1
17	4	6	8	2	2	4	4
5	13	11	15	3	8	9	5
5	13	11	15	3	8	9	5

2-A-5 按行业小类、地区分组的

行业	从业人员期末人数			
		杭州市	宁波市	温州市
总 计	**25123423**	**5256219**	**4682316**	**2795862**
农、林、牧、渔业	**22670**	**2039**	**3329**	**2414**
农业	1129	273	273	133
谷物种植	111		39	5
稻谷种植	111		39	5
豆类、油料和薯类种植	34			
豆类种植	34			
蔬菜、食用菌及园艺作物种植	398	203	14	
蔬菜种植	313	129	6	
花卉种植	28	20	8	
其他园艺作物种植	57	54		
水果种植	166	8	26	39
仁果类和核果类水果种植	66	8	24	7
香蕉等亚热带水果种植	30			
其他水果种植	70		2	32
坚果、含油果、香料和饮料作物种植	131	44	8	42
坚果种植	3		3	
茶及其他饮料作物种植	128	44	5	42
中药材种植	286	18	183	47
中药材种植	286	18	183	47
其他农业	3		3	
其他农业	3		3	
林业	20		12	1
林木育种和育苗	20		12	1
林木育种	13		12	1
林木育苗	7			
畜牧业	1024	199	173	130
牲畜饲养	720	179	20	43
猪的饲养	720	179	20	43
家禽饲养	207	12	147	28
鸡的饲养	189	12	147	23
鸭的饲养	13			
其他家禽饲养	5			5

全部企业法人单位从业人数

单位：人

嘉兴市	湖州市	绍兴市	金华市	衢州市	舟山市	台州市	丽水市
1872430	**952627**	**3509178**	**2495006**	**521634**	**347949**	**2184842**	**479297**
966	**1224**	**3768**	**2985**	**4267**	**100**	**479**	**1099**
105		174	38	8	22	20	83
10		51					6
10		51					6
		34					
		34					
95		81		5			
95		78		5			
		3					
					22	5	66
					22	5	
							30
							36
		8		3		15	11
		8		3		15	11
			38				
			38				
			7				
			7				
			7				
53		181	52	178	16	5	37
53		168	46	176	16		19
53		168	46	176	16		19
		13		2		5	
				2		5	
		13					

2-A-5 续表 1

行业	从业人员期末人数	杭州市	宁波市	温州市
其他畜牧业	97	8	6	59
其他畜牧业	97	8	6	59
渔业	596	275	149	49
水产养殖	596	275	149	49
海水养殖	75		23	37
内陆养殖	521	275	126	12
农、林、牧、渔服务业	19901	1292	2722	2101
农业服务业	17066	1132	2144	1834
农业机械服务	6762	626	1283	499
灌溉服务	152	9	86	5
农产品初加工服务	1706	157	446	228
其他农业服务	8446	340	329	1102
林业服务业	1117	99	49	87
林业有害生物防治服务	470	34	14	43
林产品初级加工服务	176	23	21	11
其他林业服务	471	42	14	33
畜牧服务业	874	48	96	108
畜牧服务业	874	48	96	108
渔业服务业	844	13	433	72
渔业服务业	844	13	433	72
采矿业	**33711**	**6420**	**2063**	**2786**
煤炭开采和洗选业	211	93	16	
烟煤和无烟煤开采洗选	159	60	16	
烟煤和无烟煤开采洗选	159	60	16	
褐煤开采洗选	29	15		
褐煤开采洗选	29	15		
其他煤炭采选	23	18		
其他煤炭采选	23	18		
黑色金属矿采选业	2754	138	100	6
铁矿采选	2753	138	100	6
铁矿采选	2753	138	100	6
其他黑色金属矿采选	1			
其他黑色金属矿采选	1			

单位：人

嘉兴市	湖州市	绍兴市	金华市	衢州市	舟山市	台州市	丽水市
			6				18
			6				18
24			10	9	15		65
24			10	9	15		65
					15		
24			10	9			65
784	1224	3413	2878	4072	47	454	914
604	1080	3080	2560	3776	8	293	555
242	624	2471	370	459		90	98
	6	16	10	10		10	
61	20	268	219	209		18	80
301	430	325	1961	3098	8	175	377
5	46	101	237	196	5	5	287
5	8	11	130	56	5		164
		11	56	53			1
	38	79	51	87		5	122
166	45	188	60	89		8	66
166	45	188	60	89		8	66
9	53	44	21	11	34	148	6
9	53	44	21	11	34	148	6
514	**7033**	**3885**	**1834**	**2079**	**1240**	**1455**	**4402**
74			4	10			14
74			4	5			
74			4	5			
							14
							14
				5			
				5			
		1762	21	27		8	692
		1761	21	27		8	692
		1761	21	27		8	692
		1					
		1					

2-A-5 续表 2

行业	从业人员期末人数	杭州市	宁波市	温州市
有色金属矿采选业	4257	1263		84
常用有色金属矿采选	3107	1262		
铜矿采选	1379	660		
铅锌矿采选	1502	564		
锑矿采选	35	35		
其他常用有色金属矿采选	191	3		
贵金属矿采选	186			
金矿采选	93			
银矿采选	93			
稀有稀土金属矿采选	964	1		84
钨钼矿采选	770	1		5
放射性金属矿采选	79			79
其他稀有金属矿采选	115			
非金属矿采选业	26130	4878	1920	2665
土砂石开采	22775	4685	1828	1347
石灰石、石膏开采	3448	1160	111	13
建筑装饰用石开采	8585	628	949	834
耐火土石开采	2823	808		11
粘土及其他土砂石开采	7919	2089	768	489
化学矿开采	78	5		3
化学矿开采	78	5		3
采盐	333	1	59	
采盐	333	1	59	
石棉及其他非金属矿采选	2944	187	33	1315
石棉、云母矿采选	16	1		15
石墨、滑石采选	36	8		
宝石、玉石采选	32	14	1	
其他未列明非金属矿采选	2860	164	32	1300
开采辅助活动	42	22	7	1
石油和天然气开采辅助活动	8			1
石油和天然气开采辅助活动	8			1
其他开采辅助活动	34	22	7	
其他开采辅助活动	34	22	7	

单位：人

嘉兴市	湖州市	绍兴市	金华市	衢州市	舟山市	台州市	丽水市
		924	12	104		99	1771
		872		103		13	857
		585		1			133
		287		29		13	609
				73			115
		51	12			86	37
		51	12				30
						86	7
		1		1			877
		1		1			762
							115
440	7033	1199	1696	1912	1233	1346	1808
440	7001	1060	1232	1354	1166	1134	1528
	1010	133	301	693		19	8
175	3767	535	254	325	435	459	224
	49	81	445	229		282	918
265	2175	311	232	107	731	374	378
			39				31
			39				31
					67	206	
					67	206	
	32	139	425	558		6	249
			7	21			
			17				
	32	139	401	537		6	249
			3		7	2	
					7		
					7		
			3			2	
			3			2	

2-A-5 续表 3

行　业	从业人员期末人数	杭州市	宁波市	温州市
其他采矿业	317	26	20	30
其他采矿业	317	26	20	30
其他采矿业	317	26	20	30
制造业	**11950218**	**1796962**	**2467832**	**1672875**
农副食品加工业	158766	22192	25901	19448
谷物磨制	4367	592	662	325
谷物磨制	4367	592	662	325
饲料加工	18124	1260	2830	3589
饲料加工	18124	1260	2830	3589
植物油加工	5091	568	726	212
食用植物油加工	4751	496	725	192
非食用植物油加工	340	72	1	20
制糖业	470	64	5	91
制糖业	470	64	5	91
屠宰及肉类加工	21572	3290	1488	5087
牲畜屠宰	7068	706	404	687
禽类屠宰	511	179	5	61
肉制品及副产品加工	13993	2405	1079	4339
水产品加工	59045	2244	11655	6566
水产品冷冻加工	47564	1586	9453	3705
鱼糜制品及水产品干腌制加工	7551	363	1740	1534
水产饲料制造	1889	70	271	106
鱼油提取及制品制造	143		18	
其他水产品加工	1898	225	173	1221
蔬菜、水果和坚果加工	35512	9026	7032	2226
蔬菜加工	18868	3349	5855	669
水果和坚果加工	16644	5677	1177	1557
其他农副食品加工	14585	5148	1503	1352
淀粉及淀粉制品制造	1635	537	187	254
豆制品制造	8681	3382	730	609
蛋品加工	1195	217	288	50
其他未列明农副食品加工	3074	1012	298	439

单位：人

嘉兴市	湖州市	绍兴市	金华市	衢州市	舟山市	台州市	丽水市
			98	26			117
			98	26			117
			98	26			117
1253881	**576249**	**1262072**	**1107568**	**238653**	**147768**	**1166725**	**259633**
12427	6413	7641	9127	10553	24624	15705	4735
864	555	394	227	496	69	86	97
864	555	394	227	496	69	86	97
3825	1508	1224	1017	1879	23	586	383
3825	1508	1224	1017	1879	23	586	383
630	352	216	224	869	349	267	678
514	313	178	196	849	349	263	676
116	39	38	28	20		4	2
21			226	47		16	
21			226	47		16	
3211	1166	465	4959	638	218	656	394
2671	363	66	1074	338	185	426	148
25	59	23	145	14			
515	744	376	3740	286	33	230	246
267	503	976	47	46	23794	12876	71
152	83	390	32	45	20883	11230	5
67	109	359			2283	1035	61
48	277	109			416	592	
					125		
	34	118	15	1	87	19	5
2443	522	3082	1532	6150	44	786	2669
2236	379	1745	1130	360	43	748	2354
207	143	1337	402	5790	1	38	315
1166	1807	1284	895	428	127	432	443
308	90	136	88	17		14	4
616	1398	779	464	162	127	370	44
135	86	155	108	88		48	20
107	233	214	235	161			375

2-A-5 续表 4

行　　业	从业人员期末人数	杭州市	宁波市	温州市
食品制造业	114928	30817	25100	7609
焙烤食品制造	21527	9275	3355	1982
糕点、面包制造	15863	6994	2619	1477
饼干及其他焙烤食品制造	5664	2281	736	505
糖果、巧克力及蜜饯制造	7273	4107	335	401
糖果、巧克力制造	4163	1809	263	243
蜜饯制作	3110	2298	72	158
方便食品制造	16869	5167	617	951
米、面制品制造	2931	335	358	541
速冻食品制造	5554	1544	179	387
方便面及其他方便食品制造	8384	3288	80	23
乳制品制造	5943	1250	1048	1985
乳制品制造	5943	1250	1048	1985
罐头食品制造	32418	1839	15549	41
肉、禽类罐头制造	1071	436	12	17
水产品罐头制造	987	18	682	1
蔬菜、水果罐头制造	29522	1338	14756	22
其他罐头食品制造	838	47	99	1
调味品、发酵制品制造	6247	1218	488	1259
味精制造	1701	121	60	728
酱油、食醋及类似制品制造	2381	324	343	287
其他调味品、发酵制品制造	2165	773	85	244
其他食品制造	24651	7961	3708	990
营养食品制造	2922	1562	209	83
保健食品制造	4769	1461	492	52
冷冻饮品及食用冰制造	2909	1013	439	273
盐加工	580	186	42	18
食品及饲料添加剂制造	11634	2869	2340	379
其他未列明食品制造	1837	870	186	185
酒、饮料和精制茶制造业	80401	23410	5976	4789
酒的制造	29237	4885	2953	2178
酒精制造	92	48	18	14
白酒制造	1831	592	138	415

单位：人

嘉兴市	湖州市	绍兴市	金华市	衢州市	舟山市	台州市	丽水市
14165	5239	5473	9309	3432	1254	10780	1750
1835	1206	550	1404	625	413	528	354
1198	945	488	837	250	412	383	260
637	261	62	567	375	1	145	94
708	312	177	758	51		408	16
702	42	62	635	38		353	16
6	270	115	123	13		55	
6041	830	474	941	791	277	125	655
109	142	110	329	461	15	87	444
2088	373	120	60	330	262		211
3844	315	244	552			38	
9		303	1337	3		5	3
9		303	1337	3		5	3
557	932	2260	919	941	163	8849	368
435	48	14	35	74			
	41			35	163	47	
92	668	2076	766	808		8720	276
30	175	170	118	24		82	92
360	504	523	1342	170	88	89	206
44	33	17	590	78		12	18
235	414	456	106	60	78	39	39
81	57	50	646	32	10	38	149
4655	1455	1186	2608	851	313	776	148
603	33	94	42	180	58	3	55
1062	154	404	645	342		75	82
335	150	84	526	8	8	73	
		23	1		247	63	
2579	1026	427	1191	255		562	6
76	92	154	203	66			5
2848	6570	17376	3777	4247	947	4051	6410
1686	1835	9653	1055	484	731	2471	1306
7				5			
28	109	104	146	36	23	163	77

2-A-5 续表 5

行业	从业人员期末人数	杭州市	宁波市	温州市
啤酒制造	11164	3670	1690	1543
黄酒制造	15201	259	1060	156
葡萄酒制造	95			20
其他酒制造	854	316	47	30
饮料制造	27050	13867	1086	1409
碳酸饮料制造	2794	2317	21	193
瓶(罐)装饮用水制造	6029	2571	705	847
果菜汁及果菜汁饮料制造	4783	2786	168	28
含乳饮料和植物蛋白饮料制造	2884	860	1	224
固体饮料制造	722	317	11	74
茶饮料及其他饮料制造	9838	5016	180	43
精制茶加工	24114	4658	1937	1202
精制茶加工	24114	4658	1937	1202
烟草制品业	3966	2832	1104	
卷烟制造	3655	2551	1104	
卷烟制造	3655	2551	1104	
其他烟草制品制造	311	281		
其他烟草制品制造	311	281		
纺织业	1138675	195457	98009	43360
棉纺织及印染精加工	535119	119853	39203	14973
棉纺纱加工	138293	31931	18292	11298
棉织造加工	181192	52140	11417	1711
棉印染精加工	215634	35782	9494	1964
毛纺织及染整精加工	47016	3057	13750	702
毛条和毛纱线加工	20392	1060	3979	309
毛织造加工	16759	1280	8311	337
毛染整精加工	9865	717	1460	56
麻纺织及染整精加工	13291	130	243	67
麻纤维纺前加工和纺纱	6426	76	148	26
麻织造加工	6055	54	55	41
麻染整精加工	810		40	
丝绢纺织及印染精加工	59460	12083	585	184
缫丝加工	10267	3116		

单位：人

嘉兴市	湖州市	绍兴市	金华市	衢州市	舟山市	台州市	丽水市
511	500	82	432	280	256	1257	943
1087	1157	9350	424	112	429	946	221
26	10	32				6	1
27	59	85	53	51	23	99	64
1013	2681	2232	1075	1715	199	1348	425
58	37	17	133	12		6	
248	372	164	214	151	169	343	245
115	470	44	19	145		894	114
187	151	10	164	1280		7	
139	4		119	6		23	29
266	1647	1997	426	121	30	75	37
149	2054	5491	1647	2048	17	232	4679
149	2054	5491	1647	2048	17	232	4679
				30			
				30			
				30			
185969	80045	368883	112117	12628	9894	26333	5980
72941	19826	210124	44936	8609	444	3478	732
16936	3551	23081	23067	8361	2	1131	643
26540	5886	64666	16672	165	91	1815	89
29465	10389	122377	5197	83	351	532	
15892	4164	5574	2076	22	275	1464	40
8242	3041	2215	1068		26	412	40
2700	744	2501	580	22	209	75	
4950	379	858	428		40	977	
2394	1716	941	122	91	7438	149	
1972	1267	34	101		2671	131	
422	434	157	18	91	4767	16	
	15	750	3			2	
15049	19938	11173	265	99	4	48	32
4112	2223	717	1	98			

2-A-5 续表 6

行业	从业人员期末人数	杭州市	宁波市	温州市
绢纺和丝织加工	39135	8160	309	46
丝印染精加工	10058	807	276	138
化纤织造及印染精加工	78635	13596	4495	468
化纤织造加工	63785	12637	2899	429
化纤织物染整精加工	14850	959	1596	39
针织或钩针编织物及其制品制造	196397	8005	13108	6264
针织或钩针编织物织造	145806	5463	6685	1716
针织或钩针编织物印染精加工	13697	1065	4513	619
针织或钩针编织品制造	36894	1477	1910	3929
家用纺织制成品制造	115583	26797	12891	9208
床上用品制造	48599	13735	5689	2545
毛巾类制品制造	6869	576	974	45
窗帘、布艺类产品制造	35420	8266	2655	3612
其他家用纺织制成品制造	24695	4220	3573	3006
非家用纺织制成品制造	93174	11936	13734	11494
非织造布制造	28486	4438	2325	6121
绳、索、缆制造	6172	1812	692	346
纺织带和帘子布制造	22524	2749	3568	3498
篷、帆布制造	17469	1299	4863	87
其他非家用纺织制成品制造	18523	1638	2286	1442
纺织服装、服饰业	1125428	148087	277775	108211
机织服装制造	683627	110844	105430	94026
机织服装制造	683627	110844	105430	94026
针织或钩针编织服装制造	290554	17853	153646	6422
针织或钩针编织服装制造	290554	17853	153646	6422
服饰制造	151247	19390	18699	7763
服饰制造	151247	19390	18699	7763
皮革、毛皮、羽毛及其制品和制鞋业	726380	50546	15071	388096
皮革鞣制加工	26592	690	217	13356
皮革鞣制加工	26592	690	217	13356
皮革制品制造	155051	14300	6018	30517
皮革服装制造	29382	3187	241	1541

单位：人

嘉兴市	湖州市	绍兴市	金华市	衢州市	舟山市	台州市	丽水市
8825	15908	5601	242	1	3	8	32
2112	1807	4855	22		1	40	
21945	15447	17707	2170	355	125	2299	28
15999	13404	14512	1659	355	125	1766	
5946	2043	3195	511			533	28
32981	8389	95853	28936	1350	456	948	107
27495	5836	84465	11471	1350	411	821	93
3711	1957	1355	410		6	47	14
1775	596	10033	17055		39	80	
13649	5213	22697	19360	714	1069	3675	310
6753	1931	3713	11662	395	1030	1061	85
432	177	1583	2884	118	24	56	
4821	1241	11388	1576	115	9	1729	8
1643	1864	6013	3238	86	6	829	217
11118	5352	4814	14252	1388	83	14272	4731
5037	2111	1586	1583	164		1442	3679
229	285	769	526	4	60	809	640
2021	2320	1449	6176	196		498	49
1078	54	375	1859	979	11	6671	193
2753	582	635	4108	45	12	4852	170
197589	85110	143107	128261	11688	1632	17974	5994
134314	66325	81477	67269	7682	959	10583	4718
134314	66325	81477	67269	7682	959	10583	4718
42223	4921	27692	30381	2293	442	4331	350
42223	4921	27692	30381	2293	442	4331	350
21052	13864	33938	30611	1713	231	3060	926
21052	13864	33938	30611	1713	231	3060	926
106469	9501	10274	26358	5227	258	89226	25354
8227	1223	283	232	1377	11	410	566
8227	1223	283	232	1377	11	410	566
72814	3818	1881	19444	1913	12	3534	800
22786	637	11	835			1	143

2-A-5 续表 7

行　业	从业人员期末人数			
		杭州市	宁波市	温州市
皮箱、包(袋)制造	91943	9793	5298	14234
皮手套及皮装饰制品制造	16025	155	107	9879
其他皮革制品制造	17701	1165	372	4863
毛皮鞣制及制品加工	16596	508	1206	776
毛皮鞣制加工	2028	77	275	254
毛皮服装加工	7798	407	712	404
其他毛皮制品加工	6770	24	219	118
羽毛(绒)加工及制品制造	19196	14904	543	33
羽毛(绒)加工	3307	2745	136	3
羽毛(绒)制品加工	15889	12159	407	30
制鞋业	508945	20144	7087	343414
纺织面料鞋制造	35216	10525	2808	8942
皮鞋制造	390675	3312	1780	279148
塑料鞋制造	26297	313	368	14638
橡胶鞋制造	44686	5008	1734	32302
其他制鞋业	12071	986	397	8384
木材加工和木、竹、藤、棕、草制品业	148330	17314	9966	4324
木材加工	17554	2302	884	415
锯材加工	6087	1190	188	245
木片加工	3918	473	113	40
单板加工	5576	200	175	31
其他木材加工	1973	439	408	99
人造板制造	28444	3328	935	224
胶合板制造	18277	1817	388	29
纤维板制造	2733	558	160	145
刨花板制造	544	17.	86	
其他人造板制造	6890	936	301	50
木制品制造	64368	8415	4186	2643
建筑用木料及木材组件加工	5785	996	374	205
木门窗、楼梯制造	22971	3707	1324	965
地板制造	14540	498	59	121
木制容器制造	6852	1675	941	820
软木制品及其他木制品制造	14220	1539	1488	532

单位：人

嘉兴市	湖州市	绍兴市	金华市	衢州市	舟山市	台州市	丽水市
39741	1565	1364	16164	541		2702	541
1307	1326	49	1329	1207		666	
8980	290	457	1116	165	12	165	116
12741	749	204	43	343		4	22
1012	389	2	19				
5510	263	120	13	343		4	22
6219	97	82	11				
1032		1642	222	58			762
39		353	30				1
993		1289	192	58			761
11655	3711	6264	6417	1536	235	85278	23204
1730	943	3362	1093	460	39	5093	221
9030	2610	752	4571	209	165	68916	20182
562	126	500	338	15	30	9407	
261		1380	329	772	1	1022	1877
72	32	270	86	80		840	924
19054	40422	4689	12263	15431	246	6521	18100
2653	6962	296	958	1671	51	307	1055
273	2327	165	252	1067	20	99	261
786	1732	68	356	143	4	107	96
1410	2661	23	167	338		53	518
184	242	40	183	123	27	48	180
9541	6923	321	482	3663	16	973	2038
7634	5625	102	137	814	10	80	1641
397	454	97	102	265	6	300	249
36	115	1	5	171		82	31
1474	729	121	238	2413		511	117
6817	15000	2858	8824	8712	148	2684	4081
479	993	711	323	1030	23	244	407
287	2568	506	4666	6657	102	515	1674
3769	9028	573	96	225		27	144
780	731	568	517	74	8	573	165
1502	1680	500	3222	726	15	1325	1691

2-A-5 续表 8

行　业	从业人员期末人数	杭州市	宁波市	温州市
竹、藤、棕、草等制品制造	37964	3269	3961	1042
竹制品制造	32380	3173	1119	965
藤制品制造	1314	85	746	
棕制品制造	130		42	5
草及其他制品制造	4140	11	2054	72
家具制造业	263556	42664	31528	10866
木质家具制造	117407	15705	12140	8219
木质家具制造	117407	15705	12140	8219
竹、藤家具制造	7483	704	1052	8
竹、藤家具制造	7483	704	1052	8
金属家具制造	88364	15037	8727	1183
金属家具制造	88364	15037	8727	1183
塑料家具制造	8801	401	4934	108
塑料家具制造	8801	401	4934	108
其他家具制造	41501	10817	4675	1348
其他家具制造	41501	10817	4675	1348
造纸和纸制品业	228961	66495	30094	19768
纸浆制造	315	49	97	21
木竹浆制造	132	38	4	9
非木竹浆制造	183	11	93	12
造纸	94455	35770	12116	5167
机制纸及纸板制造	86887	33804	11443	3764
手工纸制造	1832	252	49	55
加工纸制造	5736	1714	624	1348
纸制品制造	134191	30676	17881	14580
纸和纸板容器制造	95631	18424	14900	8661
其他纸制品制造	38560	12252	2981	5919
印刷和记录媒介复制业	192989	27040	38551	50682
印刷	183659	25686	37559	47630
书、报刊印刷	16900	6634	2246	1961
本册印制	12988	1401	4504	1504
包装装潢及其他印刷	153771	17651	30809	44165

单位：人

嘉兴市	湖州市	绍兴市	金华市	衢州市	舟山市	台州市	丽水市
43	11537	1214	1999	1385	31	2557	10926
38	11457	1082	1351	1385		962	10848
	6	15	110			282	70
	10					72	1
5	64	117	538		31	1241	7
41655	45410	13747	31391	5715	504	33002	7074
17698	12258	9663	16070	5080	493	16643	3438
17698	12258	9663	16070	5080	493	16643	3438
3102	287	402	707	33		837	351
3102	287	402	707	33		837	351
12386	23917	572	11563	472	11	12567	1929
12386	23917	572	11563	472	11	12567	1929
135	1143	116	278	83		1593	10
135	1143	116	278	83		1593	10
8334	7805	2994	2773	47		1362	1346
8334	7805	2994	2773	47		1362	1346
32286	8605	14555	20060	14042	646	18807	3603
13			62	41			32
12			50	1			18
1			12	40			14
14742	2766	4405	6479	10207	297	1634	872
14182	2484	2719	6100	9673	297	1568	853
8		1329	73	66			
552	282	357	306	468		66	19
17531	5839	10150	13519	3794	349	17173	2699
13070	4177	6621	10121	1688	346	15270	2353
4461	1662	3529	3398	2106	3	1903	346
18125	4857	12227	25014	2240	1229	11453	1571
16838	4793	11698	23497	2174	1188	11123	1473
500	461	1038	2541	552	259	533	175
1268	370	278	1528	332	80	1667	56
15070	3962	10382	19428	1290	849	8923	1242

2-A-5 续表 9

行 业	从业人员期末人数	杭州市	宁波市	温州市
装订及印刷相关服务	9007	1266	955	3050
装订及印刷相关服务	9007	1266	955	3050
记录媒介复制	323	88	37	2
记录媒介复制	323	88	37	2
文教、工美、体育和娱乐用品制造业	477365	51000	114585	44808
文教办公用品制造	91776	9634	43224	16445
文具制造	46807	1054	30470	4769
笔的制造	36589	7631	10185	10398
教学用模型及教具制造	4561	614	2182	1047
墨水、墨汁制造	257	60	77	
其他文教办公用品制造	3562	275	310	231
乐器制造	10192	3760	4522	130
中乐器制造	439	47	70	
西乐器制造	6235	3241	2148	
电子乐器制造	610	207	98	
其他乐器及零件制造	2908	265	2206	130
工艺美术品制造	248178	25028	26162	19913
雕塑工艺品制造	39803	1630	2651	2343
金属工艺品制造	39324	2862	3411	6321
漆器工艺品制造	11108	924	291	76
花画工艺品制造	5188	560	421	464
天然植物纤维编织工艺品制造	9899	898	3883	472
抽纱刺绣工艺品制造	54677	12541	3134	1573
地毯、挂毯制造	8778	899	1950	361
珠宝首饰及有关物品制造	14865	1964	455	427
其他工艺美术品制造	64536	2750	9966	7876
体育用品制造	48066	8078	16576	1782
球类制造	4848	471	627	412
体育器材及配件制造	12516	3733	3093	260
训练健身器材制造	16461	2388	4200	780
运动防护用具制造	2902	330	1427	131
其他体育用品制造	11339	1156	7229	199

单位：人

嘉兴市	湖州市	绍兴市	金华市	衢州市	舟山市	台州市	丽水市
1287	64	436	1468	12	41	330	98
1287	64	436	1468	12	41	330	98
		93	49	54			
		93	49	54			
19817	11865	37561	101037	8216	1586	64257	22633
1252	1476	2157	10953	1308	24	999	4304
318	249	1774	6367	113	22	809	862
426	963	260	2007	1171		121	3427
150	18		495	16		39	
22	61	4	30	1	2		
336	185	119	2054	7		30	15
470	810	18	390	1		88	3
239	6		76	1			
84	671	9	17			65	
24	16		256			6	3
123	117	9	41			17	
7730	4266	30369	67843	3958	100	58318	4491
847	521	728	8316	601	31	20353	1782
1143	119	963	16020	17	17	7174	1277
98	3	182	282	68		9181	3
25	45	255	3170	106		124	18
51	1380	313	1210	35		1446	211
3173	404	17812	13774	48	45	2043	130
722	294	682	2056	642	1	1097	74
75	122	6482	4118	754		184	284
1596	1378	2952	18897	1687	6	16716	712
2952	1479	2145	11141	1985	274	795	859
3	547	510	289	1675		221	93
1469	415	753	2202	160	257	150	24
1009	298	607	6101	95	1	302	680
121	55	9	725	41		9	54
350	164	266	1824	14	16	113	8

2-A-5 续表 10

行业	从业人员期末人数	杭州市	宁波市	温州市
玩具制造	62239	2485	21398	3898
玩具制造	62239	2485	21398	3898
游艺器材及娱乐用品制造	16914	2015	2703	2640
露天游乐场所游乐设备制造	5979	322	574	2520
游艺用品及室内游艺器材制造	8279	1549	1278	85
其他娱乐用品制造	2656	144	851	35
石油加工、炼焦和核燃料加工业	14113	1887	9431	626
精炼石油产品制造	14044	1839	9410	626
原油加工及石油制品制造	13539	1748	9338	513
人造原油制造	505	91	72	113
炼焦	48	48		
炼焦	48	48		
核燃料加工	21		21	
核燃料加工	21		21	
化学原料和化学制品制造业	341409	78142	50063	17818
基础化学原料制造	70370	10233	7547	743
无机酸制造	3726	526	239	56
无机碱制造	3376	1956	1143	49
无机盐制造	7772	2054	405	35
有机化学原料制造	44983	3217	3671	264
其他基础化学原料制造	10513	2480	2089	339
肥料制造	5536	1379	690	558
氮肥制造	2073	543	414	438
磷肥制造	271	8	51	
钾肥制造	167		89	
复混肥料制造	830	341	17	5
有机肥料及微生物肥料制造	1852	461	111	114
其他肥料制造	343	26	8	1
农药制造	16349	5345	299	2042
化学农药制造	12896	5049	287	2015
生物化学农药及微生物农药制造	3453	296	12	27

单位：人

嘉兴市	湖州市	绍兴市	金华市	衢州市	舟山市	台州市	丽水市
6986	155	1573	7647	921	1188	3248	12740
6986	155	1573	7647	921	1188	3248	12740
427	3679	1299	3063	43		809	236
	35	371	1965			107	85
417	3235	858	122			609	126
10	409	70	976	43		93	25
653	232	347	372	145	290	117	13
653	232	347	372	145	290	117	13
592	192	270	358	113	285	117	13
61	40	77	14	32	5		
36238	21154	45455	26807	35317	1884	17030	11501
6870	2618	7725	4057	25001	1126	4210	240
1153	245	436	199	842		29	1
40	68	2	20	42		54	2
408	353	676	260	3521		60	
4208	1554	5299	2973	19534	765	3372	126
1061	398	1312	605	1062	361	695	111
608	230	699	649	557	9	137	20
150	20	420	22	42		24	
117	10		10	74		1	
			35	43			
61	52	22	75	217		39	1
280	133	44	477	153	9	59	11
	15	213	30	28		14	8
1490	2207	1344	2134	652		836	
824	649	1344	1262	630		836	
666	1558		872	22			

2-A-5 续表 11

行业	从业人员期末人数	杭州市	宁波市	温州市
涂料、油墨、颜料及类似产品制造	63140	13181	7042	3355
涂料制造	26958	5876	4287	1226
油墨及类似产品制造	4762	1174	263	459
颜料制造	6228	1704	1026	374
染料制造	22194	3538	680	839
密封用填料及类似品制造	2998	889	786	457
合成材料制造	74782	22285	21247	6652
初级形态塑料及合成树脂制造	32036	5601	8173	5202
合成橡胶制造	3955	1029	724	406
合成纤维单(聚合)体制造	31936	14744	9247	872
其他合成材料制造	6855	911	3103	172
专用化学产品制造	68741	17089	8484	3849
化学试剂和助剂制造	30457	10882	3669	1561
专项化学用品制造	11241	2324	674	315
林产化学产品制造	2877	355	34	12
信息化学品制造	11674	1328	1724	516
环境污染处理专用药剂材料制造	2401	887	309	42
动物胶制造	1189	1	64	943
其他专用化学产品制造	8902	1312	2010	460
炸药、火工及焰火产品制造	2515	779	121	32
炸药及火工产品制造	2284	698	120	5
焰火、鞭炮产品制造	231	81	1	27
日用化学产品制造	39976	7851	4633	587
肥皂及合成洗涤剂制造	13037	1397	1867	164
化妆品制造	15258	3657	1242	134
口腔清洁用品制造	663	366	95	
香料、香精制造	3651	1563	360	23
其他日用化学产品制造	7367	868	1069	266
医药制造业	145582	34525	8203	5539
化学药品原料药制造	62054	3282	1021	1416
化学药品原料药制造	62054	3282	1021	1416
化学药品制剂制造	27475	11163	1562	1061
化学药品制剂制造	27475	11163	1562	1061

单位：人

嘉兴市	湖州市	绍兴市	金华市	衢州市	舟山市	台州市	丽水市
7362	3915	16731	3916	1411	387	5275	565
4268	1905	2086	2873	921	250	2836	430
1511	183	37	218	175		718	24
609	1053	1040	105	106		104	107
759	717	13299	575	123	132	1531	1
215	57	269	145	86	5	86	3
5364	5124	6087	2593	1649	28	1509	2244
2617	2940	1071	2022	938	25	1387	2060
1016	226	298	174	28	3	51	
1202	1676	4141	4			40	10
529	282	577	393	683		31	174
11410	5974	6717	3632	5850	186	3287	2263
3444	1848	3990	1268	1810	68	1264	653
1814	2873	878	1494	270	87	404	108
9	218	6	110	1101			1032
4882	319	714	170	1953		62	6
168	190	307	82	26	1	344	45
38	120		6	13		4	
1055	406	822	502	677	30	1209	419
1	232	278	292		83	145	552
1	232	278	235		83	80	552
			57			65	
3133	854	5874	9534	197	65	1631	5617
158	299	2680	719	61		198	5494
315	443	801	7798	71		754	43
154			48				
1415	4	14	117	27		128	
1091	108	2379	852	38	65	551	80
6368	7530	26722	15874	2365	896	35033	2527
1177	1626	14295	7038	1134	111	30689	265
1177	1626	14295	7038	1134	111	30689	265
2301	703	3719	2986	576		2220	1184
2301	703	3719	2986	576		2220	1184

2-A-5 续表 12

行 业	从业人员期末人数	杭州市	宁波市	温州市
中药饮片加工	4840	1900	372	259
中药饮片加工	4840	1900	372	259
中成药生产	13618	6004	607	95
中成药生产	13618	6004	607	95
兽用药品制造	2597	952	274	63
兽用药品制造	2597	952	274	63
生物药品制造	17012	8867	3371	406
生物药品制造	17012	8867	3371	406
卫生材料及医药用品制造	17986	2357	996	2239
卫生材料及医药用品制造	17986	2357	996	2239
化学纤维制造业	137552	32300	12886	2305
纤维素纤维原料及纤维制造	5819	1693	1539	137
化纤浆粕制造	701	39	399	
人造纤维(纤维素纤维)制造	5118	1654	1140	137
合成纤维制造	131733	30607	11347	2168
锦纶纤维制造	10970	2218	902	23
涤纶纤维制造	94280	24917	7324	183
腈纶纤维制造	1976	110	1270	288
维纶纤维制造	218		196	3
丙纶纤维制造	1890	68	671	68
氨纶纤维制造	7773	1835	58	1452
其他合成纤维制造	14626	1459	926	151
橡胶和塑料制品业	667075	91704	168601	86824
橡胶制品业	109910	32039	19788	6501
轮胎制造	33531	24935	415	539
橡胶板、管、带制造	25047	1784	4146	1221
橡胶零件制造	27928	2057	7554	1824
再生橡胶制造	2523	576	122	145
日用及医用橡胶制品制造	4794	768	1556	813
其他橡胶制品制造	16087	1919	5995	1959
塑料制品业	557165	59665	148813	80323

单位：人

嘉兴市	湖州市	绍兴市	金华市	衢州市	舟山市	台州市	丽水市
387	242	366	917	248	3	138	8
387	242	366	917	248	3	138	8
196	1589	1067	2132	229	36	1098	565
196	1589	1067	2132	229	36	1098	565
74	232	362	390	30	105	64	51
74	232	362	390	30	105	64	51
762	1021	255	817	130	641	592	150
762	1021	255	817	130	641	592	150
1471	2117	6658	1594	18		232	304
1471	2117	6658	1594	18		232	304
35531	7829	36609	7193	773	1393	547	186
1454	128	245	473	83		66	1
138		47	78				
1316	128	198	395	83		66	1
34077	7701	36364	6720	690	1393	481	185
858	466	2927	3574				2
28820	6835	21585	2309	563	1393	261	90
43	120	122	23				
			19				
21	218	467	239	45			93
931		3090	326	76		5	
3404	62	8173	230	6		215	
61261	13617	46897	51283	6016	2674	125608	12590
10907	1613	4395	3373	536	732	29435	591
5114	512	375	704	33	8	875	21
1659	288	2377	546	11	207	12693	115
1785	328	863	421	15	490	12381	210
797		47	67	273		408	88
223	74	133	433	113	6	542	133
1329	411	600	1202	91	21	2536	24
50354	12004	42502	47910	5480	1942	96173	11999

2-A-5 续表 13

行业	从业人员期末人数	杭州市	宁波市	温州市
塑料薄膜制造	42265	5430	6395	7699
塑料板、管、型材制造	63703	12057	8734	3557
塑料丝、绳及编织品制造	47066	4112	3403	25130
泡沫塑料制造	21568	3041	3872	2817
塑料人造革、合成革制造	47041	1782	911	16321
塑料包装箱及容器制造	47450	12262	13569	2909
日用塑料制品制造	114748	5585	38511	3099
塑料零件制造	84681	6138	41889	7040
其他塑料制品制造	88643	9258	31529	11751
非金属矿物制品业	374572	77803	40599	20743
水泥、石灰和石膏制造	41776	10229	3488	393
水泥制造	37261	7315	3075	351
石灰和石膏制造	4515	2914	413	42
石膏、水泥制品及类似制品制造	87137	21426	12749	7778
水泥制品制造	72747	18535	10648	7083
砼结构构件制造	7877	1154	1146	283
石棉水泥制品制造	269	99	19	
轻质建筑材料制造	4529	1101	710	331
其他水泥类似制品制造	1715	537	226	81
砖瓦、石材等建筑材料制造	85279	18524	8659	5249
粘土砖瓦及建筑砌块制造	46212	4883	4552	1552
建筑陶瓷制品制造	9535	6563	366	259
建筑用石加工	14435	4164	1408	2855
防水建筑材料制造	5101	725	1241	30
隔热和隔音材料制造	4168	883	390	94
其他建筑材料制造	5828	1306	702	459
玻璃制造	14793	3534	2274	384
平板玻璃制造	4184	656	716	124
其他玻璃制造	10609	2878	1558	260
玻璃制品制造	70952	12747	4959	2755
技术玻璃制品制造	12285	2841	1341	834
光学玻璃制造	2655	406	49	190

单位：人

嘉兴市	湖州市	绍兴市	金华市	衢州市	舟山市	台州市	丽水市
7033	1251	7265	3611	671	94	2656	160
9197	2398	5909	8011	1028	72	12644	96
2468	709	1868	4245	629	440	3854	208
3418	1061	1125	1157	167	375	4422	113
3237	1184	6317	879			6794	9616
2399	1294	5413	3565	359	87	5363	230
6318	976	4840	12225	1568	607	40636	383
8725	886	4716	4511	214	168	10232	162
7559	2245	5049	9706	844	99	9572	1031
50488	46610	30062	54001	17737	4785	21140	10604
4462	7034	4356	4339	5871	112	675	817
4338	6808	4325	4291	5298	112	580	768
124	226	31	48	573		95	49
14216	7051	7742	4346	2399	2501	5551	1378
11270	5550	5318	3743	2092	2139	5081	1288
2204	464	1802	187	191	226	212	8
6	10	80	10	30			15
509	898	374	211	34	136	177	48
227	129	168	195	52		81	19
7421	9649	8116	8995	5886	1417	7723	3640
5324	5162	4689	7265	4005	704	6092	1984
46	1040	138	111	863		49	100
457	981	694	449	576	588	1136	1127
839	574	946	319	259	11	26	131
517	702	759	304		84	266	169
238	1190	890	547	183	30	154	129
2215	3044	1071	707	378	166	972	48
500	1010	689	263		5	214	7
1715	2034	382	444	378	161	758	41
9352	2871	3217	29002	1884	1	3259	905
4306	405	1735	517	92	1	75	138
644			411	731		210	14

2-A-5 续表 14

行 业	从业人员期末人数	杭州市	宁波市	温州市
玻璃仪器制造	621	143	234	25
日用玻璃制品制造	35489	4020	1625	1077
玻璃包装容器制造	3444	832	290	30
玻璃保温容器制造	3463	46	76	13
制镜及类似品加工	4338	1764	283	421
其他玻璃制品制造	8657	2695	1061	165
玻璃纤维和玻璃纤维增强塑料制品制造	20050	2339	2211	515
玻璃纤维及制品制造	14509	1019	1968	256
玻璃纤维增强塑料制品制造	5541	1320	243	259
陶瓷制品制造	19685	3660	3634	2325
卫生陶瓷制品制造	8504	2816	1388	1638
特种陶瓷制品制造	6220	263	1775	378
日用陶瓷制品制造	1521	244	335	236
园林、陈设艺术及其他陶瓷制品制造	3440	337	136	73
耐火材料制品制造	19161	1569	987	240
石棉制品制造	1459	335	156	36
云母制品制造	831	165	8	71
耐火陶瓷制品及其他耐火材料制造	16871	1069	823	133
石墨及其他非金属矿物制品制造	15739	3775	1638	1104
石墨及碳素制品制造	4850	1280	864	722
其他非金属矿物制品制造	10889	2495	774	382
黑色金属冶炼和压延加工业	207884	38706	45232	22717
炼铁	786	187	475	22
炼铁	786	187	475	22
炼钢	14372	10318	347	210
炼钢	14372	10318	347	210
黑色金属铸造	64354	8671	21203	8815
黑色金属铸造	64354	8671	21203	8815
钢压延加工	126692	18867	23093	13636
钢压延加工	126692	18867	23093	13636
铁合金冶炼	1680	663	114	34
铁合金冶炼	1680	663	114	34

单位：人

嘉兴市	湖州市	绍兴市	金华市	衢州市	舟山市	台州市	丽水市
	31	2	17			122	47
954	1425	506	23485	697		1697	3
478	492	405	161	211		1	544
1167		73	1780			265	43
982	20	227	288	5		318	30
821	498	269	2343	148		571	86
10561	1447	428	1296	541	21	445	246
7988	1069	264	1156	343		200	246
2573	378	164	140	198	21	245	
474	2731	1207	1066	435	61	1858	2234
223	311	212	245	153	38	1397	83
179	1833	502	646	207		424	13
51	211	150	157	70	20	16	31
21	376	343	18	5	3	21	2107
884	10785	2971	509	181	438	201	396
	283	74	49	5	438	37	46
496			17			74	
388	10502	2897	443	176		90	350
903	1998	954	3741	162	68	456	940
738	785	137	104	97		24	99
165	1213	817	3637	65	68	432	841
16755	27220	9985	9600	11909	482	11756	13522
		8	69	5		20	
		8	69	5		20	
1330		271	15	35	3	13	1830
1330		271	15	35	3	13	1830
3978	4826	2764	2413	1966	375	7886	1457
3978	4826	2764	2413	1966	375	7886	1457
11082	22365	6856	6964	9903	103	3821	10002
11082	22365	6856	6964	9903	103	3821	10002
365	29	86	139		1	16	233
365	29	86	139		1	16	233

2-A-5 续表 15

行业	从业人员期末人数			
		杭州市	宁波市	温州市
有色金属冶炼和压延加工业	128544	12389	39674	12498
常用有色金属冶炼	12221	2727	2776	872
铜冶炼	4023	2042	828	257
铅锌冶炼	886	363	97	294
镍钴冶炼	2523	96	544	102
锡冶炼	162	14	124	
铝冶炼	3789	167	685	148
镁冶炼	177	25	118	
其他常用有色金属冶炼	661	20	380	71
贵金属冶炼	1419	179	109	1
金冶炼	1003	86		
银冶炼	227	93	48	1
其他贵金属冶炼	189		61	
稀有稀土金属冶炼	592	259	298	27
钨钼冶炼	196	192		4
稀土金属冶炼	327	6	297	23
其他稀有金属冶炼	69	61	1	
有色金属合金制造	16487	669	7084	3048
有色金属合金制造	16487	669	7084	3048
有色金属铸造	8654	386	4176	353
有色金属铸造	8654	386	4176	353
有色金属压延加工	89171	8169	25231	8197
铜压延加工	42201	2459	10884	4863
铝压延加工	35370	3569	9748	2202
贵金属压延加工	913	41	213	464
稀有稀土金属压延加工	2449	73	1944	
其他有色金属压延加工	8238	2027	2442	668
金属制品业	760498	103103	170960	95881
结构性金属制品制造	143562	24662	17021	5460
金属结构制造	56718	16974	10516	2609
金属门窗制造	86844	7688	6505	2851
金属工具制造	111679	24894	25256	10116

单位：人

嘉兴市	湖州市	绍兴市	金华市	衢州市	舟山市	台州市	丽水市
5143	7761	19424	17060	2147	151	9585	2712
777		1018	3152	523	7	268	101
5		44	750			87	10
1			35	29	7		60
654		611	36	393		87	
		22	2				
108		182	2285	100		94	20
		33		1			
9		126	44				11
1		395		44		120	570
		342		5			570
						85	
1		53		39		35	
1				3		1	3
1							
				3		1	3
317	308	364	3726	89		651	231
317	308	364	3726	89		651	231
263	91	177	2069		3	1069	67
263	91	177	2069		3	1069	67
3784	7362	17470	8113	1488	141	7476	1740
538	1556	13665	3180	834	74	3599	549
2378	5266	3072	4105	577	41	3383	1029
73	46	40	20		2	14	
174	100	103		55			
621	394	590	808	22	24	480	162
54881	17776	49678	170292	9689	3389	59648	25201
6709	4687	13372	57197	4134	444	2306	7570
4932	2741	11077	3759	421	216	1233	2240
1777	1946	2295	53438	3713	228	1073	5330
6990	938	3263	27926	1329	288	7119	3560

2-A-5 续表 16

行 业	从业人员期末人数	杭州市	宁波市	温州市
切削工具制造	23087	4689	2760	4031
手工具制造	43978	15255	8975	2953
农用及园林用金属工具制造	14247	1102	3558	58
刀剪及类似日用金属工具制造	10662	1363	3774	1139
其他金属工具制造	19705	2485	6189	1935
集装箱及金属包装容器制造	34002	6823	9491	2865
集装箱制造	3991	24	2766	130
金属压力容器制造	10290	2387	2781	461
金属包装容器制造	19721	4412	3944	2274
金属丝绳及其制品制造	22855	5951	3678	1253
金属丝绳及其制品制造	22855	5951	3678	1253
建筑、安全用金属制品制造	177183	13268	45828	40231
建筑、家具用金属配件制造	101068	9033	24707	29753
建筑装饰及水暖管道零件制造	57363	2229	11923	9116
安全、消防用金属制品制造	13658	930	7582	833
其他建筑、安全用金属制品制造	5094	1076	1616	529
金属表面处理及热处理加工	79856	8924	24532	18354
金属表面处理及热处理加工	79856	8924	24532	18354
搪瓷制品制造	8365	2128	1199	752
生产专用搪瓷制品制造	418	53	63	31
建筑装饰搪瓷制品制造	1191	506	171	3
搪瓷卫生洁具制造	3703	471	384	691
搪瓷日用品及其他搪瓷制品制造	3053	1098	581	27
金属制日用品制造	112663	3451	26265	7667
金属制厨房用器具制造	19746	913	6520	481
金属制餐具和器皿制造	54258	546	9366	1675
金属制卫生器具制造	9287	1035	3701	1310
其他金属制日用品制造	29372	957	6678	4201
其他金属制品制造	70333	13002	17690	9183
锻件及粉末冶金制品制造	34569	5745	9440	5574
交通及公共管理用金属标牌制造	4385	2002	550	580
其他未列明金属制品制造	31379	5255	7700	3029

单位：人

嘉兴市	湖州市	绍兴市	金华市	衢州市	舟山市	台州市	丽水市
2067	141	462	2454	84	1	3835	2563
1821	79	1622	9433	1099	253	2099	389
537	26	198	7871	53		440	404
1699	291	154	1877	46	22	209	88
866	401	827	6291	47	12	536	116
3104	563	6363	2863	489	151	1185	105
1066						5	
735	4	1819	960	416	146	581	
1303	559	4544	1903	73	5	599	105
2366	1075	892	2299	90	5	1508	3738
2366	1075	892	2299	90	5	1508	3738
14432	2610	15781	16246	1718	554	22517	3998
12078	1952	1784	13246	676	525	4429	2885
1651	439	12396	1429	399	4	16979	798
433	110	1240	836	631	8	824	231
270	109	361	735	12	17	285	84
6175	1789	2505	6773	254	1653	7344	1553
6175	1789	2505	6773	254	1653	7344	1553
293	366	1280	1058	47		1229	13
190		29	1	45		6	
7		13	425			66	
85		1004	7			1048	13
11	366	234	625	2		109	
8180	2062	3229	48972	1210	116	8650	2861
1295	290	475	8487	189	26	497	573
2780	153	601	30985	478	14	5672	1988
161	166	489	813	373		1213	26
3944	1453	1664	8687	170	76	1268	274
6632	3686	2993	6958	418	178	7790	1803
3181	1366	1007	1362	131	90	6270	403
155	164	242	196	29		394	73
3296	2156	1744	5400	258	88	1126	1327

2-A-5 续表 17

行　　业	从业人员期末人数	杭州市	宁波市	温州市
通用设备制造业	1193439	167849	294444	160896
锅炉及原动设备制造	33189	12951	4198	1359
锅炉及辅助设备制造	10856	5151	682	430
内燃机及配件制造	11443	1305	2176	430
汽轮机及辅机制造	5774	3731	829	18
水轮机及辅机制造	4126	2531	151	394
风能原动设备制造	349	28	162	32
其他原动设备制造	641	205	198	55
金属加工机械制造	95413	16084	21214	9796
金属切削机床制造	25207	4715	5360	1099
金属成形机床制造	14474	2360	4035	1708
铸造机械制造	11318	2439	3447	1322
金属切割及焊接设备制造	15109	1334	3293	2647
机床附件制造	10517	1298	1928	425
其他金属加工机械制造	18788	3938	3151	2595
物料搬运设备制造	83951	27874	16554	2685
轻小型起重设备制造	14273	3416	1225	929
起重机制造	8420	1844	1176	471
生产专用车辆制造	8869	3901	2422	53
连续搬运设备制造	8098	1524	1525	70
电梯、自动扶梯及升降机制造	40224	16160	9454	877
其他物料搬运设备制造	4067	1029	752	285
泵、阀门、压缩机及类似机械制造	318007	20270	60339	81580
泵及真空设备制造	79305	6597	11365	15209
气体压缩机械制造	31643	4065	6597	1222
阀门和旋塞制造	159898	6548	20128	56228
液压和气压动力机械及元件制造	47161	3060	22249	8921
轴承、齿轮和传动部件制造	198295	31278	64397	9239
轴承制造	128700	11179	53555	3767
齿轮及齿轮减、变速箱制造	45102	10719	7150	4691
其他传动部件制造	24493	9380	3692	781
烘炉、风机、衡器、包装等设备制造	163444	24607	29327	15078

单位：人

嘉兴市	湖州市	绍兴市	金华市	衢州市	舟山市	台州市	丽水市
92510	34232	145951	68158	19760	5668	175805	28166
2464	1492	3952	3239	407	332	2087	708
1608	911	373	759	304		203	435
61	104	3390	1882	56	332	1444	263
712	376	46	56	6			
58	88		491	35		378	
		91	30	6			
25	13	52	21			62	10
6921	1908	10748	8618	952	676	14655	3841
3059	259	3831	1030	164		3100	2590
1270	573	1681	1275	232	2	1096	242
239	328	1928	727	154	97	399	238
615	19	265	3353	1	85	3133	31
976	29	366	643	135	12	4551	154
732	700	2677	1590	263	480	2076	586
9734	13238	3743	3200	615	17	5693	598
4411	279	1390	1340	376	7	813	87
1304	2235	753	140	92	10	270	125
246	531	342	704	92		518	60
178	1329	52	30	40		3054	296
3418	7405	1102	952	15		821	20
177	1459	104	34			217	10
9914	2680	12746	6607	7227	1738	99997	14909
1049	1064	2882	3382	386	1146	35274	951
5487	638	356	524	5932	296	6457	69
1303	139	7824	1206	621	79	52035	13787
2075	839	1684	1495	288	217	6231	102
13262	6126	37258	8717	6445	324	17062	4187
11738	3807	28857	390	6051	14	5822	3520
593	637	4757	5106	95	235	10933	186
931	1682	3644	3221	299	75	307	481
4949	4564	33285	31429	613	778	16525	2289

2-A-5 续表 18

行业	从业人员期末人数	杭州市	宁波市	温州市
烘炉、熔炉及电炉制造	4922	1038	874	127
风机、风扇制造	15294	1223	2284	697
气体、液体分离及纯净设备制造	22903	9407	3882	5195
制冷、空调设备制造	46178	5927	7591	739
风动和电动工具制造	47803	2848	9994	1659
喷枪及类似器具制造	9118	293	3225	375
衡器制造	3766	598	1136	174
包装专用设备制造	13460	3273	341	6112
文化、办公用机械制造	18827	2666	5378	4996
电影机械制造	231	10	103	102
幻灯及投影设备制造	412	174	59	61
照相机及器材制造	6271	316	2266	637
复印和胶印设备制造	2905	732	741	625
计算器及货币专用设备制造	5795	1031	921	3368
其他文化、办公用机械制造	3213	403	1288	203
通用零部件制造	265874	29627	89174	33279
金属密封件制造	14711	1373	5445	1793
紧固件制造	96756	6923	27802	22785
弹簧制造	15536	3154	2157	2132
机械零部件加工	93442	13810	38481	4782
其他通用零部件制造	45429	4367	15289	1787
其他通用设备制造业	16439	2492	3863	2884
其他通用设备制造业	16439	2492	3863	2884
专用设备制造业	471847	62502	127319	55259
采矿、冶金、建筑专用设备制造	32226	6561	3822	5354
矿山机械制造	9931	1501	340	1982
石油钻采专用设备制造	3812	240	900	1556
建筑工程用机械制造	9388	2675	1353	950
海洋工程专用设备制造	842	46	102	302
建筑材料生产专用机械制造	5166	1357	268	290
冶金专用设备制造	3087	742	859	274
化工、木材、非金属加工专用设备制造	169633	14800	71663	13597

单位：人

嘉兴市	湖州市	绍兴市	金华市	衢州市	舟山市	台州市	丽水市
603	1164	436	357	26		157	140
545	343	6288	514	42	94	2951	313
669	1184	1063	122	303		940	138
1541	1207	23730	1389	175	13	3159	707
412	296	1051	26479	4	1	4186	873
128	228	511	577			3729	52
22		25	1775	27	3	1	5
1029	142	181	216	36	667	1402	61
2608	372	1545	174		1	1086	1
16							
58			29			31	
2029		990	33				
119	279	131	12		1	265	
386			29			60	
	93	424	71			730	1
41502	2929	40321	4755	3064	1740	17938	1545
3360	209	920	297	32	247	935	100
27750	605	2564	1041	1716	382	4466	722
1117	284	5369	207	58	25	1028	5
6082	1292	14962	1654	1164	1071	9609	535
3193	539	16506	1556	94	15	1900	183
1156	923	2353	1419	437	62	762	88
1156	923	2353	1419	437	62	762	88
34054	10457	48975	29280	6160	12303	76495	9043
4697	1619	3549	1172	1776	508	2932	236
958	930	1358	538	1371	77	828	48
226	353	26	2	7	3	439	60
1819	126	1278	267	38		778	104
			5		387		
1512	129	293	313	339	3	642	20
182	81	594	47	21	38	245	4
10952	1821	4639	10693	795	9942	29803	928

2-A-5 续表 19

行　业	从业人员期末人数	杭州市	宁波市	温州市
炼油、化工生产专用设备制造	8609	981	1755	2011
橡胶加工专用设备制造	2422	166	671	90
塑料加工专用设备制造	37735	3754	17201	3881
木材加工机械制造	1833	174	494	23
模具制造	117328	9113	51271	7441
其他非金属加工专用设备制造	1706	612	271	151
食品、饮料、烟草及饲料生产专用设备制造	11643	1038	3249	3061
食品、酒、饮料及茶生产专用设备制造	8189	770	2765	2631
农副食品加工专用设备制造	2345	123	292	339
烟草生产专用设备制造	636	117	188	74
饲料生产专用设备制造	473	28	4	17
印刷、制药、日化及日用品生产专用设备制造	28455	4839	3136	13244
制浆和造纸专用设备制造	2699	1071	60	877
印刷专用设备制造	12449	1322	690	7465
日用化工专用设备制造	796	148	105	193
制药专用设备制造	6183	846	192	4135
照明器具生产专用设备制造	2410	415	1198	88
玻璃、陶瓷和搪瓷制品生产专用设备制造	932	327	146	26
其他日用品生产专用设备制造	2986	710	745	460
纺织、服装和皮革加工专用设备制造	92094	7507	17830	5828
纺织专用设备制造	38189	5887	3796	2585
皮革、毛皮及其制品加工专用设备制造	2408	117	279	1182
缝制机械制造	50982	1403	13638	1999
洗涤机械制造	515	100	117	62
电子和电工机械专用设备制造	16045	4903	3583	2949
电工机械专用设备制造	8416	2417	1732	1517
电子工业专用设备制造	7629	2486	1851	1432
农、林、牧、渔专用机械制造	31543	2128	7968	927
拖拉机制造	3785	599	1038	3
机械化农业及园艺机具制造	19012	738	4144	391
营林及木竹采伐机械制造	318	7	22	80
畜牧机械制造	511	46	175	15

单位：人

嘉兴市	湖州市	绍兴市	金华市	衢州市	舟山市	台州市	丽水市
1608	85	239	942	222	14	740	12
790	117	194	26		15	353	
1287	310	281	197	50	9020	1754	
190	309		359	6		266	12
7028	860	3726	9008	517	893	26632	839
49	140	199	161			58	65
762	81	1469	375	245	579	672	112
290	43	832	205	172	253	169	59
383	36	529	169	73	57	292	52
14		31				211	1
75	2	77	1		269		
1729	322	918	1649	487	173	1427	531
379	52	108	23	32	10	62	25
1132	80	288	473	127		623	249
1	10	36	100	142		59	2
29	26	194	65		163	533	
68	130	130	91	94		96	100
54		52	291			3	33
66	24	110	606	92		51	122
4101	1620	20517	4466	243	227	24833	4922
2456	1217	16684	1917	107	136	3382	22
288	338	41	95	1		54	13
1190	65	3780	2454	135	91	21340	4887
167		12				57	
1123	311	1194	1225	86	56	366	249
362	216	653	983	61	38	256	181
761	95	541	242	25	18	110	68
2141	1459	1664	5122	674	78	9086	296
6	16	38	1864			79	142
1829	1106	1104	2439	155		7000	106
12	12	173	7			5	
75		21	173	3		3	

2-A-5 续表 20

行业	从业人员期末人数	杭州市	宁波市	温州市
渔业机械制造	883	118	521	5
农林牧渔机械配件制造	5323	423	1760	291
棉花加工机械制造	123	84	2	35
其他农、林、牧、渔业机械制造	1588	113	306	107
医疗仪器设备及器械制造	34482	11641	8079	2545
医疗诊断、监护及治疗设备制造	6846	3382	1156	329
口腔科用设备及器具制造	1808	577	804	24
医疗实验室及医用消毒设备和器具制造	881	308	235	29
医疗、外科及兽医用器械制造	14340	5395	2284	1264
机械治疗及病房护理设备制造	2129	481	1096	107
假肢、人工器官及植(介)入器械制造	1726	474	167	86
其他医疗设备及器械制造	6752	1024	2337	706
环保、社会公共服务及其他专用设备制造	55726	9085	7989	7754
环境保护专用设备制造	25830	4462	1715	1791
地质勘查专用设备制造	496	399	26	2
邮政专用机械及器材制造	620	241	242	52
商业、饮食、服务专用设备制造	654	145	278	29
社会公共安全设备及器材制造	16731	1042	3407	4084
交通安全、管制及类似专用设备制造	1579	894	315	90
水资源专用机械制造	1861	450	349	172
其他专用设备制造	7955	1452	1657	1534
汽车制造业	537739	63412	153199	86713
汽车整车制造	35115	8687	8214	2727
汽车整车制造	35115	8687	8214	2727
改装汽车制造	1764	1264	245	1
改装汽车制造	1764	1264	245	1
低速载货汽车制造	145	144		
低速载货汽车制造	145	144		
电车制造	203	28	61	
电车制造	203	28	61	
汽车车身、挂车制造	1197	144	358	
汽车车身、挂车制造	1197	144	358	

单位：人

嘉兴市	湖州市	绍兴市	金华市	衢州市	舟山市	台州市	丽水市
		4	1		63	171	
132	267	100	455	58	15	1774	48
				2			
87	58	224	183	456		54	
2549	814	1695	1786	107	516	4542	208
329	119	55	139	6	180	1143	8
127	80	38	52	32	3	23	48
68	8	156	60			12	5
534	234	696	557	48	330	2884	114
80	84	182	66	8		24	1
79	104	63	703			49	1
1332	185	505	209	13	3	407	31
6000	2410	13330	2792	1747	224	2834	1561
3777	1489	9060	894	446	75	1771	350
		47				22	
	25	60					
1	16	112	24			49	
885	1	3517	1112	936	45	625	1077
24	68	68	105	7		6	2
247	32	104	178	295		24	10
1066	779	362	479	63	104	337	122
27276	9327	36002	32361	3440	4549	110822	10638
10		948	11370			2898	261
10		948	11370			2898	261
16	85		1	152			
16	85		1	152			
							1
							1
			43	51		20	
			43	51		20	
35	391		72	7		30	160
35	391		72	7		30	160

2-A-5 续表 21

行　业	从业人员期末人数	杭州市	宁波市	温州市
汽车零部件及配件制造	499315	53145	144321	83985
汽车零部件及配件制造	499315	53145	144321	83985
铁路、船舶、航空航天和其他运输设备制造业	189128	16271	35524	16195
铁路运输设备制造	3364	303	849	617
铁路机车车辆及动车组制造	107	104	3	
窄轨机车车辆制造	36		36	
铁路机车车辆配件制造	1913	132	377	529
铁路专用设备及器材、配件制造	1259	47	415	88
其他铁路运输设备制造	49	20	18	
城市轨道交通设备制造	168	39	103	
城市轨道交通设备制造	168	39	103	
船舶及相关装置制造	55319	1964	13341	848
金属船舶制造	42551	476	9824	375
非金属船舶制造	278	18	127	38
娱乐船和运动船制造	1640	891	424	54
船用配套设备制造	9565	579	2621	368
船舶改装与拆除	1051		111	13
航标器材及其他相关装置制造	234		234	
航空、航天器及设备制造	1345	427	433	4
飞机制造	506	124	161	
航天器制造	29		2	
航空、航天相关设备制造	464	292	18	
其他航空航天器制造	346	11	252	4
摩托车制造	72834	2669	5743	13688
摩托车整车制造	16551	1375	810	512
摩托车零部件及配件制造	56283	1294	4933	13176
自行车制造	50014	10049	13831	906
脚踏自行车及残疾人座车制造	26427	8200	10784	211
助动自行车制造	23587	1849	3047	695
非公路休闲车及零配件制造	3738	562	464	25
非公路休闲车及零配件制造	3738	562	464	25
潜水救捞及其他未列明运输设备制造	2346	258	760	107

单位：人

嘉兴市	湖州市	绍兴市	金华市	衢州市	舟山市	台州市	丽水市
27215	8851	35054	20875	3230	4549	107874	10216
27215	8851	35054	20875	3230	4549	107874	10216
3804	2504	2872	21378	1124	28353	54823	6280
178	35	212	126	171		873	
	6	154	19			696	
178	29	48	107	171		176	
		10				1	
11							15
11							15
801	318	647	247	19	28331	8765	38
777	170	82	21	3	23486	7304	33
1	18		5		12	59	
13	122		92	8	27	9	
10	8	564	129	8	3915	1358	5
		1			891	35	
63		5	139	1		273	
		5	10			206	
			27				
26			102	1		25	
37						42	
589	502	1012	8932	463		35436	3800
			1095			12382	377
589	502	1012	7837	463		23054	3423
1641	1599	689	9238	459	22	9273	2307
952	1131	413	4117	3	1	582	33
689	468	276	5121	456	21	8691	2274
	50	290	2194	1		145	7
	50	290	2194	1		145	7
521		17	502	10		58	113

2-A-5 续表 22

行业	从业人员期末人数	杭州市	宁波市	温州市
潜水及水下救捞装备制造	532	29	309	40
其他未列明运输设备制造	1814	229	451	67
电气机械和器材制造业	1183449	152395	391178	247883
电机制造	183565	18796	36221	18358
发电机及发电机组制造	17446	4975	1684	1096
电动机制造	74109	8995	10542	4385
微电机及其他电机制造	92010	4826	23995	12877
输配电及控制设备制造	353755	32795	72423	186077
变压器、整流器和电感器制造	43547	3968	12302	14015
电容器及其配套设备制造	6831	999	2048	1358
配电开关控制设备制造	180739	14136	20618	128441
电力电子元器件制造	77765	7489	26943	30695
光伏设备及元器件制造	25894	3697	6783	2089
其他输配电及控制设备制造	18979	2506	3729	9479
电线、电缆、光缆及电工器材制造	108392	27817	32367	12125
电线、电缆制造	90173	23452	27101	9407
光纤、光缆制造	6793	2955	2063	174
绝缘制品制造	5207	636	1174	1205
其他电工器材制造	6219	774	2029	1339
电池制造	45263	4926	10591	631
锂离子电池制造	9051	2422	3379	91
镍氢电池制造	3009	576	498	309
其他电池制造	33203	1928	6714	231
家用电力器具制造	255500	23724	160235	16166
家用制冷电器具制造	18621	2310	9246	383
家用空气调节器制造	18203	1335	13738	217
家用通风电器具制造	19498	2423	9515	61
家用厨房电器具制造	57329	7468	34148	1981
家用清洁卫生电器具制造	30869	4594	22398	1195
家用美容、保健电器具制造	20849	235	10680	6540
家用电力器具专用配件制造	38934	4708	20841	4244
其他家用电力器具制造	51197	651	39669	1545

单位：人

嘉兴市	湖州市	绍兴市	金华市	衢州市	舟山市	台州市	丽水市
114						10	30
407		17	502	10		48	83
84990	47727	79489	53503	17842	4269	88205	15968
16314	6005	21778	21143	924	2565	37582	3879
229	2	2090	1706	149	181	5107	227
2226	3423	14825	7025	545	452	21134	557
13859	2580	4863	12412	230	1932	11341	3095
18280	6015	6678	5248	7828	709	13498	4204
3362	517	993	998	2918	37	3896	541
129	303	536	99	103		1253	3
4542	698	1441	964	3033	446	4891	1529
4435	1531	1223	1788	720	154	1216	1571
4931	1989	2330	1098	520	3	2000	454
881	977	155	301	534	69	242	106
8077	7442	7338	3576	1596	112	6697	1245
7001	6282	6490	2231	1099	111	5768	1231
207	910	37	415	32			
688	162	591	75	198		478	
181	88	220	855	267	1	451	14
3783	18081	2822	3038	92	2	278	1019
279	1490	362	828	23	1	127	49
160	849	11	203			1	402
3344	15742	2449	2007	69	1	150	568
13675	3616	15376	8750	988	720	11436	814
2206	862	289	158	100		3057	10
50	799	335	171	1	7	1462	88
156		5751	1026	40	9	507	10
2400	382	6985	3293	223		356	93
473	1003	55	511	139	104	317	80
812	29	95	447	4	412	1338	257
3056	307	846	888	455	87	3453	49
4522	234	1020	2256	26	101	946	227

2-A-5 续表 23

行业	从业人员期末人数	杭州市	宁波市	温州市
非电力家用器具制造	23151	1673	6111	553
燃气、太阳能及类似能源家用器具制造	15920	1608	3564	549
其他非电力家用器具制造	7231	65	2547	4
照明器具制造	199088	40329	68844	10433
电光源制造	66743	31956	4482	519
照明灯具制造	103871	6384	45898	7071
灯用电器附件及其他照明器具制造	28474	1989	18464	2843
其他电气机械及器材制造	14735	2335	4386	3540
电气信号设备装置制造	5556	976	1924	1586
其他未列明电气机械及器材制造	9179	1359	2462	1954
计算机、通信和其他电子设备制造业	515551	132589	156213	53821
计算机制造	22040	8701	7263	776
计算机整机制造	2458	2252	155	
计算机零部件制造	9075	2595	2241	436
计算机外围设备制造	6694	1702	3930	110
其他计算机制造	3813	2152	937	230
通信设备制造	77111	54832	10387	2546
通信系统设备制造	48452	38159	6454	1591
通信终端设备制造	28659	16673	3933	955
广播电视设备制造	25924	3564	8824	517
广播电视节目制作及发射设备制造	1147	602	442	31
广播电视接收设备及器材制造	19040	2525	5508	157
应用电视设备及其他广播电视设备制造	5737	437	2874	329
雷达及配套设备制造	289	48	152	62
雷达及配套设备制造	289	48	152	62
视听设备制造	34023	1941	12397	359
电视机制造	7246	456	923	32
音响设备制造	23713	941	10284	142
影视录放设备制造	3064	544	1190	185
电子器件制造	118363	26382	58174	4741
电子真空器件制造	2777	619	424	268
半导体分立器件制造	10945	3168	3068	1538

单位：人

嘉兴市	湖州市	绍兴市	金华市	衢州市	舟山市	台州市	丽水市
6344	558	1811	2962	214	9	2571	345
5602	175	1738	946	209	9	1175	345
742	383	73	2016	5		1396	
17862	5768	22350	8397	6045	115	14766	4179
9186	3686	2712	4635	5162	68	1096	3241
7909	1727	17178	3346	617	33	12791	917
767	355	2460	416	266	14	879	21
655	242	1336	389	155	37	1377	283
208		224	118	88	1	380	51
447	242	1112	271	67	36	997	232
70307	12778	24811	42601	6230	1965	11400	2836
4756		235	115	4	3	187	
27			21		3		
3513		127	20	1		142	
867		46	15			24	
349		62	59	3		21	
7469	288	673	64	39	147	577	89
868	100	611	48	39	132	368	82
6601	188	62	16		15	209	7
6650	262	1576	261	2775	1310	185	
58	7		7				
6499	176	1576	208	2269	24	98	
93	79		46	506	1286	87	
25			1			1	
25			1			1	
6875	960	8710	741	326	50	1664	
58		3975	101		50	1651	
6530	960	4619	203	25		9	
287		116	437	301		4	
15779	1493	4783	2168	1177	47	2900	719
1041	29	71	72	52	8	188	5
1148	471	498	93	524		222	215

2-A-5 续表 24

行　业	从业人员期末人数	杭州市	宁波市	温州市
集成电路制造	13482	5749	2909	347
光电子器件及其他电子器件制造	91159	16846	51773	2588
电子元件制造	216027	32837	55219	43487
电子元件及组件制造	198368	27335	52895	38770
印制电路板制造	17659	5502	2324	4717
其他电子设备制造	21774	4284	3797	1333
其他电子设备制造	21774	4284	3797	1333
仪器仪表制造业	225476	40718	54324	59576
通用仪器仪表制造	110229	26388	32542	19718
工业自动控制系统装置制造	34002	8659	8669	5642
电工仪器仪表制造	29899	8336	6669	10465
绘图、计算及测量仪器制造	9985	1718	5292	329
实验分析仪器制造	5445	1525	1862	455
试验机制造	1462	372	105	167
供应用仪表及其他通用仪器制造	29436	5778	9945	2660
专用仪器仪表制造	32857	9556	8235	7508
环境监测专用仪器仪表制造	2090	644	693	115
运输设备及生产用计数仪表制造	16880	4962	3313	4499
导航、气象及海洋专用仪器制造	1215	359	289	386
农林牧渔专用仪器仪表制造	261	10	149	2
地质勘探和地震专用仪器制造	446	128	236	29
教学专用仪器制造	5313	1786	1231	1321
核子及核辐射测量仪器制造	94	48		44
电子测量仪器制造	3156	793	937	810
其他专用仪器制造	3402	826	1387	302
钟表与计时仪器制造	7293	1966	3519	776
钟表与计时仪器制造	7293	1966	3519	776
光学仪器及眼镜制造	69494	1864	8203	30457
光学仪器制造	13619	1649	8014	439
眼镜制造	55875	215	189	30018
其他仪器仪表制造业	5603	944	1825	1117
其他仪器仪表制造业	5603	944	1825	1117

单位：人

嘉兴市	湖州市	绍兴市	金华市	衢州市	舟山市	台州市	丽水市
2330	214	1533	96	280	15	9	
11260	779	2681	1907	321	24	2481	499
24490	8784	6753	36226	1410	371	4785	1665
21848	8731	6302	35397	582	371	4560	1577
2642	53	451	829	828		225	88
4263	991	2081	3025	499	37	1101	363
4263	991	2081	3025	499	37	1101	363
10241	1839	5661	5717	1336	1424	42910	1730
6435	1567	2343	3631	726	435	15796	648
3100	1104	1126	312	348	16	4884	142
1849	133	108	1191	29	150	734	235
172	150	60	1836	47	13	358	10
232	39	298	71	128	30	805	
17	13	536	188	1		47	16
1065	128	215	33	173	226	8968	245
1281	69	2244	804	189	605	1881	485
500	1	55	41			11	30
18		1687	22	40	511	1548	280
72			6		6	97	
		52	17			31	
15		6				32	
235		149	458	60		55	18
2							
295	25	89	81			75	51
144	43	206	179	89	88	32	106
90	119	37	387	184	1	84	130
90	119	37	387	184	1	84	130
2286	58	892	321	237	6	24722	448
890	58	336	86	4	6	2022	115
1396		556	235	233		22700	333
149	26	145	574		377	427	19
149	26	145	574		377	427	19

2-A-5 续表 25

行业	从业人员期末人数			
		杭州市	宁波市	温州市
其他制造业	127927	8319	22317	24027
日用杂品制造	113178	6137	17952	21522
鬃毛加工、制刷及清扫工具制造	10848	27	5256	267
其他日用杂品制造	102330	6110	12696	21255
煤制品制造	547	63	152	41
煤制品制造	547	63	152	41
核辐射加工	83	10	72	
核辐射加工	83	10	72	
其他未列明制造业	14119	2109	4141	2464
其他未列明制造业	14119	2109	4141	2464
废弃资源综合利用业	27758	3385	8403	539
金属废料和碎屑加工处理	21368	2167	7402	251
金属废料和碎屑加工处理	21368	2167	7402	251
非金属废料和碎屑加工处理	6390	1218	1001	288
非金属废料和碎屑加工处理	6390	1218	1001	288
金属制品、机械和设备修理业	40930	1109	5602	1054
金属制品修理	307	15	222	12
金属制品修理	307	15	222	12
通用设备修理	1669	422	629	133
通用设备修理	1669	422	629	133
专用设备修理	1129	227	158	104
专用设备修理	1129	227	158	104
铁路、船舶、航空航天等运输设备修理	34689	65	3148	658
铁路运输设备修理	191		191	
船舶修理	34270	41	2793	618
航空航天器修理	125		125	
其他运输设备修理	103	24	39	40
电气设备修理	1709	188	874	41
电气设备修理	1709	188	874	41
仪器仪表修理	73	1	51	
仪器仪表修理	73	1	51	
其他机械和设备修理业	1354	191	520	106
其他机械和设备修理业	1354	191	520	106

单位：人

嘉兴市	湖州市	绍兴市	金华市	衢州市	舟山市	台州市	丽水市
10817	2636	16475	22543	2596	73	15515	2609
10435	2392	15988	19249	2396	12	14839	2256
738	340	45	3386	348	5	319	117
9697	2052	15943	15863	2048	7	14520	2139
142		70	31	27		21	
142		70	31	27		21	
1							
1							
239	244	417	3263	173	61	655	353
239	244	417	3263	173	61	655	353
1556	340	592	640	580	213	11330	180
277	5	223	150	180	151	10478	84
277	5	223	150	180	151	10478	84
1279	335	369	490	400	62	852	96
1279	335	369	490	400	62	852	96
604	643	532	191	38	30187	847	123
20		21				9	8
20		21				9	8
61	63	60	41	3	217	40	
61	63	60	41	3	217	40	
362	28	91	82	6	15	43	13
362	28	91	82	6	15	43	13
96	249	12			29765	696	
96	249	12			29765	696	
13	298	53	7		123	10	102
13	298	53	7		123	10	102
3					2	16	
3					2	16	
49	5	295	61	29	65	33	
49	5	295	61	29	65	33	

2-A-5 续表 26

行　业	从业人员期末人数	杭州市	宁波市	温州市
电力、热力、燃气及水生产和供应业	**172582**	**22699**	**20346**	**19278**
电力、热力生产和供应业	121048	13762	11567	12313
电力生产	50578	6649	5990	5582
火力发电	23281	3094	5026	612
水力发电	22420	2898	629	4575
核力发电	1642	5		
风力发电	427	31	131	64
太阳能发电	93	18	17	2
其他电力生产	2715	603	187	329
电力供应	65619	5210	4907	6669
电力供应	65619	5210	4907	6669
热力生产和供应	4851	1903	670	62
热力生产和供应	4851	1903	670	62
燃气生产和供应业	10452	2559	1603	1169
燃气生产和供应业	10452	2559	1603	1169
燃气生产和供应业	10452	2559	1603	1169
水的生产和供应业	41082	6378	7176	5796
自来水生产和供应	30628	4961	5729	4736
自来水生产和供应	30628	4961	5729	4736
污水处理及其再生利用	7962	1368	941	851
污水处理及其再生利用	7962	1368	941	851
其他水的处理、利用与分配	2492	49	506	209
其他水的处理、利用与分配	2492	49	506	209
建筑业	**7659188**	**1637604**	**1125977**	**551795**
房屋建筑业	5723001	1150058	771096	359068
房屋建筑业	5723001	1150058	771096	359068
房屋建筑业	5723001	1150058	771096	359068
土木工程建筑业	1293164	255833	209268	153416
铁路、道路、隧道和桥梁工程建筑	916719	178464	142680	85690
铁路工程建筑	6263	1336	161	1187
公路工程建筑	244992	30308	39240	21876

单位：人

嘉兴市	湖州市	绍兴市	金华市	衢州市	舟山市	台州市	丽水市
12247	**8297**	**15388**	**10115**	**6213**	**4329**	**14488**	**13119**
6775	4728	10569	7010	4684	1809	9937	11831
4089	2173	7960	3016	2650	686	4061	7722
3581	1643	6759	1408	405	530	223	
	176	1162	1427	2056		2100	7397
364						1273	
			27		74	94	6
21	10	1	4	19			1
123	344	38	150	170	82	371	318
1883	2174	2605	3930	1689	1123	5257	4109
1883	2174	2605	3930	1689	1123	5257	4109
803	381	4	64	345		619	
803	381	4	64	345		619	
936	822	1021	465	629	555	536	157
936	822	1021	465	629	555	536	157
936	822	1021	465	629	555	536	157
4536	2747	3798	2640	900	1965	4015	1131
3328	1821	2495	2043	757	1121	2599	1038
3328	1821	2495	2043	757	1121	2599	1038
1176	926	1222	513	141	182	549	93
1176	926	1222	513	141	182	549	93
32		81	84	2	662	867	
32		81	84	2	662	867	
269170	**180486**	**1848738**	**988250**	**171947**	**81197**	**707244**	**96780**
198882	143812	1536171	796203	111294	57544	539992	58881
198882	143812	1536171	796203	111294	57544	539992	58881
198882	143812	1536171	796203	111294	57544	539992	58881
41419	27485	220063	156848	45319	12080	142845	28588
32658	20464	170130	105462	35219	5229	119697	21026
286		344	1730	12		480	727
6181	9817	38145	17796	8910	1589	61652	9478

2-A-5 续表 27

行业	从业人员期末人数			
		杭州市	宁波市	温州市
市政道路工程建筑	555520	122666	96406	37942
其他道路、隧道和桥梁工程建筑	109944	24154	6873	24685
水利和内河港口工程建筑	98753	17290	19986	5812
水源及供水设施工程建筑	48069	7340	9610	3897
河湖治理及防洪设施工程建筑	41385	9509	8108	956
港口及航运设施工程建筑	9299	441	2268	959
海洋工程建筑	742	4	110	45
海洋工程建筑	742	4	110	45
工矿工程建筑	62252	4070	4089	46974
工矿工程建筑	62252	4070	4089	46974
架线和管道工程建筑	56090	18234	9407	7412
架线及设备工程建筑	41425	13997	6746	6067
管道工程建筑	14665	4237	2661	1345
其他土木工程建筑	158608	37771	32996	7483
其他土木工程建筑	158608	37771	32996	7483
建筑安装业	189973	47187	50028	13326
电气安装	57455	20769	7622	6840
电气安装	57455	20769	7622	6840
管道和设备安装	54061	10698	14160	3962
管道和设备安装	54061	10698	14160	3962
其他建筑安装业	78457	15720	28246	2524
其他建筑安装业	78457	15720	28246	2524
建筑装饰和其他建筑业	453050	184526	95585	25985
建筑装饰业	306924	123014	60248	21224
建筑装饰业	306924	123014	60248	21224
工程准备活动	66405	33350	9844	4016
建筑物拆除活动	13807	7300	1529	994
其他工程准备活动	52598	26050	8315	3022
提供施工设备服务	15351	6213	3551	94
提供施工设备服务	15351	6213	3551	94
其他未列明建筑业	64370	21949	21942	651
其他未列明建筑业	64370	21949	21942	651

单位：人

嘉兴市	湖州市	绍兴市	金华市	衢州市	舟山市	台州市	丽水市
22068	10000	105792	70315	25508	1876	52594	10353
4123	647	25849	15621	789	1764	4971	468
4196	1437	23979	6485	6612	2823	8734	1399
924	214	12365	3303	3906	390	5296	824
2548	1002	11605	3182	1778	1	2252	444
724	221	9		928	2432	1186	131
8					498	77	
8					498	77	
81	1096	1213	739	420	2056	340	1174
81	1096	1213	739	420	2056	340	1174
1972	1625	4586	4515	2085	884	2091	3279
1652	1399	1551	2935	1822	702	1574	2980
320	226	3035	1580	263	182	517	299
2504	2863	20155	39647	983	590	11906	1710
2504	2863	20155	39647	983	590	11906	1710
10779	3712	45329	5062	1276	2237	8249	2788
3063	1362	8591	1123	638	1585	4963	899
3063	1362	8591	1123	638	1585	4963	899
2580	375	19826	717	368	346	804	225
2580	375	19826	717	368	346	804	225
5136	1975	16912	3222	270	306	2482	1664
5136	1975	16912	3222	270	306	2482	1664
18090	5477	47175	30137	14058	9336	16158	6523
9715	4015	36509	25065	4404	3246	13657	5827
9715	4015	36509	25065	4404	3246	13657	5827
625	610	6657	906	1694	6051	2084	568
271	126	1061	189	558	658	653	468
354	484	5596	717	1136	5393	1431	100
1115	198	1637	402	2099	30	6	6
1115	198	1637	402	2099	30	6	6
6635	654	2372	3764	5861	9	411	122
6635	654	2372	3764	5861	9	411	122

2-A-5 续表 28

行业	从业人员期末人数	杭州市	宁波市	温州市
批发和零售业	**2011937**	**639289**	**368612**	**209704**
批发业	1333310	445795	261772	127904
农、林、牧产品批发	47031	10518	3315	2353
谷物、豆及薯类批发	6247	1147	989	172
种子批发	2416	796	182	318
饲料批发	3299	699	217	190
棉、麻批发	919	302	229	30
林业产品批发	16933	3618	345	320
牲畜批发	6066	1320	324	329
其他农牧产品批发	11151	2636	1029	994
食品、饮料及烟草制品批发	162969	59885	20936	15080
米、面制品及食用油批发	15816	5095	2257	1518
糕点、糖果及糖批发	4381	1881	769	189
果品、蔬菜批发	37807	7161	4381	2614
肉、禽、蛋、奶及水产品批发	20010	6603	2618	2637
盐及调味品批发	3654	1270	441	440
营养和保健品批发	7130	3642	1649	522
酒、饮料及茶叶批发	45902	26960	3786	2737
烟草制品批发	6718	1471	386	512
其他食品批发	21551	5802	4649	3911
纺织、服装及家庭用品批发	368422	111214	64588	30601
纺织品、针织品及原料批发	142039	30211	11935	3690
服装批发	101537	45443	17269	10262
鞋帽批发	12603	2885	997	6195
化妆品及卫生用品批发	14740	6089	2120	864
厨房、卫生间用具及日用杂货批发	21811	7101	4953	1340
灯具、装饰物品批发	8709	3066	1544	1722
家用电器批发	38195	9606	18586	2890
其他家庭用品批发	28788	6813	7184	3638
文化、体育用品及器材批发	54633	15713	14086	5785
文具用品批发	20382	5654	6683	2787
体育用品及器材批发	4871	1585	1001	228

单位：人

嘉兴市	湖州市	绍兴市	金华市	衢州市	舟山市	台州市	丽水市
124810	**75706**	**197191**	**175218**	**45460**	**25867**	**107060**	**43020**
81291	43830	143432	104227	30225	13411	58193	23230
5183	8600	5549	4735	3722	109	774	2173
439	159	672	541	1276	5	266	581
392	47	250	142	61	16	109	103
307	990	81	386	268	46	92	23
75	16	62	166	5		34	
1327	5953	3604	733	346	21	55	611
950	393	348	974	1066	19	45	298
1693	1042	532	1793	700	2	173	557
10179	5225	12938	11450	9644	2700	6777	8155
1062	510	921	2170	1028	360	632	263
241	99	302	315	223	39	294	29
3529	1147	4502	4060	5599	182	1279	3353
1423	512	1646	1047	825	738	1604	357
260	91	164	241	178	226	242	101
409	155	89	172	98	52	250	92
1687	1421	2910	1558	690	502	1199	2452
386	799	889	354	548	240	365	768
1182	491	1515	1533	455	361	912	740
25523	9333	84964	27327	1223	517	8851	4281
10376	4273	75639	4478	187	52	683	515
9667	3379	6362	6637	207	68	1782	461
106	3	140	1008	37	33	1104	95
283	626	325	1172	104	94	512	2551
634	95	875	5258	151	50	1183	171
413	234	268	769	91	9	579	14
1695	396	863	2352	131	116	1343	217
2349	327	492	5653	315	95	1665	257
1718	224	2204	12339	242	58	1937	327
1169	115	666	2261	55	37	849	106
268	15	46	1526	38		119	45

2-A-5 续表 29

行业	从业人员期末人数	杭州市	宁波市	温州市
图书批发	2299	1820	123	160
报刊批发	548	62	169	293
音像制品及电子出版物批发	586	412	57	11
首饰、工艺品及收藏品批发	18810	4368	2987	1973
其他文化用品批发	7137	1812	3066	333
医药及医疗器材批发	47397	21031	6373	4825
西药批发	16252	6054	1469	1625
中药批发	11940	4636	1122	2174
医疗用品及器材批发	19205	10341	3782	1026
矿产品、建材及化工产品批发	326108	111845	77946	32926
煤炭及制品批发	15684	3605	4405	1127
石油及制品批发	52955	28758	7174	1866
非金属矿及制品批发	2964	815	727	214
金属及金属矿批发	87043	30818	27358	8508
建材批发	66328	22328	10351	7669
化肥批发	7845	1959	902	733
农药批发	5023	1476	374	612
农用薄膜批发	255	49	32	15
其他化工产品批发	88011	22037	26623	12182
机械设备、五金产品及电子产品批发	234748	98665	55257	25824
农业机械批发	2893	648	442	258
汽车批发	6966	3290	1325	290
汽车零配件批发	20890	9281	4722	2945
摩托车及零配件批发	1874	415	448	296
五金产品批发	54335	16069	13740	7042
电气设备批发	19919	7546	3684	3085
计算机、软件及辅助设备批发	22612	14991	4537	1057
通讯及广播电视设备批发	13094	9163	1464	591
其他机械设备及电子产品批发	92165	37262	24895	10260
贸易经纪与代理	52114	6656	11971	6502
贸易代理	41781	4707	10201	5052
拍卖	2210	720	413	342
其他贸易经纪与代理	8123	1229	1357	1108

单位：人

嘉兴市	湖州市	绍兴市	金华市	衢州市	舟山市	台州市	丽水市
13		37	131	2		9	4
1	6		17				
29		5	53	3		15	1
128	62	1073	7230	69	18	763	139
110	26	377	1121	75	3	182	32
1683	789	3484	3682	1126	178	3446	780
392	500	1626	1219	324	56	2599	388
391	77	923	1659	345	80	259	274
900	212	935	804	457	42	588	118
21303	13589	19607	11576	8643	6714	18540	3419
1157	896	1193	1611	540	171	730	249
4013	904	2377	1259	1927	3056	1478	143
134	219	145	324	154	16	85	131
4864	1643	3093	2265	1014	1262	5909	309
3760	7662	3970	2433	2045	1492	3561	1057
899	387	600	830	566	162	305	502
612	204	287	377	194	26	546	315
42	3	47	27	4	2	28	6
5822	1671	7895	2450	2199	527	5898	707
12254	3958	10264	10905	3414	2090	10401	1716
306	85	299	290	149	36	208	172
253	48	147	559	240	22	647	145
926	246	646	827	143	56	962	136
32	30	98	128	33	11	358	25
4449	597	2742	4934	1292	350	2750	370
1057	967	1193	969	181	168	919	150
553	109	291	453	117	105	317	82
423	420	431	243	42	85	165	67
4255	1456	4417	2502	1217	1257	4075	569
1010	778	1943	17256	629	270	3795	1304
771	620	1572	16028	495	205	1243	887
131	58	111	186	55	42	98	54
108	100	260	1042	79	23	2454	363

2-A-5 续表 30

行　业	从业人员期末人数	杭州市	宁波市	温州市
其他批发业	39888	10268	7300	4008
再生物资回收与批发	21334	5140	4714	1674
其他未列明批发业	18554	5128	2586	2334
零售业	678627	193494	106840	81800
综合零售	148082	46705	32469	10853
百货零售	45025	9704	6968	2593
超级市场零售	85793	28043	24282	6424
其他综合零售	17264	8958	1219	1836
食品、饮料及烟草制品专门零售	51343	15864	5465	6159
粮油零售	3852	707	218	381
糕点、面包零售	3041	1293	303	315
果品、蔬菜零售	10564	3185	1445	447
肉、禽、蛋、奶及水产品零售	7841	1357	790	794
营养和保健品零售	2381	973	231	430
酒、饮料及茶叶零售	10677	4325	941	1453
烟草制品零售	1744	395	561	199
其他食品零售	11243	3629	976	2140
纺织、服装及日用品专门零售	76343	27285	10617	11539
纺织品及针织品零售	7058	1934	1181	1166
服装零售	43742	17851	6467	5301
鞋帽零售	2962	460	211	1334
化妆品及卫生用品零售	3109	1399	125	476
钟表、眼镜零售	6723	2310	977	1128
箱、包零售	1278	345	73	313
厨房用具及日用杂品零售	1329	327	173	242
自行车零售	1501	586	219	68
其他日用品零售	8641	2073	1191	1511
文化、体育用品及器材专门零售	30899	11127	3786	3497
文具用品零售	3746	1336	558	418
体育用品及器材零售	2817	1614	186	231
图书、报刊零售	6891	1961	1070	767

单位：人

嘉兴市	湖州市	绍兴市	金华市	衢州市	舟山市	台州市	丽水市
2438	1334	2479	4957	1582	775	3672	1075
1627	681	952	1273	1162	702	2640	769
811	653	1527	3684	420	73	1032	306
43519	31876	53759	70991	15235	12456	48867	19790
9328	8012	13582	7872	3554	4016	8750	2941
3008	3867	7346	4784	1535	1715	2618	887
5953	3721	4696	2748	1797	1658	5200	1271
367	424	1540	340	222	643	932	783
2201	2297	4945	6670	1259	1317	3131	2035
56	69	348	1488	176	38	270	101
98	83	189	322	75	114	233	16
354	432	1048	2042	277	410	412	512
737	281	1535	664	99	229	1116	239
102	64	98	160	57	77	121	68
269	870	745	819	399	113	337	406
65	111	74	51	24	70	101	93
520	387	908	1124	152	266	541	600
5771	2088	4572	7933	624	869	3879	1166
427	256	832	878	30	52	227	75
3923	1073	2016	4301	150	375	1962	323
140	134	133	186	19	29	214	102
39	94	130	440	63	55	249	39
572	170	282	391	91	138	498	166
261	18	52	76	21	18	65	36
35	32	86	174	25	114	74	47
117	124	134	81	66	39	31	36
257	187	907	1406	159	49	559	342
1517	1166	3114	2742	511	406	1770	1263
298	191	299	264	38	93	175	76
94	50	56	405	93	10	42	36
465	327	495	534	184	179	609	300

2-A-5 续表 31

行业	从业人员期末人数	杭州市	宁波市	温州市
音像制品及电子出版物零售	254	54	30	110
珠宝首饰零售	9181	3293	951	989
工艺美术品及收藏品零售	5062	1809	316	621
乐器零售	669	361	90	77
照相器材零售	459	256	16	92
其他文化用品零售	1820	443	569	192
医药及医疗器材专门零售	62491	14462	8910	8751
药品零售	57763	12450	8417	8300
医疗用品及器材零售	4728	2012	493	451
汽车、摩托车、燃料及零配件专门零售	151178	32302	25858	20742
汽车零售	115843	25059	19818	16369
汽车零配件零售	8086	2435	1589	1060
摩托车及零配件零售	2412	281	238	251
机动车燃料零售	24837	4527	4213	3062
家用电器及电子产品专门零售	64529	19291	9904	8639
家用视听设备零售	8533	632	2921	753
日用家电设备零售	20612	6536	1828	2676
计算机、软件及辅助设备零售	17052	5133	1845	3143
通信设备零售	10874	4241	1765	1255
其他电子产品零售	7458	2749	1545	812
五金、家具及室内装饰材料专门零售	47004	14132	6314	6210
五金零售	12537	3213	2302	1384
灯具零售	1513	535	155	145
家具零售	10137	3201	1271	1766
涂料零售	7677	1643	964	734
卫生洁具零售	1441	442	187	374
木质装饰材料零售	2932	1275	315	418
陶瓷、石材装饰材料零售	4062	1636	270	534
其他室内装饰材料零售	6705	2187	850	855
货摊、无店铺及其他零售业	46758	12326	3517	5410
货摊食品零售	196	106	22	14
货摊纺织、服装及鞋零售	111	8	1	30

单位：人

嘉兴市	湖州市	绍兴市	金华市	衢州市	舟山市	台州市	丽水市
3	5	20	10		14	8	
394	357	1721	703	86	11	576	100
146	71	366	608	87	99	286	653
43	14	16	23	23		17	5
1	5	59	20			8	2
73	146	82	175			49	91
5439	3062	3967	6214	1233	1656	6163	2634
5313	2832	3615	5799	1123	1620	5898	2396
126	230	352	415	110	36	265	238
10424	8348	13934	14434	3813	1412	15351	4560
8747	5194	10402	12311	3129	1291	10553	2970
344	297	540	872	113	69	610	157
313	358	164	285	76	4	295	147
1020	2499	2828	966	495	48	3893	1286
4132	2343	4487	5185	2186	1329	4856	2177
247	540	1285	601	115	67	531	841
1920	687	1313	1943	1209	488	1794	218
1140	510	1134	1329	495	404	1236	683
553	412	308	733	205	307	906	189
272	194	447	579	162	63	389	246
2207	3251	3779	3912	1542	891	3120	1646
919	907	1446	948	157	241	628	392
53	74	153	185	50	78	55	30
163	879	455	726	402	129	688	457
650	818	395	774	139	230	978	352
45	53	66	103	20	13	87	51
39	140	187	258	55	25	155	65
80	124	391	339	260	70	230	128
258	256	686	579	459	105	299	171
2500	1309	1379	16029	513	560	1847	1368
1	4		49				
3	11		46			7	5

2-A-5 续表 32

行业	从业人员期末人数	杭州市	宁波市	温州市
货摊日用品零售	117	31	3	27
互联网零售	29268	7658	1362	2415
邮购及电视、电话零售	1236	859	45	18
旧货零售	256	55	75	7
生活用燃料零售	6480	1215	629	1144
其他未列明零售业	9094	2394	1380	1755
交通运输、仓储和邮政业	**508722**	**128313**	**122253**	**63204**
铁路运输业	277		277	
铁路货物运输	277		277	
铁路货物运输	277		277	
道路运输业	278820	76553	63359	34600
城市公共交通运输	70053	25718	13261	10100
公共电汽车客运	53426	20351	9701	8036
城市轨道交通	4787	2868	1666	29
出租车客运	10776	2412	1892	1987
其他城市公共交通运输	1064	87	2	48
公路旅客运输	58573	11727	6677	8949
公路旅客运输	58573	11727	6677	8949
道路货物运输	118920	29876	37860	12733
道路货物运输	118920	29876	37860	12733
道路运输辅助活动	31274	9232	5561	2818
客运汽车站	7416	128	2139	416
公路管理与养护	18042	6985	2089	1598
其他道路运输辅助活动	5816	2119	1333	804
水上运输业	45885	3877	11619	5474
水上旅客运输	5829	1499	266	420
海洋旅客运输	3429		8	103
内河旅客运输	1739	1454	57	158
客运轮渡运输	661	45	201	159
水上货物运输	28664	1604	7507	2871
远洋货物运输	1569	764	275	104
沿海货物运输	23770	326	6777	2327
内河货物运输	3325	514	455	440

单位：人

嘉兴市	湖州市	绍兴市	金华市	衢州市	舟山市	台州市	丽水市
	4		51	1			
1815	428	351	13871	85	32	693	558
19	50	17	215			6	7
	57	35	12			8	7
349	387	405	750	189	225	759	428
313	368	571	1035	238	303	374	363
30149	**17323**	**24999**	**37120**	**12680**	**31570**	**32805**	**8306**
16902	11506	14052	17842	10056	8649	18934	6367
3333	1956	4093	2740	1447	1800	4888	717
2213	1685	3820	1976	1284	1498	2297	565
					191	7	26
1110	78	273	94	163	111	2581	75
10	193		670			3	51
3586	3878	4600	5474	2526	2365	6264	2527
3586	3878	4600	5474	2526	2365	6264	2527
7308	3626	4763	7132	4538	3933	5155	1996
7308	3626	4763	7132	4538	3933	5155	1996
2675	2046	596	2496	1545	551	2627	1127
823	500	157	1667	751	48	601	186
1563	1425	318	594	439	403	1751	877
289	121	121	235	355	100	275	64
1402	1567	259	80	12	17285	4272	38
12	10	8	21	11	3398	176	8
					3222	96	
12	10	8	13	11		8	8
			8		176	72	
531	1453	236	35	1	10556	3853	17
91		28	8		181	118	
272		33			10286	3735	14
168	1453	175	27	1	89		3

2-A-5 续表 33

行业	从业人员期末人数	杭州市	宁波市	温州市
水上运输辅助活动	11392	774	3846	2183
客运港口	485	1	2	15
货运港口	6856	684	3051	1837
其他水上运输辅助活动	4051	89	793	331
航空运输业	8036	4716	1286	1489
航空客货运输	548	451		
航空旅客运输	102	5		
航空货物运输	446	446		
通用航空服务	206	66	2	24
通用航空服务	206	66	2	24
航空运输辅助活动	7282	4199	1284	1465
机场	6703	3674	1282	1453
其他航空运输辅助活动	579	525	2	12
管道运输业	161	160		
管道运输业	161	160		
管道运输业	161	160		
装卸搬运和运输代理业	83201	10833	31067	12970
装卸搬运	23095	2984	4778	6965
装卸搬运	23095	2984	4778	6965
运输代理业	60106	7849	26289	6005
货物运输代理	53796	6563	24829	4755
旅客票务代理	4022	1018	730	1079
其他运输代理业	2288	268	730	171
仓储业	21817	4032	7403	1720
谷物、棉花等农产品仓储	4248	399	457	1010
谷物仓储	3957	361	450	1008
棉花仓储	88	13	7	
其他农产品仓储	203	25		2
其他仓储业	17569	3633	6946	710
其他仓储业	17569	3633	6946	710
邮政业	70525	28142	7242	6951

单位：人

嘉兴市	湖州市	绍兴市	金华市	衢州市	舟山市	台州市	丽水市
859	104	15	24		3331	243	13
					460	7	
756	65	4	9		395	44	11
103	39	11	15		2476	192	2
32	10		183	20	300		
			93		4		
			93		4		
			84	20	10		
			84	20	10		
32	10		6		286		
32	10		6		246		
					40		
			1				
			1				
			1				
3930	1281	5916	9061	784	2916	4190	253
1355	344	1893	1437	389	1394	1508	48
1355	344	1893	1437	389	1394	1508	48
2575	937	4023	7624	395	1522	2682	205
2289	895	3872	6789	384	962	2297	161
100	19	99	130		505	312	30
186	23	52	705	11	55	73	14
1341	1083	750	2103	320	1795	811	459
302	195	274	469	74	205	409	454
239	125	264	457	68	195	383	407
40		10	12	6			
23	70				10	26	47
1039	888	476	1634	246	1590	402	5
1039	888	476	1634	246	1590	402	5
6542	1876	4022	7850	1488	625	4598	1189

2-A-5 续表 34

行　业	从业人员期末人数	杭州市	宁波市	温州市
邮政基本服务	20731	6630	1754	1557
邮政基本服务	20731	6630	1754	1557
快递服务	49794	21512	5488	5394
快递服务	49794	21512	5488	5394
住宿和餐饮业	**413887**	**140170**	**65155**	**52612**
住宿业	192206	56094	31974	21715
旅游饭店	139500	41708	21279	13992
旅游饭店	139500	41708	21279	13992
一般旅馆	49465	13891	10099	7272
一般旅馆	49465	13891	10099	7272
其他住宿业	3241	495	596	451
其他住宿业	3241	495	596	451
餐饮业	221681	84076	33181	30897
正餐服务	170027	54113	28207	27049
正餐服务	170027	54113	28207	27049
快餐服务	35483	25265	2176	920
快餐服务	35483	25265	2176	920
饮料及冷饮服务	6527	2221	1275	993
茶馆服务	1382	523	164	195
咖啡馆服务	2231	662	543	226
酒吧服务	1948	675	246	331
其他饮料及冷饮服务	966	361	322	241
其他餐饮业	9644	2477	1523	1935
小吃服务	4718	1637	316	1373
餐饮配送服务	2295	571	599	165
其他未列明餐饮业	2631	269	608	397
信息传输、软件和信息技术服务业	**293693**	**188639**	**35001**	**14514**
电信、广播电视和卫星传输服务	66274	24617	7050	6681
电信	56386	20603	5886	6044
固定电信服务	17829	8080	1396	1282
移动电信服务	33792	9834	3966	4344
其他电信服务	4765	2689	524	418

单位：人

嘉兴市	湖州市	绍兴市	金华市	衢州市	舟山市	台州市	丽水市
682	645	2631	4168	1066	357	858	383
682	645	2631	4168	1066	357	858	383
5860	1231	1391	3682	422	268	3740	806
5860	1231	1391	3682	422	268	3740	806
23659	**18391**	**24003**	**29606**	**5648**	**13603**	**30164**	**10876**
11926	8797	12998	16547	3134	8313	14610	6098
9307	6385	11128	11028	2761	6443	10878	4591
9307	6385	11128	11028	2761	6443	10878	4591
2333	1835	1618	5114	336	1866	3732	1369
2333	1835	1618	5114	336	1866	3732	1369
286	577	252	405	37	4		138
286	577	252	405	37	4		138
11733	9594	11005	13059	2514	5290	15554	4778
9774	5784	9973	10687	2406	5015	13152	3867
9774	5784	9973	10687	2406	5015	13152	3867
1003	3064	292	1302	4	240	752	465
1003	3064	292	1302	4	240	752	465
337	335	149	459	9	10	521	218
62	255	12	53	7	7	35	69
197	34	94	164		3	236	72
59	41	43	238			240	75
19	5		4	2		10	2
619	411	591	611	95	25	1129	228
128	132	86	281	14	14	703	34
400	70	266	84		11	20	109
91	209	239	246	81		406	85
10272	**6225**	**7971**	**12926**	**3121**	**2809**	**8753**	**3462**
4348	3335	3996	4068	2467	2066	5441	2205
3625	2584	3669	3660	2325	1683	4422	1885
1370	1002	1562	186	1079	641	818	413
2136	1309	1984	3347	1120	988	3363	1401
119	273	123	127	126	54	241	71

2-A-5 续表 35

行　　业	从业人员期末人数	杭州市	宁波市	温州市
广播电视传输服务	9888	4014	1164	637
有线广播电视传输服务	9639	3983	1112	622
无线广播电视传输服务	249	31	52	15
互联网和相关服务	32344	23501	2127	1469
互联网接入及相关服务	2445	867	54	647
互联网接入及相关服务	2445	867	54	647
互联网信息服务	27659	21653	1942	749
互联网信息服务	27659	21653	1942	749
其他互联网服务	2240	981	131	73
其他互联网服务	2240	981	131	73
软件和信息技术服务业	195075	140521	25824	6364
软件开发	143911	109057	18720	3307
软件开发	143911	109057	18720	3307
信息系统集成服务	21876	14325	3981	991
信息系统集成服务	21876	14325	3981	991
信息技术咨询服务	16931	10211	1398	1084
信息技术咨询服务	16931	10211	1398	1084
数据处理和存储服务	3102	1924	298	239
数据处理和存储服务	3102	1924	298	239
集成电路设计	1955	1241	205	8
集成电路设计	1955	1241	205	8
其他信息技术服务业	7300	3763	1222	735
数字内容服务	2105	1031	616	215
呼叫中心	670	368		1
其他未列明信息技术服务业	4525	2364	606	519
金融业	**24416**	**4544**	**5554**	**2642**
货币金融服务	5462	1093	672	733
货币银行服务	666			23
货币银行服务	666			23
非货币银行服务	4796	1093	672	710
金融租赁服务	497	204	179	
财务公司	49	9	5	7
其他非货币银行服务	4250	880	488	703

单位：人

嘉兴市	湖州市	绍兴市	金华市	衢州市	舟山市	台州市	丽水市
723	751	327	408	142	383	1019	320
723	722	327	398	141	382	1019	210
	29		10	1	1		110
1012	258	764	2138	68	107	595	305
39	85	107	554	31	10	3	48
39	85	107	554	31	10	3	48
348	173	602	1419	22	30	484	237
348	173	602	1419	22	30	484	237
625		55	165	15	67	108	20
625		55	165	15	67	108	20
4912	2632	3211	6720	586	636	2717	952
3102	1732	2051	3299	362	280	1364	637
3102	1732	2051	3299	362	280	1364	637
571	242	253	420	83	227	668	115
571	242	253	420	83	227	668	115
622	156	420	2404	48	48	484	56
622	156	420	2404	48	48	484	56
248	24	175	107	33		44	10
248	24	175	107	33		44	10
180	152	56	51	12	32	2	16
180	152	56	51	12	32	2	16
189	326	256	439	48	49	155	118
111	20	72	12	17	7	1	3
	250		11			40	
78	56	184	416	31	42	114	115
2065	**1182**	**2320**	**2690**	**322**	**1383**	**1110**	**604**
411	350	444	993	140	112	359	155
	100		542			1	
	100		542			1	
411	250	444	451	140	112	358	155
53	3		31		19	2	6
6		6	5			8	3
352	247	438	415	140	93	348	146

2-A-5 续表 36

行　业	从业人员期末人数	杭州市	宁波市	温州市
资本市场服务	13844	2079	3310	1334
证券市场服务	268	193	6	61
证券市场管理服务	75	63	1	4
证券经纪交易服务	83	40	1	42
基金管理服务	110	90	4	15
期货市场服务	306	118	60	30
期货市场管理服务	157	92	60	
其他期货市场服务	149	26		30
资本投资服务	12610	1542	3066	1163
资本投资服务	12610	1542	3066	1163
其他资本市场服务	660	226	178	80
其他资本市场服务	660	226	178	80
保险业	630	165	298	20
人身保险	41	39		1
人寿保险	41	39		1
财产保险	39	3	18	3
财产保险	39	3	18	3
再保险	1			1
再保险	1			1
保险经纪与代理服务	349	63	250	13
保险经纪与代理服务	349	63	250	13
其他保险活动	200	60	30	2
风险和损失评估	179	48	27	2
其他未列明保险活动	21	12	3	
其他金融业	4480	1207	1274	555
金融信托与管理服务	2134	750	366	235
金融信托与管理服务	2134	750	366	235
控股公司服务	879	121	467	155
控股公司服务	879	121	467	155
其他未列明金融业	1467	336	441	165
其他未列明金融业	1467	336	441	165

单位：人

嘉兴市	湖州市	绍兴市	金华市	衢州市	舟山市	台州市	丽水市
1521	641	1744	1183	120	1223	498	191
				7		1	
				7			
						1	
7			33		40	13	5
							5
7			33		40	13	
1508	608	1708	1078	111	1183	472	171
1508	608	1708	1078	111	1183	472	171
6	33	36	72	2		12	15
6	33	36	72	2		12	15
16	5	16	73	1	28	5	3
	1						
	1						
			12			3	
			12			3	
16		3	2			2	
16		3	2			2	
	4	13	59	1	28		3
		13	58		28		3
	4		1	1			
117	186	116	441	61	20	248	255
27	87	67	302		19	183	98
27	87	67	302		19	183	98
3	91		37		1	4	
3	91		37		1	4	
87	8	49	102	61		61	157
87	8	49	102	61		61	157

2-A-5 续表 37

行业	从业人员期末人数	杭州市	宁波市	温州市
房地产业	**451550**	**156625**	**86478**	**48730**
房地产业	451550	156625	86478	48730
房地产开发经营	134912	35482	20069	14965
房地产开发经营	134912	35482	20069	14965
物业管理	233831	91154	54675	18296
物业管理	233831	91154	54675	18296
房地产中介服务	46807	20062	7592	8334
房地产中介服务	46807	20062	7592	8334
自有房地产经营活动	28457	7764	2993	6241
自有房地产经营活动	28457	7764	2993	6241
其他房地产业	7543	2163	1149	894
其他房地产业	7543	2163	1149	894
租赁和商务服务业	**843880**	**260247**	**267007**	**77049**
租赁业	21515	8091	3172	2274
机械设备租赁	19590	7151	2994	2134
汽车租赁	8647	2483	1222	1258
农业机械租赁	359	44	104	75
建筑工程机械与设备租赁	7328	3406	1202	618
计算机及通讯设备租赁	128	87	7	2
其他机械与设备租赁	3128	1131	459	181
文化及日用品出租	1925	940	178	140
娱乐及体育设备出租	1394	768	88	56
图书出租	10	3		
音像制品出租	27	12		15
其他文化及日用品出租	494	157	90	69
商务服务业	822365	252156	263835	74775
企业管理服务	158834	67387	25332	16565
企业总部管理	27024	7127	8677	1097
投资与资产管理	58212	38863	5179	3714
单位后勤管理服务	9316	4841	1206	1768
其他企业管理服务	64282	16556	10270	9986
法律服务	8012	3259	784	1462

单位：人

嘉兴市	湖州市	绍兴市	金华市	衢州市	舟山市	台州市	丽水市
42794	**16261**	**28025**	**25894**	**6088**	**10546**	**21485**	**8624**
42794	16261	28025	25894	6088	10546	21485	8624
12782	8344	14427	9254	3333	4032	9110	3114
12782	8344	14427	9254	3333	4032	9110	3114
24110	5943	10920	9990	1802	4906	8063	3972
24110	5943	10920	9990	1802	4906	8063	3972
2139	951	1381	3355	743	281	1216	753
2139	951	1381	3355	743	281	1216	753
2945	759	468	3008	130	1103	2582	464
2945	759	468	3008	130	1103	2582	464
818	264	829	287	80	224	514	321
818	264	829	287	80	224	514	321
52656	**20211**	**41832**	**40570**	**11329**	**12952**	**47617**	**12410**
1144	591	986	2020	231	492	1590	924
1038	586	945	1695	222	454	1453	918
350	327	394	1130	52	159	490	782
63	8	22	17	9	1	3	13
540	91	449	248	118	119	492	45
	9		22	1			
85	151	80	278	42	175	468	78
106	5	41	325	9	38	137	6
86	5	41	172		38	137	3
3			4				
17			149	9			3
51512	19620	40846	38550	11098	12460	46027	11486
14897	4773	11467	5192	2496	2338	6630	1757
4194	1255	1330	2449	106	147	408	234
3177	1308	504	782	1011	499	2228	947
282	335	395	153	5	115	212	4
7244	1875	9238	1808	1374	1577	3782	572
404	237	588	880	223	9	121	45

2-A-5 续表 38

行业	从业人员期末人数	杭州市	宁波市	温州市
律师及相关法律服务	7627	3199	770	1402
公证服务	81	26	2	5
其他法律服务	304	34	12	55
咨询与调查	114200	46970	22547	13569
会计、审计及税务服务	28522	9590	5779	3475
市场调查	913	300	140	160
社会经济咨询	71550	31604	15330	8110
其他专业咨询	13215	5476	1298	1824
广告业	66483	27499	11313	7808
广告业	66483	27499	11313	7808
知识产权服务	4873	1513	952	1233
知识产权服务	4873	1513	952	1233
人力资源服务	247929	40163	167384	5482
公共就业服务	1270	10		33
职业中介服务	39737	11065	14472	981
劳务派遣服务	201771	28695	151335	2305
其他人力资源服务	5151	393	1577	2163
旅行社及相关服务	33450	12155	4647	3231
旅行社服务	22695	8852	3214	2341
旅游管理服务	8561	2236	1130	682
其他旅行社相关服务	2194	1067	303	208
安全保护服务	100979	24716	14080	15982
安全服务	97703	24299	13296	14707
安全系统监控服务	2448	311	276	1263
其他安全保护服务	828	106	508	12
其他商务服务业	87605	28494	16796	9443
市场管理	44894	12099	6923	4285
会议及展览服务	8986	4781	1483	649
包装服务	1898	297	506	149
办公服务	4280	2201	458	470
信用服务	273	180	53	
担保服务	7134	2483	975	1104
其他未列明商务服务业	20140	6453	6398	2786

单位：人

嘉兴市	湖州市	绍兴市	金华市	衢州市	舟山市	台州市	丽水市
208	236	588	854	217	9	121	23
			20	6			22
196	1		6				
5379	2678	7914	5763	1195	1192	5185	1808
2026	997	2180	1477	400	372	1594	632
6	12	67	104	8		97	19
2526	1338	4638	2758	656	714	2942	934
821	331	1029	1424	131	106	552	223
3306	1894	3234	4073	856	1205	4105	1190
3306	1894	3234	4073	856	1205	4105	1190
253	63	156	331	28	16	298	30
253	63	156	331	28	16	298	30
4851	2823	2911	4549	1244	1601	14739	2182
29		101	765	8	19	288	17
1110	105	1036	553	749	672	8920	74
3095	2709	1709	3085	462	800	5485	2091
617	9	65	146	25	110	46	
1475	1318	1900	3228	937	1662	2010	887
1273	938	1141	1685	537	904	1208	602
173	288	681	1326	292	721	777	255
29	92	78	217	108	37	25	30
14488	3895	6160	7643	2957	2567	6052	2439
14412	3893	6052	7337	2907	2535	5972	2293
52		63	232	27	12	74	138
24	2	45	74	23	20	6	8
6459	1939	6516	6891	1162	1870	6887	1148
4079	1067	4663	4349	676	1475	4806	472
556	190	226	607	79	53	336	26
162	19	205	404	18	28	54	56
298	69	152	278	19	8	247	80
	2	12	7		3	5	11
484	217	299	224	215	108	864	161
880	375	959	1022	155	195	575	342

2-A-5 续表 39

行业	从业人员期末人数			
		杭州市	宁波市	温州市
科学研究和技术服务业	**294475**	**141985**	**46864**	**22899**
研究和试验发展	25906	11935	3737	1291
自然科学研究和试验发展	1017	514	155	38
自然科学研究和试验发展	1017	514	155	38
工程和技术研究和试验发展	18850	8360	2894	899
工程和技术研究和试验发展	18850	8360	2894	899
农业科学研究和试验发展	2283	492	409	123
农业科学研究和试验发展	2283	492	409	123
医学研究和试验发展	3496	2458	264	180
医学研究和试验发展	3496	2458	264	180
社会人文科学研究	260	111	15	51
社会人文科学研究	260	111	15	51
专业技术服务业	217903	102393	38341	18641
气象服务	314	102	103	23
气象服务	314	102	103	23
地震服务	6	4		
地震服务	6	4		
海洋服务	486	153	128	103
海洋服务	486	153	128	103
测绘服务	6923	1830	1020	822
测绘服务	6923	1830	1020	822
质检技术服务	22619	8093	6404	2174
质检技术服务	22619	8093	6404	2174
环境与生态监测	3086	1362	384	272
环境保护监测	3062	1350	374	270
生态监测	24	12	10	2
地质勘查	2154	765	814	30
能源矿产地质勘查	327	265	2	4
固体矿产地质勘查	211	175	7	1
水、二氧化碳等矿产地质勘查	11			
基础地质勘查	1158	84	761	24
地质勘查技术服务	447	241	44	1

单位：人

嘉兴市	湖州市	绍兴市	金华市	衢州市	舟山市	台州市	丽水市
16794	**7153**	**18588**	**16039**	**4434**	**4130**	**10993**	**4596**
1566	661	2871	830	526	234	2021	234
46	36	146	71	7	3		1
46	36	146	71	7	3		1
1236	327	2180	430	362	165	1971	26
1236	327	2180	430	362	165	1971	26
129	36	391	277	157	39	43	187
129	36	391	277	157	39	43	187
155	256	81	49		26	7	20
155	256	81	49		26	7	20
	6	73	3		1		
	6	73	3		1		
12824	4818	12938	9546	2964	3606	7989	3843
17	5	4	34	5		2	19
17	5	4	34	5		2	19
2							
2							
12			8		39	43	
12			8		39	43	
450	502	642	649	275	111	327	295
450	502	642	649	275	111	327	295
1650	427	995	716	198	548	1135	279
1650	427	995	716	198	548	1135	279
516	96	289	35	29	12	68	23
516	96	289	35	29	12	68	23
74	36	168	154	18		17	78
23			1	17			15
			5	1			22
			11				
51		58	136			8	36
	36	110	1			9	5

2-A-5 续表 40

行业	从业人员期末人数	杭州市	宁波市	温州市
工程技术	146631	74159	22435	12336
工程管理服务	68448	31937	10275	6355
工程勘察设计	75502	40954	11940	5735
规划管理	2681	1268	220	246
其他专业技术服务业	35684	15925	7053	2881
专业化设计服务	26093	11938	6130	1448
摄影扩印服务	4631	1953	578	669
兽医服务	467	127	18	98
其他未列明专业技术服务业	4493	1907	327	666
科技推广和应用服务业	50666	27657	4786	2967
技术推广服务	44516	24367	3839	2228
农业技术推广服务	15371	4023	390	751
生物技术推广服务	5229	3727	366	208
新材料技术推广服务	3283	2169	539	108
节能技术推广服务	5520	3799	802	142
其他技术推广服务	15113	10649	1742	1019
科技中介服务	3336	1472	638	450
科技中介服务	3336	1472	638	450
其他科技推广和应用服务业	2814	1818	309	289
其他科技推广和应用服务业	2814	1818	309	289
水利、环境和公共设施管理业	**102894**	**34157**	**13269**	**9505**
水利管理业	4060	795	490	349
防洪除涝设施管理	374	96	4	6
防洪除涝设施管理	374	96	4	6
水资源管理	1037	113	269	60
水资源管理	1037	113	269	60
天然水收集与分配	1027	49	69	135
天然水收集与分配	1027	49	69	135
水文服务	39			
水文服务	39			
其他水利管理业	1583	537	148	148
其他水利管理业	1583	537	148	148

单位：人

嘉兴市	湖州市	绍兴市	金华市	衢州市	舟山市	台州市	丽水市
8480	3164	7562	6044	2107	2432	5245	2667
4077	1830	3157	3337	1252	1392	3331	1505
4254	1254	4097	2593	802	991	1824	1058
149	80	308	114	53	49	90	104
1623	588	3278	1906	332	464	1152	482
1025	339	2848	958	173	287	782	165
362	118	134	361	56	87	205	108
70	26	62	23	6	3	33	1
166	105	234	564	97	87	132	208
2404	1674	2779	5663	944	290	983	519
2141	1470	2621	5380	901	249	847	473
1432	820	2074	4650	601	79	276	275
221	257	68	143	66	32	78	63
75	50	80	138	5	22	27	70
219	41	105	157	92	37	124	2
194	302	294	292	137	79	342	63
148	204	68	178	13	29	127	9
148	204	68	178	13	29	127	9
115		90	105	30	12	9	37
115		90	105	30	12	9	37
10266	**5255**	**8567**	**7052**	**2278**	**3276**	**5935**	**3334**
221	221	568	512	208	216	258	222
23	14	64	25	4		68	70
23	14	64	25	4		68	70
73	16	107	164	33	155	23	24
73	16	107	164	33	155	23	24
26	140	248	176	55	56	18	55
26	140	248	176	55	56	18	55
3		17	1	18			
3		17	1	18			
96	51	132	146	98	5	149	73
96	51	132	146	98	5	149	73

2-A-5 续表 41

行　业	从业人员期末人数	杭州市	宁波市	温州市
生态保护和环境治理业	8304	3549	1425	1037
生态保护	1537	617	369	72
自然保护区管理	155	4	67	44
野生动物保护	1167	596	237	6
野生植物保护	79		65	8
其他自然保护	136	17		14
环境治理业	6767	2932	1056	965
水污染治理	2585	898	679	508
大气污染治理	541	321	78	59
固体废物治理	817	121	94	194
危险废物治理	1897	1300	65	87
放射性废物治理	4	4		
其他污染治理	923	288	140	117
公共设施管理业	90530	29813	11354	8119
市政设施管理	9008	2921	1300	533
市政设施管理	9008	2921	1300	533
环境卫生管理	24108	4627	3587	4930
环境卫生管理	24108	4627	3587	4930
城乡市容管理	836	197	69	314
城乡市容管理	836	197	69	314
绿化管理	30131	14432	3382	1230
绿化管理	30131	14432	3382	1230
公园和游览景区管理	26447	7636	3016	1112
公园管理	1239	638	38	61
游览景区管理	25208	6998	2978	1051
居民服务、修理和其他服务业	**142856**	**43130**	**25012**	**19155**
居民服务业	53128	14873	10693	7282
家庭服务	12469	5691	3056	318
家庭服务	12469	5691	3056	318
托儿所服务	66	9	7	29
托儿所服务	66	9	7	29

单位：人

嘉兴市	湖州市	绍兴市	金华市	衢州市	舟山市	台州市	丽水市
427	193	354	275	293	141	410	200
10	36	29	83	55	14	215	37
1	3	8			14		14
	18	8	83			215	4
3							3
6	15	13		55			16
417	157	325	192	238	127	195	163
204	5	104	49	25	5	59	49
48				29		2	4
76	89	165	15			17	46
18	44		66	177	36	69	35
71	19	56	62	7	86	48	29
9618	4841	7645	6265	1777	2919	5267	2912
734	1053	1059	710	111	86	144	357
734	1053	1059	710	111	86	144	357
2644	930	1619	439	507	1468	2118	1239
2644	930	1619	439	507	1468	2118	1239
11	116	31	11	52	2	22	11
11	116	31	11	52	2	22	11
2060	740	3490	1683	724	639	1308	443
2060	740	3490	1683	724	639	1308	443
4169	2002	1446	3422	383	724	1675	862
61	76	77	188			100	
4108	1926	1369	3234	383	724	1575	862
10640	**4480**	**10106**	**9251**	**1888**	**2907**	**13478**	**2809**
3216	2006	2339	3787	491	827	6587	1027
375	363	166	259	307	177	1563	194
375	363	166	259	307	177	1563	194
1		17			3		
1		17			3		

2-A-5 续表 42

行　　业	从业人员期末人数	杭州市	宁波市	温州市
洗染服务	3739	1319	890	559
洗染服务	3739	1319	890	559
理发及美容服务	8263	3006	1031	1382
理发及美容服务	8263	3006	1031	1382
洗浴服务	8900	1045	2093	930
洗浴服务	8900	1045	2093	930
保健服务	10122	1335	1449	2501
保健服务	10122	1335	1449	2501
婚姻服务	2162	901	263	362
婚姻服务	2162	901	263	362
殡葬服务	3771	613	1586	584
殡葬服务	3771	613	1586	584
其他居民服务业	3636	954	318	617
其他居民服务业	3636	954	318	617
机动车、电子产品和日用产品修理业	50192	13701	8248	7685
汽车、摩托车修理与维护	42344	10423	6815	6718
汽车修理与维护	41957	10373	6796	6642
摩托车修理与维护	387	50	19	76
计算机和办公设备维修	2735	1110	452	538
计算机和辅助设备修理	1512	551	216	377
通讯设备修理	491	233	36	113
其他办公设备维修	732	326	200	48
家用电器修理	4110	1746	762	312
家用电子产品修理	988	279	102	58
日用电器修理	3122	1467	660	254
其他日用产品修理业	1003	422	219	117
自行车修理	87	27	2	21
鞋和皮革修理	50	35	3	8
家具和相关物品修理	137	64	52	16
其他未列明日用产品修理业	729	296	162	72
其他服务业	39536	14556	6071	4188
清洁服务	36171	13612	5637	3475

单位：人

嘉兴市	湖州市	绍兴市	金华市	衢州市	舟山市	台州市	丽水市
60	98	174	251	11	163	186	28
60	98	174	251	11	163	186	28
106	77	345	731	29	165	1322	69
106	77	345	731	29	165	1322	69
1169	920	826	376	8	29	1284	220
1169	920	826	376	8	29	1284	220
1001	381	258	1221	42	142	1594	198
1001	381	258	1221	42	142	1594	198
50	9	89	307	9	23	130	19
50	9	89	307	9	23	130	19
68	75	269	90	22	103	258	103
68	75	269	90	22	103	258	103
386	83	195	552	63	22	250	196
386	83	195	552	63	22	250	196
3762	1742	3928	3564	908	1086	4565	1003
3303	1528	3534	3034	765	1008	4278	938
3297	1490	3460	2961	739	1006	4259	934
6	38	74	73	26	2	19	4
58	96	147	168	17	29	104	16
47	55	85	86	13	16	54	12
3	16	10	20	4	13	41	2
8	25	52	62			9	2
348	116	153	295	118	48	177	35
79	12	61	219	74	5	88	11
269	104	92	76	44	43	89	24
53	2	94	67	8	1	6	14
6	2	17	10			1	1
2				2			
2			3				
43		77	54	6	1	5	13
3662	732	3839	1900	489	994	2326	779
3410	672	3650	1534	457	981	2100	643

2-A-5 续表 43

行　　业	从业人员期末人数			
		杭州市	宁波市	温州市
建筑物清洁服务	4261	1441	834	212
其他清洁服务	31910	12171	4803	3263
其他未列明服务业	3365	944	434	713
其他未列明服务业	3365	944	434	713
教育	**43929**	**15579**	**4300**	**4858**
教育	43929	15579	4300	4858
学前教育	2942	687	408	391
学前教育	2942	687	408	391
初等教育	524	5	304	146
普通小学教育	524	5	304	146
中等教育	988	242	10	331
普通初中教育	55	2		10
职业初中教育	16	3		
成人初中教育	9			4
普通高中教育	564			271
成人高中教育	248	237	10	1
中等职业学校教育	96			45
高等教育	1013	960		31
成人高等教育	1013	960		31
特殊教育	19			13
特殊教育	19			13
技能培训、教育辅助及其他教育	38443	13685	3578	3946
职业技能培训	29746	9526	2377	2814
体校及体育培训	75	40	5	14
文化艺术培训	1892	904	108	330
教育辅助服务	2321	1200	200	216
其他未列明教育	4409	2015	888	572
卫生和社会工作	**31989**	**11065**	**4918**	**6822**
卫生	30691	10522	4541	6683
医院	20278	6118	2963	4980
综合医院	8443	2220	1314	1872
中医医院	338	35	10	283

单位：人

嘉兴市	湖州市	绍兴市	金华市	衢州市	舟山市	台州市	丽水市
578	40	150	390	39	268	227	82
2832	632	3500	1144	418	713	1873	561
252	60	189	366	32	13	226	136
252	60	189	366	32	13	226	136
3555	**2202**	**2362**	**4036**	**1369**	**943**	**2953**	**1772**
3555	2202	2362	4036	1369	943	2953	1772
128	42	56	983	139		52	56
128	42	56	983	139		52	56
			37			30	2
			37			30	2
165			189			50	1
			43				
			13				
5							
160			133				
						50	1
7			3	12			
7			3	12			
			6				
			6				
3255	2160	2306	2818	1218	943	2821	1713
3130	2014	1903	2203	1118	625	2567	1469
14			2				
11	62	100	130	4	19	15	209
10	4	96	243	52	277	9	14
90	80	207	240	44	22	230	21
2382	**827**	**264**	**1268**	**1455**	**1131**	**1275**	**582**
2350	773	250	1263	1401	1122	1207	579
1625	162	139	762	1329	1041	746	413
1354		91		938	308	175	171
			2	8			

2-A-5 续表 44

行业	从业人员期末人数	杭州市	宁波市	温州市
中西医结合医院	563	121	96	112
专科医院	10634	3555	1520	2710
疗养院	300	187	23	3
社区医疗与卫生院	204	6	81	24
社区卫生服务中心(站)	131		80	6
街道卫生院	55	5		2
乡镇卫生院	18	1	1	16
门诊部(所)	9568	3997	1453	1514
门诊部(所)	9568	3997	1453	1514
计划生育技术服务活动	4	4		
计划生育技术服务活动	4	4		
妇幼保健院(所、站)	20	20		
妇幼保健院(所、站)	20	20		
专科疾病防治院(所、站)	15			7
专科疾病防治院(所、站)	15			7
疾病预防控制中心	9	5		3
疾病预防控制中心	9	5		3
其他卫生活动	593	372	44	155
其他卫生活动	593	372	44	155
社会工作	1298	543	377	139
提供住宿社会工作	966	495	288	92
干部休养所	34	22	1	
护理机构服务	314	229	70	13
老年人、残疾人养护服务	617	244	217	78
其他提供住宿社会救助	1			1
不提供住宿社会工作	332	48	89	47
社会看护与帮助服务	267	41	68	42
其他不提供住宿社会工作	65	7	21	5
文化、体育和娱乐业	**120826**	**26752**	**18346**	**15020**
新闻和出版业	7936	3172	3344	226
新闻业	207	17	131	37
新闻业	207	17	131	37

单位：人

嘉兴市	湖州市	绍兴市	金华市	衢州市	舟山市	台州市	丽水市
222						12	
49	136	48	760	340	730	544	242
	26			43	3	15	
		3	26	9		52	3
		3	26	7		9	
				2		43	3
725	611	105	456	57	80	407	163
725	611	105	456	57	80	407	163
			3	3		2	
			3	3		2	
					1		
					1		
		3	16	3			
		3	16	3			
32	54	14	5	54	9	68	3
17	28	4	3	29		7	3
	4		3	2			2
				1			1
17	24	4		26		7	
15	26	10	2	25	9	61	
15	26	10	2	5	2	56	
				20	7	5	
5610	**4122**	**9099**	**22584**	**2403**	**2198**	**10823**	**3869**
57	38	186	141	249	7	480	36
			10	12			
			10	12			

2-A-5 续表 45

行　业	从业人员期末人数	杭州市	宁波市	温州市
出版业	7729	3155	3213	189
图书出版	1260	1137	70	
报纸出版	5803	1455	3125	147
期刊出版	490	456	16	9
音像制品出版	92	89	2	
电子出版物出版	31	18		
其他出版业	53			33
广播、电视、电影和影视录音制作业	27650	4327	2069	1259
广播	207	8	11	57
广播	207	8	11	57
电视	2785	985	175	31
电视	2785	985	175	31
电影和影视节目制作	17036	1558	591	101
电影和影视节目制作	17036	1558	591	101
电影和影视节目发行	619	205	190	17
电影和影视节目发行	619	205	190	17
电影放映	6892	1530	1041	1051
电影放映	6892	1530	1041	1051
录音制作	111	41	61	2
录音制作	111	41	61	2
文化艺术业	13408	3831	1892	1210
文艺创作与表演	8595	2232	1135	825
文艺创作与表演	8595	2232	1135	825
艺术表演场馆	1402	166	252	23
艺术表演场馆	1402	166	252	23
图书馆与档案馆	343	92	12	68
图书馆	4			
档案馆	339	92	12	68
文物及非物质文化遗产保护	263	57	74	13
文物及非物质文化遗产保护	263	57	74	13
博物馆	309	47	135	29
博物馆	309	47	135	29

单位：人

嘉兴市	湖州市	绍兴市	金华市	衢州市	舟山市	台州市	丽水市
57	38	186	131	237	7	480	36
			15		2		36
45	38	186	93	237		477	
			9				
			1				
12			1				
			12		5	3	
1003	732	1011	15724	244	211	734	336
			128	2		1	
			128	2		1	
27	366	41	1045	23	18		74
27	366	41	1045	23	18		74
477	68	248	13914	7		48	24
477	68	248	13914	7		48	24
1		178	2			10	16
1		178	2			10	16
494	298	544	635	212	191	675	221
494	298	544	635	212	191	675	221
4					2		1
4					2		1
415	324	3136	1192	69	204	634	501
140	163	2884	215	36	172	484	309
140	163	2884	215	36	172	484	309
63		80	709			49	60
63		80	709			49	60
65	14	10	41			20	21
3			1				
62	14	10	40			20	21
32		31	22	1		33	
32		31	22	1		33	
30	20	15	11		19	3	
30	20	15	11		19	3	

2-A-5 续表 46

行　业	从业人员期末人数	杭州市	宁波市	温州市
烈士陵园、纪念馆	11			
烈士陵园、纪念馆	11			
群众文化活动	620	231	43	126
群众文化活动	620	231	43	126
其他文化艺术业	1865	1006	241	126
其他文化艺术业	1865	1006	241	126
体育	11725	4515	2034	1313
体育组织	280	244	9	6
体育组织	280	244	9	6
体育场馆	455	149	41	109
体育场馆	455	149	41	109
休闲健身活动	10082	3731	1873	1159
休闲健身活动	10082	3731	1873	1159
其他体育	908	391	111	39
其他体育	908	391	111	39
娱乐业	60107	10907	9007	11012
室内娱乐活动	55647	9890	8277	10294
歌舞厅娱乐活动	27952	4898	4615	5740
电子游艺厅娱乐活动	2255	881	256	251
网吧活动	23375	3877	3295	3870
其他室内娱乐活动	2065	234	111	433
游乐园	1565	138	183	364
游乐园	1565	138	183	364
彩票活动	61			22
彩票活动	61			22
文化、娱乐、体育经纪代理	1194	405	274	98
文化娱乐经纪人	213	101	44	29
体育经纪人	65	64	1	
其他文化艺术经纪代理	916	240	229	69
其他娱乐业	1640	474	273	234
其他娱乐业	1640	474	273	234

单位：人

嘉兴市	湖州市	绍兴市	金华市	衢州市	舟山市	台州市	丽水市
			11				
			11				
15	81	21	77		7	13	6
15	81	21	77		7	13	6
70	46	95	106	32	6	32	105
70	46	95	106	32	6	32	105
1029	373	821	552	156	227	562	143
17		2				2	
17		2				2	
14	4	14	10			114	
14	4	14	10			114	
887	360	681	530	156	162	421	122
887	360	681	530	156	162	421	122
111	9	124	12		65	25	21
111	9	124	12		65	25	21
3106	2655	3945	4975	1685	1549	8413	2853
2941	2320	3653	4530	1608	1347	8282	2505
1235	1149	1374	1274	507	686	5243	1231
112	98	124	74	72	40	80	267
1543	993	1695	2795	970	601	2779	957
51	80	460	387	59	20	180	50
28	82	85	300	30	17	40	298
28	82	85	300	30	17	40	298
		39					
		39					
90	28	39	60	26	138	25	11
6			7	24		1	1
84	28	39	53	2	138	24	10
47	225	129	85	21	47	66	39
47	225	129	85	21	47	66	39

2-A-6 按行业中类、营业状态分组的全部企业法人单位数

单位：个

行业	单位数						
		营业	停业(歇业)	筹建	当年关闭	当年破产	其他
总 计	**835565**	**673269**	**81875**	**43403**	**30166**	**1093**	**5759**
农、林、牧、渔业	**2882**	**2315**	**329**	**142**	**65**	**1**	**30**
农业	58	54		4			
谷物种植	6	5		1			
豆类、油料和薯类种植	1	1					
蔬菜、食用菌及园艺作物种植	16	16					
水果种植	10	10					
坚果、含油果、香料和饮料作物种植	13	12		1			
中药材种植	11	9		2			
其他农业	1	1					
林业	4	2	1		1		
林木育种和育苗	4	2	1		1		
畜牧业	41	37	1	2	1		
牲畜饲养	24	22		1	1		
家禽饲养	10	9	1				
其他畜牧业	7	6		1			
渔业	18	17	1				
水产养殖	18	17	1				
农、林、牧、渔服务业	2761	2205	326	136	63	1	30
农业服务业	2411	1933	283	120	52	1	22
林业服务业	131	95	21	7	4		4
畜牧服务业	131	111	12	2	3		3
渔业服务业	88	66	10	7	4		1
采矿业	**1268**	**871**	**226**	**68**	**82**	**3**	**18**
煤炭开采和洗选业	20	10	2	7	1		
烟煤和无烟煤开采洗选	9	5	1	3			
褐煤开采洗选	5	3		2			
其他煤炭采选	6	2	1	2	1		
黑色金属矿采选业	25	18	2	4	1		
铁矿采选	24	18	1	4	1		
其他黑色金属矿采选	1		1				
有色金属矿采选业	72	48	15	4	5		
常用有色金属矿采选	45	33	8	1	3		

2-A-6　续表 1　　单位：个

行　业	单位数	营业	停业(歇业)	筹建	当年关闭	当年破产	其他
贵金属矿采选	5	3	1	1			
稀有稀土金属矿采选	22	12	6	2	2		
非金属矿采选业	1115	776	196	48	74	3	18
土砂石开采	1012	704	179	41	68	3	17
化学矿开采	6	4	2				
采盐	9	5	1	1	2		
石棉及其他非金属矿采选	88	63	14	6	4		1
开采辅助活动	8	3	2	2	1		
石油和天然气开采辅助活动	3	1	1	1			
其他开采辅助活动	5	2	1	1	1		
其他采矿业	28	16	9	3			
其他采矿业	28	16	9	3			
制造业	**365232**	**300690**	**34864**	**15526**	**10697**	**660**	**2795**
农副食品加工业	5490	4529	552	207	156	13	33
谷物磨制	290	246	24	10	6		4
饲料加工	442	364	46	17	12		3
植物油加工	265	216	26	10	11	2	
制糖业	38	33	4	1			
屠宰及肉类加工	677	571	71	21	10	1	3
水产品加工	1585	1305	169	53	45	5	8
蔬菜、水果和坚果加工	1552	1277	159	52	54	3	7
其他农副食品加工	641	517	53	43	18	2	8
食品制造业	2466	2039	238	118	52	7	12
焙烤食品制造	705	591	59	34	15	2	4
糖果、巧克力及蜜饯制造	189	157	18	12	2		
方便食品制造	364	308	25	18	9	3	1
乳制品制造	49	36	6	4	3		
罐头食品制造	245	207	25	8	4		1
调味品、发酵制品制造	223	190	18	6	7	1	1
其他食品制造	691	550	87	36	12	1	5
酒、饮料和精制茶制造业	2699	2230	295	77	78	5	14
酒的制造	546	458	53	20	13	1	1
饮料制造	685	538	89	19	34	1	4
精制茶加工	1468	1234	153	38	31	3	9

2-A-6 续表 2

单位：个

行 业	单位数	营业	停业(歇业)	筹建	当年关闭	当年破产	其他
烟草制品业	6	6					
卷烟制造	3	3					
其他烟草制品制造	3	3					
纺织业	30275	26077	2316	854	825	49	154
棉纺织及印染精加工	9375	8193	680	199	246	17	40
毛纺织及染整精加工	1159	986	114	23	30	1	5
麻纺织及染整精加工	95	79	10	4	1		1
丝绢纺织及印染精加工	1483	1238	156	34	49	4	2
化纤织造及印染精加工	3615	3119	275	126	64	6	25
针织或钩针编织物及其制品制造	6460	5621	425	182	204	10	18
家用纺织制成品制造	4624	3877	381	186	142	8	30
非家用纺织制成品制造	3464	2964	275	100	89	3	33
纺织服装、服饰业	26383	21145	3127	959	954	56	142
机织服装制造	14222	11237	1804	513	556	29	83
针织或钩针编织服装制造	6349	5193	702	232	171	15	36
服饰制造	5812	4715	621	214	227	12	23
皮革、毛皮、羽毛及其制品和制鞋业	15619	12709	1749	453	525	49	134
皮革鞣制加工	569	406	80	11	68	2	2
皮革制品制造	4263	3526	355	165	163	25	29
毛皮鞣制及制品加工	1105	926	108	40	30		1
羽毛(绒)加工及制品制造	329	257	47	21	3		1
制鞋业	9353	7594	1159	216	261	22	101
木材加工和木、竹、藤、棕、草制品业	6252	5099	623	235	239	19	37
木材加工	1203	926	149	58	61	5	4
人造板制造	774	627	87	14	41	3	2
木制品制造	2681	2236	237	110	70	6	22
竹、藤、棕、草等制品制造	1594	1310	150	53	67	5	9
家具制造业	5486	4437	564	250	182	14	39
木质家具制造	3247	2592	362	159	109	2	23
竹、藤家具制造	165	135	17	4	8		1
金属家具制造	1148	968	100	28	37	10	5
塑料家具制造	184	151	14	6	9		4
其他家具制造	742	591	71	53	19	2	6
造纸和纸制品业	9779	8252	830	332	290	14	61

2-A-6 续表 3

单位：个

行 业	单位数	营业	停业(歇业)	筹建	当年关闭	当年破产	其他
纸浆制造	24	18	3		2		1
造纸	1879	1473	269	46	76	6	9
纸制品制造	7876	6761	558	286	212	8	51
印刷和记录媒介复制业	10090	9098	558	172	203	14	45
印刷	9354	8452	516	146	186	13	41
装订及印刷相关服务	719	632	41	25	16	1	4
记录媒介复制	17	14	1	1	1		
文教、工美、体育和娱乐用品制造业	18672	15159	1885	858	618	28	124
文教办公用品制造	3163	2608	316	132	83	1	23
乐器制造	187	155	21	5	5		1
工艺美术品制造	11341	9261	1119	425	435	24	77
体育用品制造	1513	1141	198	115	43	1	15
玩具制造	1998	1642	174	127	47	2	6
游艺器材及娱乐用品制造	470	352	57	54	5		2
石油加工、炼焦和核燃料加工业	343	275	34	20	11	1	2
精炼石油产品制造	338	271	33	20	11	1	2
炼焦	3	3					
核燃料加工	2	1	1				
化学原料和化学制品制造业	8879	7270	894	349	290	16	60
基础化学原料制造	1289	1070	116	46	47	4	6
肥料制造	257	186	37	21	9	1	3
农药制造	111	90	13	3	4		1
涂料、油墨、颜料及类似产品制造	2243	1871	224	59	73	1	15
合成材料制造	1078	893	100	53	27	1	4
专用化学产品制造	2804	2285	292	108	91	7	21
炸药、火工及焰火产品制造	31	20	4	1	3		3
日用化学产品制造	1066	855	108	58	36	2	7
医药制造业	1292	1038	122	72	47	2	11
化学药品原料药制造	326	246	32	15	28	1	4
化学药品制剂制造	134	108	16	9	1		
中药饮片加工	111	91	8	9	1		2
中成药生产	97	78	10	5	4		
兽用药品制造	66	54	7	3	2		
生物药品制造	204	160	23	14	5	1	1
卫生材料及医药用品制造	354	301	26	17	6		4

2-A-6 续表 4

单位：个

行业	单位数	营业	停业(歇业)	筹建	当年关闭	当年破产	其他
化学纤维制造业	1522	1340	103	37	26	5	11
纤维素纤维原料及纤维制造	133	105	19	6	1	1	1
合成纤维制造	1389	1235	84	31	25	4	10
橡胶和塑料制品业	29368	24372	2622	1275	852	51	196
橡胶制品业	3568	2996	297	149	96	8	22
塑料制品业	25800	21376	2325	1126	756	43	174
非金属矿物制品业	13030	10287	1360	548	445	23	367
水泥、石灰和石膏制造	703	520	107	26	36	5	9
石膏、水泥制品及类似制品制造	2906	2143	317	117	104	4	221
砖瓦、石材等建筑材料制造	3871	3025	459	169	171	6	41
玻璃制造	363	298	35	14	14	1	1
玻璃制品制造	2284	1988	147	66	49	2	32
玻璃纤维和玻璃纤维增强塑料制品制造	471	388	47	22	11		3
陶瓷制品制造	801	610	97	39	22	1	32
耐火材料制品制造	760	606	69	29	31	2	23
石墨及其他非金属矿物制品制造	871	709	82	66	7	2	5
黑色金属冶炼和压延加工业	4210	3514	441	95	126	8	26
炼铁	39	32	5		2		
炼钢	62	44	13	2	3		
黑色金属铸造	1602	1399	128	19	47	1	8
钢压延加工	2451	1996	285	73	72	7	18
铁合金冶炼	56	43	10	1	2		
有色金属冶炼和压延加工业	3505	2858	350	143	119	7	28
常用有色金属冶炼	329	226	65	20	13		5
贵金属冶炼	26	21	3	1	1		
稀有稀土金属冶炼	21	14	4	1	2		
有色金属合金制造	312	252	30	17	10		3
有色金属铸造	411	339	39	15	15		3
有色金属压延加工	2406	2006	209	89	78	7	17
金属制品业	30869	24614	3273	1689	960	45	288
结构性金属制品制造	4931	3903	560	283	144	10	31
金属工具制造	5086	4108	492	277	153	4	52
集装箱及金属包装容器制造	699	596	58	22	19		4

2-A-6　续表 5

单位：个

行　　业	单位数	营业	停业(歇业)	筹建	当年关闭	当年破产	其他
金属丝绳及其制品制造	913	771	86	19	28	4	5
建筑、安全用金属制品制造	8712	7000	924	399	269	12	108
金属表面处理及热处理加工	2745	2180	236	186	124	4	15
搪瓷制品制造	329	239	56	20	7		7
金属制日用品制造	3876	2892	500	329	116	7	32
其他金属制品制造	3578	2925	361	154	100	4	34
通用设备制造业	46216	38406	4026	2164	1207	68	345
锅炉及原动设备制造	729	587	64	47	25	2	4
金属加工机械制造	4594	3698	405	266	172	7	46
物料搬运设备制造	1618	1386	111	82	27	2	10
泵、阀门、压缩机及类似机械制造	10470	8760	949	372	240	13	136
轴承、齿轮和传动部件制造	5442	4720	399	205	91	10	17
烘炉、风机、衡器、包装等设备制造	4874	4039	427	274	92	10	32
文化、办公用机械制造	443	360	47	21	8		7
通用零部件制造	16986	14081	1478	820	505	23	79
其他通用设备制造业	1060	775	146	77	47	1	14
专用设备制造业	19178	15733	1716	1081	517	28	103
采矿、冶金、建筑专用设备制造	1181	975	100	67	34	2	3
化工、木材、非金属加工专用设备制造	7732	6434	656	414	190	8	30
食品、饮料、烟草及饲料生产专用设备制造	621	502	73	24	12		10
印刷、制药、日化及日用品生产专用设备制造	1283	1050	121	59	33	2	18
纺织、服装和皮革加工专用设备制造	3531	2963	296	164	86	6	16
电子和电工机械专用设备制造	819	650	78	54	25	3	9
农、林、牧、渔专用机械制造	906	731	77	67	27	1	3
医疗仪器设备及器械制造	1000	763	125	73	35		4
环保、社会公共服务及其他专用设备制造	2105	1665	190	159	75	6	10
汽车制造业	13942	11717	1197	673	271	13	71
汽车整车制造	95	79	7	5	1	1	2
改装汽车制造	25	19	5	1			
低速载货汽车制造	2	1		1			
电车制造	12	9	1	2			
汽车车身、挂车制造	36	29	3	3	1		
汽车零部件及配件制造	13772	11580	1181	661	269	12	69
铁路、船舶、航空航天和其他运输设备制造业	4463	3478	533	231	170	15	36

2-A-6 续表 6

单位：个

行　业	单位数	营业	停业(歇业)	筹建	当年关闭	当年破产	其他
铁路运输设备制造	107	81	15	5	4		2
城市轨道交通设备制造	8	6		1	1		
船舶及相关装置制造	1120	806	164	58	76	4	12
航空、航天器及设备制造	34	23	6	2	1	2	
摩托车制造	1535	1268	146	61	40	3	17
自行车制造	1409	1105	169	84	43	5	3
非公路休闲车及零配件制造	167	125	23	16	1	1	1
潜水救捞及其他未列明运输设备制造	83	64	10	4	4		1
电气机械和器材制造业	32545	26414	3297	1550	882	87	315
电机制造	3473	2855	287	187	99	1	44
输配电及控制设备制造	11780	10294	772	355	213	35	111
电线、电缆、光缆及电工器材制造	3149	2627	324	103	72	12	11
电池制造	505	355	69	42	25	6	8
家用电力器具制造	5923	4185	975	448	238	19	58
非电力家用器具制造	1011	786	117	72	31	1	4
照明器具制造	5823	4647	643	276	182	13	62
其他电气机械及器材制造	881	665	110	67	22		17
计算机、通信和其他电子设备制造业	9430	7654	938	493	267	13	65
计算机制造	323	249	33	27	11		3
通信设备制造	765	621	83	39	16		6
广播电视设备制造	490	422	42	11	9	2	4
雷达及配套设备制造	11	8	2				1
视听设备制造	697	595	64	17	17	2	2
电子器件制造	1247	979	133	87	37		11
电子元件制造	5229	4277	513	249	151	5	34
其他电子设备制造	668	503	68	63	26	4	4
仪器仪表制造业	5831	4945	483	236	127	2	38
通用仪器仪表制造	2719	2362	198	92	46	1	20
专用仪器仪表制造	754	623	72	34	21		4
钟表与计时仪器制造	157	137	15	2	3		
光学仪器及眼镜制造	1876	1561	154	99	49	1	12
其他仪器仪表制造业	325	262	44	9	8		2
其他制造业	5131	4233	474	257	134	4	29
日用杂品制造	4143	3525	333	165	98	3	19

2-A-6　续表 7

单位：个

行　业	单位数						
		营业	停业(歇业)	筹建	当年关闭	当年破产	其他
煤制品制造	55	41	7	1	3		3
核辐射加工	5	4	1				
其他未列明制造业	928	663	133	91	33	1	7
废弃资源综合利用业	921	696	128	52	39	1	5
金属废料和碎屑加工处理	421	314	60	26	18	1	2
非金属废料和碎屑加工处理	500	382	68	26	21		3
金属制品、机械和设备修理业	1340	1066	136	46	85	3	4
金属制品修理	37	31	3	3			
通用设备修理	170	144	16	7	3		
专用设备修理	152	129	12	5	5		1
铁路、船舶、航空航天等运输设备修理	788	594	94	26	69	3	2
电气设备修理	78	70	3	3	2		
仪器仪表修理	11	10	1				
其他机械和设备修理业	104	88	7	2	6		1
电力、热力、燃气及水生产和供应业	**4309**	**3777**	**258**	**173**	**76**	**2**	**23**
电力、热力生产和供应业	2825	2522	153	94	46		10
电力生产	2635	2366	139	76	44		10
电力供应	111	97	8	5	1		
热力生产和供应	79	59	6	13	1		
燃气生产和供应业	309	262	21	20	5	1	
燃气生产和供应业	309	262	21	20	5	1	
水的生产和供应业	1175	993	84	59	25	1	13
自来水生产和供应	622	550	38	13	18	1	2
污水处理及其再生利用	326	246	32	35	6		7
其他水的处理、利用与分配	227	197	14	11	1		4
建筑业	**23419**	**17971**	**2548**	**1585**	**1156**	**27**	**132**
房屋建筑业	4110	3462	285	236	102	3	22
房屋建筑业	4110	3462	285	236	102	3	22
土木工程建筑业	5356	4178	511	423	209	5	30
铁路、道路、隧道和桥梁工程建筑	2361	1912	195	170	67	4	13
水利和内河港口工程建筑	492	353	49	60	27	1	2
海洋工程建筑	30	14	7	6	3		
工矿工程建筑	201	166	13	10	12		
架线和管道工程建筑	587	501	46	16	20		4
其他土木工程建筑	1685	1232	201	161	80		11

2-A-6 续表 8　　单位：个

行业	单位数	营业	停业(歇业)	筹建	当年关闭	当年破产	其他
建筑安装业	3497	2871	281	189	135	5	16
电气安装	1120	940	79	50	48	1	2
管道和设备安装	975	804	82	46	33	2	8
其他建筑安装业	1402	1127	120	93	54	2	6
建筑装饰和其他建筑业	10456	7460	1471	737	710	14	64
建筑装饰业	7736	5947	745	527	458	11	48
工程准备活动	2109	1056	660	159	219	3	12
提供施工设备服务	157	116	24	11	6		
其他未列明建筑业	454	341	42	40	27		4
批发和零售业	**252532**	**206320**	**21610**	**13574**	**9552**	**211**	**1265**
批发业	178393	144644	15927	9790	7036	152	844
农、林、牧产品批发	5539	4476	575	286	160	11	31
食品、饮料及烟草制品批发	16004	12994	1458	965	508	14	65
纺织、服装及家庭用品批发	50315	41605	4176	2631	1646	34	223
文化、体育用品及器材批发	8600	7213	686	373	296	4	28
医药及医疗器材批发	3125	2639	231	147	97	2	9
矿产品、建材及化工产品批发	44440	35587	3958	2398	2243	42	212
机械设备、五金产品及电子产品批发	33420	27707	2594	1753	1209	23	134
贸易经纪与代理	9745	7330	1123	759	456	15	62
其他批发业	7205	5093	1126	478	421	7	80
零售业	74139	61676	5683	3784	2516	59	421
综合零售	3382	2694	314	169	170	7	28
食品、饮料及烟草制品专门零售	9211	7784	693	434	255	5	40
纺织、服装及日用品专门零售	10863	8445	1056	736	545	9	72
文化、体育用品及器材专门零售	3967	3128	358	262	195	1	23
医药及医疗器材专门零售	10907	10158	345	138	225	5	36
汽车、摩托车、燃料及零配件专门零售	8361	6934	617	502	254	5	49
家用电器及电子产品专门零售	8069	6676	650	343	337	11	52
五金、家具及室内装饰材料专门零售	10565	8955	730	528	288	6	58
货摊、无店铺及其他零售业	8814	6902	920	672	247	10	63
交通运输、仓储和邮政业	**16562**	**13617**	**1524**	**770**	**541**	**30**	**80**
铁路运输业	1	1					
铁路货物运输	1	1					

2-A-6　续表 9　　　　　　　　　　　　　　　　　　　　单位：个

行　业	单位数	营业	停业(歇业)	筹建	当年关闭	当年破产	其他
道路运输业	8382	6923	788	346	267	21	37
城市公共交通运输	456	413	28	5	8		2
公路旅客运输	496	465	21	5	5		
道路货物运输	6643	5421	645	304	224	21	28
道路运输辅助活动	787	624	94	32	30		7
水上运输业	1047	846	101	56	40		4
水上旅客运输	85	72	6	4	2		1
水上货物运输	669	560	52	27	27		3
水上运输辅助活动	293	214	43	25	11		
航空运输业	42	27	8	5	1		1
航空客货运输	4	4					
通用航空服务	18	10	5	3			
航空运输辅助活动	20	13	3	2	1		1
管道运输业	3	2	1				
管道运输业	3	2	1				
装卸搬运和运输代理业	5279	4332	470	263	180	7	27
装卸搬运	850	638	132	33	36	2	9
运输代理业	4429	3694	338	230	144	5	18
仓储业	852	652	97	66	31		6
谷物、棉花等农产品仓储	141	115	19	2	4		1
其他仓储业	711	537	78	64	27		5
邮政业	956	834	59	34	22	2	5
邮政基本服务	41	32	6		2		1
快递服务	915	802	53	34	20	2	4
住宿和餐饮业	**13863**	**11890**	**831**	**593**	**456**	**20**	**73**
住宿业	6100	5435	280	219	132	8	26
旅游饭店	1607	1378	81	105	28	4	11
一般旅馆	4229	3842	177	99	96	3	12
其他住宿业	264	215	22	15	8	1	3
餐饮业	7763	6455	551	374	324	12	47
正餐服务	5919	5008	396	238	237	8	32
快餐服务	578	474	47	32	18	1	6
饮料及冷饮服务	562	450	42	32	33	3	2
其他餐饮业	704	523	66	72	36		7

2-A-6 续表 10

单位：个

行业	单位数	营业	停业(歇业)	筹建	当年关闭	当年破产	其他
信息传输、软件和信息技术服务业	**16151**	**11468**	**2145**	**1312**	**1133**	**20**	**73**
电信、广播电视和卫星传输服务	550	445	41	42	19	1	2
电信	435	347	33	36	17	1	1
广播电视传输服务	115	98	8	6	2		1
互联网和相关服务	1358	957	211	102	78	1	9
互联网接入及相关服务	175	125	28	9	13		
互联网信息服务	991	710	151	68	53	1	8
其他互联网服务	192	122	32	25	12		1
软件和信息技术服务业	14243	10066	1893	1168	1036	18	62
软件开发	10178	7143	1388	800	804	14	29
信息系统集成服务	1270	990	125	96	53		6
信息技术咨询服务	1660	1150	205	174	111	4	16
数据处理和存储服务	257	194	27	19	16		1
集成电路设计	168	126	21	15	4		2
其他信息技术服务业	710	463	127	64	48		8
金融业	**3443**	**2251**	**550**	**433**	**165**	**2**	**42**
货币金融服务	408	366	14	22	6		
货币银行服务	4	2		1	1		
非货币银行服务	404	364	14	21	5		
资本市场服务	2407	1477	443	341	117	2	27
证券市场服务	37	26	6	3	2		
期货市场服务	25	18	2	2	1		2
资本投资服务	2190	1354	399	314	99	2	22
其他资本市场服务	155	79	36	22	15		3
保险业	73	57	11	3	2		
人身保险	3	2	1				
财产保险	6	4	1	1			
再保险	1			1			
保险经纪与代理服务	38	31	5	1	1		
其他保险活动	25	20	4		1		
其他金融业	555	351	82	67	40		15
金融信托与管理服务	311	215	31	42	11		12
控股公司服务	51	26	18	6			1
其他未列明金融业	193	110	33	19	29		2

2-A-6 续表 11 单位：个

行 业	单位数						
		营业	停业(歇业)	筹建	当年关闭	当年破产	其他
房地产业	**23349**	**18109**	**3055**	**1082**	**790**	**21**	**292**
房地产业	23349	18109	3055	1082	790	21	292
房地产开发经营	7396	6410	386	267	219	9	105
物业管理	4697	3648	503	365	149	4	28
房地产中介服务	6602	4993	900	310	323	4	72
自有房地产经营活动	3999	2589	1159	84	80	4	83
其他房地产业	655	469	107	56	19		4
租赁和商务服务业	**60098**	**43460**	**8270**	**4563**	**3231**	**58**	**516**
租赁业	3472	2477	505	245	209	4	32
机械设备租赁	3338	2378	486	235	204	4	31
文化及日用品出租	134	99	19	10	5		1
商务服务业	56626	40983	7765	4318	3022	54	484
企业管理服务	15194	10540	2583	1260	595	12	204
法律服务	539	476	30	9	17		7
咨询与调查	15990	10496	2590	1535	1210	20	139
广告业	10795	8512	1091	524	612	7	49
知识产权服务	752	623	53	40	31	1	4
人力资源服务	2084	1568	255	135	112	3	11
旅行社及相关服务	2701	2240	198	163	83	3	14
安全保护服务	456	368	38	40	8	1	1
其他商务服务业	8115	6160	927	612	354	7	55
科学研究和技术服务业	**21463**	**15756**	**2577**	**1935**	**1051**	**13**	**131**
研究和试验发展	2474	1549	410	386	105	2	22
自然科学研究和试验发展	114	80	14	13	5		2
工程和技术研究和试验发展	1681	1053	265	276	76	1	10
农业科学研究和试验发展	335	197	68	50	14	1	5
医学研究和试验发展	322	207	55	45	10		5
社会人文科学研究	22	12	8	2			
专业技术服务业	12808	10007	1219	916	604	6	56
气象服务	36	33	2		1		
地震服务	2	2					

2-A-6 续表 12 单位：个

行业	单位数						
		营业	停业(歇业)	筹建	当年关闭	当年破产	其他
海洋服务	30	24	2	4			
测绘服务	359	314	19	10	12		4
质检技术服务	1072	904	81	63	21		3
环境与生态监测	230	176	29	18	5		2
地质勘查	89	60	13	10	6		
工程技术	6575	5140	612	460	329	2	32
其他专业技术服务业	4415	3354	461	351	230	4	15
科技推广和应用服务业	6181	4200	948	633	342	5	53
技术推广服务	5228	3579	796	525	275	5	48
科技中介服务	531	363	86	50	29		3
其他科技推广和应用服务业	422	258	66	58	38		2
水利、环境和公共设施管理业	**3930**	**2826**	**566**	**377**	**113**	**5**	**43**
水利管理业	270	198	39	23	5	2	3
防洪除涝设施管理	35	24	5	5	1		
水资源管理	70	57	5	5	2	1	
天然水收集与分配	44	33	7	2	1		1
水文服务	6	4	2				
其他水利管理业	115	80	20	11	1	1	2
生态保护和环境治理业	473	332	73	47	17		4
生态保护	59	43	10	3	2		1
环境治理业	414	289	63	44	15		3
公共设施管理业	3187	2296	454	307	91	3	36
市政设施管理	499	363	77	31	18		10
环境卫生管理	425	329	55	26	12		3
城乡市容管理	74	51	9	11	1	1	1
绿化管理	1328	1003	174	98	39	2	12
公园和游览景区管理	861	550	139	141	21		10
居民服务、修理和其他服务业	**11356**	**9209**	**1001**	**579**	**468**	**9**	**90**
居民服务业	4095	3186	396	250	207	7	49
家庭服务	691	459	91	86	45		10
托儿所服务	12	8	2	2			
洗染服务	247	205	23	10	8	1	
理发及美容服务	819	697	40	31	41		10

2-A-6　续表 13　　　　单位：个

行　业	单位数	营业	停业(歇业)	筹建	当年关闭	当年破产	其他
洗浴服务	459	396	32	15	16		
保健服务	663	547	52	27	32		5
婚姻服务	470	359	56	31	20	3	1
殡葬服务	244	200	17	11	5		11
其他居民服务业	490	315	83	37	40	3	12
机动车、电子产品和日用产品修理业	5159	4520	306	151	158		24
汽车、摩托车修理与维护	3996	3558	213	108	100		17
计算机和办公设备维修	436	365	35	13	18		5
家用电器修理	563	465	43	20	33		2
其他日用产品修理业	164	132	15	10	7		
其他服务业	2102	1503	299	178	103	2	17
清洁服务	1621	1200	201	132	75	2	11
其他未列明服务业	481	303	98	46	28		6
教育	**2565**	**1973**	**274**	**147**	**93**	**2**	**76**
教育	2565	1973	274	147	93	2	76
学前教育	213	137	18	11	6		41
初等教育	10	8		1			1
中等教育	25	16	4	2			3
高等教育	15	12	1		2		
特殊教育	3	2	1				
技能培训、教育辅助及其他教育	2299	1798	250	133	85	2	31
卫生和社会工作	**1269**	**1120**	**54**	**51**	**28**	**2**	**14**
卫生	1169	1062	35	33	25	2	12
医院	261	229	10	13	4		5
社区医疗与卫生院	25	22			2		1
门诊部(所)	843	781	20	18	16	2	6
计划生育技术服务活动	2	2					
妇幼保健院(所、站)	1				1		
专科疾病防治院(所、站)	5	5					
疾病预防控制中心	3	2	1				
其他卫生活动	29	21	4	2	2		
社会工作	100	58	19	18	3		2
提供住宿社会工作	49	29	8	10	2		
不提供住宿社会工作	51	29	11	8	1		2

2-A-6 续表 14

单位：个

行业	单位数	营业	停业(歇业)	筹建	当年关闭	当年破产	其他
文化、体育和娱乐业	**11874**	**9646**	**1193**	**493**	**469**	**7**	**66**
新闻和出版业	143	121	12	3	6		1
新闻业	12	8			3		1
出版业	131	113	12	3	3		
广播、电视、电影和影视录音制作业	1372	934	285	97	49	1	6
广播	14	11		3			
电视	79	64	9	2	4		
电影和影视节目制作	911	547	251	73	36	1	3
电影和影视节目发行	37	29	4	1	2		1
电影放映	315	270	20	17	6		2
录音制作	16	13	1	1	1		
文化艺术业	1103	747	130	143	75	1	7
文艺创作与表演	430	329	43	35	20	1	2
艺术表演场馆	35	31	2	2			
图书馆与档案馆	52	41	4	2	5		
文物及非物质文化遗产保护	34	18	5	9	2		
博物馆	30	20	6	3	1		
烈士陵园、纪念馆	1	1					
群众文化活动	124	72	22	22	6		2
其他文化艺术业	397	235	48	70	41		3
体育	1026	729	160	76	51		10
体育组织	12	11		1			
体育场馆	28	21	5	2			
休闲健身活动	854	609	134	62	39		10
其他体育	132	88	21	11	12		
娱乐业	8230	7115	606	174	288	5	42
室内娱乐活动	7734	6837	505	94	256	4	38
游乐园	77	53	8	15	1		
彩票活动	3	3					
文化、娱乐、体育经纪代理	201	123	33	25	19		1
其他娱乐业	215	99	60	40	12	1	3

2-A-7　按行业中类、营业状态分组的全部企业法人单位从业人数

单位：人

行　业	从业人员期末人数	营业	停业(歇业)	筹建	当年关闭	当年破产	其他
总　计	**25123423**	**24401876**	**328693**	**222124**	**133430**	**9290**	**28010**
农、林、牧、渔业	**22670**	**20564**	**1081**	**673**	**230**	**1**	**121**
农业	1129	1072		57			
谷物种植	111	105		6			
豆类、油料和薯类种植	34	34					
蔬菜、食用菌及园艺作物种植	398	398					
水果种植	166	166					
坚果、含油果、香料和饮料作物种植	131	95		36			
中药材种植	286	271		15			
其他农业	3	3					
林业	20	14	1		5		
林木育种和育苗	20	14	1		5		
畜牧业	1024	994	2	23	5		
牲畜饲养	720	707		8	5		
家禽饲养	207	205	2				
其他畜牧业	97	82		15			
渔业	596	587	9				
水产养殖	596	587	9				
农、林、牧、渔服务业	19901	17897	1069	593	220	1	121
农业服务业	17066	15345	947	534	156	1	83
林业服务业	1117	1015	54	34	6		8
畜牧服务业	874	774	46	4	21		29
渔业服务业	844	763	22	21	37		1
采矿业	**33711**	**30382**	**2113**	**569**	**584**	**3**	**60**
煤炭开采和洗选业	211	147	2	61	1		
烟煤和无烟煤开采洗选	159	103	1	55			
褐煤开采洗选	29	26		3			
其他煤炭采选	23	18	1	3	1		
黑色金属矿采选业	2754	2713	2	38	1		
铁矿采选	2753	2713	1	38	1		
其他黑色金属矿采选	1		1				
有色金属矿采选业	4257	4089	71	67	30		
常用有色金属矿采选	3107	3009	51	19	28		

2-A-7 续表 1

单位：人

行业	从业人员期末人数	营业	停业(歇业)	筹建	当年关闭	当年破产	其他
贵金属矿采选	186	167	12	7			
稀有稀土金属矿采选	964	913	8	41	2		
非金属矿采选业	26130	23143	2005	389	530	3	60
土砂石开采	22775	19913	1965	334	501	3	59
化学矿开采	78	74	4				
采盐	333	329	1	1	2		
石棉及其他非金属矿采选	2944	2827	35	54	27		1
开采辅助活动	42	8	8	4	22		
石油和天然气开采辅助活动	8	1	6	1			
其他开采辅助活动	34	7	2	3	22		
其他采矿业	317	282	25	10			
其他采矿业	317	282	25	10			
制造业	**11950218**	**11600828**	**160473**	**96705**	**70346**	**7422**	**14444**
农副食品加工业	158766	154502	2237	995	572	93	367
谷物磨制	4367	4164	150	22	12		19
饲料加工	18124	17651	198	161	69		45
植物油加工	5091	4822	104	59	54	52	
制糖业	470	456	10	4			
屠宰及肉类加工	21572	21159	290	92	25	1	5
水产品加工	59045	57756	830	243	177	31	8
蔬菜、水果和坚果加工	35512	34375	451	235	194	4	253
其他农副食品加工	14585	14119	204	179	41	5	37
食品制造业	114928	112245	886	1357	238	119	83
焙烤食品制造	21527	21030	218	152	37	82	8
糖果、巧克力及蜜饯制造	7273	7120	106	45	2		
方便食品制造	16869	16154	51	562	63	35	4
乳制品制造	5943	5885	30	18	10		
罐头食品制造	32418	32250	65	89	4		10
调味品、发酵制品制造	6247	6055	119	13	58	1	1
其他食品制造	24651	23751	297	478	64	1	60
酒、饮料和精制茶制造业	80401	78055	1385	416	433	14	98
酒的制造	29237	28786	247	110	89	4	1
饮料制造	27050	26438	313	97	188	1	13
精制茶加工	24114	22831	825	209	156	9	84

2-A-7 续表 2 单位：人

行 业	从业人员期末人数	营业	停业(歇业)	筹建	当年关闭	当年破产	其他
烟草制品业	3966	3966					
卷烟制造	3655	3655					
其他烟草制品制造	311	311					
纺织业	1138675	1115209	10802	4662	6481	832	689
棉纺织及印染精加工	535119	527414	3431	1007	2377	755	135
毛纺织及染整精加工	47016	45805	442	162	483	1	123
麻纺织及染整精加工	13291	13205	28	40	1		17
丝绢纺织及印染精加工	59460	58350	422	222	424	5	37
化纤织造及印染精加工	78635	76448	1125	777	222	6	57
针织或钩针编织物及其制品制造	196397	191912	1920	1107	1321	14	123
家用纺织制成品制造	115583	111715	1519	939	1283	23	104
非家用纺织制成品制造	93174	90360	1915	408	370	28	93
纺织服装、服饰业	1125428	1095330	15941	6523	6412	372	850
机织服装制造	683627	665307	10072	3474	4025	250	499
针织或钩针编织服装制造	290554	284061	3251	1431	1440	82	289
服饰制造	151247	145962	2618	1618	947	40	62
皮革、毛皮、羽毛及其制品和制鞋业	726380	694841	18006	3160	8580	863	930
皮革鞣制加工	26592	24697	607	50	1228	4	6
皮革制品制造	155051	150876	1575	1082	899	388	231
毛皮鞣制及制品加工	16596	15557	781	146	110		2
羽毛(绒)加工及制品制造	19196	18942	131	118	4		1
制鞋业	508945	484769	14912	1764	6339	471	690
木材加工和木、竹、藤、棕、草制品业	148330	141780	2681	1843	1338	389	299
木材加工	17554	16435	482	242	383	8	4
人造板制造	28444	27620	419	124	261	3	17
木制品制造	64368	61708	1155	838	278	154	235
竹、藤、棕、草等制品制造	37964	36017	625	639	416	224	43
家具制造业	263556	257148	3378	1649	1101	97	183
木质家具制造	117407	113739	1652	1165	755	2	94
竹、藤家具制造	7483	6804	500	33	116		30
金属家具制造	88364	86986	973	151	159	59	36
塑料家具制造	8801	8666	22	55	47		11
其他家具制造	41501	40953	231	245	24	36	12
造纸和纸制品业	228961	220936	3237	1934	2091	475	288

2-A-7 续表 3

单位：人

行　　业	从业人员期末人数	营业	停业(歇业)	筹建	当年关闭	当年破产	其他
纸浆制造	315	295	17		2		1
造纸	94455	91777	1227	231	673	467	80
纸制品制造	134191	128864	1993	1703	1416	8	207
印刷和记录媒介复制业	192989	187254	3150	1117	1164	64	240
印刷	183659	178283	3018	994	1082	63	219
装订及印刷相关服务	9007	8658	127	122	78	1	21
记录媒介复制	323	313	5	1	4		
文教、工美、体育和娱乐用品制造业	477365	462658	6616	4428	3011	116	536
文教办公用品制造	91776	89632	1072	629	362	1	80
乐器制造	10192	10110	50	26	5		1
工艺美术品制造	248178	238852	4368	2248	2259	105	346
体育用品制造	48066	46844	437	531	171	1	82
玩具制造	62239	60749	540	745	175	9	21
游艺器材及娱乐用品制造	16914	16471	149	249	39		6
石油加工、炼焦和核燃料加工业	14113	13767	139	137	38	1	31
精炼石油产品制造	14044	13699	138	137	38	1	31
炼焦	48	48					
核燃料加工	21	20	1				
化学原料和化学制品制造业	341409	331738	4371	3324	1547	119	310
基础化学原料制造	70370	68020	756	935	599	36	24
肥料制造	5536	5126	311	65	22	3	9
农药制造	16349	16268	43	4	33		1
涂料、油墨、颜料及类似产品制造	63140	61709	884	231	274	1	41
合成材料制造	74782	72989	596	1072	100	1	24
专用化学产品制造	68741	66245	1299	672	417	75	33
炸药、火工及焰火产品制造	2515	2454	30	18	10		3
日用化学产品制造	39976	38927	452	327	92	3	175
医药制造业	145582	142809	909	1501	238	57	68
化学药品原料药制造	62054	61507	366	56	118	1	6
化学药品制剂制造	27475	26519	113	842	1		
中药饮片加工	4840	4598	19	211	1		11
中成药生产	13618	13410	105	25	78		
兽用药品制造	2597	2490	53	43	11		
生物药品制造	17012	16723	56	153	13	56	11
卫生材料及医药用品制造	17986	17562	197	171	16		40

2-A-7　续表 4　　单位：人

行　业	从业人员期末人数	营业	停业(歇业)	筹建	当年关闭	当年破产	其他
化学纤维制造业	137552	134534	1012	549	1252	127	78
纤维素纤维原料及纤维制造	5819	5571	192	24	1	30	1
合成纤维制造	131733	128963	820	525	1251	97	77
橡胶和塑料制品业	667075	644801	9131	7399	4805	200	739
橡胶制品业	109910	107434	929	945	530	23	49
塑料制品业	557165	537367	8202	6454	4275	177	690
非金属矿物制品业	374572	354768	10021	4002	3491	116	2174
水泥、石灰和石膏制造	41776	39440	624	278	287	22	1125
石膏、水泥制品及类似制品制造	87137	84847	791	826	410	3	260
砖瓦、石材等建筑材料制造	85279	76034	6658	962	1362	27	236
玻璃制造	14793	14379	109	226	77	1	1
玻璃制品制造	70952	68690	585	636	837	2	202
玻璃纤维和玻璃纤维增强塑料制品制造	20050	19552	293	107	95		3
陶瓷制品制造	19685	18864	463	173	101	1	83
耐火材料制品制造	19161	18043	218	370	295	2	233
石墨及其他非金属矿物制品制造	15739	14919	280	424	27	58	31
黑色金属冶炼和压延加工业	207884	203843	2155	700	633	432	121
炼铁	786	769	15		2		
炼钢	14372	14015	345	3	9		
黑色金属铸造	64354	63279	581	165	259	1	69
钢压延加工	126692	124145	1174	530	360	431	52
铁合金冶炼	1680	1635	40	2	3		
有色金属冶炼和压延加工业	128544	125127	1698	711	787	30	191
常用有色金属冶炼	12221	11752	275	144	24		26
贵金属冶炼	1419	1407	9	2	1		
稀有稀土金属冶炼	592	580	7	3	2		
有色金属合金制造	16487	16050	258	94	57		28
有色金属铸造	8654	8254	94	48	173		85
有色金属压延加工	89171	87084	1055	420	530	30	52
金属制品业	760498	730459	12390	9103	6575	398	1573
结构性金属制品制造	143562	138342	2200	1849	581	212	378
金属工具制造	111679	108099	1386	1315	586	14	279
集装箱及金属包装容器制造	34002	33341	356	168	129		8

2-A-7 续表 5

单位：人

行业	从业人员期末人数	营业	停业(歇业)	筹建	当年关闭	当年破产	其他
金属丝绳及其制品制造	22855	22068	466	73	216	5	27
建筑、安全用金属制品制造	177183	168993	3525	2084	1962	47	572
金属表面处理及热处理加工	79856	75312	1763	728	1946	42	65
搪瓷制品制造	8365	8004	175	127	41		18
金属制日用品制造	112663	108480	1391	1898	689	73	132
其他金属制品制造	70333	67820	1128	861	425	5	94
通用设备制造业	1193439	1158662	15087	12373	5600	388	1329
锅炉及原动设备制造	33189	32395	401	238	90	57	8
金属加工机械制造	95413	91748	1669	1154	591	12	239
物料搬运设备制造	83951	82689	444	578	174	16	50
泵、阀门、压缩机及类似机械制造	318007	310554	3804	1858	1329	51	411
轴承、齿轮和传动部件制造	198295	194241	1287	1977	536	148	106
烘炉、风机、衡器、包装等设备制造	163444	159348	1698	1750	524	40	84
文化、办公用机械制造	18827	18250	295	164	77		41
通用零部件制造	265874	254450	4712	4209	2110	63	330
其他通用设备制造业	16439	14987	777	445	169	1	60
专用设备制造业	471847	457097	6146	5886	2359	52	307
采矿、冶金、建筑专用设备制造	32226	31155	426	525	106	11	3
化工、木材、非金属加工专用设备制造	169633	164704	1891	2100	858	8	72
食品、饮料、烟草及饲料生产专用设备制造	11643	11239	277	67	32		28
印刷、制药、日化及日用品生产专用设备制造	28455	27437	474	300	181	1	62
纺织、服装和皮革加工专用设备制造	92094	89295	1199	1117	446	6	31
电子和电工机械专用设备制造	16045	15239	391	247	119	11	38
农、林、牧、渔专用机械制造	31543	30543	363	345	289		3
医疗仪器设备及器械制造	34482	33430	436	524	49		43
环保、社会公共服务及其他专用设备制造	55726	54055	689	661	279	15	27
汽车制造业	537739	526079	4362	4916	1468	549	365
汽车整车制造	35115	34920	28	18		1	148
改装汽车制造	1764	1738	21	5			
低速载货汽车制造	145	144		1			
电车制造	203	145	1	57			
汽车车身、挂车制造	1197	981	6	209	1		
汽车零部件及配件制造	499315	488151	4306	4626	1467	548	217
铁路、船舶、航空航天和其他运输设备制造业	189128	182890	2819	1675	1385	70	289

2-A-7　续表 6

单位：人

行　业	从业人员期末人数						
		营业	停业(歇业)	筹建	当年关闭	当年破产	其他
铁路运输设备制造	3364	3273	70	15	4		2
城市轨道交通设备制造	168	103		64	1		
船舶及相关装置制造	55319	53185	995	411	687	3	38
航空、航天器及设备制造	1345	1320	10	9	4	2	
摩托车制造	72834	70974	688	434	504	3	231
自行车制造	50014	48440	744	592	161	61	16
非公路休闲车及零配件制造	3738	3337	238	141	20	1	1
潜水救捞及其他未列明运输设备制造	2346	2258	74	9	4		1
电气机械和器材制造业	1183449	1153988	11977	9163	5764	1317	1240
电机制造	183565	180299	815	1862	464	1	124
输配电及控制设备制造	353755	346949	3130	1724	1323	310	319
电线、电缆、光缆及电工器材制造	108392	105781	1108	478	833	170	22
电池制造	45263	43368	295	434	1009	143	14
家用电力器具制造	255500	249312	2511	2031	884	364	398
非电力家用器具制造	23151	22410	379	280	69	5	8
照明器具制造	199088	192365	3312	1974	869	324	244
其他电气机械及器材制造	14735	13504	427	380	313		111
计算机、通信和其他电子设备制造业	515551	508095	2861	2971	897	71	656
计算机制造	22040	21786	83	137	31		3
通信设备制造	77111	76602	279	159	39		32
广播电视设备制造	25924	25609	138	93	26	48	10
雷达及配套设备制造	289	286	2				1
视听设备制造	34023	33539	185	234	55	3	7
电子器件制造	118363	116853	383	901	136		90
电子元件制造	216027	212202	1622	1175	507	14	507
其他电子设备制造	21774	21218	169	272	103	6	6
仪器仪表制造业	225476	220371	2657	1363	842	6	237
通用仪器仪表制造	110229	108530	901	532	139	5	122
专用仪器仪表制造	32857	32169	396	218	69		5
钟表与计时仪器制造	7293	7196	67	9	21		
光学仪器及眼镜制造	69494	67042	1166	584	597	1	104
其他仪器仪表制造业	5603	5434	127	20	16		6
其他制造业	127927	124327	1924	1091	439	4	142
日用杂品制造	113178	110563	1537	609	361	3	105

2-A-7 续表 7　　　　单位：人

行　　业	从业人员期末人数	营业	停业(歇业)	筹建	当年关闭	当年破产	其他
煤制品制造	547	499	7	5	27		9
核辐射加工	83	81	2				
其他未列明制造业	14119	13184	378	477	51	1	28
废弃资源综合利用业	27758	24393	1471	1189	681	6	18
金属废料和碎屑加工处理	21368	18537	1207	1003	613	6	2
非金属废料和碎屑加工处理	6390	5856	264	186	68		16
金属制品、机械和设备修理业	40930	39156	1024	568	124	45	13
金属制品修理	307	292	4	11			
通用设备修理	1669	1608	46	10	5		
专用设备修理	1129	1085	19	8	16		1
铁路、船舶、航空航天等运输设备修理	34689	33102	916	530	94	45	2
电气设备修理	1709	1699	3	5	2		
仪器仪表修理	73	72	1				
其他机械和设备修理业	1354	1298	35	4	7		10
电力、热力、燃气及水生产和供应业	**172582**	**166742**	**1940**	**3224**	**587**	**2**	**87**
电力、热力生产和供应业	121048	116346	1590	2655	407		50
电力生产	50578	46192	1536	2396	404		50
电力供应	65619	65488	44	85	2		
热力生产和供应	4851	4666	10	174	1		
燃气生产和供应业	10452	10125	34	285	7	1	
燃气生产和供应业	10452	10125	34	285	7	1	
水的生产和供应业	41082	40271	316	284	173	1	37
自来水生产和供应	30628	30295	153	90	86	1	3
污水处理及其再生利用	7962	7620	107	167	38		30
其他水的处理、利用与分配	2492	2356	56	27	49		4
建筑业	**7659188**	**7631661**	**11547**	**10090**	**4761**	**436**	**693**
房屋建筑业	5723001	5719063	1370	2036	299	33	200
房屋建筑业	5723001	5719063	1370	2036	299	33	200
土木工程建筑业	1293164	1282809	4837	2580	2488	344	106
铁路、道路、隧道和桥梁工程建筑	916719	911015	2118	1005	2211	329	41
水利和内河港口工程建筑	98753	97362	818	472	78	15	8
海洋工程建筑	742	618	47	72	5		
工矿工程建筑	62252	62035	73	123	21		
架线和管道工程建筑	56090	55704	322	32	24		8
其他土木工程建筑	158608	156075	1459	876	149		49

2-A-7 续表 8

单位：人

行 业	从业人员期末人数	营业	停业(歇业)	筹建	当年关闭	当年破产	其他
建筑安装业	189973	187019	1012	1591	300	14	37
电气安装	57455	57001	219	166	66		3
管道和设备安装	54061	53285	350	286	111	2	27
其他建筑安装业	78457	76733	443	1139	123	12	7
建筑装饰和其他建筑业	453050	442770	4328	3883	1674	45	350
建筑装饰业	306924	300681	2743	1937	1242	40	281
工程准备活动	66405	64063	1423	493	359	5	62
提供施工设备服务	15351	14223	72	1046	10		
其他未列明建筑业	64370	63803	90	407	63		7
批发和零售业	**2011937**	**1873689**	**64165**	**45006**	**23906**	**806**	**4365**
批发业	1333310	1231284	48183	33233	17214	569	2827
农、林、牧产品批发	47031	43115	1884	1281	442	48	261
食品、饮料及烟草制品批发	162969	152524	4907	4067	1223	93	155
纺织、服装及家庭用品批发	368422	343684	11959	7656	4401	110	612
文化、体育用品及器材批发	54633	50388	2157	1244	730	5	109
医药及医疗器材批发	47397	45094	1361	643	245	5	49
矿产品、建材及化工产品批发	326108	298811	12356	8918	5163	158	702
机械设备、五金产品及电子产品批发	234748	217542	8004	5627	3045	91	439
贸易经纪与代理	52114	45414	2923	2448	1017	38	274
其他批发业	39888	34712	2632	1349	948	21	226
零售业	678627	642405	15982	11773	6692	237	1538
综合零售	148082	145074	1205	931	568	33	271
食品、饮料及烟草制品专门零售	51343	46901	2245	1341	685	31	140
纺织、服装及日用品专门零售	76343	69941	2610	2047	1535	25	185
文化、体育用品及器材专门零售	30899	28753	980	663	424	3	76
医药及医疗器材专门零售	62491	60720	871	345	454	13	88
汽车、摩托车、燃料及零配件专门零售	151178	146359	1541	2180	843	29	226
家用电器及电子产品专门零售	64529	60141	2337	1006	767	51	227
五金、家具及室内装饰材料专门零售	47004	42566	1991	1458	800	17	172
货摊、无店铺及其他零售业	46758	41950	2202	1802	616	35	153
交通运输、仓储和邮政业	**508722**	**494426**	**6804**	**4720**	**2000**	**53**	**719**
铁路运输业	277	277					
铁路货物运输	277	277					

2-A-7 续表 9

单位：人

行　　业	从业人员期末人数						
		营业	停业(歇业)	筹建	当年关闭	当年破产	其他
道路运输业	278820	271635	3495	2042	1132	27	489
城市公共交通运输	70053	69296	529	18	194		16
公路旅客运输	58573	58279	232	57	5		
道路货物运输	118920	114194	2227	1674	606	27	192
道路运输辅助活动	31274	29866	507	293	327		281
水上运输业	45885	44613	592	375	287		18
水上旅客运输	5829	5726	50	26	26		1
水上货物运输	28664	27760	391	253	243		17
水上运输辅助活动	11392	11127	151	96	18		
航空运输业	8036	7952	19	32	1		32
航空客货运输	548	548					
通用航空服务	206	167	13	26			
航空运输辅助活动	7282	7237	6	6	1		32
管道运输业	161	160	1				
管道运输业	161	160	1				
装卸搬运和运输代理业	83201	79294	1920	1412	452	16	107
装卸搬运	23095	21889	776	286	95	1	48
运输代理业	60106	57405	1144	1126	357	15	59
仓储业	21817	20673	477	577	65		25
谷物、棉花等农产品仓储	4248	4015	217	3	8		5
其他仓储业	17569	16658	260	574	57		20
邮政业	70525	69822	300	282	63	10	48
邮政基本服务	20731	20692	23		2		14
快递服务	49794	49130	277	282	61	10	34
住宿和餐饮业	**413887**	**398772**	**5717**	**5144**	**3462**	**121**	**671**
住宿业	192206	186337	2307	2246	1002	60	254
旅游饭店	139500	135980	1494	1354	520	5	147
一般旅馆	49465	47409	765	752	454	54	31
其他住宿业	3241	2948	48	140	28	1	76
餐饮业	221681	212435	3410	2898	2460	61	417
正餐服务	170027	162437	2769	2284	2176	54	307
快餐服务	35483	35047	188	140	25	1	82
饮料及冷饮服务	6527	5841	286	269	114	6	11
其他餐饮业	9644	9110	167	205	145		17

2-A-7 续表 10 单位：人

行 业	从业人员期末人数	营业	停业(歇业)	筹建	当年关闭	当年破产	其他
信息传输、软件和信息技术服务业	**293693**	**274835**	**7677**	**7569**	**3359**	**47**	**206**
电信、广播电视和卫星传输服务	66274	65936	184	56	92	1	5
电信	56386	56085	158	48	90	1	4
广播电视传输服务	9888	9851	26	8	2		1
互联网和相关服务	32344	30944	724	423	233	1	19
互联网接入及相关服务	2445	2259	110	48	28		
互联网信息服务	27659	26691	537	256	156	1	18
其他互联网服务	2240	1994	77	119	49		1
软件和信息技术服务业	195075	177955	6769	7090	3034	45	182
软件开发	143911	131103	5173	5072	2435	40	88
信息系统集成服务	21876	20258	511	950	141		16
信息技术咨询服务	16931	15329	610	673	270	5	44
数据处理和存储服务	3102	2844	74	145	38		1
集成电路设计	1955	1804	63	53	10		25
其他信息技术服务业	7300	6617	338	197	140		8
金融业	**24416**	**19027**	**2814**	**1958**	**456**	**15**	**146**
货币金融服务	5462	5263	47	140	12		
货币银行服务	666	642		23	1		
非货币银行服务	4796	4621	47	117	11		
资本市场服务	13844	9887	2043	1487	308	15	104
证券市场服务	268	207	28	12	21		
期货市场服务	306	279	3	4	2		18
资本投资服务	12610	8970	1905	1385	255	15	80
其他资本市场服务	660	431	107	86	30		6
保险业	630	602	17	9	2		
人身保险	41	40	1				
财产保险	39	33	3	3			
再保险	1			1			
保险经纪与代理服务	349	335	8	5	1		
其他保险活动	200	194	5		1		
其他金融业	4480	3275	707	322	134		42
金融信托与管理服务	2134	1737	119	206	37		35
控股公司服务	879	469	388	21			1
其他未列明金融业	1467	1069	200	95	97		6

2-A-7 续表 11

单位：人

行业	从业人员期末人数						
		营业	停业(歇业)	筹建	当年关闭	当年破产	其他
房地产业	**451550**	**425610**	**13140**	**8548**	**2161**	**26**	**2065**
房地产业	451550	425610	13140	8548	2161	26	2065
房地产开发经营	134912	126328	2901	4017	174	9	1483
物业管理	233831	228025	2265	2486	912	4	139
房地产中介服务	46807	41888	2813	1086	789	8	223
自有房地产经营活动	28457	22950	4657	455	218	5	172
其他房地产业	7543	6419	504	504	68		48
租赁和商务服务业	**843880**	**778283**	**29562**	**19643**	**14107**	**251**	**2034**
租赁业	21515	18747	1487	762	444	14	61
机械设备租赁	19590	17005	1374	706	434	14	57
文化及日用品出租	1925	1742	113	56	10		4
商务服务业	822365	759536	28075	18881	13663	237	1973
企业管理服务	158834	138299	11563	6165	1795	67	945
法律服务	8012	7730	103	23	69		87
咨询与调查	114200	97851	8109	4984	2764	102	390
广告业	66483	59591	3296	1985	1438	9	164
知识产权服务	4873	4449	183	146	79	8	8
人力资源服务	247929	239985	792	970	6147	4	31
旅行社及相关服务	33450	31590	703	753	299	10	95
安全保护服务	100979	99839	104	992	38	5	1
其他商务服务业	87605	80202	3222	2863	1034	32	252
科学研究和技术服务业	**294475**	**273463**	**8924**	**8484**	**3019**	**24**	**561**
研究和试验发展	25906	22524	1281	1774	241	2	84
自然科学研究和试验发展	1017	931	46	22	7		11
工程和技术研究和试验发展	18850	16518	856	1266	179	1	30
农业科学研究和试验发展	2283	1858	137	237	40	1	10
医学研究和试验发展	3496	2995	208	245	15		33
社会人文科学研究	260	222	34	4			
专业技术服务业	217903	207333	4554	3960	1791	11	254
气象服务	314	309	4		1		
地震服务	6	6					

2-A-7 续表 12 单位：人

行 业	从业人员期末人数	营业	停业(歇业)	筹建	当年关闭	当年破产	其他
海洋服务	486	475	6	5			
测绘服务	6923	6753	47	73	35		15
质检技术服务	22619	21564	541	364	126		24
环境与生态监测	3086	2920	90	58	6		12
地质勘查	2154	1962	132	25	35		
工程技术	146631	141377	2228	2023	845	6	152
其他专业技术服务业	35684	31967	1506	1412	743	5	51
科技推广和应用服务业	50666	43606	3089	2750	987	11	223
技术推广服务	44516	38458	2594	2384	867	11	202
科技中介服务	3336	2802	317	167	44		6
其他科技推广和应用服务业	2814	2346	178	199	76		15
水利、环境和公共设施管理业	**102894**	**97506**	**2319**	**2302**	**547**	**14**	**206**
水利管理业	4060	3625	217	181	7	5	25
防洪除涝设施管理	374	343	13	16	2		
水资源管理	1037	965	53	15	2	2	
天然水收集与分配	1027	967	50	6	2		2
水文服务	39	37	2				
其他水利管理业	1583	1313	99	144	1	3	23
生态保护和环境治理业	8304	7709	271	215	70		39
生态保护	1537	1462	41	20	6		8
环境治理业	6767	6247	230	195	64		31
公共设施管理业	90530	86172	1831	1906	470	9	142
市政设施管理	9008	8354	350	163	121		20
环境卫生管理	24108	23292	302	421	88		5
城乡市容管理	836	738	28	67	1	1	1
绿化管理	30131	28890	567	439	209	8	18
公园和游览景区管理	26447	24898	584	816	51		98
居民服务、修理和其他服务业	**142856**	**132568**	**4392**	**3560**	**1886**	**18**	**432**
居民服务业	53128	48709	1629	1729	818	17	226
家庭服务	12469	11578	305	352	191		43
托儿所服务	66	57	2	7			
洗染服务	3739	3623	58	45	12	1	
理发及美容服务	8263	7400	210	434	171		48

2-A-7 续表 13

单位：人

行业	从业人员期末人数	营业	停业(歇业)	筹建	当年关闭	当年破产	其他
洗浴服务	8900	8398	149	272	81		
保健服务	10122	9351	326	243	171		31
婚姻服务	2162	1801	174	101	67	4	15
殡葬服务	3771	3502	132	64	13		60
其他居民服务业	3636	2999	273	211	112	12	29
机动车、电子产品和日用产品修理业	50192	47614	1175	688	619		96
汽车、摩托车修理与维护	42344	40503	773	552	431		85
计算机和办公设备维修	2735	2513	133	32	48		9
家用电器修理	4110	3738	188	57	125		2
其他日用产品修理业	1003	860	81	47	15		
其他服务业	39536	36245	1588	1143	449	1	110
清洁服务	36171	33361	1342	975	393	1	99
其他未列明服务业	3365	2884	246	168	56		11
教育	**43929**	**40920**	**1192**	**759**	**263**	**38**	**757**
教育	43929	40920	1192	759	263	38	757
学前教育	2942	2411	78	104	21		328
初等教育	524	485		2			37
中等教育	988	762	5	5			216
高等教育	1013	1010	1		2		
特殊教育	19	16	3				
技能培训、教育辅助及其他教育	38443	36236	1105	648	240	38	176
卫生和社会工作	**31989**	**30769**	**468**	**436**	**116**	**4**	**196**
卫生	30691	29652	372	380	94	4	189
医院	20278	19503	298	320	3		154
社区医疗与卫生院	204	201			2		1
门诊部(所)	9568	9362	59	54	55	4	34
计划生育技术服务活动	4	4					
妇幼保健院(所、站)	20				20		
专科疾病防治院(所、站)	15	15					
疾病预防控制中心	9	8	1				
其他卫生活动	593	559	14	6	14		
社会工作	1298	1117	96	56	22		7
提供住宿社会工作	966	871	57	36	2		
不提供住宿社会工作	332	246	39	20	20		7

2-A-7 续表 14

单位：人

行 业	从业人员期末人数	营业	停业(歇业)	筹建	当年关闭	当年破产	其他
文化、体育和娱乐业	**120826**	**111831**	**4365**	**2734**	**1640**	**9**	**247**
新闻和出版业	7936	7566	45	50	261		14
新闻业	207	171			22		14
出版业	7729	7395	45	50	239		
广播、电视、电影和影视录音制作业	27650	25619	1310	626	77	1	17
广播	207	193		14			
电视	2785	2712	35	34	4		
电影和影视节目制作	17036	15538	1187	249	52	1	9
电影和影视节目发行	619	595	20	1	2		1
电影放映	6892	6473	67	327	18		7
录音制作	111	108	1	1	1		
文化艺术业	13408	12011	504	681	172	1	39
文艺创作与表演	8595	7954	186	383	65	1	6
艺术表演场馆	1402	1378	22	2			
图书馆与档案馆	343	291	32	9	11		
文物及非物质文化遗产保护	263	220	7	32	4		
博物馆	309	255	33	20	1		
烈士陵园、纪念馆	11	11					
群众文化活动	620	415	105	65	9		26
其他文化艺术业	1865	1487	119	170	82		7
体育	11725	10698	496	303	169		59
体育组织	280	278		2			
体育场馆	455	417	35	3			
休闲健身活动	10082	9293	386	257	87		59
其他体育	908	710	75	41	82		
娱乐业	60107	55937	2010	1074	961	7	118
室内娱乐活动	55647	52226	1699	710	906	5	101
游乐园	1565	1361	71	132	1		
彩票活动	61	61					
文化、娱乐、体育经纪代理	1194	985	106	69	31		3
其他娱乐业	1640	1304	134	163	23	2	14

2-A-8 按行业中类、开业时间

行 业	1949年及以前	1950-1952年	1953-1957年	1958-1962年	1963-1965年
总 计	**129**	**321**	**397**	**335**	**153**
农、林、牧、渔业	**1**	**1**	**1**	**1**	
农业					
谷物种植					
豆类、油料和薯类种植					
蔬菜、食用菌及园艺作物种植					
水果种植					
坚果、含油果、香料和饮料作物种植					
中药材种植					
其他农业					
林业					
林木育种和育苗					
畜牧业		1			
牲畜饲养		1			
家禽饲养					
其他畜牧业					
渔业					
水产养殖					
农、林、牧、渔服务业	1		1	1	
农业服务业	1		1		
林业服务业					
畜牧服务业					
渔业服务业				1	
采矿业			**2**	**5**	
煤炭开采和洗选业					
烟煤和无烟煤开采洗选					
褐煤开采洗选					
其他煤炭采选					
黑色金属矿采选业				2	
铁矿采选				2	
其他黑色金属矿采选					
有色金属矿采选业				1	
常用有色金属矿采选				1	

分组的全部企业法人单位数

单位：个

1966–1970年	1971–1975年	1976–1980年	1981–1985年	1986–1990年	1991–1995年	1996–2000年	1978年	1992年	1997年
286	**461**	**1361**	**3874**	**5898**	**21564**	**59963**	**284**	**3382**	**7934**
	2	**1**	**15**	**12**	**38**	**73**		**14**	**7**
					2	1			
					1				
					1				
						1			
						1			
						1			
				2	2	4			2
				2	1	2			2
					1	1			
						1			
					1	3		1	1
					1	3		1	1
	2	1	15	10	33	64		13	4
	2	1	11	6	24	47		9	3
			3	2	6	8		4	
			1	1		6			1
				1	3	3			
2	**4**	**7**	**12**	**16**	**41**	**115**	**2**	**7**	**18**
						1			
						1			
			1			1			
			1			1			
1				4	3	12		1	6
1				3	2	10		1	5

2-A-8 续表 1

行 业	1949年及以前	1950-1952年	1953-1957年	1958-1962年	1963-1965年
贵金属矿采选					
稀有稀土金属矿采选					
非金属矿采选业			2	2	
土砂石开采			1	2	
化学矿开采					
采盐					
石棉及其他非金属矿采选			1		
开采辅助活动					
石油和天然气开采辅助活动					
其他开采辅助活动					
其他采矿业					
其他采矿业					
制造业	**36**	**31**	**115**	**102**	**51**
农副食品加工业			10	3	
谷物磨制			3		
饲料加工					
植物油加工			1		
制糖业					
屠宰及肉类加工			2	1	
水产品加工			1	2	
蔬菜、水果和坚果加工			1		
其他农副食品加工			2		
食品制造业	2		7	3	1
焙烤食品制造			2		
糖果、巧克力及蜜饯制造					
方便食品制造					
乳制品制造				1	1
罐头食品制造					
调味品、发酵制品制造	2		4	1	
其他食品制造			1	1	
酒、饮料和精制茶制造业	4	1	10	5	
酒的制造	3	1	7	2	
饮料制造	1				
精制茶加工			3	3	

单位：个

1966–1970年	1971–1975年	1976–1980年	1981–1985年	1986–1990年	1991–1995年	1996–2000年	1978年	1992年	1997年
				1					
					1	2			1
1	4	7	11	12	37	100	2	6	11
	3	4	11	10	34	88	1	5	7
						1			
		3		1	2	2	1	1	
1	1			1	1	9			4
					1	1			1
					1	1			1
129	**246**	**667**	**2107**	**3770**	**13413**	**34926**	**122**	**2007**	**4636**
2	5	10	42	103	291	811	3	45	122
	2		1	2	7	52			7
			6	14	37	81		8	14
1				2	10	24			2
1	1	1	7	7	37	104	1	11	18
	2	4	20	57	124	312	2	16	46
		3	5	15	58	190		8	30
		2	3	6	18	48		2	5
		9	17	40	142	346	2	20	42
		1	4	6	22	81		5	7
		1	1	8	18	36		1	6
		2	3	3	13	34			3
			1	1	4	12			1
		2	4	4	23	56		5	11
		2	3	9	10	34	1	1	5
		1	1	9	52	93	1	8	9
2	4	15	42	39	119	384	2	21	57
2	4	12	32	23	59	126	1	13	18
			3	5	20	129		4	25
		3	7	11	40	129	1	4	14

2-A-8 续表 2

行　业	1949年及以前	1950-1952年	1953-1957年	1958-1962年	1963-1965年
烟草制品业	1		2		
卷烟制造	1		1		
其他烟草制品制造			1		
纺织业	4		3		6
棉纺织及印染精加工			2		1
毛纺织及染整精加工	1				
麻纺织及染整精加工					
丝绢纺织及印染精加工	3				3
化纤织造及印染精加工					
针织或钩针编织物及其制品制造					1
家用纺织制成品制造					1
非家用纺织制成品制造			1		
纺织服装、服饰业	1	2	1		1
机织服装制造	1	1			
针织或钩针编织服装制造					1
服饰制造		1	1		
皮革、毛皮、羽毛及其制品和制鞋业	1		1	1	
皮革鞣制加工					
皮革制品制造	1			1	
毛皮鞣制及制品加工					
羽毛(绒)加工及制品制造					
制鞋业			1		
木材加工和木、竹、藤、棕、草制品业		1	2		1
木材加工		1	1		
人造板制造					
木制品制造			1		1
竹、藤、棕、草等制品制造					
家具制造业	1		1		
木质家具制造	1		1		
竹、藤家具制造					
金属家具制造					
塑料家具制造					
其他家具制造					
造纸和纸制品业	2			2	1

单位：个

1966-1970年	1971-1975年	1976-1980年	1981-1985年	1986-1990年	1991-1995年	1996-2000年	1978年	1992年	1997年
2	8	43	95	165	719	2637	1	87	320
1	2	19	37	51	253	978	1	36	164
	1		8	14	63	149		8	20
			1	2	6	13			1
	2	6	7	14	66	223		4	16
	2	2	3	15	46	271		5	21
1		8	15	26	82	408		8	35
	1	1	8	14	68	297		7	31
		7	16	29	135	298		19	32
	5	17	53	132	671	2166	3	92	250
	2	10	29	73	390	1165	2	57	139
	2	7	13	37	175	548	1	22	57
	1		11	22	106	453		13	54
	1	10	36	126	603	1443		85	206
			1	20	75	82		5	8
		3	8	11	77	306		7	37
		1	1		11	37		3	3
				2	15	65			6
	1	6	26	93	425	953		70	152
1	2	8	33	53	172	454	2	28	58
1	2	3	10	22	17	82	1	2	11
		1	8	4	19	77		2	9
		3	9	16	62	168	1	9	23
		1	6	11	74	127		15	15
1		2	11	30	141	379		12	40
		1	8	18	81	196		4	23
				2	5	7			
		1	2	7	38	110		5	10
			1		3	10			1
1				3	14	56		3	6
2	7	19	48	92	388	1056	4	58	157

2-A-8 续表 3

行业	1949年及以前	1950-1952年	1953-1957年	1958-1962年	1963-1965年
纸浆制造					
造纸	2			2	
纸制品制造					1
印刷和记录媒介复制业	2	2	2	3	
印刷	2	1	2	3	
装订及印刷相关服务					
记录媒介复制		1			
文教、工美、体育和娱乐用品制造业	1	2	6	2	2
文教办公用品制造		1	3	1	1
乐器制造					
工艺美术品制造	1	1	3		1
体育用品制造				1	
玩具制造					
游艺器材及娱乐用品制造					
石油加工、炼焦和核燃料加工业		1			
精炼石油产品制造		1			
炼焦					
核燃料加工					
化学原料和化学制品制造业	1		4	4	2
基础化学原料制造	1			1	
肥料制造					
农药制造			2	1	
涂料、油墨、颜料及类似产品制造			1	1	
合成材料制造				1	
专用化学产品制造					1
炸药、火工及焰火产品制造					1
日用化学产品制造			1		
医药制造业	1		4	8	2
化学药品原料药制造			3	2	
化学药品制剂制造	1			2	
中药饮片加工			1		
中成药生产				2	2
兽用药品制造					
生物药品制造					
卫生材料及医药用品制造				2	

单位：个

1966－1970年	1971－1975年	1976－1980年	1981－1985年	1986－1990年	1991－1995年	1996－2000年	1978年	1992年	1997年
		1				3	1		
	5	9	9	19	83	292	3	14	37
2	2	9	39	73	305	761		44	120
8	12	38	141	178	669	1459	3	114	235
8	12	36	137	168	639	1373	3	109	223
		2	4	10	30	85		5	12
						1			
	9	18	62	142	492	1544	4	71	190
	3	7	9	23	79	375	1	14	41
		2	3	1	4	27	1	1	2
	4	7	33	84	323	797	2	50	103
		1	6	7	30	136		1	16
	2	1	10	25	44	160		4	20
			1	2	12	49		1	8
		3		8	13	38	1	1	8
		3		8	13	37	1	1	8
						1			
11	12	28	66	150	460	1252	6	89	171
	2	9	16	27	76	210	1	19	30
4		3	2	2	8	27	1	1	6
2	2	2		9	11	35	2	2	4
1	1	5	15	36	129	330		19	51
	1	2	4	11	37	141		3	16
1	6	7	20	47	145	371	2	32	38
2			3		2	3			1
1			6	18	52	135		13	25
10	5	3	9	34	125	212	2	26	26
1	3		2	9	44	75		10	15
2	1	2	2	8	17	23	2	3	4
				3	4	12			1
6			1	4	19	12		5	
	1		1	3	4	19		1	1
				3	14	30		3	4
1		1	3	4	23	41		4	1

2-A-8 续表 4

行　业	1949年及以前	1950-1952年	1953-1957年	1958-1962年	1963-1965年
化学纤维制造业					
纤维素纤维原料及纤维制造					
合成纤维制造					
橡胶和塑料制品业		1	2	4	1
橡胶制品业			1	1	
塑料制品业		1	1	3	1
非金属矿物制品业	2		7	3	
水泥、石灰和石膏制造				1	
石膏、水泥制品及类似制品制造			1		
砖瓦、石材等建筑材料制造	2		1		
玻璃制造			1		
玻璃制品制造				1	
玻璃纤维和玻璃纤维增强塑料制品制造					
陶瓷制品制造			3	1	
耐火材料制品制造					
石墨及其他非金属矿物制品制造			1		
黑色金属冶炼和压延加工业		1	2		1
炼铁					
炼钢					1
黑色金属铸造		1	1		
钢压延加工			1		
铁合金冶炼					
有色金属冶炼和压延加工业				1	1
常用有色金属冶炼					
贵金属冶炼					
稀有稀土金属冶炼					1
有色金属合金制造					
有色金属铸造					
有色金属压延加工				1	
金属制品业	3		8	3	4
结构性金属制品制造	2		1		1
金属工具制造			3	1	1
集装箱及金属包装容器制造				1	1

单位：个

1966–1970年	1971–1975年	1976–1980年	1981–1985年	1986–1990年	1991–1995年	1996–2000年	1978年	1992年	1997年
		1	8	8	39	174	1	3	15
			1		2	18		1	2
		1	7	8	37	156	1	2	13
7	7	41	162	278	1070	2871	11	157	360
1	1	7	36	58	162	403	1	29	47
6	6	34	126	220	908	2468	10	128	313
9	31	95	171	228	576	1218	18	81	154
2	7	16	22	9	39	110	3	5	14
3	2	14	32	50	120	269	6	13	29
4	13	46	85	116	233	355	5	35	44
		1		1	11	28			3
	3	1	4	13	42	117		7	13
	2	2	4	11	12	50		1	6
	1	2	1	4	20	64		5	11
	3	8	14	15	64	119	3	7	20
		5	9	9	35	106	1	8	14
1	10	19	55	109	293	549	3	46	78
			1		4	5		2	1
				1	2	4			1
1	8	16	31	67	159	269	3	25	41
	2	3	21	41	125	264		19	32
			2		3	7			3
	1	8	21	35	169	400		24	48
		1	4	5	14	34		3	3
		1		2		6			1
						2			
				1	11	37			4
	1	1	3	8	25	55		6	8
		5	14	19	119	266		15	32
4	18	45	151	296	991	2754	7	152	344
		3	12	28	116	352	1	17	43
	3	5	18	40	176	542	1	26	76
	1	1	6	10	38	79		4	16

2-A-8 续表 5

行　业	1949年及以前	1950－1952年	1953－1957年	1958－1962年	1963－1965年
金属丝绳及其制品制造			1		
建筑、安全用金属制品制造	1		1		
金属表面处理及热处理加工			1		
搪瓷制品制造					
金属制日用品制造			1	1	
其他金属制品制造					1
通用设备制造业	5	10	21	25	5
锅炉及原动设备制造			4	2	
金属加工机械制造		5	2	5	1
物料搬运设备制造		3	3	2	1
泵、阀门、压缩机及类似机械制造	3	1	5	4	1
轴承、齿轮和传动部件制造	1		2	2	
烘炉、风机、衡器、包装等设备制造			2	2	
文化、办公用机械制造					
通用零部件制造		1	3	8	2
其他通用设备制造业	1				
专用设备制造业	2	2	10	12	1
采矿、冶金、建筑专用设备制造				1	
化工、木材、非金属加工专用设备制造	1		1	1	1
食品、饮料、烟草及饲料生产专用设备制造			1	2	
印刷、制药、日化及日用品生产专用设备制造		1			
纺织、服装和皮革加工专用设备制造	1	1	3	3	
电子和电工机械专用设备制造					
农、林、牧、渔专用机械制造			1	2	
医疗仪器设备及器械制造			3	1	
环保、社会公共服务及其他专用设备制造			1	2	
汽车制造业		2		4	1
汽车整车制造				2	
改装汽车制造					
低速载货汽车制造					
电车制造					
汽车车身、挂车制造					
汽车零部件及配件制造		2		2	1
铁路、船舶、航空航天和其他运输设备制造业	1	2	1	3	1

单位：个

1966-1970年	1971-1975年	1976-1980年	1981-1985年	1986-1990年	1991-1995年	1996-2000年	1978年	1992年	1997年
		2	11	14	50	111		8	15
2	3	7	42	73	228	731		37	87
1	6	20	34	68	136	318	3	25	30
	1		1	2	5	19		1	1
		3	12	15	102	276	1	21	39
1	4	4	15	46	140	326	1	13	37
21	38	71	319	549	1711	4071	16	257	523
2	1	2	5	13	27	95		3	14
1	2	5	22	48	148	356	1	20	58
	4	4	8	11	62	155		5	18
8	10	19	110	144	483	980	5	92	129
1	5	10	37	59	216	622		29	82
2	2	2	23	55	190	485	1	24	59
			2	7	17	48		1	10
6	14	29	105	206	540	1257	9	77	141
1			7	6	28	73		6	12
6	17	34	125	257	708	1636	4	118	219
	2	1	19	26	67	102		12	16
1	2	9	23	81	207	538	2	40	58
1	1	3	11	18	39	62	1	11	9
1	2	2	13	17	64	145		7	33
2	2	11	32	54	150	385	1	30	51
	1		5	12	25	67		2	5
	3	2	8	13	43	73		7	9
	1	3	4	18	46	98		2	13
1	3	3	10	18	67	166		7	25
8	9	22	115	168	575	1257	3	93	172
	1				3	13			1
					1	2			
						1			
						1			
		1		1		3			
8	8	21	115	167	571	1237	3	93	171
3	5	11	25	51	205	554	2	31	94

2-A-8 续表 6

行　业	1949年及以前	1950-1952年	1953-1957年	1958-1962年	1963-1965年
铁路运输设备制造					
城市轨道交通设备制造					
船舶及相关装置制造	1	2	1	3	
航空、航天器及设备制造					
摩托车制造					1
自行车制造					
非公路休闲车及零配件制造					
潜水救捞及其他未列明运输设备制造					
电气机械和器材制造业	2	2	9	9	9
电机制造			1	2	2
输配电及控制设备制造		1	5	3	5
电线、电缆、光缆及电工器材制造			1	1	
电池制造		1			1
家用电力器具制造	1		1	1	
非电力家用器具制造					
照明器具制造	1		1	2	1
其他电气机械及器材制造					
计算机、通信和其他电子设备制造业			1		1
计算机制造					
通信设备制造					
广播电视设备制造					1
雷达及配套设备制造					
视听设备制造					
电子器件制造					
电子元件制造			1		
其他电子设备制造					
仪器仪表制造业		1		5	7
通用仪器仪表制造				3	3
专用仪器仪表制造		1		2	3
钟表与计时仪器制造					
光学仪器及眼镜制造					
其他仪器仪表制造业					1
其他制造业				1	
日用杂品制造				1	

单位：个

1966-1970年	1971-1975年	1976-1980年	1981-1985年	1986-1990年	1991-1995年	1996-2000年	1978年	1992年	1997年
1		4	1	4	4	12		1	1
1	1	2	6	12	27	78	1	6	12
					1	4		1	2
	4	2	13	26	121	281		18	52
		3	3	7	45	156	1	2	24
			1	1	2	15			1
1			1	1	5	8		3	2
17	16	60	192	277	1201	3062	15	152	413
7	2	11	15	41	158	368	2	10	54
5	6	30	100	112	440	1129	8	67	152
1	2	8	24	41	179	361	3	19	56
	1		5	1	17	51			9
3	3	6	21	43	190	552	1	32	64
			1	6	37	60		6	8
1	1	5	18	32	162	481	1	16	62
	1		8	1	18	60		2	8
3	7	6	37	78	346	902	1	50	125
			3	1	6	27		3	2
		1	2	7	49	113		10	20
		1	1	3	26	74		1	14
						1			
	2	1	1	12	27	61		4	12
	1	1	9	10	43	102	1	11	19
3	4	2	21	41	185	477		20	52
				4	10	47		1	6
8	10	21	47	92	304	777	5	44	138
5	4	11	30	53	139	396	1	19	66
2	4	7	6	16	48	88	1	8	17
	1	1	1	6	11	36	1	1	5
1	1	2	5	11	87	219	2	15	41
			5	6	19	38		1	9
2	2	1	12	29	135	376		27	53
1	1		8	24	121	330		26	49

2-A-8 续表 7

行业	1949年及以前	1950-1952年	1953-1957年	1958-1962年	1963-1965年
煤制品制造					
核辐射加工					
其他未列明制造业					
废弃资源综合利用业					
金属废料和碎屑加工处理					
非金属废料和碎屑加工处理					
金属制品、机械和设备修理业		1	1	1	3
金属制品修理					
通用设备修理		1			
专用设备修理					
铁路、船舶、航空航天等运输设备修理			1	1	3
电气设备修理					
仪器仪表修理					
其他机械和设备修理业					
电力、热力、燃气及水生产和供应业	**5**	**9**	**5**	**29**	**17**
电力、热力生产和供应业	5	8	4	26	9
电力生产	1		3	15	6
电力供应	4	8	1	11	3
热力生产和供应					
燃气生产和供应业		1			
燃气生产和供应业		1			
水的生产和供应业			1	3	8
自来水生产和供应			1	3	8
污水处理及其再生利用					
其他水的处理、利用与分配					
建筑业	**8**	**19**	**27**	**29**	**37**
房屋建筑业	7	17	20	18	26
房屋建筑业	7	17	20	18	26
土木工程建筑业		2	7	8	9
铁路、道路、隧道和桥梁工程建筑			4	5	3
水利和内河港口工程建筑		1	2		4
海洋工程建筑					
工矿工程建筑				1	2
架线和管道工程建筑				1	
其他土木工程建筑		1	1	1	

单位：个

1966–1970年	1971–1975年	1976–1980年	1981–1985年	1986–1990年	1991–1995年	1996–2000年	1978年	1992年	1997年
	1				6	4			
						1			
1		1	4	5	8	41		1	4
		2		8	28	66		7	8
		1		2	8	28		2	3
		1		6	20	38		5	5
1	5	7	12	15	57	78	3	16	10
				1		3			1
	1			1	2	11		1	1
			6	1	7	8		1	
1	4	7	5	9	35	47	3	10	8
				1	3	4		2	
						1			
			1	2	10	4		2	
39	**66**	**169**	**224**	**218**	**350**	**759**	**39**	**65**	**137**
28	55	148	150	125	230	582	35	40	111
23	52	142	132	120	214	559	33	36	106
5	3	6	17	3	9	18	2	4	4
			1	2	7	5			1
		1	4	6	19	33		4	5
		1	4	6	19	33		4	5
11	11	20	70	87	101	144	4	21	21
11	11	20	66	68	64	77	4	13	15
				1	1	17			1
			4	18	36	50		8	5
45	**57**	**125**	**179**	**165**	**912**	**1827**	**29**	**122**	**265**
29	45	84	85	61	251	439	16	32	67
29	45	84	85	61	251	439	16	32	67
11	9	26	57	48	248	468	10	41	66
6	5	9	25	19	127	223	3	23	36
1	3	7	12	16	28	34	3	10	5
						2			
2		1	4	2	17	23		3	2
		5	7	7	38	73	3	1	10
2	1	4	9	4	38	113	1	4	13

2-A-8 续表 8

行　业	1949年及以前	1950-1952年	1953-1957年	1958-1962年	1963-1965年
建筑安装业				3	1
电气安装				1	
管道和设备安装				1	
其他建筑安装业				1	1
建筑装饰和其他建筑业	1				1
建筑装饰业	1				1
工程准备活动					
提供施工设备服务					
其他未列明建筑业					
批发和零售业	**41**	**156**	**102**	**72**	**23**
批发业	11	59	51	31	13
农、林、牧产品批发		3	6	4	1
食品、饮料及烟草制品批发	2	7	16	2	2
纺织、服装及家庭用品批发	1	3	3	1	
文化、体育用品及器材批发		1			
医药及医疗器材批发		1	5	10	1
矿产品、建材及化工产品批发	4	42	18	9	8
机械设备、五金产品及电子产品批发	2	1	1		1
贸易经纪与代理	1	1	1	1	
其他批发业	1		1	4	
零售业	30	97	51	41	10
综合零售	2	43	11	11	1
食品、饮料及烟草制品专门零售	5	6	9	8	
纺织、服装及日用品专门零售	2	7	6	3	1
文化、体育用品及器材专门零售	15	22	13	2	3
医药及医疗器材专门零售	3	6	7	11	4
汽车、摩托车、燃料及零配件专门零售	1	9	1	1	
家用电器及电子产品专门零售	1		1	1	
五金、家具及室内装饰材料专门零售		3	3	4	1
货摊、无店铺及其他零售业	1	1			
交通运输、仓储和邮政业	**7**	**10**	**22**	**3**	**6**
铁路运输业					
铁路货物运输					

单位：个

1966-1970年	1971-1975年	1976-1980年	1981-1985年	1986-1990年	1991-1995年	1996-2000年	1978年	1992年	1997年
3	2	9	21	24	139	321	3	15	53
		2	8	5	49	93		9	18
1	2	2	8	9	46	108	1	3	18
2		5	5	10	44	120	2	3	17
2	1	6	16	32	274	599		34	79
1	1	3	14	26	244	496		28	69
		1	1	5	20	81		4	7
					2	5			1
1		2	1	1	8	17		2	2
22	**34**	**154**	**474**	**720**	**3004**	**11243**	**39**	**499**	**1323**
11	24	100	265	447	2172	8470	28	345	980
		11	12	20	59	236	4	15	23
4	6	16	37	59	186	692	5	28	76
1	4	11	23	43	337	1613	1	38	205
1		2	13	16	79	314		10	29
	2	2	9	6	46	163		6	24
4	6	43	112	194	962	3161	14	173	385
1	4	12	43	62	365	1675	2	56	179
	1		1	11	50	171		5	16
	1	3	15	36	88	445	2	14	43
11	10	54	209	273	832	2773	11	154	343
1	2	11	50	39	66	194	2	10	28
4	1	5	30	38	68	266		12	35
1	1	4	22	27	68	286	1	15	44
	1	7	13	13	69	178		14	23
3	2	17	52	64	101	267	3	29	34
2	1	3	11	30	206	534	1	31	69
		2	4	20	96	411	1	10	43
	1	5	21	25	86	441	3	19	45
	1		6	17	72	196		14	22
3	**12**	**31**	**133**	**144**	**488**	**1301**	**3**	**75**	**162**

2-A-8 续表 9

行　业	1949年及以前	1950-1952年	1953-1957年	1958-1962年	1963-1965年
道路运输业	4	5	8	2	1
城市公共交通运输			3		
公路旅客运输	2	4	3	1	1
道路货物运输	1	1	2	1	
道路运输辅助活动	1				
水上运输业	1	1	4	1	2
水上旅客运输	1		1		
水上货物运输		1	3	1	1
水上运输辅助活动					1
航空运输业					
航空客货运输					
通用航空服务					
航空运输辅助活动					
管道运输业					
管道运输业					
装卸搬运和运输代理业	2	2	3		2
装卸搬运	1	2	3		2
运输代理业	1				
仓储业		2	7		1
谷物、棉花等农产品仓储		1	7		
其他仓储业		1			1
邮政业					
邮政基本服务					
快递服务					
住宿和餐饮业	**3**	**1**	**12**	**13**	**1**
住宿业	3		4	11	1
旅游饭店	3		2	6	1
一般旅馆			2	5	
其他住宿业					
餐饮业		1	8	2	
正餐服务		1	4	2	
快餐服务					
饮料及冷饮服务					
其他餐饮业			4		

单位：个

1966-1970年	1971-1975年	1976-1980年	1981-1985年	1986-1990年	1991-1995年	1996-2000年	1978年	1992年	1997年
1	5	13	65	74	266	647	2	44	86
		3	11	13	47	93		7	14
	1	3	15	20	34	101		6	12
1	3	3	30	25	136	347	1	23	44
	1	4	9	16	49	106	1	8	16
1	2	6	18	15	42	126		6	15
		2	6	5	4	14			1
	2	3	9	3	27	87		5	11
1		1	3	7	11	25		1	3
			1	1	2	11			1
						1			
					1	4			1
			1	1	1	6			
	1					1			
	1					1			
	4	9	38	41	144	342		21	44
	3	1	14	16	27	91		6	13
	1	8	24	25	117	251		15	31
1		3	11	9	31	127	1	4	12
		1	5	1	10	64		3	2
1		2	6	8	21	63	1	1	10
				4	3	47			4
				2	2	23			3
				2	1	24			1
8	**4**	**23**	**66**	**106**	**238**	**790**	**4**	**30**	**93**
5		13	54	80	177	523	4	25	59
2		4	18	38	78	246	2	9	29
3		9	36	40	95	265	2	16	30
				2	4	12			
3	4	10	12	26	61	267		5	34
1	4	9	11	20	49	195		3	24
				3	7	30		2	6
				1	2	8			1
2		1	1	2	3	34			3

2-A-8 续表 10

行　　业	1949年及以前	1950-1952年	1953-1957年	1958-1962年	1963-1965年
信息传输、软件和信息技术服务业	**3**	**1**			
电信、广播电视和卫星传输服务	2	1			
电信	2	1			
广播电视传输服务					
互联网和相关服务					
互联网接入及相关服务					
互联网信息服务					
其他互联网服务					
软件和信息技术服务业	1				
软件开发					
信息系统集成服务					
信息技术咨询服务	1				
数据处理和存储服务					
集成电路设计					
其他信息技术服务业					
金融业					
货币金融服务					
货币银行服务					
非货币银行服务					
资本市场服务					
证券市场服务					
期货市场服务					
资本投资服务					
其他资本市场服务					
保险业					
人身保险					
财产保险					
再保险					
保险经纪与代理服务					
其他保险活动					
其他金融业					
金融信托与管理服务					
控股公司服务					
其他未列明金融业					

单位：个

1966-1970年	1971-1975年	1976-1980年	1981-1985年	1986-1990年	1991-1995年	1996-2000年	1978年	1992年	1997年
	1	**3**	**10**	**10**	**70**	**482**		**7**	**48**
		3	8	3	8	62			9
		3	6	2	5	49			7
			2	1	3	13			2
					7	38			1
						6			1
					7	29			
						3			
	1		2	7	55	382		7	38
	1			5	35	270		3	26
					8	53		2	8
			2	2	8	40		1	2
						3			
					1	2			1
					3	14		1	1
		1		**4**	**46**	**73**	**1**	**9**	**7**
		1			3	1	1		
		1					1		
					3	1			
				3	36	62		7	5
					2	1		1	
					1				
				3	29	57		5	4
					4	4		1	1
						1			
						1			
				1	7	9		2	2
				1	2	5		1	1
					2	3		1	1
					3	1			

2-A-8 续表 11

行　　业	1949年及以前	1950-1952年	1953-1957年	1958-1962年	1963-1965年
房地产业	**4**	**50**	**60**	**26**	**7**
房地产业	4	50	60	26	7
房地产开发经营					
物业管理	1				
房地产中介服务		1	1		
自有房地产经营活动	3	47	57	26	7
其他房地产业		2	2		
租赁和商务服务业	**15**	**36**	**37**	**29**	**6**
租赁业			2		
机械设备租赁			1		
文化及日用品出租			1		
商务服务业	15	36	35	29	6
企业管理服务	12	35	24	22	6
法律服务	1				
咨询与调查	1		1	2	
广告业					
知识产权服务		1			
人力资源服务					
旅行社及相关服务					
安全保护服务					
其他商务服务业	1		10	5	
科学研究和技术服务业	**2**	**4**	**6**	**7**	**1**
研究和试验发展		1			
自然科学研究和试验发展					
工程和技术研究和试验发展		1			
农业科学研究和试验发展					
医学研究和试验发展					
社会人文科学研究					
专业技术服务业	1	2	6	6	1
气象服务					
地震服务					

单位：个

1966–1970年	1971–1975年	1976–1980年	1981–1985年	1986–1990年	1991–1995年	1996–2000年	1978年	1992年	1997年
23	**16**	**50**	**145**	**183**	**987**	**2136**	**16**	**192**	**222**
23	16	50	145	183	987	2136	16	192	222
	1	4	37	37	483	752	1	112	58
1		1	6	9	92	450	1	9	57
			3	5	40	175		9	16
21	15	43	95	126	348	712	14	57	87
1		2	4	6	24	47		5	4
8	**6**	**55**	**353**	**300**	**1114**	**3735**	**8**	**208**	**765**
	1		4	5	33	102		2	13
	1		4	3	32	97		2	11
				2	1	5			2
8	5	55	349	295	1081	3633	8	206	752
3	2	30	270	155	433	1500	6	82	507
	1	2	13	9	46	78		6	8
	1	1	6	11	106	551		22	25
		1	8	11	145	594		17	79
			1	1	2	12		1	
1		1	9		21	55		5	4
		3	11	15	73	234		17	39
			1	30	34	28		10	8
4	1	17	30	63	221	581	2	46	82
4	**4**	**28**	**73**	**98**	**408**	**958**	**8**	**69**	**106**
			5	3	33	78		9	11
			1		1	8		1	1
			3	2	15	47		3	8
				1	11	9		4	1
			1		6	14		1	1
4	2	25	56	75	280	692	6	36	72
				1		9			4

2-A-8 续表 12

行　　业	1949年及以前	1950-1952年	1953-1957年	1958-1962年	1963-1965年
海洋服务					
测绘服务	1				
质检技术服务					
环境与生态监测					
地质勘查					
工程技术		1	4	5	1
其他专业技术服务业		1	2	1	
科技推广和应用服务业	1	1		1	
技术推广服务	1	1		1	
科技中介服务					
其他科技推广和应用服务业					
水利、环境和公共设施管理业			**1**	**3**	**2**
水利管理业				2	2
防洪除涝设施管理					
水资源管理					1
天然水收集与分配				2	1
水文服务					
其他水利管理业					
生态保护和环境治理业				1	
生态保护				1	
环境治理业					
公共设施管理业			1		
市政设施管理					
环境卫生管理			1		
城乡市容管理					
绿化管理					
公园和游览景区管理					
居民服务、修理和其他服务业	**1**	**1**	**1**	**6**	**1**
居民服务业	1		1	4	1
家庭服务					
托儿所服务					
洗染服务					
理发及美容服务			1	1	

单位：个

1966–1970年	1971–1975年	1976–1980年	1981–1985年	1986–1990年	1991–1995年	1996–2000年	1978年	1992年	1997年
					1	1			
				6	16	40			5
			2	9	33	56		2	8
					2	10			1
			4	5	6	5		2	
3	1	22	45	46	190	435	6	30	41
1	1	3	5	8	32	136		2	13
	2	3	12	20	95	188	2	24	23
	2	3	7	18	88	170	2	23	20
			2	2	7	13		1	2
			3			5			1
	2	**5**	**8**	**15**	**95**	**327**	**3**	**18**	**39**
	2	3	4	5	22	28	3	5	6
					2	5		2	
		1	1	1	5	7	1		3
	2	1	1	2	4	4	1		
					1				
		1	2	2	10	12	1	3	3
		1		2	6	18		4	1
					2	4		2	
		1		2	4	14		2	1
		1	4	8	67	281		9	32
			1	2	10	42		1	3
				1	4	29		1	2
						4			2
				2	36	136		4	17
		1	3	3	17	70		3	8
3	**3**	**13**	**37**	**87**	**216**	**622**	**3**	**40**	**73**
		1	11	23	57	160		9	21
			1		4	16		2	1
			2	1	4	25		1	1
			3	4	2	35			1

2-A-8 续表 13

行　　业	1949年及以前	1950-1952年	1953-1957年	1958-1962年	1963-1965年
洗浴服务				1	
保健服务					
婚姻服务					
殡葬服务	1			2	1
其他居民服务业					
机动车、电子产品和日用产品修理业				1	
汽车、摩托车修理与维护					
计算机和办公设备维修				1	
家用电器修理					
其他日用产品修理业					
其他服务业		1		1	
清洁服务					
其他未列明服务业		1		1	
教育			**1**	**1**	
教育			1	1	
学前教育				1	
初等教育					
中等教育					
高等教育					
特殊教育					
技能培训、教育辅助及其他教育			1		
卫生和社会工作			**1**	**2**	
卫生			1	2	
医院				1	
社区医疗与卫生院			1	1	
门诊部(所)					
计划生育技术服务活动					
妇幼保健院(所、站)					
专科疾病防治院(所、站)					
疾病预防控制中心					
其他卫生活动					
社会工作					
提供住宿社会工作					
不提供住宿社会工作					

单位：个

1966–1970年	1971–1975年	1976–1980年	1981–1985年	1986–1990年	1991–1995年	1996–2000年	1978年	1992年	1997年
					2	13			
					3	12			3
					4	3		1	2
		1	5	17	30	36		5	11
				1	8	20			2
2	2	12	24	62	143	404	3	27	46
	2	11	18	51	124	331	3	22	37
			2	2	6	27		2	
1		1	2	7	10	40		3	9
1			2	2	3	6			
1	1		2	2	16	58		4	6
1			1	2	10	41		2	2
	1		1		6	17		2	4
		2	**3**	**8**	**43**	**94**	**1**	**3**	**7**
		2	3	8	43	94	1	3	7
		1	2	1	5	15	1		2
						1			
				1	4				
					1	1			
		1	1	6	33	77		3	5
	2		**3**	**11**	**28**	**56**		**6**	**2**
	2		3	10	25	36		5	2
			1	2	11	7		3	1
				3	1	3			
	2		2	5	11	24		2	
					1				
					1	2			1
				1	3	20		1	
					3	10		1	
				1		10			

2-A-8 续表 14

行　业	1949年及以前	1950-1952年	1953-1957年	1958-1962年	1963-1965年
文化、体育和娱乐业	**3**	**2**	**4**	**7**	**1**
新闻和出版业	1				
新闻业					
出版业	1				
广播、电视、电影和影视录音制作业			2	4	1
广播					
电视					
电影和影视节目制作					
电影和影视节目发行				1	
电影放映			2	3	1
录音制作					
文化艺术业	2	2	2	2	
文艺创作与表演	1	1	1	1	
艺术表演场馆	1	1	1	1	
图书馆与档案馆					
文物及非物质文化遗产保护					
博物馆					
烈士陵园、纪念馆					
群众文化活动					
其他文化艺术业					
体育					
体育组织					
体育场馆					
休闲健身活动					
其他体育					
娱乐业				1	
室内娱乐活动				1	
游乐园					
彩票活动					
文化、娱乐、体育经纪代理					
其他娱乐业					

单位：个

1966-1970年	1971-1975年	1976-1980年	1981-1985年	1986-1990年	1991-1995年	1996-2000年	1978年	1992年	1997年
	2	**27**	**32**	**31**	**73**	**446**	**6**	**11**	**24**
		5	12	1	10	7	2	1	
					2	1			
		5	12	1	8	6	2	1	
	2	17	15	10	13	27	3	2	2
			1			1			
				1	3	1		1	
		1		2	5	11	1	1	1
		1	2		1	2			
	2	15	12	7	2	12	2		1
					2				
		4	4	12	9	31		2	2
		2	2	5	3	10			
		1	1	1					
				1	4	7		2	
						2			1
						2			
		1		4	1	5			
			1	1	1	5			1
				4	6	21			2
						1			
				1					
				3	6	18			2
						2			
		1	1	4	35	360	1	6	18
		1	1	2	30	335	1	4	16
						4			
						1			1
					4	10		2	
				2	1	10			1

2-A-8 续表 15

行 业	2000年	2001年	2002年	2003年	2004年
总 计	**19724**	**22350**	**28236**	**32945**	**31142**
农、林、牧、渔业	**32**	**40**	**28**	**38**	**34**
农业	1	2		3	1
谷物种植					
豆类、油料和薯类种植					
蔬菜、食用菌及园艺作物种植				1	
水果种植					1
坚果、含油果、香料和饮料作物种植	1	1		1	
中药材种植		1		1	
其他农业					
林业	1			1	
林木育种和育苗	1			1	
畜牧业	2		4	1	1
牲畜饲养			2		1
家禽饲养	1		2		
其他畜牧业	1			1	
渔业	1	2	1	1	2
水产养殖	1	2	1	1	2
农、林、牧、渔服务业	27	36	23	32	30
农业服务业	20	27	17	24	24
林业服务业	3	1	1	6	4
畜牧服务业	3	3	3	1	2
渔业服务业	1	5	2	1	
采矿业	**27**	**35**	**60**	**71**	**60**
煤炭开采和洗选业		1	1		
烟煤和无烟煤开采洗选			1		
褐煤开采洗选					
其他煤炭采选		1			
黑色金属矿采选业		2		1	
铁矿采选		2		1	
其他黑色金属矿采选					
有色金属矿采选业	1	3	3	2	4
常用有色金属矿采选	1	3	1	2	1

单位：个

2005年	2006年	2007年	2008年	2009年	2010年	2011年	2012年	2013年
33706	**42598**	**43054**	**42738**	**55985**	**73147**	**86573**	**87049**	**158013**
65	**87**	**167**	**337**	**523**	**308**	**354**	**383**	**361**
2	4		4	9	10	4	13	3
	1		1	1	1		1	1
			1					
1	1			3	5	1	3	
	1		2	3	1			1
1	1			2	1	1	4	
					2	1	5	1
						1		
						2		
						2		
1	5	4	4	2	2	4	2	2
1	3	2	1	2	1	3	1	1
	2	1	1		1	1		
		1	2				1	1
1	2			2	3			
1	2			2	3			
61	76	163	329	510	293	344	368	356
53	65	129	281	465	267	303	336	317
3	3	10	10	20	7	16	16	14
3	4	20	25	10	11	14	10	16
2	4	4	13	15	8	11	6	9
70	**81**	**83**	**94**	**103**	**85**	**117**	**93**	**107**
	1	1	1		1		4	9
							4	4
	1				1			3
		1	1					2
1		1	2	3	2	3	6	
1		1	2	2	2	3	6	
				1				
6	10	3	5	3	1	3	4	4
2	6	2	2	2		3	2	2

2-A-8 续表 16

行　业	2000年	2001年	2002年	2003年	2004年
贵金属矿采选			2		
稀有稀土金属矿采选					3
非金属矿采选业	26	29	56	66	54
土砂石开采	24	26	55	64	51
化学矿开采					
采盐					
石棉及其他非金属矿采选	2	3	1	2	3
开采辅助活动					
石油和天然气开采辅助活动					
其他开采辅助活动					
其他采矿业				2	2
其他采矿业				2	2
制造业	**11297**	**12934**	**16584**	**18007**	**16206**
农副食品加工业	231	272	258	257	211
谷物磨制	20	20	20	19	11
饲料加工	23	29	23	25	17
植物油加工	8	6	11	5	6
制糖业			1	1	1
屠宰及肉类加工	26	32	30	24	26
水产品加工	82	91	85	87	48
蔬菜、水果和坚果加工	56	72	77	64	83
其他农副食品加工	16	22	11	32	19
食品制造业	102	126	108	104	88
焙烤食品制造	23	24	14	21	14
糖果、巧克力及蜜饯制造	10	10	10	2	5
方便食品制造	12	9	11	18	10
乳制品制造	3	3	5	2	3
罐头食品制造	12	16	16	12	14
调味品、发酵制品制造	11	20	17	12	13
其他食品制造	31	44	35	37	29
酒、饮料和精制茶制造业	112	132	131	116	120
酒的制造	26	27	27	28	16
饮料制造	31	43	39	30	43
精制茶加工	55	62	65	58	61

单位：个

2005年	2006年	2007年	2008年	2009年	2010年	2011年	2012年	2013年
			1				1	
4	4	1	2	1	1		1	2
62	67	76	84	96	77	107	73	87
54	62	72	79	85	68	95	64	80
				2		1		2
8	5	4	5	9	9	11	9	5
1	1				2		2	2
	1						1	1
1					2		1	1
	2	2	2	1	2	4	4	5
	2	2	2	1	2	4	4	5
17081	**21793**	**21183**	**18649**	**22452**	**29781**	**31606**	**28064**	**53591**
241	294	270	267	336	329	405	471	567
12	8	11	9	15	21	20	23	33
27	18	25	19	13	28	23	18	36
10	17	11	20	27	23	26	38	26
	3		4		6	7	11	4
35	38	39	39	36	43	56	62	54
66	72	61	58	69	88	89	95	142
63	106	87	83	136	85	123	144	144
28	32	36	35	40	35	61	80	128
86	127	136	115	99	121	186	264	331
19	31	52	33	27	34	79	89	149
6	10	15	8	4	6	7	24	17
8	27	19	23	20	22	35	54	52
2		2	4	1	1		1	4
10	12	6	13	3	12	9	15	17
10	8	11	2	7	13	13	15	17
31	39	31	32	37	33	43	66	75
120	121	148	151	112	125	184	219	392
16	21	20	17	15	13	21	27	27
44	31	28	46	25	24	47	66	60
60	69	100	88	72	88	116	126	305

2-A-8 续表 17

行 业	2000年	2001年	2002年	2003年	2004年
烟草制品业		1		1	
卷烟制造					
其他烟草制品制造		1		1	
纺织业	1005	979	1532	1624	1401
棉纺织及印染精加工	362	351	535	565	435
毛纺织及染整精加工	49	52	69	76	55
麻纺织及染整精加工	2	5	6	9	3
丝绢纺织及印染精加工	93	87	113	124	97
化纤织造及印染精加工	119	117	181	213	224
针织或钩针编织物及其制品制造	178	154	285	281	262
家用纺织制成品制造	101	104	174	176	174
非家用纺织制成品制造	101	109	169	180	151
纺织服装、服饰业	797	832	1071	1245	1108
机织服装制造	409	427	512	603	574
针织或钩针编织服装制造	202	244	337	332	280
服饰制造	186	161	222	310	254
皮革、毛皮、羽毛及其制品和制鞋业	360	431	533	579	491
皮革鞣制加工	18	28	38	44	23
皮革制品制造	93	123	169	169	162
毛皮鞣制及制品加工	23	20	38	45	47
羽毛(绒)加工及制品制造	23	23	26	27	11
制鞋业	203	237	262	294	248
木材加工和木、竹、藤、棕、草制品业	164	192	244	267	244
木材加工	28	29	34	44	44
人造板制造	27	33	43	63	38
木制品制造	61	72	95	91	97
竹、藤、棕、草等制品制造	48	58	72	69	65
家具制造业	125	114	190	224	212
木质家具制造	58	56	108	126	126
竹、藤家具制造	2	5	5	3	6
金属家具制造	35	33	51	52	54
塑料家具制造	4	5	8	14	4
其他家具制造	26	15	18	29	22
造纸和纸制品业	306	306	424	548	438

单位：个

2005年	2006年	2007年	2008年	2009年	2010年	2011年	2012年	2013年
	1							
	1							
1488	1937	1762	1471	1790	2546	2550	2052	5393
400	599	506	371	426	742	615	452	2017
55	82	82	58	57	68	77	64	127
8	3	2	5	4	4	7	7	10
119	87	76	79	79	73	71	48	103
219	288	236	173	210	311	304	236	558
309	394	413	332	520	678	728	611	940
192	258	236	263	281	384	442	424	1111
186	226	211	190	213	286	306	210	527
1185	1499	1403	1166	1519	2269	2351	2165	5433
595	751	713	563	791	1166	1284	1168	3351
319	417	360	284	411	574	471	477	1043
271	331	330	319	317	529	596	520	1039
545	741	686	568	768	1230	1476	1343	3953
30	23	18	9	19	31	26	40	60
151	217	240	200	254	330	462	408	951
71	111	109	45	57	114	91	117	186
18	16	14	13	13	15	29	11	31
275	374	305	301	425	740	868	767	2725
271	364	391	383	387	575	503	530	1156
43	61	61	69	69	102	110	94	302
33	54	62	62	55	59	50	48	65
117	151	165	164	184	298	226	249	502
78	98	103	88	79	116	117	139	287
211	304	302	282	361	551	566	585	991
111	153	161	172	200	342	349	370	645
6	10	5	5	6	14	13	15	58
60	92	78	68	81	96	101	99	123
6	14	15	8	14	22	20	17	22
28	35	43	29	60	77	83	84	143
454	549	597	498	619	840	700	745	1414

2-A-8 续表 18

行 业	2000年	2001年	2002年	2003年	2004年
纸浆制造	1	1	3		
造纸	84	83	117	166	82
纸制品制造	221	222	304	382	356
印刷和记录媒介复制业	436	490	800	715	579
印刷	409	457	761	657	530
装订及印刷相关服务	27	32	37	57	49
记录媒介复制		1	2	1	
文教、工美、体育和娱乐用品制造业	527	580	829	923	758
文教办公用品制造	129	145	158	181	184
乐器制造	9	10	16	18	15
工艺美术品制造	277	308	483	540	396
体育用品制造	42	37	67	53	69
玩具制造	53	70	88	119	79
游艺器材及娱乐用品制造	17	10	17	12	15
石油加工、炼焦和核燃料加工业	14	19	15	10	22
精炼石油产品制造	13	19	15	10	22
炼焦	1				
核燃料加工					
化学原料和化学制品制造业	402	433	568	585	467
基础化学原料制造	58	79	83	88	60
肥料制造	8	14	12	10	11
农药制造	11	2	6	8	4
涂料、油墨、颜料及类似产品制造	111	125	161	154	131
合成材料制造	54	43	66	64	52
专用化学产品制造	121	123	185	194	157
炸药、火工及焰火产品制造	1	2	1	1	1
日用化学产品制造	38	45	54	66	51
医药制造业	62	69	86	87	69
化学药品原料药制造	23	26	26	17	16
化学药品制剂制造	3	8	5	13	7
中药饮片加工	3	5	10	11	2
中成药生产	4	4	2	5	8
兽用药品制造	4	2	2	4	3
生物药品制造	11	6	8	11	13
卫生材料及医药用品制造	14	18	33	26	20

单位：个

	2005年	2006年	2007年	2008年	2009年	2010年	2011年	2012年	2013年
	1	1	3	2	2	2	1	1	3
	74	91	116	78	94	126	110	122	198
	379	457	478	418	523	712	589	622	1213
	499	602	607	383	541	584	541	429	794
	464	557	559	357	516	541	501	394	667
	34	45	47	26	25	41	40	33	122
	1		1			2		2	5
	909	1167	1100	928	1089	1531	1639	1659	3204
	168	175	196	139	166	228	255	224	435
	7	10	9	9	8	10	16	13	9
	545	736	666	597	668	966	1002	1054	2079
	79	96	75	70	115	143	154	153	212
	88	125	128	88	113	145	155	170	381
	22	25	26	25	19	39	57	45	88
	16	21	17	34	18	19	21	35	30
	16	21	17	34	18	18	20	33	30
								2	
						1	1		
	479	568	498	510	525	564	542	488	609
	72	93	81	59	62	64	78	65	55
	9	10	11	12	27	22	31	22	18
	1	4	5	5		2	4	4	1
	132	150	111	109	131	123	105	117	171
	60	62	63	60	77	87	70	69	100
	149	186	174	183	164	194	179	129	163
		1	3	3	3		1	3	1
	56	62	50	79	61	72	74	79	100
	57	66	47	47	55	71	71	66	74
	15	14	6	11	12	8	12	8	8
	3	6	4	2	3	4	6	6	9
	4	7	3	8	4	7	8	7	13
	5	5	4	1	3	4	3	1	5
	4	3	3	2	3	4	2	2	4
	11	9	11	10	10	15	17	18	17
	15	22	16	13	20	29	23	24	18

2-A-8 续表 19

行　业	2000年	2001年	2002年	2003年	2004年
化学纤维制造业	81	62	97	110	88
纤维素纤维原料及纤维制造	13	7	9	8	11
合成纤维制造	68	55	88	102	77
橡胶和塑料制品业	886	1078	1470	1493	1308
橡胶制品业	115	132	190	209	163
塑料制品业	771	946	1280	1284	1145
非金属矿物制品业	377	401	561	740	593
水泥、石灰和石膏制造	36	30	36	55	41
石膏、水泥制品及类似制品制造	98	90	145	229	141
砖瓦、石材等建筑材料制造	88	113	181	224	189
玻璃制造	9	12	7	13	20
玻璃制品制造	42	44	56	74	62
玻璃纤维和玻璃纤维增强塑料制品制造	12	17	39	22	22
陶瓷制品制造	24	20	14	43	35
耐火材料制品制造	33	40	41	53	40
石墨及其他非金属矿物制品制造	35	35	42	27	43
黑色金属冶炼和压延加工业	167	200	254	311	282
炼铁	2	1	2	2	3
炼钢	2	2	7	4	7
黑色金属铸造	83	95	111	119	115
钢压延加工	80	101	133	178	152
铁合金冶炼		1	1	8	5
有色金属冶炼和压延加工业	150	169	214	183	168
常用有色金属冶炼	15	9	22	22	15
贵金属冶炼	1		2	1	
稀有稀土金属冶炼	1		2	1	
有色金属合金制造	13	18	15	9	18
有色金属铸造	15	18	27	22	19
有色金属压延加工	105	124	146	128	116
金属制品业	895	1130	1311	1429	1358
结构性金属制品制造	109	145	189	208	169
金属工具制造	186	214	212	240	254
集装箱及金属包装容器制造	19	18	42	38	43

单位：个

2005年	2006年	2007年	2008年	2009年	2010年	2011年	2012年	2013年
69	99	97	62	94	153	137	84	136
8	8	5	6	6	11	14	8	10
61	91	92	56	88	142	123	76	126
1472	1944	1795	1567	1900	2498	2294	2166	3818
199	222	194	174	200	309	278	236	379
1273	1722	1601	1393	1700	2189	2016	1930	3439
496	733	651	634	678	869	918	857	2498
21	33	25	41	35	34	39	34	72
114	198	183	178	169	187	219	198	354
147	195	170	188	183	240	260	282	628
16	31	29	15	29	39	39	22	46
71	101	99	84	96	165	158	129	959
21	34	32	23	30	34	27	31	53
26	50	35	47	49	85	75	76	148
35	47	37	26	47	41	41	30	56
45	44	41	32	40	44	60	55	182
248	243	278	252	214	236	190	178	271
1	2	2		4	3	4	1	4
3	2	3	3	4	5	2	7	5
87	95	81	72	56	76	42	30	66
155	141	190	172	148	147	140	137	191
2	3	2	5	2	5	2	3	5
165	250	223	204	199	245	257	213	358
21	25	27	23	16	21	24	19	21
3		3	2	1		1	1	3
2	1	1	1	3	3	1		3
15	20	13	21	21	31	23	30	28
18	31	18	18	26	23	38	23	36
106	173	161	139	132	167	170	140	267
1528	1872	1861	1561	2015	2626	2801	2436	4503
225	302	339	277	409	504	491	391	735
272	295	279	261	262	419	459	411	689
40	44	38	33	33	74	51	51	51

2-A-8 续表 20

行　业	2000年	2001年	2002年	2003年	2004年
金属丝绳及其制品制造	35	42	57	46	51
建筑、安全用金属制品制造	254	333	381	370	390
金属表面处理及热处理加工	100	122	130	187	143
搪瓷制品制造	4	11	13	10	10
金属制日用品制造	76	124	153	155	130
其他金属制品制造	112	121	134	175	168
通用设备制造业	1314	1595	1967	2184	2148
锅炉及原动设备制造	26	28	26	35	38
金属加工机械制造	100	128	145	190	168
物料搬运设备制造	43	45	68	87	70
泵、阀门、压缩机及类似机械制造	277	390	488	483	529
轴承、齿轮和传动部件制造	227	228	262	334	291
烘炉、风机、衡器、包装等设备制造	161	200	230	232	199
文化、办公用机械制造	16	18	18	13	21
通用零部件制造	443	522	700	764	796
其他通用设备制造业	21	36	30	46	36
专用设备制造业	572	655	770	873	851
采矿、冶金、建筑专用设备制造	38	37	53	57	58
化工、木材、非金属加工专用设备制造	197	249	266	340	307
食品、饮料、烟草及饲料生产专用设备制造	13	27	33	34	26
印刷、制药、日化及日用品生产专用设备制造	44	36	36	58	46
纺织、服装和皮革加工专用设备制造	139	160	206	175	204
电子和电工机械专用设备制造	25	17	33	26	30
农、林、牧、渔专用机械制造	23	31	44	38	43
医疗仪器设备及器械制造	29	25	30	54	53
环保、社会公共服务及其他专用设备制造	64	73	69	91	84
汽车制造业	388	426	584	667	623
汽车整车制造	4	4	4	10	5
改装汽车制造	1	2			1
低速载货汽车制造	1				
电车制造	1	1			
汽车车身、挂车制造	2	2	3	2	2
汽车零部件及配件制造	379	417	577	655	615
铁路、船舶、航空航天和其他运输设备制造业	141	153	221	219	247

单位：个

2005年	2006年	2007年	2008年	2009年	2010年	2011年	2012年	2013年
54	81	61	49	61	33	61	43	81
399	538	513	424	579	705	813	676	1474
150	153	163	123	112	177	184	171	332
17	28	21	27	18	34	33	32	47
175	225	208	180	309	365	404	378	630
196	206	239	187	232	315	305	283	464
2309	2896	2892	2623	2753	3739	4421	3525	6008
45	43	41	40	38	50	73	44	63
182	250	223	225	287	438	530	425	771
74	122	89	70	115	154	144	147	168
502	605	627	594	616	769	928	828	1269
313	371	409	332	265	394	483	332	446
237	292	287	280	296	384	467	392	579
27	29	28	32	23	38	39	33	46
889	1132	1142	994	1036	1385	1625	1210	2521
40	52	46	56	77	127	132	114	145
928	1148	1024	982	1286	1692	1865	1627	2553
59	67	67	50	72	85	105	96	145
363	482	451	407	509	748	802	694	1216
30	25	20	21	44	54	41	46	81
60	54	61	71	96	113	116	97	181
205	247	192	148	182	266	322	211	352
32	54	48	51	61	82	82	90	97
33	44	42	47	67	83	92	76	112
63	69	32	57	74	81	84	102	96
83	106	111	130	181	180	221	215	273
603	890	832	704	869	1200	1294	1071	1927
5	9	4	6	4	8	2	7	8
1	1	3	1	4	3	1	4	1
1	2	1	1	1	2			2
	2	2	2	2	4	4	3	3
596	876	822	694	858	1183	1287	1057	1913
210	308	299	285	295	300	294	265	473

2-A-8 续表 21

行　业	2000年	2001年	2002年	2003年	2004年
铁路运输设备制造	5	2		5	4
城市轨道交通设备制造					
船舶及相关装置制造	18	24	28	28	68
航空、航天器及设备制造	1	2	1		3
摩托车制造	52	55	93	91	96
自行车制造	55	62	89	81	63
非公路休闲车及零配件制造	8	5	7	11	11
潜水救捞及其他未列明运输设备制造	2	3	3	3	2
电气机械和器材制造业	964	1203	1421	1516	1315
电机制造	111	146	189	178	156
输配电及控制设备制造	348	384	459	483	444
电线、电缆、光缆及电工器材制造	105	165	171	192	139
电池制造	17	18	20	34	26
家用电力器具制造	182	216	242	284	256
非电力家用器具制造	22	22	22	32	33
照明器具制造	155	226	285	280	233
其他电气机械及器材制造	24	26	33	33	28
计算机、通信和其他电子设备制造业	316	396	403	425	451
计算机制造	10	8	18	15	24
通信设备制造	38	45	45	39	37
广播电视设备制造	21	25	37	34	26
雷达及配套设备制造				2	1
视听设备制造	21	32	23	35	50
电子器件制造	31	56	43	54	60
电子元件制造	175	211	218	230	228
其他电子设备制造	20	19	19	16	25
仪器仪表制造业	236	280	285	275	244
通用仪器仪表制造	119	133	146	135	123
专用仪器仪表制造	19	37	41	30	38
钟表与计时仪器制造	13	5	10	9	7
光学仪器及眼镜制造	76	97	76	87	63
其他仪器仪表制造业	9	8	12	14	13
其他制造业	126	162	164	208	223
日用杂品制造	107	145	143	182	203

单位：个

2005年	2006年	2007年	2008年	2009年	2010年	2011年	2012年	2013年
5	6	7	5	14	13	7	5	8
	1		1		1	4		1
70	90	108	123	82	88	94	67	97
1	2	2	3	1	4	2	4	4
72	85	77	62	69	71	65	67	179
52	112	90	76	110	101	98	101	153
7	11	12	10	10	13	16	13	21
3	1	3	5	9	9	8	8	10
1485	1773	1969	1707	2382	2986	3303	2762	3689
194	192	201	171	212	260	326	259	341
462	616	642	621	863	1132	1307	1039	1458
198	199	214	143	203	240	221	188	247
26	23	32	37	40	49	58	28	34
278	326	345	276	442	499	614	561	714
47	60	55	76	143	105	105	83	120
251	308	425	346	416	604	561	509	647
29	49	55	37	63	97	111	95	128
451	503	558	547	670	885	922	773	1004
17	18	18	25	27	23	27	34	28
31	36	43	35	53	51	71	47	54
22	23	26	36	23	43	27	29	32
1			1	2	2		1	
51	49	44	39	49	69	52	41	56
54	70	71	84	86	113	124	105	152
243	276	322	286	374	514	540	445	574
32	31	34	41	56	70	81	71	108
192	322	283	264	357	392	456	414	772
96	160	148	113	178	175	231	186	242
24	48	42	50	48	49	44	57	66
11	9	6	5	8	6	7	8	8
47	82	75	77	100	141	141	143	412
14	23	12	19	23	21	33	20	44
254	342	307	288	332	406	516	427	922
235	308	275	239	273	320	407	320	593

2-A-8 续表 22

行　业	2000年	2001年	2002年	2003年	2004年
煤制品制造		2	2	2	4
核辐射加工			1		
其他未列明制造业	19	15	18	24	16
废弃资源综合利用业	22	17	43	48	62
金属废料和碎屑加工处理	11	5	17	26	38
非金属废料和碎屑加工处理	11	12	26	22	24
金属制品、机械和设备修理业	19	31	30	41	37
金属制品修理	1	1		2	
通用设备修理	2	9	6	7	7
专用设备修理	5	4	1	6	2
铁路、船舶、航空航天等运输设备修理	10	12	20	16	23
电气设备修理	1	3		3	4
仪器仪表修理			1	1	
其他机械和设备修理业		2	2	6	1
电力、热力、燃气及水生产和供应业	**155**	**205**	**214**	**198**	**222**
电力、热力生产和供应业	110	156	154	143	149
电力生产	104	154	150	134	144
电力供应	5	2			1
热力生产和供应	1		4	9	4
燃气生产和供应业	7	9	9	15	15
燃气生产和供应业	7	9	9	15	15
水的生产和供应业	38	40	51	40	58
自来水生产和供应	18	26	20	23	32
污水处理及其再生利用	9	7	20	11	19
其他水的处理、利用与分配	11	7	11	6	7
建筑业	**506**	**560**	**778**	**922**	**890**
房屋建筑业	111	127	133	167	161
房屋建筑业	111	127	133	167	161
土木工程建筑业	132	144	186	249	234
铁路、道路、隧道和桥梁工程建筑	59	61	72	117	107
水利和内河港口工程建筑	10	15	15	15	19
海洋工程建筑		1			1
工矿工程建筑	10	7	9	11	11
架线和管道工程建筑	18	20	21	35	34
其他土木工程建筑	35	40	69	71	62

单位：个

2005年	2006年	2007年	2008年	2009年	2010年	2011年	2012年	2013年
1	2	3	6	6	1	2	1	12
								3
18	32	29	43	53	85	107	106	314
62	46	58	71	65	76	78	66	121
31	24	25	34	26	40	36	22	56
31	22	33	37	39	36	42	44	65
48	63	92	95	124	123	125	149	197
1	1	1	1	5	2	2	6	11
6	7	4	5	17	19	17	27	23
6	4	3	13	11	16	13	14	37
26	43	71	65	76	64	81	83	91
5	6	5	2	6	7	6	10	13
		1		2		1	2	2
4	2	7	9	7	15	5	7	20
193	**209**	**151**	**160**	**144**	**144**	**167**	**151**	**230**
127	125	82	79	78	71	97	72	108
123	119	78	74	68	67	83	62	99
1	1	2	1	3	1	3	2	6
3	5	2	4	7	3	11	8	3
16	13	13	13	18	20	18	39	41
16	13	13	13	18	20	18	39	41
50	71	56	68	48	53	52	40	81
28	36	19	24	20	17	13	14	18
15	24	28	35	25	31	27	18	43
7	11	9	9	3	5	12	8	20
866	**1078**	**1011**	**1196**	**1620**	**2179**	**2592**	**2725**	**3475**
170	201	167	158	278	326	373	350	403
170	201	167	158	278	326	373	350	403
197	247	225	221	360	476	540	596	758
84	123	106	94	157	222	216	235	328
22	17	27	19	32	34	44	51	67
2	2		2	2	3	1	3	8
5	15	9	7	12	12	15	17	19
32	24	24	30	39	42	59	51	45
52	66	59	69	118	163	205	239	291

2-A-8 续表 23

行　业	2000年	2001年	2002年	2003年	2004年
建筑安装业	89	91	128	151	125
电气安装	21	34	31	47	45
管道和设备安装	32	26	41	47	44
其他建筑安装业	36	31	56	57	36
建筑装饰和其他建筑业	174	198	331	355	370
建筑装饰业	140	164	218	239	236
工程准备活动	27	26	99	98	106
提供施工设备服务	3	2	1	7	12
其他未列明建筑业	4	6	13	11	16
批发和零售业	**3889**	**4311**	**5432**	**6806**	**6920**
批发业	2915	3252	3873	4799	5082
农、林、牧产品批发	97	94	89	121	98
食品、饮料及烟草制品批发	249	254	243	327	279
纺织、服装及家庭用品批发	586	655	771	1031	1036
文化、体育用品及器材批发	114	110	159	189	207
医药及医疗器材批发	52	51	54	101	110
矿产品、建材及化工产品批发	970	1114	1415	1580	1574
机械设备、五金产品及电子产品批发	616	741	885	1098	1338
贸易经纪与代理	65	73	107	131	140
其他批发业	166	160	150	221	300
零售业	974	1059	1559	2007	1838
综合零售	59	78	69	78	89
食品、饮料及烟草制品专门零售	88	88	100	155	95
纺织、服装及日用品专门零售	93	132	121	162	169
文化、体育用品及器材专门零售	82	54	80	112	93
医药及医疗器材专门零售	109	124	540	611	600
汽车、摩托车、燃料及零配件专门零售	172	187	250	320	264
家用电器及电子产品专门零售	166	149	174	254	236
五金、家具及室内装饰材料专门零售	148	180	165	234	208
货摊、无店铺及其他零售业	57	67	60	81	84
交通运输、仓储和邮政业	**391**	**484**	**595**	**659**	**738**
铁路运输业					
铁路货物运输					

单位：个

2005年	2006年	2007年	2008年	2009年	2010年	2011年	2012年	2013年
151	165	172	193	254	325	372	394	438
46	69	52	61	94	111	117	119	129
51	43	59	49	53	63	94	107	118
54	53	61	83	107	151	161	168	191
348	465	447	624	728	1052	1307	1385	1876
253	334	349	415	573	835	1001	999	1302
70	87	77	170	110	173	222	300	458
8	7	4	10	15	14	25	16	28
17	37	17	29	30	30	59	70	88
8018	**10542**	**11129**	**12405**	**18257**	**23626**	**30932**	**32932**	**64460**
5797	7874	8409	9381	13891	17540	22547	23719	40031
133	153	233	327	539	540	709	786	1358
366	516	650	898	1296	1476	1880	2348	4399
1490	2237	2217	2346	3739	5064	6763	7186	13614
232	356	326	365	534	789	1141	1120	2629
145	156	151	167	273	322	372	400	574
1635	2153	2331	2608	3483	4148	5096	5001	7558
1273	1648	1631	1852	2671	3443	4255	4269	6072
224	332	529	380	722	1041	1488	1782	2524
299	323	341	438	634	717	843	827	1303
2221	2668	2720	3024	4366	6086	8385	9213	24429
82	109	95	124	152	240	283	384	1162
133	211	229	329	439	617	834	1008	4518
214	239	311	360	548	930	1466	1550	4204
95	128	140	165	255	321	452	517	1210
868	861	699	668	867	946	1069	1048	1462
273	336	365	394	530	779	946	1067	1811
241	333	385	432	697	782	905	960	1971
234	335	357	388	545	753	969	1060	4518
81	116	139	164	333	718	1461	1619	3573
773	**907**	**878**	**857**	**1286**	**1812**	**1611**	**1576**	**2153**
				1				
				1				

2-A-8 续表 24

行 业	2000年	2001年	2002年	2003年	2004年
道路运输业	202	269	363	350	375
城市公共交通运输	20	33	31	19	19
公路旅客运输	31	50	39	29	21
道路货物运输	127	149	241	249	283
道路运输辅助活动	24	37	52	53	52
水上运输业	35	36	53	57	79
水上旅客运输	3	5	4	7	6
水上货物运输	27	24	40	32	55
水上运输辅助活动	5	7	9	18	18
航空运输业	5	1	3	2	1
航空客货运输			1		
通用航空服务	1		1		1
航空运输辅助活动	4	1	1	2	
管道运输业					
管道运输业					
装卸搬运和运输代理业	106	131	134	186	225
装卸搬运	40	40	33	46	41
运输代理业	66	91	101	140	184
仓储业	31	35	30	48	44
谷物、棉花等农产品仓储	14	8	3	8	4
其他仓储业	17	27	27	40	40
邮政业	12	12	12	16	14
邮政基本服务	4	1		3	1
快递服务	8	11	12	13	13
住宿和餐饮业	**270**	**246**	**308**	**404**	**474**
住宿业	158	128	178	228	265
旅游饭店	62	52	74	76	73
一般旅馆	95	73	101	144	183
其他住宿业	1	3	3	8	9
餐饮业	112	118	130	176	209
正餐服务	82	94	105	137	151
快餐服务	11	10	9	13	18
饮料及冷饮服务	5	7	6	16	19
其他餐饮业	14	7	10	10	21

单位：个

2005年	2006年	2007年	2008年	2009年	2010年	2011年	2012年	2013年
381	468	443	407	706	871	758	818	1045
16	20	23	20	14	21	18	32	20
20	30	26	15	14	22	11	12	20
299	390	361	338	636	776	676	725	938
46	28	33	34	42	52	53	49	67
62	68	80	56	74	83	71	50	49
2	4	1	3	4	3	6	4	2
43	44	56	39	47	53	45	24	24
17	20	23	14	23	27	20	22	23
	1		1	1	2	3	5	7
						1	1	
			1	1	1	2	2	4
	1				1		2	3
					1			
					1			
255	300	273	303	364	476	610	545	873
32	45	42	50	50	46	68	67	128
223	255	231	253	314	430	542	478	745
40	52	48	45	51	69	62	67	63
3	2	4	3	1	6	2	6	2
37	50	44	42	50	63	60	61	61
35	18	34	45	89	310	107	91	116
2	1	1	1		1	2	1	
33	17	33	44	89	309	105	90	116
537	**625**	**688**	**698**	**878**	**1121**	**1269**	**1470**	**3817**
281	346	353	312	347	429	478	475	1374
85	83	74	76	83	123	110	122	156
188	248	260	220	247	292	347	327	1134
8	15	19	16	17	14	21	26	84
256	279	335	386	531	692	791	995	2443
198	231	266	301	415	549	610	777	1767
16	20	29	30	52	61	42	54	181
21	17	18	25	30	46	67	73	206
21	11	22	30	34	36	72	91	289

2-A-8 续表 25

行　　业	2000年	2001年	2002年	2003年	2004年
信息传输、软件和信息技术服务业	**235**	**265**	**333**	**448**	**497**
电信、广播电视和卫星传输服务	24	19	20	26	31
电信	17	14	17	21	25
广播电视传输服务	7	5	3	5	6
互联网和相关服务	25	23	19	54	33
互联网接入及相关服务	4	5	2	5	5
互联网信息服务	19	16	17	46	27
其他互联网服务	2	2		3	1
软件和信息技术服务业	186	223	294	368	433
软件开发	127	170	190	260	318
信息系统集成服务	25	29	52	41	48
信息技术咨询服务	27	12	30	44	44
数据处理和存储服务	2			1	4
集成电路设计		4	7	6	2
其他信息技术服务业	5	8	15	16	17
金融业	**29**	**44**	**47**	**52**	**40**
货币金融服务		1	1	2	1
货币银行服务					
非货币银行服务		1	1	2	1
资本市场服务	26	29	32	35	24
证券市场服务	1	1	1		
期货市场服务					
资本投资服务	23	24	31	33	23
其他资本市场服务	2	4		2	1
保险业		1	2	3	4
人身保险					
财产保险					1
再保险					
保险经纪与代理服务			1	1	3
其他保险活动		1	1	2	
其他金融业	3	13	12	12	11
金融信托与管理服务	1	4	7	4	4
控股公司服务	1	5	1	2	1
其他未列明金融业	1	4	4	6	6

单位：个

2005年	2006年	2007年	2008年	2009年	2010年	2011年	2012年	2013年
568	**695**	**690**	**847**	**1270**	**1536**	**2134**	**2468**	**3784**
33	19	27	27	42	29	46	51	93
21	13	22	23	39	24	37	33	78
12	6	5	4	3	5	9	18	15
49	68	45	65	89	118	192	225	328
6	10	5	10	10	17	23	32	39
39	53	38	50	70	85	142	141	226
4	5	2	5	9	16	27	52	63
486	608	618	755	1139	1389	1896	2192	3363
358	439	464	528	839	993	1340	1570	2376
52	63	61	85	97	127	164	174	216
40	61	54	86	117	145	224	273	472
4	10	2	13	12	26	45	54	80
11	10	9	11	11	25	23	18	28
21	25	28	32	63	73	100	103	191
41	**76**	**112**	**163**	**218**	**330**	**484**	**647**	**1040**
2	4	5	41	64	34	51	104	93
			1				1	1
2	4	5	40	64	34	51	103	92
31	51	87	93	118	235	375	454	725
2		2	1	3	5	3	9	7
		1		2	2	5	3	11
27	45	82	84	109	213	343	398	673
2	6	2	8	4	15	24	44	34
1	6	2	7	8	11	6	6	15
	2			1				
					2			3
								1
1	2	2	1	6	7	4	2	8
	2		6	1	2	2	4	3
7	15	18	22	28	50	52	83	207
3	4	6	15	19	33	26	45	127
3	3	2	2	2	4	5	7	8
1	8	10	5	7	13	21	31	72

2-A-8 续表 26

行　业	2000年	2001年	2002年	2003年	2004年
房地产业	**678**	**791**	**957**	**1137**	**1058**
房地产业	678	791	957	1137	1058
房地产开发经营	259	287	308	365	389
物业管理	128	166	176	238	227
房地产中介服务	59	114	164	174	201
自有房地产经营活动	211	205	278	309	197
其他房地产业	21	19	31	51	44
租赁和商务服务业	**1226**	**1298**	**1422**	**2025**	**1841**
租赁业	31	55	64	75	72
机械设备租赁	28	50	62	72	67
文化及日用品出租	3	5	2	3	5
商务服务业	1195	1243	1358	1950	1769
企业管理服务	407	474	492	642	454
法律服务	26	41	20	18	13
咨询与调查	306	132	204	297	379
广告业	183	232	244	322	419
知识产权服务	3	9	21	41	28
人力资源服务	24	36	35	40	85
旅行社及相关服务	65	96	95	157	142
安全保护服务	5	10	4	10	14
其他商务服务业	176	213	243	423	235
科学研究和技术服务业	**360**	**441**	**491**	**664**	**694**
研究和试验发展	25	38	46	56	63
自然科学研究和试验发展	2	3	1	3	2
工程和技术研究和试验发展	17	18	26	34	36
农业科学研究和试验发展	2	5	7	11	11
医学研究和试验发展	4	12	11	7	10
社会人文科学研究			1	1	4
专业技术服务业	258	318	350	494	506
气象服务	2	2	11	4	1
地震服务					

单位：个

2005年	2006年	2007年	2008年	2009年	2010年	2011年	2012年	2013年
1030	**1108**	**1292**	**1229**	**1718**	**2242**	**2230**	**1748**	**3043**
1030	1108	1292	1229	1718	2242	2230	1748	3043
366	370	534	474	686	841	636	351	453
206	243	267	293	316	445	437	472	629
198	226	296	294	540	763	948	760	1688
219	228	165	138	142	144	152	108	194
41	41	30	30	34	49	57	57	79
2125	**2455**	**2899**	**3197**	**4053**	**5532**	**7443**	**8292**	**11577**
67	87	99	148	290	360	527	569	901
62	82	97	140	286	353	508	548	863
5	5	2	8	4	7	19	21	38
2058	2368	2800	3049	3763	5172	6916	7723	10676
621	629	795	797	870	1238	1772	1644	2185
22	16	15	33	29	46	40	54	42
383	536	688	798	1066	1614	2273	2739	4134
408	512	612	615	884	1088	1270	1485	1928
37	32	39	52	56	74	81	125	139
102	90	111	152	174	223	265	301	374
132	160	137	163	155	213	297	296	308
16	27	18	19	16	20	48	60	97
337	366	385	420	513	656	870	1019	1469
702	**838**	**872**	**1103**	**1576**	**2106**	**2738**	**3146**	**4406**
52	97	80	100	163	276	361	404	599
3	10	4	8	11	10	13	10	25
24	58	51	60	110	194	268	288	434
10	15	11	16	20	34	40	59	72
14	13	13	16	22	35	38	44	63
1	1	1			3	2	3	5
513	535	550	630	888	1156	1556	1680	2446
1	1	3			1	1	1	
						1		1

2-A-8 续表 27

行　业	2000年	2001年	2002年	2003年	2004年
海洋服务	1	1	1		
测绘服务	14	19	19	45	34
质检技术服务	20	28	44	60	77
环境与生态监测	6	3	2	9	10
地质勘查	4	5	2	4	4
工程技术	160	198	195	293	276
其他专业技术服务业	51	62	76	79	104
科技推广和应用服务业	77	85	95	114	125
技术推广服务	65	70	84	101	115
科技中介服务	9	9	9	9	8
其他科技推广和应用服务业	3	6	2	4	2
水利、环境和公共设施管理业	**124**	**145**	**173**	**185**	**144**
水利管理业	9	17	9	10	12
防洪除涝设施管理	3	2	2	3	1
水资源管理	2	3	3	4	5
天然水收集与分配		4	3	1	1
水文服务					2
其他水利管理业	4	8	1	2	3
生态保护和环境治理业	12	13	10	19	18
生态保护	3	1		3	4
环境治理业	9	12	10	16	14
公共设施管理业	103	115	154	156	114
市政设施管理	16	21	26	27	17
环境卫生管理	14	12	11	13	11
城乡市容管理	1		5	3	3
绿化管理	44	49	78	71	56
公园和游览景区管理	28	33	34	42	27
居民服务、修理和其他服务业	**219**	**193**	**258**	**402**	**381**
居民服务业	58	68	75	136	119
家庭服务	6	16	12	15	16
托儿所服务				1	
洗染服务	14	9	13	11	13
理发及美容服务	12	11	20	31	23

单位：个

2005年	2006年	2007年	2008年	2009年	2010年	2011年	2012年	2013年
		1	3	2	4	1	5	10
33	20	11	9	22	17	26	18	22
64	61	66	57	81	91	117	111	113
14	12	13	11	15	26	31	32	39
3	8	2	3	2	3	7	10	15
299	276	297	336	427	573	723	775	1137
99	157	157	211	339	441	649	728	1109
137	206	242	373	525	674	821	1062	1361
109	171	207	332	465	565	692	859	1136
23	23	27	31	37	50	58	105	114
5	12	8	10	23	59	71	98	111
174	**176**	**177**	**231**	**287**	**320**	**402**	**431**	**594**
11	10	14	7	14	22	19	20	35
1	1	2	1	2	3	1	4	5
4	2	4	2	2	5	3	5	11
	2	2	1	3	3	1	2	4
						1		2
6	5	6	3	7	11	13	9	13
26	25	19	37	47	42	47	44	95
7	2	1	4	2	7	4	8	8
19	23	18	33	45	35	43	36	87
137	141	144	187	226	256	336	367	464
17	27	32	33	37	46	46	49	64
18	17	17	44	41	35	56	55	58
2	3	4	2	4	10	13	8	13
60	51	42	55	76	99	135	162	215
40	43	49	53	68	66	86	93	114
428	**593**	**543**	**595**	**764**	**959**	**1139**	**1299**	**2780**
142	168	151	171	245	357	442	551	1199
22	29	27	32	38	65	71	122	199
	1	1			1	2	3	3
9	18	13	9	17	18	14	29	42
25	22	29	32	57	62	86	108	267

2-A-8 续表 28

行　业	2000年	2001年	2002年	2003年	2004年
洗浴服务	9	7	7	27	21
保健服务	5	5	7	10	16
婚姻服务		3	4	7	9
殡葬服务	6	9	7	18	7
其他居民服务业	6	8	5	16	14
机动车、电子产品和日用产品修理业	135	108	142	212	200
汽车、摩托车修理与维护	110	91	112	169	154
计算机和办公设备维修	15	7	16	15	24
家用电器修理	8	6	13	24	15
其他日用产品修理业	2	4	1	4	7
其他服务业	26	17	41	54	62
清洁服务	21	12	30	42	44
其他未列明服务业	5	5	11	12	18
教育	**36**	**51**	**56**	**104**	**150**
教育	36	51	56	104	150
学前教育	7	8	5	5	6
初等教育		2			
中等教育		2	1		
高等教育	1	1		1	1
特殊教育					1
技能培训、教育辅助及其他教育	28	38	50	98	142
卫生和社会工作	**26**	**24**	**34**	**65**	**77**
卫生	20	19	33	60	77
医院	1	3	8	15	19
社区医疗与卫生院	3		3	1	
门诊部(所)	16	15	18	43	56
计划生育技术服务活动					
妇幼保健院(所、站)					
专科疾病防治院(所、站)		1			1
疾病预防控制中心			1		
其他卫生活动			3	1	1
社会工作	6	5	1	5	
提供住宿社会工作	4	2		3	
不提供住宿社会工作	2	3	1	2	

单位：个

2005年	2006年	2007年	2008年	2009年	2010年	2011年	2012年	2013年
23	21	17	17	21	46	48	53	135
15	28	16	33	47	65	77	74	254
19	26	24	24	33	31	61	88	134
16	14	8	11	5	15	7	7	25
13	9	16	13	27	54	76	67	140
209	316	281	292	338	385	447	451	1120
161	247	206	220	258	290	331	329	885
15	25	39	27	27	38	49	43	73
26	42	32	40	42	43	51	59	108
7	2	4	5	11	14	16	20	54
77	109	111	132	181	217	250	297	461
59	91	93	116	152	166	175	237	340
18	18	18	16	29	51	75	60	121
183	**112**	**85**	**110**	**163**	**200**	**279**	**390**	**522**
183	112	85	110	163	200	279	390	522
10	14	10	10	17	13	25	25	39
1		1		1		1	1	2
2	1	2		2	1	2	4	3
1				1	2	3	3	
1						1		
168	97	72	100	142	184	247	357	478
98	**108**	**65**	**61**	**57**	**91**	**95**	**150**	**238**
93	104	62	57	53	84	86	140	221
37	29	16	13	11	16	17	23	31
1	2	1		1	1		5	1
53	72	45	41	40	67	66	107	176
1								1
								1
	1		1					
							1	1
1			2	1		3	4	10
5	4	3	4	4	7	9	10	17
2	3	2		2	3	3	7	8
3	1	1	4	2	4	6	3	9

2-A-8 续表 29

行　业	2000年	2001年	2002年	2003年	2004年
文化、体育和娱乐业	**224**	**283**	**466**	**758**	**716**
新闻和出版业	2	1	10	5	8
新闻业			1	1	
出版业	2	1	9	4	8
广播、电视、电影和影视录音制作业	10	6	20	22	51
广播				1	1
电视	1	3	1	1	6
电影和影视节目制作	4	2	5	9	35
电影和影视节目发行			2	1	2
电影放映	5	1	12	10	6
录音制作					1
文化艺术业	17	10	13	19	10
文艺创作与表演	5	1	4	5	4
艺术表演场馆		2	2	3	1
图书馆与档案馆	4		3	1	
文物及非物质文化遗产保护	1			2	1
博物馆		1	1		2
烈士陵园、纪念馆					
群众文化活动	3	1	2	4	2
其他文化艺术业	4	5	1	4	
体育	10	15	20	32	22
体育组织		1			
体育场馆			4	2	2
休闲健身活动	8	12	15	26	18
其他体育	2	2	1	4	2
娱乐业	185	251	403	680	625
室内娱乐活动	176	244	394	671	609
游乐园	2	2	2		4
彩票活动					
文化、娱乐、体育经纪代理	3	2	4	5	5
其他娱乐业	4	3	3	4	7

单位：个

2005年	2006年	2007年	2008年	2009年	2010年	2011年	2012年	2013年
754	**1115**	**1029**	**806**	**616**	**775**	**981**	**1084**	**1835**
11	5	8	7	14	9	8	8	13
1		1		1		2		2
10	5	7	7	13	9	6	8	11
32	97	73	51	85	109	161	199	371
	3		1			1	4	1
8	6	6	6	4	9	8	6	10
18	68	49	31	61	66	103	135	308
1	1		2	3	3	10	3	2
5	19	18	11	15	29	36	49	46
				2	2	3	2	4
21	25	43	49	66	83	150	210	329
9	13	20	21	38	33	59	95	100
	3	4		1	2	4	1	5
	5	3	4	3	4	3	5	9
1		1	3	1	4	5	4	8
3		2	2	1	2	4	5	5
							1	
5	3	5	6	4	7	14	19	40
3	1	8	13	18	31	61	80	162
41	62	53	61	72	105	101	130	275
3	1	1			2		1	2
4				1	1	4	4	5
29	56	48	55	63	88	77	105	230
5	5	4	6	8	14	20	20	38
649	926	852	638	379	469	561	537	847
636	910	824	603	340	428	508	466	726
1	2	3	8	8	6	5	7	22
							1	1
6	6	5	12	21	16	23	35	45
6	8	20	15	10	19	25	28	53

2-A-9 按行业中类、开业时间分组的

行　　业	1949年及以前	1950-1952年	1953-1957年	1958-1962年	1963-1965年
总　计	**141552**	**219787**	**292644**	**201845**	**235408**
农、林、牧、渔业	**2**	**3**	**26**	**5**	
农业					
谷物种植					
豆类、油料和薯类种植					
蔬菜、食用菌及园艺作物种植					
水果种植					
坚果、含油果、香料和饮料作物种植					
中药材种植					
其他农业					
林业					
林木育种和育苗					
畜牧业		3			
牲畜饲养		3			
家禽饲养					
其他畜牧业					
渔业					
水产养殖					
农、林、牧、渔服务业	2		26	5	
农业服务业	2		26		
林业服务业					
畜牧服务业					
渔业服务业				5	
采矿业			**1203**	**2313**	
煤炭开采和洗选业					
烟煤和无烟煤开采洗选					
褐煤开采洗选					
其他煤炭采选					
黑色金属矿采选业				1593	
铁矿采选				1593	
其他黑色金属矿采选					
有色金属矿采选业				378	
常用有色金属矿采选				378	

全部企业法人单位从业人数

单位：人

1966-1970年	1971-1975年	1976-1980年	1981-1985年	1986-1990年	1991-1995年	1996-2000年	1978年	1992年	1997年
273900	**288173**	**510257**	**519877**	**537083**	**2167956**	**4283104**	**132463**	**329503**	**609981**
	2	**38**	**86**	**179**	**254**	**1082**		**68**	**284**
					29	5			
					22				
					7				
						5			
						2			
						2			
				106	20	252			187
				106	18	187			187
					2	60			
						5			
					15	242		15	84
					15	242		15	84
	2	38	86	73	190	581		53	13
	2	38	50	42	128	220		32	5
			24	24	54	116		21	
			12	3		33			8
				4	8	212			
31	**47**	**106**	**659**	**580**	**1017**	**4804**	**61**	**137**	**724**
						1			
						1			
			70			52			
			70			52			
1				334	193	1487		23	277
1				283	87	1396		23	276

2-A-9 续表 1

行 业	1949年及以前	1950-1952年	1953-1957年	1958-1962年	1963-1965年
贵金属矿采选					
稀有稀土金属矿采选					
非金属矿采选业			1203	342	
土砂石开采			1	342	
化学矿开采					
采盐					
石棉及其他非金属矿采选			1202		
开采辅助活动					
石油和天然气开采辅助活动					
其他开采辅助活动					
其他采矿业					
其他采矿业					
制造业	**6892**	**19617**	**25760**	**39141**	**12997**
农副食品加工业			1347	3660	
谷物磨制			72		
饲料加工					
植物油加工			32		
制糖业					
屠宰及肉类加工			90	11	
水产品加工			720	3649	
蔬菜、水果和坚果加工			161		
其他农副食品加工			272		
食品制造业	75		907	109	792
焙烤食品制造			47		
糖果、巧克力及蜜饯制造					
方便食品制造					
乳制品制造				66	792
罐头食品制造					
调味品、发酵制品制造	75		859	25	
其他食品制造			1	18	
酒、饮料和精制茶制造业	1050	1381	881	141	
酒的制造	995	1381	842	60	
饮料制造	55				
精制茶加工			39	81	

单位：人

1966–1970年	1971–1975年	1976–1980年	1981–1985年	1986–1990年	1991–1995年	1996–2000年	1978年	1992年	1997年
				51					
					106	91			1
30	47	106	589	246	805	3262	61	114	445
	31	69	589	211	724	2397	60	102	217
						3			
		37		30	58	207	1	12	
30	16			5	23	655			228
					19	2			2
					19	2			2
19894	**22438**	**47874**	**127666**	**203954**	**995908**	**2158870**	**9460**	**141355**	**328820**
33	65	409	1081	4141	16659	36451	19	2475	3877
	49		18	2	279	847			182
			365	379	2404	4954		93	647
5				54	768	622			11
28	1	12	241	212	1631	4340	12	478	1185
	15	47	327	2637	7329	13513	7	1051	948
		114	67	636	3745	9023		843	827
		236	63	221	503	3152		10	77
		309	102	1719	15322	29504	34	2531	7136
		10	32	82	4479	4836		1920	1561
		1	5	355	851	2065		2	88
		81	33	38	2231	4067			223
				10	401	1032			116
		42	17	828	3227	12257		508	4758
		157	14	253	369	1077	16	3	149
		18	1	153	3764	4170	18	98	241
32	62	197	2523	3894	8244	12238	11	1022	1607
32	62	179	2334	1286	6574	5101	6	591	984
			37	2228	452	4241		286	194
		18	152	380	1218	2896	5	145	429

2-A-9 续表 2

行　　业	1949年及以前	1950-1952年	1953-1957年	1958-1962年	1963-1965年
烟草制品业			1158		
卷烟制造			1104		
其他烟草制品制造			54		
纺织业	444		69		97
棉纺织及印染精加工			55		1
毛纺织及染整精加工	56				
麻纺织及染整精加工					
丝绢纺织及印染精加工	388				76
化纤织造及印染精加工					
针织或钩针编织物及其制品制造					15
家用纺织制成品制造					5
非家用纺织制成品制造			14		
纺织服装、服饰业	278	9933	38		1
机织服装制造	278	1121			
针织或钩针编织服装制造					1
服饰制造		8812	38		
皮革、毛皮、羽毛及其制品和制鞋业	1		30	1	
皮革鞣制加工					
皮革制品制造	1			1	
毛皮鞣制及制品加工					
羽毛(绒)加工及制品制造					
制鞋业			30		
木材加工和木、竹、藤、棕、草制品业		19	28		1
木材加工		19	12		
人造板制造					
木制品制造			16		1
竹、藤、棕、草等制品制造					
家具制造业	1		23		
木质家具制造	1		23		
竹、藤家具制造					
金属家具制造					
塑料家具制造					
其他家具制造					
造纸和纸制品业	1964			98	52

单位：人

1966–1970年	1971–1975年	1976–1980年	1981–1985年	1986–1990年	1991–1995年	1996–2000年	1978年	1992年	1997年
629	583	5521	11800	13080	98421	219230	188	5118	31588
628	478	4801	6981	7574	49567	121817	188	2308	20831
	30		1021	1123	6057	8620		477	915
			126	56	5797	4237			15
	8	179	1118	700	6376	13344		291	910
	41	3	164	536	1864	8948		235	691
1		432	1477	1527	16390	32623		351	3522
	26	34	162	278	4524	16109		519	3369
		72	751	1286	7846	13532		937	1335
	678	3583	3524	7917	69857	198981	511	7814	36610
	196	3300	2738	3413	47338	144330	501	6635	30653
	62	283	468	4011	17517	35096	10	980	3115
	420		318	493	5002	19555		199	2842
	35	3271	6689	12385	74271	137868		5622	21247
			155	2558	3211	6352		109	1652
		32	3289	1061	4858	23693		385	2480
		5	5		622	2073		229	202
				13	1146	7489			673
	35	3234	3240	8753	64434	98261		4899	16240
5	36	91	491	1668	6562	16529	28	447	3306
5	36	31	71	188	916	1514	5	6	65
		12	244	31	545	4436		27	703
		47	118	1100	1724	7056	23	97	1615
		1	58	349	3377	3523		317	923
134		7	93	1735	9840	44475		1001	3661
		1	65	954	4935	13092		92	1131
				130	195	197			
		6	20	600	3867	23174		657	2421
			8		260	746			17
134				51	583	7266		252	92
18	726	1523	1513	3792	15761	41165	72	3146	9129

2-A-9 续表 3

行　业	1949年及以前	1950-1952年	1953-1957年	1958-1962年	1963-1965年
纸浆制造					
造纸	1964			98	
纸制品制造					52
印刷和记录媒介复制业	133	55	16	53	
印刷	133	30	16	53	
装订及印刷相关服务					
记录媒介复制		25			
文教、工美、体育和娱乐用品制造业	1	85	114	116	24
文教办公用品制造		5	63	25	12
乐器制造					
工艺美术品制造	1	80	51		12
体育用品制造				91	
玩具制造					
游艺器材及娱乐用品制造					
石油加工、炼焦和核燃料加工业		899			
精炼石油产品制造		899			
炼焦					
核燃料加工					
化学原料和化学制品制造业	774		2602	15465	261
基础化学原料制造	774			15212	
肥料制造					
农药制造			2366	12	
涂料、油墨、颜料及类似产品制造			201	235	
合成材料制造				6	
专用化学产品制造					22
炸药、火工及焰火产品制造					239
日用化学产品制造			35		
医药制造业	1536		8766	3048	147
化学药品原料药制造			8704	1136	
化学药品制剂制造	1536			1198	
中药饮片加工			62		
中成药生产				615	147
兽用药品制造					
生物药品制造					
卫生材料及医药用品制造				99	

单位：人

1966–1970年	1971–1975年	1976–1980年	1981–1985年	1986–1990年	1991–1995年	1996–2000年	1978年	1992年	1997年
		50				32	50		
	708	1254	685	1447	7204	19488	22	2097	3872
18	18	219	828	2345	8557	21645		1049	5257
131	399	1270	3348	4701	17856	39852	284	2984	7644
131	399	1178	3325	4593	17406	38313	284	2868	7492
		92	23	108	450	1451		116	152
						88			
	541	464	1995	3648	37122	70532	163	7860	10023
	47	117	92	301	14575	16728	6	5811	2038
		31	50	187	57	1538	1	2	15
	482	266	558	1991	17490	32362	156	1673	5413
		49	692	508	1182	6735		2	939
	12	1	203	645	2697	10769		92	1353
			400	16	1121	2400		280	265
		15		118	6599	897	1	14	418
		15		118	6599	888	1	14	418
						9			
6465	1033	2561	3532	9460	30208	64580	301	6812	6099
	22	753	1081	3153	2565	11882	14	471	1042
642		96	34	22	681	1086	1	2	49
255	682	270		549	1052	8170	270	286	71
5021	15	625	1488	3648	6116	12545		1018	2228
	1	526	164	474	7543	13973		192	720
33	313	291	455	1155	5846	11952	16	2186	808
510			171		46	334			20
4			139	459	6359	4638		2657	1161
2419	2939	1798	2439	9204	26502	29913	1768	6850	4301
513	2775		148	4254	9532	12818		477	2558
303	128	1768	1997	3050	7047	4432	1768	4062	1319
				937	331	798			153
1568			28	77	3773	4008		1772	
	36		108	125	172	916		51	10
				635	3431	3297		218	257
35		30	158	126	2216	3644		270	4

2-A-9 续表 4

行业	1949年及以前	1950-1952年	1953-1957年	1958-1962年	1963-1965年
化学纤维制造业					
纤维素纤维原料及纤维制造					
合成纤维制造					
橡胶和塑料制品业		2	39	461	318
橡胶制品业			2	2	
塑料制品业		2	37	459	318
非金属矿物制品业	22		685	1755	
水泥、石灰和石膏制造				1433	
石膏、水泥制品及类似制品制造			257		
砖瓦、石材等建筑材料制造	22		18		
玻璃制造			79		
玻璃制品制造				147	
玻璃纤维和玻璃纤维增强塑料制品制造					
陶瓷制品制造			211	175	
耐火材料制品制造					
石墨及其他非金属矿物制品制造			120		
黑色金属冶炼和压延加工业		1	124		9745
炼铁					
炼钢					9745
黑色金属铸造		1	53		
钢压延加工			71		
铁合金冶炼					
有色金属冶炼和压延加工业				84	127
常用有色金属冶炼					
贵金属冶炼					
稀有稀土金属冶炼					127
有色金属合金制造					
有色金属铸造					
有色金属压延加工				84	
金属制品业	35		334	358	101
结构性金属制品制造	11		68		15
金属工具制造			219	280	3
集装箱及金属包装容器制造				54	72

单位：人

1966-1970年	1971-1975年	1976-1980年	1981-1985年	1986-1990年	1991-1995年	1996-2000年	1978年	1992年	1997年
		254	605	729	6823	36712	254	78	3756
			131		36	636		35	121
		254	474	729	6787	36076	254	43	3635
436	856	1432	5532	11432	65296	118899	152	19213	18388
114	62	267	1241	2777	18065	26817	5	11655	3602
322	794	1165	4291	8655	47231	92082	147	7558	14786
539	2253	4413	7919	7010	24725	49971	670	7057	6926
280	1340	1439	2785	191	3299	7720	210	96	997
30	16	79	430	417	2216	7570	22	298	545
229	705	2327	3152	4515	10854	9204	212	4977	1162
		13		492	1313	1317			274
	60	15	389	649	2130	12488		809	1781
	9	107	52	166	407	2453		78	656
	40	30	128	44	1129	2787		444	201
	83	316	909	419	2424	3710	225	231	682
		87	74	117	953	2722	1	124	628
40	363	893	2016	4037	26493	33900	78	2961	4093
			31		70	33		52	4
				25	1325	484			410
40	168	858	820	2277	7766	13123	78	1160	1878
	195	35	901	1735	17291	20085		1749	1689
			264		41	175			112
	10	860	1165	4811	8641	23995		851	2091
		1	96	112	328	2285		48	34
		570		184		309			158
						24			
				10	2711	2599			201
	10	7	72	106	331	1441		66	657
		282	997	4399	5271	17337		737	1041
45	1837	2107	6614	11543	56120	121748	153	5465	16665
		98	187	470	12832	23007	8	809	1075
	1003	31	1461	1323	8098	19977	16	1227	3904
	67	32	605	2586	2525	4912		305	906

2-A-9 续表 5

行业	1949年及以前	1950-1952年	1953-1957年	1958-1962年	1963-1965年
金属丝绳及其制品制造			1		
建筑、安全用金属制品制造	24		32		
金属表面处理及热处理加工			1		
搪瓷制品制造					
金属制日用品制造			13	24	
其他金属制品制造					11
通用设备制造业	49	2914	7856	5620	132
锅炉及原动设备制造			1512	1102	
金属加工机械制造		1400	19	526	51
物料搬运设备制造		907	1325	143	1
泵、阀门、压缩机及类似机械制造	18	413	4074	404	36
轴承、齿轮和传动部件制造	25		70	2988	
烘炉、风机、衡器、包装等设备制造			93	97	
文化、办公用机械制造					
通用零部件制造		194	763	360	44
其他通用设备制造业	6				
专用设备制造业	351	237	172	2642	10
采矿、冶金、建筑专用设备制造				381	
化工、木材、非金属加工专用设备制造	15		89	24	10
食品、饮料、烟草及饲料生产专用设备制造			6	20	
印刷、制药、日化及日用品生产专用设备制造		50			
纺织、服装和皮革加工专用设备制造	336	187	10	249	
电子和电工机械专用设备制造					
农、林、牧、渔专用机械制造			1	1687	
医疗仪器设备及器械制造			36	86	
环保、社会公共服务及其他专用设备制造			30	195	
汽车制造业		1413		1961	1
汽车整车制造				1958	
改装汽车制造					
低速载货汽车制造					
电车制造					
汽车车身、挂车制造					
汽车零部件及配件制造		1413		3	1
铁路、船舶、航空航天和其他运输设备制造业	146	2197	9	214	322

单位：人

1966–1970年	1971–1975年	1976–1980年	1981–1985年	1986–1990年	1991–1995年	1996–2000年	1978年	1992年	1997年
		147	120	243	3610	5119		125	602
34	49	204	1126	2481	7525	27675		1199	4397
10	636	1423	1625	2756	5321	12180	69	652	913
	15		447	23	190	1008		10	18
		67	703	174	11352	16231	51	951	2867
1	67	105	340	1487	4667	11639	9	187	1983
1256	3143	3029	22809	28667	96445	202911	658	11068	35881
251	50	64	271	341	1539	7965		235	1144
1	88	236	722	1180	8152	11446	196	361	1707
	594	217	1664	2653	6231	18134		891	5845
562	572	1048	4305	12155	26736	55889	276	3479	10675
35	1083	669	2002	5504	18523	39121		2477	6042
33	187	45	1058	1913	16642	34677	44	1778	4931
			19	170	1164	2484		60	650
368	569	750	12522	4670	16528	31033	142	1617	4085
6			246	81	930	2162		170	802
211	756	2016	4705	10467	35166	69472	188	5094	9865
	130	58	570	1147	3259	4031		902	485
6	17	565	1182	4152	10817	24027	163	2142	2820
41	33	12	343	227	871	2048	8	203	93
1	149	13	351	572	1704	5506		253	1229
19	129	956	1291	858	4885	15899	17	716	2151
	16		143	159	1296	1880		31	70
	37	4	107	226	2161	2936		102	567
	66	87	269	2274	6057	4572		481	804
144	179	321	449	852	4116	8573		264	1646
1214	315	2811	8561	10732	46089	98460	180	7197	9438
	27				2920	10704			86
					241	245			
						144			
						15			
		160		3		80			
1214	288	2651	8561	10729	42928	87272	180	7197	9352
75	478	545	1107	3723	16666	42005	258	1790	6066

2-A-9 续表 6

行 业	1949年及以前	1950-1952年	1953-1957年	1958-1962年	1963-1965年
铁路运输设备制造					
城市轨道交通设备制造					
船舶及相关装置制造	146	2197	9	214	
航空、航天器及设备制造					
摩托车制造					322
自行车制造					
非公路休闲车及零配件制造					
潜水救捞及其他未列明运输设备制造					
电气机械和器材制造业	32	478	537	1774	306
电机制造			384	550	96
输配电及控制设备制造		6	69	106	124
电线、电缆、光缆及电工器材制造			14	852	
电池制造		472			63
家用电力器具制造	30		20	110	
非电力家用器具制造					
照明器具制造	2		50	156	23
其他电气机械及器材制造					
计算机、通信和其他电子设备制造业			16		23
计算机制造					
通信设备制造					
广播电视设备制造					23
雷达及配套设备制造					
视听设备制造					
电子器件制造					
电子元件制造			16		
其他电子设备制造					
仪器仪表制造业		2		1472	472
通用仪器仪表制造				838	97
专用仪器仪表制造		2		634	216
钟表与计时仪器制造					
光学仪器及眼镜制造					
其他仪器仪表制造业					159
其他制造业				97	
日用杂品制造				97	

单位：人

1966–1970年	1971–1975年	1976–1980年	1981–1985年	1986–1990年	1991–1995年	1996–2000年	1978年	1992年	1997年
8		123	31	568	390	391		29	50
59	32	257	286	203	3199	4452	256	59	423
					35	398		35	251
	446	76	757	1239	9819	27156		1355	4076
		89	18	1659	2830	8671	2	87	1203
			5	7	165	475			1
8			10	47	228	462		225	62
4601	1047	5879	19635	20031	108285	243355	1655	12940	40612
631	313	3331	7250	6852	21483	35869	642	1259	6254
3447	205	2054	7436	7243	27710	81099	700	3754	22295
180	2	251	1563	3712	10471	22607	147	1485	2374
	55		333	1	2838	8375			970
163	469	208	2116	1044	24894	62975	156	5863	4891
			1	103	1163	3888		122	130
180	2	35	734	1062	19108	26764	10	455	3273
	1		202	14	618	1778		2	425
704	3499	329	4911	6868	40137	95029	255	8577	11612
			12	1	455	1226		302	65
		6	9	152	5458	13618		1751	1911
		3	6	825	1564	4627		65	513
						30			
	2752	16	3	509	4170	5199		392	1115
	1	255	1221	659	10409	7057	255	4300	2350
704	746	49	3660	4693	17683	58345		1704	5123
				29	398	4927		63	535
805	713	1167	2327	4237	18433	50213	659	3869	12042
618	124	375	1788	2704	8311	27161	35	1121	5782
68	569	175	173	1127	1981	4984	7	395	1198
	19	110	4	210	762	3233	110	1	612
119	1	507	329	139	7141	13135	507	2351	3708
			33	57	238	1700		1	742
6	40	20	559	1948	11573	23220		1017	4471
3	39		460	1911	10525	22002		1015	4408

2-A-9 续表 7

行　业	1949年及以前	1950-1952年	1953-1957年	1958-1962年	1963-1965年
煤制品制造					
核辐射加工					
其他未列明制造业					
废弃资源综合利用业					
金属废料和碎屑加工处理					
非金属废料和碎屑加工处理					
金属制品、机械和设备修理业		1	9	12	65
金属制品修理					
通用设备修理		1			
专用设备修理					
铁路、船舶、航空航天等运输设备修理			9	12	65
电气设备修理					
仪器仪表修理					
其他机械和设备修理业					
电力、热力、燃气及水生产和供应业	**3186**	**6941**	**2181**	**7983**	**4071**
电力、热力生产和供应业	3186	6931	627	7285	2054
电力生产	7		84	2218	47
电力供应	3179	6931	543	5067	2007
热力生产和供应					
燃气生产和供应业		10			
燃气生产和供应业		10			
水的生产和供应业			1554	698	2017
自来水生产和供应			1554	698	2017
污水处理及其再生利用					
其他水的处理、利用与分配					
建筑业	**123789**	**178570**	**229362**	**143280**	**215062**
房屋建筑业	123788	178139	224571	130038	205861
房屋建筑业	123788	178139	224571	130038	205861
土木工程建筑业		431	4791	11629	9186
铁路、道路、隧道和桥梁工程建筑			2115	8334	6892
水利和内河港口工程建筑		430	2558		1581
海洋工程建筑					
工矿工程建筑				2124	713
架线和管道工程建筑				1163	
其他土木工程建筑		1	118	8	

单位：人

1966-1970年	1971-1975年	1976-1980年	1981-1985年	1986-1990年	1991-1995年	1996-2000年	1978年	1992年	1997年
	1				37	44			
						2			
3		20	99	37	1011	1172		2	63
		13		73	551	4741		63	100
		4		18	386	4081		36	11
		9		55	165	660		27	89
96	31	1087	71	184	1241	2024	920	419	168
				7		20			1
	3			17	5	225		4	2
			13	2	34	23		2	
96	28	1087	50	145	632	1693	920	100	165
				1	316	41		305	
						2			
			8	12	254	20		8	
4897	**4038**	**31330**	**9719**	**8319**	**13549**	**18408**	**1720**	**2848**	**3820**
3442	2622	30256	7272	6785	9769	12512	1527	2024	3011
590	483	1299	1344	4592	6499	9557	288	1404	2500
2852	2139	28957	5878	1956	2460	2332	1239	620	463
			50	237	810	623			48
		433	450	145	634	1282		48	177
		433	450	145	634	1282		48	177
1455	1416	641	1997	1389	3146	4614	193	776	632
1455	1416	641	1965	1216	2392	3480	193	721	559
				1	5	693			5
			32	172	749	441		55	68
247624	**259010**	**411580**	**343111**	**243582**	**919269**	**1403537**	**116806**	**136949**	**182675**
215023	253580	372341	275513	199309	624388	1021607	97738	91179	136697
215023	253580	372341	275513	199309	624388	1021607	97738	91179	136697
32554	5323	33204	52445	31087	206066	245646	15637	26587	30519
26918	4299	17291	30682	17108	162884	179349	11342	17578	18537
347	1021	3323	9289	8269	10859	13285	1718	4296	2489
						31			
3509		3006	4653	37	12835	913		2561	104
		3052	2361	1243	11182	15222	2444	302	1760
1780	3	6532	5460	4430	8306	36846	133	1850	7629

2-A-9 续表 8

行　　业	1949年及以前	1950-1952年	1953-1957年	1958-1962年	1963-1965年
建筑安装业				1613	3
电气安装				1009	
管道和设备安装				444	
其他建筑安装业				160	3
建筑装饰和其他建筑业	1				12
建筑装饰业	1				12
工程准备活动					
提供施工设备服务					
其他未列明建筑业					
批发和零售业	**2284**	**11040**	**3624**	**3937**	**1755**
批发业	145	1752	1781	1305	1390
农、林、牧产品批发		35	68	89	25
食品、饮料及烟草制品批发	56	85	491	18	112
纺织、服装及家庭用品批发	22	97	173	3	
文化、体育用品及器材批发		1			
医药及医疗器材批发		141	706	943	69
矿产品、建材及化工产品批发	40	1379	309	137	932
机械设备、五金产品及电子产品批发	7	11	25		252
贸易经纪与代理	15	3	5	11	
其他批发业	5		4	104	
零售业	2139	9288	1843	2632	365
综合零售	647	7290	360	63	1
食品、饮料及烟草制品专门零售	130	294	303	47	
纺织、服装及日用品专门零售	9	175	97	64	4
文化、体育用品及器材专门零售	1331	1373	907	89	83
医药及医疗器材专门零售	11	19	69	164	274
汽车、摩托车、燃料及零配件专门零售	4	117	14	2178	
家用电器及电子产品专门零售	3		73	8	
五金、家具及室内装饰材料专门零售		13	20	19	3
货摊、无店铺及其他零售业	4	7			
交通运输、仓储和邮政业	**1547**	**1034**	**21958**	**673**	**627**
铁路运输业					
铁路货物运输					

单位：人

1966–1970年	1971–1975年	1976–1980年	1981–1985年	1986–1990年	1991–1995年	1996–2000年	1978年	1992年	1997年
31	42	5797	12330	1726	19399	50864	3431	1442	4560
		1122	644	680	5512	17781		1112	1244
25	42	80	10547	383	7135	11451	80	319	1268
6		4595	1139	663	6752	21632	3351	11	2048
16	65	238	2823	11460	69416	85420		17741	10899
1	65	220	2784	8474	59880	72524		17361	9282
		12	29	2983	5881	8595		307	1452
					3245	91			1
15		6	10	3	410	4210		73	164
390	**960**	**3823**	**8737**	**13272**	**61270**	**226529**	**994**	**7144**	**25224**
79	873	3274	6717	8844	36265	153204	891	4544	13487
		358	57	271	503	4139	265	72	316
15	152	535	2748	3803	5023	24038	327	614	1878
4	368	1173	970	1157	8090	25750	4	1190	3683
5		13	309	385	962	5592		63	612
	175	192	651	216	3702	6209		136	427
39	98	699	1373	1790	10905	62316	140	1600	3842
16	58	268	400	906	6107	20212	125	692	2066
	6		5	99	498	1357		98	96
	16	36	204	217	475	3591	30	79	567
311	87	549	2020	4428	25005	73325	103	2600	11737
1	50	141	908	2338	12966	30913	4	883	6874
10	8	8	206	220	1503	3031		208	558
4	4	11	178	230	639	3811	1	76	438
	4	202	172	77	736	2645		105	222
287	5	60	200	255	1667	4834	13	130	516
9	3	34	121	594	4753	15682	3	622	1746
		13	30	294	1323	7209	10	216	871
	6	80	135	120	632	2680	72	202	214
	7		70	300	786	2520		158	298
16	**400**	**7537**	**9632**	**12293**	**19991**	**91264**	**820**	**2052**	**11579**

2-A-9 续表 9

行 业	1949年及以前	1950-1952年	1953-1957年	1958-1962年	1963-1965年
道路运输业	1476	501	20781	204	66
城市公共交通运输			19668		
公路旅客运输	1472	143	732	146	66
道路货物运输	1	358	381	58	
道路运输辅助活动	3				
水上运输业	67	378	1007	469	466
水上旅客运输	67		87		
水上货物运输		378	920	469	11
水上运输辅助活动					455
航空运输业					
航空客货运输					
通用航空服务					
航空运输辅助活动					
管道运输业					
管道运输业					
装卸搬运和运输代理业	4	127	121		15
装卸搬运	3	127	121		15
运输代理业	1				
仓储业		28	49		80
谷物、棉花等农产品仓储		22	49		
其他仓储业		6			80
邮政业					
邮政基本服务					
快递服务					
住宿和餐饮业	**543**	**93**	**552**	**1328**	**618**
住宿业	543		423	1166	618
旅游饭店	543		414	1134	618
一般旅馆			9	32	
其他住宿业					
餐饮业		93	129	162	
正餐服务		93	66	162	
快餐服务					
饮料及冷饮服务					
其他餐饮业			63		

单位：人

1966-1970年	1971-1975年	1976-1980年	1981-1985年	1986-1990年	1991-1995年	1996-2000年	1978年	1992年	1997年
4	160	4272	6014	6440	12232	38010	812	742	5680
		3017	1174	880	3135	10327		160	952
	48	287	4171	3918	4179	13326		132	1820
4	104	12	459	361	2794	8738	1	333	1077
	8	956	210	1281	2124	5619	811	117	1831
6	72	1339	862	1021	2667	7882		411	1256
		547	379	685	294	960			70
	72	774	431	30	1910	5763		409	1174
6		18	52	306	463	1159		2	12
			1282	1331	22	4148			60
						93			
					18	87			60
			1282	1331	4	3968			
	54					106			
	54					106			
	114	1912	1313	373	4172	11235		777	514
	93	32	763	148	1525	4722		660	108
	21	1880	550	225	2647	6513		117	406
6		14	161	531	820	4644	8	122	443
		1	100	15	232	2891		72	46
6		13	61	516	588	1753	8	50	397
				2597	78	25239			3626
				2569	16	16746			3614
				28	62	8493			12
287	**144**	**906**	**4170**	**5438**	**35585**	**56622**	**483**	**21060**	**9215**
217		685	3467	4862	12918	33732	483	1138	4867
107		582	3196	4202	11731	30458	481	980	4187
110		103	271	623	1131	3183	2	158	680
				37	56	91			
70	144	221	703	576	22667	22890		19922	4348
60	144	215	698	471	2018	16950		101	2059
				71	20057	4948		19821	1844
				1	21	179			9
10		6	5	33	571	813			436

2-A-9 续表 10

行 业	1949年及以前	1950-1952年	1953-1957年	1958-1962年	1963-1965年
信息传输、软件和信息技术服务业	**2155**	**599**			
电信、广播电视和卫星传输服务	2154	599			
电信	2154	599			
广播电视传输服务					
互联网和相关服务					
互联网接入及相关服务					
互联网信息服务					
其他互联网服务					
软件和信息技术服务业	1				
软件开发					
信息系统集成服务					
信息技术咨询服务	1				
数据处理和存储服务					
集成电路设计					
其他信息技术服务业					
金融业					
货币金融服务					
货币银行服务					
非货币银行服务					
资本市场服务					
证券市场服务					
期货市场服务					
资本投资服务					
其他资本市场服务					
保险业					
人身保险					
财产保险					
再保险					
保险经纪与代理服务					
其他保险活动					
其他金融业					
金融信托与管理服务					
控股公司服务					
其他未列明金融业					

单位：人

1966–1970年	1971–1975年	1976–1980年	1981–1985年	1986–1990年	1991–1995年	1996–2000年	1978年	1992年	1997年
	95	**168**	**292**	**1867**	**3683**	**68265**		**228**	**16206**
		168	280	69	1402	38351			10404
		168	270	59	1114	37747			10363
			10	10	288	604			41
					222	8735			1
						632			1
					222	7517			
						586			
	95		12	1798	2059	21179		228	5801
	95			80	1392	15980		14	4767
					498	2957		202	989
			12	1718	104	1909		7	21
						13			
					5	12			4
					60	308		5	20
		542		**55**	**525**	**548**	**542**	**68**	**40**
		542			16	16	542		
		542					542		
					16	16			
				47	450	414		54	17
					4	20		3	
					74				
				47	352	387		46	16
					20	7		5	1
						8			
						8			
				8	59	110		14	23
				8	16	36		13	8
					37	56		1	15
					6	18			

2-A-9 续表 11

行　业	1949年及以前	1950-1952年	1953-1957年	1958-1962年	1963-1965年
房地产业	**24**	**548**	**892**	**360**	**102**
房地产业	24	548	892	360	102
房地产开发经营					
物业管理	17				
房地产中介服务		2	42		
自有房地产经营活动	7	525	791	360	102
其他房地产业		21	59		
租赁和商务服务业	**187**	**373**	**341**	**371**	**46**
租赁业			10		
机械设备租赁			5		
文化及日用品出租			5		
商务服务业	187	373	331	371	46
企业管理服务	145	352	189	177	46
法律服务	18				
咨询与调查	7		1	22	
广告业					
知识产权服务		21			
人力资源服务					
旅行社及相关服务					
安全保护服务					
其他商务服务业	17		141	172	
科学研究和技术服务业	**54**	**911**	**5228**	**1064**	**39**
研究和试验发展		329			
自然科学研究和试验发展					
工程和技术研究和试验发展		329			
农业科学研究和试验发展					
医学研究和试验发展					
社会人文科学研究					
专业技术服务业	39	562	5228	1063	39
气象服务					
地震服务					

单位：人

1966–1970年	1971–1975年	1976–1980年	1981–1985年	1986–1990年	1991–1995年	1996–2000年	1978年	1992年	1997年
360	**660**	**862**	**2413**	**3566**	**33465**	**98420**	**154**	**4468**	**10690**
360	660	862	2413	3566	33465	98420	154	4468	10690
	350	137	959	920	11439	15281	35	2513	1168
7		5	171	505	16838	73330	5	1402	8928
			76	69	670	4430		62	174
350	310	582	1173	1429	4275	4778	114	447	373
3		138	34	643	243	601		44	47
89	**39**	**944**	**5807**	**35502**	**49782**	**74069**	**66**	**9666**	**12261**
	15		149	43	775	955		6	212
	15		149	22	772	793		6	63
				21	3	162			149
89	24	944	5658	35459	49007	73114	66	9660	12049
12	5	251	2000	1799	11639	24788	60	1251	3524
	5	56	304	142	1378	1735		105	186
	9	60	74	94	2027	14491		150	247
		4	118	88	1297	6288		292	661
			2	2	27	132		12	
8		55	621		2039	1113		298	12
		34	477	422	1869	5536		340	1063
			1804	32106	21574	8048		6102	4044
69	5	484	258	806	7157	10983	6	1110	2312
299	**118**	**2287**	**3620**	**5210**	**21877**	**39468**	**1076**	**2041**	**4763**
			456	11	258	1103		68	286
			306		1	49		1	10
			138	6	74	733		44	271
				5	97	129		18	1
			12		86	192		5	4
299	111	2272	3113	5132	20352	36180	1062	1790	4311
				1		51			20

2-A-9 续表 12

行　业	1949年及以前	1950-1952年	1953-1957年	1958-1962年	1963-1965年
海洋服务					
测绘服务	39				
质检技术服务					
环境与生态监测					
地质勘查					
工程技术		470	5221	718	39
其他专业技术服务业		92	7	345	
科技推广和应用服务业	15	20		1	
技术推广服务	15	20		1	
科技中介服务					
其他科技推广和应用服务业					
水利、环境和公共设施管理业			**1126**	**47**	**79**
水利管理业				36	79
防洪除涝设施管理					
水资源管理					10
天然水收集与分配				36	69
水文服务					
其他水利管理业					
生态保护和环境治理业				11	
生态保护				11	
环境治理业					
公共设施管理业			1126		
市政设施管理					
环境卫生管理			1126		
城乡市容管理					
绿化管理					
公园和游览景区管理					
居民服务、修理和其他服务业	**8**	**30**	**9**	**306**	**11**
居民服务业	8		9	276	11
家庭服务					
托儿所服务					
洗染服务					
理发及美容服务			9	1	

单位：人

1966-1970年	1971-1975年	1976-1980年	1981-1985年	1986-1990年	1991-1995年	1996-2000年	1978年	1992年	1997年
					100	21			
				330	673	989			133
			32	184	1331	1490		116	229
					14	232			2
			159	741	174	95		118	
287	24	2247	2706	3638	17796	31005	1062	1548	3490
12	87	25	216	238	264	2297		8	437
	7	15	51	67	1267	2185	14	183	166
	7	15	20	65	1249	2013	14	178	157
			24	2	18	86		5	8
			7			86			1
	74	**149**	**179**	**584**	**4475**	**21036**	**110**	**483**	**1387**
	74	110	124	192	490	569	110	39	217
					6	64		6	
		87	47	2	44	237	87		183
	74	19	60	166	139	87	19		
					7				
		4	17	24	294	181	4	33	34
		21		56	28	933		17	81
					5	473		5	
		21		56	23	460		12	81
		18	55	336	3957	19534		427	1089
			29	32	189	722		24	48
				20	873	3515		79	190
						24			13
				94	1872	9174		209	494
		18	26	190	1023	6099		115	344
13	**63**	**141**	**662**	**1655**	**3387**	**12319**	**52**	**566**	**2034**
		23	290	859	1048	4223		190	1444
			3		339	1905		29	1030
			125	72	196	461		15	64
			32	108	7	446			6

2-A-9 续表 13

行　业	1949年及以前	1950-1952年	1953-1957年	1958-1962年	1963-1965年
洗浴服务				34	
保健服务					
婚姻服务					
殡葬服务	8			241	11
其他居民服务业					
机动车、电子产品和日用产品修理业				2	
汽车、摩托车修理与维护					
计算机和办公设备维修				2	
家用电器修理					
其他日用产品修理业					
其他服务业		30		28	
清洁服务					
其他未列明服务业		30		28	
教育			**58**	**106**	
教育			58	106	
学前教育				106	
初等教育					
中等教育					
高等教育					
特殊教育					
技能培训、教育辅助及其他教育			58		
卫生和社会工作			**15**	**775**	
卫生			15	775	
医院				770	
社区医疗与卫生院			15	5	
门诊部(所)					
计划生育技术服务活动					
妇幼保健院(所、站)					
专科疾病防治院(所、站)					
疾病预防控制中心					
其他卫生活动					
社会工作					
提供住宿社会工作					
不提供住宿社会工作					

单位：人

1966-1970年	1971-1975年	1976-1980年	1981-1985年	1986-1990年	1991-1995年	1996-2000年	1978年	1992年	1997年
					24	216			
					23	342			157
					51	6		3	4
		23	130	675	317	749		143	178
				4	91	98			5
8	43	118	368	726	1883	5473	52	346	552
	43	112	275	655	1697	4592	52	287	483
			6	8	92	406		48	
3		6	35	59	63	437		11	69
5			52	4	31	38			
5	20		4	70	456	2623		30	38
5			3	70	423	2258		22	15
	20		1		33	365		8	23
		13	**117**	**266**	**1376**	**2682**	**5**	**129**	**54**
		13	117	266	1376	2682	5	129	54
		5	83	20	78	324	5		32
						274			
				8	448				
					13	31			
		8	34	238	837	2053		129	22
	3		**52**	**323**	**1368**	**640**		**54**	**61**
	3		52	318	1362	462		51	61
			23	304	1255	209		38	20
				5	2	7			
	3		29	9	99	193		13	
					6				
						53			41
				5	6	178		3	
					6	145		3	
				5		33			

2-A-9 续表 14

行　　业	1949年及以前	1950-1952年	1953-1957年	1958-1962年	1963-1965年
文化、体育和娱乐业	**881**	**28**	**309**	**156**	**1**
新闻和出版业	857				
新闻业					
出版业	857				
广播、电视、电影和影视录音制作业			33	88	1
广播					
电视					
电影和影视节目制作					
电影和影视节目发行				12	
电影放映			33	76	1
录音制作					
文化艺术业	24	28	276	60	
文艺创作与表演	1	10	267	56	
艺术表演场馆	23	18	9	4	
图书馆与档案馆					
文物及非物质文化遗产保护					
博物馆					
烈士陵园、纪念馆					
群众文化活动					
其他文化艺术业					
体育					
体育组织					
体育场馆					
休闲健身活动					
其他体育					
娱乐业				8	
室内娱乐活动				8	
游乐园					
彩票活动					
文化、娱乐、体育经纪代理					
其他娱乐业					

单位：人

1966—1970年	1971—1975年	1976—1980年	1981—1985年	1986—1990年	1991—1995年	1996—2000年	1978年	1992年	1997年
	82	**1957**	**2955**	**438**	**1175**	**4541**	**114**	**187**	**144**
		1454	2424	50	177	192	81	65	
					19	4			
		1454	2424	50	158	188	81	65	
	82	338	404	161	334	390	32	76	11
			24			11			
				22	89	15		75	
		1		7	47	189	1	1	3
		18	4		138	32			
	82	319	376	132	38	143	31		8
					22				
		164	121	151	74	282		9	20
		151	113	97	13	89			
		8	3	1					
				1	23	37		9	
						37			5
						40			
		5		40	34	34			
			5	12	4	45			15
				65	262	630			10
						144			
				20					
				45	262	462			10
						24			
		1	6	11	328	3047	1	37	103
		1	6	5	310	2856	1	28	78
						65			
						17			17
					16	48		9	
				6	2	61			8

2-A-9 续表 15

行 业	2000年	2001年	2002年	2003年	2004年
总 计	**1077005**	**1278429**	**1307873**	**1470902**	**1336670**
农、林、牧、渔业	**308**	**968**	**290**	**692**	**393**
农业	5	50		58	30
谷物种植					
豆类、油料和薯类种植					
蔬菜、食用菌及园艺作物种植				32	
水果种植					30
坚果、含油果、香料和饮料作物种植	5	15		10	
中药材种植		35		16	
其他农业					
林业	2			5	
林木育种和育苗	2			5	
畜牧业	65		67	6	11
牲畜饲养			57		11
家禽饲养	60		10		
其他畜牧业	5			6	
渔业	32	130	9	13	71
水产养殖	32	130	9	13	71
农、林、牧、渔服务业	204	788	214	610	281
农业服务业	80	695	122	372	197
林业服务业	98	2	8	217	75
畜牧服务业	16	18	75	16	9
渔业服务业	10	73	9	5	
采矿业	**974**	**973**	**2593**	**2230**	**1487**
煤炭开采和洗选业		15	15		
烟煤和无烟煤开采洗选			15		
褐煤开采洗选					
其他煤炭采选		15			
黑色金属矿采选业		199		100	
铁矿采选		199		100	
其他黑色金属矿采选					
有色金属矿采选业	516	69	171	95	278
常用有色金属矿采选	516	69	73	95	2

单位：人

2005年	2006年	2007年	2008年	2009年	2010年	2011年	2012年	2013年
1173102	**1276758**	**1107313**	**982586**	**1094810**	**1270670**	**1088936**	**915058**	**1128639**
572	**821**	**1484**	**2256**	**3671**	**2364**	**2376**	**2628**	**2441**
28	63		69	227	288	66	203	13
	15		24	51	10		6	5
			34					
20	35			89	125	50	25	
	8		11	76	32			2
8	5			11	15	5	57	
					106	8	115	6
						3		
						13		
						13		
5	185	70	77	66	46	53	35	22
5	99	57	19	66	23	45	20	4
	86	5	13		23	8		
		8	45				15	18
5	77			13	21			
5	77			13	21			
534	496	1414	2110	3365	2009	2244	2390	2406
504	421	1163	1787	3016	1874	1995	2182	2201
6	22	49	58	129	28	110	118	70
14	12	150	192	36	72	63	63	105
10	41	52	73	184	35	76	27	30
1341	**1356**	**1418**	**2754**	**1910**	**1368**	**2519**	**1426**	**1543**
	5	3	1		14		88	69
							88	56
	5				14			10
		3	1					3
52		28	409	60	44	83	64	
52		28	409	59	44	83	64	
				1				
107	449	17	270	31	20	260	31	66
102	84	16	187	30		260	19	25

2-A-9 续表 16

行业	2000年	2001年	2002年	2003年	2004年
贵金属矿采选			98		
稀有稀土金属矿采选					276
非金属矿采选业	458	690	2407	2025	1197
土砂石开采	449	615	2406	2013	1083
化学矿开采					
采盐					
石棉及其他非金属矿采选	9	75	1	12	114
开采辅助活动					
石油和天然气开采辅助活动					
其他开采辅助活动					
其他采矿业				10	12
其他采矿业				10	12
制造业	**580635**	**688917**	**793825**	**857543**	**692817**
农副食品加工业	10395	13719	7230	8548	6140
谷物磨制	311	324	405	179	145
饲料加工	887	1067	1328	1100	874
植物油加工	349	366	185	194	69
制糖业			7	5	3
屠宰及肉类加工	555	4255	760	1313	543
水产品加工	2921	4429	2165	3365	2117
蔬菜、水果和坚果加工	3540	1894	2254	1433	1654
其他农副食品加工	1832	1384	126	959	735
食品制造业	5096	9885	7898	4628	6202
焙烤食品制造	1012	1049	452	536	1092
糖果、巧克力及蜜饯制造	942	502	109	71	150
方便食品制造	285	540	418	856	2723
乳制品制造	169	227	476	66	169
罐头食品制造	957	5098	5156	1523	740
调味品、发酵制品制造	340	631	416	134	483
其他食品制造	1391	1838	871	1442	845
酒、饮料和精制茶制造业	2981	2756	4614	2181	5662
酒的制造	1363	481	1088	364	3012
饮料制造	637	753	1869	898	798
精制茶加工	981	1522	1657	919	1852

单位：人

2005年	2006年	2007年	2008年	2009年	2010年	2011年	2012年	2013年
			30				7	
5	365	1	53	1	20		5	41
1177	869	1368	2045	1808	1260	2153	1118	1350
1073	787	1340	1904	1681	1194	1958	1029	1296
				22		30		23
104	82	28	141	105	66	165	89	31
5	1				24		3	9
	1						1	6
5					24		2	3
	32	2	29	11	6	23	122	49
	32	2	29	11	6	23	122	49
603937	**706527**	**645555**	**500855**	**551401**	**660550**	**547187**	**425403**	**583653**
7598	7533	6159	4800	6664	6068	7074	7250	6010
154	237	152	107	174	257	118	661	184
1181	1007	705	389	161	875	332	292	663
193	314	222	229	268	282	611	275	400
	82		40		85	134	73	41
1011	779	1107	799	1287	899	890	920	441
3405	2256	2279	1277	2228	1622	1486	2272	1866
1341	1939	1187	1428	1759	1671	1720	1998	1466
313	919	507	531	787	377	1783	759	949
7674	4952	3734	3831	4313	3340	3279	3157	3119
793	1273	1372	398	1019	676	986	935	1448
1494	348	495	118	112	95	55	340	106
715	1421	307	346	495	382	918	666	631
1621		4	1046	9	1		1	7
1349	244	267	306	26	640	165	286	207
154	261	263	105	270	457	92	84	68
1548	1405	1026	1512	2382	1089	1063	845	652
6970	8410	3058	3431	2679	1484	3150	2330	3030
536	1696	418	578	1081	159	281	296	401
5256	5378	869	809	696	526	685	873	626
1178	1336	1771	2044	902	799	2184	1161	2003

2-A-9 续表 17

行 业	2000年	2001年	2002年	2003年	2004年
烟草制品业		227		30	
卷烟制造					
其他烟草制品制造		227		30	
纺织业	71428	65676	113398	111448	66351
棉纺织及印染精加工	40778	37053	69472	57429	28304
毛纺织及染整精加工	4300	2342	3782	3499	1922
麻纺织及染整精加工	1222	222	364	873	113
丝绢纺织及印染精加工	4521	4646	4082	6294	4213
化纤织造及印染精加工	4394	4577	5537	9768	7248
针织或钩针编织物及其制品制造	8655	9523	16680	14986	13463
家用纺织制成品制造	4157	4047	7211	9672	6137
非家用纺织制成品制造	3401	3266	6270	8927	4951
纺织服装、服饰业	64318	67557	82717	83334	67336
机织服装制造	44951	44966	44423	45980	39133
针织或钩针编织服装制造	13182	16641	28652	26455	19630
服饰制造	6185	5950	9642	10899	8573
皮革、毛皮、羽毛及其制品和制鞋业	35332	38978	40015	35214	31433
皮革鞣制加工	1741	2324	1595	2147	1533
皮革制品制造	6206	12052	12376	10569	8730
毛皮鞣制及制品加工	1666	685	2070	1029	727
羽毛(绒)加工及制品制造	1737	1801	1204	2222	783
制鞋业	23982	22116	22770	19247	19660
木材加工和木、竹、藤、棕、草制品业	5634	6358	7844	8410	7068
木材加工	341	460	512	642	495
人造板制造	1811	1203	2246	3162	1638
木制品制造	2291	2319	3567	3247	2562
竹、藤、棕、草等制品制造	1191	2376	1519	1359	2373
家具制造业	9108	7679	16491	21993	16928
木质家具制造	2211	2019	6747	11669	10834
竹、藤家具制造	26	123	154	49	137
金属家具制造	4272	3289	8403	6064	4199
塑料家具制造	200	67	188	473	224
其他家具制造	2399	2181	999	3738	1534
造纸和纸制品业	9299	13067	17715	21107	11622

单位：人

2005年	2006年	2007年	2008年	2009年	2010年	2011年	2012年	2013年
	2551							
	2551							
56830	61844	54252	38962	43672	51425	47158	31178	46335
21725	25173	23328	15399	14529	16279	12984	7868	13616
1851	3765	2832	1443	1305	1643	1370	1857	2497
816	101	105	80	99	110	61	70	61
4312	2121	2000	1550	2702	1808	1580	654	1299
6098	4982	4179	2771	4236	5221	4379	3096	4973
9402	12025	10033	6509	10262	11772	10771	7462	10951
6854	7519	6272	6866	6060	9621	9343	6399	8401
5772	6158	5503	4344	4479	4971	6670	3772	4537
55796	68508	64903	40512	49860	65888	51120	48993	83451
32430	37597	33186	21806	29912	37617	29163	28569	55780
15808	21847	23804	11898	13255	17531	11808	11789	13907
7558	9064	7913	6808	6693	10740	10149	8635	13764
25752	33876	32466	21699	30923	48709	44422	33068	74807
858	1052	1294	279	476	715	708	525	784
6724	9280	9238	6503	8294	7929	9787	8591	11913
1013	1246	1978	352	642	1056	707	1028	1326
1071	457	504	155	1006	155	394	89	707
16086	21841	19452	14410	20505	38854	32826	22835	60077
7562	12902	11710	10372	7995	12041	8426	7817	14205
659	1112	1020	1244	1101	1706	1581	1054	3169
1320	2498	2802	2643	1211	1634	931	880	1008
3532	6792	4896	4339	3883	6361	3732	3323	5715
2051	2500	2992	2146	1800	2340	2182	2560	4313
13071	22638	15037	10196	18906	15586	19006	14955	14621
4138	8941	5865	6028	6981	8102	9322	8525	9037
108	827	486	182	236	459	3139	229	832
6852	7504	5595	2533	2646	3053	4568	3303	2679
497	3072	685	266	755	547	446	406	159
1476	2294	2406	1187	8288	3425	1531	2492	1914
9775	10997	12115	10086	12130	14336	8689	8644	11905

2-A-9 续表 18

行业	2000年	2001年	2002年	2003年	2004年
纸浆制造	1	9	16		
造纸	4205	7837	10949	13395	4376
纸制品制造	5093	5221	6750	7712	7246
印刷和记录媒介复制业	11035	11712	15744	13341	11531
印刷	10537	11113	15109	12496	10634
装订及印刷相关服务	498	595	539	830	897
记录媒介复制		4	96	15	
文教、工美、体育和娱乐用品制造业	20872	24368	36231	41943	26509
文教办公用品制造	4670	4883	5994	6031	5481
乐器制造	339	1109	529	2875	705
工艺美术品制造	9921	12907	18078	22639	13237
体育用品制造	2819	1557	3754	2389	3792
玩具制造	2463	3278	4461	7199	2727
游艺器材及娱乐用品制造	660	634	3415	810	567
石油加工、炼焦和核燃料加工业	175	1309	213	156	815
精炼石油产品制造	166	1309	213	156	815
炼焦	9				
核燃料加工					
化学原料和化学制品制造业	19569	22767	20590	29477	16904
基础化学原料制造	3121	4100	2636	4909	2729
肥料制造	730	544	177	83	555
农药制造	2477	84	517	604	345
涂料、油墨、颜料及类似产品制造	3375	3561	3586	3477	6102
合成材料制造	5388	3261	7788	7032	1817
专用化学产品制造	3396	3520	4065	9772	3839
炸药、火工及焰火产品制造	1	11	1	206	8
日用化学产品制造	1081	7686	1820	3394	1509
医药制造业	8479	5746	9327	8159	6352
化学药品原料药制造	3160	3685	3610	2669	2831
化学药品制剂制造	342	615	357	2051	683
中药饮片加工	81	119	443	346	38
中成药生产	1707	178	532	116	460
兽用药品制造	291	14	115	210	223
生物药品制造	1623	415	604	975	1443
卫生材料及医药用品制造	1275	720	3666	1792	674

单位：人

2005年	2006年	2007年	2008年	2009年	2010年	2011年	2012年	2013年
8	9	28	36	7	43	41	6	30
2427	3372	3949	1982	3499	3672	2082	2220	1845
7340	7616	8138	8068	8624	10621	6566	6418	10030
10018	11674	9496	5970	9205	8057	6843	5030	6384
9611	11332	8311	5664	8946	7675	6463	4807	5751
362	342	1182	306	259	369	380	210	612
45		3			13		13	21
22668	30226	25943	19664	24180	29141	27949	21748	31690
3934	4345	4669	2389	4405	5555	4423	2893	4798
132	844	1021	113	176	148	468	126	83
10981	16269	12511	13008	11689	15125	15269	12548	20265
4269	3354	2737	1330	3507	4375	3667	1906	2152
2383	4141	4121	2003	3683	3170	3350	3630	3723
969	1273	884	821	720	768	772	645	669
226	328	326	363	185	269	788	302	299
226	328	326	363	185	249	787	263	299
							39	
					20	1		
14723	15594	19802	18241	11556	13992	9070	5373	5588
3424	2998	3958	2526	1444	2858	1762	642	718
154	95	205	138	303	155	251	208	104
33	126	420	815		6	20	20	1
2482	2883	2707	1775	1900	1699	1097	862	1110
3576	3888	6387	5261	2887	5279	2252	889	1523
3426	3628	4911	4113	3033	2647	2710	1367	1380
	25	18	794	130		1	3	18
1628	1951	1196	2819	1859	1348	977	1382	734
5935	6595	2186	2316	1513	2871	2442	2345	1038
3933	1802	576	456	491	431	955	649	59
5	324	167	205	271	24	459	779	76
161	237	201	562	26	138	29	111	297
71	382	84	4	51	1242	132	54	95
241	62	102	45	48	42	107	19	12
1154	3017	572	149	248	260	186	375	241
370	771	484	895	378	734	574	358	258

2-A-9 续表 19

行　业	2000年	2001年	2002年	2003年	2004年
化学纤维制造业	8801	7880	10766	15303	12316
纤维素纤维原料及纤维制造	501	276	1164	183	1485
合成纤维制造	8300	7604	9602	15120	10831
橡胶和塑料制品业	28529	32916	37617	41028	38174
橡胶制品业	4764	5107	4535	5892	4700
塑料制品业	23765	27809	33082	35136	33474
非金属矿物制品业	14111	21385	22734	29714	20864
水泥、石灰和石膏制造	2220	3543	3632	5404	2717
石膏、水泥制品及类似制品制造	3706	4175	5948	10653	5317
砖瓦、石材等建筑材料制造	2411	2532	4960	5328	4884
玻璃制造	281	333	292	668	1298
玻璃制品制造	2308	2178	2095	3390	2607
玻璃纤维和玻璃纤维增强塑料制品制造	758	5099	3023	869	744
陶瓷制品制造	1297	721	373	1595	1382
耐火材料制品制造	532	1406	1767	949	921
石墨及其他非金属矿物制品制造	598	1398	644	858	994
黑色金属冶炼和压延加工业	8093	8744	15981	24152	15637
炼铁	18	2	26	22	88
炼钢	24	75	1114	372	286
黑色金属铸造	4071	3732	4502	5231	4527
钢压延加工	3980	4924	10331	18074	10571
铁合金冶炼		11	8	453	165
有色金属冶炼和压延加工业	6964	10156	8840	9119	6808
常用有色金属冶炼	239	680	1623	1550	419
贵金属冶炼	5		40	35	
稀有稀土金属冶炼	1		53	160	
有色金属合金制造	392	691	816	480	1968
有色金属铸造	202	732	560	303	418
有色金属压延加工	6125	8053	5748	6591	4003
金属制品业	31485	38895	45825	52428	44190
结构性金属制品制造	4711	7116	8953	6055	6676
金属工具制造	5402	7646	5672	6749	7715
集装箱及金属包装容器制造	1768	615	2575	2287	3329

单位：人

2005年	2006年	2007年	2008年	2009年	2010年	2011年	2012年	2013年
5417	4852	5915	4866	6622	9620	3935	3162	1757
545	182	69	155	152	222	158	174	249
4872	4670	5846	4711	6470	9398	3777	2988	1508
35972	40548	33388	29626	35548	46529	31472	26458	32359
4617	3739	3635	4714	3441	9695	4796	2446	3064
31355	36809	29753	24912	32107	36834	26676	24012	29295
13917	21273	19938	17886	17725	22854	18868	14041	33690
974	800	745	1383	1074	702	925	497	891
3429	7434	8566	6354	5189	5704	6610	3794	2859
2967	4169	3855	3386	3757	5581	3702	3652	5404
356	1321	679	443	890	1198	1489	327	2278
3269	2886	3651	3296	3380	4570	3215	2473	18011
1220	1052	682	622	666	1082	786	488	482
537	1221	826	1055	1229	2615	902	913	1741
585	1422	555	625	816	750	507	410	577
580	968	379	722	724	652	732	1487	1447
9601	7088	10297	9246	7551	9791	4382	4055	3655
28	31	71		260	68	21	1	34
52	33	30	325	45	22	26	23	390
3146	2769	4451	2256	2078	2820	2055	714	904
6241	4168	5657	6568	5151	6821	2278	3304	2262
134	87	88	97	17	60	2	13	65
5679	9331	7612	7093	6422	5048	5517	3044	4013
854	400	572	528	259	334	1594	338	213
23		134	49	25		36	10	4
5	90	13	60	39	6	6		9
1008	1360	711	861	1519	780	370	292	253
434	852	385	1410	493	303	368	103	325
3355	6629	5797	4185	4087	3625	3143	2301	3209
45583	48754	47115	36941	39964	46820	40644	32088	39680
7441	9880	11853	7473	9224	10671	10363	4921	6024
7769	6667	6221	4894	3914	6829	4646	4738	5724
1819	1725	977	3098	2400	1829	925	1044	480

2-A-9 续表 20

行　业	2000年	2001年	2002年	2003年	2004年
金属丝绳及其制品制造	1546	842	1494	1132	1074
建筑、安全用金属制品制造	7806	10232	11512	13139	9552
金属表面处理及热处理加工	3579	3610	4436	9521	4975
搪瓷制品制造	83	472	224	672	272
金属制日用品制造	3694	5325	8011	8187	7276
其他金属制品制造	2896	3037	2948	4686	3321
通用设备制造业	55431	66369	73115	73962	75112
锅炉及原动设备制造	1517	1990	585	1540	3426
金属加工机械制造	4743	5113	5595	6238	5143
物料搬运设备制造	4008	2089	4038	5338	6028
泵、阀门、压缩机及类似机械制造	11935	17512	22275	21209	20636
轴承、齿轮和传动部件制造	9080	14385	12727	13238	11668
烘炉、风机、衡器、包装等设备制造	12509	11442	11601	8620	9890
文化、办公用机械制造	662	2787	927	1447	1488
通用零部件制造	10270	10330	14765	15468	15986
其他通用设备制造业	707	721	602	864	847
专用设备制造业	24285	27548	30339	34907	27838
采矿、冶金、建筑专用设备制造	1438	1228	1298	3435	2426
化工、木材、非金属加工专用设备制造	8104	14635	10799	10656	8916
食品、饮料、烟草及饲料生产专用设备制造	472	535	873	1052	699
印刷、制药、日化及日用品生产专用设备制造	1770	1756	959	2266	1042
纺织、服装和皮革加工专用设备制造	7311	4268	7837	8693	5274
电子和电工机械专用设备制造	557	295	1177	539	1256
农、林、牧、渔专用机械制造	369	1035	3050	1323	2329
医疗仪器设备及器械制造	1085	1417	1483	2447	3529
环保、社会公共服务及其他专用设备制造	3179	2379	2863	4496	2367
汽车制造业	21743	21553	26998	41802	32797
汽车整车制造	844	394	763	3607	1662
改装汽车制造	149	370			105
低速载货汽车制造	144				
电车制造	15	51			
汽车车身、挂车制造	59	21	87	2	19
汽车零部件及配件制造	20532	20717	26148	38193	31011
铁路、船舶、航空航天和其他运输设备制造业	6503	8023	8199	19009	14333

单位：人

2005年	2006年	2007年	2008年	2009年	2010年	2011年	2012年	2013年
1340	1601	1509	1140	1326	706	559	334	534
9342	11286	12516	8795	9153	9926	9883	8868	13731
5191	5233	3484	2869	2132	4443	3644	2985	3298
850	618	659	462	285	479	669	428	592
6212	7356	5388	4905	7445	7651	5459	5423	5392
5619	4388	4508	3305	4085	4286	4496	3347	3905
66347	70434	67586	61864	49279	61893	59729	42239	48598
2021	1679	3106	1296	811	1042	1448	534	563
4751	6066	4233	5504	5574	6325	6145	4281	6465
6032	5620	4684	3669	2725	4852	3481	1948	1470
16389	17143	17508	14593	12839	15111	15239	10165	10653
9978	12196	13206	9340	5473	7707	7932	5535	4666
9333	8712	7624	10522	5514	7564	7019	5154	5498
1571	1167	1026	1224	470	1055	467	599	714
15530	16906	15559	14679	14966	16628	16646	12575	17409
742	945	640	1037	907	1609	1352	1448	1160
30400	28098	26174	19788	25913	30484	24819	18204	20421
1790	1607	1370	1519	1850	1468	1829	1518	1267
10015	11679	10327	7145	7587	10835	10200	6756	8936
619	431	341	375	837	670	513	580	516
1453	1141	1437	1603	1719	2279	1619	1348	1457
7586	5555	4200	3176	3785	6605	4193	2623	3215
588	1526	1155	797	1199	1089	1163	984	747
1078	1968	4037	1205	2162	2700	1228	1093	1141
2393	1740	406	1127	1673	1878	1258	963	698
4878	2451	2901	2841	5101	2960	2816	2339	2444
26178	36018	32821	22295	25731	32870	24319	20906	21172
1089	2063	1215	372	331	5623	124	1933	330
10	131	290	5	124	59	149	8	27
41	18	10	1	4	6			57
	27	18	49	31	124	42	507	27
25038	33779	31288	21868	25241	27058	24004	18458	20731
12043	9595	8182	8143	9169	7498	6994	4837	5446

2-A-9 续表 21

行　业	2000年	2001年	2002年	2003年	2004年
铁路运输设备制造	93	136		134	121
城市轨道交通设备制造					
船舶及相关装置制造	895	1515	553	5012	5652
航空、航天器及设备制造	1	212	8		118
摩托车制造	3374	1925	3874	7024	4085
自行车制造	1752	3817	3422	6144	3901
非公路休闲车及零配件制造	283	257	236	397	450
潜水救捞及其他未列明运输设备制造	105	161	106	298	6
电气机械和器材制造业	54856	71389	67845	68621	55476
电机制造	11060	10246	14168	9737	11578
输配电及控制设备制造	15982	17446	17122	18547	12706
电线、电缆、光缆及电工器材制造	5143	9532	7024	6907	4802
电池制造	977	1177	3045	4178	1631
家用电力器具制造	13575	16606	13089	14355	14161
非电力家用器具制造	389	567	293	1672	908
照明器具制造	7194	15140	12644	12175	8871
其他电气机械及器材制造	536	675	460	1050	819
计算机、通信和其他电子设备制造业	23916	48703	35357	34565	48088
计算机制造	425	1974	5697	503	976
通信设备制造	2791	17978	3329	8369	2489
广播电视设备制造	1866	1480	3617	4552	632
雷达及配套设备制造				146	6
视听设备制造	2478	1857	770	1316	2605
电子器件制造	916	7344	4809	6014	27274
电子元件制造	13848	17627	14919	11017	13252
其他电子设备制造	1592	443	2216	2648	854
仪器仪表制造业	12869	19250	19895	14324	10737
通用仪器仪表制造	6496	10584	8144	8751	3936
专用仪器仪表制造	273	1559	5845	1371	4257
钟表与计时仪器制造	1919	72	264	171	324
光学仪器及眼镜制造	3886	6860	5429	3628	2082
其他仪器仪表制造业	295	175	213	403	138
其他制造业	8409	13370	6440	7283	6003
日用杂品制造	7923	12892	5943	5431	5534

单位：人

2005年	2006年	2007年	2008年	2009年	2010年	2011年	2012年	2013年
393	81	102	131	353	143	182	42	35
	1		11		15	126		15
7698	4380	3434	3923	3478	3225	3453	847	982
1	221	29	103	25	8	31	13	143
2353	2391	1873	1578	2216	1295	1530	1106	1725
1407	2242	2525	2047	2520	2527	1265	2604	2314
104	278	166	196	315	107	233	164	182
87	1	53	154	262	178	174	61	50
55460	78565	76191	49369	60324	69661	48896	36975	37732
9240	9298	9303	6142	5327	6552	5149	4757	5155
11388	24298	25286	17604	17221	21066	16345	10102	14931
6850	7267	6727	2271	4355	5198	2938	2436	2388
5274	3508	1346	1998	3891	3122	1549	2070	331
12307	18596	14074	7836	14305	15471	9417	7208	5594
1599	3043	758	1351	2710	1654	1140	1048	1244
8290	11785	17881	11678	11610	14749	10669	8403	6981
512	770	816	489	905	1849	1689	951	1108
33721	32108	23111	24722	20998	22007	16991	12270	11098
2231	2329	2982	916	308	657	1101	496	165
779	5429	2520	3837	7157	1614	1484	2325	549
721	733	798	1150	296	2191	1762	616	327
25			32	29	20		1	
1537	3325	3462	1587	995	1848	915	577	551
18308	9621	3321	9384	2608	3122	2522	2346	2054
9142	10011	8847	6707	8347	10451	8001	5142	6464
978	660	1181	1109	1258	2104	1206	767	988
7785	9392	12578	8082	9811	8719	8403	6823	9711
4071	5496	8497	3166	4244	3766	3389	1990	2105
1134	1253	1465	1544	1995	604	800	682	416
356	189	204	172	637	50	344	84	79
1847	2208	2215	2894	2527	4093	3523	3938	6840
377	246	197	306	408	206	347	129	271
6190	7458	5201	5636	5482	6894	7540	5128	7692
5864	6791	4442	4699	4419	5882	6254	4209	5712

2-A-9 续表 22

行　业	2000年	2001年	2002年	2003年	2004年
煤制品制造		5	11	5	47
核辐射加工			70		
其他未列明制造业	486	473	416	1847	422
废弃资源综合利用业	731	432	2098	822	2420
金属废料和碎屑加工处理	599	266	1804	636	2216
非金属废料和碎屑加工处理	132	166	294	186	204
金属制品、机械和设备修理业	188	500	1749	535	1171
金属制品修理	4	8		15	
通用设备修理	5	67	46	110	44
专用设备修理	19	18	1	30	19
铁路、船舶、航空航天等运输设备修理	157	254	1690	270	1077
电气设备修理	3	146		36	13
仪器仪表修理			1	10	
其他机械和设备修理业		7	11	64	18
电力、热力、燃气及水生产和供应业	**2829**	**4558**	**6991**	**6097**	**6000**
电力、热力生产和供应业	1594	2692	3712	4663	3548
电力生产	1306	1738	3347	3824	3085
电力供应	272	954			65
热力生产和供应	16		365	839	398
燃气生产和供应业	87	349	354	496	887
燃气生产和供应业	87	349	354	496	887
水的生产和供应业	1148	1517	2925	938	1565
自来水生产和供应	811	1015	1182	493	1064
污水处理及其再生利用	249	444	1606	390	460
其他水的处理、利用与分配	88	58	137	55	41
建筑业	**265572**	**395145**	**316093**	**380902**	**390722**
房屋建筑业	203221	277025	192188	228914	270799
房屋建筑业	203221	277025	192188	228914	270799
土木工程建筑业	43493	87252	75111	125291	76507
铁路、道路、隧道和桥梁工程建筑	26178	55327	48911	90985	59117
水利和内河港口工程建筑	2967	14494	6165	7804	4977
海洋工程建筑		8			4
工矿工程建筑	214	724	1200	7507	3931
架线和管道工程建筑	2270	2812	2016	2938	1975
其他土木工程建筑	11864	13887	16819	16057	6503

单位：人

2005年	2006年	2007年	2008年	2009年	2010年	2011年	2012年	2013年
1	144	26	34	132	3	11	15	31
								11
325	523	733	903	931	1009	1275	904	1938
3240	2011	1592	2202	1129	2765	1663	843	1114
2433	1583	1293	1788	678	2241	1015	384	501
807	428	299	414	451	524	648	459	613
1806	2374	6667	2653	5952	3890	3599	2140	3033
8	60	3	38	19	15	31	36	47
13	53	41	38	255	98	442	135	76
40	10	8	516	70	71	37	81	156
1283	1984	6327	1950	5322	3373	3001	1792	2509
349	261	80	9	182	139	50	44	42
		21		22		1	6	10
113	6	187	102	82	194	37	46	193
7682	**4729**	**3265**	**3903**	**3003**	**3601**	**2033**	**2611**	**1700**
2098	1755	1354	1314	1694	773	1219	1007	963
1924	1538	1098	909	1541	741	909	836	854
1	6	119	5	20	2	43	71	32
173	211	137	400	133	30	267	100	77
1669	820	172	336	349	247	298	1100	226
1669	820	172	336	349	247	298	1100	226
3915	2154	1739	2253	960	2581	516	504	511
3345	1546	1053	1405	537	1704	102	157	155
446	469	581	746	414	809	345	304	217
124	139	105	102	9	68	69	43	139
321170	**254377**	**191572**	**140508**	**168785**	**192768**	**103420**	**61453**	**23821**
224602	174257	131064	78544	105912	124780	57960	28818	3889
224602	174257	131064	78544	105912	124780	57960	28818	3889
57447	50187	35611	28105	40225	46759	16255	15281	6539
39802	35200	30168	18222	24209	34973	10698	10007	3114
1992	943	2366	3054	2640	1660	521	462	684
33	59		393	66	17	3	26	45
5301	7196	145	213	4501	2100	129	687	828
1208	1494	1411	941	2917	2571	895	446	243
9111	5295	1521	5282	5892	5438	4009	3653	1625

2-A-9 续表 23

行业	2000年	2001年	2002年	2003年	2004年
建筑安装业	4579	12427	13468	12089	6901
电气安装	743	2368	2052	3849	2354
管道和设备安装	1503	2765	8113	2190	765
其他建筑安装业	2333	7294	3303	6050	3782
建筑装饰和其他建筑业	14279	18441	35326	14608	36515
建筑装饰业	11947	14551	15233	8289	30420
工程准备活动	2209	1126	1785	4228	2869
提供施工设备服务	45	55	19	56	1057
其他未列明建筑业	78	2709	18289	2035	2169
批发和零售业	**84331**	**57880**	**66137**	**79448**	**80892**
批发业	61765	36982	37819	49306	49106
农、林、牧产品批发	1364	912	807	953	863
食品、饮料及烟草制品批发	3387	4450	3216	3618	4642
纺织、服装及家庭用品批发	8890	7839	9418	10631	11038
文化、体育用品及器材批发	1655	1399	1549	1790	2177
医药及医疗器材批发	1301	1202	1653	3529	1923
矿产品、建材及化工产品批发	37404	9955	11534	14305	12185
机械设备、五金产品及电子产品批发	6237	9424	7866	11586	13348
贸易经纪与代理	472	535	717	1013	1073
其他批发业	1055	1266	1059	1881	1857
零售业	22566	20898	28318	30142	31786
综合零售	5549	5145	6739	5911	7135
食品、饮料及烟草制品专门零售	1344	619	1011	1352	552
纺织、服装及日用品专门零售	660	2999	1285	1490	2009
文化、体育用品及器材专门零售	1585	841	910	1064	716
医药及医疗器材专门零售	2439	2531	6147	5133	4338
汽车、摩托车、燃料及零配件专门零售	7293	4484	7158	8560	12164
家用电器及电子产品专门零售	2373	2078	3263	4641	3016
五金、家具及室内装饰材料专门零售	793	1676	1286	1406	1111
货摊、无店铺及其他零售业	530	525	519	585	745
交通运输、仓储和邮政业	**22768**	**26607**	**19798**	**21659**	**24219**
铁路运输业					
铁路货物运输					

单位：人

2005年	2006年	2007年	2008年	2009年	2010年	2011年	2012年	2013年
4887	5206	5622	6216	5323	5668	12990	4531	2689
615	1406	2477	1432	2186	1600	8469	1054	799
1602	671	884	2457	390	715	1652	830	908
2670	3129	2261	2327	2747	3353	2869	2647	982
34234	24727	19275	27643	17325	15561	16215	12823	10704
15041	6994	6438	17469	14776	11495	8737	7259	6079
9348	12668	6412	1557	761	1847	1305	1316	3667
1168	396	119	2033	278	487	4796	1260	288
8677	4669	6306	6584	1510	1732	1377	2988	670
78718	**109994**	**100934**	**117618**	**154004**	**170360**	**199775**	**195068**	**260900**
53289	73202	69544	74860	111971	116543	142881	134791	165387
1269	1525	2445	4279	5133	4252	5089	5893	8001
4571	8178	8395	9497	13325	12616	17428	16001	19723
15009	24562	19579	21021	38917	36521	41316	42713	51613
1695	2803	2572	2722	4115	4617	6499	5889	9508
3247	3212	1755	1990	2732	2902	2814	3002	4411
13430	15320	15451	16410	20967	24012	31494	27049	33428
10528	13421	14292	14111	18512	22009	25425	21928	23630
1597	2409	3302	2202	4385	5654	8250	8486	10395
1943	1772	1753	2628	3885	3960	4566	3830	4678
25429	36792	31390	42758	42033	53817	56894	60277	95513
5139	5868	5084	12709	10740	6848	3809	7391	9798
2106	2251	2008	3805	2952	4978	5034	5315	13553
1639	4014	3521	5704	3991	10225	9279	8953	15952
754	1536	1966	958	2351	2821	2364	2546	4430
3828	4273	3402	3146	3879	3705	4334	4489	5420
7399	10784	9151	9335	8462	12407	13829	13101	10698
2516	4199	3414	3850	4467	4930	5915	5393	7842
1464	2075	2111	1945	2936	3712	4664	4598	14191
584	1792	733	1306	2255	4191	7666	8491	13629
22540	**24046**	**34354**	**34781**	**27272**	**40701**	**23659**	**23530**	**17954**
				277				
				277				

2-A-9 续表 24

行　　业	2000年	2001年	2002年	2003年	2004年
道路运输业	7941	18914	12801	10653	13318
城市公共交通运输	1693	1344	3282	450	1482
公路旅客运输	3001	10641	2167	1799	2709
道路货物运输	2229	4454	4909	5352	6159
道路运输辅助活动	1018	2475	2443	3052	2968
水上运输业	2318	2338	2461	3492	3583
水上旅客运输	411	129	502	278	470
水上货物运输	1845	1175	1473	2221	2073
水上运输辅助活动	62	1034	486	993	1040
航空运输业	3727	309	33	328	1
航空客货运输			4		
通用航空服务	5		24		1
航空运输辅助活动	3722	309	5	328	
管道运输业					
管道运输业					
装卸搬运和运输代理业	4906	4151	3388	4307	5490
装卸搬运	3140	1294	1009	1692	2529
运输代理业	1766	2857	2379	2615	2961
仓储业	750	765	697	1801	1414
谷物、棉花等农产品仓储	370	129	46	114	186
其他仓储业	380	636	651	1687	1228
邮政业	3126	130	418	1078	413
邮政基本服务	1546	2		857	67
快递服务	1580	128	418	221	346
住宿和餐饮业	**13823**	**10849**	**16978**	**15629**	**17981**
住宿业	7738	5045	9845	8436	11323
旅游饭店	6631	4261	8370	6700	8065
一般旅馆	1095	763	1427	1696	3194
其他住宿业	12	21	48	40	64
餐饮业	6085	5804	7133	7193	6658
正餐服务	2923	4897	6649	6010	5754
快餐服务	2953	714	325	886	239
饮料及冷饮服务	44	113	38	158	177
其他餐饮业	165	80	121	139	488

单位：人

2005年	2006年	2007年	2008年	2009年	2010年	2011年	2012年	2013年
10149	13705	22966	14603	17238	15855	13460	14980	9690
448	3310	8049	5465	438	826	1776	4702	280
1014	1259	4003	534	800	2826	1125	696	477
6664	8070	9777	7042	14908	11345	9750	8900	8034
2023	1066	1137	1562	1092	858	809	682	899
2484	3090	2472	2368	1610	3141	1091	857	535
105	93	5	286	62	163	65	405	245
1526	1649	1797	1783	1120	1664	857	290	176
853	1348	670	299	428	1314	169	162	114
	1		5	18	33	452	34	39
						446	5	
			5	18	1	6	19	27
	1				32		10	12
					1			
					1			
5408	4766	3551	6291	4365	4806	6146	5178	5917
629	1039	777	1078	801	933	1110	1204	1442
4779	3727	2774	5213	3564	3873	5036	3974	4475
3087	1078	945	996	1059	1660	739	601	553
33	11	231	38	13	86	6	25	20
3054	1067	714	958	1046	1574	733	576	533
1412	1406	4420	10518	2705	15205	1771	1880	1220
23	14	1	175		250	5	6	
1389	1392	4419	10343	2705	14955	1766	1874	1220
19553	**18215**	**20529**	**21964**	**23107**	**30667**	**27725**	**32346**	**51736**
11444	10308	11154	10703	9308	10039	10832	9711	15234
9143	7604	7555	5912	5957	6047	6337	4657	5807
2261	2618	3313	4139	3066	3889	4114	4772	8688
40	86	286	652	285	103	381	282	739
8109	7907	9375	11261	13799	20628	16893	22635	36502
6796	6978	7874	9613	11575	18245	14873	20077	29695
524	397	1017	833	1225	877	558	773	2028
254	345	258	315	358	446	639	853	2372
535	187	226	500	641	1060	823	932	2407

2-A-9 续表 25

行　业	2000年	2001年	2002年	2003年	2004年
信息传输、软件和信息技术服务业	**18783**	**7356**	**10117**	**17239**	**18245**
电信、广播电视和卫星传输服务	9951	1641	2928	4446	958
电信	9497	1190	2899	4018	618
广播电视传输服务	454	451	29	428	340
互联网和相关服务	1748	630	407	1842	6026
互联网接入及相关服务	106	28	17	536	130
互联网信息服务	1059	593	390	1292	5890
其他互联网服务	583	9		14	6
软件和信息技术服务业	7084	5085	6782	10951	11261
软件开发	4874	3632	3920	9006	10045
信息系统集成服务	663	962	1732	1461	634
信息技术咨询服务	1345	162	254	330	328
数据处理和存储服务	8			7	41
集成电路设计		64	209	70	35
其他信息技术服务业	194	265	667	77	178
金融业	**212**	**793**	**450**	**523**	**985**
货币金融服务		20	8	4	5
货币银行服务					
非货币银行服务		20	8	4	5
资本市场服务	142	283	219	312	501
证券市场服务	20	1	9		
期货市场服务					
资本投资服务	119	258	210	308	496
其他资本市场服务	3	24		4	5
保险业		40	39	48	31
人身保险					
财产保险					10
再保险					
保险经纪与代理服务			38	22	21
其他保险活动		40	1	26	
其他金融业	70	450	184	159	448
金融信托与管理服务	12	19	131	44	372
控股公司服务	40	397	18	36	2
其他未列明金融业	18	34	35	79	74

单位：人

2005年	2006年	2007年	2008年	2009年	2010年	2011年	2012年	2013年
13253	**14716**	**10031**	**18259**	**20015**	**20207**	**20887**	**21733**	**24363**
2772	331	706	2104	2527	1144	1394	1245	1055
791	148	348	1448	571	1037	678	226	303
1981	183	358	656	1956	107	716	1019	752
454	1260	1435	1358	1026	3325	1576	1786	2198
72	64	52	117	104	157	139	209	188
361	1167	1349	1174	852	2976	1109	1214	1489
21	29	34	67	70	192	328	363	521
10027	13125	7890	14797	16462	15738	17917	18702	21110
7861	8855	6253	11137	12495	11021	13717	13397	14970
992	2827	786	2023	1085	1269	1363	1317	1970
292	865	417	766	2087	1655	1588	2139	2291
16	191	14	533	147	496	359	598	673
202	126	82	112	164	290	232	171	181
664	261	338	226	484	1007	658	1080	1025
322	**410**	**1191**	**1598**	**1917**	**2265**	**3145**	**4156**	**4786**
6	12	20	723	874	602	658	1148	808
			100				1	23
6	12	20	623	874	602	658	1147	785
246	318	936	691	738	1287	1964	2425	2841
4		7	10	18	31	5	110	49
		8		7	16	38	12	151
222	296	912	640	700	1152	1866	2116	2481
20	22	9	41	13	88	55	187	160
12	24	32	52	107	100	57	23	57
	2			39				
					21			8
								1
12	5	32	3	63	58	48	5	42
	17		49	5	21	9	18	6
58	56	203	132	198	276	466	560	1080
25	24	40	69	145	198	234	196	552
31	7	3	5	11	20	56	123	75
2	25	160	58	42	58	176	241	453

2-A-9 续表 26

行　业	2000年	2001年	2002年	2003年	2004年
房地产业	**29072**	**22242**	**23930**	**24111**	**23156**
房地产业	29072	22242	23930	24111	23156
房地产开发经营	5494	4732	6329	5543	5762
物业管理	19219	14403	12299	14621	13618
房地产中介服务	2684	1949	3048	1595	1919
自有房地产经营活动	1466	979	1632	1789	1257
其他房地产业	209	179	622	563	600
租赁和商务服务业	**29787**	**36604**	**18287**	**25413**	**38597**
租赁业	178	507	449	571	838
机械设备租赁	165	492	432	543	793
文化及日用品出租	13	15	17	28	45
商务服务业	29609	36097	17838	24842	37759
企业管理服务	12531	6006	5727	7175	7231
法律服务	507	487	239	231	169
咨询与调查	8445	1427	2353	3334	4252
广告业	2493	1949	1739	2435	3226
知识产权服务	29	258	290	338	230
人力资源服务	854	19010	2051	2843	16379
旅行社及相关服务	1599	1658	1357	2009	1859
安全保护服务	102	1836	94	614	1320
其他商务服务业	3049	3466	3988	5863	3093
科学研究和技术服务业	**11382**	**10737**	**11707**	**16289**	**15134**
研究和试验发展	259	494	1096	1969	1170
自然科学研究和试验发展	3	39	8	8	15
工程和技术研究和试验发展	115	415	816	1722	316
农业科学研究和试验发展	95	9	146	70	67
医学研究和试验发展	46	31	106	164	759
社会人文科学研究			20	5	13
专业技术服务业	10093	9402	9654	11887	11716
气象服务	6	9	143	24	2
地震服务					

单位：人

2005年	2006年	2007年	2008年	2009年	2010年	2011年	2012年	2013年
19972	**21037**	**25929**	**22854**	**24464**	**31627**	**28288**	**19347**	**22318**
19972	21037	25929	22854	24464	31627	28288	19347	22318
6032	5947	8379	8911	12289	15492	12336	5975	7763
10864	11391	13588	10602	7948	10164	9944	7587	5852
1437	1869	2891	2277	3243	4472	4673	4683	7412
1153	1306	727	772	776	1126	890	698	597
486	524	344	292	208	373	445	404	694
38456	**79854**	**32681**	**77967**	**70312**	**61704**	**69909**	**66772**	**58921**
513	676	800	1889	1668	2258	2966	2908	3500
462	637	786	1130	1655	2071	2814	2739	3265
51	39	14	759	13	187	152	169	235
37943	79178	31881	76078	68644	59446	66943	63864	55421
5464	6810	6217	12942	9861	10073	12560	15564	11416
330	403	201	455	215	443	557	374	270
4737	3938	5665	6289	9476	11327	12876	14181	17443
2945	3296	4552	3573	6152	6199	6938	7568	8068
231	330	207	391	279	314	472	675	668
13480	46138	6251	45581	34262	21556	17996	13418	5109
1687	2145	1535	1876	2031	1857	2380	2037	2628
4454	11414	3090	457	1539	1157	5867	3231	2361
4615	4704	4163	4514	4829	6520	7297	6816	7458
14438	**13998**	**12089**	**12491**	**17148**	**22222**	**22044**	**21948**	**23680**
1471	966	821	1342	1707	4148	2617	2840	3020
8	75	33	59	77	60	77	98	102
1170	617	612	1074	1171	3538	1913	2009	2146
103	175	32	86	139	180	200	351	484
101	55	122	123	320	362	421	358	259
89	44	22			8	6	24	29
11473	10763	9038	8324	10440	11921	12721	12656	13362
46	3	11			17	5	2	
						4		2

2-A-9 续表 27

行　业	2000年	2001年	2002年	2003年	2004年
海洋服务	21	38	1		
测绘服务	247	414	366	884	578
质检技术服务	418	838	1376	1385	3612
环境与生态监测	156	134	23	232	148
地质勘查	92	109	57	81	49
工程技术	8446	7198	6810	8456	6200
其他专业技术服务业	707	662	878	825	1127
科技推广和应用服务业	1030	841	957	2433	2248
技术推广服务	926	714	807	2319	2163
科技中介服务	70	89	129	86	46
其他科技推广和应用服务业	34	38	21	28	39
水利、环境和公共设施管理业	**9244**	**6757**	**8894**	**5950**	**6605**
水利管理业	140	185	188	161	176
防洪除涝设施管理	36	24	61	85	1
水资源管理	9	12	79	48	122
天然水收集与分配		63	47	2	30
水文服务					18
其他水利管理业	95	86	1	26	5
生态保护和环境治理业	728	152	113	427	1699
生态保护	418	9		18	437
环境治理业	310	143	113	409	1262
公共设施管理业	8376	6420	8593	5362	4730
市政设施管理	338	629	1045	661	958
环境卫生管理	1866	1656	2642	534	305
城乡市容管理	10		88	10	12
绿化管理	5085	836	3855	2613	1175
公园和游览景区管理	1077	3299	963	1544	2280
居民服务、修理和其他服务业	**4583**	**2759**	**4804**	**7863**	**7040**
居民服务业	945	1062	1367	2755	2702
家庭服务	154	518	389	1045	1362
托儿所服务				10	
洗染服务	322	60	275	209	119
理发及美容服务	85	88	288	449	340

单位：人

2005年	2006年	2007年	2008年	2009年	2010年	2011年	2012年	2013年
		15	19	87	79	3	56	67
767	282	297	109	237	297	296	147	212
1162	1668	1233	1088	1784	1949	1474	1043	940
368	249	209	95	232	345	278	286	239
75	81	214	20	17	47	31	95	101
7961	6660	5555	4947	5206	5969	6009	5494	5965
1094	1820	1504	2046	2877	3218	4621	5533	5836
1494	2269	2230	2825	5001	6153	6706	6452	7298
1238	1974	2097	2569	4596	5379	5757	5152	6230
143	188	103	222	301	399	303	673	518
113	107	30	34	104	375	646	627	550
7338	**4431**	**4370**	**6030**	**5864**	**4693**	**5680**	**4046**	**4365**
64	243	242	56	216	270	287	94	201
1	16	36	4	9	14	3	34	16
21	35	52	11	64	51	19	24	71
	65	26	9	55	9	8	8	55
						1		13
42	127	128	32	88	196	256	28	46
535	419	730	582	486	527	430	440	712
33	15	160	20	134	52	34	91	44
502	404	570	562	352	475	396	349	668
6739	3769	3398	5392	5162	3896	4963	3512	3452
784	526	320	1076	500	300	442	398	395
1648	1203	966	2434	2606	1441	2109	652	368
12	25	60	18	28	109	303	54	93
2459	926	559	653	836	859	1273	1483	1431
1836	1089	1493	1211	1192	1187	836	925	1165
7349	**7990**	**10256**	**8484**	**11093**	**11157**	**12697**	**12349**	**20007**
2352	1835	2271	2617	3486	4133	5848	6041	9869
617	506	499	728	590	753	840	1103	1263
	3	26			6	2	8	11
155	246	263	228	189	174	244	333	390
372	142	364	278	760	483	1155	1049	1892

2-A-9 续表 28

行　业	2000年	2001年	2002年	2003年	2004年
洗浴服务	144	67	131	516	348
保健服务	85	81	65	201	220
婚姻服务		117	15	33	31
殡葬服务	109	77	150	131	75
其他居民服务业	46	54	54	161	207
机动车、电子产品和日用产品修理业	1822	1337	1540	2794	2277
汽车、摩托车修理与维护	1676	1161	1225	2251	1856
计算机和办公设备维修	109	37	175	193	101
家用电器修理	34	47	139	317	200
其他日用产品修理业	3	92	1	33	120
其他服务业	1816	360	1897	2314	2061
清洁服务	1768	303	1825	2241	1852
其他未列明服务业	48	57	72	73	209
教育	**646**	**1686**	**2407**	**3097**	**4711**
教育	646	1686	2407	3097	4711
学前教育	86	264	95	41	100
初等教育		67			
中等教育		6	160		
高等教育	31	7		1	4
特殊教育					6
技能培训、教育辅助及其他教育	529	1342	2152	3055	4601
卫生和社会工作	**293**	**667**	**901**	**1687**	**2585**
卫生	188	426	881	1593	2585
医院	18	135	711	960	1731
社区医疗与卫生院	7		8	2	
门诊部(所)	163	288	133	623	848
计划生育技术服务活动					
妇幼保健院(所、站)					
专科疾病防治院(所、站)		3			3
疾病预防控制中心			3		
其他卫生活动			26	8	3
社会工作	105	241	20	94	
提供住宿社会工作	100	215		47	
不提供住宿社会工作	5	26	20	47	

单位：人

2005年	2006年	2007年	2008年	2009年	2010年	2011年	2012年	2013年
493	228	327	475	503	973	1324	1373	1868
313	448	395	539	762	1141	1282	1295	3003
74	83	161	83	160	177	286	331	554
251	91	138	167	161	129	28	86	117
77	88	98	119	361	297	687	463	771
2194	3233	2878	3040	3560	3610	4093	3823	7156
1880	2659	2519	2525	3063	2959	3482	3129	6253
72	256	178	154	134	204	190	213	314
225	307	176	335	324	365	361	316	393
17	11	5	26	39	82	60	165	196
2803	2922	5107	2827	4047	3414	2756	2485	2982
2607	2858	4931	2711	3877	2933	2374	2128	2449
196	64	176	116	170	481	382	357	533
4877	**2396**	**1443**	**1684**	**2024**	**2339**	**3431**	**4873**	**4313**
4877	2396	1443	1684	2024	2339	3431	4873	4313
135	389	120	125	109	92	252	217	385
30		10		15		4	121	3
3	50	45		14	4	11	233	6
907				2	19	5	24	
10						3		
3792	1957	1268	1559	1884	2224	3156	4278	3919
5511	**3552**	**1620**	**1555**	**1511**	**2354**	**1524**	**2627**	**2713**
5269	3496	1614	1524	1498	2313	1460	2390	2654
4379	2665	970	886	969	876	613	1380	1441
3	44	80		15	4		13	1
648	785	564	630	408	1433	837	987	1051
1								3
								20
	2		1					
							1	5
238			7	106		10	9	133
242	56	6	31	13	41	64	237	59
224	50	4		4	15	12	217	24
18	6	2	31	9	26	52	20	35

2-A-9 续表 29

行　业	2000年	2001年	2002年	2003年	2004年
文化、体育和娱乐业	**1763**	**2931**	**3671**	**4530**	**5101**
新闻和出版业	77	3	113	178	434
新闻业			12	4	
出版业	77	3	101	174	434
广播、电视、电影和影视录音制作业	201	247	510	359	1009
广播				8	5
电视	15	205	187	1	93
电影和影视节目制作	129	41	39	138	770
电影和影视节目发行			14	4	85
电影放映	57	1	270	208	54
录音制作					2
文化艺术业	173	118	94	149	302
文艺创作与表演	51	1	23	56	238
艺术表演场馆		83	19	18	29
图书馆与档案馆	28		19	2	
文物及非物质文化遗产保护	32			15	23
博物馆		20	3		8
烈士陵园、纪念馆					
群众文化活动	32	4	16	33	4
其他文化艺术业	30	10	14	25	
体育	166	1109	487	720	462
体育组织		6			
体育场馆			144	26	132
休闲健身活动	142	1069	341	679	268
其他体育	24	34	2	15	62
娱乐业	1146	1454	2467	3124	2894
室内娱乐活动	1043	1061	2419	3039	2746
游乐园	52	286	18		59
彩票活动					
文化、娱乐、体育经纪代理	16	13	21	32	33
其他娱乐业	35	94	9	53	56

单位：人

2005年	2006年	2007年	2008年	2009年	2010年	2011年	2012年	2013年
6073	**8309**	**8592**	**7025**	**7309**	**9723**	**12637**	**12742**	**19425**
612	88	218	69	199	486	54	166	162
128		3		14		9		14
484	88	215	69	185	486	45	166	148
1720	2001	1398	1709	1221	1882	4906	4201	4605
	12		13			20	104	10
607	126	200	539	31	173	51	200	246
1023	1537	915	816	802	815	3788	2688	3417
1	2		16	31	27	216	5	14
89	324	283	325	350	810	820	1198	912
				7	57	11	6	6
330	419	1146	543	868	1075	1030	1566	4549
266	290	256	416	720	628	414	1020	3462
	63	780		4	95	120	2	123
	30	4	44	23	31	42	22	65
3		1	10	3	27	32	61	40
4		17	4	10	103	33	29	38
							11	
52	31	31	18	18	12	76	65	135
5	5	57	51	90	179	313	356	686
453	893	841	442	1208	794	969	1010	1352
100	3	5			13		1	8
36				5	1	41	26	24
270	856	807	424	1020	674	834	875	1176
47	34	29	18	183	106	94	108	144
2958	4908	4989	4262	3813	5486	5678	5799	8757
2897	4819	4724	3842	3369	5205	5197	5189	7920
1	9	13	186	128	135	139	161	318
							39	5
31	17	31	75	223	74	174	205	197
29	63	221	159	93	72	168	205	317

2-A-10 按行业中类、登记注册类型

行业	单位数					
		内资				
			国有	集体	股份合作企业	联营企业
总计	**835565**	**814497**	**2995**	**10128**	**12028**	**315**
农、林、牧、渔业	**2882**	**2873**	**30**	**85**	**8**	**1**
农业	58	57	2		1	
谷物种植	6	6				
豆类、油料和薯类种植	1	1				
蔬菜、食用菌及园艺作物种植	16	16	1			
水果种植	10	10	1		1	
坚果、含油果、香料和饮料作物种植	13	13				
中药材种植	11	10				
其他农业	1	1				
林业	4	4				
林木育种和育苗	4	4				
畜牧业	41	39	3	2		
牲畜饲养	24	23	2	1		
家禽饲养	10	9	1			
其他畜牧业	7	7		1		
渔业	18	18				
水产养殖	18	18				
农、林、牧、渔服务业	2761	2755	25	83	7	1
农业服务业	2411	2407	10	75	6	
林业服务业	131	129	9	4		1
畜牧服务业	131	131	2	2		
渔业服务业	88	88	4	2	1	
采矿业	**1268**	**1255**	**8**	**54**	**13**	**1**
煤炭开采和洗选业	20	20				
烟煤和无烟煤开采洗选	9	9				
褐煤开采洗选	5	5				
其他煤炭采选	6	6				
黑色金属矿采选业	25	23	1	1		

分组的全部企业法人单位数

单位：个

国有联营	集体联营	国有与集体联营	其他联营	有限责任公司	国有独资公司	其他有限责任公司	股份有限公司	私营企业	私营独资
33	**144**	**42**	**96**	**42122**	**3118**	**39004**	**3367**	**726276**	**162710**
			1	**56**	**12**	**44**	**4**	**707**	**132**
				2		2		34	4
								3	
								1	
				1		1		9	1
								4	1
								9	2
				1		1		7	
								1	
								3	2
								3	2
				2		2		18	4
				2		2		12	3
								4	1
								2	
								15	2
								15	2
			1	52	12	40	4	637	120
				43	11	32	4	496	89
			1	5	1	4		58	8
				1		1		39	13
				3		3		44	10
			1	**57**	**9**	**48**	**4**	**1106**	**347**
				1		1	1	17	5
								8	2
				1		1		4	
							1	5	3
				3	2	1		18	

2-A-10 续表 1

行　业	单位数	内　资	国　有	集　体	股份合作企　业	联营企业
铁矿采选	24	22	1	1		
其他黑色金属矿采选	1	1				
有色金属矿采选业	72	72	2	2	1	
常用有色金属矿采选	45	45	1	2	1	
贵金属矿采选	5	5	1			
稀有稀土金属矿采选	22	22				
非金属矿采选业	1115	1104	3	50	12	1
土砂石开采	1012	1001	2	40	11	1
化学矿开采	6	6		1		
采盐	9	9		7		
石棉及其他非金属矿采选	88	88	1	2	1	
开采辅助活动	8	8		1		
石油和天然气开采辅助活动	3	3				
其他开采辅助活动	5	5		1		
其他采矿业	28	28	2			
其他采矿业	28	28	2			
制造业	**365232**	**350912**	**194**	**1593**	**9013**	**56**
农副食品加工业	5490	5338	27	51	174	2
谷物磨制	290	285	3	6	8	
饲料加工	442	430	2	4	16	
植物油加工	265	257	1	1	3	
制糖业	38	38				
屠宰及肉类加工	677	654	15	12	16	
水产品加工	1585	1531	3	18	117	
蔬菜、水果和坚果加工	1552	1517	1	6	11	
其他农副食品加工	641	626	2	4	3	2
食品制造业	2466	2291	8	18	48	1
焙烤食品制造	705	672	1	3	8	
糖果、巧克力及蜜饯制造	189	173		1	5	
方便食品制造	364	344	2		5	

单位：个

国有联营	集体联营	国有与集体联营	其他联营	有限责任公司	国有独资公司	其他有限责任公司	股份有限公司	私营企业	私营独资
				3	2	1		17	
								1	
				8	2	6	1	57	9
				5	2	3	1	34	8
								4	
				3		3		19	1
			1	44	5	39	2	982	330
			1	41	4	37	1	895	310
								5	2
								2	
				3	1	2	1	80	18
								7	
								3	
								4	
				1		1		25	3
				1		1		25	3
5	**30**	**4**	**17**	**9991**	**94**	**9897**	**1158**	**326121**	**101629**
1			1	207	8	199	38	4156	1205
				16	1	15	3	219	80
				29		29	9	364	54
				7		7	3	158	29
								31	18
				51	7	44	6	539	132
				53		53	6	1302	275
				38		38	9	988	389
1			1	13		13	2	555	228
			1	93	1	92	20	2027	527
				16		16	3	630	224
				5		5		160	36
				10		10	2	288	67

2-A-10 续表 2

行　业	单位数	内　资	国　有	集　体	股份合作企　业	联营企业
乳制品制造	49	46	2	1	1	
罐头食品制造	245	219		6	9	1
调味品、发酵制品制造	223	210	2	3	5	
其他食品制造	691	627	1	4	15	
酒、饮料和精制茶制造业	2699	2611	20	42	52	1
酒的制造	546	514	2	18	31	1
饮料制造	685	642	6	3	13	
精制茶加工	1468	1455	12	21	8	
烟草制品业	6	5	1		1	
卷烟制造	3	3	1			
其他烟草制品制造	3	2			1	
纺织业	30275	28884	3	52	305	1
棉纺织及印染精加工	9375	8888	1	12	62	
毛纺织及染整精加工	1159	1080		3	32	
麻纺织及染整精加工	95	79		1	2	
丝绢纺织及印染精加工	1483	1392	1	6	16	
化纤织造及印染精加工	3615	3508		5	17	
针织或钩针编织物及其制品制造	6460	6190		8	27	1
家用纺织制成品制造	4624	4411	1	9	31	
非家用纺织制成品制造	3464	3336		8	118	
纺织服装、服饰业	26383	24479	7	41	271	3
机织服装制造	14222	13082	5	30	126	1
针织或钩针编织服装制造	6349	5874	1	7	95	2
服饰制造	5812	5523	1	4	50	
皮革、毛皮、羽毛及其制品和制鞋业	15619	15102	2	17	458	
皮革鞣制加工	569	521		2	77	
皮革制品制造	4263	4046	1	5	36	
毛皮鞣制及制品加工	1105	1076		1	1	
羽毛(绒)加工及制品制造	329	290			1	
制鞋业	9353	9169	1	9	343	

单位：个

国有联营	集体联营	国有与集体联营	其他联营	有限责任公司	国有独资公司	其他有限责任公司	股份有限公司	私营企业	私营独资
				6		6	1	35	4
			1	12		12	3	179	43
				11		11		185	50
				33	1	32	11	550	103
1				99	3	96	6	1961	802
1				35	2	33	3	415	131
				30	1	29	2	580	169
				34		34	1	966	502
				2	2			1	
				2	2				
								1	
1				606	4	602	70	27748	8461
				234		234	19	8534	3284
				27		27	5	1009	269
				4		4	2	69	17
				33	3	30	6	1325	344
				39		39	6	3432	766
1				128	1	127	13	5992	1227
				73		73	14	4270	1328
				68		68	5	3117	1226
			3	408	10	398	37	23606	7960
			1	246	7	239	21	12602	4394
			2	78	2	76	10	5662	1618
				84	1	83	6	5342	1948
				340	1	339	25	14199	5260
				19		19	2	419	102
				73	1	72	9	3909	1258
				8		8	7	1058	376
				8		8	1	280	53
				232		232	6	8533	3471

2-A-10 续表 3

行业	单位数	内资	国有	集体	股份合作企业	联营企业
木材加工和木、竹、藤、棕、草制品业	6252	6064	5	53	42	2
木材加工	1203	1187	5	23	8	1
人造板制造	774	724		3	4	
木制品制造	2681	2624		18	17	1
竹、藤、棕、草等制品制造	1594	1529		9	13	
家具制造业	5486	5172		12	52	
木质家具制造	3247	3121		11	33	
竹、藤家具制造	165	153				
金属家具制造	1148	1047			13	
塑料家具制造	184	174			2	
其他家具制造	742	677		1	4	
造纸和纸制品业	9779	9592		30	274	2
纸浆制造	24	23				
造纸	1879	1801		10	44	
纸制品制造	7876	7768		20	230	2
印刷和记录媒介复制业	10090	10014	17	80	458	1
印刷	9354	9282	16	73	437	1
装订及印刷相关服务	719	715	1	7	21	
记录媒介复制	17	17				
文教、工美、体育和娱乐用品制造业	18672	17931	4	56	323	2
文教办公用品制造	3163	3018	1	12	34	
乐器制造	187	156		3	2	
工艺美术品制造	11341	10985	2	31	248	2
体育用品制造	1513	1413	1	6	8	
玩具制造	1998	1906		4	26	
游艺器材及娱乐用品制造	470	453			5	
石油加工、炼焦和核燃料加工业	343	324		1	12	
精炼石油产品制造	338	319		1	12	
炼焦	3	3				
核燃料加工	2	2				

单位：个

国有联营	集体联营	国有与集体联营	其他联营	有限责任公司	国有独资公司	其他有限责任公司	股份有限公司	私营企业	私营独资
	2			97		97	22	5714	2534
	1			11		11	5	1104	623
				20		20	3	691	224
	1			46		46	4	2513	980
				20		20	10	1406	707
				117		117	9	4945	1415
				75		75	6	2966	857
								151	67
				20		20	2	1011	278
				7		7		165	43
				15		15	1	652	170
		1	1	215		215	26	9008	3477
				2		2		21	6
				74		74	13	1657	396
		1	1	139		139	13	7330	3075
1				241	3	238	16	9164	3419
1				231	3	228	15	8475	3095
				9		9	1	673	321
				1		1		16	3
	2			296	2	294	31	17081	5888
				54	1	53	9	2884	869
				3		3	1	147	39
	2			178	1	177	16	10412	3855
				21		21	2	1372	283
				30		30	2	1832	770
				10		10	1	434	72
				13	1	12	1	297	48
				13	1	12	1	292	48
								3	
								2	

2-A-10 续表 4

行　　业	单位数	内　资	国　有	集　体	股份合作企　业	联营企业
化学原料和化学制品制造业	8879	8239	8	59	235	5
基础化学原料制造	1289	1167		11	46	
肥料制造	257	249	2	2	4	
农药制造	111	97	1	3	4	
涂料、油墨、颜料及类似产品制造	2243	2102		11	56	2
合成材料制造	1078	962		5	23	
专用化学产品制造	2804	2641	4	23	69	2
炸药、火工及焰火产品制造	31	30			1	
日用化学产品制造	1066	991	1	4	32	1
医药制造业	1292	1126	1	2	30	
化学药品原料药制造	326	281			12	
化学药品制剂制造	134	111	1		2	
中药饮片加工	111	100		2	2	
中成药生产	97	78				
兽用药品制造	66	62			3	
生物药品制造	204	171			2	
卫生材料及医药用品制造	354	323			9	
化学纤维制造业	1522	1376	2		7	
纤维素纤维原料及纤维制造	133	121	1			
合成纤维制造	1389	1255	1		7	
橡胶和塑料制品业	29368	28646	3	79	942	5
橡胶制品业	3568	3478	2	16	154	
塑料制品业	25800	25168	1	63	788	5
非金属矿物制品业	13030	12728	12	329	370	7
水泥、石灰和石膏制造	703	694	2	23	7	1
石膏、水泥制品及类似制品制造	2906	2850	2	62	74	
砖瓦、石材等建筑材料制造	3871	3828	7	190	205	6
玻璃制造	363	351		1	2	
玻璃制品制造	2284	2202		2	24	
玻璃纤维和玻璃纤维增强塑料制品制造	471	438		4	15	

单位：个

国有联营	集体联营	国有与集体联营	其他联营	有限责任公司	国有独资公司	其他有限责任公司	股份有限公司	私营企业	私营独资
	4	1		416	7	409	72	7415	1738
				80	1	79	19	1007	212
				10		10	3	225	40
				17		17	9	62	3
	1	1		77		77	5	1945	527
				82	2	80	9	839	150
	2			110	2	108	20	2407	624
				8	1	7		21	3
	1			32	1	31	7	909	179
				175	2	173	48	859	98
				71		71	19	176	9
				29		29	10	69	6
				16	1	15	1	73	18
				15		15	7	55	7
				4		4		55	6
				26		26	9	134	7
				14	1	13	2	297	45
				62	1	61	14	1287	260
				2		2		117	27
				60	1	59	14	1170	233
	3		2	606	4	602	56	26815	10205
				73	2	71	9	3211	1146
	3		2	533	2	531	47	23604	9059
1	5		1	541	17	524	47	11319	3524
			1	99	8	91	10	547	183
				202	8	194	8	2482	849
1	5			85	1	84	6	3281	1273
				14		14		332	46
				63		63	13	2091	347
				11		11	2	403	122

2-A-10 续表 5

行 业	单位数	内 资	国 有	集 体	股份合作企 业	联营企业
陶瓷制品制造	801	767	1	9	6	
耐火材料制品制造	760	744		31	25	
石墨及其他非金属矿物制品制造	871	854		7	12	
黑色金属冶炼和压延加工业	4210	4067	2	37	284	1
炼铁	39	38			2	
炼钢	62	59	2			
黑色金属铸造	1602	1567		22	171	
钢压延加工	2451	2349		15	110	1
铁合金冶炼	56	54			1	
有色金属冶炼和压延加工业	3505	3371		14	95	
常用有色金属冶炼	329	313		3	13	
贵金属冶炼	26	25				
稀有稀土金属冶炼	21	18				
有色金属合金制造	312	291			5	
有色金属铸造	411	402		3	8	
有色金属压延加工	2406	2322		8	69	
金属制品业	30869	30065	7	116	672	5
结构性金属制品制造	4931	4841		16	53	
金属工具制造	5086	4938	3	16	55	3
集装箱及金属包装容器制造	699	661	1	4	12	
金属丝绳及其制品制造	913	887		1	29	
建筑、安全用金属制品制造	8712	8473		32	209	1
金属表面处理及热处理加工	2745	2683	1	19	178	1
搪瓷制品制造	329	318			4	
金属制日用品制造	3876	3760		10	45	
其他金属制品制造	3578	3504	2	18	87	
通用设备制造业	46216	44780	17	175	1322	8
锅炉及原动设备制造	729	688	3	2	23	1
金属加工机械制造	4594	4444	2	27	127	1
物料搬运设备制造	1618	1508	1	4	27	

单位：个

国有联营	集体联营	国有与集体联营	其他联营	有限责任公司	国有独资公司	其他有限责任公司	股份有限公司	私营企业	私营独资
				23		23	2	717	197
				15		15	3	668	210
				29		29	3	798	297
	1			145		145	20	3556	999
								36	20
							1	56	21
				41		41	3	1316	515
	1			103		103	16	2097	435
				1		1		51	8
				205	1	204	21	3022	946
				18		18	4	275	83
				5	1	4		20	3
				2		2		16	2
				28		28	2	255	51
				7		7		382	172
				145		145	15	2074	635
	4		1	613	6	607	41	28442	9759
				97	3	94	6	4644	1078
	3			96	1	95	4	4735	1804
				31		31	2	608	135
				29		29	1	824	339
			1	165	2	163	8	8003	2984
	1			53		53	5	2410	960
				3		3	1	308	90
				61		61	6	3620	1081
				78		78	8	3290	1288
	3	1	4	1123	7	1116	125	41841	13811
	1			36	2	34	8	614	153
		1		94		94	15	4160	1255
				67	1	66	6	1402	343

2-A-10 续表 6

行 业	单位数					
		内 资	国 有	集 体	股份合作企 业	联营企业
泵、阀门、压缩机及类似机械制造	10470	10157	2	41	496	
轴承、齿轮和传动部件制造	5442	5200	2	11	100	
烘炉、风机、衡器、包装等设备制造	4874	4666	3	9	107	1
文化、办公用机械制造	443	416	1	3	11	1
通用零部件制造	16986	16672	3	71	407	3
其他通用设备制造业	1060	1029		7	24	1
专用设备制造业	19178	18355	11	73	611	2
采矿、冶金、建筑专用设备制造	1181	1134	1	3	52	
化工、木材、非金属加工专用设备制造	7732	7440	3	17	199	
食品、饮料、烟草及饲料生产专用设备制造	621	592		7	63	
印刷、制药、日化及日用品生产专用设备制造	1283	1235		12	39	
纺织、服装和皮革加工专用设备制造	3531	3396		8	142	1
电子和电工机械专用设备制造	819	782	2	2	17	
农、林、牧、渔专用机械制造	906	860	2	7	39	
医疗仪器设备及器械制造	1000	916		10	24	
环保、社会公共服务及其他专用设备制造	2105	2000	3	7	36	1
汽车制造业	13942	13299	1	18	428	3
汽车整车制造	95	73			1	
改装汽车制造	25	21				
低速载货汽车制造	2	2				
电车制造	12	11				
汽车车身、挂车制造	36	29			1	
汽车零部件及配件制造	13772	13163	1	18	426	3
铁路、船舶、航空航天和其他运输设备制造业	4463	4325	7	17	165	
铁路运输设备制造	107	103	1	3	6	
城市轨道交通设备制造	8	8				
船舶及相关装置制造	1120	1090	6	7	23	
航空、航天器及设备制造	34	32		1	1	
摩托车制造	1535	1513		2	119	
自行车制造	1409	1343		4	14	

单位：个

国有联营	集体联营	国有与集体联营	其他联营	有限责任公司	国有独资公司	其他有限责任公司	股份有限公司	私营企业	私营独资
				423	2	421	29	9146	2054
				135	1	134	18	4920	1556
	1			135	1	134	24	4368	1059
			1	15		15		384	71
	1		2	196		196	22	15880	7135
			1	22		22	3	967	185
	1	1		530	3	527	69	16982	4760
				62		62	4	1011	248
				145	1	144	23	7006	2469
				11		11	1	508	131
				38		38	3	1136	192
	1			84		84	12	3142	1018
				21		21	2	736	110
				34	1	33	7	765	201
				27		27	8	844	150
		1		108	1	107	9	1834	241
	1		2	513	2	511	49	12266	3408
				11	1	10	3	58	
				4		4		17	2
				1		1		1	
				1		1		10	1
								28	3
	1		2	496	1	495	46	12152	3402
				197	1	196	9	3920	944
				8		8	1	84	14
				1		1		7	
				56		56	1	995	157
				3		3		27	2
				95	1	94	3	1291	413
				31		31	4	1286	309

2-A-10 续表 7

行业	单位数	内资	国有	集体	股份合作企业	联营企业
非公路休闲车及零配件制造	167	158			1	
潜水救捞及其他未列明运输设备制造	83	78			1	
电气机械和器材制造业	32545	31196	6	115	770	2
电机制造	3473	3320	1	12	98	
输配电及控制设备制造	11780	11441	2	55	369	1
电线、电缆、光缆及电工器材制造	3149	2989		14	109	1
电池制造	505	440	1	1	9	
家用电力器具制造	5923	5672	1	18	53	
非电力家用器具制造	1011	976		1	4	
照明器具制造	5823	5511	1	11	110	
其他电气机械及器材制造	881	847		3	18	
计算机、通信和其他电子设备制造业	9430	8761	2	33	146	
计算机制造	323	275		3	1	
通信设备制造	765	690		2	13	
广播电视设备制造	490	454			12	
雷达及配套设备制造	11	9				
视听设备制造	697	631		3	5	
电子器件制造	1247	1111		6	29	
电子元件制造	5229	4973	1	19	82	
其他电子设备制造	668	618	1		4	
仪器仪表制造业	5831	5571	8	30	289	2
通用仪器仪表制造	2719	2600	3	16	131	
专用仪器仪表制造	754	717	3	8	29	2
钟表与计时仪器制造	157	149	1	3	5	
光学仪器及眼镜制造	1876	1785	1	2	107	
其他仪器仪表制造业	325	320		1	17	
其他制造业	5131	5007	3	9	108	
日用杂品制造	4143	4040	1	3	100	
煤制品制造	55	54			4	
核辐射加工	5	5				
其他未列明制造业	928	908	2	6	4	

单位：个

国有联营	集体联营	国有与集体联营	其他联营	有限责任公司	国有独资公司	其他有限责任公司	股份有限公司	私营企业	私营独资
				3		3		153	33
								77	16
	2			1323	1	1322	181	28704	5550
				131		131	22	3052	737
	1			657		657	75	10262	1573
	1			183		183	13	2659	625
				29		29	9	390	40
				132		132	35	5394	1106
				20		20	3	943	153
				150	1	149	21	5206	1181
				21		21	3	798	135
				389	4	385	55	8113	1608
				18	2	16	3	250	34
				50		50	7	617	96
				17		17	3	421	113
								9	
				13		13	4	605	215
				63	2	61	16	991	138
				203		203	18	4640	945
				25		25	4	580	67
	1		1	231		231	33	4962	1335
				123		123	21	2303	530
	1		1	47		47	5	621	131
				4		4	1	134	38
				51		51	5	1610	516
				6		6	1	294	120
				108	2	106	11	4737	1218
				76	1	75	8	3839	860
				2		2	1	45	22
								5	1
				30	1	29	2	848	335

2-A-10 续表 8

行业	单位数	内资	国有	集体	股份合作企业	联营企业
废弃资源综合利用业	921	874	2	4	27	
金属废料和碎屑加工处理	421	381	1	2	3	
非金属废料和碎屑加工处理	500	493	1	2	24	
金属制品、机械和设备修理业	1340	1319	8	30	42	1
金属制品修理	37	36		1	1	
通用设备修理	170	167	2	1		
专用设备修理	152	150	4	9	3	
铁路、船舶、航空航天等运输设备修理	788	778	2	16	32	
电气设备修理	78	76		2	2	
仪器仪表修理	11	10				
其他机械和设备修理业	104	102		1	4	1
电力、热力、燃气及水生产和供应业	**4309**	**4158**	**194**	**767**	**286**	**30**
电力、热力生产和供应业	2825	2752	136	526	215	26
电力生产	2635	2570	69	511	214	24
电力供应	111	110	66	15	1	2
热力生产和供应	79	72	1			
燃气生产和供应业	309	266	4	8	3	
燃气生产和供应业	309	266	4	8	3	
水的生产和供应业	1175	1140	54	233	68	4
自来水生产和供应	622	615	47	221	8	4
污水处理及其再生利用	326	299	7	8	1	
其他水的处理、利用与分配	227	226		4	59	
建筑业	**23419**	**23343**	**80**	**196**	**58**	**5**
房屋建筑业	4110	4094	8	61	18	3
房屋建筑业	4110	4094	8	61	18	3
土木工程建筑业	5356	5337	49	59	8	1
铁路、道路、隧道和桥梁工程建筑	2361	2357	19	27	3	1
水利和内河港口工程建筑	492	488	16	9	3	
海洋工程建筑	30	28				

单位：个

国有联营	集体联营	国有与集体联营	其他联营	有限责任公司	国有独资公司	其他有限责任公司	股份有限公司	私营企业	私营独资
				51	1	50	2	783	222
				33	1	32	1	339	77
				18		18	1	444	145
	1			29		29	4	1191	248
								33	8
				4		4		158	37
				3		3		126	56
				13		13	3	707	100
				7		7	1	64	16
								10	3
	1			2		2		93	28
2	**22**	**3**	**3**	**694**	**171**	**523**	**19**	**2129**	**472**
1	20	2	3	356	77	279	15	1444	331
	20	1	3	308	75	233	13	1397	331
1		1		12	2	10	1	13	
				36		36	1	34	
				56	5	51	1	193	33
				56	5	51	1	193	33
1	2	1		282	89	193	3	492	108
1	2	1		170	64	106	3	159	42
				101	25	76		182	9
				11		11		151	57
1	**2**		**2**	**2092**	**124**	**1968**	**118**	**20773**	**568**
	2		1	544	13	531	41	3414	77
	2		1	544	13	531	41	3414	77
1				727	85	642	37	4450	89
1				333	38	295	15	1957	30
				89	19	70	4	366	17
				8	3	5		20	

2-A-10 续表 9

行业	单位数	内资				
			国有	集体	股份合作企业	联营企业
工矿工程建筑	201	198	3	1	1	
架线和管道工程建筑	587	585	7	8		
其他土木工程建筑	1685	1681	4	14	1	
建筑安装业	3497	3476	12	36	13	
电气安装	1120	1116	4	13	1	
管道和设备安装	975	969	6	14	6	
其他建筑安装业	1402	1391	2	9	6	
建筑装饰和其他建筑业	10456	10436	11	40	19	1
建筑装饰业	7736	7718	6	23	15	1
工程准备活动	2109	2108	4	11	3	
提供施工设备服务	157	157				
其他未列明建筑业	454	453	1	6	1	
批发和零售业	**252532**	**248942**	**492**	**1650**	**1129**	**79**
批发业	178393	175214	338	1005	763	24
农、林、牧产品批发	5539	5520	43	65	20	2
食品、饮料及烟草制品批发	16004	15896	72	71	48	
纺织、服装及家庭用品批发	50315	49010	20	70	65	6
文化、体育用品及器材批发	8600	8400	16	20	26	
医药及医疗器材批发	3125	3088	12	10	9	
矿产品、建材及化工产品批发	44440	44162	101	595	378	12
机械设备、五金产品及电子产品批发	33420	32922	50	96	162	3
贸易经纪与代理	9745	9093	10	10	5	
其他批发业	7205	7123	14	68	50	1
零售业	74139	73728	154	645	366	55
综合零售	3382	3273	20	178	28	4
食品、饮料及烟草制品专门零售	9211	9178	39	107	25	10
纺织、服装及日用品专门零售	10863	10798	16	76	29	3
文化、体育用品及器材专门零售	3967	3944	29	48	24	1
医药及医疗器材专门零售	10907	10894	20	94	95	7
汽车、摩托车、燃料及零配件专门零售	8361	8293	17	63	74	20

单位：个

国有联营	集体联营	国有与集体联营	其他联营	有限责任公司	国有独资公司	其他有限责任公司	股份有限公司	私营企业	私营独资
				31	2	29	1	161	4
				122	13	109	5	442	8
				144	10	134	12	1504	30
				322	14	308	12	3079	74
				127	6	121	4	966	22
				82	2	80	3	857	32
				113	6	107	5	1256	20
			1	499	12	487	28	9830	328
			1	341	2	339	28	7301	98
				96	6	90		1989	217
				17		17		140	2
				45	4	41		400	11
10	**19**	**15**	**35**	**9987**	**342**	**9645**	**846**	**226777**	**39647**
4	6	5	9	6898	225	6673	580	159160	16410
	1		1	179	27	152	24	3171	913
				624	85	539	41	11503	2358
	1	1	4	1603	16	1587	124	46890	3656
				243	4	239	12	8035	1814
				213	5	208	22	2720	155
3	3	4	2	2162	51	2111	218	40479	3860
1			2	1228	18	1210	87	31159	1940
				370	11	359	33	8581	373
	1			276	8	268	19	6622	1341
6	13	10	26	3089	117	2972	266	67617	23237
1	2		1	303	4	299	44	2657	1008
	1		9	267	12	255	27	7746	3851
1	1	1		347	4	343	35	10226	2893
		1		240	57	183	16	3554	739
	2		5	207	4	203	9	10301	6787
4	1	8	7	942	26	916	68	7088	939

2-A-10 续表 10

行 业	单位数	内 资	国 有	集 体	股份合作企 业	联营企业
家用电器及电子产品专门零售	8069	8052	4	10	18	4
五金、家具及室内装饰材料专门零售	10565	10533	4	38	49	
货摊、无店铺及其他零售业	8814	8763	5	31	24	6
交通运输、仓储和邮政业	**16562**	**16371**	**176**	**433**	**314**	**12**
铁路运输业	1	1				
铁路货物运输	1	1				
道路运输业	8382	8334	74	233	166	3
城市公共交通运输	456	452	16	24	13	
公路旅客运输	496	495	15	29	5	1
道路货物运输	6643	6614	8	48	124	1
道路运输辅助活动	787	773	35	132	24	1
水上运输业	1047	1030	20	25	4	
水上旅客运输	85	85	7	9	1	
水上货物运输	669	669	6	6	2	
水上运输辅助活动	293	276	7	10	1	
航空运输业	42	37	1			
航空客货运输	4	3				
通用航空服务	18	17				
航空运输辅助活动	20	17	1			
管道运输业	3	3		1		
管道运输业	3	3		1		
装卸搬运和运输代理业	5279	5236	20	150	132	3
装卸搬运	850	839	5	117	31	3
运输代理业	4429	4397	15	33	101	
仓储业	852	774	45	15	9	4
谷物、棉花等农产品仓储	141	140	37	1	3	1
其他仓储业	711	634	8	14	6	3
邮政业	956	956	16	9	3	2
邮政基本服务	41	41	16	8	2	2
快递服务	915	915		1	1	

单位：个

国有联营	集体联营	国有与集体联营	其他联营	有限责任公司	国有独资公司	其他有限责任公司	股份有限公司	私营企业	私营独资
	2		2	332	4	328	31	7605	1067
				228	1	227	22	10084	4482
	4		2	223	5	218	14	8356	1471
1	**6**	**3**	**2**	**1712**	**226**	**1486**	**90**	**13581**	**1111**
							1		
							1		
	2	1		906	123	783	50	6875	557
				150	39	111	4	241	7
	1			192	28	164	13	240	5
	1			385	9	376	30	6003	483
		1		179	47	132	3	391	62
				186	18	168	7	787	13
				28	5	23	1	39	
				101	4	97	4	550	4
				57	9	48	2	198	9
				16	5	11	1	19	
				2	1	1		1	
				6		6	1	10	
				8	4	4		8	
				1		1		1	
				1		1		1	
	1	1	1	334	19	315	21	4558	507
	1	1	1	54	2	52	4	619	88
				280	17	263	17	3939	419
	2	1	1	210	59	151	7	479	20
	1			61	48	13	2	30	1
	1	1	1	149	11	138	5	449	19
1	1			59	2	57	3	862	14
1	1			9	2	7	1	2	
				50		50	2	860	14

2-A-10 续表 11

行　业	单位数	内　资				
			国　有	集　体	股份合作企　业	联营企业
住宿和餐饮业	**13863**	**13605**	**191**	**208**	**158**	**9**
住宿业	6100	5989	159	137	118	5
旅游饭店	1607	1528	86	34	15	3
一般旅馆	4229	4198	70	100	100	1
其他住宿业	264	263	3	3	3	1
餐饮业	7763	7616	32	71	40	4
正餐服务	5919	5807	23	47	26	4
快餐服务	578	566	3	5	4	
饮料及冷饮服务	562	549	2	4	2	
其他餐饮业	704	694	4	15	8	
信息传输、软件和信息技术服务业	**16151**	**15710**	**36**	**39**	**14**	**2**
电信、广播电视和卫星传输服务	550	528	18	18		1
电信	435	414	8	17		
广播电视传输服务	115	114	10	1		1
互联网和相关服务	1358	1340	1	3	1	
互联网接入及相关服务	175	174		1		
互联网信息服务	991	978	1	2		
其他互联网服务	192	188			1	
软件和信息技术服务业	14243	13842	17	18	13	1
软件开发	10178	9868	11	5	8	
信息系统集成服务	1270	1245	1	3	1	
信息技术咨询服务	1660	1623	4	5	2	
数据处理和存储服务	257	254			1	
集成电路设计	168	156				1
其他信息技术服务业	710	696	1	5	1	
金融业	**3443**	**3368**	**16**	**22**	**5**	**1**
货币金融服务	408	381	4			
货币银行服务	4	4				
非货币银行服务	404	377	4			

单位：个

国有联营	集体联营	国有与集体联营	其他联营	有限责任公司	国有独资公司	其他有限责任公司	股份有限公司	私营企业	私营独资
	3	**2**	**4**	**933**	**40**	**893**	**58**	**11870**	**5056**
	1	2	2	497	29	468	29	4963	2321
		2	1	345	23	322	18	1020	127
	1			142	6	136	9	3717	2076
			1	10		10	2	226	118
	2		2	436	11	425	29	6907	2735
	2		2	360	9	351	23	5257	2074
				24	1	23	2	520	203
				27		27	2	504	217
				25	1	24	2	626	241
	1	**1**		**1216**	**47**	**1169**	**128**	**14260**	**194**
	1			104	30	74	17	364	55
				42	8	34	16	326	52
	1			62	22	40	1	38	3
				106	6	100	16	1213	34
				11		11	2	160	2
				79	5	74	12	884	30
				16	1	15	2	169	2
		1		1006	11	995	95	12683	105
				711	7	704	77	9054	65
				89	1	88	9	1141	4
				128		128	6	1475	20
				24	1	23		229	1
		1		6		6		149	2
				48	2	46	3	635	13
	1			**482**	**91**	**391**	**161**	**2667**	**81**
				55		55	122	199	1
				1		1	3		
				54		54	119	199	1

2-A-10 续表 12

行业	单位数	内资	国有	集体	股份合作企业	联营企业
资本市场服务	2407	2366	8	15	5	1
证券市场服务	37	37				
期货市场服务	25	25				
资本投资服务	2190	2151	8	15	4	1
其他资本市场服务	155	153			1	
保险业	73	73				
人身保险	3	3				
财产保险	6	6				
再保险	1	1				
保险经纪与代理服务	38	38				
其他保险活动	25	25				
其他金融业	555	548	4	7		
金融信托与管理服务	311	308	2	5		
控股公司服务	51	48	1	1		
其他未列明金融业	193	192	1	1		
房地产业	**23349**	**22648**	**251**	**440**	**415**	**12**
房地产业	23349	22648	251	440	415	12
房地产开发经营	7396	6992	65	28	6	4
物业管理	4697	4642	46	45	2	2
房地产中介服务	6602	6567	14	13	60	1
自有房地产经营活动	3999	3807	98	333	336	5
其他房地产业	655	640	28	21	11	
租赁和商务服务业	**60098**	**59509**	**522**	**3774**	**284**	**72**
租赁业	3472	3448	9	13	17	2
机械设备租赁	3338	3315	8	9	17	2
文化及日用品出租	134	133	1	4		
商务服务业	56626	56061	513	3761	267	70
企业管理服务	15194	15031	172	2813	106	38
法律服务	539	538	3	12	11	4

单位：个

国有联营	集体联营	国有与集体联营	其他联营	有限责任公司	国有独资公司	其他有限责任公司	股份有限公司	私营企业	私营独资
	1			359	76	283	32	1936	43
				8		8	2	27	
				4		4	2	19	
	1			330	74	256	28	1755	42
				17	2	15		135	1
				7		7	1	63	10
				1		1	1		
				1		1		5	2
								1	1
				3		3		35	4
				2		2		22	3
				61	15	46	6	469	27
				35	7	28	2	264	2
				4	2	2	1	41	
				22	6	16	3	164	25
2	**1**	**4**	**5**	**4427**	**289**	**4138**	**151**	**16843**	**1623**
2	1	4	5	4427	289	4138	151	16843	1623
		2	2	2688	148	2540	99	4100	6
1		1		975	48	927	29	3534	19
			1	267	7	260	16	6120	1047
1	1	1	2	343	33	310	7	2670	540
				154	53	101		419	11
7	**46**	**5**	**14**	**6197**	**1131**	**5066**	**370**	**45989**	**1675**
1			1	171	5	166	17	3174	256
1			1	158	4	154	17	3060	249
				13	1	12		114	7
6	46	5	13	6026	1126	4900	353	42815	1419
1	31	3	3	2696	859	1837	126	7096	53
	3		1	24		24	5	399	81

2-A-10 续表 13

行业	单位数	内资	国有	集体	股份合作企业	联营企业
咨询与调查	15990	15714	66	124	32	5
广告业	10795	10784	27	23	24	2
知识产权服务	752	750	3	4	1	
人力资源服务	2084	2079	35	69	7	1
旅行社及相关服务	2701	2678	43	33	28	5
安全保护服务	456	453	52	10	4	
其他商务服务业	8115	8034	112	673	54	15
科学研究和技术服务业	**21463**	**20994**	**439**	**347**	**98**	**12**
研究和试验发展	2474	2344	22	21	36	1
自然科学研究和试验发展	114	109	4	1	3	
工程和技术研究和试验发展	1681	1608	10	12	13	
农业科学研究和试验发展	335	328	4	8	9	
医学研究和试验发展	322	277	1		11	1
社会人文科学研究	22	22	3			
专业技术服务业	12808	12616	336	176	50	8
气象服务	36	36	8	5		
地震服务	2	2				
海洋服务	30	28	2			
测绘服务	359	359	44	29	3	
质检技术服务	1072	1043	55	34	19	2
环境与生态监测	230	228	3	4		
地质勘查	89	89	14	1		1
工程技术	6575	6524	190	63	13	4
其他专业技术服务业	4415	4307	20	40	15	1
科技推广和应用服务业	6181	6034	81	150	12	3
技术推广服务	5228	5114	68	143	9	2
科技中介服务	531	506	11	6	2	1
其他科技推广和应用服务业	422	414	2	1	1	

单位：个

国有联营	集体联营	国有与集体联营	其他联营	有限责任公司	国有独资公司	其他有限责任公司	股份有限公司	私营企业	私营独资
1	1	1	2	1036	52	984	80	14318	402
	1		1	530	25	505	39	10122	425
				31	2	29	7	703	29
	1			193	16	177	12	1698	48
2	2		1	369	41	328	20	2175	47
				74	25	49	3	309	6
2	7	1	5	1073	106	967	61	5995	328
5	**1**	**4**	**2**	**2011**	**166**	**1845**	**144**	**16605**	**618**
			1	204	10	194	19	2014	100
				10	1	9		87	7
				138	5	133	12	1416	34
				30	3	27	5	261	27
			1	22		22	2	235	31
				4	1	3		15	1
5		2	1	1322	128	1194	87	10584	410
				17	2	15		6	
								2	
				8	1	7		18	1
				37	3	34	2	244	1
		1	1	198	20	178	8	722	16
				28	6	22	1	192	1
1				20	5	15	1	52	3
3		1		798	86	712	53	5392	91
1				216	5	211	22	3956	297
	1	2		485	28	457	38	4007	108
	1	1		402	22	380	29	3213	90
		1		57	4	53	5	417	8
				26	2	24	4	377	10

2-A-10 续表 14

行业	单位数	内资				
			国有	集体	股份合作企业	联营企业
水利、环境和公共设施管理业	**3930**	**3881**	**91**	**99**	**11**	**3**
水利管理业	270	268	32	18	1	3
防洪除涝设施管理	35	35	3	2		
水资源管理	70	69	5	5		
天然水收集与分配	44	44	9	5		1
水文服务	6	5	1			
其他水利管理业	115	115	14	6	1	2
生态保护和环境治理业	473	465	8	3	3	
生态保护	59	59	5	1		
环境治理业	414	406	3	2	3	
公共设施管理业	3187	3148	51	78	7	
市政设施管理	499	493	12	12		
环境卫生管理	425	424	7	26		
城乡市容管理	74	74		6		
绿化管理	1328	1324	19	13	3	
公园和游览景区管理	861	833	13	21	4	
居民服务、修理和其他服务业	**11356**	**11309**	**55**	**212**	**134**	**8**
居民服务业	4095	4076	24	127	26	5
家庭服务	691	690		3	1	
托儿所服务	12	12				
洗染服务	247	244		2	1	
理发及美容服务	819	810		5	5	1
洗浴服务	459	459		1	4	
保健服务	663	661			5	
婚姻服务	470	470	1		2	
殡葬服务	244	241	19	94	3	4
其他居民服务业	490	489	4	22	5	
机动车、电子产品和日用产品修理业	5159	5137	20	51	104	3
汽车、摩托车修理与维护	3996	3978	19	36	93	2
计算机和办公设备维修	436	434		2	1	

单位：个

国有联营	集体联营	国有与集体联营	其他联营	有限责任公司	国有独资公司	其他有限责任公司	股份有限公司	私营企业	私营独资
	2		**1**	**919**	**242**	**677**	**30**	**2703**	**98**
	2		1	104	44	60	1	106	11
				15	9	6		15	1
				32	16	16		27	4
			1	21	6	15		7	
				1		1		3	
	2			35	13	22	1	54	6
				78	17	61	2	364	19
				12	6	6		37	6
				66	11	55	2	327	13
				737	181	556	27	2233	68
				210	84	126	4	254	8
				55	6	49	5	331	16
				19	7	12		48	1
				199	15	184	5	1080	28
				254	69	185	13	520	15
	6		**2**	**426**	**35**	**391**	**29**	**10324**	**2923**
	3		2	172	14	158	8	3645	1187
				31		31	2	644	59
								11	
				11		11		230	54
			1	25		25	4	760	340
				12		12		435	255
				15	2	13		627	352
				18		18	1	444	48
	3		1	23	8	15		83	16
				37	4	33	1	411	63
	3			160	6	154	12	4744	1603
	2			114	4	110	8	3672	1431
				15	2	13	2	412	34

2-A-10 续表 15

行业	单位数					
		内资	国有	集体	股份合作企业	联营企业
家用电器修理	563	561	1	8	9	1
其他日用产品修理业	164	164		5	1	
其他服务业	2102	2096	11	34	4	
清洁服务	1621	1619	4	16	3	
其他未列明服务业	481	477	7	18	1	
教育	**2565**	**2542**	**69**	**73**	**14**	**4**
教育	2565	2542	69	73	14	4
学前教育	213	209	2	3		1
初等教育	10	10	1			
中等教育	25	24	2	2		
高等教育	15	15	2			
特殊教育	3	3				
技能培训、教育辅助及其他教育	2299	2281	62	68	14	3
卫生和社会工作	**1269**	**1260**	**18**	**36**	**16**	**2**
卫生	1169	1162	6	22	11	1
医院	261	256	3	4	4	1
社区医疗与卫生院	25	25	1	5		
门诊部(所)	843	843	1	8	7	
计划生育技术服务活动	2	1		1		
妇幼保健院(所、站)	1	1				
专科疾病防治院(所、站)	5	5				
疾病预防控制中心	3	3		1		
其他卫生活动	29	28	1	3		
社会工作	100	98	12	14	5	1
提供住宿社会工作	49	48	5	6	2	
不提供住宿社会工作	51	50	7	8	3	1
文化、体育和娱乐业	**11874**	**11817**	**133**	**100**	**58**	**6**
新闻和出版业	143	142	34	6		
新闻业	12	12	2			
出版业	131	130	32	6		

单位：个

国有联营	集体联营	国有与集体联营	其他联营	有限责任公司	国有独资公司	其他有限责任公司	股份有限公司	私营企业	私营独资
	1			28		28	1	509	95
				3		3	1	151	43
				94	15	79	9	1935	133
				66	11	55	6	1522	89
				28	4	24	3	413	44
	1		**3**	**190**	**13**	**177**	**19**	**2048**	**296**
	1		3	190	13	177	19	2048	296
			1	4		4		143	60
								8	4
				1		1		15	1
				2		2		11	
				1	1			2	
	1		2	182	12	170	19	1869	231
	1		**1**	**86**	**3**	**83**	**5**	**1038**	**511**
	1			79	1	78	4	983	498
	1			36		36	2	197	54
								11	9
				36		36	2	751	430
				1		1			
								5	3
				1	1			1	
				5		5		18	2
			1	7	2	5	1	55	13
				4	2	2	1	30	8
			1	3		3		25	5
	2	**1**	**3**	**646**	**83**	**563**	**33**	**10735**	**5729**
				59	18	41	1	40	5
				4		4		5	1
				55	18	37	1	35	4

2-A-10 续表 16

行　业	单位数	内　资	国　有	集　体	股份合作企　业	联营企业
广播、电视、电影和影视录音制作业	1372	1365	51	13	1	1
广播	14	14	1			
电视	79	79	5			1
电影和影视节目制作	911	907	3	1	1	
电影和影视节目发行	37	37	4			
电影放映	315	312	38	12		
录音制作	16	16				
文化艺术业	1103	1100	30	36	5	1
文艺创作与表演	430	429	6	8	4	1
艺术表演场馆	35	35	8	1		
图书馆与档案馆	52	52	9	16		
文物及非物质文化遗产保护	34	34		1	1	
博物馆	30	30	1	3		
烈士陵园、纪念馆	1	1				
群众文化活动	124	124	4	6		
其他文化艺术业	397	395	2	1		
体育	1026	1002	6	16	2	
体育组织	12	12	1			
体育场馆	28	28	1	6		
休闲健身活动	854	830	4	10	2	
其他体育	132	132				
娱乐业	8230	8208	12	29	50	4
室内娱乐活动	7734	7726	7	17	50	2
游乐园	77	71				
彩票活动	3	3	1	1		
文化、娱乐、体育经纪代理	201	198	3	3		1
其他娱乐业	215	210	1	8		1

单位：个

国有联营	集体联营	国有与集体联营	其他联营	有限责任公司	国有独资公司	其他有限责任公司	股份有限公司	私营企业	私营独资
	1			169	24	145	11	1115	135
				3		3	1	9	
	1			24	3	21	3	46	1
				54	4	50	3	844	123
				11	4	7	2	20	
				75	13	62	2	182	10
				2		2		14	1
		1		135	30	105	4	883	106
		1		47	18	29		361	77
				11	4	7	2	13	3
				3		3		24	4
				13	4	9		18	
				4		4		22	3
								1	1
				17	2	15		94	9
				40	2	38	2	350	9
				61	8	53	5	888	244
				6	3	3	1	4	
				1	1			20	7
				37	3	34	3	750	235
				17	1	16	1	114	2
	1		3	222	3	219	12	7809	5239
	1		1	173		173	9	7402	5198
				10	1	9	1	58	8
				1		1			
			1	18	2	16	1	172	3
			1	20		20	1	177	30

2-A-10 续表 17

行业	私营合伙	私营有限责任公司	私营股份有限公司	其他企业	港澳台商投资	与港澳台商合资经营
总计	**23988**	**536106**	**3472**	**17266**	**9488**	**4364**
农、林、牧、渔业	**22**	**549**	**4**	**1982**	**3**	
农业		30		18		
谷物种植		3		3		
豆类、油料和薯类种植		1				
蔬菜、食用菌及园艺作物种植		8		5		
水果种植		3		4		
坚果、含油果、香料和饮料作物种植		7		4		
中药材种植		7		2		
其他农业		1				
林业		1		1		
林木育种和育苗		1		1		
畜牧业		14		14		
牲畜饲养		9		6		
家禽饲养		3		4		
其他畜牧业		2		4		
渔业	1	12		3		
水产养殖	1	12		3		
农、林、牧、渔服务业	21	492	4	1946	3	
农业服务业	14	390	3	1773	2	
林业服务业		50		52	1	
畜牧服务业	4	21	1	87		
渔业服务业	3	31		34		
采矿业	**99**	**656**	**4**	**12**	**5**	**4**
煤炭开采和洗选业		12		1		
烟煤和无烟煤开采洗选		6		1		
褐煤开采洗选		4				
其他煤炭采选		2				
黑色金属矿采选业		18				

单位：个

与港澳台商合作经营	港澳台商独资	港澳台商投资股份有限公司	其他港澳台投资	外商投资	中外合资经营	中外合作经营	外资企业	外商投资股份有限公司	其他外商投资
130	**4649**	**99**	**246**	**11580**	**4947**	**157**	**5441**	**107**	**928**
	3			**6**	**5**		**1**		
				1	1				
				1	1				
				2	2				
				1	1				
				1	1				
	3			3	2		1		
	2			2	1		1		
	1			1	1				
		1		**8**	**2**		**5**	**1**	
				2			2		

2-A-10 续表 18

行 业	私营合伙	私营有限责任公司	私营股份有限公司	其他企业	港澳台商投资	与港澳台商合资经营
铁矿采选		17				
其他黑色金属矿采选		1				
有色金属矿采选业	4	43	1	1		
常用有色金属矿采选	3	23		1		
贵金属矿采选		4				
稀有稀土金属矿采选	1	16	1			
非金属矿采选业	93	556	3	10	5	4
土砂石开采	91	491	3	10	5	4
化学矿开采		3				
采盐		2				
石棉及其他非金属矿采选	2	60				
开采辅助活动	1	6				
石油和天然气开采辅助活动		3				
其他开采辅助活动	1	3				
其他采矿业	1	21				
其他采矿业	1	21				
制造业	**14754**	**208581**	**1157**	**2786**	**7095**	**3625**
农副食品加工业	145	2788	18	683	59	32
谷物磨制	13	125	1	30	3	2
饲料加工	12	295	3	6	8	4
植物油加工	2	125	2	84	2	1
制糖业	1	12		7		
屠宰及肉类加工	21	384	2	15	13	5
水产品加工	72	950	5	32	18	10
蔬菜、水果和坚果加工	9	585	5	464	11	7
其他农副食品加工	15	312		45	4	3
食品制造业	61	1432	7	76	59	30
焙烤食品制造	14	390	2	11	15	5
糖果、巧克力及蜜饯制造	5	119		2	4	1
方便食品制造	8	212	1	37	7	5

单位：个

与港澳台商合作经营	港澳台商独资	港澳台商投资股份有限公司	其他港澳台投资	外商投资	中外合资经营	中外合作经营	外资企业	外商投资股份有限公司	其他外商投资
				2			2		
		1		6	2		3	1	
		1		6	2		3	1	
93	**3296**	**70**	**11**	**7225**	**3817**	**91**	**3240**	**44**	**33**
	27			93	50	5	36	1	1
	1			2		1			1
	4			4	2		2		
	1			6	2		4		
	8			10	6		4		
	8			36	25	2	9		
	4			21	12	2	9	1	
	1			11	3		8		
	29			116	55	3	56	1	1
	10			18	4		14		
	3			12	1		11		
	2			13	5	1	6	1	

2-A-10 续表 19

行业	私营合伙	私营有限责任公司	私营股份有限公司	其他企业	港澳台商投资	与港澳台商合资经营
乳制品制造	1	30			1	
罐头食品制造	5	131		9	3	2
调味品、发酵制品制造	2	133		4	4	1
其他食品制造	26	417	4	13	25	16
酒、饮料和精制茶制造业	76	1075	8	430	33	13
酒的制造	26	256	2	9	15	7
饮料制造	23	385	3	8	11	3
精制茶加工	27	434	3	413	7	3
烟草制品业		1			1	1
卷烟制造						
其他烟草制品制造		1			1	1
纺织业	525	18684	78	99	831	479
棉纺织及印染精加工	178	5053	19	26	304	191
毛纺织及染整精加工	31	705	4	4	62	34
麻纺织及染整精加工	1	51		1	9	5
丝绢纺织及印染精加工	28	949	4	5	59	44
化纤织造及印染精加工	43	2612	11	9	57	37
针织或钩针编织物及其制品制造	88	4650	27	21	159	84
家用纺织制成品制造	65	2870	7	13	109	52
非家用纺织制成品制造	91	1794	6	20	72	32
纺织服装、服饰业	423	15162	61	106	990	495
机织服装制造	214	7960	34	51	574	267
针织或钩针编织服装制造	124	3903	17	19	270	143
服饰制造	85	3299	10	36	146	85
皮革、毛皮、羽毛及其制品和制鞋业	413	8492	34	61	195	129
皮革鞣制加工	18	295	4	2	24	21
皮革制品制造	69	2570	12	13	83	48
毛皮鞣制及制品加工	15	666	1	1	19	8
羽毛(绒)加工及制品制造	9	216	2		21	19
制鞋业	302	4745	15	45	48	33

单位：个

与港澳台商合作经营	港澳台商独资	港澳台商投资股份有限公司	其他港澳台投资	外商投资	中外合资经营	中外合作经营	外资企业	外商投资股份有限公司	其他外商投资
	1			2	1		1		
	1			23	18		5		
	3			9	5	1	3		
	9			39	21	1	16		1
	20			55	34		20		1
	8			17	8		9		
	8			32	22		9		1
	4			6	4		2		
10	333	9		560	332	6	219	3	
1	109	3		183	114	2	66	1	
1	27			17	10		7		
	4			7	4		3		
1	14			32	24	1	6	1	
1	17	2		50	33	2	15		
3	72			111	64	1	46		
1	53	3		104	55		48	1	
2	37	1		56	28		28		
10	478	5	2	914	511	5	392	3	3
5	297	4	1	566	303	2	258	2	1
5	122			205	122	1	80	1	1
	59	1	1	143	86	2	54		1
4	60	2		322	203	4	114	1	
	3			24	18		6		
1	33	1		134	70	2	62		
	10	1		10	5		5		
	2			18	14		4		
3	12			136	96	2	37	1	

2-A-10 续表 20

行业	私营合伙	私营有限责任公司	私营股份有限公司	其他企业	港澳台商投资	与港澳台商合资经营
木材加工和木、竹、藤、棕、草制品业	166	2997	17	129	94	47
木材加工	30	445	6	30	9	5
人造板制造	36	429	2	3	37	22
木制品制造	63	1464	6	25	26	10
竹、藤、棕、草等制品制造	37	659	3	71	22	10
家具制造业	112	3397	21	37	155	79
木质家具制造	60	2044	5	30	66	34
竹、藤家具制造	2	82		2	5	3
金属家具制造	24	698	11	1	50	26
塑料家具制造	11	111			5	1
其他家具制造	15	462	5	4	29	15
造纸和纸制品业	499	5012	20	37	102	70
纸浆制造		15			1	
造纸	68	1185	8	3	45	38
纸制品制造	431	3812	12	34	56	32
印刷和记录媒介复制业	505	5222	18	37	40	30
印刷	480	4883	17	34	37	27
装订及印刷相关服务	25	326	1	3	3	3
记录媒介复制		13				
文教、工美、体育和娱乐用品制造业	610	10532	51	138	385	172
文教办公用品制造	85	1924	6	24	76	40
乐器制造	12	96			15	9
工艺美术品制造	420	6106	31	96	181	82
体育用品制造	28	1055	6	3	45	15
玩具制造	62	993	7	12	55	24
游艺器材及娱乐用品制造	3	358	1	3	13	2
石油加工、炼焦和核燃料加工业	2	245	2		14	8
精炼石油产品制造	2	240	2		14	8
炼焦		3				
核燃料加工		2				

单位：个

与港澳台商合作经营	港澳台商独资	港澳台商投资股份有限公司	其他港澳台投资	外商投资	中外合资经营	中外合作经营	外资企业	外商投资股份有限公司	其他外商投资
2	44	1		94	55	8	31		
	4			7	2		5		
1	13	1		13	8		5		
	16			31	21	1	9		
1	11			43	24	7	12		
2	74			159	73	1	84		1
1	31			60	27	1	32		
	2			7	4		2		1
1	23			51	20		31		
	4			5	2		3		
	14			36	20		16		
2	30			85	45	2	37		1
	1								
1	6			33	26		6		1
1	23			52	19	2	31		
1	9			36	20		16		
1	9			35	19		16		
				1	1				
5	205	3		356	190	4	158	1	3
3	33			69	44		24	1	
	5	1		16	4	1	10		1
1	96	2		175	91	2	80		2
	30			55	33		22		
1	30			37	17	1	19		
	11			4	1		3		
1	4	1		5	2		2	1	
1	4	1		5	2		2	1	

2-A-10 续表 21

行业	私营合伙	私营有限责任公司	私营股份有限公司	其他企业	港澳台商投资	与港澳台商合资经营
化学原料和化学制品制造业	240	5377	60	29	292	153
基础化学原料制造	34	752	9	4	61	40
肥料制造	5	180		3	3	1
农药制造	1	54	4	1	6	4
涂料、油墨、颜料及类似产品制造	82	1325	11	6	69	39
合成材料制造	22	654	13	4	47	20
专用化学产品制造	67	1701	15	6	76	38
炸药、火工及焰火产品制造	2	15	1			
日用化学产品制造	27	696	7	5	30	11
医药制造业	11	734	16	11	61	38
化学药品原料药制造	6	156	5	3	22	15
化学药品制剂制造		60	3		4	1
中药饮片加工		54	1	6	4	1
中成药生产		48		1	10	7
兽用药品制造		48	1		1	1
生物药品制造		123	4		10	7
卫生材料及医药用品制造	5	245	2	1	10	6
化学纤维制造业	46	972	9	4	93	57
纤维素纤维原料及纤维制造	2	86	2	1	5	3
合成纤维制造	44	886	7	3	88	54
橡胶和塑料制品业	1886	14661	63	140	365	192
橡胶制品业	259	1797	9	13	29	16
塑料制品业	1627	12864	54	127	336	176
非金属矿物制品业	486	7247	62	103	159	91
水泥、石灰和石膏制造	15	346	3	5	5	1
石膏、水泥制品及类似制品制造	129	1489	15	20	41	22
砖瓦、石材等建筑材料制造	216	1775	17	48	26	17
玻璃制造	8	276	2	2	6	4
玻璃制品制造	40	1694	10	9	40	21
玻璃纤维和玻璃纤维增强塑料制品制造	10	267	4	3	13	6

单位：个

与港澳台商合作经营	港澳台商独资	港澳台商投资股份有限公司	其他港澳台投资	外商投资	中外合资经营	中外合作经营	外资企业	外商投资股份有限公司	其他外商投资
6	131	2		348	179	3	158	6	2
3	18			61	30	1	28	2	
	2			5	3		2		
	2			8	5		2	1	
2	28			72	50		21		1
	27			69	33		33	3	
	37	1		87	43		44		
				1	1				
1	17	1		45	14	2	28		1
	23			105	66		37	2	
	7			23	15		7	1	
	3			19	13		6		
	3			7	3		4		
	3			9	8		1		
				3	3				
	3			23	13		9	1	
	4			21	11		10		
	32	4		53	30		23		
	2			7	5		2		
	30	4		46	25		21		
5	163	4	1	357	172	6	173	2	4
	13			61	25		36		
5	150	4	1	296	147	6	137	2	4
2	64	1	1	143	85	2	55		1
	4			4	3		1		
2	17			15	10		5		
	8	1		17	8		9		
	2			6	4		2		
	18		1	42	21	1	19		1
	7			20	11		9		

2-A-10 续表 22

行业	私营合伙	私营有限责任公司	私营股份有限公司	其他企业	港澳台商投资	与港澳台商合资经营
陶瓷制品制造	15	503	2	9	15	11
耐火材料制品制造	26	428	4	2	5	2
石墨及其他非金属矿物制品制造	27	469	5	5	8	7
黑色金属冶炼和压延加工业	289	2255	13	22	88	54
炼铁	2	14				
炼钢	3	32			3	3
黑色金属铸造	136	661	4	14	15	9
钢压延加工	148	1505	9	7	70	42
铁合金冶炼		43		1		
有色金属冶炼和压延加工业	138	1915	23	14	73	40
常用有色金属冶炼	10	182			7	5
贵金属冶炼	4	13			1	1
稀有稀土金属冶炼		14			3	3
有色金属合金制造	8	191	5	1	11	5
有色金属铸造	35	174	1	2	7	3
有色金属压延加工	81	1341	17	11	44	23
金属制品业	1536	17073	74	169	386	176
结构性金属制品制造	132	3417	17	25	45	18
金属工具制造	201	2724	6	26	65	34
集装箱及金属包装容器制造	21	447	5	3	19	8
金属丝绳及其制品制造	41	440	4	3	17	10
建筑、安全用金属制品制造	526	4481	12	55	114	52
金属表面处理及热处理加工	262	1183	5	16	34	16
搪瓷制品制造	5	212	1	2	7	4
金属制日用品制造	138	2388	13	18	57	22
其他金属制品制造	210	1781	11	21	28	12
通用设备制造业	2359	25535	136	169	660	335
锅炉及原动设备制造	14	444	3	1	22	11
金属加工机械制造	169	2720	16	18	68	23
物料搬运设备制造	49	999	11	1	54	21

单位：个

与港澳台商合作经营	港澳台商独资	港澳台商投资股份有限公司	其他港澳台投资	外商投资	中外合资经营	中外合作经营	外资企业	外商投资股份有限公司	其他外商投资
	4			19	12		7		
	3			11	9	1	1		
	1			9	7		2		
	33	1		55	32		23		
				1	1				
	6			20	11		9		
	27	1		32	19		13		
				2	1		1		
2	30	1		61	27	1	31	1	1
	2			9	3		6		
1	5			10	5		5		
	4			2	1				1
1	19	1		40	18	1	20	1	
2	205	1	2	418	205	3	204	4	2
	27			45	24		19	1	1
	31			83	48		35		
	11			19	11		7	1	
	7			9	3		5	1	
	60	1	1	125	58	2	64		1
1	17			28	12	1	15		
	3			4	3		1		
	34		1	59	31		27	1	
1	15			46	15		31		
10	308	6	1	776	398	7	363	3	5
2	8	1		19	14		5		
	44	1		82	25		56		1
	33			56	31		25		

2-A-10 续表 23

行　业	私营合伙	私营有限责任公司	私营股份有限公司	其他企业	港澳台商投资	与港澳台商合资经营
泵、阀门、压缩机及类似机械制造	385	6676	31	20	137	79
轴承、齿轮和传动部件制造	382	2967	15	14	101	59
烘炉、风机、衡器、包装等设备制造	118	3164	27	19	99	49
文化、办公用机械制造	8	302	3	1	14	7
通用零部件制造	1190	7527	28	90	150	80
其他通用设备制造业	44	736	2	5	15	6
专用设备制造业	832	11326	64	77	385	164
采矿、冶金、建筑专用设备制造	25	733	5	1	26	16
化工、木材、非金属加工专用设备制造	403	4114	20	47	138	54
食品、饮料、烟草及饲料生产专用设备制造	11	363	3	2	12	4
印刷、制药、日化及日用品生产专用设备制造	38	903	3	7	19	11
纺织、服装和皮革加工专用设备制造	242	1874	8	7	79	32
电子和电工机械专用设备制造	22	599	5	2	12	3
农、林、牧、渔专用机械制造	35	524	5	6	22	7
医疗仪器设备及器械制造	21	667	6	3	28	14
环保、社会公共服务及其他专用设备制造	35	1549	9	2	49	23
汽车制造业	652	8171	35	21	263	111
汽车整车制造	2	56			12	7
改装汽车制造		15			1	1
低速载货汽车制造		1				
电车制造		9			1	
汽车车身、挂车制造	1	24			4	2
汽车零部件及配件制造	649	8066	35	21	245	101
铁路、船舶、航空航天和其他运输设备制造业	179	2785	12	10	56	30
铁路运输设备制造	2	68			2	2
城市轨道交通设备制造		7				
船舶及相关装置制造	35	799	4	2	9	5
航空、航天器及设备制造	1	22	2		1	
摩托车制造	78	797	3	3	7	3
自行车制造	56	920	1	4	32	19

单位：个

与港澳台商合作经营	港澳台商独资	港澳台商投资股份有限公司	其他港澳台投资	外商投资	中外合资经营	中外合作经营	外资企业	外商投资股份有限公司	其他外商投资
	56	2		176	91	4	80		1
2	38	1	1	141	88	1	52		
3	47			109	58	2	49		
	7			13	4		8	1	
3	66	1		164	82		79	2	1
	9			16	5		9		2
6	205	8	2	438	197	2	231	5	3
	10			21	5		16		
	81	2	1	154	68		84		2
2	6			17	9		8		
	8			29	14		15		
1	42	3	1	56	20		35	1	
1	8			25	14		11		
1	12	2		24	11		12		1
1	13			56	32	2	19	3	
	25	1		56	24		31	1	
2	145	4	1	380	195	8	175	2	
	5			10	4		6		
				3	2		1		
	1								
	2			3			3		
2	137	4	1	364	189	8	165	2	
4	22			82	43	1	37		1
				2	2				
	4			21	10		11		
	1			1			1		
	4			15	8		6		1
2	11			34	19	1	14		

2-A-10 续表 24

行　业	私营合伙	私营有限责任公司	私营股份有限公司	其他企业	港澳台商投资	与港澳台商合资经营
非公路休闲车及零配件制造	3	115	2	1	1	
潜水救捞及其他未列明运输设备制造	4	57			4	1
电气机械和器材制造业	1038	21963	153	95	715	354
电机制造	136	2164	15	4	69	42
输配电及控制设备制造	338	8293	58	20	175	92
电线、电缆、光缆及电工器材制造	83	1930	21	10	87	39
电池制造	9	332	9	1	40	16
家用电力器具制造	259	4007	22	39	138	59
非电力家用器具制造	16	768	6	5	17	8
照明器具制造	169	3836	20	12	176	88
其他电气机械及器材制造	28	633	2	4	13	10
计算机、通信和其他电子设备制造业	220	6232	53	23	335	157
计算机制造	5	209	2		19	2
通信设备制造	17	499	5	1	36	10
广播电视设备制造	17	286	5	1	19	11
雷达及配套设备制造		9			1	1
视听设备制造	24	364	2	1	33	12
电子器件制造	21	825	7	6	70	36
电子元件制造	125	3543	27	10	137	75
其他电子设备制造	11	497	5	4	20	10
仪器仪表制造业	251	3354	22	16	114	51
通用仪器仪表制造	109	1646	18	3	56	28
专用仪器仪表制造	21	466	3	2	17	6
钟表与计时仪器制造	9	87		1	4	3
光学仪器及眼镜制造	91	1003		9	35	14
其他仪器仪表制造业	21	152	1	1	2	
其他制造业	960	2538	21	31	68	27
日用杂品制造	930	2032	17	13	60	23
煤制品制造	3	20		2		
核辐射加工	1	2	1			
其他未列明制造业	26	484	3	16	8	4

单位：个

与港澳台商合作经营	港澳台商独资	港澳台商投资股份有限公司	其他港澳台投资	外商投资	中外合资经营	中外合作经营	外资企业	外商投资股份有限公司	其他外商投资
	1			8	3		5		
2	1			1	1				
9	340	11	1	634	351	13	264	4	2
1	25	1		84	47	1	34		2
3	78	1	1	164	103	3	56	2	
2	46			73	34	3	35	1	
	22	2		25	9		16		
3	72	4		113	66	1	45	1	
	9			18	7		11		
	85	3		136	76	5	55		
	3			21	9		12		
4	170	4		334	134	3	195	2	
	16	1		29	10		19		
1	24	1		39	17	1	21		
	7	1		17	5		12		
				1	1				
	21			33	16		17		
1	33			66	25		40	1	
2	59	1		119	54	2	62	1	
	10			30	6		24		
4	58	1		146	75	2	67	1	1
4	23	1		63	38		24	1	
	11			20	5		14		1
	1			4	3		1		
	21			56	29	2	25		
	2			3			3		
	40	1		56	30	1	24	1	
	36	1		43	24	1	18		
				1			1		
	4			12	6		5	1	

2-A-10 续表 25

行业	私营合伙	私营有限责任公司	私营股份有限公司	其他企业	港澳台商投资	与港澳台商合资经营
废弃资源综合利用业	36	521	4	5	17	6
金属废料和碎屑加工处理	7	252	3	2	13	5
非金属废料和碎屑加工处理	29	269	1	3	4	1
金属制品、机械和设备修理业	58	883	2	14	7	4
金属制品修理		25		1	1	
通用设备修理	5	115	1	2	2	1
专用设备修理	1	69		5		
铁路、船舶、航空航天等运输设备修理	45	562		5	1	1
电气设备修理	5	42	1		2	1
仪器仪表修理		7			1	1
其他机械和设备修理业	2	63		1		
电力、热力、燃气及水生产和供应业	**594**	**1050**	**13**	**39**	**62**	**35**
电力、热力生产和供应业	503	599	11	34	35	22
电力生产	500	555	11	34	31	19
电力供应	2	11				
热力生产和供应	1	33			4	3
燃气生产和供应业	30	130		1	18	9
燃气生产和供应业	30	130		1	18	9
水的生产和供应业	61	321	2	4	9	4
自来水生产和供应	19	98		3	3	1
污水处理及其再生利用	4	168	1		6	3
其他水的处理、利用与分配	38	55	1	1		
建筑业	**71**	**19993**	**141**	**21**	**37**	**26**
房屋建筑业	7	3292	38	5	11	8
房屋建筑业	7	3292	38	5	11	8
土木工程建筑业	10	4312	39	6	9	7
铁路、道路、隧道和桥梁工程建筑	3	1900	24	2	2	1
水利和内河港口工程建筑	1	345	3	1	3	3
海洋工程建筑		19	1		1	1

单位：个

与港澳台商合作经营	港澳台商独资	港澳台商投资股份有限公司	其他港澳台投资	外商投资	中外合资经营	中外合作经营	外资企业	外商投资股份有限公司	其他外商投资
	11			30	18	1	11		
	8			27	16	1	10		
	3			3	2		1		
	3			14	10		4		
	1								
	1			1	1				
				2	2				
				9	6		3		
	1								
				2	1		1		
7	**20**			**89**	**54**	**5**	**28**	**1**	**1**
5	8			38	23	4	11		
5	7			34	19	4	11		
				1	1				
	1			3	3				
1	8			25	18		6	1	
1	8			25	18		6	1	
1	4			26	13	1	11		1
1	1			4	2	1	1		
	3			21	10		10		1
				1	1				
1	**9**	**1**		**39**	**14**	**2**	**20**		**3**
	3			5	2		3		
	3			5	2		3		
1	1			10	4	1	5		
1				2			2		
				1	1				
				1			1		

2-A-10 续表 26

行业	私营合伙	私营有限责任公司	私营股份有限公司	其他企业	港澳台商投资	与港澳台商合资经营
工矿工程建筑		157				
架线和管道工程建筑		431	3	1	1	1
其他土木工程建筑	6	1460	8	2	2	1
建筑安装业	17	2978	10	2	8	6
电气安装	6	933	5	1	1	1
管道和设备安装	6	815	4	1	1	
其他建筑安装业	5	1230	1		6	5
建筑装饰和其他建筑业	37	9411	54	8	9	5
建筑装饰业	22	7135	46	3	9	5
工程准备活动	12	1754	6	5		
提供施工设备服务	2	136				
其他未列明建筑业	1	386	2			
批发和零售业	**2101**	**183895**	**1134**	**7982**	**1059**	**224**
批发业	689	141234	827	6446	884	172
农、林、牧产品批发	37	2208	13	2016	11	2
食品、饮料及烟草制品批发	99	8983	63	3537	29	11
纺织、服装及家庭用品批发	111	42917	206	232	354	59
文化、体育用品及器材批发	28	6165	28	48	54	15
医药及医疗器材批发	12	2537	16	102	16	7
矿产品、建材及化工产品批发	223	36163	233	217	125	28
机械设备、五金产品及电子产品批发	87	28978	154	137	134	28
贸易经纪与代理	27	8131	50	84	139	20
其他批发业	65	5152	64	73	22	2
零售业	1412	42661	307	1536	175	52
综合零售	46	1583	20	39	52	12
食品、饮料及烟草制品专门零售	43	3821	31	957	10	2
纺织、服装及日用品专门零售	66	7222	45	66	28	8
文化、体育用品及器材专门零售	29	2768	18	32	11	2
医药及医疗器材专门零售	881	2617	16	161	2	2
汽车、摩托车、燃料及零配件专门零售	88	6003	58	21	34	10

单位：个

与港澳台商合作经营	港澳台商独资	港澳台商投资股份有限公司	其他港澳台投资	外商投资	中外合资经营	中外合作经营	外资企业	外商投资股份有限公司	其他外商投资
				3	1	1	1		
				1	1				
	1			2	1		1		
	2			13	3		9		1
				3	1		1		1
	1			5	1		4		
	1			5	1		4		
	3	1		11	5	1	3		2
	3	1		9	5	1	3		
				1					1
				1					1
13	**586**	**10**	**226**	**2531**	**426**	**32**	**1182**	**38**	**853**
9	481	7	215	2295	354	31	1055	36	819
1	8			8	1		7		
	17		1	79	35		42		2
6	177	3	109	951	109	6	416	20	400
	23	1	15	146	22	1	66	2	55
1	8			21	11		9		1
	96	1		153	47	1	95		10
	88		18	364	75	3	206	3	77
1	45	2	71	513	41	19	198	10	245
	19		1	60	13	1	16	1	29
4	105	3	11	236	72	1	127	2	34
1	37		2	57	13		34		10
1	6		1	23	7		15		1
	17		3	37	17		19		1
1	8			12	4		7		1
				11	5		5		1
	22	2		34	11		21	1	1

2-A-10 续表 27

行业	私营合伙	私营有限责任公司	私营股份有限公司	其他企业	港澳台商投资	与港澳台商合资经营
家用电器及电子产品专门零售	40	6460	38	48	9	3
五金、家具及室内装饰材料专门零售	91	5479	32	108	11	5
货摊、无店铺及其他零售业	128	6708	49	104	18	8
交通运输、仓储和邮政业	**445**	**11925**	**100**	**53**	**97**	**57**
铁路运输业						
铁路货物运输						
道路运输业	176	6093	49	27	25	12
城市公共交通运输	3	228	3	4	2	1
公路旅客运输	4	229	2		1	1
道路货物运输	146	5335	39	15	14	6
道路运输辅助活动	23	301	5	8	8	4
水上运输业	1	770	3	1	10	10
水上旅客运输		39				
水上货物运输		543	3			
水上运输辅助活动	1	188		1	10	10
航空运输业		19			2	2
航空客货运输		1				
通用航空服务		10				
航空运输辅助活动		8			2	2
管道运输业		1				
管道运输业		1				
装卸搬运和运输代理业	260	3756	35	18	23	14
装卸搬运	102	424	5	6	4	3
运输代理业	158	3332	30	12	19	11
仓储业	7	448	4	5	37	19
谷物、棉花等农产品仓储	1	27	1	5		
其他仓储业	6	421	3		37	19
邮政业	1	838	9	2		
邮政基本服务		2		1		
快递服务	1	836	9	1		

单位：个

与港澳台商合作经营	港澳台商独资	港澳台商投资股份有限公司	其他港澳台投资	外商投资	中外合资经营	中外合作经营	外资企业	外商投资股份有限公司	其他外商投资
1	5			8	3		3		2
	5	1		21	4	1	12		4
	5		5	33	8		11	1	13
2	**36**	**2**		**94**	**41**	**3**	**46**	**1**	**3**
2	11			23	13		9		1
	1			2			1		1
1	7			15	8		7		
1	3			6	5		1		
				7	5	2			
				7	5	2			
				3	1		2		
				1	1				
				1			1		
				1			1		
	8	1		20	5	1	11	1	2
	1			7	2	1	4		
	7	1		13	3		7	1	2
	17	1		41	17		24		
				1			1		
	17	1		40	17		23		

2-A-10 续表 28

行业	私营合伙	私营有限责任公司	私营股份有限公司	其他企业	港澳台商投资	与港澳台商合资经营
住宿和餐饮业	**613**	**6116**	**85**	**178**	**113**	**40**
住宿业	343	2261	38	81	59	23
旅游饭店	42	831	20	7	44	20
一般旅馆	280	1343	18	59	14	3
其他住宿业	21	87		15	1	
餐饮业	270	3855	47	97	54	17
正餐服务	207	2938	38	67	45	14
快餐服务	18	298	1	8	4	1
饮料及冷饮服务	29	254	4	8	3	1
其他餐饮业	16	365	4	14	2	1
信息传输、软件和信息技术服务业	**38**	**13949**	**79**	**15**	**151**	**36**
电信、广播电视和卫星传输服务	4	302	3	6	18	1
电信	3	268	3	5	18	1
广播电视传输服务	1	34		1		
互联网和相关服务	7	1155	17		12	
互联网接入及相关服务	1	156	1			
互联网信息服务	6	833	15		8	
其他互联网服务		166	1		4	
软件和信息技术服务业	27	12492	59	9	121	35
软件开发	10	8939	40	2	86	27
信息系统集成服务	2	1130	5	1	10	3
信息技术咨询服务	9	1434	12	3	15	2
数据处理和存储服务	1	227			1	
集成电路设计		147			1	1
其他信息技术服务业	5	615	2	3	8	2
金融业	**705**	**1809**	**72**	**14**	**45**	**26**
货币金融服务	1	151	46	1	21	14
货币银行服务						
非货币银行服务	1	151	46	1	21	14

单位：个

与港澳台商合作经营	港澳台商独资	港澳台商投资股份有限公司	其他港澳台投资	外商投资	中外合资经营	中外合作经营	外资企业	外商投资股份有限公司	其他外商投资
3	**66**	**2**	**2**	**145**	**41**	**2**	**96**	**2**	**4**
2	31	2	1	52	24	2	25	1	
1	21	2		35	16	1	18		
1	9		1	17	8	1	7	1	
	1								
1	35		1	93	17		71	1	4
1	29		1	67	11		51	1	4
	3			8	2		6		
	2			10	3		7		
	1			8	1		7		
	112	**2**	**1**	**290**	**80**	**2**	**202**	**2**	**4**
	16	1		4	1		3		
	16	1		3			3		
				1	1				
	12			6	2		4		
				1			1		
	8			5	2		3		
	4								
	84	1	1	280	77	2	195	2	4
	58		1	224	63	1	155	2	3
	6	1		15	6	1	8		
	13			22	5		16		1
	1			2			2		
				11	1		10		
	6			6	2		4		
	18	**1**		**30**	**12**		**16**	**2**	
	6	1		6	4		1	1	
	6	1		6	4		1	1	

2-A-10 续表 29

行业	私营合伙	私营有限责任公司	私营股份有限公司	其他企业	港澳台商投资	与港澳台商合资经营
资本市场服务	599	1275	19	10	20	11
证券市场服务	2	25				
期货市场服务	2	17				
资本投资服务	578	1116	19	10	19	11
其他资本市场服务	17	117			1	
保险业	3	50		2		
人身保险				1		
财产保险		3				
再保险						
保险经纪与代理服务	1	30				
其他保险活动	2	17		1		
其他金融业	102	333	7	1	4	1
金融信托与管理服务	82	178	2		1	
控股公司服务	6	34	1		2	
其他未列明金融业	14	121	4	1	1	1
房地产业	**1065**	**14030**	**125**	**109**	**373**	**158**
房地产业	1065	14030	125	109	373	158
房地产开发经营	2	4026	66	2	240	99
物业管理	7	3487	21	9	19	5
房地产中介服务	938	4113	22	76	16	6
自有房地产经营活动	109	2011	10	15	88	45
其他房地产业	9	393	6	7	10	3
租赁和商务服务业	**1690**	**42276**	**348**	**2301**	**230**	**55**
租赁业	41	2851	26	45	9	3
机械设备租赁	36	2750	25	44	8	3
文化及日用品出租	5	101	1	1	1	
商务服务业	1649	39425	322	2256	221	52
企业管理服务	514	6431	98	1984	66	19
法律服务	215	97	6	80	1	

单位：个

与港澳台商合作经营	港澳台商独资	港澳台商投资股份有限公司	其他港澳台投资	外商投资	中外合资经营	中外合作经营	外资企业	外商投资股份有限公司	其他外商投资
	9			21	6		14	1	
	8			20	5		14	1	
	1			1	1				
	3			3	2		1		
	1			2	1		1		
	2			1	1				
4	**205**	**6**		**328**	**158**	**4**	**160**	**4**	**2**
4	205	6		328	158	4	160	4	2
1	135	5		164	87	2	72	3	
3	11			36	12	1	22	1	
	10			19	6		11		2
	43			104	51	1	52		
	6	1		5	2		3		
3	**167**	**3**	**2**	**359**	**101**	**5**	**228**	**7**	**18**
	6			15	9		5	1	
	5			15	9		5	1	
	1								
3	161	3	2	344	92	5	223	6	18
2	43	1	1	97	32	3	57	1	4
	1								

2-A-10 续表 30

行业	私营合伙	私营有限责任公司	私营股份有限公司	其他企业	港澳台商投资	与港澳台商合资经营
咨询与调查	669	13169	78	53	106	17
广告业	35	9617	45	17	3	1
知识产权服务	47	627		1		
人力资源服务	99	1541	10	64	1	
旅行社及相关服务	10	2085	33	5	9	2
安全保护服务		302	1	1		
其他商务服务业	60	5556	51	51	35	13
科学研究和技术服务业	**180**	**15716**	**91**	**1338**	**141**	**36**
研究和试验发展	25	1877	12	27	34	13
自然科学研究和试验发展	1	78	1	4	2	
工程和技术研究和试验发展	11	1367	4	7	23	9
农业科学研究和试验发展	3	225	6	11	2	1
医学研究和试验发展	8	195	1	5	7	3
社会人文科学研究	2	12				
专业技术服务业	116	10001	57	53	62	11
气象服务		6				
地震服务		2				
海洋服务		17				
测绘服务	9	231	3			
质检技术服务	13	691	2	5	9	4
环境与生态监测	3	188			1	1
地质勘查		48	1			
工程技术	35	5230	36	11	18	3
其他专业技术服务业	56	3588	15	37	34	3
科技推广和应用服务业	39	3838	22	1258	45	12
技术推广服务	30	3076	17	1248	34	10
科技中介服务	7	400	2	7	10	1
其他科技推广和应用服务业	2	362	3	3	1	1

单位：个

与港澳台商合作经营	港澳台商独资	港澳台商投资股份有限公司	其他港澳台投资	外商投资	中外合资经营	中外合作经营	外资企业	外商投资股份有限公司	其他外商投资
	88	1		170	35		121	5	9
	1	1		8	2	1	5		
				2			2		
	1			4	2		1		1
1	5		1	14	5	1	7		1
				3	1		1		1
	22			46	15		29		2
2	**99**	**1**	**3**	**328**	**148**	**5**	**168**	**5**	**2**
1	18	1	1	96	50	1	42	3	
	2			3	1		2		
1	11	1	1	50	28		21	1	
	1			5	2	1	2		
	4			38	19		17	2	
	50		1	130	49	2	76	1	2
				2	2				
	5			20	9	1	10		
				1	1				
	15			33	10	1	20		2
	30		1	74	27		46	1	
1	31		1	102	49	2	50	1	
1	23			80	44	2	33	1	
	8		1	15	5		10		
				7			7		

2-A-10 续表 31

行业	私营合伙	私营有限责任公司	私营股份有限公司	其他企业	港澳台商投资	与港澳台商合资经营
水利、环境和公共设施管理业	**22**	**2560**	**23**	**25**	**22**	**11**
水利管理业	1	92	2	3	2	
防洪除涝设施管理		14				
水资源管理		22	1		1	
天然水收集与分配		7		1		
水文服务		3			1	
其他水利管理业	1	46	1	2		
生态保护和环境治理业	6	338	1	7	3	2
生态保护		31		4		
环境治理业	6	307	1	3	3	2
公共设施管理业	15	2130	20	15	17	9
市政设施管理	2	241	3	1	3	1
环境卫生管理	3	311	1			
城乡市容管理		47		1		
绿化管理	4	1037	11	5		
公园和游览景区管理	6	494	5	8	14	8
居民服务、修理和其他服务业	**426**	**6932**	**43**	**121**	**14**	**6**
居民服务业	207	2236	15	69	6	4
家庭服务	4	581		9	1	1
托儿所服务	2	9		1		
洗染服务	15	160	1		1	1
理发及美容服务	46	372	2	10		
洗浴服务	43	131	6	7		
保健服务	51	222	2	14	1	
婚姻服务	33	361	2	4		
殡葬服务	3	63	1	15	3	2
其他居民服务业	10	337	1	9		
机动车、电子产品和日用产品修理业	199	2929	13	43	6	2
汽车、摩托车修理与维护	185	2048	8	34	6	2
计算机和办公设备维修	5	372	1	2		

单位：个

与港澳台商合作经营	港澳台商独资	港澳台商投资股份有限公司	其他港澳台投资	外商投资	中外合资经营	中外合作经营	外资企业	外商投资股份有限公司	其他外商投资
	11			**27**	**13**		**13**		**1**
	2								
	1								
	1								
	1			5	4		1		
	1			5	4		1		
	8			22	9		12		1
	2			3	2		1		
				1			1		
				4	1		2		1
	6			14	6		8		
1	**7**			**33**	**11**		**18**		**4**
1	1			13	3		7		3
				2	1		1		
				9	2		4		3
	1			1			1		
1									
				1			1		
	4			16	6		9		1
	4			12	5		6		1
				2			2		

2-A-10 续表 32

行业	私营合伙	私营有限责任公司	私营股份有限公司	其他企业	港澳台商投资	与港澳台商合资经营
家用电器修理	7	404	3	4		
其他日用产品修理业	2	105	1	3		
其他服务业	20	1767	15	9	2	
清洁服务	10	1413	10	2	1	
其他未列明服务业	10	354	5	7	1	
教育	**80**	**1661**	**11**	**125**	**12**	**7**
教育	80	1661	11	125	12	7
学前教育	9	74		56	2	1
初等教育	1	3		1		
中等教育	3	11		4	1	1
高等教育	1	10				
特殊教育		2				
技能培训、教育辅助及其他教育	66	1561	11	64	9	5
卫生和社会工作	**218**	**302**	**7**	**59**	**4**	**2**
卫生	212	266	7	56	2	2
医院	40	98	5	9	1	1
社区医疗与卫生院	2			8		
门诊部(所)	169	151	1	38		
计划生育技术服务活动						
妇幼保健院(所、站)						
专科疾病防治院(所、站)		2				
疾病预防控制中心		1				
其他卫生活动	1	14	1	1	1	1
社会工作	6	36		3	2	
提供住宿社会工作	1	21			1	
不提供住宿社会工作	5	15		3	1	
文化、体育和娱乐业	**865**	**4106**	**35**	**106**	**25**	**16**
新闻和出版业	1	34		2		
新闻业		4		1		
出版业	1	30		1		

单位：个

与港澳台商合作经营	港澳台商独资	港澳台商投资股份有限公司	其他港澳台投资	外商投资	中外合资经营	中外合作经营	外资企业	外商投资股份有限公司	其他外商投资
				2	1		1		
	2			4	2		2		
	1			1	1				
	1			3	1		2		
	5			**11**	**4**	**1**	**6**		
	5			11	4	1	6		
	1			2	1		1		
	4			9	3	1	5		
	2			**5**	**3**	**2**			
				5	3	2			
				4	2	2			
				1	1				
	2								
	1								
	1								
1	**7**		**1**	**32**	**17**	**3**	**12**		
				1			1		
				1			1		

2-A-10 续表 33

行业	私营合伙	私营有限责任公司	私营股份有限公司	其他企业	港澳台商投资	与港澳台商合资经营
广播、电视、电影和影视录音制作业	5	961	14	4	4	2
广播		9				
电视		44	1			
电影和影视节目制作	1	708	12	1	3	1
电影和影视节目发行		20				
电影放映	4	167	1	3	1	1
录音制作		13				
文化艺术业	20	753	4	6	2	
文艺创作与表演	15	268	1	2	1	
艺术表演场馆		10				
图书馆与档案馆	3	17				
文物及非物质文化遗产保护	2	16		1		
博物馆		19				
烈士陵园、纪念馆						
群众文化活动		85		3		
其他文化艺术业		338	3		1	
体育	43	598	3	24	12	8
体育组织		4				
体育场馆	3	10				
休闲健身活动	40	474	1	24	12	8
其他体育		110	2			
娱乐业	796	1760	14	70	7	6
室内娱乐活动	792	1402	10	66	3	3
游乐园	3	47		2	3	2
彩票活动						
文化、娱乐、体育经纪代理		166	3		1	1
其他娱乐业	1	145	1	2		

单位：个

与港澳台商合作经营	港澳台商独资	港澳台商投资股份有限公司	其他港澳台投资	外商投资	中外合资经营	中外合作经营	外资企业	外商投资股份有限公司	其他外商投资
	2			3	2		1		
	2			1			1		
				2	2				
	2			1			1		
	1								
	1			1			1		
1	2		1	12	4	2	6		
1	2		1	12	4	2	6		
	1			15	11	1	3		
				5	3	1	1		
	1			3	1		2		
				2	2				
				5	5				

2-A-11 按行业中类、登记注册类型分组的

行业	从业人员期末人数	内资	国有	集体	股份合作企业	联营企业
总计	**25123423**	**22784754**	**293149**	**194181**	**197997**	**5320**
农、林、牧、渔业	**22670**	**22506**	**400**	**417**	**48**	**3**
农业	1129	1094	46		7	
谷物种植	111	111				
豆类、油料和薯类种植	34	34				
蔬菜、食用菌及园艺作物种植	398	398	22			
水果种植	166	166	24		7	
坚果、含油果、香料和饮料作物种植	131	131				
中药材种植	286	251				
其他农业	3	3				
林业	20	20				
林木育种和育苗	20	20				
畜牧业	1024	972	101	16		
牲畜饲养	720	675	99	10		
家禽饲养	207	200	2			
其他畜牧业	97	97		6		
渔业	596	596				
水产养殖	596	596				
农、林、牧、渔服务业	19901	19824	253	401	41	3
农业服务业	17066	16995	74	340	33	
林业服务业	1117	1111	72	43		3
畜牧服务业	874	874	72	11		
渔业服务业	844	844	35	7	8	
采矿业	**33711**	**32960**	**1497**	**1639**	**150**	**5**
煤炭开采和洗选业	211	211				
烟煤和无烟煤开采洗选	159	159				
褐煤开采洗选	29	29				
其他煤炭采选	23	23				
黑色金属矿采选业	2754	2653	70	31		

全部企业法人单位从业人数

单位：人

国有联营	集体联营	国有与集体联营	其他联营	有限责任公司	国有独资公司	其他有限责任公司	股份有限公司	私营企业	私营独资
1477	**1199**	**788**	**1856**	**4731269**	**286842**	**4444427**	**1149273**	**16071130**	**1466269**
			3	**655**	**128**	**527**	**56**	**6643**	**976**
				92		92		714	43
								62	
								34	
				80		80		223	28
								65	5
								109	10
				12		12		218	
								3	
								19	7
								19	7
				118		118		519	40
				118		118		369	35
								93	5
								57	
								513	139
								513	139
			3	445	128	317	56	4878	747
				376	125	251	56	3616	579
			3	43	3	40		494	26
				3		3		300	60
				23		23		468	82
			5	**6964**	**2940**	**4024**	**256**	**22312**	**3791**
				1		1	1	204	25
								154	20
				1		1		28	
							1	22	5
				1761	1593	168		791	

2-A-11 续表 1

行业	从业人员期末人数	内资	国有	集体	股份合作企业	联营企业
铁矿采选	2753	2652	70	31		
其他黑色金属矿采选	1	1				
有色金属矿采选业	4257	4257	31	25	64	
常用有色金属矿采选	3107	3107	1	25	64	
贵金属矿采选	186	186	30			
稀有稀土金属矿采选	964	964				
非金属矿采选业	26130	25480	1372	1578	86	5
土砂石开采	22775	22125	170	1413	80	5
化学矿开采	78	78		3		
采盐	333	333		126		
石棉及其他非金属矿采选	2944	2944	1202	36	6	
开采辅助活动	42	42		5		
石油和天然气开采辅助活动	8	8				
其他开采辅助活动	34	34		5		
其他采矿业	317	317	24			
其他采矿业	317	317	24			
制造业	**11950218**	**9905712**	**34410**	**29683**	**165303**	**870**
农副食品加工业	158766	142003	4485	469	2625	8
谷物磨制	4367	3787	83	54	99	
饲料加工	18124	17199	49	46	147	
植物油加工	5091	4388	32	7	25	
制糖业	470	470				
屠宰及肉类加工	21572	19001	371	82	293	
水产品加工	59045	50185	3651	208	1818	
蔬菜、水果和坚果加工	35512	33454	1	35	218	
其他农副食品加工	14585	13519	298	37	25	8
食品制造业	114928	82510	762	225	727	14
焙烤食品制造	21527	14370	4	23	88	
糖果、巧克力及蜜饯制造	7273	4765		56	46	
方便食品制造	16869	11247	10		53	

单位：人

国有联营	集体联营	国有与集体联营	其他联营	有限责任公司	国有独资公司	其他有限责任公司	股份有限公司	私营企业	私营独资
				1761	1593	168		790	
								1	
				1116	585	531	183	2832	116
				1069	585	484	183	1759	115
								156	
				47		47		917	1
			5	4085	762	3323	72	18156	3623
			5	3554	351	3203	67	16710	3475
								75	39
								207	
				531	411	120	5	1164	109
								37	
								8	
								29	
				1		1		292	27
				1		1		292	27
101	**348**	**40**	**381**	**1201378**	**40335**	**1161043**	**451150**	**7992812**	**1171913**
2			6	14546	396	14150	10369	102094	12885
				440	4	436	200	2684	601
				2012		2012	2896	11997	551
				403		403	349	3092	221
								312	107
				3228	392	2836	3495	11449	1052
				4618		4618	1678	37902	2703
				2209		2209	172	25136	5481
2			6	1636		1636	1579	9522	2169
			14	11562	8	11554	12123	56267	5507
				2288		2288	590	11346	1815
				267		267		4386	319
				684		684	2811	7161	604

2-A-11 续表 2

行　业	从业人员期末人数	内　资				
			国　有	集　体	股份合作企　业	联营企业
乳制品制造	5943	5770	66	10	6	
罐头食品制造	32418	24069		44	163	14
调味品、发酵制品制造	6247	5247	657	62	32	
其他食品制造	24651	17042	25	30	339	
酒、饮料和精制茶制造业	80401	57274	569	383	856	96
酒的制造	29237	20128	6	159	625	96
饮料制造	27050	13499	117	19	93	
精制茶加工	24114	23647	446	205	138	
烟草制品业	3966	3739	1104		54	
卷烟制造	3655	3655	1104			
其他烟草制品制造	311	84			54	
纺织业	1138675	923778	10	1229	7375	1
棉纺织及印染精加工	535119	419243	2	633	2279	
毛纺织及染整精加工	47016	39735		65	1020	
麻纺织及染整精加工	13291	11442		1	16	
丝绢纺织及印染精加工	59460	51394	3	151	495	
化纤织造及印染精加工	78635	68424		39	341	
针织或钩针编织物及其制品制造	196397	159877		143	716	1
家用纺织制成品制造	115583	95582	5	100	459	
非家用纺织制成品制造	93174	78081		97	2049	
纺织服装、服饰业	1125428	814802	9094	937	4960	39
机织服装制造	683627	491456	235	737	2236	3
针织或钩针编织服装制造	290554	196916	47	70	1716	36
服饰制造	151247	126430	8812	130	1008	
皮革、毛皮、羽毛及其制品和制鞋业	726380	644147	39	303	12493	
皮革鞣制加工	26592	18904		40	1104	
皮革制品制造	155051	127379	17	28	969	
毛皮鞣制及制品加工	16596	13763		23	5	
羽毛(绒)加工及制品制造	19196	11064			3	
制鞋业	508945	473037	22	212	10412	

单位：人

国有联营	集体联营	国有与集体联营	其他联营	有限责任公司	国有独资公司	其他有限责任公司	股份有限公司	私营企业	私营独资
				1443		1443	1613	2632	52
			14	3550		3550	3990	16148	1517
				1152		1152		3329	336
				2178	8	2170	3119	11265	864
96				12153	3299	8854	2319	35031	7013
96				8576	3283	5293	2054	8550	1180
				1695	16	1679	200	11318	963
				1882		1882	65	15163	4870
				2551	2551			30	
				2551	2551				
								30	
1				84643	187	84456	24054	805648	86920
				48326		48326	9940	357925	32674
				2608		2608	2496	33435	3488
				3481		3481	5942	1987	166
				5739	66	5673	402	44550	5789
				1931		1931	48	65996	8711
1				7016	121	6895	2832	149017	12604
				7780		7780	472	86660	11797
				7762		7762	1922	66078	11691
			39	52048	4555	47493	13899	732452	129940
			3	38868	4295	34573	11587	437183	76186
			36	9533	1	9532	1576	183588	27975
				3647	259	3388	736	111681	25779
				63641	1	63640	9557	557151	91573
				1757		1757	1276	14703	946
				8720	1	8719	267	117214	17981
				153		153	41	13520	2782
				2388		2388	1198	7475	943
				50623		50623	6775	404239	68921

2-A-11 续表 3

行业	从业人员期末人数	内资				
			国有	集体	股份合作企业	联营企业
木材加工和木、竹、藤、棕、草制品业	148330	132686	36	473	710	18
木材加工	17554	17064	36	167	84	5
人造板制造	28444	23371		43	42	
木制品制造	64368	57996		188	339	13
竹、藤、棕、草等制品制造	37964	34255		75	245	
家具制造业	263556	192702		175	892	
木质家具制造	117407	95311		166	449	
竹、藤家具制造	7483	3999				
金属家具制造	88364	61509			347	
塑料家具制造	8801	5856			61	
其他家具制造	41501	26027		9	35	
造纸和纸制品业	228961	200933		473	4100	181
纸浆制造	315	312				
造纸	94455	79525		113	666	
纸制品制造	134191	121096		360	3434	181
印刷和记录媒介复制业	192989	182363	246	1087	6648	1
印刷	183659	174194	226	1030	6366	1
装订及印刷相关服务	9007	7846	20	57	282	
记录媒介复制	323	323				
文教、工美、体育和娱乐用品制造业	477365	401204	24	659	5143	8
文教办公用品制造	91776	79172	4	94	405	
乐器制造	10192	4656		6	40	
工艺美术品制造	248178	219610	19	426	4038	8
体育用品制造	48066	37343	1	56	136	
玩具制造	62239	48717		77	443	
游艺器材及娱乐用品制造	16914	11706			81	
石油加工、炼焦和核燃料加工业	14113	12487		3	142	
精炼石油产品制造	14044	12418		3	142	
炼焦	48	48				
核燃料加工	21	21				

单位：人

国有联营	集体联营	国有与集体联营	其他联营	有限责任公司	国有独资公司	其他有限责任公司	股份有限公司	私营企业	私营独资
	18			4025		4025	2534	123716	31725
	5			175		175	1421	14984	6525
				1791		1791	895	20585	4017
	13			1246		1246	29	56014	10737
				813		813	189	32133	10446
				19278		19278	4535	167169	21423
				14037		14037	733	79512	11680
								3959	678
				3271		3271	1577	56184	6106
				1088		1088		4707	542
				882		882	2225	22807	2417
		1	180	20926		20926	8679	166290	30104
				13		13		299	98
				11031		11031	7158	60535	4082
		1	180	9882		9882	1521	105456	25924
1				17293	712	16581	1982	154763	33085
1				16988	712	16276	1977	147291	30941
				242		242	5	7212	2101
				63		63		260	43
	8			21094	212	20882	5681	367156	73495
				3013	12	3001	1942	73410	11357
				407		407	855	3348	351
	8			10497	200	10297	2294	201413	46120
				802		802	509	35810	4200
				5186		5186	65	42794	10603
				1189		1189	16	10381	864
				1963	899	1064	6408	3971	340
				1963	899	1064	6408	3902	340
								48	
								21	

2-A-11 续表 4

行业	从业人员期末人数	内资	国有	集体	股份合作企业	联营企业
化学原料和化学制品制造业	341409	280725	464	648	3588	15
基础化学原料制造	70370	60363		166	771	
肥料制造	5536	5300	194	30	27	
农药制造	16349	13372	29	38	341	
涂料、油墨、颜料及类似产品制造	63140	50283		62	815	8
合成材料制造	74782	58968		69	447	
专用化学产品制造	68741	55140	226	244	908	5
炸药、火工及焰火产品制造	2515	2514			45	
日用化学产品制造	39976	34785	15	39	234	2
医药制造业	145582	112761	60	10	727	
化学药品原料药制造	62054	54716			307	
化学药品制剂制造	27475	19508	60		65	
中药饮片加工	4840	4423		10	29	
中成药生产	13618	9678				
兽用药品制造	2597	2391			129	
生物药品制造	17012	8062			36	
卫生材料及医药用品制造	17986	13983			161	
化学纤维制造业	137552	103220	158		303	
纤维素纤维原料及纤维制造	5819	2613	131			
合成纤维制造	131733	100607	27		303	
橡胶和塑料制品业	667075	582248	111	1175	15185	33
橡胶制品业	109910	87435	110	313	2566	
塑料制品业	557165	494813	1	862	12619	33
非金属矿物制品业	374572	338542	352	7639	7768	140
水泥、石灰和石膏制造	41776	40422	124	369	30	16
石膏、水泥制品及类似制品制造	87137	80635	35	666	459	
砖瓦、石材等建筑材料制造	85279	76630	190	5975	5980	124
玻璃制造	14793	13400		4	28	
玻璃制品制造	70952	61894		45	258	
玻璃纤维和玻璃纤维增强塑料制品制造	20050	15997		52	221	

单位：人

国有联营	集体联营	国有与集体联营	其他联营	有限责任公司	国有独资公司	其他有限责任公司	股份有限公司	私营企业	私营独资
	9	6		75507	1100	74407	32854	167134	15506
				26324	379	25945	7391	25625	2601
				818		818	863	3352	438
				3397		3397	5536	4029	26
	2	6		7760		7760	8722	32886	4048
				21194	173	21021	3509	33435	1634
	5			10396	479	9917	5592	37755	5057
				1770	20	1750		699	63
	2			3848	49	3799	1241	29353	1639
				39427	386	39041	31445	41043	1049
				23064		23064	17814	13528	78
				8131		8131	6928	4324	80
				1926	380	1546	527	1893	108
				1976		1976	3001	4695	102
				671		671		1591	106
				2431		2431	1474	4121	60
				1228	6	1222	1701	10891	515
				13468	110	13358	24594	64657	3634
				17		17		2435	281
				13451	110	13341	24594	62222	3353
	9		24	61385	5628	55757	11364	491633	94636
				18111	5549	12562	3770	62508	11264
	9		24	43274	79	43195	7594	429125	83372
1	123		16	58350	4914	53436	5518	257784	39029
			16	17670	4085	13585	2362	19838	1517
				19037	809	18228	677	59608	5587
1	123			4135	20	4115	152	59445	18097
				2233		2233		11111	585
				6018		6018	1058	54471	4439
				4710		4710	307	10672	1856

2-A-11 续表 5

行业	从业人员期末人数	内资	国有	集体	股份合作企业	联营企业
陶瓷制品制造	19685	17029	3	127	175	
耐火材料制品制造	19161	17860		353	478	
石墨及其他非金属矿物制品制造	15739	14675		48	139	
黑色金属冶炼和压延加工业	207884	188667	9746	881	6414	10
炼铁	786	724			71	
炼钢	14372	13686	9746			
黑色金属铸造	64354	60654		502	4499	
钢压延加工	126692	111949		379	1807	10
铁合金冶炼	1680	1654			37	
有色金属冶炼和压延加工业	128544	112924		237	2020	
常用有色金属冶炼	12221	10792		42	281	
贵金属冶炼	1419	1326				
稀有稀土金属冶炼	592	429				
有色金属合金制造	16487	13037			100	
有色金属铸造	8654	7283		6	89	
有色金属压延加工	89171	80057		189	1550	
金属制品业	760498	682474	115	2297	14223	19
结构性金属制品制造	143562	136240		262	642	
金属工具制造	111679	98668	8	196	1248	16
集装箱及金属包装容器制造	34002	25623	75	196	1188	
金属丝绳及其制品制造	22855	19815		4	240	
建筑、安全用金属制品制造	177183	158233		521	3356	2
金属表面处理及热处理加工	79856	74500	10	744	5444	1
搪瓷制品制造	8365	7481			23	
金属制日用品制造	112663	97873		180	679	
其他金属制品制造	70333	64041	22	194	1403	
通用设备制造业	1193439	1035794	1444	2671	22897	128
锅炉及原动设备制造	33189	28116	436	40	423	65
金属加工机械制造	95413	82253	382	546	2212	32
物料搬运设备制造	83951	62480	3	61	648	

单位：人

国有联营	集体联营	国有与集体联营	其他联营	有限责任公司	国有独资公司	其他有限责任公司	股份有限公司	私营企业	私营独资
				2147		2147	290	14221	2034
				886		886	638	15503	2221
				1514		1514	34	12915	2693
	10			27994		27994	12223	131226	16549
								653	264
							1323	2617	298
				4993		4993	626	49894	10312
	10			22951		22951	10274	76496	5636
				50		50		1566	39
				21644	570	21074	8638	80328	10781
				2493		2493	2025	5951	793
				855	570	285		471	14
				53		53		376	4
				4016		4016	209	8709	565
				988		988		6194	2445
				13239		13239	6404	58627	6960
	17		2	51009	1496	49513	7266	605560	106893
				11906	510	11396	83	123233	9110
	16			7581	940	6641	295	89076	19969
				2858		2858	23	21264	1491
				5008		5008	20	14528	3074
			2	10255	46	10209	1412	142268	29465
	1			3458		3458	314	63638	17463
				451		451	404	6598	1521
				3732		3732	3342	89828	10901
				5760		5760	1373	55127	13899
	69	32	27	118504	1772	116732	45759	842930	138175
	65			3969	430	3539	5312	17868	1927
		32		5396		5396	3245	70325	11491
				10512	805	9707	3811	47343	4832

2-A-11 续表 6

行业	从业人员期末人数	内资				
			国有	集体	股份合作企业	联营企业
泵、阀门、压缩机及类似机械制造	318007	282261	115	698	7583	
轴承、齿轮和传动部件制造	198295	171673	228	284	2620	
烘炉、风机、衡器、包装等设备制造	163444	138369	223	99	2207	1
文化、办公用机械制造	18827	14785	3	10	127	1
通用零部件制造	265874	240404	54	865	6507	27
其他通用设备制造业	16439	15453		68	570	2
专用设备制造业	471847	392822	385	768	8680	48
采矿、冶金、建筑专用设备制造	32226	27822	166	15	886	
化工、木材、非金属加工专用设备制造	169633	138431	45	119	2687	
食品、饮料、烟草及饲料生产专用设备制造	11643	10131		74	800	
印刷、制药、日化及日用品生产专用设备制造	28455	25556		142	660	
纺织、服装和皮革加工专用设备制造	92094	79573		52	2199	47
电子和电工机械专用设备制造	16045	14191	21	38	197	
农、林、牧、渔专用机械制造	31543	25293	4	62	455	
医疗仪器设备及器械制造	34482	24967		141	395	
环保、社会公共服务及其他专用设备制造	55726	46858	149	125	401	1
汽车制造业	537739	436727	1	155	9628	26
汽车整车制造	35115	23781			27	
改装汽车制造	1764	1281				
低速载货汽车制造	145	145				
电车制造	203	198				
汽车车身、挂车制造	1197	764			3	
汽车零部件及配件制造	499315	410558	1	155	9598	26
铁路、船舶、航空航天和其他运输设备制造业	189128	168073	2627	363	3473	
铁路运输设备制造	3364	3328	43	80	171	
城市轨道交通设备制造	168	168				
船舶及相关装置制造	55319	46815	2584	75	933	
航空、航天器及设备制造	1345	1337		1	35	
摩托车制造	72834	70759		32	2121	
自行车制造	50014	40276		175	206	

单位：人

国有联营	集体联营	国有与集体联营	其他联营	有限责任公司	国有独资公司	其他有限责任公司	股份有限公司	私营企业	私营独资
				49423	430	48993	16373	207811	22748
				19627	1	19626	9338	139482	21522
	1			16796	106	16690	6444	112380	11890
			1	2232		2232		12406	939
	3		24	9901		9901	1196	221208	61043
			2	648		648	40	14107	1783
	47	1		44865	2444	42421	13653	323846	45970
				3861		3861	817	22076	2535
				9811	5	9806	5454	119951	21029
				471		471	93	8681	1177
				2263		2263	451	21997	1853
	47			9426		9426	3331	64446	11670
				1799		1799	143	11991	1180
				5556	1687	3869	785	18358	2154
				3000		3000	1231	20195	1589
		1		8678	752	7926	1348	36151	2783
	8		18	75701	287	75414	21475	329552	42506
				10633	261	10372	3583	9538	
				597		597		684	12
				144		144		1	
				5		5		193	4
								761	25
	8		18	64322	26	64296	17892	318375	42465
				32824	8065	24759	4737	123960	12967
				482		482	3	2549	187
				64		64		104	
				7832		7832	3113	32273	2076
				415		415		886	147
				21042	8065	12977	1405	46122	6696
				2958		2958	216	36678	3260

2-A-11 续表 7

行　业	从业人员期末人数	内　资	国　有	集　体	股份合作企　业	联营企业
非公路休闲车及零配件制造	3738	3527			5	
潜水救捞及其他未列明运输设备制造	2346	1863			2	
电气机械和器材制造业	1183449	987105	198	2098	12100	18
电机制造	183565	145459	20	212	1410	
输配电及控制设备制造	353755	307608	73	1313	5484	3
电线、电缆、光缆及电工器材制造	108392	81983		194	1560	15
电池制造	45263	27793	63	40	312	
家用电力器具制造	255500	220668	30	231	1016	
非电力家用器具制造	23151	20663		1	19	
照明器具制造	199088	169811	12	100	1903	
其他电气机械及器材制造	14735	13120		7	396	
计算机、通信和其他电子设备制造业	515551	334148	200	1006	2539	
计算机制造	22040	6932		12	9	
通信设备制造	77111	40974		12	228	
广播电视设备制造	25924	21268			202	
雷达及配套设备制造	289	138				
视听设备制造	34023	25115		33	59	
电子器件制造	118363	51813		70	445	
电子元件制造	216027	171056	187	879	1563	
其他电子设备制造	21774	16852	13		33	
仪器仪表制造业	225476	186678	776	505	6773	57
通用仪器仪表制造	110229	90327	99	192	3224	
专用仪器仪表制造	32857	25537	566	127	737	57
钟表与计时仪器制造	7293	6181	1	25	147	
光学仪器及眼镜制造	69494	59319	110	2	2487	
其他仪器仪表制造业	5603	5314		159	178	
其他制造业	127927	111889	28	167	1374	
日用杂品制造	113178	98983	15	114	1258	
煤制品制造	547	541			11	
核辐射加工	83	83				
其他未列明制造业	14119	12282	13	53	105	

单位：人

国有联营	集体联营	国有与集体联营	其他联营	有限责任公司	国有独资公司	其他有限责任公司	股份有限公司	私营企业	私营独资
				31		31		3487	258
								1861	343
	18			136798		136798	71771	763402	63909
				19763		19763	18310	105622	10064
	3			48896		48896	29375	222338	16985
	15			14698		14698	3542	61914	6156
				7582		7582	1523	18272	456
				26099		26099	13479	179560	11788
				1919		1919	51	18648	1810
				17482		17482	5363	144843	15520
				359		359	128	12205	1130
				72725	718	72007	34120	223282	20862
				1297	206	1091	484	5130	227
				10351		10351	12791	17545	1128
				3978		3978	1966	15121	1175
								138	
				2607		2607	2409	19999	3643
				12269	512	11757	7533	31435	1069
				40759		40759	7755	119764	11862
				1464		1464	1182	14150	1758
	2		55	29970		29970	14536	133881	18734
				16056		16056	10824	59901	6278
	2		55	6914		6914	1489	15641	1667
				1031		1031	3	4961	516
				5841		5841	2219	48535	9295
				128		128	1	4843	978
				9464	18	9446	8734	91958	12963
				8530		8530	8609	80395	10625
				140		140	5	379	113
								83	5
				794	18	776	120	11101	2220

2-A-11 续表 8

行业	从业人员期末人数	内资	国有	集体	股份合作企业	联营企业
废弃资源综合利用业	27758	21247	96	28	238	
金属废料和碎屑加工处理	21368	15069	91	11	108	
非金属废料和碎屑加工处理	6390	6178	5	17	130	
金属制品、机械和设备修理业	40930	39040	1280	2619	648	10
金属制品修理	307	295		7	15	
通用设备修理	1669	1617	21	2		
专用设备修理	1129	1033	303	16	11	
铁路、船舶、航空航天等运输设备修理	34689	32988	956	2550	587	
电气设备修理	1709	1707		36	13	
仪器仪表修理	73	52				
其他机械和设备修理业	1354	1348		8	22	10
电力、热力、燃气及水生产和供应业	**172582**	**161262**	**70643**	**7279**	**1948**	**203**
电力、热力生产和供应业	121048	114174	66820	3670	1390	114
电力生产	50578	44712	4088	2944	1382	98
电力供应	65619	65552	62684	726	8	16
热力生产和供应	4851	3910	48			
燃气生产和供应业	10452	6924	412	162	24	
燃气生产和供应业	10452	6924	412	162	24	
水的生产和供应业	41082	40164	3411	3447	534	89
自来水生产和供应	30628	30360	3149	3315	67	89
污水处理及其再生利用	7962	7322	262	98	5	
其他水的处理、利用与分配	2492	2482		34	462	
建筑业	**7659188**	**7623229**	**27043**	**69725**	**6843**	**1298**
房屋建筑业	5723001	5698566	1627	59036	5547	487
房屋建筑业	5723001	5698566	1627	59036	5547	487
土木工程建筑业	1293164	1291718	21313	7853	857	801
铁路、道路、隧道和桥梁工程建筑	916719	916662	11969	5203	470	801
水利和内河港口工程建筑	98753	97937	2468	529	364	
海洋工程建筑	742	738				

单位：人

国有联营	集体联营	国有与集体联营	其他联营	有限责任公司	国有独资公司	其他有限责任公司	股份有限公司	私营企业	私营独资
				3841	7	3834	210	16800	1668
				3141	7	3134	202	11496	595
				700		700	8	5304	1073
	10			2179		2179	113	32098	2072
								270	38
				218		218		1353	163
				27		27		655	232
				1237		1237	110	27507	1374
				499		499	3	1156	84
								52	5
	10			198		198		1105	176
67	**110**	**15**	**11**	**56816**	**20054**	**36762**	**1148**	**23059**	**2711**
13	80	10	11	25996	5045	20951	830	15202	1772
	80	7	11	21300	4336	16964	707	14041	1772
13		3		2047	709	1338	5	66	
				2649		2649	118	1095	
				3939	605	3334	138	2248	144
				3939	605	3334	138	2248	144
54	30	5		26881	14404	12477	180	5609	795
54	30	5		21875	13108	8767	180	1673	322
				4395	1296	3099		2562	66
				611		611		1374	407
801	**11**		**486**	**2328363**	**36158**	**2292205**	**499947**	**4689867**	**5820**
	11		476	1852511	21972	1830539	434024	3345312	3105
	11		476	1852511	21972	1830539	434024	3345312	3105
801				302220	10669	291551	50988	907606	624
801				205383	5314	200069	44861	647955	153
				25290	3253	22037	1443	67842	195
				560	92	468		178	

2-A-11 续表 9

行业	从业人员期末人数	内资	国有	集体	股份合作企业	联营企业
工矿工程建筑	62252	62160	2371	28	20	
架线和管道工程建筑	56090	55836	1376	460		
其他土木工程建筑	158608	158385	3129	1633	3	
建筑安装业	189973	186851	1001	2014	205	
电气安装	57455	57405	840	684	1	
管道和设备安装	54061	53907	135	647	73	
其他建筑安装业	78457	75539	26	683	131	
建筑装饰和其他建筑业	453050	446094	3102	822	234	10
建筑装饰业	306924	299982	48	643	126	10
工程准备活动	66405	66399	2985	139	47	
提供施工设备服务	15351	15351				
其他未列明建筑业	64370	64362	69	40	61	
批发和零售业	**2011937**	**1927958**	**15749**	**13055**	**6911**	**581**
批发业	1333310	1296909	13029	7087	4444	133
农、林、牧产品批发	47031	46861	720	839	216	2
食品、饮料及烟草制品批发	162969	160820	8326	472	309	
纺织、服装及家庭用品批发	368422	354021	455	690	355	51
文化、体育用品及器材批发	54633	53062	233	222	166	
医药及医疗器材批发	47397	46625	316	84	96	
矿产品、建材及化工产品批发	326108	322433	1967	3696	2050	67
机械设备、五金产品及电子产品批发	234748	225158	797	799	1071	12
贸易经纪与代理	52114	48604	59	53	25	
其他批发业	39888	39325	156	232	156	1
零售业	678627	631049	2720	5968	2467	448
综合零售	148082	120050	235	3126	381	49
食品、饮料及烟草制品专门零售	51343	50994	784	631	110	41
纺织、服装及日用品专门零售	76343	69768	59	577	99	12
文化、体育用品及器材专门零售	30899	30476	886	208	144	4
医药及医疗器材专门零售	62491	62207	283	381	380	24
汽车、摩托车、燃料及零配件专门零售	151178	141720	338	582	712	266

单位：人

国有联营	集体联营	国有与集体联营	其他联营	有限责任公司	国有独资公司	其他有限责任公司	股份有限公司	私营企业	私营独资
				29312	673	28639	228	30201	31
				27167	1158	26009	459	26371	86
				14508	179	14329	3997	135059	159
				73073	3340	69733	4716	105837	553
				22540	96	22444	162	33176	101
				23383	162	23221	583	29083	304
				27150	3082	24068	3971	43578	148
			10	100559	177	100382	10219	331112	1538
			10	58342	38	58304	10219	230571	698
				9879	123	9756		53336	737
				6317		6317		9034	16
				26021	16	26005		38171	87
93	**94**	**194**	**200**	**282337**	**15764**	**266573**	**91168**	**1454939**	**130139**
19	12	43	59	143721	9880	133841	59982	1015377	58324
	1		1	3086	1206	1880	716	21743	5497
				26975	4687	22288	10140	85312	9518
	4	10	37	29349	518	28831	6661	315687	12343
				4958	45	4913	381	46871	5738
				14027	265	13762	2885	28274	662
15	6	33	13	37510	1822	35688	33908	242531	12772
4			8	22455	1028	21427	4568	194987	6632
				2247	152	2095	309	45294	1035
	1			3114	157	2957	414	34678	4127
74	82	151	141	138616	5884	132732	31186	439562	71815
19	27		3	50427	129	50298	17701	47980	4114
	20		21	7372	643	6729	138	34223	10229
4	3	5		11053	137	10916	825	56929	9226
		4		7251	2943	4308	1867	19996	2491
	6		18	10626	400	10226	498	49274	20796
51	1	142	72	36146	927	35219	9334	94206	3451

2-A-11 续表 10

行 业	从业人员期末人数	内 资	国 有	集 体	股份合作企业	联营企业
家用电器及电子产品专门零售	64529	64165	44	54	205	10
五金、家具及室内装饰材料专门零售	47004	46259	20	199	315	
货摊、无店铺及其他零售业	46758	45410	71	210	121	42
交通运输、仓储和邮政业	**508722**	**486611**	**32229**	**10238**	**6110**	**397**
铁路运输业	277	277				
铁路货物运输	277	277				
道路运输业	278820	270111	9965	3372	2286	251
城市公共交通运输	70053	70036	2980	295	252	
公路旅客运输	58573	58526	2611	1059	950	70
道路货物运输	118920	113918	202	755	922	6
道路运输辅助活动	31274	27631	4172	1263	162	175
水上运输业	45885	42270	1676	761	61	
水上旅客运输	5829	5829	622	408	8	
水上货物运输	28664	28664	595	273	6	
水上运输辅助活动	11392	7777	459	80	47	
航空运输业	8036	3912	1282			
航空客货运输	548	102				
通用航空服务	206	204				
航空运输辅助活动	7282	3606	1282			
管道运输业	161	161		54		
管道运输业	161	161		54		
装卸搬运和运输代理业	83201	81554	756	5720	1152	85
装卸搬运	23095	22350	553	4817	448	85
运输代理业	60106	59204	203	903	704	
仓储业	21817	17801	1095	175	61	56
谷物、棉花等农产品仓储	4248	4246	850	5	9	1
其他仓储业	17569	13555	245	170	52	55
邮政业	70525	70525	17455	156	2550	5
邮政基本服务	20731	20731	17455	151	2547	5
快递服务	49794	49794		5	3	

单位：人

国有联营	集体联营	国有与集体联营	其他联营	有限责任公司	国有独资公司	其他有限责任公司	股份有限公司	私营企业	私营独资
	6		4	9353	184	9169	358	53942	3901
				2092	380	1712	211	43007	12437
	19		23	4296	141	4155	254	40005	5170
1	**121**	**244**	**31**	**180882**	**65589**	**115293**	**23545**	**232882**	**6848**
							277		
							277		
	76	175		123730	54982	68748	11136	119212	3710
				56089	38810	17279	723	9653	50
	70			32258	11803	20455	6695	14883	54
	6			18700	549	18151	3253	90001	3024
		175		16683	3820	12863	465	4675	582
				15391	3005	12386	2026	22347	84
				3927	1248	2679	203	661	
				7677	922	6755	1823	18290	33
				3787	835	2952		3396	51
				2460	1712	748	10	160	
				97	4	93		5	
				102		102	10	92	
				2261	1708	553		63	
				106		106		1	
				106		106		1	
	35	20	30	17873	2210	15663	1033	54821	2770
	35	20	30	4355	515	3840	403	11626	498
				13518	1695	11823	630	43195	2272
	6	49	1	8683	3659	5024	196	7504	119
	1			3013	2636	377	17	320	4
	5	49	1	5670	1023	4647	179	7184	115
1	4			12639	21	12618	8867	28837	165
1	4			378	21	357	175	8	
				12261		12261	8692	28829	165

2-A-11 续表 11

行业	从业人员期末人数	内资	国有	集体	股份合作企业	联营企业
住宿和餐饮业	**413887**	**367840**	**11851**	**3763**	**2181**	**701**
住宿业	192206	175292	10720	3082	1235	627
旅游饭店	139500	123881	9033	2152	415	503
一般旅馆	49465	48573	1613	914	811	4
其他住宿业	3241	2838	74	16	9	120
餐饮业	221681	192548	1131	681	946	74
正餐服务	170027	164729	698	416	759	74
快餐服务	35483	12807	244	47	78	
饮料及冷饮服务	6527	6432	123	101	28	
其他餐饮业	9644	8580	66	117	81	
信息传输、软件和信息技术服务业	**293693**	**244274**	**5013**	**1466**	**113**	**2**
电信、广播电视和卫星传输服务	66274	51150	4887	1130		1
电信	56386	41263	4618	878		
广播电视传输服务	9888	9887	269	252		1
互联网和相关服务	32344	17716	10	108	1	
互联网接入及相关服务	2445	2422		43		
互联网信息服务	27659	13092	10	65		
其他互联网服务	2240	2202			1	
软件和信息技术服务业	195075	175408	116	228	112	1
软件开发	143911	128654	70	79	39	
信息系统集成服务	21876	19006	3	19	57	
信息技术咨询服务	16931	16490	33	9	6	
数据处理和存储服务	3102	3094			5	
集成电路设计	1955	1825				1
其他信息技术服务业	7300	6339	10	121	5	
金融业	**24416**	**23807**	**128**	**271**	**20**	**57**
货币金融服务	5462	5152	19			
货币银行服务	666	666				
非货币银行服务	4796	4486	19			

单位：人

国有联营	集体联营	国有与集体联营	其他联营	有限责任公司	国有独资公司	其他有限责任公司	股份有限公司	私营企业	私营独资
	63	**201**	**437**	**82038**	**5927**	**76111**	**7814**	**257665**	**58851**
	4	201	422	56728	4496	52232	4275	97988	16875
		201	302	50489	4217	46272	3483	57622	3252
	4			5951	279	5672	775	38146	12877
			120	288		288	17	2220	746
	59		15	25310	1431	23879	3539	159677	41976
	59		15	23655	1246	22409	3498	134644	34601
				802	84	718	15	11558	2423
				226		226	22	5863	2411
				627	101	526	4	7612	2541
	1	**1**		**69514**	**6862**	**62652**	**31891**	**136221**	**841**
	1			25859	5521	20338	13194	6052	109
				17439	3252	14187	13193	5117	98
	1			8420	2269	6151	1	935	11
				4265	556	3709	1602	11730	181
				281		281	493	1605	9
				3756	491	3265	1102	8159	167
				228	65	163	7	1966	5
		1		39390	785	38605	17095	118439	551
				27271	728	26543	15701	85486	419
				4001	20	3981	1332	13593	24
				6004		6004	51	10375	59
				600	1	599		2489	1
		1		332		332		1492	4
				1182	36	1146	11	5004	44
	57			**4652**	**898**	**3754**	**3013**	**15629**	**387**
				651		651	2491	1988	1
				23		23	643		
				628		628	1848	1988	1

2-A-11 续表 12

行业	从业人员期末人数	内资	国有	集体	股份合作企业	联营企业
资本市场服务	13844	13598	65	185	20	57
证券市场服务	268	268				
期货市场服务	306	306				
资本投资服务	12610	12380	65	185	15	57
其他资本市场服务	660	644			5	
保险业	630	630				
人身保险	41	41				
财产保险	39	39				
再保险	1	1				
保险经纪与代理服务	349	349				
其他保险活动	200	200				
其他金融业	4480	4427	44	86		
金融信托与管理服务	2134	2089	21	80		
控股公司服务	879	874	20	1		
其他未列明金融业	1467	1464	3	5		
房地产业	**451550**	**435193**	**8272**	**5488**	**1622**	**205**
房地产业	451550	435193	8272	5488	1622	205
房地产开发经营	134912	124079	2315	340	136	61
物业管理	233831	231773	2615	1590	29	120
房地产中介服务	46807	45495	165	180	184	1
自有房地产经营活动	28457	27090	2709	3047	1166	23
其他房地产业	7543	6756	468	331	107	
租赁和商务服务业	**843880**	**832692**	**52838**	**39604**	**2952**	**667**
租赁业	21515	21094	80	402	47	13
机械设备租赁	19590	19214	77	371	47	13
文化及日用品出租	1925	1880	3	31		
商务服务业	822365	811598	52758	39202	2905	654
企业管理服务	158834	152066	2783	20709	1132	156
法律服务	8012	8003	30	121	89	35

单位：人

国有联营	集体联营	国有与集体联营	其他联营	有限责任公司	国有独资公司	其他有限责任公司	股份有限公司	私营企业	私营独资
	57			3281	730	2551	315	9647	234
				78		78	27	163	
				94		94	4	208	
	57			3054	724	2330	284	8692	232
				55	6	49		584	2
				126		126	39	462	32
				1		1	39		
				10		10		29	5
								1	1
				52		52		297	19
				63		63		135	7
				594	168	426	168	3532	120
				287	77	210	6	1695	3
				97	52	45	10	746	
				210	39	171	152	1091	117
131	**3**	**44**	**27**	**163948**	**10131**	**153817**	**7879**	**246336**	**4301**
131	3	44	27	163948	10131	153817	7879	246336	4301
		41	20	53656	3293	50363	3562	63981	39
119		1		98397	5223	93174	3614	125261	280
			1	5935	172	5763	104	37727	2420
12	3	2	6	4132	557	3575	599	15373	1490
				1828	886	942		3994	72
156	**329**	**25**	**157**	**197542**	**53148**	**144394**	**16022**	**507779**	**7436**
3			10	3672	68	3604	401	16223	920
3			10	2550	32	2518	401	15500	895
				1122	36	1086		723	25
153	329	25	147	193870	53080	140790	15621	491556	6516
35	102	11	8	52275	14461	37814	5436	57274	399
	29		6	224		224	65	6349	662

2-A-11 续表 13

行业	从业人员期末人数	内资	国有	集体	股份合作企业	联营企业
咨询与调查	114200	111882	657	1151	284	110
广告业	66483	66373	308	131	205	6
知识产权服务	4873	4861	18	28	3	
人力资源服务	247929	247661	3761	1328	80	3
旅行社及相关服务	33450	33196	704	236	279	98
安全保护服务	100979	100913	41065	8549	448	
其他商务服务业	87605	86643	3432	6949	385	246
科学研究和技术服务业	**294475**	**284568**	**20875**	**4012**	**1134**	**158**
研究和试验发展	25906	23601	1208	268	226	3
自然科学研究和试验发展	1017	941	330	1	38	
工程和技术研究和试验发展	18850	17137	769	222	111	
农业科学研究和试验发展	2283	2251	9	45	28	
医学研究和试验发展	3496	3012	4		49	3
社会人文科学研究	260	260	96			
专业技术服务业	217903	213037	19141	2545	867	150
气象服务	314	314	42	17		
地震服务	6	6				
海洋服务	486	411	138			
测绘服务	6923	6923	1514	719	71	
质检技术服务	22619	20984	1151	673	385	19
环境与生态监测	3086	3060	84	50		
地质勘查	2154	2154	1043	15		5
工程技术	146631	145181	14797	813	251	106
其他专业技术服务业	35684	34004	372	258	160	20
科技推广和应用服务业	50666	47930	526	1199	41	5
技术推广服务	44516	42221	476	1172	32	2
科技中介服务	3336	3148	42	26	8	3
其他科技推广和应用服务业	2814	2561	8	1	1	

单位：人

国有联营	集体联营	国 有 与 集体联营	其他联营	有限责任 公 司	国有独资 公 司	其他有限 责任公司	股份有限 公 司	私营企业	私营独资
22	4	3	81	13135	698	12437	1311	94866	1379
	1		5	8363	776	7587	522	56775	1688
				279	52	227	51	4480	69
	3			53127	15480	37647	4191	184441	716
67	24		7	8500	832	7668	266	23039	290
				35254	17123	18131	607	14980	14
29	166	11	40	22713	3658	19055	3172	49352	1299
127	**1**	**23**	**7**	**72221**	**8632**	**63589**	**7790**	**167420**	**3240**
			3	5702	569	5133	213	15819	360
				62	5	57		500	16
				4066	498	3568	140	11803	150
				363	22	341	40	1677	105
			3	1156		1156	33	1730	84
				55	44	11		109	5
127		19	4	59410	7414	51996	6371	124222	2348
				90	5	85		165	
								6	
				138	5	133		135	3
				966	90	876	78	3575	1
		15	4	7652	990	6662	611	10404	135
				556	152	404	43	2327	2
5				362	126	236	194	535	12
102		4		45320	5240	40080	5011	78797	599
20				4326	806	3520	434	28278	1596
	1	4		7109	649	6460	1206	27379	532
	1	1		6454	626	5828	1097	22657	417
		3		465	16	449	23	2454	25
				190	7	183	86	2268	90

2-A-11 续表 14

行业	从业人员期末人数	内资	国有	集体	股份合作企业	联营企业
水利、环境和公共设施管理业	**102894**	**101796**	**3999**	**1799**	**92**	**17**
水利管理业	4060	4049	672	253	3	17
防洪除涝设施管理	374	374	14	3		
水资源管理	1037	1036	108	117		
天然水收集与分配	1027	1027	378	62		9
水文服务	39	29	7			
其他水利管理业	1583	1583	165	71	3	8
生态保护和环境治理业	8304	7996	131	3	53	
生态保护	1537	1537	77	1		
环境治理业	6767	6459	54	2	53	
公共设施管理业	90530	89751	3196	1543	36	
市政设施管理	9008	8935	920	172		
环境卫生管理	24108	24102	1678	865		
城乡市容管理	836	836		27		
绿化管理	30131	30049	246	171	23	
公园和游览景区管理	26447	25829	352	308	13	
居民服务、修理和其他服务业	**142856**	**142075**	**981**	**3231**	**1360**	**59**
居民服务业	53128	52618	410	2206	305	34
家庭服务	12469	12402		36	6	
托儿所服务	66	66				
洗染服务	3739	3556		106	1	
理发及美容服务	8263	8204		103	38	5
洗浴服务	8900	8900		7	45	
保健服务	10122	10108			177	
婚姻服务	2162	2162	9		11	
殡葬服务	3771	3602	365	1825	13	29
其他居民服务业	3636	3618	36	129	14	
机动车、电子产品和日用产品修理业	50192	49930	336	585	1015	25
汽车、摩托车修理与维护	42344	42131	330	456	917	19
计算机和办公设备维修	2735	2716		4	29	

单位：人

国有联营	集体联营	国有与集体联营	其他联营	有限责任公司	国有独资公司	其他有限责任公司	股份有限公司	私营企业	私营独资
	8		**9**	**39637**	**11201**	**28436**	**5344**	**50740**	**963**
	8		9	2252	888	1364	24	814	107
				229	125	104		128	1
				525	245	280		286	48
			9	506	302	204		70	
				3		3		19	
	8			989	216	773	24	311	58
				3277	363	2914	4	4475	104
				712	24	688		730	60
				2565	339	2226	4	3745	44
				34108	9950	24158	5316	45451	752
				5502	2894	2608	22	2318	63
				8102	2322	5780	247	13210	304
				440	273	167		362	1
				6767	584	6183	736	22074	208
				13297	3877	9420	4311	7487	176
	43		**16**	**12298**	**1463**	**10835**	**529**	**122639**	**26074**
	18		16	5166	406	4760	69	43817	13294
				2462		2462	18	9792	475
								40	
				306		306		3143	590
			5	280		280	43	7695	3088
				372		372		8404	3695
				208	4	204		9490	4956
				154		154	7	1968	149
	18		11	593	287	306		692	106
				791	115	676	1	2593	235
	25			3238	147	3091	274	44155	11675
	19			2393	105	2288	145	37602	11019
				376	42	334	102	2202	83

2-A-11 续表 15

行业	从业人员期末人数	内资				
			国有	集体	股份合作企业	联营企业
家用电器修理	4110	4080	6	63	64	6
其他日用产品修理业	1003	1003		62	5	
其他服务业	39536	39527	235	440	40	
清洁服务	36171	36169	225	297	39	
其他未列明服务业	3365	3358	10	143	1	
教育	**43929**	**43310**	**1782**	**1572**	**375**	**79**
教育	43929	43310	1782	1572	375	79
学前教育	2942	2733	144	102		35
初等教育	524	524	37			
中等教育	988	828	43	199		
高等教育	1013	1013	20			
特殊教育	19	19				
技能培训、教育辅助及其他教育	38443	38193	1538	1271	375	44
卫生和社会工作	**31989**	**30742**	**990**	**170**	**283**	**4**
卫生	30691	29457	856	96	219	3
医院	20278	19052	834	10	165	3
社区医疗与卫生院	204	204	5	14		
门诊部(所)	9568	9568	15	50	54	
计划生育技术服务活动	4	1		1		
妇幼保健院(所、站)	20	20				
专科疾病防治院(所、站)	15	15				
疾病预防控制中心	9	9		3		
其他卫生活动	593	588	2	18		
社会工作	1298	1285	134	74	64	1
提供住宿社会工作	966	964	92	38	40	
不提供住宿社会工作	332	321	42	36	24	1
文化、体育和娱乐业	**120826**	**118219**	**4449**	**769**	**552**	**14**
新闻和出版业	7936	7933	2953	23		
新闻业	207	207	16			
出版业	7729	7726	2937	23		

单位：人

国有联营	集体联营	国有与集体联营	其他联营	有限责任公司	国有独资公司	其他有限责任公司	股份有限公司	私营企业	私营独资
	6			454		454	1	3463	419
				15		15	26	888	154
				3894	910	2984	186	34667	1105
				3415	860	2555	132	32044	906
				479	50	429	54	2623	199
	3		**76**	**6289**	**251**	**6038**	**281**	**31299**	**5146**
	3		76	6289	251	6038	281	31299	5146
			35	163		163		1578	595
								477	321
				2		2		393	2
				32		32		961	
				6	6			13	
	3		41	6086	245	5841	281	27877	4228
	3		**1**	**6344**	**11**	**6333**	**258**	**21891**	**5887**
	3			6091	5	6086	250	21154	5815
	3			4062		4062	245	13267	2365
								142	136
				1613		1613	5	7554	3294
				20		20			
								15	7
				5	5			1	
				391		391		175	13
			1	253	6	247	8	737	72
				230	6	224	8	556	51
			1	23		23		181	21
	4	**1**	**9**	**19391**	**7350**	**12041**	**1182**	**90997**	**30945**
				3982	2593	1389	122	834	46
				157		157		33	3
				3825	2593	1232	122	801	43

2-A-11 续表 16

行业	从业人员期末人数	内资				
			国有	集体	股份合作企业	联营企业
广播、电视、电影和影视录音制作业	27650	27393	1110	110	3	1
广播	207	207	24			
电视	2785	2785	112			1
电影和影视节目制作	17036	16937	17	3	3	
电影和影视节目发行	619	619	38			
电影放映	6892	6734	919	107		
录音制作	111	111				
文化艺术业	13408	13393	242	292	55	1
文艺创作与表演	8595	8591	43	111	41	1
艺术表演场馆	1402	1402	83	1		
图书馆与档案馆	343	343	43	121		
文物及非物质文化遗产保护	263	263		5	14	
博物馆	309	309	1	36		
烈士陵园、纪念馆	11	11				
群众文化活动	620	620	58	13		
其他文化艺术业	1865	1854	14	5		
体育	11725	9994	66	140	6	
体育组织	280	280	6			
体育场馆	455	455	14	100		
休闲健身活动	10082	8351	46	40	6	
其他体育	908	908				
娱乐业	60107	59506	78	204	488	12
室内娱乐活动	55647	55579	35	107	488	5
游乐园	1565	1264				
彩票活动	61	61	17	39		
文化、娱乐、体育经纪代理	1194	1048	13	4		3
其他娱乐业	1640	1554	13	54		4

单位：人

国有联营	集体联营	国有与集体联营	其他联营	有限责任公司	国有独资公司	其他有限责任公司	股份有限公司	私营企业	私营独资
	1			4765	1035	3730	535	20847	1083
				106		106	10	67	
	1			1564	363	1201	225	883	3
				655	61	594	189	16069	1050
				316	271	45	85	180	
				2095	340	1755	26	3566	26
				29		29		82	4
		1		5961	3579	2382	32	6708	2071
		1		4260	3363	897		4123	1849
				1132	157	975	21	165	38
				6		6		173	28
				69	30	39		125	
				124		124		148	6
								11	11
				148	21	127		361	59
				222	8	214	11	1602	80
				2227	132	2095	52	7374	972
				243	23	220	11	20	
				91	91			250	28
				1799	15	1784	37	6294	931
				94	3	91	4	810	13
	3		9	2456	11	2445	441	55234	26773
	3		2	1772		1772	427	52188	26478
				374	3	371	5	882	42
				5		5			
			3	132	8	124	2	894	15
			4	173		173	7	1270	238

2-A-11 续表 17

行业	私营合伙	私营有限责任公司	私营股份有限公司	其他企业	港澳台商投资	与港澳台商合资经营
总计	**267328**	**14037821**	**299712**	**142435**	**1162532**	**607834**
农、林、牧、渔业	**162**	**5462**	**43**	**14284**	**14**	
农业		671		235		
谷物种植		62		49		
豆类、油料和薯类种植		34				
蔬菜、食用菌及园艺作物种植		195		73		
水果种植		60		70		
坚果、含油果、香料和饮料作物种植		99		22		
中药材种植		218		21		
其他农业		3				
林业		12		1		
林木育种和育苗		12		1		
畜牧业		479		218		
牲畜饲养		334		79		
家禽饲养		88		105		
其他畜牧业		57		34		
渔业	5	369		83		
水产养殖	5	369		83		
农、林、牧、渔服务业	157	3931	43	13747	14	
农业服务业	110	2901	26	12500	9	
林业服务业		468		456	5	
畜牧服务业	15	208	17	488		
渔业服务业	32	354		303		
采矿业	**1358**	**17023**	**140**	**137**	**223**	**222**
煤炭开采和洗选业		179		5		
烟煤和无烟煤开采洗选		134		5		
褐煤开采洗选		28				
其他煤炭采选		17				
黑色金属矿采选业		791				

单位：人

与港澳台商合作经营	港澳台商独资	港澳台商投资股份有限公司	其他港澳台投资	外商投资	中外合资经营	中外合作经营	外资企业	外商投资股份有限公司	其他外商投资
15384	**499566**	**38040**	**1708**	**1176137**	**632626**	**10208**	**510121**	**17225**	**5957**
	14			**150**	**101**		**49**		
				35	35				
				35	35				
				52	52				
				45	45				
				7	7				
	14			63	14		49		
	9			62	13		49		
	5			1	1				
		1		**528**	**86**		**434**	**8**	
				101			101		

2-A-11 续表 18

行业	私营合伙	私营有限责任公司	私营股份有限公司	其他企业	港澳台商投资	与港澳台商合资经营
铁矿采选		790				
其他黑色金属矿采选		1				
有色金属矿采选业	40	2597	79	6		
常用有色金属矿采选	39	1605		6		
贵金属矿采选		156				
稀有稀土金属矿采选	1	836	79			
非金属矿采选业	1304	13168	61	126	223	222
土砂石开采	1283	11891	61	126	223	222
化学矿开采		36				
采盐		207				
石棉及其他非金属矿采选	21	1034				
开采辅助活动	3	34				
石油和天然气开采辅助活动		8				
其他开采辅助活动	3	26				
其他采矿业	11	254				
其他采矿业	11	254				
制造业	**195054**	**6499327**	**126518**	**30106**	**1010410**	**546978**
农副食品加工业	1588	86316	1305	7407	5091	3487
谷物磨制	75	2001	7	227	572	143
饲料加工	125	10914	407	52	603	429
植物油加工	25	2747	99	480	51	50
制糖业	5	200		158		
屠宰及肉类加工	197	9705	495	83	1344	998
水产品加工	871	34092	236	310	1934	1322
蔬菜、水果和坚果加工	101	19493	61	5683	190	158
其他农副食品加工	189	7164		414	397	387
食品制造业	1923	48211	626	830	9501	6121
焙烤食品制造	115	9395	21	31	4318	2674
糖果、巧克力及蜜饯制造	48	4019		10	185	120
方便食品制造	50	6381	126	528	885	835

单位：人

与港澳台商合作经营	港澳台商独资	港澳台商投资股份有限公司	其他港澳台投资	外商投资	中外合资经营	中外合作经营	外资企业	外商投资股份有限公司	其他外商投资
				101			101		
		1		427	86		333	8	
		1		427	86		333	8	
13534	**419607**	**29662**	**629**	**1034096**	**550810**	**8222**	**457264**	**15868**	**1932**
	1604			11672	7696	565	3148	258	5
	429			8		3			5
	174			322	107		215		
	1			652	75		577		
	346			1227	372		855		
	612			6926	6041	211	674		
	32			1868	938	351	321	258	
	10			669	163		506		
	3380			22917	12245	181	8372	1290	829
	1644			2839	1327		1512		
	65			2323	41		2282		
	50			4737	188	155	3104	1290	

2-A-11 续表 19

行业	私营合伙	私营有限责任公司	私营股份有限公司	其他企业	港澳台商投资	与港澳台商合资经营
乳制品制造	5	2575			23	
罐头食品制造	1450	13181		160	335	275
调味品、发酵制品制造	12	2981		15	560	141
其他食品制造	243	9679	479	86	3195	2076
酒、饮料和精制茶制造业	649	27187	182	5867	8832	2476
酒的制造	192	7068	110	62	3860	1757
饮料制造	123	10215	17	57	4618	500
精制茶加工	334	9904	55	5748	354	219
烟草制品业		30			227	227
卷烟制造						
其他烟草制品制造		30			227	227
纺织业	9002	702351	7375	818	142432	86270
棉纺织及印染精加工	3910	317257	4084	138	79011	50904
毛纺织及染整精加工	694	29084	169	111	5875	3697
麻纺织及染整精加工	15	1806		15	1314	1010
丝绢纺织及印染精加工	381	38039	341	54	5906	3688
化纤织造及印染精加工	574	56094	617	69	6970	3225
针织或钩针编织物及其制品制造	1149	134388	876	152	21756	13770
家用纺织制成品制造	1090	72876	897	106	12504	5817
非家用纺织制成品制造	1189	52807	391	173	9096	4159
纺织服装、服饰业	7773	582104	12635	1373	190259	93066
机织服装制造	3910	347481	9606	607	113954	60746
针织或钩针编织服装制造	2527	150156	2930	350	62077	22540
服饰制造	1336	84467	99	416	14228	9780
皮革、毛皮、羽毛及其制品和制鞋业	9096	454453	2029	963	29397	20954
皮革鞣制加工	476	13228	53	24	2620	1956
皮革制品制造	1349	97181	703	164	10857	7025
毛皮鞣制及制品加工	109	10619	10	21	948	409
羽毛(绒)加工及制品制造	81	6150	301		4365	4357
制鞋业	7081	327275	962	754	10607	7207

单位：人

与港澳台商合作经营	港澳台商独资	港澳台商投资股份有限公司	其他港澳台投资	外商投资	中外合资经营	中外合作经营	外资企业	外商投资股份有限公司	其他外商投资
	23			150	15		135		
	60			8014	7703		311		
	419			440	368	25	47		
	1119			4414	2603	1	981		829
	6356			14295	8828		5365		102
	2103			5249	1183		4066		
	4118			8933	7572		1259		102
	135			113	73		40		
2590	47894	5678		72465	49721	678	21712	354	
148	25232	2727		36865	26092	476	10109	188	
108	2070			1406	913		493		
	304			535	510		25		
98	2120			2160	1711	1	432	16	
934	1695	1116		3241	2737	104	400		
490	7496			14764	10514	97	4153		
786	4413	1488		7497	3681		3666	150	
26	4564	347		5997	3563		2434		
2668	92045	2212	268	120367	70535	199	48847	727	59
1959	49075	1912	262	78217	43628	62	33969	542	16
709	38828			31561	20762	73	10518	185	23
	4142	300	6	10589	6145	64	4360		20
813	7567	63		52836	33784	541	18386	125	
	664			5068	2074		2994		
791	2990	51		16815	8522	132	8161		
	527	12		1885	1608		277		
	8			3767	3026		741		
22	3378			25301	18554	409	6213	125	

2-A-11 续表 20

行业	私营合伙	私营有限责任公司	私营股份有限公司	其他企业	港澳台商投资	与港澳台商合资经营
木材加工和木、竹、藤、棕、草制品业	2257	88027	1707	1174	6425	3668
木材加工	354	7933	172	192	294	132
人造板制造	552	15999	17	15	3673	2168
木制品制造	821	42996	1460	167	1331	680
竹、藤、棕、草等制品制造	530	21099	58	800	1127	688
家具制造业	2016	138686	5044	653	29513	14130
木质家具制造	881	66842	109	414	11268	5911
竹、藤家具制造	67	3214		40	274	193
金属家具制造	386	46614	3078	130	12605	5367
塑料家具制造	284	3881			2479	927
其他家具制造	398	18135	1857	69	2887	1732
造纸和纸制品业	5640	129786	760	284	17327	15547
纸浆制造		201			3	
造纸	1022	55034	397	22	12032	11493
纸制品制造	4618	74551	363	262	5292	4054
印刷和记录媒介复制业	5628	115032	1018	343	6062	5285
印刷	5330	110003	1017	315	5693	4916
装订及印刷相关服务	298	4812	1	28	369	369
记录媒介复制		217				
文教、工美、体育和娱乐用品制造业	9958	280554	3149	1439	40123	19142
文教办公用品制造	957	60803	293	304	5018	2506
乐器制造	178	2819			1231	340
工艺美术品制造	7723	145334	2236	915	15808	8943
体育用品制造	390	31087	133	29	5497	1216
玩具制造	676	31086	429	152	7787	2956
游艺器材及娱乐用品制造	34	9425	58	39	4782	3181
石油加工、炼焦和核燃料加工业	18	3581	32		1208	1061
精炼石油产品制造	18	3512	32		1208	1061
炼焦		48				
核燃料加工		21				

单位：人

与港澳台商合作经营	港澳台商独资	港澳台商投资股份有限公司	其他港澳台投资	外商投资	中外合资经营	中外合作经营	外资企业	外商投资股份有限公司	其他外商投资
142	2218	397		9219	5151	1092	2976		
	162			196	49		147		
140	968	397		1400	973		427		
	651			5041	2868	5	2168		
2	437			2582	1261	1087	234		
472	14911			41341	19814	35	21491		1
22	5335			10828	3264	35	7529		
	81			3210	3081		128		1
450	6788			14250	5117		9133		
	1552			466	159		307		
	1155			12587	8193		4394		
145	1635			10701	6017	229	4203		252
	3								
144	395			2898	2417		229		252
1	1237			7803	3600	229	3974		
5	772			4564	3668		896		
5	772			3772	2876		896		
				792	792				
209	19849	923		36038	16482	245	17630	1633	48
145	2367			7586	3712		2241	1633	
	197	694		4305	254	160	3863		28
4	6632	229		12760	7116	84	5540		20
	4281			5226	2516		2710		
60	4771			5735	2882	1	2852		
	1601			426	2		424		
8	56	83		418	72		299	47	
8	56	83		418	72		299	47	

2-A-11 续表 21

行业	私营合伙	私营有限责任公司	私营股份有限公司	其他企业	港澳台商投资	与港澳台商合资经营
化学原料和化学制品制造业	2431	143223	5974	515	23479	14443
基础化学原料制造	430	21742	852	86	5168	3303
肥料制造	22	2892		16	21	14
农药制造	10	3310	683	2	723	664
涂料、油墨、颜料及类似产品制造	793	26887	1158	30	6455	4435
合成材料制造	443	29118	2240	314	5348	2419
专用化学产品制造	454	31397	847	14	4237	3031
炸药、火工及焰火产品制造	30	581	25			
日用化学产品制造	249	27296	169	53	1527	577
医药制造业	230	36609	3155	49	9767	7606
化学药品原料药制造	104	11864	1482	3	2789	2415
化学药品制剂制造		3621	623		381	3
中药饮片加工		1778	7	38	127	49
中成药生产		4593		6	3368	2937
兽用药品制造		1460	25		16	16
生物药品制造		3410	651		2410	1964
卫生材料及医药用品制造	126	9883	367	2	676	222
化学纤维制造业	534	55909	4580	40	20160	14807
纤维素纤维原料及纤维制造	31	2119	4	30	1760	1595
合成纤维制造	503	53790	4576	10	18400	13212
橡胶和塑料制品业	21932	369612	5453	1362	37473	22989
橡胶制品业	3267	47312	665	57	1873	1350
塑料制品业	18665	322300	4788	1305	35600	21639
非金属矿物制品业	7599	204344	6812	991	18003	12515
水泥、石灰和石膏制造	139	18009	173	13	690	20
石膏、水泥制品及类似制品制造	1086	51863	1072	153	4939	3602
砖瓦、石材等建筑材料制造	4398	36039	911	629	2969	2510
玻璃制造	66	10457	3	24	710	383
玻璃制品制造	964	46620	2448	44	4184	2192
玻璃纤维和玻璃纤维增强塑料制品制造	168	8460	188	35	1919	1516

单位：人

				外商投资					
与港澳台商合作经营	港澳台商独资	港澳台商投资股份有限公司	其他港澳台投资		中外合资经营	中外合作经营	外资企业	外商投资股份有限公司	其他外商投资
580	8445	11		37205	19437	413	16168	1173	14
309	1556			4839	2545	241	1899	154	
	7			215	210		5		
	59			2254	1593		86	575	
231	1789			6402	4265		2125		12
	2929			10466	6243		3779	444	
	1196	10		9364	3579		5785		
				1	1				
40	909	1		3664	1001	172	2489		2
	2161			23054	12747		9750	557	
	374			4549	2031		1971	547	
	378			7586	5853		1733		
	78			290	91		199		
	431			572	538		34		
				190	190				
	446			6540	1498		5032	10	
	454			3327	2546		781		
	4095	1258		14172	10292		3880		
	165			1446	1410		36		
	3930	1258		12726	8882		3844		
376	13509	503	96	47354	24955	530	21570	287	12
	523			20602	12038		8564		
376	12986	503	96	26752	12917	530	13006	287	12
233	5048	17	190	18027	9705	226	8054		42
	670			664	655		9		
233	1104			1563	1109		454		
	442	17		5680	703		4977		
	327			683	642		41		
	1802		190	4874	2953	138	1741		42
	403			2134	1554		580		

2-A-11 续表 22

行业	私营合伙	私营有限责任公司	私营股份有限公司	其他企业	港澳台商投资	与港澳台商合资经营
陶瓷制品制造	273	11900	14	66	1725	1612
耐火材料制品制造	265	12110	907	2	410	237
石墨及其他非金属矿物制品制造	240	8886	1096	25	457	443
黑色金属冶炼和压延加工业	5083	107400	2194	173	12824	8903
炼铁	12	377				
炼钢	301	2018			686	686
黑色金属铸造	2874	36193	515	140	1605	599
钢压延加工	1896	67285	1679	32	10533	7618
铁合金冶炼		1527		1		
有色金属冶炼和压延加工业	2461	63823	3263	57	9673	6353
常用有色金属冶炼	218	4940			802	710
贵金属冶炼	83	374			93	93
稀有稀土金属冶炼		372			163	163
有色金属合金制造	86	6908	1150	3	2905	2144
有色金属铸造	450	3293	6	6	1303	585
有色金属压延加工	1624	47936	2107	48	4407	2658
金属制品业	21323	474151	3193	1985	40083	20584
结构性金属制品制造	1602	112257	264	114	3984	2463
金属工具制造	2252	66784	71	248	5786	3938
集装箱及金属包装容器制造	227	19277	269	19	4438	1655
金属丝绳及其制品制造	445	10955	54	15	2836	1080
建筑、安全用金属制品制造	6256	106290	257	419	9220	4615
金属表面处理及热处理加工	5805	39804	566	891	3393	1263
搪瓷制品制造	182	4892	3	5	671	619
金属制日用品制造	1819	76317	791	112	6638	3280
其他金属制品制造	2735	37575	918	162	3117	1671
通用设备制造业	28787	659114	16854	1461	71422	39004
锅炉及原动设备制造	398	15493	50	3	3064	818
金属加工机械制造	2232	53022	3580	115	6348	1568
物料搬运设备制造	653	40157	1701	102	6496	3523

单位：人

与港澳台商合作经营	港澳台商独资	港澳台商投资股份有限公司	其他港澳台投资	外商投资	中外合资经营	中外合作经营	外资企业	外商投资股份有限公司	其他外商投资
	113			931	730		201		
	173			891	786	88	17		
	14			607	573		34		
	3524	397		6393	4545		1848		
				62	62				
	1006			2095	1149		946		
	2518	397		4210	3331		879		
				26	3		23		
982	2284	54		5947	1557	1	2297	2036	56
	92			627	41		586		
410	351			545	130		415		
	718			68	12				56
572	1123	54		4707	1374	1	1296	2036	
216	18986	244	53	37941	20853	711	16011	357	9
	1521			3338	1929		1056	349	4
	1848			7225	3728		3497		
	2783			3941	3630		305	6	
	1756			204	6		197	1	
	4309	244	52	9730	4149	568	5008		5
46	2084			1963	1042	143	778		
	52			213	200		13		
	3357		1	8152	4998		3153	1	
170	1276			3175	1171		2004		
723	28335	3356	4	86223	48887	322	34205	2626	183
341	1003	902		2009	1604		405		
	3243	1537		6812	1076		5727		9
	2973			14975	12526		2449		

2-A-11 续表 23

行业	私营合伙	私营有限责任公司	私营股份有限公司	其他企业	港澳台商投资	与港澳台商合资经营
泵、阀门、压缩机及类似机械制造	5787	174260	5016	258	18613	11230
轴承、齿轮和传动部件制造	5259	111979	722	94	11828	6663
烘炉、风机、衡器、包装等设备制造	1149	95324	4017	219	12162	8084
文化、办公用机械制造	104	10961	402	6	1341	1027
通用零部件制造	12711	146205	1249	646	11062	5922
其他通用设备制造业	494	11713	117	18	508	169
专用设备制造业	10006	262997	4873	577	38553	16276
采矿、冶金、建筑专用设备制造	412	18917	212	1	1553	1264
化工、木材、非金属加工专用设备制造	4362	93206	1354	364	17293	6950
食品、饮料、烟草及饲料生产专用设备制造	78	7319	107	12	595	347
印刷、制药、日化及日用品生产专用设备制造	518	19582	44	43	1179	828
纺织、服装和皮革加工专用设备制造	3120	48440	1216	72	5372	2824
电子和电工机械专用设备制造	244	10460	107	2	436	123
农、林、牧、渔专用机械制造	716	15126	362	73	3635	713
医疗仪器设备及器械制造	129	17695	782	5	2963	373
环保、社会公共服务及其他专用设备制造	427	32252	689	5	5527	2854
汽车制造业	10008	274561	2477	189	38362	21487
汽车整车制造	2	9536			8815	6976
改装汽车制造		672			88	88
低速载货汽车制造		1				
电车制造		189			5	
汽车车身、挂车制造	15	721			235	207
汽车零部件及配件制造	9991	263442	2477	189	29219	14216
铁路、船舶、航空航天和其他运输设备制造业	2782	105660	2551	89	9414	6901
铁路运输设备制造	37	2325			24	24
城市轨道交通设备制造		104				
船舶及相关装置制造	677	28235	1285	5	3340	3123
航空、航天器及设备制造	25	394	320		5	
摩托车制造	1204	38203	19	37	1144	938
自行车制造	639	31937	842	43	4486	2650

单位：人

与港澳台商合作经营	港澳台商独资	港澳台商投资股份有限公司	其他港澳台投资	外商投资	中外合资经营	中外合作经营	外资企业	外商投资股份有限公司	其他外商投资
	7356	27		17133	9193	270	7580		90
189	4917	55	4	14794	8395	24	6375		
13	4065			12913	9103	28	3782		
	314			2701	331		2216	154	
180	4125	835		14408	6566		5358	2472	12
	339			478	93		313		72
539	20561	1174	3	40472	17174	95	22796	354	53
	289			2851	1006		1845		
	10129	213	1	13909	6353		7538		18
144	104			917	668		249		
	351			1720	749		971		
28	2050	468	2	7149	3511		3636	2	
35	278			1418	634		784		
253	2566	103		2615	668		1912		35
79	2511			6552	2031	95	4086	340	
	2283	390		3341	1554		1775	12	
182	15223	1463	7	62650	37995	847	22193	1615	
	1839			2519	2379		140		
				395	246		149		
	5								
	28			198			198		
182	13351	1463	7	59538	35370	847	21706	1615	
451	2062			11641	4330	255	7054		2
				12	12				
	217			5164	355		4809		
	5			3			3		
	206			931	611		318		2
249	1587			5252	3203	255	1794		

2-A-11 续表 24

行业	私营合伙	私营有限责任公司	私营股份有限公司	其他企业	港澳台商投资	与港澳台商合资经营
非公路休闲车及零配件制造	41	3103	85	4	15	
潜水救捞及其他未列明运输设备制造	159	1359			400	166
电气机械和器材制造业	12454	670820	16219	720	92844	44992
电机制造	1682	92155	1721	122	9112	5610
输配电及控制设备制造	3780	196812	4761	126	23802	15951
电线、电缆、光缆及电工器材制造	1033	50162	4563	60	13244	3987
电池制造	69	16693	1054	1	9996	2241
家用电力器具制造	3273	161705	2794	253	16860	7074
非电力家用器具制造	169	15847	822	25	1249	714
照明器具制造	2203	126630	490	108	17881	8775
其他电气机械及器材制造	245	10816	14	25	700	640
计算机、通信和其他电子设备制造业	2836	190530	9054	276	74435	27779
计算机制造	69	4829	5		3748	44
通信设备制造	239	15954	224	47	20994	3359
广播电视设备制造	246	10942	2758	1	2324	1085
雷达及配套设备制造		138			145	145
视听设备制造	299	16038	19	8	3022	1799
电子器件制造	188	28369	1809	61	19551	4879
电子元件制造	1601	102221	4080	149	23376	15733
其他电子设备制造	194	12039	159	10	1275	735
仪器仪表制造业	3800	108141	3206	180	15663	5792
通用仪器仪表制造	1235	49402	2986	31	8907	3197
专用仪器仪表制造	252	13514	208	6	614	376
钟表与计时仪器制造	199	4246		13	487	368
光学仪器及眼镜制造	1604	37636		125	5555	1851
其他仪器仪表制造业	510	3343	12	5	100	
其他制造业	6149	72219	627	164	6877	4142
日用杂品制造	5935	63437	398	62	6659	4022
煤制品制造	7	259		6		
核辐射加工	2	6	70			
其他未列明制造业	205	8517	159	96	218	120

单位：人

与港澳台商合作经营	港澳台商独资	港澳台商投资股份有限公司	其他港澳台投资	外商投资	中外合资经营	中外合作经营	外资企业	外商投资股份有限公司	其他外商投资
	15			196	66		130		
202	32			83	83				
776	45123	1945	8	103500	59262	666	43349	216	7
362	3044	96		28994	12993	142	15852		7
72	7287	484	8	22345	17225	76	4898	146	
122	9135			13165	5296	78	7722	69	
	7610	145		7474	3918		3556		
220	9354	212		17972	12808	2	5161	1	
	535			1239	277		962		
	8098	1008		11396	6440	368	4588		
	60			915	305		610		
515	37710	8431		106968	26259	138	78701	1870	
	3434	270		11360	358		11002		
100	9527	8008		15143	8606	36	6501		
	1129	110		2332	715		1617		
				6	6				
	1223			5886	1167		4719		
6	14666			46999	9314		37076	609	
409	7191	43		21595	5753	102	14479	1261	
	540			3647	340		3307		
909	7510	1452		23135	12031	15	10489	342	258
909	3349	1452		10995	6296		4357	342	
	238			6706	3323		3125		258
	119			625	623		2		
	3704			4620	1789	15	2816		
	100			189			189		
	2734	1		9161	4311	231	4618	1	
	2636	1		7536	4214	231	3091		
				6			6		
	98			1619	97		1521	1	

2-A-11 续表 25

行　业						
	私营合伙	私营有限责任公司	私营股份有限公司	其他企业	港澳台商投资	与港澳台商合资经营
废弃资源综合利用业	334	14635	163	34	4603	616
金属废料和碎屑加工处理	55	10693	153	20	4414	615
非金属废料和碎屑加工处理	279	3942	10	14	189	1
金属制品、机械和设备修理业	757	29261	8	93	378	355
金属制品修理		232		3	12	
通用设备修理	11	1174	5	23	45	35
专用设备修理	15	408		21		
铁路、船舶、航空航天等运输设备修理	686	25447		41	298	298
电气设备修理	21	1048	3		2	1
仪器仪表修理		47			21	21
其他机械和设备修理业	24	905		5		
电力、热力、燃气及水生产和供应业	**3769**	**16107**	**472**	**166**	**4157**	**2794**
电力、热力生产和供应业	2932	10033	465	152	3237	2290
电力生产	2920	8884	465	152	2785	1918
电力供应	11	55				
热力生产和供应	1	1094			452	372
燃气生产和供应业	191	1913		1	705	391
燃气生产和供应业	191	1913		1	705	391
水的生产和供应业	646	4161	7	13	215	113
自来水生产和供应	173	1178		12	50	1
污水处理及其再生利用	45	2449	2		165	112
其他水的处理、利用与分配	428	534	5	1		
建筑业	**1553**	**4558162**	**124332**	**143**	**20726**	**15508**
房屋建筑业	869	3246048	95290	22	11913	11739
房屋建筑业	869	3246048	95290	22	11913	11739
土木工程建筑业	65	883945	22972	80	1190	1097
铁路、道路、隧道和桥梁工程建筑	27	626505	21270	20	12	1
水利和内河港口工程建筑	15	67351	281	1	812	812
海洋工程建筑		152	26		1	1

单位：人

与港澳台商合作经营	港澳台商独资	港澳台商投资股份有限公司	其他港澳台投资	外商投资	中外合资经营	中外合作经营	外资企业	外商投资股份有限公司	其他外商投资
	3987			1908	959	7	942		
	3799			1885	946	7	932		
	188			23	13		10		
	23			1512	1498		14		
	12								
	10			7	7				
				96	96				
				1403	1392		11		
	1								
				6	3		3		
463	**900**			**7163**	**5536**	**306**	**1234**	**75**	**12**
407	540			3637	2816	215	606		
407	460			3081	2260	215	606		
				67	67				
	80			489	489				
22	292			2823	2383		365	75	
22	292			2823	2383		365	75	
34	68			703	337	91	263		12
34	15			218	94	91	33		
	53			475	233		230		12
				10	10				
11	**358**	**4849**		**15233**	**14808**	**25**	**383**		**17**
	174			12522	12511		11		
	174			12522	12511		11		
11	82			256	78	20	158		
11				45			45		
				4	4				
				3			3		

2-A-11 续表 26

行业	私营合伙	私营有限责任公司	私营股份有限公司	其他企业	港澳台商投资	与港澳台商合资经营
工矿工程建筑		30170				
架线和管道工程建筑		25435	850	3	250	250
其他土木工程建筑	23	134332	545	56	115	33
建筑安装业	286	104107	891	5	2563	2510
电气安装	225	32587	263	2	44	44
管道和设备安装	42	28426	311	3	13	
其他建筑安装业	19	43094	317		2506	2466
建筑装饰和其他建筑业	333	324062	5179	36	5060	162
建筑装饰业	264	227674	1935	23	5060	162
工程准备活动	48	49313	3238	13		
提供施工设备服务	20	8998				
其他未列明建筑业	1	38077	6			
批发和零售业	**11720**	**1296270**	**16810**	**63218**	**36181**	**10280**
批发业	3424	944709	8920	53136	13858	3934
农、林、牧产品批发	176	15941	129	19539	127	30
食品、饮料及烟草制品批发	848	74087	859	29286	1324	865
纺织、服装及家庭用品批发	437	301038	1869	773	5966	1216
文化、体育用品及器材批发	97	40834	202	231	403	151
医药及医疗器材批发	40	26645	927	943	582	364
矿产品、建材及化工产品批发	1043	227004	1712	704	1757	400
机械设备、五金产品及电子产品批发	385	185355	2615	469	2220	695
贸易经纪与代理	125	43859	275	617	1254	202
其他批发业	273	29946	332	574	225	11
零售业	8296	351561	7890	10082	22323	6346
综合零售	2564	37450	3852	151	11985	2077
食品、饮料及烟草制品专门零售	153	23583	258	7695	92	40
纺织、服装及日用品专门零售	246	47064	393	214	5184	1902
文化、体育用品及器材专门零售	90	17156	259	120	193	22
医药及医疗器材专门零售	3155	25218	105	741	197	197
汽车、摩托车、燃料及零配件专门零售	549	88651	1555	136	3379	1156

单位：人

与港澳台商合作经营	港澳台商独资	港澳台商投资股份有限公司	其他港澳台投资	外商投资	中外合资经营	中外合作经营	外资企业	外商投资股份有限公司	其他外商投资
				92	66	20	6		
				4	4				
	82			108	4		104		
	53			559	346		210		3
				6	1		2		3
	13			141	4		137		
	40			412	341		71		
	49	4849		1896	1873	5	4		14
	49	4849		1882	1873	5	4		
				6					6
				8					8
792	**24003**	**178**	**928**	**47798**	**18088**	**208**	**24917**	**839**	**3746**
418	8547	67	892	22543	4348	158	13825	618	3594
75	22			43	1		42		
	456		3	825	295		520		10
271	4005	46	428	8435	1111	73	5248	192	1811
	159	5	88	1168	224	5	631	6	302
69	149			190	140		49		1
	1345	12		1918	1055	4	832		27
	1459		66	7370	1256	16	5391	378	329
3	742	4	303	2256	179	57	1008	35	977
	210		4	338	87	3	104	7	137
374	15456	111	36	25255	13740	50	11092	221	152
366	9537		5	16047	8710		7292		45
3	46		3	257	48		206		3
	3276		6	1391	584		804		3
2	169			230	26		200		4
				87	51		27		9
	2174	49		6079	3971		1886	218	4

2-A-11 续表 27

行业	私营合伙	私营有限责任公司	私营股份有限公司	其他企业	港澳台商投资	与港澳台商合资经营
家用电器及电子产品专门零售	309	48993	739	199	229	24
五金、家具及室内装饰材料专门零售	486	29810	274	415	127	36
货摊、无店铺及其他零售业	744	33636	455	411	937	892
交通运输、仓储和邮政业	**3160**	**220009**	**2865**	**328**	**15671**	**10402**
铁路运输业						
铁路货物运输						
道路运输业	1274	112119	2109	159	6765	2716
城市公共交通运输	6	9222	375	44	6	
公路旅客运输	35	14234	560		47	47
道路货物运输	1144	84766	1067	79	4318	591
道路运输辅助活动	89	3897	107	36	2394	2078
水上运输业	11	22068	184	8	2058	2058
水上旅客运输		661				
水上货物运输		18073	184			
水上运输辅助活动	11	3334		8	2058	2058
航空运输业		160			3675	3675
航空客货运输		5				
通用航空服务		92				
航空运输辅助活动		63			3675	3675
管道运输业		1				
管道运输业		1				
装卸搬运和运输代理业	1848	49739	464	114	831	608
装卸搬运	1062	9936	130	63	156	140
运输代理业	786	39803	334	51	675	468
仓储业	25	7330	30	31	2342	1345
谷物、棉花等农产品仓储	1	299	16	31		
其他仓储业	24	7031	14		2342	1345
邮政业	2	28592	78	16		
邮政基本服务		8		12		
快递服务	2	28584	78	4		

单位：人

与港澳台商合作经营	港澳台商独资	港澳台商投资股份有限公司	其他港澳台投资	外商投资	中外合资经营	中外合作经营	外资企业	外商投资股份有限公司	其他外商投资
3	202			135	100		25		10
	29	62		618	33	50	511		24
	23		22	411	217		141	3	50
3	**5174**	**92**		**6440**	**5465**	**20**	**921**	**23**	**11**
3	4046			1944	1816		122		6
	6			11			5		6
1	3726			684	579		105		
2	314			1249	1237		12		
				1557	1542	15			
				1557	1542	15			
				449	446		3		
				446	446				
				2			2		
				1			1		
	145	78		816	463	5	320	23	5
	16			589	306	5	278		
	129	78		227	157		42	23	5
	983	14		1674	1198		476		
				2			2		
	983	14		1672	1198		474		

2-A-11 续表 28

行业	私营合伙	私营有限责任公司	私营股份有限公司	其他企业	港澳台商投资	与港澳台商合资经营
住宿和餐饮业	**11405**	**176742**	**10667**	**1827**	**14552**	**6891**
住宿业	4743	73373	2997	637	11285	5352
旅游饭店	1585	50431	2354	184	10412	5331
一般旅馆	2953	21673	643	359	470	21
其他住宿业	205	1269		94	403	
餐饮业	6662	103369	7670	1190	3267	1539
正餐服务	5461	87254	7328	985	2482	826
快餐服务	297	8663	175	63	745	701
饮料及冷饮服务	480	2856	116	69	21	1
其他餐饮业	424	4596	51	73	19	11
信息传输、软件和信息技术服务业	**242**	**133360**	**1778**	**54**	**37990**	**2105**
电信、广播电视和卫星传输服务	14	5781	148	27	14500	222
电信	13	4858	148	18	14500	222
广播电视传输服务	1	923		9		
互联网和相关服务	14	11031	504		14475	
互联网接入及相关服务	1	1594	1			
互联网信息服务	13	7478	501		14437	
其他互联网服务		1959	2		38	
软件和信息技术服务业	214	116548	1126	27	9015	1883
软件开发	142	83907	1018	8	5890	1446
信息系统集成服务	32	13490	47	1	2337	405
信息技术咨询服务	19	10247	50	12	122	3
数据处理和存储服务	1	2487			1	
集成电路设计		1488			2	2
其他信息技术服务业	20	4929	11	6	663	27
金融业	**1907**	**12533**	**802**	**37**	**446**	**314**
货币金融服务	8	1387	592	3	257	188
货币银行服务						
非货币银行服务	8	1387	592	3	257	188

单位：人

与港澳台商合作经营	港澳台商独资	港澳台商投资股份有限公司	其他港澳台投资	外商投资	中外合资经营	中外合作经营	外资企业	外商投资股份有限公司	其他外商投资
173	**6546**	**868**	**74**	**31495**	**25275**	**302**	**5795**	**62**	**61**
165	4888	868	12	5629	3635	302	1664	28	
75	4138	868		5207	3348	282	1577		
90	347		12	422	287	20	87	28	
	403								
8	1658		62	25866	21640		4131	34	61
8	1586		62	2816	1781		940	34	61
	44			21931	19824		2107		
	20			74	33		41		
	8			1045	2		1043		
	33715	**2169**	**1**	**11429**	**2189**	**7**	**9145**	**59**	**29**
	13868	410		624	1		623		
	13868	410		623			623		
				1	1				
	14475			153	64		89		
				23			23		
	14437			130	64		66		
	38								
	5372	1759	1	10652	2124	7	8433	59	29
	4443		1	9367	1498	3	7785	59	22
	173	1759		533	124	4	405		
	119			319	222		90		7
	1			7			7		
				128	1		127		
	636			298	279		19		
	114	**18**		**163**	**54**		**87**	**22**	
	51	18		53	31		3	19	
	51	18		53	31		3	19	

2-A-11 续表 29

行业	私营合伙	私营有限责任公司	私营股份有限公司	其他企业	港澳台商投资	与港澳台商合资经营
资本市场服务	1575	7718	120	28	170	123
证券市场服务	7	156				
期货市场服务	4	204				
资本投资服务	1520	6820	120	28	160	123
其他资本市场服务	44	538			10	
保险业	21	409		3		
人身保险				1		
财产保险		24				
再保险						
保险经纪与代理服务	5	273				
其他保险活动	16	112		2		
其他金融业	303	3019	90	3	19	3
金融信托与管理服务	253	1397	42		12	
控股公司服务	24	707	15		4	
其他未列明金融业	26	915	33	3	3	3
房地产业	**3427**	**235626**	**2982**	**1443**	**9738**	**4358**
房地产业	3427	235626	2982	1443	9738	4358
房地产开发经营	2	62849	1091	28	6909	2722
物业管理	25	123789	1167	147	1056	719
房地产中介服务	3025	31752	530	1199	647	59
自有房地产经营活动	337	13455	91	41	439	256
其他房地产业	38	3781	103	28	687	602
租赁和商务服务业	**13501**	**480172**	**6670**	**15288**	**6731**	**4461**
租赁业	132	15043	128	256	128	71
机械设备租赁	95	14384	126	255	83	71
文化及日用品出租	37	659	2	1	45	
商务服务业	13369	465129	6542	15032	6603	4390
企业管理服务	1910	53272	1693	12301	4823	4051
法律服务	4653	860	174	1090	9	

单位：人

与港澳台商合作经营	港澳台商独资	港澳台商投资股份有限公司	其他港澳台投资	外商投资	中外合资经营	中外合作经营	外资企业	外商投资股份有限公司	其他外商投资
	47			76	19		54	3	
	37			70	13		54	3	
	10			6	6				
	16			34	4		30		
	12			33	3		30		
	4			1	1				
255	**4979**	**146**		**6619**	**2994**	**73**	**3429**	**117**	**6**
255	4979	146		6619	2994	73	3429	117	6
15	4032	140		3924	1657	21	2145	101	
240	97			1002	268	50	668	16	
	588			665	469		190		6
	183			928	527	2	399		
	79	6		100	73		27		
5	**2204**	**55**	**6**	**4457**	**1654**	**45**	**2559**	**87**	**112**
	57			293	194		62	37	
	12			293	194		62	37	
	45								
5	2147	55	6	4164	1460	45	2497	50	112
4	731	35	2	1945	581	21	1323	10	10
	9								

2-A-11 续表 30

行业	私营合伙	私营有限责任公司	私营股份有限公司	其他企业	港澳台商投资	与港澳台商合资经营
咨询与调查	5376	87593	518	368	984	79
广告业	198	54647	242	63	33	7
知识产权服务	481	3930		2		
人力资源服务	264	180876	2585	730	123	
旅行社及相关服务	104	21784	861	74	58	9
安全保护服务		14964	2	10		
其他商务服务业	383	47203	467	394	573	244
科学研究和技术服务业	**1278**	**160142**	**2760**	**10958**	**3353**	**1741**
研究和试验发展	91	15298	70	162	306	137
自然科学研究和试验发展	4	479	1	10	64	
工程和技术研究和试验发展	29	11600	24	26	190	96
农业科学研究和试验发展	4	1525	43	89	9	8
医学研究和试验发展	43	1601	2	37	43	33
社会人文科学研究	11	93				
专业技术服务业	930	118464	2480	331	2202	1031
气象服务		165				
地震服务		6				
海洋服务		132				
测绘服务	74	3489	11			
质检技术服务	160	10081	28	89	751	591
环境与生态监测	8	2317			2	2
地质勘查		521	2			
工程技术	426	75538	2234	86	755	433
其他专业技术服务业	262	26215	205	156	694	5
科技推广和应用服务业	257	26380	210	10465	845	573
技术推广服务	194	21857	189	10331	771	555
科技中介服务	49	2374	6	127	71	15
其他科技推广和应用服务业	14	2149	15	7	3	3

单位：人

与港澳台商合作经营	港澳台商独资	港澳台商投资股份有限公司	其他港澳台投资	外商投资	中外合资经营	中外合作经营	外资企业	外商投资股份有限公司	其他外商投资
	902	3		1334	436		820	40	38
	9	17		77	6	3	68		
				12			12		
	123			145	119		19		7
1	44		4	196	105	21	54		16
				66	56		2		8
	329			389	157		199		33
4	**1587**	**2**	**19**	**6554**	**2955**	**224**	**3306**	**65**	**4**
2	163	2	2	1999	1035	2	905	57	
	64			12	6		6		
2	88	2	2	1523	785		734	4	
	1			23	19	2	2		
	10			441	225		163	53	
	1155		16	2664	1245	172	1237	6	4
				75	75				
	160			884	476	162	246		
				24	24				
	322			695	329	10	352		4
	673		16	986	341		639	6	
2	269		1	1891	675	50	1164	2	
2	214			1524	632	50	840	2	
	55		1	117	43		74		
				250			250		

2-A-11 续表 31

行业	私营合伙	私营有限责任公司	私营股份有限公司	其他企业	港澳台商投资	与港澳台商合资经营
水利、环境和公共设施管理业	**133**	**49283**	**361**	**168**	**600**	**516**
水利管理业	7	695	5	14	11	
防洪除涝设施管理		127				
水资源管理		237	1		1	
天然水收集与分配		70		2		
水文服务		19			10	
其他水利管理业	7	242	4	12		
生态保护和环境治理业	63	4307	1	53	234	232
生态保护		670		17		
环境治理业	63	3637	1	36	234	232
公共设施管理业	63	44281	355	101	355	284
市政设施管理	2	2244	9	1	62	56
环境卫生管理	16	12874	16			
城乡市容管理		361		7		
绿化管理	17	21540	309	32		
公园和游览景区管理	28	7262	21	61	293	228
居民服务、修理和其他服务业	**5539**	**90170**	**856**	**978**	**455**	**399**
居民服务业	3425	26817	281	611	419	383
家庭服务	36	9281		88	67	67
托儿所服务	12	28		26		
洗染服务	273	2277	3		173	173
理发及美容服务	603	3983	21	40		
洗浴服务	1126	3367	216	72		
保健服务	1167	3337	30	233	10	
婚姻服务	120	1695	4	13		
殡葬服务	21	561	4	85	169	143
其他居民服务业	67	2288	3	54		
机动车、电子产品和日用产品修理业	1928	30358	194	302	34	16
汽车、摩托车修理与维护	1869	24558	156	269	34	16
计算机和办公设备维修	16	2100	3	3		

单位：人

与港澳台商合作经营	港澳台商独资	港澳台商投资股份有限公司	其他港澳台投资	外商投资	中外合资经营	中外合作经营	外资企业	外商投资股份有限公司	其他外商投资
	84			**498**	**315**		**175**		**8**
	11								
	1								
	10								
	2			74	70		4		
	2			74	70		4		
	71			424	245		171		8
	6			11	8		3		
				6			6		
				82	1		73		8
	65			325	236		89		
26	**30**			**326**	**177**		**130**		**19**
26	10			91	43		34		14
				10	8		2		
				59	35		10		14
	10			4			4		
26									
				18			18		
	18			228	132		91		5
	18			179	112		62		5
				19			19		

2-A-11 续表 32

行业	私营合伙	私营有限责任公司	私营股份有限公司	其他企业	港澳台商投资	与港澳台商合资经营
家用电器修理	37	2980	27	23		
其他日用产品修理业	6	720	8	7		
其他服务业	186	32995	381	65	2	
清洁服务	126	30655	357	17	1	
其他未列明服务业	60	2340	24	48	1	
教育	**2428**	**23426**	**299**	**1633**	**488**	**359**
教育	2428	23426	299	1633	488	359
学前教育	178	805		711	161	95
初等教育	30	126		10		
中等教育	143	248		191	160	160
高等教育	907	54				
特殊教育		13				
技能培训、教育辅助及其他教育	1170	22180	299	721	167	104
卫生和社会工作	**3543**	**11988**	**473**	**802**	**23**	**10**
卫生	3516	11350	473	788	10	10
医院	1837	8597	468	466	5	5
社区医疗与卫生院	6			43		
门诊部(所)	1670	2587	3	277		
计划生育技术服务活动						
妇幼保健院(所、站)						
专科疾病防治院(所、站)		8				
疾病预防控制中心		1				
其他卫生活动	3	157	2	2	5	5
社会工作	27	638		14	13	
提供住宿社会工作	1	504			2	
不提供住宿社会工作	26	134		14	11	
文化、体育和娱乐业	**7149**	**52019**	**884**	**865**	**774**	**496**
新闻和出版业	3	785		19		
新闻业		30		1		
出版业	3	755		18		

单位：人

与港澳台商合作经营	港澳台商独资	港澳台商投资股份有限公司	其他港澳台投资	外商投资	中外合资经营	中外合作经营	外资企业	外商投资股份有限公司	其他外商投资
				30	20		10		
	2			7	2		5		
	1			1	1				
	1			6	1		5		
	129			**131**	**86**	**1**	**44**		
	129			131	86	1	44		
	66			48	46		2		
	63			83	40	1	42		
	13			**1224**	**836**	**388**			
				1224	836	388			
				1221	833	388			
				3	3				
	13								
	2								
	11								
118	**109**		**51**	**1833**	**1197**	**387**	**249**		
				3			3		
				3			3		

2-A-11 续表 33

行业	私营合伙	私营有限责任公司	私营股份有限公司	其他企业	港澳台商投资	与港澳台商合资经营
广播、电视、电影和影视录音制作业	56	19465	243	22	60	56
广播		67				
电视		857	23			
电影和影视节目制作	2	14820	197	1	5	1
电影和影视节目发行		180				
电影放映	54	3463	23	21	55	55
录音制作		78				
文化艺术业	316	4143	178	102	7	
文艺创作与表演	293	1814	167	12	4	
艺术表演场馆		127				
图书馆与档案馆	12	133				
文物及非物质文化遗产保护	11	114		50		
博物馆		142				
烈士陵园、纪念馆						
群众文化活动		302		40		
其他文化艺术业		1511	11		3	
体育	355	5956	91	129	649	401
体育组织		20				
体育场馆	39	183				
休闲健身活动	316	5046	1	129	649	401
其他体育		707	90			
娱乐业	6419	21670	372	593	58	39
室内娱乐活动	6369	18995	346	557	18	18
游乐园	42	798		3	33	14
彩票活动						
文化、娱乐、体育经纪代理		854	25		7	7
其他娱乐业	8	1023	1	33		

单位：人

与港澳台商合作经营	港澳台商独资	港澳台商投资股份有限公司	其他港澳台投资	外商投资	中外合资经营	中外合作经营	外资企业	外商投资股份有限公司	其他外商投资
	4			197	103		94		
	4			94			94		
				103	103				
	7			8			8		
	4								
	3			8			8		
118	79		51	1082	567	384	131		
118	79		51	1082	567	384	131		
	19			543	527	3	13		
				50	36	3	11		
	19			268	266		2		
				139	139				
				86	86				

2-A-12 按行业中类、控股情况分组的全部企业法人单位数

单位：个

行业	单位数	国有控股	集体控股	私人控股	港澳台商控股	外商控股	其他
总计	**835565**	**10737**	**19169**	**779881**	**6748**	**8165**	**10865**
农、林、牧、渔业	**2882**	**49**	**187**	**2380**	**2**	**2**	**262**
农业	58	3	1	53			1
谷物种植	6			5			1
豆类、油料和薯类种植	1			1			
蔬菜、食用菌及园艺作物种植	16	2		14			
水果种植	10	1		9			
坚果、含油果、香料和饮料作物种植	13		1	12			
中药材种植	11			11			
其他农业	1			1			
林业	4			4			
林木育种和育苗	4			4			
畜牧业	41	3	2	35			1
牲畜饲养	24	2	1	21			
家禽饲养	10	1		9			
其他畜牧业	7		1	5			1
渔业	18		1	17			
水产养殖	18		1	17			
农、林、牧、渔服务业	2761	43	183	2271	2	2	260
农业服务业	2411	26	168	1983	2	2	230
林业服务业	131	11	7	101			12
畜牧服务业	131	2	3	112			14
渔业服务业	88	4	5	75			4
采矿业	**1268**	**26**	**55**	**1163**	**4**	**7**	**13**
煤炭开采和洗选业	20			19			1
烟煤和无烟煤开采洗选	9			8			1
褐煤开采洗选	5			5			
其他煤炭采选	6			6			
黑色金属矿采选业	25	4	1	18		2	
铁矿采选	24	4	1	17		2	
其他黑色金属矿采选	1			1			

2-A-12　续表 1　　单位：个

行　业	单位数	国有控股	集体控股	私人控股	港澳台商控股	外商控股	其　他
有色金属矿采选业	72	4	2	64			2
常用有色金属矿采选	45	3	2	39			1
贵金属矿采选	5	1		4			
稀有稀土金属矿采选	22			21			1
非金属矿采选业	1115	16	51	1029	4	5	10
土砂石开采	1012	14	41	938	4	5	10
化学矿开采	6		1	5			
采盐	9		7	2			
石棉及其他非金属矿采选	88	2	2	84			
开采辅助活动	8		1	7			
石油和天然气开采辅助活动	3			3			
其他开采辅助活动	5		1	4			
其他采矿业	28	2		26			
其他采矿业	28	2		26			
制造业	**365232**	**738**	**4595**	**347730**	**4932**	**4842**	**2395**
农副食品加工业	5490	60	141	5046	38	53	152
谷物磨制	290	6	9	260	1		14
饲料加工	442	4	7	413	6	4	8
植物油加工	265	1	11	228	1	5	19
制糖业	38		2	34			2
屠宰及肉类加工	677	34	21	595	9	6	12
水产品加工	1585	10	48	1481	11	15	20
蔬菜、水果和坚果加工	1552	1	32	1439	7	13	60
其他农副食品加工	641	4	11	596	3	10	17
食品制造业	2466	20	42	2239	50	78	37
焙烤食品制造	705	2	5	661	15	14	8
糖果、巧克力及蜜饯制造	189		4	170	4	11	
方便食品制造	364	3	3	334	7	9	8
乳制品制造	49	2	1	43	1	2	
罐头食品制造	245	2	11	212	2	11	7
调味品、发酵制品制造	223	2	5	203	5	5	3
其他食品制造	691	9	13	616	16	26	11

2-A-12 续表 2 单位：个

行业	单位数	国有控股	集体控股	私人控股	港澳台商控股	外商控股	其他
酒、饮料和精制茶制造业	2699	34	101	2398	24	39	103
酒的制造	546	14	32	475	11	11	3
饮料制造	685	8	9	631	7	24	6
精制茶加工	1468	12	60	1292	6	4	94
烟草制品业	6	3		3			
卷烟制造	3	3					
其他烟草制品制造	3			3			
纺织业	30275	26	205	28974	558	369	143
棉纺织及印染精加工	9375	5	59	8944	192	125	50
毛纺织及染整精加工	1159	3	17	1076	44	14	5
麻纺织及染整精加工	95		4	81	8	2	
丝绢纺织及印染精加工	1483	8	17	1396	41	14	7
化纤织造及印染精加工	3615		14	3527	33	31	10
针织或钩针编织物及其制品制造	6460	5	34	6215	107	68	31
家用纺织制成品制造	4624	2	21	4426	78	76	21
非家用纺织制成品制造	3464	3	39	3309	55	39	19
纺织服装、服饰业	26383	26	159	24789	642	627	140
机织服装制造	14222	18	87	13255	391	403	68
针织或钩针编织服装制造	6349	5	48	5958	171	135	32
服饰制造	5812	3	24	5576	80	89	40
皮革、毛皮、羽毛及其制品和制鞋业	15619	4	97	15128	121	187	82
皮革鞣制加工	569		9	539	8	13	
皮革制品制造	4263	2	13	4088	54	87	19
毛皮鞣制及制品加工	1105		1	1078	16	8	2
羽毛(绒)加工及制品制造	329		1	304	12	10	2
制鞋业	9353	2	73	9119	31	69	59
木材加工和木、竹、藤、棕、草制品业	6252	6	75	5985	68	53	65
木材加工	1203	5	24	1149	7	6	12
人造板制造	774		8	728	27	8	3
木制品制造	2681	1	22	2598	24	14	22
竹、藤、棕、草等制品制造	1594		21	1510	10	25	28
家具制造业	5486	1	27	5193	111	111	43

2-A-12　续表 3

单位：个

行　业	单位数	国有控股	集体控股	私人控股	港澳台商控股	外商控股	其　他
木质家具制造	3247		18	3107	49	40	33
竹、藤家具制造	165			157	3	5	
金属家具制造	1148		7	1065	35	37	4
塑料家具制造	184			175	3	5	1
其他家具制造	742	1	2	689	21	24	5
造纸和纸制品业	9779	4	89	9518	58	49	61
纸浆制造	24			23	1		
造纸	1879	4	32	1801	16	8	18
纸制品制造	7876		57	7694	41	41	43
印刷和记录媒介复制业	10090	42	210	9739	25	22	52
印刷	9354	40	190	9030	24	21	49
装订及印刷相关服务	719	1	20	693	1	1	3
记录媒介复制	17	1		16			
文教、工美、体育和娱乐用品制造业	18672	10	116	17908	278	237	123
文教办公用品制造	3163	2	19	3025	55	43	19
乐器制造	187		3	160	8	13	3
工艺美术品制造	11341	7	77	10925	130	118	84
体育用品制造	1513	1	8	1428	38	32	6
玩具制造	1998		9	1917	37	26	9
游艺器材及娱乐用品制造	470			453	10	5	2
石油加工、炼焦和核燃料加工业	343	6	4	317	10	4	2
精炼石油产品制造	338	6	4	312	10	4	2
炼焦	3			3			
核燃料加工	2			2			
化学原料和化学制品制造业	8879	65	149	8150	200	249	66
基础化学原料制造	1289	15	32	1155	37	41	9
肥料制造	257	3	5	243	2	3	1
农药制造	111	6	5	88	3	5	4
涂料、油墨、颜料及类似产品制造	2243	4	30	2105	45	45	14
合成材料制造	1078	10	22	953	33	49	11
专用化学产品制造	2804	19	45	2594	53	69	24
炸药、火工及焰火产品制造	31	5	1	25			
日用化学产品制造	1066	3	9	987	27	37	3

2-A-12 续表 4

单位：个

行业	单位数	国有控股	集体控股	私人控股	港澳台商控股	外商控股	其他
医药制造业	1292	20	36	1084	44	68	40
化学药品原料药制造	326	6	13	262	17	17	11
化学药品制剂制造	134	7	5	97	4	12	9
中药饮片加工	111	2	6	90	3	5	5
中成药生产	97	3	4	76	7	4	3
兽用药品制造	66			61		2	3
生物药品制造	204	1	5	171	5	14	8
卫生材料及医药用品制造	354	1	3	327	8	14	1
化学纤维制造业	1522	7	5	1406	62	30	12
纤维素纤维原料及纤维制造	133	2		124	4	3	
合成纤维制造	1389	5	5	1282	58	27	12
橡胶和塑料制品业	29368	15	291	28410	251	255	146
橡胶制品业	3568	6	47	3430	24	44	17
塑料制品业	25800	9	244	24980	227	211	129
非金属矿物制品业	13030	115	417	12187	106	86	119
水泥、石灰和石膏制造	703	51	27	608	3	2	12
石膏、水泥制品及类似制品制造	2906	42	92	2709	27	9	27
砖瓦、石材等建筑材料制造	3871	14	224	3572	16	9	36
玻璃制造	363		4	349	5	2	3
玻璃制品制造	2284	1	4	2202	29	31	17
玻璃纤维和玻璃纤维增强塑料制品制造	471	2	8	434	11	13	3
陶瓷制品制造	801	1	10	760	7	10	13
耐火材料制品制造	760	3	37	710	4	4	2
石墨及其他非金属矿物制品制造	871	1	11	843	4	6	6
黑色金属冶炼和压延加工业	4210	18	181	3889	60	31	31
炼铁	39		1	38			
炼钢	62	3		57	1		1
黑色金属铸造	1602	3	83	1481	11	12	12
钢压延加工	2451	11	97	2260	48	18	17
铁合金冶炼	56	1		53		1	1
有色金属冶炼和压延加工业	3505	8	56	3316	53	39	33

2-A-12 续表 5

单位：个

行 业	单位数	国有控股	集体控股	私人控股	港澳台商控股	外商控股	其 他
常用有色金属冶炼	329		12	301	4	6	6
贵金属冶炼	26	1		24			1
稀有稀土金属冶炼	21			18	2		1
有色金属合金制造	312	2	2	286	10	7	5
有色金属铸造	411		5	396	7	1	2
有色金属压延加工	2406	5	37	2291	30	25	18
金属制品业	30869	24	319	29787	274	292	173
结构性金属制品制造	4931	4	33	4804	34	23	33
金属工具制造	5086	4	29	4923	46	58	26
集装箱及金属包装容器制造	699	5	9	650	14	14	7
金属丝绳及其制品制造	913		13	879	10	6	5
建筑、安全用金属制品制造	8712	4	94	8398	76	91	49
金属表面处理及热处理加工	2745	1	69	2614	24	22	15
搪瓷制品制造	329		1	319	5	1	3
金属制日用品制造	3876	1	26	3750	40	45	14
其他金属制品制造	3578	5	45	3450	25	32	21
通用设备制造业	46216	52	674	44282	459	523	226
锅炉及原动设备制造	729	10	13	674	17	8	7
金属加工机械制造	4594	3	65	4378	62	64	22
物料搬运设备制造	1618	3	19	1501	40	44	11
泵、阀门、压缩机及类似机械制造	10470	10	235	9988	81	122	34
轴承、齿轮和传动部件制造	5442	10	50	5187	65	91	39
烘炉、风机、衡器、包装等设备制造	4874	9	51	4651	67	72	24
文化、办公用机械制造	443	1	5	415	11	10	1
通用零部件制造	16986	4	218	16482	104	100	78
其他通用设备制造业	1060	2	18	1006	12	12	10
专用设备制造业	19178	36	260	18157	291	315	119
采矿、冶金、建筑专用设备制造	1181	4	24	1103	24	18	8
化工、木材、非金属加工专用设备制造	7732	7	61	7390	115	110	49
食品、饮料、烟草及饲料生产专用设备制造	621		33	567	8	13	
印刷、制药、日化及日用品生产专用设备制造	1283	1	32	1207	10	19	14
纺织、服装和皮革加工专用设备制造	3531		36	3377	59	48	11

2-A-12 续表 6 单位：个

行业	单位数	国有控股	集体控股	私人控股	港澳台商控股	外商控股	其他
电子和电工机械专用设备制造	819	3	10	774	9	15	8
农、林、牧、渔专用机械制造	906	7	14	841	18	22	4
医疗仪器设备及器械制造	1000		26	918	16	32	8
环保、社会公共服务及其他专用设备制造	2105	14	24	1980	32	38	17
汽车制造业	13942	12	132	13284	213	249	52
汽车整车制造	95	5		71	10	7	2
改装汽车制造	25	1		22		2	
低速载货汽车制造	2			2			
电车制造	12			12			
汽车车身、挂车制造	36		1	29	3	3	
汽车零部件及配件制造	13772	6	131	13148	200	237	50
铁路、船舶、航空航天和其他运输设备制造业	4463	18	61	4268	43	55	18
铁路运输设备制造	107	2	8	92	1	3	1
城市轨道交通设备制造	8			8			
船舶及相关装置制造	1120	11	17	1059	9	17	7
航空、航天器及设备制造	34		1	31	1	1	
摩托车制造	1535	5	25	1486	6	8	5
自行车制造	1409		8	1352	24	21	4
非公路休闲车及零配件制造	167		1	161		5	
潜水救捞及其他未列明运输设备制造	83		1	79	2		1
电气机械和器材制造业	32545	34	410	31000	495	409	197
电机制造	3473	5	43	3310	41	59	15
输配电及控制设备制造	11780	13	229	11255	117	97	69
电线、电缆、光缆及电工器材制造	3149	4	49	2962	61	53	20
电池制造	505	1	9	443	26	17	9
家用电力器具制造	5923	4	33	5651	103	75	57
非电力家用器具制造	1011		4	979	13	12	3
照明器具制造	5823	6	36	5552	125	85	19
其他电气机械及器材制造	881	1	7	848	9	11	5
计算机、通信和其他电子设备制造业	9430	32	102	8750	247	237	62
计算机制造	323	4	4	272	17	25	1
通信设备制造	765	6	11	679	31	27	11

2-A-12 续表 7

单位：个

行 业	单位数	国有控股	集体控股	私人控股	港澳台商控股	外商控股	其 他
广播电视设备制造	490	1	4	459	13	12	1
雷达及配套设备制造	11			10		1	
视听设备制造	697	2	6	636	25	24	4
电子器件制造	1247	10	19	1108	52	46	12
电子元件制造	5229	7	55	4966	97	78	26
其他电子设备制造	668	2	3	620	12	24	7
仪器仪表制造业	5831	14	105	5476	84	107	45
通用仪器仪表制造	2719	5	57	2553	38	46	20
专用仪器仪表制造	754	4	18	692	12	18	10
钟表与计时仪器制造	157	1	7	142	3	3	1
光学仪器及眼镜制造	1876	4	16	1777	29	37	13
其他仪器仪表制造业	325		7	312	2	3	1
其他制造业	5131	8	58	4947	48	35	35
日用杂品制造	4143	3	50	4001	43	27	19
煤制品制造	55	2		51			2
核辐射加工	5			5			
其他未列明制造业	928	3	8	890	5	8	14
废弃资源综合利用业	921	7	13	854	13	26	8
金属废料和碎屑加工处理	421	3	3	378	9	25	3
非金属废料和碎屑加工处理	500	4	10	476	4	1	5
金属制品、机械和设备修理业	1340	11	60	1246	6	7	10
金属制品修理	37		1	35	1		
通用设备修理	170	3	1	162	3		1
专用设备修理	152	4	11	136			1
铁路、船舶、航空航天等运输设备修理	788	3	37	738		6	4
电气设备修理	78	1	5	69	1		2
仪器仪表修理	11			10	1		
其他机械和设备修理业	104		5	96		1	2
电力、热力、燃气及水生产和供应业	**4309**	**599**	**994**	**2553**	**39**	**54**	**70**
电力、热力生产和供应业	2825	328	681	1726	20	24	46
电力生产	2635	238	658	1659	17	21	42
电力供应	111	72	20	16		1	2
热力生产和供应	79	18	3	51	3	2	2

2-A-12 续表 8 单位：个

行业	单位数	国有控股	集体控股	私人控股	港澳台商控股	外商控股	其他
燃气生产和供应业	309	38	13	221	13	16	8
燃气生产和供应业	309	38	13	221	13	16	8
水的生产和供应业	1175	233	300	606	6	14	16
自来水生产和供应	622	163	260	183	2	2	12
污水处理及其再生利用	326	66	21	219	4	12	4
其他水的处理、利用与分配	227	4	19	204			
建筑业	**23419**	**397**	**422**	**22332**	**28**	**22**	**218**
房屋建筑业	4110	42	104	3890	9	4	61
房屋建筑业	4110	42	104	3890	9	4	61
土木工程建筑业	5356	254	147	4882	7	7	59
铁路、道路、隧道和桥梁工程建筑	2361	110	48	2174	1	2	26
水利和内河港口工程建筑	492	51	17	414	1	1	8
海洋工程建筑	30	3	1	24	2		
工矿工程建筑	201	6	5	184		2	4
架线和管道工程建筑	587	50	54	476	1	1	5
其他土木工程建筑	1685	34	22	1610	2	1	16
建筑安装业	3497	52	90	3309	6	6	34
电气安装	1120	17	45	1040	1		17
管道和设备安装	975	20	24	921	1	3	6
其他建筑安装业	1402	15	21	1348	4	3	11
建筑装饰和其他建筑业	10456	49	81	10251	6	5	64
建筑装饰业	7736	21	46	7616	6	5	42
工程准备活动	2109	16	24	2054			15
提供施工设备服务	157		1	151			5
其他未列明建筑业	454	12	10	430			2
批发和零售业	**252532**	**1641**	**3090**	**241049**	**733**	**2097**	**3922**
批发业	178393	1007	2086	169926	604	1928	2842
农、林、牧产品批发	5539	87	281	4670	9	6	486
食品、饮料及烟草制品批发	16004	225	395	14393	23	51	917
纺织、服装及家庭用品批发	50315	94	157	48516	226	845	477

2-A-12　续表 9

单位：个

行　业	单位数	国有控股	集体控股	私人控股	港澳台商控股	外商控股	其　他
文化、体育用品及器材批发	8600	34	37	8293	36	121	79
医药及医疗器材批发	3125	49	31	2955	12	13	65
矿产品、建材及化工产品批发	44440	338	863	42654	101	101	383
机械设备、五金产品及电子产品批发	33420	111	183	32470	102	290	264
贸易经纪与代理	9745	33	26	9067	78	450	91
其他批发业	7205	36	113	6908	17	51	80
零售业	74139	634	1004	71123	129	169	1080
综合零售	3382	64	230	2915	45	50	78
食品、饮料及烟草制品专门零售	9211	74	211	8613	8	15	290
纺织、服装及日用品专门零售	10863	27	101	10587	18	28	102
文化、体育用品及器材专门零售	3967	127	66	3704	10	5	55
医药及医疗器材专门零售	10907	49	122	10643	1	2	90
汽车、摩托车、燃料及零配件专门零售	8361	249	134	7751	29	21	177
家用电器及电子产品专门零售	8069	14	28	7933	4	8	82
五金、家具及室内装饰材料专门零售	10565	9	58	10361	5	16	116
货摊、无店铺及其他零售业	8814	21	54	8616	9	24	90
交通运输、仓储和邮政业	**16562**	**817**	**688**	**14725**	**69**	**60**	**203**
铁路运输业	1	1					
铁路货物运输	1	1					
道路运输业	8382	366	376	7504	19	14	103
城市公共交通运输	456	88	47	302	1		18
公路旅客运输	496	84	71	322	1		18
道路货物运输	6643	41	101	6433	10	10	48
道路运输辅助活动	787	153	157	447	7	4	19
水上运输业	1047	107	44	873	3	1	19
水上旅客运输	85	22	12	49			2
水上货物运输	669	36	13	608			12
水上运输辅助活动	293	49	19	216	3	1	5
航空运输业	42	14	2	22		2	2
航空客货运输	4	2		2			
通用航空服务	18	2	2	12		1	1
航空运输辅助活动	20	10		8		1	1

2-A-12 续表 10

单位：个

行业	单位数	国有控股	集体控股	私人控股	港澳台商控股	外商控股	其他
管道运输业	3	1	1	1			
管道运输业	3	1	1	1			
装卸搬运和运输代理业	5279	127	209	4856	14	14	59
装卸搬运	850	22	135	674	2	4	13
运输代理业	4429	105	74	4182	12	10	46
仓储业	852	169	40	568	33	29	13
谷物、棉花等农产品仓储	141	96	6	38		1	
其他仓储业	711	73	34	530	33	28	13
邮政业	956	32	16	901			7
邮政基本服务	41	23	14	2			2
快递服务	915	9	2	899			5
住宿和餐饮业	**13863**	**335**	**333**	**12698**	**94**	**103**	**300**
住宿业	6100	276	224	5381	42	35	142
旅游饭店	1607	186	82	1202	30	25	82
一般旅馆	4229	85	137	3935	11	10	51
其他住宿业	264	5	5	244	1		9
餐饮业	7763	59	109	7317	52	68	158
正餐服务	5919	48	80	5582	42	46	121
快餐服务	578	5	6	545	4	7	11
饮料及冷饮服务	562	2	5	529	3	8	15
其他餐饮业	704	4	18	661	3	7	11
信息传输、软件和信息技术服务业	**16151**	**232**	**89**	**15295**	**128**	**227**	**180**
电信、广播电视和卫星传输服务	550	111	27	382	14	3	13
电信	435	49	20	341	14	3	8
广播电视传输服务	115	62	7	41			5
互联网和相关服务	1358	27	6	1301	10	5	9
互联网接入及相关服务	175	5	1	168		1	
互联网信息服务	991	20	3	948	8	4	8
其他互联网服务	192	2	2	185	2		1
软件和信息技术服务业	14243	94	56	13612	104	219	158

2-A-12　续表 11　　单位：个

行　　业	单位数	国有控股	集体控股	私人控股	港澳台商控股	外商控股	其　他
软件开发	10178	51	30	9745	73	179	100
信息系统集成服务	1270	17	9	1210	8	11	15
信息技术咨询服务	1660	14	10	1578	16	13	29
数据处理和存储服务	257	4		247	1	2	3
集成电路设计	168	2	1	153		10	2
其他信息技术服务业	710	6	6	679	6	4	9
金融业	**3443**	**201**	**81**	**3028**	**32**	**18**	**83**
货币金融服务	408	13	17	330	13	4	31
货币银行服务	4	3		1			
非货币银行服务	404	10	17	329	13	4	31
资本市场服务	2407	158	53	2121	16	13	46
证券市场服务	37	2	1	31			3
期货市场服务	25			23			2
资本投资服务	2190	153	52	1918	16	12	39
其他资本市场服务	155	3		149		1	2
保险业	73	1	1	71			
人身保险	3	1		2			
财产保险	6			6			
再保险	1			1			
保险经纪与代理服务	38		1	37			
其他保险活动	25			25			
其他金融业	555	29	10	506	3	1	6
金融信托与管理服务	311	14	5	288	1	1	2
控股公司服务	51	3	1	45	2		
其他未列明金融业	193	12	4	173			4
房地产业	**23349**	**1070**	**964**	**19948**	**313**	**231**	**823**
房地产业	23349	1070	964	19948	313	231	823
房地产开发经营	7396	497	215	5854	217	127	486
物业管理	4697	238	216	4071	15	19	138
房地产中介服务	6602	30	27	6390	10	12	133
自有房地产经营活动	3999	183	466	3165	64	71	50
其他房地产业	655	122	40	468	7	2	16

2-A-12 续表 12 单位：个

行　业	单位数	国有控股	集体控股	私人控股	港澳台商控股	外商控股	其他
租赁和商务服务业	**60098**	**2616**	**6156**	**49586**	**191**	**238**	**1311**
租赁业	3472	36	32	3350	6	10	38
机械设备租赁	3338	28	27	3232	6	10	35
文化及日用品出租	134	8	5	118			3
商务服务业	56626	2580	6124	46236	185	228	1273
企业管理服务	15194	1550	4664	8163	54	66	697
法律服务	539	6	22	486	1		24
咨询与调查	15990	164	194	15211	88	124	209
广告业	10795	133	48	10523	3	1	87
知识产权服务	752	11	5	730		1	5
人力资源服务	2084	86	129	1828	2	1	38
旅行社及相关服务	2701	150	93	2395	8	5	50
安全保护服务	456	94	17	332		1	12
其他商务服务业	8115	386	952	6568	29	29	151
科学研究和技术服务业	**21463**	**904**	**679**	**19042**	**122**	**199**	**517**
研究和试验发展	2474	54	42	2221	29	62	66
自然科学研究和试验发展	114	6	2	95	2	2	7
工程和技术研究和试验发展	1681	28	20	1544	18	32	39
农业科学研究和试验发展	335	13	17	294	1	2	8
医学研究和试验发展	322	3	2	271	8	26	12
社会人文科学研究	22	4	1	17			
专业技术服务业	12808	683	320	11484	59	78	184
气象服务	36	15	6	13			2
地震服务	2			2			
海洋服务	30	5	2	21	2		
测绘服务	359	55	37	264			3
质检技术服务	1072	136	60	834	7	13	22
环境与生态监测	230	15	6	207	1		1
地质勘查	89	23	4	58	1		3
工程技术	6575	400	148	5898	13	20	96
其他专业技术服务业	4415	34	57	4187	35	45	57

2-A-12 续表 13

单位：个

行 业	单位数	国有控股	集体控股	私人控股	港澳台商控股	外商控股	其 他
科技推广和应用服务业	6181	167	317	5337	34	59	267
技术推广服务	5228	133	304	4466	26	46	253
科技中介服务	531	29	10	467	7	10	8
其他科技推广和应用服务业	422	5	3	404	1	3	6
水利、环境和公共设施管理业	**3930**	**534**	**243**	**3043**	**18**	**14**	**78**
水利管理业	270	102	32	126	1		9
防洪除涝设施管理	35	16	3	16			
水资源管理	70	28	7	32	1		2
天然水收集与分配	44	23	7	10			4
水文服务	6	1	1	4			
其他水利管理业	115	34	14	64			3
生态保护和环境治理业	473	32	15	414	3	2	7
生态保护	59	13	2	43			1
环境治理业	414	19	13	371	3	2	6
公共设施管理业	3187	400	196	2503	14	12	62
市政设施管理	499	158	47	271	3	2	18
环境卫生管理	425	26	33	358		1	7
城乡市容管理	74	12	9	52			1
绿化管理	1328	61	35	1215		2	15
公园和游览景区管理	861	143	72	607	11	7	21
居民服务、修理和其他服务业	**11356**	**135**	**299**	**10753**	**10**	**20**	**139**
居民服务业	4095	56	149	3801	4	9	76
家庭服务	691	5	6	670	1		9
托儿所服务	12			12			
洗染服务	247	1	3	242		1	
理发及美容服务	819		7	789		6	17
洗浴服务	459		3	450			6
保健服务	663	2		648	1	1	11
婚姻服务	470	2	1	462			5
殡葬服务	244	33	102	92	2		15
其他居民服务业	490	13	27	436		1	13

2-A-12 续表 14

单位：个

行业	单位数	国有控股	集体控股	私人控股	港澳台商控股	外商控股	其他
机动车、电子产品和日用产品修理业	5159	41	98	4964	4	8	44
汽车、摩托车修理与维护	3996	32	72	3846	4	5	37
计算机和办公设备维修	436	3	2	428		2	1
家用电器修理	563	6	18	532		1	6
其他日用产品修理业	164		6	158			
其他服务业	2102	38	52	1988	2	3	19
清洁服务	1621	21	30	1558	1		11
其他未列明服务业	481	17	22	430	1	3	8
教育	**2565**	**98**	**95**	**2224**	**8**	**7**	**133**
教育	2565	98	95	2224	8	7	133
学前教育	213	2	2	153	1	1	54
初等教育	10			8			2
中等教育	25	2	2	15			6
高等教育	15	2		12			1
特殊教育	3	1		2			
技能培训、教育辅助及其他教育	2299	91	91	2034	7	6	70
卫生和社会工作	**1269**	**27**	**43**	**1137**	**3**	**4**	**55**
卫生	1169	13	28	1072	1	4	51
医院	261	5	8	232	1	4	11
社区医疗与卫生院	25	1	5	14			5
门诊部(所)	843	3	10	797			33
计划生育技术服务活动	2		1	1			
妇幼保健院(所、站)	1			1			
专科疾病防治院(所、站)	5			5			
疾病预防控制中心	3	1	1	1			
其他卫生活动	29	3	3	21			2
社会工作	100	14	15	65	2		4
提供住宿社会工作	49	8	6	33	1		1
不提供住宿社会工作	51	6	9	32	1		3

2-A-12 续表 15

单位：个

行 业	单位数	国有控股	集体控股	私人控股	港澳台商控股	外商控股	其 他
文化、体育和娱乐业	**11874**	**318**	**156**	**11195**	**22**	**20**	**163**
新闻和出版业	143	76	9	49			9
新闻业	12	4		7			1
出版业	131	72	9	42			8
广播、电视、电影和影视录音制作业	1372	122	27	1197	4	2	20
广播	14	2		12			
电视	79	19	3	54			3
电影和影视节目制作	911	15	7	879	3	1	6
电影和影视节目发行	37	13		24			
电影放映	315	72	17	213	1	1	11
录音制作	16	1		15			
文化艺术业	1103	83	49	942	3	1	25
文艺创作与表演	430	35	12	372	1		10
艺术表演场馆	35	14	3	18			
图书馆与档案馆	52	9	18	25			
文物及非物质文化遗产保护	34	8	4	21			1
博物馆	30	3	3	23			1
烈士陵园、纪念馆	1			1			
群众文化活动	124	7	7	104			6
其他文化艺术业	397	7	2	378	2	1	7
体育	1026	17	25	936	13	7	28
体育组织	12	4	1	7			
体育场馆	28	2	6	20			
休闲健身活动	854	9	17	783	13	7	25
其他体育	132	2	1	126			3
娱乐业	8230	20	46	8071	2	10	81
室内娱乐活动	7734	7	31	7621		4	71
游乐园	77	1		68	1	2	5
彩票活动	3	1	1	1			
文化、娱乐、体育经纪代理	201	9	4	184	1	1	2
其他娱乐业	215	2	10	197		3	3

2-A-13 按行业中类、控股情况分组的全部企业法人单位从业人数

单位：人

行　业	从业人员期末人数	国有控股	集体控股	私人控股	港澳台商控股	外商控股	其　他
总　计	**25123423**	**1253237**	**707434**	**20943684**	**828803**	**796008**	**594257**
农、林、牧、渔业	**22670**	**564**	**1238**	**19295**	**9**	**51**	**1513**
农业	1129	54	6	1054			15
谷物种植	111			96			15
豆类、油料和薯类种植	34			34			
蔬菜、食用菌及园艺作物种植	398	30		368			
水果种植	166	24		142			
坚果、含油果、香料和饮料作物种植	131		6	125			
中药材种植	286			286			
其他农业	3			3			
林业	20			20			
林木育种和育苗	20			20			
畜牧业	1024	101	16	901			6
牲畜饲养	720	99	10	611			
家禽饲养	207	2		205			
其他畜牧业	97		6	85			6
渔业	596		65	531			
水产养殖	596		65	531			
农、林、牧、渔服务业	19901	409	1151	16789	9	51	1492
农业服务业	17066	224	1053	14365	9	51	1364
林业服务业	1117	78	59	929			51
畜牧服务业	874	72	14	734			54
渔业服务业	844	35	25	761			23
采矿业	**33711**	**5357**	**1443**	**25683**	**197**	**481**	**550**
煤炭开采和洗选业	211			206			5
烟煤和无烟煤开采洗选	159			154			5
褐煤开采洗选	29			29			
其他煤炭采选	23			23			
黑色金属矿采选业	2754	1831	31	791		101	
铁矿采选	2753	1831	31	790		101	
其他黑色金属矿采选	1			1			

2-A-13 续表 1

单位：人

行 业	从业人员期末人数	国有控股	集体控股	私人控股	港澳台商控股	外商控股	其 他
有色金属矿采选业	4257	616	25	3584			32
常用有色金属矿采选	3107	586	25	2490			6
贵金属矿采选	186	30		156			
稀有稀土金属矿采选	964			938			26
非金属矿采选业	26130	2886	1382	20772	197	380	513
土砂石开采	22775	1273	1217	19195	197	380	513
化学矿开采	78		3	75			
采盐	333		126	207			
石棉及其他非金属矿采选	2944	1613	36	1295			
开采辅助活动	42		5	37			
石油和天然气开采辅助活动	8			8			
其他开采辅助活动	34		5	29			
其他采矿业	317	24		293			
其他采矿业	317	24		293			
制造业	**11950218**	**248419**	**217976**	**9880408**	**710464**	**703058**	**189893**
农副食品加工业	158766	10008	3127	135178	2067	4974	3412
谷物磨制	4367	214	128	3474	429		122
饲料加工	18124	168	64	16863	486	322	221
植物油加工	5091	32	102	3947	1	624	385
制糖业	470		115	351			4
屠宰及肉类加工	21572	1832	899	16992	369	981	499
水产品加工	59045	6636	841	47875	663	1778	1252
蔬菜、水果和坚果加工	35512	1	268	33769	69	611	794
其他农副食品加工	14585	1125	710	11907	50	658	135
食品制造业	114928	6280	1060	83885	7272	13057	3374
焙烤食品制造	21527	534	30	14967	2770	1585	1641
糖果、巧克力及蜜饯制造	7273		69	4737	185	2282	
方便食品制造	16869	165	34	11459	700	4436	75
乳制品制造	5943	66	10	5694	23	150	
罐头食品制造	32418	3841	560	25307	256	1580	874
调味品、发酵制品制造	6247	657	180	4393	500	410	107
其他食品制造	24651	1017	177	17328	2838	2614	677

2-A-13 续表 2

单位：人

行业	从业人员期末人数	国有控股	集体控股	私人控股	港澳台商控股	外商控股	其他
酒、饮料和精制茶制造业	80401	6266	4266	48030	7435	13258	1146
酒的制造	29237	5657	3167	12484	3054	4861	14
饮料制造	27050	163	178	14032	4117	8314	246
精制茶加工	24114	446	921	21514	264	83	886
烟草制品业	3966	3655		311			
卷烟制造	3655	3655					
其他烟草制品制造	311			311			
纺织业	1138675	5643	26607	952390	95059	47035	11941
棉纺织及印染精加工	535119	1827	11069	440576	51840	23081	6726
毛纺织及染整精加工	47016	618	801	40290	4201	830	276
麻纺织及染整精加工	13291		7847	4890	523	31	
丝绢纺织及印染精加工	59460	2360	2098	49661	3994	1068	279
化纤织造及印染精加工	78635		422	71768	4399	1890	156
针织或钩针编织物及其制品制造	196397	409	2325	167850	14222	10334	1257
家用纺织制成品制造	115583	85	1342	97032	9294	6124	1706
非家用纺织制成品制造	93174	344	703	80323	6586	3677	1541
纺织服装、服饰业	1125428	17306	9167	866524	137684	83005	11742
机织服装制造	683627	8092	5612	525265	82682	57677	4299
针织或钩针编织服装制造	290554	50	2969	214833	48910	19050	4742
服饰制造	151247	9164	586	126426	6092	6278	2701
皮革、毛皮、羽毛及其制品和制鞋业	726380	249	3299	666153	19774	31483	5422
皮革鞣制加工	26592		489	21014	1182	3907	
皮革制品制造	155051	18	166	132900	6988	13164	1815
毛皮鞣制及制品加工	16596		23	15229	883	421	40
羽毛(绒)加工及制品制造	19196		3	13421	3211	2171	390
制鞋业	508945	231	2618	483589	7510	11820	3177
木材加工和木、竹、藤、棕、草制品业	148330	123	1399	136253	4704	4469	1382
木材加工	17554	36	172	16936	195	151	64
人造板制造	28444		640	24183	2496	724	401
木制品制造	64368	87	276	59624	1268	2565	548
竹、藤、棕、草等制品制造	37964		311	35510	745	1029	369
家具制造业	263556	1	2523	211595	21165	24496	3776

2-A-13　续表 3　　单位：人

行　　业	从业人员期末人数	国有控股	集体控股	私人控股	港澳台商控股	外商控股	其　他
木质家具制造	117407		856	97913	7475	8868	2295
竹、藤家具制造	7483			7112	99	272	
金属家具制造	88364		1651	66864	9198	10008	643
塑料家具制造	8801			6705	1549	457	90
其他家具制造	41501	1	16	33001	2844	4891	748
造纸和纸制品业	228961	2841	2768	203738	6165	6716	6733
纸浆制造	315			312	3		
造纸	94455	2841	1519	81296	1903	902	5994
纸制品制造	134191		1249	122130	4259	5814	739
印刷和记录媒介复制业	192989	4005	3198	177258	3612	1935	2981
印刷	183659	3922	2952	169206	3479	1922	2178
装订及印刷相关服务	9007	20	246	7792	133	13	803
记录媒介复制	323	63		260			
文教、工美、体育和娱乐用品制造业	477365	357	1979	415628	29599	26187	3615
文教办公用品制造	91776	16	188	80933	3964	6027	648
乐器制造	10192		6	4525	1007	4247	407
工艺美术品制造	248178	340	1494	224876	11680	8235	1553
体育用品制造	48066	1	106	38851	4934	3873	301
玩具制造	62239		185	52114	6110	3283	547
游艺器材及娱乐用品制造	16914			14329	1904	522	159
石油加工、炼焦和核燃料加工业	14113	8392	111	4901	285	366	58
精炼石油产品制造	14044	8392	111	4832	285	366	58
炼焦	48			48			
核燃料加工	21			21			
化学原料和化学制品制造业	341409	29063	8843	255748	15967	26439	5349
基础化学原料制造	70370	20035	1610	41448	3434	3228	615
肥料制造	5536	581	104	4726	7	30	88
农药制造	16349	1398	388	11365	286	2013	899
涂料、油墨、颜料及类似产品制造	63140	683	2583	51954	3857	3586	477
合成材料制造	74782	2440	3192	56422	4379	6731	1618
专用化学产品制造	68741	2564	839	53539	2541	7667	1591
炸药、火工及焰火产品制造	2515	1281	45	1189			
日用化学产品制造	39976	81	82	35105	1463	3184	61

2-A-13 续表 4

单位：人

行 业	从业人员期末人数	国有控股	集体控股	私人控股	港澳台商控股	外商控股	其 他
医药制造业	145582	18177	7003	87441	7521	14991	10449
化学药品原料药制造	62054	10936	3553	36286	1883	4347	5049
化学药品制剂制造	27475	6273	627	15327	354	2918	1976
中药饮片加工	4840	247	517	3444	78	285	269
中成药生产	13618	285	462	8071	3258	412	1130
兽用药品制造	2597			2057		126	414
生物药品制造	17012	430	162	7924	1403	5529	1564
卫生材料及医药用品制造	17986	6	1682	14332	545	1374	47
化学纤维制造业	137552	1657	1578	110712	13201	7735	2669
纤维素纤维原料及纤维制造	5819	312		4166	425	916	
合成纤维制造	131733	1345	1578	106546	12776	6819	2669
橡胶和塑料制品业	667075	17075	11985	576411	26295	28765	6544
橡胶制品业	109910	16375	6565	74854	1645	8994	1477
塑料制品业	557165	700	5420	501557	24650	19771	5067
非金属矿物制品业	374572	25960	12727	307892	10435	11572	5986
水泥、石灰和石膏制造	41776	14571	767	25065	412	267	694
石膏、水泥制品及类似制品制造	87137	4393	3683	73224	2424	904	2509
砖瓦、石材等建筑材料制造	85279	605	6651	70252	1301	5057	1413
玻璃制造	14793		383	13306	428	402	274
玻璃制品制造	70952	1164	208	62786	3146	3270	378
玻璃纤维和玻璃纤维增强塑料制品制造	20050	4827	63	13552	790	784	34
陶瓷制品制造	19685	3	128	17519	1477	217	341
耐火材料制品制造	19161	71	410	17530	364	551	235
石墨及其他非金属矿物制品制造	15739	326	434	14658	93	120	108
黑色金属冶炼和压延加工业	207884	23129	7793	162805	7588	3774	2795
炼铁	786		31	755			
炼钢	14372	10156		3940	271		5
黑色金属铸造	64354	666	2396	57732	1319	1503	738
钢压延加工	126692	12257	5366	98772	5998	2248	2051
铁合金冶炼	1680	50		1606		23	1
有色金属冶炼和压延加工业	128544	1510	956	112905	5877	1975	5321

2-A-13 续表 5

单位：人

行 业	从业人员期末人数	国有控股	集体控股	私人控股	港澳台商控股	外商控股	其 他
常用有色金属冶炼	12221		294	7754	552	211	3410
贵金属冶炼	1419	570		801			48
稀有稀土金属冶炼	592			379	161		52
有色金属合金制造	16487	145	22	13628	877	486	1329
有色金属铸造	8654		25	7250	1303	56	20
有色金属压延加工	89171	795	615	83093	2984	1222	462
金属制品业	760498	2920	7630	684876	29503	28358	7211
结构性金属制品制造	143562	564	1301	136696	2119	1223	1659
金属工具制造	111679	948	313	99725	3798	5149	1746
集装箱及金属包装容器制造	34002	595	366	25870	3127	3497	547
金属丝绳及其制品制造	22855		187	20075	2294	199	100
建筑、安全用金属制品制造	177183	284	1409	158929	7113	7588	1860
金属表面处理及热处理加工	79856	10	2463	73109	2796	1147	331
搪瓷制品制造	8365		70	7806	480	2	7
金属制日用品制造	112663	65	465	99919	4952	6921	341
其他金属制品制造	70333	454	1056	62747	2824	2632	620
通用设备制造业	1193439	17247	19773	1035764	48252	60322	12081
锅炉及原动设备制造	33189	4434	1381	23501	2477	760	636
金属加工机械制造	95413	391	934	81502	6134	5959	493
物料搬运设备制造	83951	1177	2012	63306	3657	11972	1827
泵、阀门、压缩机及类似机械制造	318007	4513	5833	284384	10040	11726	1511
轴承、齿轮和传动部件制造	198295	3372	3347	169673	8145	9271	4487
烘炉、风机、衡器、包装等设备制造	163444	2851	1240	140947	8696	7664	2046
文化、办公用机械制造	18827	3	32	15224	1013	2427	128
通用零部件制造	265874	424	4481	242222	7709	10144	894
其他通用设备制造业	16439	82	513	15005	381	399	59
专用设备制造业	471847	4892	7917	392324	30064	31521	5129
采矿、冶金、建筑专用设备制造	32226	454	244	27083	1091	2886	468
化工、木材、非金属加工专用设备制造	169633	422	1713	140699	14595	10497	1707
食品、饮料、烟草及饲料生产专用设备制造	11643		423	10310	116	794	
印刷、制药、日化及日用品生产专用设备制造	28455	121	620	25523	551	1235	405
纺织、服装和皮革加工专用设备制造	92094		1709	80942	4603	4597	243

2-A-13 续表 6

单位：人

行业	从业人员期末人数	国有控股	集体控股	私人控股	港澳台商控股	外商控股	其他
电子和电工机械专用设备制造	16045	64	833	13857	185	942	164
农、林、牧、渔专用机械制造	31543	2413	498	22357	3330	2565	380
医疗仪器设备及器械制造	34482		786	25539	2508	5588	61
环保、社会公共服务及其他专用设备制造	55726	1418	1091	46014	3085	2417	1701
汽车制造业	537739	8823	7272	444482	27843	40200	9119
汽车整车制造	35115	7607		17796	4914	2385	2413
改装汽车制造	1764	241		1369		154	
低速载货汽车制造	145			145			
电车制造	203			203			
汽车车身、挂车制造	1197		3	762	234	198	
汽车零部件及配件制造	499315	975	7269	424207	22695	37463	6706
铁路、船舶、航空航天和其他运输设备制造业	189128	13958	3242	150032	6936	10811	4149
铁路运输设备制造	3364	147	230	2801	10	26	150
城市轨道交通设备制造	168			168			
船舶及相关装置制造	55319	4975	1211	37468	3340	5062	3263
航空、航天器及设备制造	1345		1	1336	5	3	
摩托车制造	72834	8836	1581	60204	1038	589	586
自行车制造	50014		216	42373	2345	5013	67
非公路休闲车及零配件制造	3738		1	3619		118	
潜水救捞及其他未列明运输设备制造	2346		2	2063	198		83
电气机械和器材制造业	1183449	5916	23224	986721	65748	72257	29583
电机制造	183565	925	5686	145494	5135	25166	1159
输配电及控制设备制造	353755	3022	8619	307305	15541	9303	9965
电线、电缆、光缆及电工器材制造	108392	261	1616	83460	10844	10548	1663
电池制造	45263	63	1355	28395	6722	6617	2111
家用电力器具制造	255500	1016	1582	214423	13496	12126	12857
非电力家用器具制造	23151		51	21427	650	974	49
照明器具制造	199088	606	4267	172432	13097	6961	1725
其他电气机械及器材制造	14735	23	48	13785	263	562	54
计算机、通信和其他电子设备制造业	515551	9729	28401	316977	59483	83276	17685
计算机制造	22040	404	33	6712	3680	11121	90
通信设备制造	77111	5353	1633	38617	21465	5037	5006

2-A-13 续表 7

单位：人

行 业	从业人员期末人数	国有控股	集体控股	私人控股	港澳台商控股	外商控股	其 他
广播电视设备制造	25924	82	21	22140	1557	2102	22
雷达及配套设备制造	289			283		6	
视听设备制造	34023	565	56	25940	1292	4997	1173
电子器件制造	118363	2195	2608	48587	16336	39470	9167
电子元件制造	216027	1115	23473	157591	14548	17242	2058
其他电子设备制造	21774	15	577	17107	605	3301	169
仪器仪表制造业	225476	1053	4094	185987	12892	15064	6386
通用仪器仪表制造	110229	206	1991	90777	6465	7060	3730
专用仪器仪表制造	32857	600	496	26660	262	3594	1245
钟表与计时仪器制造	7293	1	1037	5372	348	522	13
光学仪器及眼镜制造	69494	246	341	58098	5717	3699	1393
其他仪器仪表制造业	5603		229	5080	100	189	5
其他制造业	127927	283	1272	113032	3445	6801	3094
日用杂品制造	113178	112	1194	100397	3358	5225	2892
煤制品制造	547	140		401			6
核辐射加工	83			83			
其他未列明制造业	14119	31	78	12151	87	1576	196
废弃资源综合利用业	27758	449	1074	19691	4507	1799	238
金属废料和碎屑加工处理	21368	117	1032	13938	4309	1798	174
非金属废料和碎屑加工处理	6390	332	42	5753	198	1	64
金属制品、机械和设备修理业	40930	1452	3688	34764	86	417	523
金属制品修理	307		7	288	12		
通用设备修理	1669	93	2	1502	52		20
专用设备修理	1129	303	34	790			2
铁路、船舶、航空航天等运输设备修理	34689	1006	2971	29814		414	484
电气设备修理	1709	50	450	1198	1		10
仪器仪表修理	73			52	21		
其他机械和设备修理业	1354		224	1120		3	7
电力、热力、燃气及水生产和供应业	**172582**	**120344**	**10820**	**33894**	**2477**	**3274**	**1773**
电力、热力生产和供应业	121048	86866	6174	23269	1880	2008	851
电力生产	50578	20926	5272	20609	1429	1605	737
电力供应	65619	64660	775	98		67	19
热力生产和供应	4851	1280	127	2562	451	336	95

2-A-13 续表 8

单位：人

行 业	从业人员期末人数	国有控股	集体控股	私人控股	港澳台商控股	外商控股	其 他
燃气生产和供应业	10452	4609	353	3546	455	943	546
燃气生产和供应业	10452	4609	353	3546	455	943	546
水的生产和供应业	41082	28869	4293	7079	142	323	376
自来水生产和供应	30628	24338	3789	1999	49	98	355
污水处理及其再生利用	7962	4007	360	3256	93	225	21
其他水的处理、利用与分配	2492	524	144	1824			
建筑业	**7659188**	**183042**	**242925**	**7017852**	**19434**	**14229**	**181706**
房屋建筑业	5723001	71947	170219	5316052	11415	12251	141117
房屋建筑业	5723001	71947	170219	5316052	11415	12251	141117
土木工程建筑业	1293164	65199	51843	1153567	461	61	22033
铁路、道路、隧道和桥梁工程建筑	916719	39014	28182	835455	1	26	14041
水利和内河港口工程建筑	98753	11207	1815	82933	20	1	2777
海洋工程建筑	742	92	390	256	4		
工矿工程建筑	62252	3393	2679	51855		26	4299
架线和管道工程建筑	56090	6953	16330	32468	250	4	85
其他土木工程建筑	158608	4540	2447	150600	186	4	831
建筑安装业	189973	21114	18272	137264	2540	100	10683
电气安装	57455	2776	7698	38272	44		8665
管道和设备安装	54061	9564	1475	42641	13	82	286
其他建筑安装业	78457	8774	9099	56351	2483	18	1732
建筑装饰和其他建筑业	453050	24782	2591	410969	5018	1817	7873
建筑装饰业	306924	1509	2114	293352	5018	1817	3114
工程准备活动	66405	4975	320	60643			467
提供施工设备服务	15351		2	11070			4279
其他未列明建筑业	64370	18298	155	45904			13
批发和零售业	**2011937**	**116989**	**55883**	**1697399**	**27587**	**38303**	**75776**
批发业	1333310	74899	28397	1163606	10800	18379	37229
农、林、牧产品批发	47031	2526	4734	36304	34	31	3402
食品、饮料及烟草制品批发	162969	15145	5100	129701	1309	539	11175
纺织、服装及家庭用品批发	368422	4173	5340	339310	4556	7584	7459

2-A-13　续表 9　　　　单位：人

行　业	从业人员期末人数	国有控股	集体控股	私人控股	港澳台商控股	外商控股	其　他
文化、体育用品及器材批发	54633	1365	803	50594	341	931	599
医药及医疗器材批发	47397	4423	413	37625	347	70	4519
矿产品、建材及化工产品批发	326108	42699	8040	267878	1456	815	5220
机械设备、五金产品及电子产品批发	234748	3780	2834	216774	1604	6142	3614
贸易经纪与代理	52114	304	166	48213	957	1987	487
其他批发业	39888	484	967	37207	196	280	754
零售业	678627	42090	27486	533793	16787	19924	38547
综合零售	148082	10105	18771	78572	9189	14538	16907
食品、饮料及烟草制品专门零售	51343	2200	2004	44038	86	744	2271
纺织、服装及日用品专门零售	76343	363	1000	66667	3547	1148	3618
文化、体育用品及器材专门零售	30899	5748	424	23673	180	173	701
医药及医疗器材专门零售	62491	3674	1259	55874	195	15	1474
汽车、摩托车、燃料及零配件专门零售	151178	17354	2701	116766	3120	2200	9037
家用电器及电子产品专门零售	64529	653	347	60399	142	294	2694
五金、家具及室内装饰材料专门零售	47004	527	504	44678	79	572	644
货摊、无店铺及其他零售业	46758	1466	476	43126	249	240	1201
交通运输、仓储和邮政业	**508722**	**163948**	**28844**	**287509**	**7702**	**3232**	**17487**
铁路运输业	277	277					
铁路货物运输	277	277					
道路运输业	278820	93315	15424	149645	4872	1443	14121
城市公共交通运输	70053	46824	2961	15249	6		5013
公路旅客运输	58573	24800	7632	23543	62		2536
道路货物运输	118920	3766	3184	103782	3797	221	4170
道路运输辅助活动	31274	17925	1647	7071	1007	1222	2402
水上运输业	45885	15307	1767	26832	491	76	1412
水上旅客运输	5829	3721	938	979			191
水上货物运输	28664	5505	562	21636			961
水上运输辅助活动	11392	6081	267	4217	491	76	260
航空运输业	8036	7035	16	971		3	11
航空客货运输	548	97		451			
通用航空服务	206	25	16	153		2	10
航空运输辅助活动	7282	6913		367		1	1

2-A-13 续表 10

单位：人

行　　业	从业人员期末人数	国有控股	集体控股	私人控股	港澳台商控股	外商控股	其　他
管道运输业	161	106	54	1			
管道运输业	161	106	54	1			
装卸搬运和运输代理业	83201	12513	7548	61410	389	419	922
装卸搬运	23095	3389	5774	13333	56	337	206
运输代理业	60106	9124	1774	48077	333	82	716
仓储业	21817	7607	1060	9674	1950	1291	235
谷物、棉花等农产品仓储	4248	3825	49	372		2	
其他仓储业	17569	3782	1011	9302	1950	1289	235
邮政业	70525	27788	2975	38976			786
邮政基本服务	20731	17761	2959	8			3
快递服务	49794	10027	16	38968			783
住宿和餐饮业	**413887**	**37140**	**14540**	**302234**	**10273**	**8570**	**41130**
住宿业	192206	29858	11499	124730	6886	4111	15122
旅游饭店	139500	27630	10028	78869	6030	3826	13117
一般旅馆	49465	2065	1445	43374	453	285	1843
其他住宿业	3241	163	26	2487	403		162
餐饮业	221681	7282	3041	177504	3387	4459	26008
正餐服务	170027	6364	2717	151307	2523	1261	5855
快餐服务	35483	633	88	12003	745	2114	19900
饮料及冷饮服务	6527	123	111	6025	98	41	129
其他餐饮业	9644	162	125	8169	21	1043	124
信息传输、软件和信息技术服务业	**293693**	**50020**	**7951**	**178204**	**36192**	**10209**	**11117**
电信、广播电视和卫星传输服务	66274	41251	2928	7261	13992	623	219
电信	56386	33349	1955	6293	13992	623	174
广播电视传输服务	9888	7902	973	968			45
互联网和相关服务	32344	2960	141	14313	14443	92	395
互联网接入及相关服务	2445	655	43	1724		23	
互联网信息服务	27659	2190	94	10475	14437	69	394
其他互联网服务	2240	115	4	2114	6		1
软件和信息技术服务业	195075	5809	4882	156630	7757	9494	10503

2-A-13　续表 11　　　　单位：人

行　业	从业人员期末人数	国有控股	集体控股	私人控股	港澳台商控股	外商控股	其　他
软件开发	143911	4295	4446	114617	4481	8783	7289
信息系统集成服务	21876	942	227	17012	2115	452	1128
信息技术咨询服务	16931	316	86	14734	323	87	1385
数据处理和存储服务	3102	57		3005	1	7	32
集成电路设计	1955	47	1	1615		124	168
其他信息技术服务业	7300	152	122	5647	837	41	501
金融业	**24416**	**2969**	**789**	**19172**	**280**	**136**	**1070**
货币金融服务	5462	747	209	3744	161	44	557
货币银行服务	666	643		23			
非货币银行服务	4796	104	209	3721	161	44	557
资本市场服务	13844	1838	458	10914	103	62	469
证券市场服务	268	11	3	179			75
期货市场服务	306			225			81
资本投资服务	12610	1820	455	9874	103	52	306
其他资本市场服务	660	7		636		10	7
保险业	630	39	4	587			
人身保险	41	39		2			
财产保险	39			39			
再保险	1			1			
保险经纪与代理服务	349		4	345			
其他保险活动	200			200			
其他金融业	4480	345	118	3927	16	30	44
金融信托与管理服务	2134	140	80	1860	12	30	12
控股公司服务	879	72	1	802	4		
其他未列明金融业	1467	133	37	1265			32
房地产业	**451550**	**43977**	**23480**	**345151**	**7610**	**5429**	**25903**
房地产业	451550	43977	23480	345151	7610	5429	25903
房地产开发经营	134912	12193	3771	98976	6307	3350	10315
物业管理	233831	25189	14015	180284	285	919	13139
房地产中介服务	46807	425	467	43574	612	413	1316
自有房地产经营活动	28457	4333	4146	17899	317	698	1064
其他房地产业	7543	1837	1081	4418	89	49	69

2-A-13 续表 12 单位：人

行业	从业人员期末人数	国有控股	集体控股	私人控股	港澳台商控股	外商控股	其他
租赁和商务服务业	**843880**	**178022**	**70807**	**563340**	**2642**	**3036**	**26033**
租赁业	21515	1768	847	17910	40	228	722
机械设备租赁	19590	809	678	17120	40	228	715
文化及日用品出租	1925	959	169	790			7
商务服务业	822365	176254	69960	545430	2602	2808	25311
企业管理服务	158834	43598	34243	71623	883	1481	7006
法律服务	8012	44	216	7477	9		266
咨询与调查	114200	3062	2615	104217	867	1057	2382
广告业	66483	4526	553	60560	33	3	808
知识产权服务	4873	118	29	4696		2	28
人力资源服务	247929	39646	8119	196372	142	7	3643
旅行社及相关服务	33450	4434	1066	26687	118	26	1119
安全保护服务	100979	67419	10514	15120		2	7924
其他商务服务业	87605	13407	12605	58678	550	230	2135
科学研究和技术服务业	**294475**	**48202**	**12264**	**218469**	**1852**	**4334**	**9354**
研究和试验发展	25906	2287	726	20506	271	1601	515
自然科学研究和试验发展	1017	337	25	568	64	6	17
工程和技术研究和试验发展	18850	1634	559	14973	157	1294	233
农业科学研究和试验发展	2283	96	120	2011	1	2	53
医学研究和试验发展	3496	80	15	2841	49	299	212
社会人文科学研究	260	140	7	113			
专业技术服务业	217903	43526	8795	157014	1286	1648	5634
气象服务	314	71	21	202			20
地震服务	6			6			
海洋服务	486	231	4	176	75		
测绘服务	6923	1791	950	4136			46
质检技术服务	22619	5055	1550	14308	207	700	799
环境与生态监测	3086	495	98	2490	2		1
地质勘查	2154	1408	65	615	21		45
工程技术	146631	32759	5373	103662	334	346	4157
其他专业技术服务业	35684	1716	734	31419	647	602	566

2-A-13　续表 13　　单位：人

行　业	从业人员期末人数	国有控股	集体控股	私人控股	港澳台商控股	外商控股	其　他
科技推广和应用服务业	50666	2389	2743	40949	295	1085	3205
技术推广服务	44516	2137	2648	35484	248	1032	2967
科技中介服务	3336	219	92	2776	44	47	158
其他科技推广和应用服务业	2814	33	3	2689	3	6	80
水利、环境和公共设施管理业	**102894**	**27978**	**8514**	**63326**	**561**	**177**	**2338**
水利管理业	4060	2173	423	1352	1		111
防洪除涝设施管理	374	225	14	135			
水资源管理	1037	592	123	303	1		18
天然水收集与分配	1027	756	93	122			56
水文服务	39	7	3	29			
其他水利管理业	1583	593	190	763			37
生态保护和环境治理业	8304	725	198	6934	234	46	167
生态保护	1537	107	11	1401			18
环境治理业	6767	618	187	5533	234	46	149
公共设施管理业	90530	25080	7893	55040	326	131	2060
市政设施管理	9008	5961	440	2303	62	10	232
环境卫生管理	24108	5995	1653	15685		6	769
城乡市容管理	836	335	41	453			7
绿化管理	30131	1546	1667	26466		73	379
公园和游览景区管理	26447	11243	4092	10133	264	42	673
居民服务、修理和其他服务业	**142856**	**5422**	**4669**	**130495**	**241**	**193**	**1836**
居民服务业	53128	2742	2514	46916	220	62	674
家庭服务	12469	1452	53	10830	67		67
托儿所服务	66			66			
洗染服务	3739	15	173	3549		2	
理发及美容服务	8263		110	8019		38	96
洗浴服务	8900		45	8808			47
保健服务	10122	4		9985	10	4	119
婚姻服务	2162	12	2	2124			24
殡葬服务	3771	801	1939	806	143		82
其他居民服务业	3636	458	192	2729		18	239

2-A-13 续表 14 单位：人

行业	从业人员期末人数	国有控股	集体控股	私人控股	港澳台商控股	外商控股	其他
机动车、电子产品和日用产品修理业	50192	750	1197	47662	19	125	439
汽车、摩托车修理与维护	42344	603	949	40309	19	96	368
计算机和办公设备维修	2735	86	4	2624		19	2
家用电器修理	4110	61	177	3793		10	69
其他日用产品修理业	1003		67	936			
其他服务业	39536	1930	958	35917	2	6	723
清洁服务	36171	1588	790	33120	1		672
其他未列明服务业	3365	342	168	2797	1	6	51
教育	**43929**	**3317**	**2587**	**35984**	**147**	**152**	**1742**
教育	43929	3317	2587	35984	147	152	1742
学前教育	2942	144	99	2163	66	46	424
初等教育	524			477			47
中等教育	988	43	199	352			394
高等教育	1013	20		962			31
特殊教育	19	6		13			
技能培训、教育辅助及其他教育	38443	3104	2289	32017	81	106	846
卫生和社会工作	**31989**	**1681**	**406**	**27692**	**14**	**543**	**1653**
卫生	30691	1346	322	26860	1	543	1619
医院	20278	1230	213	17249	1	543	1042
社区医疗与卫生院	204	5	14	149			36
门诊部(所)	9568	58	73	8902			535
计划生育技术服务活动	4		1	3			
妇幼保健院(所、站)	20			20			
专科疾病防治院(所、站)	15			15			
疾病预防控制中心	9	5	3	1			
其他卫生活动	593	48	18	521			6
社会工作	1298	335	84	832	13		34
提供住宿社会工作	966	298	38	604	2		24
不提供住宿社会工作	332	37	46	228	11		10

2-A-13 续表 15

单位：人

行 业	从业人员期末人数	国有控股	集体控股	私人控股	港澳台商控股	外商控股	其 他
文化、体育和娱乐业	**120826**	**15846**	**2298**	**97577**	**1121**	**601**	**3383**
新闻和出版业	7936	6718	69	959			190
新闻业	207	145		46			16
出版业	7729	6573	69	913			174
广播、电视、电影和影视录音制作业	27650	4221	325	22499	60	132	413
广播	207	25		182			
电视	2785	1555	23	1182			25
电影和影视节目制作	17036	181	135	16514	5	94	107
电影和影视节目发行	619	424		195			
电影放映	6892	2023	167	4328	55	38	281
录音制作	111	13		98			
文化艺术业	13408	4526	1072	7401	8	8	393
文艺创作与表演	8595	3913	162	4211	4		305
艺术表演场馆	1402	280	692	430			
图书馆与档案馆	343	43	131	169			
文物及非物质文化遗产保护	263	57	12	190			4
博物馆	309	109	36	163			1
烈士陵园、纪念馆	11			11			
群众文化活动	620	80	33	448			59
其他文化艺术业	1865	44	6	1779	4	8	24
体育	11725	231	442	8205	1032	167	1648
体育组织	280	29	11	240			
体育场馆	455	105	100	250			
休闲健身活动	10082	63	317	6871	1032	167	1632
其他体育	908	34	14	844			16
娱乐业	60107	150	390	58513	21	294	739
室内娱乐活动	55647	35	283	54628		38	663
游乐园	1565	3		1478	19	42	23
彩票活动	61	17	39	5			
文化、娱乐、体育经纪代理	1194	45	7	991	2	137	12
其他娱乐业	1640	50	61	1411		77	41

2-A-14 按行业中类、全年营业收入

行业	单位数			
		50万元及以下	50-100万元	100-500万元
总 计	**835565**	**309199**	**76432**	**232581**
农、林、牧、渔业	**2882**	**2034**	**260**	**454**
农业	58	16	8	17
谷物种植	6	1		2
豆类、油料和薯类种植	1			
蔬菜、食用菌及园艺作物种植	16	4	2	5
水果种植	10	4	1	5
坚果、含油果、香料和饮料作物种植	13	3	3	4
中药材种植	11	4	1	1
其他农业	1		1	
林业	4	2		2
林木育种和育苗	4	2		2
畜牧业	41	10	3	10
牲畜饲养	24	6		6
家禽饲养	10	2	1	3
其他畜牧业	7	2	2	1
渔业	18	5	2	7
水产养殖	18	5	2	7
农、林、牧、渔服务业	2761	2001	247	418
农业服务业	2411	1768	211	358
林业服务业	131	98	11	18
畜牧服务业	131	81	13	28
渔业服务业	88	54	12	14
采矿业	**1268**	**418**	**67**	**303**
煤炭开采和洗选业	20	11	2	3
烟煤和无烟煤开采洗选	9	4	1	3
褐煤开采洗选	5	3		
其他煤炭采选	6	4	1	
黑色金属矿采选业	25	7	1	1
铁矿采选	24	6	1	1
其他黑色金属矿采选	1	1		

组距分组的全部企业法人单位数

单位：个

500-1000万元	1000-2000万元	2000-5000万元	5000万元-1亿元	1-2亿元	2亿元以上
82266	**55925**	**40230**	**17395**	**10306**	**11231**
70	**39**	**17**	**6**	**2**	
6	6	4	1		
1		1	1		
	1				
1	2	2			
2	1				
2	2	1			
6	6	5		1	
5	3	3		1	
1	1	2			
	2				
	1	1	2		
	1	1	2		
58	26	7	3	1	
46	22	3	2	1	
2	1	1			
5	2	2			
5	1	1	1		
161	**131**	**99**	**38**	**33**	**18**
1	1	1	1		
		1			
1			1		
	1				
3	4	2	2	1	4
3	4	2	2	1	4

2-A-14 续表 1

行　业	单位数	50万元及以下	50-100万元	100-500万元
有色金属矿采选业	72	24	2	11
常用有色金属矿采选	45	14	2	6
贵金属矿采选	5	1		1
稀有稀土金属矿采选	22	9		4
非金属矿采选业	1115	358	60	277
土砂石开采	1012	324	53	252
化学矿开采	6	2		2
采盐	9	6	1	2
石棉及其他非金属矿采选	88	26	6	21
开采辅助活动	8	5	1	2
石油和天然气开采辅助活动	3	2	1	
其他开采辅助活动	5	3		2
其他采矿业	28	13	1	9
其他采矿业	28	13	1	9
制造业	**365232**	**90089**	**31766**	**120564**
农副食品加工业	5490	1555	417	1516
谷物磨制	290	81	16	78
饲料加工	442	105	18	77
植物油加工	265	119	25	49
制糖业	38	12	2	19
屠宰及肉类加工	677	182	52	178
水产品加工	1585	390	105	435
蔬菜、水果和坚果加工	1552	429	114	494
其他农副食品加工	641	237	85	186
食品制造业	2466	825	217	679
焙烤食品制造	705	298	75	181
糖果、巧克力及蜜饯制造	189	65	14	53
方便食品制造	364	123	21	108
乳制品制造	49	15	1	9
罐头食品制造	245	54	14	78
调味品、发酵制品制造	223	70	23	67
其他食品制造	691	200	69	183

单位：个

500-1000万元	1000-2000万元	2000-5000万元	5000万元-1亿元	1-2亿元	2亿元以上
11	5	6	4	6	3
8	5	3	3	2	2
2		1			
1		2	1	4	1
143	119	90	31	26	11
130	110	80	28	24	11
1				1	
12	9	10	3	1	
3	2				
3	2				
47576	**32773**	**23128**	**9004**	**5420**	**4912**
605	530	377	226	154	110
30	22	28	17	8	10
49	52	40	32	38	31
19	16	14	11	4	8
4			1		
95	63	54	23	18	12
194	154	126	88	59	34
168	182	90	44	23	8
46	41	25	10	4	7
218	161	157	95	65	49
60	36	23	19	8	5
19	13	14	3	5	3
39	30	22	6	11	4
4	1	5	1	6	7
19	16	28	21	9	6
20	12	17	7	4	3
57	53	48	38	22	21

2-A-14 续表 2

行　业	单位数			
		50万元及以下	50-100万元	100-500万元
酒、饮料和精制茶制造业	2699	953	336	813
酒的制造	546	172	55	172
饮料制造	685	294	79	174
精制茶加工	1468	487	202	467
烟草制品业	6	1		
卷烟制造	3	1		
其他烟草制品制造	3			
纺织业	30275	6502	2488	8256
棉纺织及印染精加工	9375	2033	925	2244
毛纺织及染整精加工	1159	232	64	289
麻纺织及染整精加工	95	23	8	19
丝绢纺织及印染精加工	1483	284	64	334
化纤织造及印染精加工	3615	698	193	1005
针织或钩针编织物及其制品制造	6460	1214	426	1800
家用纺织制成品制造	4624	1192	489	1382
非家用纺织制成品制造	3464	826	319	1183
纺织服装、服饰业	26383	7225	1779	7921
机织服装制造	14222	4040	896	4274
针织或钩针编织服装制造	6349	1581	398	1758
服饰制造	5812	1604	485	1889
皮革、毛皮、羽毛及其制品和制鞋业	15619	3382	1107	4989
皮革鞣制加工	569	132	25	111
皮革制品制造	4263	1179	311	1219
毛皮鞣制及制品加工	1105	313	153	367
羽毛(绒)加工及制品制造	329	99	17	52
制鞋业	9353	1659	601	3240
木材加工和木、竹、藤、棕、草制品业	6252	1592	528	2104
木材加工	1203	365	105	390
人造板制造	774	155	32	172
木制品制造	2681	628	248	1014
竹、藤、棕、草等制品制造	1594	444	143	528
家具制造业	5486	1468	403	1595

单位：个

500-1000万元	1000-2000万元	2000-5000万元	5000万元-1亿元	1-2亿元	2亿元以上
214	138	95	55	39	56
44	37	24	10	14	18
53	22	17	13	3	30
117	79	54	32	22	8
1	1				3
					2
1	1				1
4101	3499	2842	1199	745	643
1019	844	1046	497	362	405
182	153	149	46	28	16
12	9	11	4	3	6
234	211	209	82	41	24
713	618	214	108	43	23
930	893	683	259	164	91
595	464	308	109	48	37
416	307	222	94	56	41
3917	2707	1818	546	282	188
2071	1320	1018	329	155	119
1001	730	581	156	91	53
845	657	219	61	36	16
2353	1742	1325	428	180	113
113	89	42	19	18	20
611	453	318	107	52	13
134	60	59	10	5	4
34	34	32	22	18	21
1461	1106	874	270	87	55
867	596	322	130	63	50
180	104	43	10	4	2
130	107	97	44	24	13
340	236	110	46	28	31
217	149	72	30	7	4
705	550	407	185	100	73

2-A-14 续表 3

行　　业	单位数			
		50万元及以下	50-100万元	100-500万元
木质家具制造	3247	895	260	996
竹、藤家具制造	165	62	7	43
金属家具制造	1148	227	78	308
塑料家具制造	184	47	6	60
其他家具制造	742	237	52	188
造纸和纸制品业	9779	2181	1004	4001
纸浆制造	24	6	1	9
造纸	1879	460	132	472
纸制品制造	7876	1715	871	3520
印刷和记录媒介复制业	10090	2055	1125	4208
印刷	9354	1821	1017	3927
装订及印刷相关服务	719	229	105	278
记录媒介复制	17	5	3	3
文教、工美、体育和娱乐用品制造业	18672	5277	1761	6452
文教办公用品制造	3163	752	263	1168
乐器制造	187	44	17	55
工艺美术品制造	11341	3283	1163	4007
体育用品制造	1513	438	97	435
玩具制造	1998	599	194	663
游艺器材及娱乐用品制造	470	161	27	124
石油加工、炼焦和核燃料加工业	343	96	23	81
精炼石油产品制造	338	95	22	81
炼焦	3		1	
核燃料加工	2	1		
化学原料和化学制品制造业	8879	2161	625	2352
基础化学原料制造	1289	271	64	260
肥料制造	257	78	21	79
农药制造	111	25	1	12
涂料、油墨、颜料及类似产品制造	2243	584	190	660
合成材料制造	1078	221	53	249
专用化学产品制造	2804	669	194	786
炸药、火工及焰火产品制造	31	10	1	5
日用化学产品制造	1066	303	101	301

单位：个

500-1000万元	1000-2000万元	2000-5000万元	5000万元-1亿元	1-2亿元	2亿元以上
437	343	183	69	43	21
27	10	10	4	1	1
145	118	128	71	38	35
17	19	18	9	5	3
79	60	68	32	13	13
1080	580	441	216	147	129
5	1	2			
188	158	182	115	82	90
887	421	257	101	65	39
1403	751	363	109	41	35
1343	714	351	106	40	35
58	35	10	3	1	
2	2	2			
2334	1527	835	263	123	100
484	254	163	50	17	12
27	16	16	7	1	4
1377	866	403	125	64	53
178	190	114	32	17	12
207	152	122	31	14	16
61	49	17	18	10	3
53	31	18	13	9	19
52	29	18	13	9	19
1	1				
	1				
1136	866	755	355	262	367
195	154	143	70	54	78
32	23	13	4	4	3
7	7	16	9	13	21
299	187	163	60	41	59
107	105	115	63	56	109
371	271	237	127	74	75
3	2	1	3	4	2
122	117	67	19	16	20

2-A-14 续表 4

行业	单位数			
		50万元及以下	50-100万元	100-500万元
医药制造业	1292	315	57	243
化学药品原料药制造	326	72	8	44
化学药品制剂制造	134	32	2	17
中药饮片加工	111	31	12	15
中成药生产	97	18	3	15
兽用药品制造	66	11	4	20
生物药品制造	204	67	8	40
卫生材料及医药用品制造	354	84	20	92
化学纤维制造业	1522	225	40	276
纤维素纤维原料及纤维制造	133	30	7	38
合成纤维制造	1389	195	33	238
橡胶和塑料制品业	29368	6955	2931	10720
橡胶制品业	3568	838	375	1297
塑料制品业	25800	6117	2556	9423
非金属矿物制品业	13030	3785	1004	3932
水泥、石灰和石膏制造	703	199	27	126
石膏、水泥制品及类似制品制造	2906	1100	243	638
砖瓦、石材等建筑材料制造	3871	1190	296	1272
玻璃制造	363	78	15	100
玻璃制品制造	2284	392	166	858
玻璃纤维和玻璃纤维增强塑料制品制造	471	103	31	141
陶瓷制品制造	801	261	76	227
耐火材料制品制造	760	190	69	264
石墨及其他非金属矿物制品制造	871	272	81	306
黑色金属冶炼和压延加工业	4210	762	196	1038
炼铁	39	11	1	14
炼钢	62	19	3	14
黑色金属铸造	1602	240	68	404
钢压延加工	2451	478	122	596
铁合金冶炼	56	14	2	10
有色金属冶炼和压延加工业	3505	746	209	868

单位：个

500-1000万元	1000-2000万元	2000-5000万元	5000万元-1亿元	1-2亿元	2亿元以上
110	111	159	88	97	112
15	30	33	31	37	56
13	8	16	11	13	22
6	9	20	8	8	2
8	5	19	6	7	16
4	11	7	5	2	2
17	10	22	10	20	10
47	38	42	17	10	4
184	171	241	97	94	194
21	16	9	6	3	3
163	155	232	91	91	191
3935	2279	1496	537	289	226
467	274	193	70	30	24
3468	2005	1303	467	259	202
1589	1074	678	429	319	220
81	47	59	51	38	75
160	118	181	198	189	79
553	373	115	46	16	10
67	45	31	7	10	10
419	260	92	45	29	23
46	50	62	25	5	8
108	68	38	13	6	4
71	55	54	31	18	8
84	58	46	13	8	3
646	501	491	217	159	200
8	2	3			
5	3	5	4	3	6
347	214	221	54	32	22
281	273	259	156	121	165
5	9	3	3	3	7
452	380	353	176	133	188

2-A-14 续表 5

行业	单位数			
		50万元及以下	50-100万元	100-500万元
常用有色金属冶炼	329	109	15	64
贵金属冶炼	26	7	2	1
稀有稀土金属冶炼	21	10	1	2
有色金属合金制造	312	66	18	66
有色金属铸造	411	85	34	158
有色金属压延加工	2406	469	139	577
金属制品业	30869	8486	2978	10325
结构性金属制品制造	4931	1473	430	1523
金属工具制造	5086	1329	515	1857
集装箱及金属包装容器制造	699	142	49	199
金属丝绳及其制品制造	913	198	70	276
建筑、安全用金属制品制造	8712	2437	913	2997
金属表面处理及热处理加工	2745	641	237	933
搪瓷制品制造	329	114	27	76
金属制日用品制造	3876	1173	353	1203
其他金属制品制造	3578	979	384	1261
通用设备制造业	46216	11218	4532	16591
锅炉及原动设备制造	729	181	48	200
金属加工机械制造	4594	1319	490	1544
物料搬运设备制造	1618	292	119	487
泵、阀门、压缩机及类似机械制造	10470	1964	871	3787
轴承、齿轮和传动部件制造	5442	1043	429	1882
烘炉、风机、衡器、包装等设备制造	4874	1181	422	1680
文化、办公用机械制造	443	89	32	133
通用零部件制造	16986	4798	2036	6503
其他通用设备制造业	1060	351	85	375
专用设备制造业	19178	5080	1890	6636
采矿、冶金、建筑专用设备制造	1181	311	86	373
化工、木材、非金属加工专用设备制造	7732	1972	842	2905
食品、饮料、烟草及饲料生产专用设备制造	621	188	45	210
印刷、制药、日化及日用品生产专用设备制造	1283	330	127	411
纺织、服装和皮革加工专用设备制造	3531	846	376	1251

单位：个

500-1000万元	1000-2000万元	2000-5000万元	5000万元-1亿元	1-2亿元	2亿元以上
31	38	25	18	10	19
3	2	2	4	1	4
1	2	2	2		1
37	32	29	21	18	25
76	41	8	4	5	
304	265	287	127	99	139
3870	2586	1592	559	297	176
579	450	283	94	48	51
636	370	243	88	40	8
106	91	60	22	13	17
135	81	82	36	21	14
1111	669	355	138	57	35
391	315	156	37	26	9
37	42	24	4	3	2
484	284	209	85	64	21
391	284	180	55	25	19
5868	3806	2504	861	472	364
85	81	55	38	23	18
585	341	198	57	37	23
209	153	161	94	42	61
1513	1044	802	255	137	97
866	567	391	125	83	56
635	415	283	119	75	64
69	47	40	17	9	7
1784	1088	532	144	64	37
122	70	42	12	2	1
2352	1496	1035	326	210	153
154	102	95	24	23	13
948	535	308	106	62	54
82	38	38	17	1	2
181	117	81	22	11	3
425	308	204	52	38	31

2-A-14 续表 6

行业	单位数			
		50万元及以下	50-100万元	100-500万元
电子和电工机械专用设备制造	819	254	69	285
农、林、牧、渔专用机械制造	906	237	76	269
医疗仪器设备及器械制造	1000	350	86	269
环保、社会公共服务及其他专用设备制造	2105	592	183	663
汽车制造业	13942	2888	1112	4780
汽车整车制造	95	20	1	12
改装汽车制造	25	9		1
低速载货汽车制造	2	1		
电车制造	12	5	1	2
汽车车身、挂车制造	36	9	2	8
汽车零部件及配件制造	13772	2844	1108	4757
铁路、船舶、航空航天和其他运输设备制造业	4463	1152	329	1318
铁路运输设备制造	107	30	7	22
城市轨道交通设备制造	8	2	1	2
船舶及相关装置制造	1120	390	84	280
航空、航天器及设备制造	34	14	1	9
摩托车制造	1535	277	116	494
自行车制造	1409	373	93	438
非公路休闲车及零配件制造	167	45	20	46
潜水救捞及其他未列明运输设备制造	83	21	7	27
电气机械和器材制造业	32545	7489	2652	11124
电机制造	3473	692	236	1084
输配电及控制设备制造	11780	1957	1163	5016
电线、电缆、光缆及电工器材制造	3149	622	205	863
电池制造	505	166	24	81
家用电力器具制造	5923	2005	426	1630
非电力家用器具制造	1011	317	82	302
照明器具制造	5823	1469	423	1844
其他电气机械及器材制造	881	261	93	304
计算机、通信和其他电子设备制造业	9430	2354	811	2960
计算机制造	323	91	29	75
通信设备制造	765	179	41	208

单位：个

500-1000万元	1000-2000万元	2000-5000万元	5000万元-1亿元	1-2亿元	2亿元以上
101	57	35	7	8	3
116	90	62	23	21	12
102	81	73	18	12	9
243	168	139	57	34	26
1873	1510	986	414	196	183
2	8	9	14	6	23
2	1	2	3	5	2
					1
2	2				
7	4	4		1	1
1860	1495	971	397	184	156
569	448	352	135	89	71
14	15	10	5	2	2
2	1				
100	92	82	32	26	34
2	1	2	3	2	
237	178	129	50	36	18
184	136	105	40	23	17
20	18	15	3		
10	7	9	2		
4366	2852	2151	836	521	554
552	344	274	112	89	90
1491	901	693	249	161	149
475	345	307	135	75	122
49	42	39	30	26	48
688	485	348	143	94	104
132	87	58	14	14	5
866	579	397	147	62	36
113	69	35	6		
1217	797	673	229	185	204
38	33	24	9	10	14
118	66	70	28	18	37

2-A-14 续表 7

行业	单位数			
		50万元及以下	50-100万元	100-500万元
广播电视设备制造	490	82	50	184
雷达及配套设备制造	11	3		1
视听设备制造	697	129	61	223
电子器件制造	1247	366	96	354
电子元件制造	5229	1277	480	1720
其他电子设备制造	668	227	54	195
仪器仪表制造业	5831	1235	517	2177
通用仪器仪表制造	2719	573	269	980
专用仪器仪表制造	754	187	77	230
钟表与计时仪器制造	157	29	8	59
光学仪器及眼镜制造	1876	347	133	780
其他仪器仪表制造业	325	99	30	128
其他制造业	5131	1268	456	2023
日用杂品制造	4143	843	337	1749
煤制品制造	55	28	5	11
核辐射加工	5	3	1	
其他未列明制造业	928	394	113	263
废弃资源综合利用业	921	281	63	248
金属废料和碎屑加工处理	421	132	30	74
非金属废料和碎屑加工处理	500	149	33	174
金属制品、机械和设备修理业	1340	577	176	338
金属制品修理	37	20	6	6
通用设备修理	170	76	28	53
专用设备修理	152	88	22	37
铁路、船舶、航空航天等运输设备修理	788	299	97	191
电气设备修理	78	39	5	22
仪器仪表修理	11	6	2	1
其他机械和设备修理业	104	49	16	28
电力、热力、燃气及水生产和供应业	**4309**	**1507**	**574**	**1199**
电力、热力生产和供应业	2825	1116	441	760
电力生产	2635	1071	438	746
电力供应	111	23	1	7
热力生产和供应	79	22	2	7

单位：个

500-1000万元	1000-2000万元	2000-5000万元	5000万元-1亿元	1-2亿元	2亿元以上
69	41	31	12	8	13
6					1
112	80	43	17	17	15
120	83	113	29	41	45
677	449	359	119	79	69
77	45	33	15	12	10
766	511	335	145	73	72
301	216	183	93	54	50
92	64	55	28	9	12
27	20	6	4	3	1
314	189	80	17	7	9
32	22	11	3		
614	400	241	73	34	22
544	345	217	60	31	17
4	2	2			3
	1				
66	52	22	13	3	2
95	65	50	48	40	31
23	27	28	41	38	28
72	38	22	7	2	3
83	107	36	14	2	7
4		1			
7	3	3			
2	2	1			
61	93	26	12	2	7
4	4	2	2		
1	1				
4	1	3			
272	**195**	**185**	**115**	**71**	**191**
121	74	77	50	35	151
114	66	67	37	25	71
4	1	4	4	1	66
3	7	6	9	9	14

2-A-14 续表 8

行业	单位数			
		50万元及以下	50-100万元	100-500万元
燃气生产和供应业	309	87	22	54
燃气生产和供应业	309	87	22	54
水的生产和供应业	1175	304	111	385
自来水生产和供应	622	133	63	197
污水处理及其再生利用	326	107	18	75
其他水的处理、利用与分配	227	64	30	113
建筑业	**23419**	**9990**	**1925**	**4250**
房屋建筑业	4110	993	163	413
房屋建筑业	4110	993	163	413
土木工程建筑业	5356	1910	320	903
铁路、道路、隧道和桥梁工程建筑	2361	718	106	342
水利和内河港口工程建筑	492	221	18	57
海洋工程建筑	30	24	1	
工矿工程建筑	201	63	17	46
架线和管道工程建筑	587	170	52	118
其他土木工程建筑	1685	714	126	340
建筑安装业	3497	1377	369	855
电气安装	1120	437	109	281
管道和设备安装	975	394	115	229
其他建筑安装业	1402	546	145	345
建筑装饰和其他建筑业	10456	5710	1073	2079
建筑装饰业	7736	3970	887	1697
工程准备活动	2109	1453	139	273
提供施工设备服务	157	90	13	20
其他未列明建筑业	454	197	34	89
批发和零售业	**252532**	**104356**	**22696**	**63780**
批发业	178393	65467	14284	45664
农、林、牧产品批发	5539	2466	503	1284
食品、饮料及烟草制品批发	16004	7524	1445	3833
纺织、服装及家庭用品批发	50315	17955	3608	12873

单位：个

500-1000万元	1000-2000万元	2000-5000万元	5000万元-1亿元	1-2亿元	2亿元以上
34	30	22	28	11	21
34	30	22	28	11	21
117	91	86	37	25	19
69	54	46	28	17	15
34	32	40	9	7	4
14	5			1	
1361	**1077**	**1272**	**1239**	**847**	**1458**
193	184	341	514	405	904
193	184	341	514	405	904
355	289	390	476	291	422
137	116	186	306	179	271
19	26	39	33	40	39
2		2	1		
13	13	10	6	10	23
59	38	50	41	21	38
125	96	103	89	41	51
277	206	204	95	59	55
90	57	69	31	24	22
73	63	51	26	13	11
114	86	84	38	22	22
536	398	337	154	92	77
420	292	256	104	60	50
68	62	47	34	16	17
10	10	7	3	3	1
38	34	27	13	13	9
23250	**15845**	**11065**	**5122**	**2979**	**3439**
20005	13976	9577	4308	2331	2781
563	418	182	63	32	28
1416	883	491	203	82	127
6053	4260	3100	1377	588	501

2-A-14 续表 9

行 业	单位数	50万元及以下	50-100万元	100-500万元
文化、体育用品及器材批发	8600	3028	800	2631
医药及医疗器材批发	3125	1056	311	706
矿产品、建材及化工产品批发	44440	14065	2888	10193
机械设备、五金产品及电子产品批发	33420	11737	3348	10102
贸易经纪与代理	9745	4120	810	2535
其他批发业	7205	3516	571	1507
零售业	74139	38889	8412	18116
综合零售	3382	1751	267	698
食品、饮料及烟草制品专门零售	9211	5608	938	2081
纺织、服装及日用品专门零售	10863	6459	1136	2532
文化、体育用品及器材专门零售	3967	2180	407	907
医药及医疗器材专门零售	10907	6475	1684	2242
汽车、摩托车、燃料及零配件专门零售	8361	2760	598	1965
家用电器及电子产品专门零售	8069	3420	890	2516
五金、家具及室内装饰材料专门零售	10565	5503	1435	2880
货摊、无店铺及其他零售业	8814	4733	1057	2295
交通运输、仓储和邮政业	**16562**	**5352**	**1417**	**4944**
铁路运输业	1			
铁路货物运输	1			
道路运输业	8382	2538	673	2588
城市公共交通运输	456	122	32	125
公路旅客运输	496	59	27	143
道路货物运输	6643	1992	546	2163
道路运输辅助活动	787	365	68	157
水上运输业	1047	275	42	189
水上旅客运输	85	24	6	21
水上货物运输	669	129	22	106
水上运输辅助活动	293	122	14	62
航空运输业	42	20	2	8
航空客货运输	4	1		1
通用航空服务	18	10	1	5
航空运输辅助活动	20	9	1	2

单位：个

500-1000万元	1000-2000万元	2000-5000万元	5000万元-1亿元	1-2亿元	2亿元以上
1140	461	279	130	64	67
319	307	185	79	64	98
5065	4327	3389	1714	1176	1623
3683	2181	1374	536	219	240
1183	663	281	86	36	31
583	476	296	120	70	66
3245	1869	1488	814	648	658
159	114	102	73	80	138
287	154	105	19	11	8
360	175	113	35	23	30
197	114	87	43	21	11
226	118	96	31	13	22
632	480	572	494	453	407
584	322	216	64	33	24
409	213	87	20	9	9
391	179	110	35	5	9
1701	**1246**	**1106**	**408**	**187**	**201**
				1	
				1	
981	721	545	184	75	77
63	43	34	20	11	6
76	59	64	32	23	13
781	576	405	118	31	31
61	43	42	14	10	27
116	118	181	69	30	27
12	6	6	7	3	
80	97	145	51	20	19
24	15	30	11	7	8
2	1	3	2	1	3
1			1		
	1	1			
1		2	1	1	3

2-A-14 续表 10

行业	单位数			
		50万元及以下	50-100万元	100-500万元
管道运输业	3	1		
管道运输业	3	1		
装卸搬运和运输代理业	5279	1905	523	1583
装卸搬运	850	393	111	248
运输代理业	4429	1512	412	1335
仓储业	852	302	48	214
谷物、棉花等农产品仓储	141	39	9	18
其他仓储业	711	263	39	196
邮政业	956	311	129	362
邮政基本服务	41	13	2	8
快递服务	915	298	127	354
住宿和餐饮业	**13863**	**5183**	**1710**	**4649**
住宿业	6100	2387	791	1894
旅游饭店	1607	311	102	435
一般旅馆	4229	1927	651	1398
其他住宿业	264	149	38	61
餐饮业	7763	2796	919	2755
正餐服务	5919	1871	656	2221
快餐服务	578	245	77	200
饮料及冷饮服务	562	290	96	160
其他餐饮业	704	390	90	174
信息传输、软件和信息技术服务业	**16151**	**9752**	**1576**	**3117**
电信、广播电视和卫星传输服务	550	202	53	125
电信	435	171	42	105
广播电视传输服务	115	31	11	20
互联网和相关服务	1358	800	151	283
互联网接入及相关服务	175	106	19	33
互联网信息服务	991	572	114	210
其他互联网服务	192	122	18	40
软件和信息技术服务业	14243	8750	1372	2709

单位：个

500-1000万元	1000-2000万元	2000-5000万元	5000万元-1亿元	1-2亿元	2亿元以上
		1		1	
		1		1	
447	308	295	114	52	52
45	23	17	6	6	1
402	285	278	108	46	51
82	67	65	31	19	24
15	17	18	11	4	10
67	50	47	20	15	14
73	31	16	8	8	18
2	2		1	3	10
71	29	16	7	5	8
978	**658**	**471**	**152**	**47**	**15**
339	287	255	106	34	7
184	213	225	98	32	7
148	67	28	8	2	
7	7	2			
639	371	216	46	13	8
578	335	203	42	8	5
22	20	6	2	3	3
10	4	2			
29	12	5	2	2	
647	**452**	**312**	**133**	**68**	**94**
48	25	23	23	12	39
35	17	14	8	6	37
13	8	9	15	6	2
49	23	25	14	5	8
6	5	5			1
35	18	17	14	4	7
8		3		1	
550	404	264	96	51	47

2-A-14 续表 11

行业	单位数			
		50万元及以下	50-100万元	100-500万元
软件开发	10178	6316	995	1858
信息系统集成服务	1270	665	113	278
信息技术咨询服务	1660	1085	164	312
数据处理和存储服务	257	157	24	54
集成电路设计	168	84	17	46
其他信息技术服务业	710	443	59	161
金融业	**3443**	**2309**	**188**	**415**
货币金融服务	408	80	7	31
货币银行服务	4	4		
非货币银行服务	404	76	7	31
资本市场服务	2407	1817	142	272
证券市场服务	37	22	5	5
期货市场服务	25	17	1	5
资本投资服务	2190	1653	124	254
其他资本市场服务	155	125	12	8
保险业	73	49	6	16
人身保险	3	3		
财产保险	6	6		
再保险	1	1		
保险经纪与代理服务	38	26	4	7
其他保险活动	25	13	2	9
其他金融业	555	363	33	96
金融信托与管理服务	311	217	18	47
控股公司服务	51	37	3	4
其他未列明金融业	193	109	12	45
房地产业	**23349**	**13191**	**2079**	**4258**
房地产业	23349	13191	2079	4258
房地产开发经营	7396	4010	228	708
物业管理	4697	2102	568	1338
房地产中介服务	6602	4812	461	1061
自有房地产经营活动	3999	1912	762	990
其他房地产业	655	355	60	161

单位：个

500-1000万元	1000-2000万元	2000-5000万元	5000万元-1亿元	1-2亿元	2亿元以上
380	297	192	75	36	29
86	58	40	10	8	12
44	25	17	6	3	4
12	4	2	1	2	1
7	6	7	1		
21	14	6	3	2	1
130	**92**	**175**	**87**	**35**	**12**
20	46	130	68	23	3
20	46	130	68	23	3
81	32	34	13	8	8
4		1			
	1	1			
71	29	32	13	7	7
6	2			1	1
1	1				
	1				
1					
28	13	11	6	4	1
10	8	7	2	2	
3	1		1	1	1
15	4	4	3	1	
1087	**715**	**690**	**387**	**342**	**600**
1087	715	690	387	342	600
375	359	479	332	322	583
329	206	116	24	8	6
153	65	34	13	2	1
191	74	51	10	8	1
39	11	10	8	2	9

2-A-14 续表 12

行业	单位数			
		50万元及以下	50-100万元	100-500万元
租赁和商务服务业	**60098**	**36400**	**5970**	**12337**
租赁业	3472	2243	422	641
机械设备租赁	3338	2164	405	611
文化及日用品出租	134	79	17	30
商务服务业	56626	34157	5548	11696
企业管理服务	15194	9763	1152	2626
法律服务	539	158	86	189
咨询与调查	15990	11389	1290	2614
广告业	10795	5840	1550	2781
知识产权服务	752	432	105	176
人力资源服务	2084	1152	218	397
旅行社及相关服务	2701	823	221	951
安全保护服务	456	162	35	111
其他商务服务业	8115	4438	891	1851
科学研究和技术服务业	**21463**	**11743**	**2231**	**4968**
研究和试验发展	2474	1550	218	467
自然科学研究和试验发展	114	64	12	24
工程和技术研究和试验发展	1681	1015	153	337
农业科学研究和试验发展	335	225	31	53
医学研究和试验发展	322	232	22	47
社会人文科学研究	22	14		6
专业技术服务业	12808	6281	1385	3312
气象服务	36	12	9	8
地震服务	2	2		
海洋服务	30	15	3	6
测绘服务	359	77	45	159
质检技术服务	1072	386	138	357
环境与生态监测	230	110	14	72
地质勘查	89	36	7	22
工程技术	6575	2965	679	1722
其他专业技术服务业	4415	2678	490	966

单位：个

500-1000万元	1000-2000万元	2000-5000万元	5000万元-1亿元	1-2亿元	2亿元以上
2484	**1317**	**855**	**379**	**160**	**196**
86	40	23	10	4	3
82	38	22	9	4	3
4	2	1	1		
2398	1277	832	369	156	193
657	397	276	143	64	116
44	43	15	2	2	
397	167	96	23	7	7
340	155	76	28	15	10
27	10	2			
97	68	67	36	22	27
361	170	95	49	16	15
35	27	44	30	9	3
440	240	161	58	21	15
1088	**704**	**461**	**166**	**57**	**45**
121	50	40	19	5	4
5	5	4			
89	35	30	14	5	3
15	7	1	3		
11	3	4	2		1
1		1			
754	533	352	122	39	30
2	3	2			
3	3				
36	27	13	2		
80	61	37	11	1	1
19	11	4			
8	7	6	2		1
448	349	256	97	34	25
158	72	34	10	4	3

2-A-14 续表 13

行　业	单位数	50万元及以下	50-100万元	100-500万元
科技推广和应用服务业	6181	3912	628	1189
技术推广服务	5228	3287	538	1004
科技中介服务	531	341	52	111
其他科技推广和应用服务业	422	284	38	74
水利、环境和公共设施管理业	**3930**	**1871**	**380**	**943**
水利管理业	270	138	26	62
防洪除涝设施管理	35	24	2	6
水资源管理	70	31	9	17
天然水收集与分配	44	16	5	11
水文服务	6	4		2
其他水利管理业	115	63	10	26
生态保护和环境治理业	473	236	39	99
生态保护	59	35	5	7
环境治理业	414	201	34	92
公共设施管理业	3187	1497	315	782
市政设施管理	499	281	35	100
环境卫生管理	425	183	47	124
城乡市容管理	74	36	11	18
绿化管理	1328	540	138	351
公园和游览景区管理	861	457	84	189
居民服务、修理和其他服务业	**11356**	**5791**	**1529**	**3288**
居民服务业	4095	2406	466	986
家庭服务	691	505	47	117
托儿所服务	12	10	1	1
洗染服务	247	106	36	79
理发及美容服务	819	468	111	211
洗浴服务	459	217	58	145
保健服务	663	303	108	215
婚姻服务	470	356	41	69
殡葬服务	244	100	17	74
其他居民服务业	490	341	47	75

单位：个

500-1000万元	1000-2000万元	2000-5000万元	5000万元-1亿元	1-2亿元	2亿元以上
213	121	69	25	13	11
183	108	63	21	13	11
13	8	4	2		
17	5	2	2		
316	**186**	**120**	**65**	**28**	**21**
19	13	6	5	1	
2			1		
8	3	1	1		
4	5	2		1	
5	5	3	3		
43	25	17	12	1	1
5	1	3	3		
38	24	14	9	1	1
254	148	97	48	26	20
36	15	17	5	5	5
33	21	13	1	2	1
7		1	1		
122	74	46	32	15	10
56	38	20	9	4	4
501	**170**	**53**	**20**	**3**	**1**
160	50	15	11	1	
12	6		3	1	
19	4	3			
23	5		1		
28	11				
29	8				
3		1			
30	10	9	4		
16	6	2	3		

2-A-14 续表 14

行业	单位数			
		50万元及以下	50-100万元	100-500万元
机动车、电子产品和日用产品修理业	5159	2170	806	1808
汽车、摩托车修理与维护	3996	1483	655	1549
计算机和办公设备维修	436	247	65	100
家用电器修理	563	325	68	133
其他日用产品修理业	164	115	18	26
其他服务业	2102	1215	257	494
清洁服务	1621	902	205	402
其他未列明服务业	481	313	52	92
教育	**2565**	**1409**	**255**	**584**
教育	2565	1409	255	584
学前教育	213	135	34	36
初等教育	10	4		4
中等教育	25	14	2	5
高等教育	15	7	2	5
特殊教育	3	1		2
技能培训、教育辅助及其他教育	2299	1248	217	532
卫生和社会工作	**1269**	**575**	**171**	**301**
卫生	1169	501	161	292
医院	261	38	11	69
社区医疗与卫生院	25	18	2	3
门诊部(所)	843	423	141	212
计划生育技术服务活动	2	2		
妇幼保健院(所、站)	1	1		
专科疾病防治院(所、站)	5	4		1
疾病预防控制中心	3	3		
其他卫生活动	29	12	7	7
社会工作	100	74	10	9
提供住宿社会工作	49	34	4	6
不提供住宿社会工作	51	40	6	3

单位：个

500-1000万元	1000-2000万元	2000-5000万元	5000万元-1亿元	1-2亿元	2亿元以上
256	88	24	6	1	
213	75	16	5		
16	6	2			
23	7	6	1		
4				1	
85	32	14	3	1	1
70	28	11	2	1	
15	4	3	1		1
197	**80**	**32**	**6**	**1**	**1**
197	80	32	6	1	1
4	3	1			
1			1		
1	1	1	1		
					1
191	76	30	4	1	
86	**55**	**56**	**16**	**5**	**4**
83	55	52	16	5	4
49	39	37	10	4	4
2					
32	16	13	5	1	
		2	1		
3		4			
2		3			
1		1			

2-A-14 续表 15

行 业	单位数			
		50万元及以下	50-100万元	100-500万元
文化、体育和娱乐业	**11874**	**7229**	**1638**	**2227**
新闻和出版业	143	42	8	37
新闻业	12	5		6
出版业	131	37	8	31
广播、电视、电影和影视录音制作业	1372	697	93	271
广播	14	6	2	2
电视	79	27	2	13
电影和影视节目制作	911	541	57	158
电影和影视节目发行	37	18	4	8
电影放映	315	93	27	89
录音制作	16	12	1	1
文化艺术业	1103	744	118	192
文艺创作与表演	430	255	53	97
艺术表演场馆	35	13	4	11
图书馆与档案馆	52	27	9	14
文物及非物质文化遗产保护	34	22	3	8
博物馆	30	22	2	3
烈士陵园、纪念馆	1			1
群众文化活动	124	96	11	15
其他文化艺术业	397	309	36	43
体育	1026	656	114	195
体育组织	12	2	2	1
体育场馆	28	14		10
休闲健身活动	854	541	102	166
其他体育	132	99	10	18
娱乐业	8230	5090	1305	1532
室内娱乐活动	7734	4768	1250	1445
游乐园	77	39	12	17
彩票活动	3	1		2
文化、娱乐、体育经纪代理	201	137	18	32
其他娱乐业	215	145	25	36

单位：个

500-1000万元	1000-2000万元	2000-5000万元	5000万元-1亿元	1-2亿元	2亿元以上
361	**190**	**133**	**52**	**21**	**23**
10	9	13	12	4	8
		1			
10	9	12	12	4	8
86	79	89	29	13	15
3	1				
4	4	13	5	6	5
37	35	50	17	7	9
1	2	1	3		
40	36	25	4		1
1	1				
28	13	4	3	1	
12	8	2	2	1	
5	1	1			
1	1				
1					
2		1			
1	1				
6	2		1		
30	19	7	3	2	
1	2	2	1	1	
3	1				
23	14	5	2	1	
3	2				
207	70	20	5	1	
188	63	17	2	1	
6		1	2		
6	5	2	1		
7	2				

2-A-15 按行业中类、资产总计组距

行业	单位数	50万元及以下	50-100万元	100-500万元
总 计	**835565**	**319168**	**116639**	**206741**
农、林、牧、渔业	**2882**	**1794**	**363**	**527**
农业	58	10	7	22
谷物种植	6	2		2
豆类、油料和薯类种植	1			
蔬菜、食用菌及园艺作物种植	16	1	1	7
水果种植	10	2	1	5
坚果、含油果、香料和饮料作物种植	13	3	3	5
中药材种植	11	2	2	2
其他农业	1			1
林业	4	2		1
林木育种和育苗	4	2		1
畜牧业	41	7	3	10
牲畜饲养	24	4	1	4
家禽饲养	10	2	1	3
其他畜牧业	7	1	1	3
渔业	18	4	4	3
水产养殖	18	4	4	3
农、林、牧、渔服务业	2761	1771	349	491
农业服务业	2411	1561	309	417
林业服务业	131	84	14	23
畜牧服务业	131	76	17	31
渔业服务业	88	50	9	20
采矿业	**1268**	**331**	**101**	**334**
煤炭开采和洗选业	20	9	2	4
烟煤和无烟煤开采洗选	9	4	2	1
褐煤开采洗选	5	2		2
其他煤炭采选	6	3		1
黑色金属矿采选业	25	4		6
铁矿采选	24	3		6
其他黑色金属矿采选	1	1		

分组的全部企业法人单位数

单位：个

500-1000万元	1000-5000万元	5000万元-1亿元	1-3亿元	3-5亿元	5亿元以上
64765	**81407**	**19133**	**16639**	**4189**	**6884**
87	**90**	**14**	**5**		**2**
3	13	3			
	1	1			
	1				
1	4	2			
	2				
1	1				
1	4				
1					
1					
6	12	1	2		
2	11		2		
2	1	1			
2					
3	1	1	2		
3	1	1	2		
74	64	9	1		2
64	49	8	1		2
2	7	1			
4	3				
4	5				
162	**227**	**55**	**42**	**9**	**7**
2	2		1		
	1		1		
	1				
2					
2	7	2	3		1
2	7	2	3		1

2-A-15 续表 1

行业	单位数			
		50万元及以下	50-100万元	100-500万元
有色金属矿采选业	72	15	6	13
常用有色金属矿采选	45	10	6	7
贵金属矿采选	5			1
稀有稀土金属矿采选	22	5		5
非金属矿采选业	1115	287	90	304
土砂石开采	1012	261	85	272
化学矿开采	6	3		
采盐	9	3	1	4
石棉及其他非金属矿采选	88	20	4	28
开采辅助活动	8	5		1
石油和天然气开采辅助活动	3	2		
其他开采辅助活动	5	3		1
其他采矿业	28	11	3	6
其他采矿业	28	11	3	6
制造业	**365232**	**107182**	**50942**	**107801**
农副食品加工业	5490	1626	630	1497
谷物磨制	290	85	36	75
饲料加工	442	89	44	99
植物油加工	265	108	31	52
制糖业	38	17	6	10
屠宰及肉类加工	677	178	86	180
水产品加工	1585	369	154	446
蔬菜、水果和坚果加工	1552	507	179	480
其他农副食品加工	641	273	94	155
食品制造业	2466	796	275	622
焙烤食品制造	705	336	83	153
糖果、巧克力及蜜饯制造	189	51	26	52
方便食品制造	364	129	40	95
乳制品制造	49	12	2	8
罐头食品制造	245	40	21	77
调味品、发酵制品制造	223	62	35	56
其他食品制造	691	166	68	181

单位：个

500-1000万元	1000-5000万元	5000万元-1亿元	1-3亿元	3-5亿元	5亿元以上
7	15	5	9		2
5	7	2	6		2
1	2	1			
1	6	2	3		
148	197	47	29	9	4
133	179	44	26	8	4
1	1		1		
1					
13	17	3	2	1	
1	1				
	1				
1					
2	5	1			
2	5	1			
34083	**44672**	**9733**	**7409**	**1519**	**1891**
558	816	174	136	29	24
28	47	7	10	1	1
47	102	31	21	7	2
22	35	5	8	1	3
3	2				
72	120	17	19	2	3
192	272	81	52	12	7
156	178	25	18	3	6
38	60	8	8	3	2
231	323	97	90	14	18
46	56	18	11	2	
21	25	6	6	1	1
39	37	10	8	1	5
4	9	2	7	4	1
21	52	14	16	3	1
26	29	5	8		2
74	115	42	34	3	8

2-A-15 续表 2

行　业	单位数	50万元及以下	50-100万元	100-500万元
酒、饮料和精制茶制造业	2699	968	407	710
酒的制造	546	133	85	149
饮料制造	685	242	121	172
精制茶加工	1468	593	201	389
烟草制品业	6	1	1	
卷烟制造	3	1		
其他烟草制品制造	3		1	
纺织业	30275	7564	3826	8551
棉纺织及印染精加工	9375	2496	1014	2201
毛纺织及染整精加工	1159	231	125	304
麻纺织及染整精加工	95	26	6	18
丝绢纺织及印染精加工	1483	241	142	453
化纤织造及印染精加工	3615	662	395	1293
针织或钩针编织物及其制品制造	6460	1319	865	1989
家用纺织制成品制造	4624	1510	784	1264
非家用纺织制成品制造	3464	1079	495	1029
纺织服装、服饰业	26383	8244	3394	7690
机织服装制造	14222	4576	1763	4115
针织或钩针编织服装制造	6349	1726	748	1828
服饰制造	5812	1942	883	1747
皮革、毛皮、羽毛及其制品和制鞋业	15619	5581	2349	4229
皮革鞣制加工	569	150	92	150
皮革制品制造	4263	1488	576	1192
毛皮鞣制及制品加工	1105	419	189	298
羽毛(绒)加工及制品制造	329	71	25	65
制鞋业	9353	3453	1467	2524
木材加工和木、竹、藤、棕、草制品业	6252	1979	888	1963
木材加工	1203	450	193	384
人造板制造	774	161	73	240
木制品制造	2681	827	419	833
竹、藤、棕、草等制品制造	1594	541	203	506
家具制造业	5486	1607	695	1489

单位：个

500-1000万元	1000-5000万元	5000万元-1亿元	1-3亿元	3-5亿元	5亿元以上
218	236	54	61	17	28
52	65	23	19	7	13
46	51	9	25	5	14
120	120	22	17	5	1
	1		1		2
					2
	1		1		
3151	4773	1116	936	182	176
857	1601	487	496	112	111
152	228	60	47	8	4
5	22	7	7		4
194	343	52	45	5	8
530	594	78	50	9	4
741	1078	254	171	22	21
385	510	93	54	10	14
287	397	85	66	16	10
2732	3318	558	322	68	57
1451	1716	338	179	46	38
749	1023	158	86	17	14
532	579	62	57	5	5
1266	1688	287	153	36	30
49	79	15	19	6	9
367	519	75	35	6	5
78	102	7	10	1	1
28	75	31	19	10	5
744	913	159	70	13	10
592	619	128	63	17	3
95	67	11	1	1	1
92	136	41	25	6	
249	257	55	30	9	2
156	159	21	7	1	
522	779	197	143	29	25

2-A-15 续表 3

行　业	单位数			
		50万元及以下	50-100万元	100-500万元
木质家具制造	3247	950	453	964
竹、藤家具制造	165	75	14	32
金属家具制造	1148	278	109	286
塑料家具制造	184	49	26	44
其他家具制造	742	255	93	163
造纸和纸制品业	9779	2995	1328	3390
纸浆制造	24	7	3	8
造纸	1879	500	190	431
纸制品制造	7876	2488	1135	2951
印刷和记录媒介复制业	10090	2263	1483	4204
印刷	9354	2000	1320	3995
装订及印刷相关服务	719	257	162	205
记录媒介复制	17	6	1	4
文教、工美、体育和娱乐用品制造业	18672	6630	2826	5421
文教办公用品制造	3163	908	460	1065
乐器制造	187	40	25	61
工艺美术品制造	11341	4364	1806	3190
体育用品制造	1513	459	188	392
玩具制造	1998	704	301	578
游艺器材及娱乐用品制造	470	155	46	135
石油加工、炼焦和核燃料加工业	343	77	41	95
精炼石油产品制造	338	76	40	93
炼焦	3		1	1
核燃料加工	2	1		1
化学原料和化学制品制造业	8879	2092	911	2442
基础化学原料制造	1289	230	85	323
肥料制造	257	54	23	87
农药制造	111	15	4	16
涂料、油墨、颜料及类似产品制造	2243	603	258	669
合成材料制造	1078	207	87	273
专用化学产品制造	2804	665	308	762
炸药、火工及焰火产品制造	31	10	1	9
日用化学产品制造	1066	308	145	303

单位：个

500-1000万元	1000-5000万元	5000万元-1亿元	1-3亿元	3-5亿元	5亿元以上
333	389	82	56	11	9
16	20	5	1	1	1
100	231	61	62	11	10
18	28	11	8		
55	111	38	16	6	5
671	867	229	206	46	47
2	3	1			
159	310	108	109	36	36
510	554	120	97	10	11
880	1001	147	78	18	16
829	961	140	75	18	16
50	36	7	2		
1	4		1		
1531	1750	282	175	29	28
302	347	50	21	4	6
18	26	9	3	2	3
859	856	141	95	14	16
136	265	41	27	5	
162	200	29	21	1	2
54	56	12	8	3	1
34	52	18	11	5	10
33	52	18	11	5	10
1					
962	1458	387	358	88	181
152	270	89	69	20	51
40	42	3	6		2
8	27	9	17	4	11
253	305	62	57	18	18
86	196	67	76	22	64
332	466	116	113	19	23
1	2	4	3	1	
90	150	37	17	4	12

2-A-15 续表 4

行业	单位数	50万元及以下	50-100万元	100-500万元
医药制造业	1292	195	100	222
化学药品原料药制造	326	42	12	46
化学药品制剂制造	134	16	5	10
中药饮片加工	111	23	10	20
中成药生产	97	11	4	8
兽用药品制造	66	6	7	14
生物药品制造	204	36	22	35
卫生材料及医药用品制造	354	61	40	89
化学纤维制造业	1522	195	91	363
纤维素纤维原料及纤维制造	133	29	11	31
合成纤维制造	1389	166	80	332
橡胶和塑料制品业	29368	8938	4632	9231
橡胶制品业	3568	1016	595	1124
塑料制品业	25800	7922	4037	8107
非金属矿物制品业	13030	3947	1563	3665
水泥、石灰和石膏制造	703	178	59	133
石膏、水泥制品及类似制品制造	2906	1064	285	558
砖瓦、石材等建筑材料制造	3871	1177	451	1281
玻璃制造	363	73	27	106
玻璃制品制造	2284	539	354	803
玻璃纤维和玻璃纤维增强塑料制品制造	471	90	56	131
陶瓷制品制造	801	284	107	214
耐火材料制品制造	760	211	103	209
石墨及其他非金属矿物制品制造	871	331	121	230
黑色金属冶炼和压延加工业	4210	781	352	1206
炼铁	39	13	5	11
炼钢	62	20	2	19
黑色金属铸造	1602	283	129	512
钢压延加工	2451	454	213	650
铁合金冶炼	56	11	3	14
有色金属冶炼和压延加工业	3505	765	383	949

单位：个

500-1000万元	1000-5000万元	5000万元-1亿元	1-3亿元	3-5亿元	5亿元以上
119	296	115	151	37	57
22	64	36	58	16	30
13	30	17	21	9	13
6	30	10	12		
10	21	14	18	3	8
9	21	3	5	1	
17	46	16	20	7	5
42	84	19	17	1	1
189	322	87	137	40	98
19	33	4	3	1	2
170	289	83	134	39	96
2547	2918	538	430	65	69
314	372	77	46	8	16
2233	2546	461	384	57	53
1210	1577	481	434	67	86
58	119	50	55	17	34
172	324	223	244	24	12
428	426	65	35	2	6
41	73	20	8	5	10
224	255	45	45	9	10
58	100	17	9	4	6
84	83	20	5	1	3
78	108	24	22	2	3
67	89	17	11	3	2
524	799	245	191	47	65
4	4	1	1		
2	7	4	2	1	5
241	323	61	45	4	4
270	456	172	139	42	55
7	9	7	4		1
370	618	171	147	33	69

2-A-15 续表 5

行　业	单位数			
		50万元及以下	50-100万元	100-500万元
常用有色金属冶炼	329	86	33	76
贵金属冶炼	26	5	1	6
稀有稀土金属冶炼	21	7		1
有色金属合金制造	312	58	29	86
有色金属铸造	411	100	70	136
有色金属压延加工	2406	509	250	644
金属制品业	30869	9758	4544	9170
结构性金属制品制造	4931	1478	682	1383
金属工具制造	5086	1653	830	1535
集装箱及金属包装容器制造	699	149	66	207
金属丝绳及其制品制造	913	234	134	273
建筑、安全用金属制品制造	8712	3008	1345	2638
金属表面处理及热处理加工	2745	759	369	853
搪瓷制品制造	329	117	37	99
金属制日用品制造	3876	1283	538	1061
其他金属制品制造	3578	1077	543	1121
通用设备制造业	46216	13215	7045	14362
锅炉及原动设备制造	729	152	85	187
金属加工机械制造	4594	1426	702	1413
物料搬运设备制造	1618	280	185	440
泵、阀门、压缩机及类似机械制造	10470	2640	1583	3196
轴承、齿轮和传动部件制造	5442	1205	695	1761
烘炉、风机、衡器、包装等设备制造	4874	1350	691	1463
文化、办公用机械制造	443	99	56	133
通用零部件制造	16986	5734	2898	5420
其他通用设备制造业	1060	329	150	349
专用设备制造业	19178	5713	2706	5618
采矿、冶金、建筑专用设备制造	1181	283	160	322
化工、木材、非金属加工专用设备制造	7732	2551	1154	2275
食品、饮料、烟草及饲料生产专用设备制造	621	191	91	164
印刷、制药、日化及日用品生产专用设备制造	1283	396	183	372
纺织、服装和皮革加工专用设备制造	3531	979	517	1070

单位：个

500-1000万元	1000-5000万元	5000万元-1亿元	1-3亿元	3-5亿元	5亿元以上
42	47	18	14	2	11
2	3	3	4		2
2	6	3	2		
31	54	21	17	8	8
51	44	4	6		
242	464	122	104	23	48
2872	3399	629	371	58	68
500	646	129	75	17	21
428	493	89	53	4	1
79	124	37	22	2	13
106	120	19	18	4	5
719	783	124	73	13	9
309	356	71	22	4	2
35	30	6	4		1
366	455	94	62	8	9
330	392	60	42	6	7
4356	5178	1001	755	153	151
81	124	37	42	7	14
429	455	82	62	14	11
179	319	83	85	20	27
1122	1404	272	186	36	31
593	819	179	138	30	22
456	609	135	115	21	34
36	78	21	15	4	1
1366	1262	172	107	18	9
94	108	20	5	3	2
1807	2362	514	328	68	62
142	187	39	34	9	5
652	790	150	114	23	23
65	86	17	5	1	1
107	177	32	15	1	
333	451	108	48	14	11

2-A-15 续表 6

行 业	单位数	50万元及以下	50-100万元	100-500万元
电子和电工机械专用设备制造	819	246	111	263
农、林、牧、渔专用机械制造	906	247	104	242
医疗仪器设备及器械制造	1000	278	104	297
环保、社会公共服务及其他专用设备制造	2105	542	282	613
汽车制造业	13942	3805	1836	4059
汽车整车制造	95	12	2	13
改装汽车制造	25	6		2
低速载货汽车制造	2	1		
电车制造	12	2	1	4
汽车车身、挂车制造	36	10	4	3
汽车零部件及配件制造	13772	3774	1829	4037
铁路、船舶、航空航天和其他运输设备制造业	4463	1184	509	1260
铁路运输设备制造	107	19	7	27
城市轨道交通设备制造	8	3		2
船舶及相关装置制造	1120	323	119	272
航空、航天器及设备制造	34	7		13
摩托车制造	1535	392	181	444
自行车制造	1409	376	176	431
非公路休闲车及零配件制造	167	45	18	43
潜水救捞及其他未列明运输设备制造	83	19	8	28
电气机械和器材制造业	32545	9456	4878	8867
电机制造	3473	859	459	1037
输配电及控制设备制造	11780	3763	2211	2827
电线、电缆、光缆及电工器材制造	3149	699	385	921
电池制造	505	89	33	84
家用电力器具制造	5923	1963	746	1622
非电力家用器具制造	1011	240	146	310
照明器具制造	5823	1563	753	1813
其他电气机械及器材制造	881	280	145	253
计算机、通信和其他电子设备制造业	9430	2697	1247	2515
计算机制造	323	75	32	81
通信设备制造	765	154	72	192

单位：个

500-1000万元	1000-5000万元	5000万元-1亿元	1-3亿元	3-5亿元	5亿元以上
73	91	14	20	1	
124	121	38	19	5	6
101	154	37	22	4	3
210	305	79	51	10	13
1342	1939	476	325	65	95
4	12	11	14	4	23
1	6	2	8		
				1	
	4	1			
4	9	4	2		
1333	1908	458	301	60	72
474	639	175	139	33	50
10	32	6	3	1	2
3					
93	162	47	54	15	35
2	4	4	3	1	
180	224	55	43	9	7
149	177	54	33	7	6
23	29	6	3		
14	11	3			
2946	4200	1029	778	169	222
326	481	133	116	26	36
937	1333	334	257	50	68
328	511	127	109	32	37
54	114	44	54	14	19
506	707	175	127	27	50
112	150	34	17	1	1
597	804	169	94	19	11
86	100	13	4		
897	1321	311	275	65	102
35	64	8	20	4	4
79	146	51	43	3	25

2-A-15 续表 7

行　　业	单位数			
		50万元及以下	50-100万元	100-500万元
广播电视设备制造	490	123	81	150
雷达及配套设备制造	11	5		3
视听设备制造	697	191	86	208
电子器件制造	1247	316	144	314
电子元件制造	5229	1607	731	1408
其他电子设备制造	668	226	101	159
仪器仪表制造业	5831	1655	928	1681
通用仪器仪表制造	2719	732	420	726
专用仪器仪表制造	754	180	102	219
钟表与计时仪器制造	157	31	23	47
光学仪器及眼镜制造	1876	585	328	597
其他仪器仪表制造业	325	127	55	92
其他制造业	5131	1500	749	1796
日用杂品制造	4143	1014	609	1584
煤制品制造	55	31	6	6
核辐射加工	5	2		2
其他未列明制造业	928	453	134	204
废弃资源综合利用业	921	300	115	229
金属废料和碎屑加工处理	421	134	39	69
非金属废料和碎屑加工处理	500	166	76	160
金属制品、机械和设备修理业	1340	655	210	305
金属制品修理	37	22	4	6
通用设备修理	170	86	31	36
专用设备修理	152	90	20	36
铁路、船舶、航空航天等运输设备修理	788	346	134	186
电气设备修理	78	44	6	15
仪器仪表修理	11	9	1	
其他机械和设备修理业	104	58	14	26
电力、热力、燃气及水生产和供应业	**4309**	**868**	**462**	**1286**
电力、热力生产和供应业	2825	597	353	899
电力生产	2635	565	346	884
电力供应	111	17	5	10
热力生产和供应	79	15	2	5

单位：个

500-1000万元	1000-5000万元	5000万元-1亿元	1-3亿元	3-5亿元	5亿元以上
44	59	14	8	6	5
	2				1
67	93	23	16	3	10
117	206	58	50	18	24
499	672	136	123	24	29
56	79	21	15	7	4
503	705	168	139	25	27
240	375	104	90	15	17
63	131	27	20	7	5
23	24	2	6		1
154	152	31	22	3	4
23	23	4	1		
440	515	75	38	7	11
385	444	60	31	7	9
3	6		2		1
		1			
52	65	14	5		1
74	129	32	29	7	6
33	93	23	19	5	6
41	36	9	10	2	
65	74	12	9	2	8
3	2				
7	10				
1	5				
45	50	9	8	2	8
5	5	2	1		
1					
3	2	1			
447	**595**	**137**	**215**	**101**	**198**
300	320	65	109	58	124
294	294	57	82	42	71
3	9		12	9	46
3	17	8	15	7	7

2-A-15 续表 8

行业	单位数			
		50万元及以下	50-100万元	100-500万元
燃气生产和供应业	309	75	12	73
燃气生产和供应业	309	75	12	73
水的生产和供应业	1175	196	97	314
自来水生产和供应	622	95	38	158
污水处理及其再生利用	326	52	18	57
其他水的处理、利用与分配	227	49	41	99
建筑业	**23419**	**7899**	**2789**	**4225**
房屋建筑业	4110	623	213	415
房屋建筑业	4110	623	213	415
土木工程建筑业	5356	1137	420	936
铁路、道路、隧道和桥梁工程建筑	2361	358	135	329
水利和内河港口工程建筑	492	112	39	52
海洋工程建筑	30	9		2
工矿工程建筑	201	37	27	50
架线和管道工程建筑	587	136	54	134
其他土木工程建筑	1685	485	165	369
建筑安装业	3497	1054	515	913
电气安装	1120	348	157	267
管道和设备安装	975	300	159	256
其他建筑安装业	1402	406	199	390
建筑装饰和其他建筑业	10456	5085	1641	1961
建筑装饰业	7736	3598	1347	1472
工程准备活动	2109	1275	223	328
提供施工设备服务	157	59	18	38
其他未列明建筑业	454	153	53	123
批发和零售业	**252532**	**116249**	**37673**	**57757**
批发业	178393	69592	28102	46668
农、林、牧产品批发	5539	2409	735	1521
食品、饮料及烟草制品批发	16004	8131	2276	3586
纺织、服装及家庭用品批发	50315	19363	8703	13293

单位：个

500-1000万元	1000-5000万元	5000万元-1亿元	1-3亿元	3-5亿元	5亿元以上
20	59	24	28	5	13
20	59	24	28	5	13
127	216	48	78	38	61
71	132	23	39	24	42
35	71	24	37	14	18
21	13	1	2		1
2069	**3354**	**1195**	**1186**	**293**	**409**
423	933	488	585	160	270
423	933	488	585	160	270
641	1162	420	431	97	112
307	596	257	254	59	66
68	111	36	50	11	13
4	7	1	1	1	5
14	35	16	13	5	4
41	119	34	42	12	15
207	294	76	71	9	9
339	448	121	76	18	13
118	148	44	28	8	2
90	109	33	21	4	3
131	191	44	27	6	8
666	811	166	94	18	14
524	588	124	65	8	10
87	133	30	23	6	4
14	26	1		1	
41	64	11	6	3	
16195	**17107**	**3536**	**2654**	**565**	**796**
13706	14244	2793	2143	468	677
409	361	50	44	5	5
842	824	165	105	23	52
3906	3728	688	427	101	106

2-A-15 续表 9

行　业	单位数			
		50万元及以下	50-100万元	100-500万元
文化、体育用品及器材批发	8600	3852	1335	2209
医药及医疗器材批发	3125	1009	509	872
矿产品、建材及化工产品批发	44440	14067	5733	11855
机械设备、五金产品及电子产品批发	33420	12555	6261	9619
贸易经纪与代理	9745	4607	1540	2220
其他批发业	7205	3599	1010	1493
零售业	74139	46657	9571	11089
综合零售	3382	1834	363	533
食品、饮料及烟草制品专门零售	9211	6645	1022	1131
纺织、服装及日用品专门零售	10863	7592	1445	1288
文化、体育用品及器材专门零售	3967	2233	605	717
医药及医疗器材专门零售	10907	8568	1031	933
汽车、摩托车、燃料及零配件专门零售	8361	3055	997	1719
家用电器及电子产品专门零售	8069	4131	1296	1834
五金、家具及室内装饰材料专门零售	10565	6620	1598	1768
货摊、无店铺及其他零售业	8814	5979	1214	1166
交通运输、仓储和邮政业	**16562**	**5586**	**2200**	**3928**
铁路运输业	1			
铁路货物运输	1			
道路运输业	8382	2584	1207	2281
城市公共交通运输	456	60	40	130
公路旅客运输	496	59	42	134
道路货物运输	6643	2162	1037	1887
道路运输辅助活动	787	303	88	130
水上运输业	1047	160	54	142
水上旅客运输	85	14	6	16
水上货物运输	669	68	28	80
水上运输辅助活动	293	78	20	46
航空运输业	42	11	3	7
航空客货运输	4		1	
通用航空服务	18	6	2	4
航空运输辅助活动	20	5		3

单位：个

500-1000万元	1000-5000万元	5000万元-1亿元	1-3亿元	3-5亿元	5亿元以上
604	432	78	67	8	15
243	306	77	68	20	21
4307	5507	1247	1109	240	375
2247	2070	326	219	47	76
663	561	78	59	6	11
485	455	84	45	18	16
2489	2863	743	511	97	119
170	237	89	79	24	53
192	181	24	12	2	2
228	207	56	31	7	9
147	169	53	34	3	6
174	159	18	16	6	2
675	1163	409	267	43	33
360	359	45	31	5	8
310	215	24	21	3	6
233	173	25	20	4	
1912	**1755**	**430**	**451**	**124**	**176**
			1		
			1		
929	960	163	137	49	72
67	110	18	17	7	7
57	116	30	33	16	9
751	649	83	58	10	6
54	85	32	29	16	50
91	232	134	154	33	47
12	23	6	6	1	1
55	167	103	117	20	31
24	42	25	31	12	15
4	5	3	1	4	4
	2			1	
1	2	2		1	
3	1	1	1	2	4

2-A-15 续表 10

行业	单位数			
		50万元及以下	50-100万元	100-500万元
管道运输业	3	1		
管道运输业	3	1		
装卸搬运和运输代理业	5279	2268	597	1132
装卸搬运	850	503	99	149
运输代理业	4429	1765	498	983
仓储业	852	154	58	184
谷物、棉花等农产品仓储	141	25	7	21
其他仓储业	711	129	51	163
邮政业	956	408	281	182
邮政基本服务	41	10	5	5
快递服务	915	398	276	177
住宿和餐饮业	**13863**	**5925**	**2014**	**3423**
住宿业	6100	2314	843	1494
旅游饭店	1607	209	112	336
一般旅馆	4229	1969	694	1099
其他住宿业	264	136	37	59
餐饮业	7763	3611	1171	1929
正餐服务	5919	2475	894	1606
快餐服务	578	342	97	102
饮料及冷饮服务	562	351	85	96
其他餐饮业	704	443	95	125
信息传输、软件和信息技术服务业	**16151**	**7717**	**2634**	**3377**
电信、广播电视和卫星传输服务	550	201	53	115
电信	435	178	42	94
广播电视传输服务	115	23	11	21
互联网和相关服务	1358	724	221	239
互联网接入及相关服务	175	96	26	35
互联网信息服务	991	524	163	168
其他互联网服务	192	104	32	36
软件和信息技术服务业	14243	6792	2360	3023

单位：个

500-1000万元	1000-5000万元	5000万元-1亿元	1-3亿元	3-5亿元	5亿元以上
	1			1	
	1			1	
776	342	66	65	11	22
38	30	13	11	2	5
738	312	53	54	9	17
82	186	62	81	20	25
8	30	15	27	2	6
74	156	47	54	18	19
30	29	2	12	6	6
4	4		5	4	4
26	25	2	7	2	2
925	**1037**	**235**	**195**	**61**	**48**
448	589	172	151	51	38
187	404	141	135	48	35
248	168	30	15	3	3
13	17	1	1		
477	448	63	44	10	10
418	415	53	41	8	9
17	11	4	2	2	1
19	9	2			
23	13	4	1		
953	**963**	**189**	**179**	**38**	**101**
37	55	15	25	6	43
32	37	7	6	1	38
5	18	8	19	5	5
70	63	16	14	2	9
8	5	4			1
52	51	11	12	2	8
10	7	1	2		
846	845	158	140	30	49

2-A-15 续表 11

行　业	单位数			
		50万元及以下	50-100万元	100-500万元
软件开发	10178	4712	1717	2214
信息系统集成服务	1270	571	176	301
信息技术咨询服务	1660	910	299	288
数据处理和存储服务	257	135	45	45
集成电路设计	168	60	21	53
其他信息技术服务业	710	404	102	122
金融业	**3443**	**1097**	**203**	**405**
货币金融服务	408	51	8	11
货币银行服务	4	4		
非货币银行服务	404	47	8	11
资本市场服务	2407	812	147	295
证券市场服务	37	8	4	9
期货市场服务	25	12	1	5
资本投资服务	2190	714	134	260
其他资本市场服务	155	78	8	21
保险业	73	46	4	14
人身保险	3	3		
财产保险	6	4		
再保险	1	1		
保险经纪与代理服务	38	25	3	5
其他保险活动	25	13	1	9
其他金融业	555	188	44	85
金融信托与管理服务	311	105	25	46
控股公司服务	51	5	3	4
其他未列明金融业	193	78	16	35
房地产业	**23349**	**8222**	**2157**	**3141**
房地产业	23349	8222	2157	3141
房地产开发经营	7396	342	55	180
物业管理	4697	1890	918	1088
房地产中介服务	6602	4934	625	636
自有房地产经营活动	3999	836	491	1141
其他房地产业	655	220	68	96

单位：个

500-1000万元	1000-5000万元	5000万元-1亿元	1-3亿元	3-5亿元	5亿元以上
612	637	115	112	25	34
90	89	21	11	2	9
78	62	12	7	1	3
14	10	4	2	1	1
12	19	2	1		
40	28	4	7	1	2
274	**557**	**221**	**394**	**103**	**189**
4	24	15	178	67	50
4	24	15	178	67	50
213	446	168	176	31	119
3	8	2	3		
2	4	1			
189	415	161	167	31	119
19	19	4	6		
2	5	1			1
	1				1
1	3	1			
1	1				
55	82	37	40	5	19
39	52	16	16	1	11
4	12	9	7	2	5
12	18	12	17	2	3
1342	**2609**	**1232**	**1993**	**816**	**1837**
1342	2609	1232	1993	816	1837
304	1342	953	1742	753	1725
338	320	63	55	6	19
157	166	39	28	8	9
499	697	145	126	31	33
44	84	32	42	18	51

2-A-15 续表 12

行业	单位数			
		50万元及以下	50-100万元	100-500万元
租赁和商务服务业	**60098**	**29962**	**7190**	**9805**
租赁业	3472	1908	488	667
机械设备租赁	3338	1844	467	644
文化及日用品出租	134	64	21	23
商务服务业	56626	28054	6702	9138
企业管理服务	15194	4473	999	2220
法律服务	539	269	73	139
咨询与调查	15990	10190	1731	2138
广告业	10795	6419	1980	1852
知识产权服务	752	543	89	99
人力资源服务	2084	1018	329	506
旅行社及相关服务	2701	1145	523	632
安全保护服务	456	123	40	118
其他商务服务业	8115	3874	938	1434
科学研究和技术服务业	**21463**	**9384**	**3358**	**4967**
研究和试验发展	2474	901	339	660
自然科学研究和试验发展	114	41	14	30
工程和技术研究和试验发展	1681	601	235	457
农业科学研究和试验发展	335	122	45	90
医学研究和试验发展	322	130	39	77
社会人文科学研究	22	7	6	6
专业技术服务业	12808	5609	2018	2920
气象服务	36	12	9	10
地震服务	2	2		
海洋服务	30	7	7	8
测绘服务	359	95	68	119
质检技术服务	1072	332	166	324
环境与生态监测	230	85	33	68
地质勘查	89	26	8	26
工程技术	6575	2550	1010	1562
其他专业技术服务业	4415	2500	717	803

单位：个

500-1000万元	1000-5000万元	5000万元-1亿元	1-3亿元	3-5亿元	5亿元以上
3419	**5245**	**1581**	**1471**	**422**	**1003**
185	148	34	27	5	10
175	137	33	25	5	8
10	11	1	2		2
3234	5097	1547	1444	417	993
1513	2916	938	985	310	840
29	25	2	1		1
657	815	215	153	28	63
265	214	33	21	8	3
14	4	1	1	1	
108	101	14	6	2	
155	190	21	19	7	9
62	97	9	7		
431	735	314	251	61	77
1559	**1622**	**261**	**184**	**54**	**74**
245	240	37	38	6	8
10	15	2	2		
168	156	23	29	5	7
34	38	3	2		1
32	30	8	5	1	
1	1	1			
930	989	149	104	36	53
1	3		1		
2	5		1		
28	47	1	1		
115	113	14	5	2	1
20	21	1	1	1	
11	14	1	2	1	
573	617	112	74	27	50
180	169	20	19	5	2

2-A-15 续表 13

行业	单位数	50万元及以下	50-100万元	100-500万元
科技推广和应用服务业	6181	2874	1001	1387
技术推广服务	5228	2352	841	1224
科技中介服务	531	295	84	88
其他科技推广和应用服务业	422	227	76	75
水利、环境和公共设施管理业	**3930**	**1251**	**421**	**963**
水利管理业	270	93	21	62
防洪除涝设施管理	35	15	3	7
水资源管理	70	20	2	16
天然水收集与分配	44	11	4	8
水文服务	6	3		1
其他水利管理业	115	44	12	30
生态保护和环境治理业	473	166	65	105
生态保护	59	20	8	10
环境治理业	414	146	57	95
公共设施管理业	3187	992	335	796
市政设施管理	499	151	44	83
环境卫生管理	425	177	76	118
城乡市容管理	74	27	12	14
绿化管理	1328	433	131	374
公园和游览景区管理	861	204	72	207
居民服务、修理和其他服务业	**11356**	**6776**	**1800**	**2069**
居民服务业	4095	2796	495	559
家庭服务	691	541	71	60
托儿所服务	12	8		3
洗染服务	247	115	38	72
理发及美容服务	819	612	98	86
洗浴服务	459	230	75	107
保健服务	663	434	108	96
婚姻服务	470	393	39	32
殡葬服务	244	101	22	48
其他居民服务业	490	362	44	55

单位：个

500-1000万元	1000-5000万元	5000万元-1亿元	1-3亿元	3-5亿元	5亿元以上
384	393	75	42	12	13
346	347	61	36	10	11
18	26	10	6	2	2
20	20	4			
306	**539**	**135**	**138**	**57**	**120**
15	27	15	18	3	16
	3	1	3		3
7	9	4	4	2	6
3	5	2	6	1	4
	1	1			
5	9	7	5		3
32	67	11	20	4	3
2	13	1	2	2	1
30	54	10	18	2	2
259	445	109	100	50	101
35	52	26	30	16	62
28	14	5	3	2	2
3	7	3	2	3	3
104	200	45	26	10	5
89	172	30	39	19	29
378	**267**	**38**	**19**	**6**	**3**
115	104	9	10	5	2
7	11		1		
	1				
14	8				
16	7				
26	17	1	2		1
15	8		1	1	
5	1				
23	40	5	4	1	
9	11	3	2	3	1

2-A-15 续表 14

行 业	单位数			
		50万元及以下	50-100万元	100-500万元
机动车、电子产品和日用产品修理业	5159	2716	993	1108
汽车、摩托车修理与维护	3996	1977	822	909
计算机和办公设备维修	436	262	74	81
家用电器修理	563	361	75	99
其他日用产品修理业	164	116	22	19
其他服务业	2102	1264	312	402
清洁服务	1621	980	249	319
其他未列明服务业	481	284	63	83
教育	**2565**	**1465**	**270**	**560**
教育	2565	1465	270	560
学前教育	213	158	15	25
初等教育	10	6	1	1
中等教育	25	12	4	2
高等教育	15	9	3	2
特殊教育	3	2		
技能培训、教育辅助及其他教育	2299	1278	247	530
卫生和社会工作	**1269**	**630**	**163**	**256**
卫生	1169	578	155	237
医院	261	27	22	78
社区医疗与卫生院	25	21		4
门诊部(所)	843	509	127	151
计划生育技术服务活动	2	1		
妇幼保健院(所、站)	1		1	
专科疾病防治院(所、站)	5	4	1	
疾病预防控制中心	3	2	1	
其他卫生活动	29	14	3	4
社会工作	100	52	8	19
提供住宿社会工作	49	19	5	11
不提供住宿社会工作	51	33	3	8

单位：个

500-1000万元	1000-5000万元	5000万元-1亿元	1-3亿元	3-5亿元	5亿元以上
197	116	22	6		1
169	95	18	5		1
7	9	2	1		
18	8	2			
3	4				
66	47	7	3	1	
45	25	3			
21	22	4	3	1	
130	**119**	**7**	**11**	**1**	**2**
130	119	7	11	1	2
7	7	1			
1		1			
1	5		1		
			1		
1					
120	107	5	9	1	2
78	**115**	**7**	**15**	**4**	**1**
74	106	5	10	4	
41	77	3	9	4	
30	25	1			
1					
2	4	1	1		
4	9	2	5		1
2	7	2	2		1
2	2		3		

2-A-15 续表 15

行　　业	单位数		
	50万元及以下	50-100万元	100-500万元
文化、体育和娱乐业	**6830**	**1899**	**1917**
新闻和出版业	38	14	35
新闻业	5	3	3
出版业	33	11	32
广播、电视、电影和影视录音制作业	362	85	315
广播	4	2	5
电视	14	3	12
电影和影视节目制作	257	50	233
电影和影视节目发行	8	4	10
电影放映	67	25	55
录音制作	12	1	
文化艺术业	645	167	180
文艺创作与表演	254	69	72
艺术表演场馆	10	3	10
图书馆与档案馆	33	9	9
文物及非物质文化遗产保护	12	4	5
博物馆	8	4	10
烈士陵园、纪念馆			1
群众文化活动	85	21	10
其他文化艺术业	243	57	63
体育	615	129	154
体育组织	2		2
体育场馆	9	4	5
休闲健身活动	516	114	129
其他体育	88	11	18
娱乐业	5170	1504	1233
室内娱乐活动	4939	1440	1116
游乐园	21	6	22
彩票活动	3		
文化、娱乐、体育经纪代理	116	29	38
其他娱乐业	91	29	57

单位：个

500-1000万元	1000-5000万元	5000万元-1亿元	1-3亿元	3-5亿元	5亿元以上
446	**534**	**127**	**78**	**16**	**27**
6	20	14	10	1	5
	1				
6	19	14	10	1	5
183	299	68	37	8	15
1	1	1			
5	20	4	15	2	4
106	178	53	20	5	9
5	6	3		1	
66	91	7	2		2
	3				
46	42	8	13	1	1
14	12	1	8		
7	3	1		1	
	1				
4	5		4		
3	3	2			
3	4	1			
15	14	3	1		1
47	46	15	12	4	4
2	1	1	2		2
5	3	1	1		
39	34	10	6	4	2
1	8	3	3		
164	127	22	6	2	2
139	88	10	1	1	
3	11	8	3	1	2
7	9	2			
15	19	2	2		

2-A-16 按行业中类、从业人数组距

行业	单位数			
		7人及以下	8-19人	20-49人
总计	**835565**	**487273**	**181547**	**97639**
农、林、牧、渔业	**2882**	**2134**	**556**	**147**
农业	58	19	18	15
谷物种植	6	2	2	1
豆类、油料和薯类种植	1			1
蔬菜、食用菌及园艺作物种植	16	4	3	6
水果种植	10	4	1	5
坚果、含油果、香料和饮料作物种植	13	6	6	1
中药材种植	11	2	6	1
其他农业	1	1		
林业	4	3	1	
林木育种和育苗	4	3	1	
畜牧业	41	15	12	7
牲畜饲养	24	7	7	5
家禽饲养	10	5	2	1
其他畜牧业	7	3	3	1
渔业	18	6	6	1
水产养殖	18	6	6	1
农、林、牧、渔服务业	2761	2091	519	124
农业服务业	2411	1838	445	107
林业服务业	131	90	32	6
畜牧服务业	131	97	28	5
渔业服务业	88	66	14	6
采矿业	**1268**	**500**	**362**	**253**
煤炭开采和洗选业	20	15	3	
烟煤和无烟煤开采洗选	9	6	1	
褐煤开采洗选	5	4	1	
其他煤炭采选	6	5	1	
黑色金属矿采选业	25	7	1	6
铁矿采选	24	6	1	6
其他黑色金属矿采选	1	1		

分组的全部企业法人单位数

单位：个

50-99人	100-299人	300-499人	500-999人	1000-2999人	3000-4999人	5000人及以上
36197	**23043**	**4543**	**2958**	**1709**	**302**	**354**
31	**13**		**1**			
6						
1						
3						
2						
6	1					
4	1					
2						
3	2					
3	2					
16	10		1			
13	7		1			
2	1					
1						
	2					
92	**50**	**6**	**2**	**3**		
2						
2						
6	2	2		1		
6	2	2		1		

2-A-16 续表 1

行业	单位数			
		7人及以下	8-19人	20-49人
有色金属矿采选业	72	23	12	16
常用有色金属矿采选	45	13	10	10
贵金属矿采选	5	1	1	1
稀有稀土金属矿采选	22	9	1	5
非金属矿采选业	1115	432	338	228
土砂石开采	1012	389	309	203
化学矿开采	6	3	1	2
采盐	9	4	1	3
石棉及其他非金属矿采选	88	36	27	20
开采辅助活动	8	7		1
石油和天然气开采辅助活动	3	3		
其他开采辅助活动	5	4		1
其他采矿业	28	16	8	2
其他采矿业	28	16	8	2
制造业	**365232**	**149940**	**99480**	**66797**
农副食品加工业	5490	2237	1592	1009
谷物磨制	290	135	97	43
饲料加工	442	141	119	105
植物油加工	265	146	59	37
制糖业	38	24	7	5
屠宰及肉类加工	677	265	181	133
水产品加工	1585	593	458	286
蔬菜、水果和坚果加工	1552	612	488	308
其他农副食品加工	641	321	183	92
食品制造业	2466	1025	661	392
焙烤食品制造	705	341	196	93
糖果、巧克力及蜜饯制造	189	73	50	35
方便食品制造	364	145	106	60
乳制品制造	49	17	6	9
罐头食品制造	245	75	55	41
调味品、发酵制品制造	223	103	56	35
其他食品制造	691	271	192	119

单位：个

50-99人	100-299人	300-499人	500-999人	1000-2999人	3000-4999人	5000人及以上
8	10	1	2			
4	5	1	2			
2						
2	5					
74	38	3		2		
72	36	2		1		
	1					
2	1	1		1		
2						
2						
26818	**16954**	**2896**	**1600**	**652**	**55**	**40**
344	240	41	19	8		
11	3	1				
31	38	4	3	1		
17	3	3				
2						
58	31	4	4	1		
116	100	22	7	3		
83	50	6	4	1		
26	15	1	1	2		
179	138	31	24	15	1	
37	23	9	4	2		
15	12	2	2			
25	22	2	1	3		
3	7	4	2	1		
31	19	6	9	8	1	
12	15	1	1			
56	40	7	5	1		

2-A-16 续表 2

行　业	单位数			
		7人及以下	8-19人	20-49人
酒、饮料和精制茶制造业	2699	1331	791	332
酒的制造	546	226	154	85
饮料制造	685	343	201	73
精制茶加工	1468	762	436	174
烟草制品业	6	1		1
卷烟制造	3	1		
其他烟草制品制造	3			1
纺织业	30275	12032	8259	5424
棉纺织及印染精加工	9375	3791	2177	1479
毛纺织及染整精加工	1159	355	272	275
麻纺织及染整精加工	95	31	26	10
丝绢纺织及印染精加工	1483	434	358	369
化纤织造及印染精加工	3615	1330	1255	730
针织或钩针编织物及其制品制造	6460	2514	1976	1156
家用纺织制成品制造	4624	2056	1250	824
非家用纺织制成品制造	3464	1521	945	581
纺织服装、服饰业	26383	8708	6549	6113
机织服装制造	14222	4479	3461	3374
针织或钩针编织服装制造	6349	2048	1429	1451
服饰制造	5812	2181	1659	1288
皮革、毛皮、羽毛及其制品和制鞋业	15619	4662	3805	3769
皮革鞣制加工	569	181	130	161
皮革制品制造	4263	1497	1076	959
毛皮鞣制及制品加工	1105	631	304	119
羽毛(绒)加工及制品制造	329	137	79	48
制鞋业	9353	2216	2216	2482
木材加工和木、竹、藤、棕、草制品业	6252	2331	1911	1355
木材加工	1203	554	371	240
人造板制造	774	212	200	199
木制品制造	2681	1029	861	517
竹、藤、棕、草等制品制造	1594	536	479	399
家具制造业	5486	1965	1364	1121

单位：个

50-99人	100-299人	300-499人	500-999人	1000-2999人	3000-4999人	5000人及以上
114	86	24	10	10	1	
32	27	11	7	3	1	
29	20	9	3	7		
53	39	4				
1	1			2		
				2		
1	1					
2276	1649	329	237	64	4	1
771	748	193	172	41	2	1
147	88	16	5	1		
15	6	3	1	2	1	
199	104	11	6	2		
196	86	11	6	1		
412	322	49	22	8	1	
295	162	16	16	5		
241	133	30	9	4		
2710	1820	262	147	65	5	4
1445	1135	167	103	53	4	1
799	500	72	37	10	1	2
466	185	23	7	2		1
1786	1259	200	93	39	4	2
45	37	9	4	2		
418	253	34	21	4	1	
32	16	1	1	1		
15	32	13	3	2		
1276	921	143	64	30	3	2
416	205	19	13	2		
28	8		2			
93	61	7	2			
162	96	8	6	2		
133	40	4	3			
484	406	73	43	27	2	1

2-A-16 续表 3

行　业	单位数			
		7人及以下	8-19人	20-49人
木质家具制造	3247	1179	902	686
竹、藤家具制造	165	63	38	37
金属家具制造	1148	352	227	232
塑料家具制造	184	63	46	34
其他家具制造	742	308	151	132
造纸和纸制品业	9779	4742	2846	1275
纸浆制造	24	10	10	3
造纸	1879	790	389	277
纸制品制造	7876	3942	2447	995
印刷和记录媒介复制业	10090	4235	3317	1815
印刷	9354	3814	3121	1721
装订及印刷相关服务	719	413	192	91
记录媒介复制	17	8	4	3
文教、工美、体育和娱乐用品制造业	18672	7814	5329	3482
文教办公用品制造	3163	1159	999	625
乐器制造	187	64	50	44
工艺美术品制造	11341	5040	3263	1987
体育用品制造	1513	583	359	346
玩具制造	1998	772	553	382
游艺器材及娱乐用品制造	470	196	105	98
石油加工、炼焦和核燃料加工业	343	160	107	54
精炼石油产品制造	338	158	106	52
炼焦	3	1	1	1
核燃料加工	2	1		1
化学原料和化学制品制造业	8879	3853	2243	1505
基础化学原料制造	1289	463	325	237
肥料制造	257	117	83	39
农药制造	111	27	17	17
涂料、油墨、颜料及类似产品制造	2243	1057	623	341
合成材料制造	1078	380	232	199
专用化学产品制造	2804	1332	717	460
炸药、火工及焰火产品制造	31	11	4	6
日用化学产品制造	1066	466	242	206

单位：个

50-99人	100-299人	300-499人	500-999人	1000-2999人	3000-4999人	5000人及以上
233	192	36	10	8	1	
16	9	1			1	
143	124	30	28	12		
22	16	1	1	1		
70	65	5	4	6		1
494	335	57	21	9		
1						
199	168	37	11	8		
294	167	20	10	1		
464	221	22	14	2		
449	212	22	13	2		
13	9		1			
2						
1251	648	89	42	14	2	1
247	112	11	5	3	1	1
11	12	1	4	1		
676	301	47	23	4		
120	89	9	5	2		
161	106	15	5	4		
36	28	6			1	
12	5	1	3			1
12	5	1	3			1
639	471	86	55	22	2	3
142	92	16	10	3		1
10	4	3	1			
13	24	4	6	3		
111	83	14	12	1		1
108	108	23	17	10	1	
171	99	18	4	2	1	
3	5	1	1			
81	56	7	4	3		1

2-A-16 续表 4

行　业	单位数		
	7人及以下	8-19人	20-49人
医药制造业	1292	382	215	235
化学药品原料药制造	326	98	27	48
化学药品制剂制造	134	32	15	19
中药饮片加工	111	50	16	21
中成药生产	97	25	11	16
兽用药品制造	66	14	18	16
生物药品制造	204	65	38	39
卫生材料及医药用品制造	354	98	90	76
化学纤维制造业	1522	403	410	300
纤维素纤维原料及纤维制造	133	51	32	30
合成纤维制造	1389	352	378	270
橡胶和塑料制品业	29368	13729	8357	4650
橡胶制品业	3568	1610	1004	592
塑料制品业	25800	12119	7353	4058
非金属矿物制品业	13030	5454	3319	2326
水泥、石灰和石膏制造	703	267	152	107
石膏、水泥制品及类似制品制造	2906	1420	575	323
砖瓦、石材等建筑材料制造	3871	1720	922	757
玻璃制造	363	110	84	92
玻璃制品制造	2284	663	765	556
玻璃纤维和玻璃纤维增强塑料制品制造	471	150	151	83
陶瓷制品制造	801	351	205	152
耐火材料制品制造	760	325	227	124
石墨及其他非金属矿物制品制造	871	448	238	132
黑色金属冶炼和压延加工业	4210	1311	1055	1002
炼铁	39	14	14	7
炼钢	62	27	10	11
黑色金属铸造	1602	389	400	476
钢压延加工	2451	858	620	499
铁合金冶炼	56	23	11	9
有色金属冶炼和压延加工业	3505	1271	932	710

单位：个

50-99人	100-299人	300-499人	500-999人	1000-2999人	3000-4999人	5000人及以上
160	194	48	31	23	4	
38	63	24	15	10	3	
17	31	4	10	5	1	
10	11	2	1			
14	21	4	2	4		
11	7					
23	27	7	3	2		
47	34	7		2		
154	162	45	27	18	2	1
9	9		1	1		
145	153	45	26	17	2	1
1520	907	131	54	16	1	3
208	122	17	6	5	1	3
1312	785	114	48	11		
1213	603	72	30	11	2	
73	66	24	12	2		
349	225	11	2	1		
371	95	3	1	1	1	
49	20	5	3			
182	90	16	8	4		
59	20	5	1	1	1	
58	32	2		1		
43	35	3	2	1		
29	20	3	1			
465	292	48	26	6	1	4
3	1					
5	4	2	1	1		1
191	123	17	6			
257	160	29	19	5	1	3
9	4					
348	183	38	15	8		

2-A-16 续表 5

行业	单位数			
		7人及以下	8-19人	20-49人
常用有色金属冶炼	329	144	76	58
贵金属冶炼	26	10	3	6
稀有稀土金属冶炼	21	13	1	2
有色金属合金制造	312	105	76	57
有色金属铸造	411	164	117	100
有色金属压延加工	2406	835	659	487
金属制品业	30869	13691	8515	5353
结构性金属制品制造	4931	2284	1248	840
金属工具制造	5086	2232	1516	858
集装箱及金属包装容器制造	699	236	173	141
金属丝绳及其制品制造	913	412	262	156
建筑、安全用金属制品制造	8712	4019	2462	1461
金属表面处理及热处理加工	2745	965	730	614
搪瓷制品制造	329	153	78	55
金属制日用品制造	3876	1749	991	653
其他金属制品制造	3578	1641	1055	575
通用设备制造业	46216	20120	13278	7923
锅炉及原动设备制造	729	269	178	139
金属加工机械制造	4594	2196	1291	710
物料搬运设备制造	1618	543	411	337
泵、阀门、压缩机及类似机械制造	10470	4065	2954	2031
轴承、齿轮和传动部件制造	5442	1767	1550	1231
烘炉、风机、衡器、包装等设备制造	4874	1957	1400	882
文化、办公用机械制造	443	142	112	90
通用零部件制造	16986	8647	5078	2347
其他通用设备制造业	1060	534	304	156
专用设备制造业	19178	8699	5255	3187
采矿、冶金、建筑专用设备制造	1181	485	335	196
化工、木材、非金属加工专用设备制造	7732	3740	2159	1185
食品、饮料、烟草及饲料生产专用设备制造	621	277	183	105
印刷、制药、日化及日用品生产专用设备制造	1283	549	345	244
纺织、服装和皮革加工专用设备制造	3531	1525	1005	583

单位：个

50-99人	100-299人	300-499人	500-999人	1000-2999人	3000-4999人	5000人及以上
31	12	3	4	1		
4	2		1			
3	2					
42	24	4	2	2		
17	9	4				
251	134	27	8	5		
1965	1100	154	66	21	2	2
313	199	27	11	5	2	2
281	164	25	10			
82	47	7	10	3		
45	31	3	1	3		
496	221	41	10	2		
263	153	15	4	1		
26	13	4				
256	182	24	14	7		
203	90	8	6			
2851	1589	271	139	40	3	2
64	62	11	3	3		
266	101	14	13	3		
148	126	28	19	5	1	
807	482	85	34	10	2	
482	318	59	28	7		
340	215	42	27	10		1
57	35	4	2	1		
645	228	26	13	1		1
42	22	2				
1177	693	108	47	11	1	
95	59	9	2			
354	236	35	19	3	1	
39	16	1				
95	44	5	1			
267	119	18	10	4		

2-A-16 续表 6

行业	单位数			
		7人及以下	8-19人	20-49人
电子和电工机械专用设备制造	819	376	228	145
农、林、牧、渔专用机械制造	906	378	219	167
医疗仪器设备及器械制造	1000	421	237	190
环保、社会公共服务及其他专用设备制造	2105	948	544	372
汽车制造业	13942	5056	3765	2804
汽车整车制造	95	20	10	15
改装汽车制造	25	6	3	4
低速载货汽车制造	2	1		
电车制造	12	6	3	1
汽车车身、挂车制造	36	13	8	10
汽车零部件及配件制造	13772	5010	3741	2774
铁路、船舶、航空航天和其他运输设备制造业	4463	1661	1126	902
铁路运输设备制造	107	35	27	26
城市轨道交通设备制造	8	1	4	2
船舶及相关装置制造	1120	481	245	201
航空、航天器及设备制造	34	16	4	6
摩托车制造	1535	486	401	345
自行车制造	1409	544	385	271
非公路休闲车及零配件制造	167	70	38	34
潜水救捞及其他未列明运输设备制造	83	28	22	17
电气机械和器材制造业	32545	13511	8774	5676
电机制造	3473	1280	857	713
输配电及控制设备制造	11780	5102	3531	1781
电线、电缆、光缆及电工器材制造	3149	1196	856	634
电池制造	505	200	78	74
家用电力器具制造	5923	2675	1420	962
非电力家用器具制造	1011	504	254	152
照明器具制造	5823	2125	1536	1219
其他电气机械及器材制造	881	429	242	141
计算机、通信和其他电子设备制造业	9430	3692	2460	1715
计算机制造	323	128	75	59
通信设备制造	765	272	186	141

单位：个

50-99人	100-299人	300-499人	500-999人	1000-2999人	3000-4999人	5000人及以上
46	19	4	1			
76	49	13	2	2		
74	63	8	6	1		
131	88	15	6	1		
1311	759	132	66	45	3	1
6	22	5	6	9	2	
4	8					
	1					
2						
2	3					
1297	725	127	60	36	1	1
394	283	53	29	13	1	1
11	8					
1						
89	74	14	8	7	1	
2	6					
154	109	24	13	2		1
107	75	15	8	4		
19	6					
11	5					
2382	1583	336	195	74	9	5
278	231	59	33	18	3	1
721	490	82	52	19		2
254	159	30	13	6	1	
54	52	32	10	4	1	
411	294	82	54	20	3	2
53	37	9	2			
559	304	41	31	7	1	
52	16	1				
726	553	130	84	60	3	7
21	27	3	5	5		
73	57	10	12	9	2	3

2-A-16 续表 7

行业	单位数			
		7人及以下	8-19人	20-49人
广播电视设备制造	490	148	146	107
雷达及配套设备制造	11	4	2	4
视听设备制造	697	221	201	158
电子器件制造	1247	514	292	187
电子元件制造	5229	2083	1392	965
其他电子设备制造	668	322	166	94
仪器仪表制造业	5831	2043	1575	1257
通用仪器仪表制造	2719	1091	740	453
专用仪器仪表制造	754	288	207	131
钟表与计时仪器制造	157	42	50	32
光学仪器及眼镜制造	1876	461	478	602
其他仪器仪表制造业	325	161	100	39
其他制造业	5131	2663	1131	814
日用杂品制造	4143	2051	917	710
煤制品制造	55	41	5	8
核辐射加工	5	4		
其他未列明制造业	928	567	209	96
废弃资源综合利用业	921	462	230	106
金属废料和碎屑加工处理	421	199	64	52
非金属废料和碎屑加工处理	500	263	166	54
金属制品、机械和设备修理业	1340	696	309	190
金属制品修理	37	24	10	2
通用设备修理	170	125	30	10
专用设备修理	152	119	27	4
铁路、船舶、航空航天等运输设备修理	788	310	194	161
电气设备修理	78	50	15	4
仪器仪表修理	11	7	3	1
其他机械和设备修理业	104	61	30	8
电力、热力、燃气及水生产和供应业	**4309**	**2384**	**1014**	**418**
电力、热力生产和供应业	2825	1799	577	166
电力生产	2635	1747	554	154
电力供应	111	20	13	7
热力生产和供应	79	32	10	5

单位：个

50-99人	100-299人	300-499人	500-999人	1000-2999人	3000-4999人	5000人及以上
43	27	7	8	4		
	1					
55	40	16		6		
97	92	28	17	16	1	3
394	282	58	36	18		1
43	27	8	6	2		
540	297	60	43	15	1	
207	160	38	22	8		
70	40	7	8	2	1	
19	9	2	3			
228	81	11	10	5		
16	7	2				
319	160	23	12	8		1
281	143	22	11	7		1
	1					
1						
37	16	1	1	1		
60	55	3	3	1	1	
50	48	3	3	1	1	
10	7					
63	57	10	12	3		
1						
2	3					
1	1					
52	47	9	12	3		
5	3	1				
2	3					
199	**187**	**46**	**47**	**13**		**1**
92	110	31	41	8		1
75	84	10	8	3		
4	9	19	33	5		1
13	17	2				

2-A-16 续表 8

行　业	单位数			
		7人及以下	8-19人	20-49人
燃气生产和供应业	309	120	75	61
燃气生产和供应业	309	120	75	61
水的生产和供应业	1175	465	362	191
自来水生产和供应	622	202	199	107
污水处理及其再生利用	326	138	85	62
其他水的处理、利用与分配	227	125	78	22
建筑业	**23419**	**12268**	**3831**	**1773**
房屋建筑业	4110	1107	375	247
房屋建筑业	4110	1107	375	247
土木工程建筑业	5356	2205	904	464
铁路、道路、隧道和桥梁工程建筑	2361	795	327	182
水利和内河港口工程建筑	492	214	77	32
海洋工程建筑	30	18	5	3
工矿工程建筑	201	73	39	25
架线和管道工程建筑	587	226	122	70
其他土木工程建筑	1685	879	334	152
建筑安装业	3497	1848	737	404
电气安装	1120	618	207	126
管道和设备安装	975	519	221	105
其他建筑安装业	1402	711	309	173
建筑装饰和其他建筑业	10456	7108	1815	658
建筑装饰业	7736	5190	1425	489
工程准备活动	2109	1588	263	114
提供施工设备服务	157	88	32	15
其他未列明建筑业	454	242	95	40
批发和零售业	**252532**	**200251**	**37795**	**10215**
批发业	178393	139041	29579	7532
农、林、牧产品批发	5539	3944	1192	297
食品、饮料及烟草制品批发	16004	11815	2942	892
纺织、服装及家庭用品批发	50315	39780	7823	2052

单位：个

50-99人	100-299人	300-499人	500-999人	1000-2999人	3000-4999人	5000人及以上
33	15	4		1		
33	15	4		1		
74	62	11	6	4		
47	49	8	6	4		
26	13	2				
1		1				
1110	**1430**	**818**	**860**	**819**	**219**	**291**
230	416	331	479	521	157	247
230	416	331	479	521	157	247
350	513	329	280	233	50	28
158	282	209	179	167	39	23
36	41	36	37	16	2	1
3		1				
16	14	4	10	13	6	1
43	71	25	21	9		
94	105	54	33	28	3	3
205	185	64	27	20	3	4
66	64	25	7	6		1
54	52	14	5	2	1	2
85	69	25	15	12	2	1
325	316	94	74	45	9	12
244	227	70	51	27	4	9
52	55	14	12	9	1	1
5	9	2	2	2	2	
24	25	8	9	7	2	2
2615	**1313**	**181**	**110**	**44**	**3**	**5**
1445	641	79	53	20		3
64	37	2	2	1		
214	108	16	9	7		1
421	200	17	16	5		1

2-A-16 续表 9

行　业	单位数			
		7人及以下	8-19人	20-49人
文化、体育用品及器材批发	8600	6989	1187	334
医药及医疗器材批发	3125	1981	700	286
矿产品、建材及化工产品批发	44440	34563	7780	1672
机械设备、五金产品及电子产品批发	33420	26046	5489	1539
贸易经纪与代理	9745	7920	1528	258
其他批发业	7205	6003	938	202
零售业	74139	61210	8216	2683
综合零售	3382	2349	440	187
食品、饮料及烟草制品专门零售	9211	7947	910	259
纺织、服装及日用品专门零售	10863	9320	1095	287
文化、体育用品及器材专门零售	3967	3222	479	182
医药及医疗器材专门零售	10907	9994	588	173
汽车、摩托车、燃料及零配件专门零售	8361	5324	1366	768
家用电器及电子产品专门零售	8069	6221	1338	380
五金、家具及室内装饰材料专门零售	10565	9354	990	177
货摊、无店铺及其他零售业	8814	7479	1010	270
交通运输、仓储和邮政业	**16562**	**8629**	**4064**	**2280**
铁路运输业	1			
铁路货物运输	1			
道路运输业	8382	4329	2049	1166
城市公共交通运输	456	168	99	57
公路旅客运输	496	89	83	126
道路货物运输	6643	3617	1734	892
道路运输辅助活动	787	455	133	91
水上运输业	1047	345	200	253
水上旅客运输	85	19	24	15
水上货物运输	669	176	122	196
水上运输辅助活动	293	150	54	42
航空运输业	42	21	7	4
航空客货运输	4	2		
通用航空服务	18	10	5	2
航空运输辅助活动	20	9	2	2

单位：个

50-99人	100-299人	300-499人	500-999人	1000-2999人	3000-4999人	5000人及以上
65	20	3	2			
85	56	12	5			
285	108	15	11	5		1
231	93	12	8	2		
34	4	1				
46	15	1				
1170	672	102	57	24	3	2
119	177	55	35	15	3	2
61	28	3	2	1		
84	60	9	3	5		
53	25	3	3			
85	52	12	3			
617	269	9	5	3		
80	38	7	5			
31	11	2				
40	12	2	1			
813	**540**	**107**	**78**	**40**	**8**	**3**
	1					
	1					
402	285	69	50	29	2	1
41	48	15	12	13	2	1
78	70	23	19	8		
238	128	21	7	6		
45	39	10	12	2		
147	82	10	10			
12	10	3	2			
117	50	4	4			
18	22	3	4			
2	3	2		2	1	
1		1				
1						
	3	1		2	1	

2-A-16 续表 10

行业	单位数			
		7人及以下	8-19人	20-49人
管道运输业	3	1		
管道运输业	3	1		
装卸搬运和运输代理业	5279	3196	1299	505
装卸搬运	850	447	192	99
运输代理业	4429	2749	1107	406
仓储业	852	377	197	172
谷物、棉花等农产品仓储	141	40	31	45
其他仓储业	711	337	166	127
邮政业	956	360	312	180
邮政基本服务	41	15	5	3
快递服务	915	345	307	177
住宿和餐饮业	**13863**	**5935**	**3879**	**2314**
住宿业	6100	2950	1555	755
旅游饭店	1607	303	310	294
一般旅馆	4229	2492	1175	431
其他住宿业	264	155	70	30
餐饮业	7763	2985	2324	1559
正餐服务	5919	2003	1812	1297
快餐服务	578	255	181	104
饮料及冷饮服务	562	299	172	76
其他餐饮业	704	428	159	82
信息传输、软件和信息技术服务业	**16151**	**11012**	**3117**	**1273**
电信、广播电视和卫星传输服务	550	279	94	52
电信	435	237	72	40
广播电视传输服务	115	42	22	12
互联网和相关服务	1358	921	265	105
互联网接入及相关服务	175	120	36	15
互联网信息服务	991	669	189	79
其他互联网服务	192	132	40	11
软件和信息技术服务业	14243	9812	2758	1116

单位：个

50-99人	100-299人	300-499人	500-999人	1000-2999人	3000-4999人	5000人及以上
1	1					
1	1					
143	109	17	9	1		
53	46	9	4			
90	63	8	5	1		
69	30	4	3			
18	7					
51	23	4	3			
49	29	5	6	8	5	2
2	3	2	4	5	2	
47	26	3	2	3	3	2
899	**658**	**134**	**38**	**4**		**2**
346	368	101	25			
251	330	95	24			
89	36	5	1			
6	2	1				
553	290	33	13	4		2
499	267	29	9	2		1
19	11	2	3	2		1
10	5					
25	7	2	1			
381	**243**	**50**	**41**	**26**	**6**	**2**
32	50	12	13	13	5	
25	25	6	13	12	5	
7	25	6		1		
38	17	5	4	1		2
2		1	1			
28	17	4	2	1		2
8			1			
311	176	33	24	12	1	

2-A-16 续表 11

行业	单位数	7人及以下	8-19人	20-49人
软件开发	10178	6974	1976	806
信息系统集成服务	1270	824	262	117
信息技术咨询服务	1660	1228	306	96
数据处理和存储服务	257	161	54	31
集成电路设计	168	98	42	22
其他信息技术服务业	710	527	118	44
金融业	**3443**	**2522**	**693**	**196**
货币金融服务	408	110	244	51
货币银行服务	4	1		1
非货币银行服务	404	109	244	50
资本市场服务	2407	1947	342	98
证券市场服务	37	25	10	1
期货市场服务	25	16	5	2
资本投资服务	2190	1773	308	92
其他资本市场服务	155	133	19	3
保险业	73	48	15	10
人身保险	3	2		1
财产保险	6	4	2	
再保险	1	1		
保险经纪与代理服务	38	24	8	6
其他保险活动	25	17	5	3
其他金融业	555	417	92	37
金融信托与管理服务	311	247	43	18
控股公司服务	51	33	9	6
其他未列明金融业	193	137	40	13
房地产业	**23349**	**13317**	**5206**	**3356**
房地产业	23349	13317	5206	3356
房地产开发经营	7396	2314	2718	1933
物业管理	4697	2008	987	837
房地产中介服务	6602	5450	797	259
自有房地产经营活动	3999	3169	526	239
其他房地产业	655	376	178	88

单位：个

50-99人	100-299人	300-499人	500-999人	1000-2999人	3000-4999人	5000人及以上
233	137	25	18	8	1	
31	25	5	5	1		
20	6	1		3		
10		1				
5	1					
12	7	1	1			
18	**10**	**3**	**1**			
	2		1			
	1		1			
	1					
13	6	1				
1						
2						
10	6	1				
5	2	2				
2		1				
1	1	1				
2	1					
872	**433**	**92**	**53**	**19**		**1**
872	433	92	53	19		1
354	68	8	1			
401	322	75	50	16		1
60	25	8	1	2		
49	14	1		1		
8	4		1			

2-A-16 续表 12

行业	单位数			
		7人及以下	8-19人	20-49人
租赁和商务服务业	**60098**	**44500**	**10761**	**3314**
租赁业	3472	2874	432	127
机械设备租赁	3338	2778	410	114
文化及日用品出租	134	96	22	13
商务服务业	56626	41626	10329	3187
企业管理服务	15194	11022	2934	864
法律服务	539	236	180	97
咨询与调查	15990	12593	2392	780
广告业	10795	8567	1832	320
知识产权服务	752	581	128	35
人力资源服务	2084	1395	307	166
旅行社及相关服务	2701	1517	836	246
安全保护服务	456	198	74	36
其他商务服务业	8115	5517	1646	643
科学研究和技术服务业	**21463**	**13964**	**4552**	**1947**
研究和试验发展	2474	1776	465	173
自然科学研究和试验发展	114	81	24	7
工程和技术研究和试验发展	1681	1205	317	117
农业科学研究和试验发展	335	253	58	19
医学研究和试验发展	322	222	63	27
社会人文科学研究	22	15	3	3
专业技术服务业	12808	7694	2872	1406
气象服务	36	27	7	1
地震服务	2	2		
海洋服务	30	19	4	4
测绘服务	359	113	137	82
质检技术服务	1072	437	336	208
环境与生态监测	230	127	54	42
地质勘查	89	39	23	18
工程技术	6575	3702	1457	798
其他专业技术服务业	4415	3228	854	253

单位：个

50-99人	100-299人	300-499人	500-999人	1000-2999人	3000-4999人	5000人及以上
831	**428**	**107**	**71**	**66**	**11**	**9**
24	13	1	1			
24	11	1				
	2		1			
807	415	106	70	66	11	9
215	118	22	12	4	2	1
22	4					
151	57	13	2	2		
51	22	1	1	1		
8						
57	65	31	19	29	7	8
67	32	2	1			
20	33	31	33	29	2	
216	84	6	2	1		
599	**324**	**47**	**22**	**8**		
35	16	6	1	2		
1		1				
21	14	5		2		
5						
7	2		1			
1						
501	274	34	21	6		
1						
2	1					
23	4					
51	37	2	1			
4	3					
7	1		1			
355	210	29	18	6		
58	18	3	1			

2-A-16 续表 13

行　业	单位数			
		7人及以下	8-19人	20-49人
科技推广和应用服务业	6181	4494	1215	368
技术推广服务	5228	3752	1053	331
科技中介服务	531	424	79	23
其他科技推广和应用服务业	422	318	83	14
水利、环境和公共设施管理业	**3930**	**2134**	**887**	**519**
水利管理业	270	149	54	48
防洪除涝设施管理	35	22	6	5
水资源管理	70	40	13	13
天然水收集与分配	44	19	7	12
水文服务	6	4	2	
其他水利管理业	115	64	26	18
生态保护和环境治理业	473	276	108	55
生态保护	59	34	14	3
环境治理业	414	242	94	52
公共设施管理业	3187	1709	725	416
市政设施管理	499	299	109	57
环境卫生管理	425	208	68	59
城乡市容管理	74	41	24	7
绿化管理	1328	722	338	166
公园和游览景区管理	861	439	186	127
居民服务、修理和其他服务业	**11356**	**6693**	**3009**	**1260**
居民服务业	4095	2486	922	507
家庭服务	691	485	106	53
托儿所服务	12	10	1	1
洗染服务	247	132	55	41
理发及美容服务	819	490	237	75
洗浴服务	459	179	131	104
保健服务	663	275	194	165
婚姻服务	470	402	60	6
殡葬服务	244	130	69	33
其他居民服务业	490	383	69	29

单位：个

50-99人	100-299人	300-499人	500-999人	1000-2999人	3000-4999人	5000人及以上
63	34	7				
56	29	7				
2	3					
5	2					
205	**136**	**27**	**13**	**9**		
14	5					
2						
3	1					
5	1					
4	3					
22	10	1	1			
4	3	1				
18	7		1			
169	121	26	12	9		
17	12	3	2			
36	33	13	4	4		
1	1					
50	41	4	5	2		
65	34	6	1	3		
252	**119**	**14**	**6**	**3**		
122	50	5	1	2		
24	17	3	1	2		
16	3					
12	4	1				
33	12					
24	5					
1	1					
7	4	1				
5	4					

2-A-16 续表 14

行 业	单位数			
		7人及以下	8-19人	20-49人
机动车、电子产品和日用产品修理业	5159	2888	1675	525
汽车、摩托车修理与维护	3996	1982	1499	458
计算机和办公设备维修	436	349	67	15
家用电器修理	563	425	88	44
其他日用产品修理业	164	132	21	8
其他服务业	2102	1319	412	228
清洁服务	1621	951	339	192
其他未列明服务业	481	368	73	36
教育	**2565**	**1445**	**525**	**378**
教育	2565	1445	525	378
学前教育	213	103	79	22
初等教育	10	3	2	3
中等教育	25	12	4	3
高等教育	15	8	5	1
特殊教育	3	2	1	
技能培训、教育辅助及其他教育	2299	1317	434	349
卫生和社会工作	**1269**	**656**	**282**	**180**
卫生	1169	585	265	172
医院	261	33	37	76
社区医疗与卫生院	25	21	2	1
门诊部(所)	843	500	222	93
计划生育技术服务活动	2	2		
妇幼保健院(所、站)	1			1
专科疾病防治院(所、站)	5	5		
疾病预防控制中心	3	3		
其他卫生活动	29	21	4	1
社会工作	100	71	17	8
提供住宿社会工作	49	34	7	4
不提供住宿社会工作	51	37	10	4

单位：个

50-99人	100-299人	300-499人	500-999人	1000-2999人	3000-4999人	5000人及以上
60	11					
49	8					
3	2					
5	1					
3						
70	58	9	5	1		
68	56	9	5	1		
2	2					
164	**48**	**3**	**2**			
164	48	3	2			
5	4					
	2					
2	4					
			1			
157	38	3	1			
81	**62**	**2**	**6**			
80	59	2	6			
58	49	2	6			
1						
20	8					
1	2					
1	3					
1	3					

2-A-16 续表 15

行 业	单位数			
		7人及以下	8-19人	20-49人
文化、体育和娱乐业	**11874**	**8989**	**1534**	**1019**
新闻和出版业	143	61	27	25
新闻业	12	6	5	
出版业	131	55	22	25
广播、电视、电影和影视录音制作业	1372	771	204	298
广播	14	6	5	2
电视	79	42	14	12
电影和影视节目制作	911	595	112	147
电影和影视节目发行	37	20	11	3
电影放映	315	95	60	133
录音制作	16	13	2	1
文化艺术业	1103	778	198	98
文艺创作与表演	430	259	84	66
艺术表演场馆	35	13	7	10
图书馆与档案馆	52	37	11	4
文物及非物质文化遗产保护	34	21	10	2
博物馆	30	20	6	3
烈士陵园、纪念馆	1		1	
群众文化活动	124	102	16	6
其他文化艺术业	397	326	63	7
体育	1026	690	216	80
体育组织	12	7	3	
体育场馆	28	13	9	4
休闲健身活动	854	566	183	73
其他体育	132	104	21	3
娱乐业	8230	6689	889	518
室内娱乐活动	7734	6343	794	477
游乐园	77	36	22	11
彩票活动	3	1	1	1
文化、娱乐、体育经纪代理	201	155	35	9
其他娱乐业	215	154	37	20

单位：个

50-99人	100-299人	300-499人	500-999人	1000-2999人	3000-4999人	5000人及以上
217	**95**	**10**	**7**	**3**		
17	9	1	1	2		
	1					
17	8	1	1	2		
55	32	8	4			
1						
3	6	2				
24	23	6	4			
1	2					
26	1					
19	8		1	1		
14	6			1		
3	1		1			
1						
	1					
1						
22	17		1			
1	1					
2						
15	16		1			
4						
104	29	1				
93	26	1				
6	2					
1	1					
4